A ÚLTIMA BATALHA

Cornelius Ryan

A ÚLTIMA BATALHA

Tradução de Pedro Gonzaga

L&PM EDITORES

Título original: *The last Battle*

Tradução: Pedro Gonzaga
Capa: Ivan Pinheiro Machado
Foto da capa: Yevgeni Khaldei, Berlim, "O amanhecer do dia 2 de maio de 1945".
© Magnum Photos.
Revisão: Renato Deitos, Larissa Rosso e Jó Saldanha
Editoração: Cristiano Guterrez

ISBN: 85.254.1384-4

R989u Ryan, Cornelius, 1920-1976
A última batalha / Corenelius Ryan; tradução de Pedro Gonzaga. -- Porto Alegre: L&PM, 2005.
416 p.; 23 cm

1. Segunda Guerra Mundial-História. I. Título.

CDU 94(100)"1939/1945"

Catalogação elaborada por Izabel A. Merlo, CRB 10/329.

Porto Alegre: Rua Comendador Coruja 314, loja 9 - 90220-180
Floresta - RS / Fone: (0xx51) 3225.5777
www.lpm.com.br

Impresso no Brasil
Outono de 2005

Este livro é dedicado à memória de um menino nascido em Berlim durante os últimos meses da guerra. Seu nome era Peter Fechter. Em 1962, ele foi fuzilado pelo seu próprio povo e, sangrando, foi abandonado à morte junto ao mais trágico monumento à vitória aliada: o muro de Berlim.

Sumário

Prefácio: Dia A, segunda-feira, 16 de abril de 1945 / 9

Parte um: A cidade / 11

Parte dois: O general / 55

Parte três: O objetivo / 89

Parte quatro: A decisão / 143

Parte cinco: A batalha / 271

Uma nota sobre as baixas / 429

Bibliografia / 431

Agradecimentos / 443

"Dos eventos da guerra, não ousei falar sobre nenhuma informação duvidosa, ou mesmo baseado em impressões pessoais; descrevi apenas o que testemunhei ou ouvi de outros aos quais questionei com o maior cuidado e em particular. A tarefa foi das mais árduas, visto que as testemunhas oculares ofereciam diversas versões para os mesmos fatos, baseadas na irregularidade de suas memórias ou nos interesses que pudessem ter nas ações de uma ou de outra das partes envolvidas. Desse modo, o caráter estritamente histórico da minha narrativa pode desagradar o ouvido. Mas aquele que quiser ter diante dos olhos um retrato verdadeiro dos eventos como eles ocorreram (...) julgará minha história útil, e isto me bastará."

Tucídides, *Guerra do Peloponeso*
Volume I, 400 a. C.

Prefácio

Dia A, segunda-feira, 16 de abril de 1945

A batalha de Berlim, a última ofensiva contra o Terceiro Reich de Hitler, começou precisamente às quatro horas da manhã de segunda-feira, 16 de abril de 1945 – ou Dia A, como foi chamado pelos Aliados ocidentais. Naquele momento, a menos de sessenta quilômetros a leste da capital, sinalizadores vermelhos explodiam no céu noturno sobre o transbordante rio Oder, detonando uma atordoante barragem de artilharia e o início da invasão russa à cidade.

Quase que ao mesmo tempo, elementos do Nono Exército dos Estados Unidos contornavam Berlim – voltando-se para oeste a fim de tomar uma nova posição ao longo do rio Elba, entre Tangermünde e Barby. No dia 14 de abril, o general Eisenhower decidiu deter o avanço da coalizão anglo-americana através da Alemanha. "Berlim", ele disse, "não é mais um objetivo militar." Quando as tropas americanas receberam a ordem, Berlim, para alguns deles, estava a apenas 72 quilômetros de distância.

Quando o ataque começou, os berlinenses aguardavam nas ruínas bombardeadas de sua cidade, entorpecidos e horrorizados, entregues à única política que agora importava – a da sobrevivência. Comer tornara-se mais importante do que amar; esconder-se, muito mais nobre do que lutar; resistir, uma opção mais correta do ponto de vista militar do que vencer.

O texto que segue é a história da última batalha da guerra – o ataque e a captura de Berlim. Apesar deste livro incluir explicações sobre o combate, não se trata de um informe militar. Em vez disso, é a história de pessoas comuns, soldados e civis, que foram engolidos pelo desespero, pela frustração, pelo terror e pela violação, tanto da derrota como da vitória.

Europa ocupada - 1945
Território ocupado pelo Eixo
Aliados do Eixo
Aliados
Neutros
0
500
1000 km
ISLÂNDIA
URSS
FINLÂNDIA
NORUEGA
SUÉCIA
ESTÔNIA
LETÔNIA
LITUÂNIA
IRLANDA
GRÃ BRETANHA
DINAMARCA
HOLANDA
ALEMANHA
OCEANO
ATLÂNTICO
BÉLGICA
POLÔNIA
FRANÇA
TCHECOSLOVÁQUIA
UCRÂNIA
SUÍÇA
ÁUSTRIA
HUNGRIA
FRANÇA DE VICHY
ROMÊNIA
MAR NEGRO
PORTUGAL
ESPANHA
IUGOSLÁVIA
BULGÁRIA
ITÁLIA
ALBÂNIA
TURQUIA
MAR
GRÉCIA
MARROCOS
SÍRIA
IRAQUE
MEDITERRÂNEO
ARGÉLIA
LÍBIA
EGITO
ARÁBIA SAUDITA

Parte um

A CIDADE

1

Nas latitudes mais ao norte, o amanhecer chega antes. Exatamente quando os bombardeiros estavam se afastando da cidade, os primeiros raios de luz começavam a brilhar no leste. Na calmaria da manhã, grandes colunas de fumaça negra se erguiam dos distritos de Pankow, Weissensee e Lichtenberg. No nevoeiro era difícil discernir entre o suave brilho da luz do dia e os reflexos das chamas que incendiavam a Berlim bombardeada.

À medida que a fumaça se elevava morosamente das ruínas, a cidade alemã mais visada pelas bombas estendia-se por completo, em macabro esplendor. Estava enegrecida pela fuligem, marcada por milhares de crateras e enlaçada pelas vigas retorcidas dos prédios destruídos. Blocos inteiros de apartamentos tinham sido varridos do mapa, e, em pleno coração da capital, vizinhanças inteiras haviam desaparecido. Nessas terras devastadas aquilo que uma vez haviam sido largas avenidas e ruas agora eram trilhas esburacadas que serpenteavam por entre montanhas de entulho. Em todo lugar, acre após acre, prédios estripados, sem janela nem teto, olhavam boquiabertos para o céu.

Em conseqüência dos ataques, uma fina camada de fuligem e pó caía como chuva, pulverizando os escombros, e por entre os grandes desfiladeiros formados pelos tijolos esmagados e pelos ferros castigados não se movia nada além da poeira em redemoinhos. Essas formações corriam ao longo da ampla extensão da Unter den Linden, as famosas árvores agora desnudas, os brotos das folhas ressecados nos galhos. Apenas alguns bancos, algumas livrarias e lojas elegantes que revestiam o renomado bulevar permaneciam intactos. Mas na extremidade oeste da avenida, o mais famoso ponto de referência de Berlim, o Portão de Brandemburgo, com sua altura equivalente a um prédio de oito andares, apesar de agredido e lascado, continuava se estendendo sobre a *via triumphalis** com suas doze colunas dóricas maciças.

Na Wilhemstrasse, que ficava próxima, delineada por prédios governamentais e antigos palácios, cacos de vidro de milhares de janelas brilhavam por entre as ruínas. À altura do número 73, o pequeno e maravilhoso palácio que fora a residência oficial dos presidentes da Alemanha nos dias anteriores ao Terceiro Reich havia sido engolido pela fúria do fogo. Uma vez ele fora

* "Via do triunfo." Em latim no original. (N. do T.)

descrito como uma miniatura do Versailles; agora as ninfas marinhas da fonte ornamentada do jardim jaziam despedaçadas junto às colunas da porta principal, e, ao longo da linha do telhado, lascadas e deformadas pelos estilhaços, as estátuas gêmeas das sereias do Reno inclinavam-se decapitadas sobre a desordem do pátio.

No bloco seguinte, o número 77 estava arranhado mas intacto. Pilhas de entulho acumulavam-se em volta do prédio de três andares em formato de L. A fachada exterior, com sua tonalidade de um amarelo amarronzado, era escabrosa, e as águias, douradas e brilhantes, postadas sobre cada entrada, segurando entre as garras uma guirlanda com suásticas, estavam esburacadas e profundamente marcadas. Projetando-se, acima delas, havia o imponente balcão a partir do qual o mundo se deparou com um discurso dos mais frenéticos. A Reichskanzlei, a chancelaria de Adolf Hitler, ainda subsistiu.

No topo da danificada Kurfürstendamm, a Quinta Avenida de Berlim, avolumava-se o esqueleto deformado do que uma vez foi a elegante Igreja Memorial Kaiser-Wilhelm. Os ponteiros na face carbonizada do relógio pararam às sete e meia em ponto; marcavam a mesma hora desde 1943, quando uma bomba mandou pelos ares quatro quilômetros quadrados da cidade em uma única noite de novembro.

A noventa metros de distância estava a floresta de escombros que um dia fora o internacionalmente famoso zoológico de Berlim. O aquário foi completamente destruído. As moradas dos répteis, dos hipopótamos, dos cangurus, dos tigres e dos elefantes, junto com outros prédios, foram severamente danificadas. O parque ao redor, o renomado Tiergarten, de 630 acres, transformou-se numa terra de ninguém, coberta de crateras do tamanho de uma sala, lagos cheios de detritos e prédios de embaixadas parcialmente demolidos. Esse parque antes havia sido uma floresta natural de luxuriantes árvores. Agora a maioria delas estava queimada e reduzida a tocos.

No canto nordeste do Tiergarten ficava a ruína mais espetacular de Berlim, destruída não pelas bombas dos Aliados, mas pelos políticos alemães. O imenso Reichstag, sede do parlamento, havia sido deliberadamente incendiado pelos nazistas em 1933 – e a culpa de tal incêndio recaiu sobre os comunistas, provendo Hitler de uma desculpa para reivindicar plenos poderes ditatoriais. No pórtico desmoronado acima de sua entrada de seis colunas, mirando o mar de escombros que quase engolira o edifício, estavam as seguintes palavras, deformadas e enegrecidas: "*Dem Deutschen Volke*" – "Para o povo alemão".

Existira uma vez um complexo de estátuas em frente ao Reichstag. Todas haviam sido destruídas, exceto uma peça – uma coluna de granito vermelho e bronze, com sessenta metros de altura, com uma imensa base de colunas menores. Após o incêndio de 1933, Hitler ordenou que ela fosse deslocada. Agora ela se localizava a um quilômetro e meio de distância, na Charlottenburger Chaussée, junto ao centro do Eixo Leste-Oeste, a série de avenidas expressas que cortavam a cidade, aproximadamente do rio Havel, na parte oeste, até a Unter den Linden, no leste. Quando o sol se ergueu nessa manhã de março, seus raios iluminaram a figura dourada no topo da coluna: uma estátua alada segurando uma coroa de louros em uma das mãos, e um estandarte adornado com a Cruz de Ferro na outra. Emergindo da terra devastada, intocado pelas bombas, estava o monumento mais fino e gracioso de Berlim: a Coluna da Vitória.

Através da cidade atormentada, as sirenes começaram a gemer o aviso de que a área estava limpa. O trecentésimo décimo quarto ataque aliado a Berlim terminara. Nos primeiros anos da guerra, os ataques haviam sido esporádicos, mas agora a capital estava quase que continuamente sob bombardeio – os americanos lançavam suas bombas de dia; a R.A.F., à noite. As estatísticas da destruição cresciam a cada hora. Neste momento, elas eram desconcertantes. Os explosivos haviam reduzido a escombros mais de dezesseis quilômetros quadrados de distritos de área construída – uma área dez vezes maior que a destruída pela Luftwaffe em Londres. Oitenta e três milhões de metros cúbicos de entulhos cobriam as ruas – o suficiente para erguer uma montanha com mais de trezentos metros de altura. Quase metade das 1.562.000 habitações de Berlim havia sofrido algum tipo de dano, e um terço das casas estava completamente destruído ou inabitável. O número de baixas era tão elevado que uma contagem rigorosa jamais poderia ser efetuada; mas pelo menos 52 mil pessoas haviam morrido e as gravemente feridas contabilizavam uma cifra duas vezes maior – cinco vezes mais que o número de mortos e gravemente feridos no bombardeio a Londres. Berlim se tornara uma segunda Cartago – e a agonia final ainda estava por vir.

Na selvageria da devastação, era notável que as pessoas, apesar de tudo, conseguissem sobreviver – mas a vida seguia com uma normalidade insana entre aquelas ruínas. Doze mil policiais continuavam em atividade. Os carteiros mantinham a entrega das correspondências; os jornais saíam diariamente; os serviços de telefonia e telégrafo não haviam sido interrompidos. O lixo era recolhido. Alguns cinemas, teatros e inclusive uma parte do zoológico destruído estavam abertos. A filarmônica de Berlim estava encerrando sua temporada. As lojas de departamento faziam promoções especiais. Os armazéns e padarias abriam todas as manhãs; e as lavanderias, estabelecimentos de lavagem a seco e salões de beleza mantinham uma rotina movimentada. Os trens subterrâneos ou elevados continuavam funcionando; os poucos bares sofisticados e restaurantes que resistiram incólumes viviam superlotados. E em quase todas as ruas o estridente chamado dos famosos vendedores de flores de Berlim ecoava como nos dias de paz.

Talvez o dado mais notável fosse que 65% das grandes fábricas de Berlim continuavam funcionando de alguma maneira. Quase seiscentos mil pessoas mantinham seus empregos – mas chegar ao local de trabalho era o maior problema. O tráfego estava prejudicado, cheio de desvios, pontos lentos e mesmo setores intransitáveis. Todos queriam chegar ao trabalho a tempo por causa dos americanos, habituais madrugadores, que freqüentemente estavam no trabalho dentro da cidade por volta das nove horas da manhã.

Nesta manhã brilhante nos vinte distritos espalhados pela cidade, os berlinenses saíam à rua como se fossem homens das cavernas do período neolítico. Eles emergiam das entranhas das estações de metrô, dos abrigos construídos sob os prédios públicos, dos porões e subsolos de suas casas despedaçadas. Quaisquer que fossem suas esperanças ou medos, quaisquer que fossem seus comprometimentos ou crenças políticas, havia uma coisa que esses berlinenses tinham em comum: aqueles que haviam sobrevivido a mais uma noite estavam determinados a viver mais outro dia.

O mesmo poderia se dizer da nação como um todo. No sexto ano da Segunda Guerra Mundial, a Alemanha hitlerista lutava desesperadamente para sobreviver. O Reich, que era para durar mil anos, havia sido invadido de leste a oeste. As forças da coalizão anglo-americana já haviam vencido o grande rio Reno, cruzando-o em Remagen, e moviam-se com velocidade em direção a Berlim. Estavam a apenas 480 quilômetros a oeste. No lado oriental, nas encostas do Oder, uma ameaça muito mais urgente e infinitamente mais perigosa havia se materializado. Lá estavam as forças russas, a menos de oitenta quilômetros do objetivo.

Assim as coisas estavam na quarta-feira, 21 de março de 1945 – o primeiro dia da primavera. Nessa manhã, nos rádios por toda a cidade, os berlinenses ouviram o último sucesso das paradas: "Esta será uma primavera sem fim".

2

Os berlinenses reagiam cada qual ao seu modo diante dos perigos que os ameaçavam. Alguns, obstinadamente, desdenhavam dos riscos, esperando que eles desaparecessem. Alguns chegavam inclusive a flertar com eles. Outros reagiam com medo ou raiva – e outros ainda com a cruel lógica dos que têm as costas apoiadas contra o paredão: encarar o destino de frente e com a cabeça erguida.

No distrito de Zehlendorf, a sudoeste, o leiteiro Richard Poganowska estava, como de costume, de pé ao amanhecer. Nos anos do passado, sua rotina diária muitas vezes parecera monótona. Agora ele era grato por isso. Ele trabalhava para a fazenda Domäne Dahlem, um empreendimento de trezentos anos localizado no elegante subúrbio de Dahlem em Zehlendorf, a poucos quilômetros do centro da grande capital. Em qualquer outra cidade a localização da leiteria poderia ser considerada uma esquisitice, mas não em Berlim. Um quinto da área total da cidade era composto de parques e matas, ao longo de lagos, canais e arroios. Ainda assim, Poganowska, como tantos outros empregados da Domäne, desejavam que a fazenda fosse em outro lugar – um lugar mais afastado da cidade, longe do perigo e dos constantes bombardeios.

Poganowska, sua mulher Lisbeth e seus três filhos passaram a noite mais uma vez no porão do edifício principal da Königin-Luise Strasse. Dormir fora quase impossível por causa do constante metralhar das baterias antiaéreas e das explosões das bombas. Como todo mundo em Berlim, o grande leiteiro de 39 anos vivia constantemente cansado naqueles dias.

Ele não fazia a menor idéia de onde as bombas haviam caído na noite anterior, mas sabia que nenhuma atingira os estábulos da Domäne. O precioso gado leiteiro estava a salvo. Nada parecia incomodar aquelas duzentas vacas. Entre as explosões das bombas e o trovejar do fogo das baterias antiaéreas, elas permaneciam tranqüilas, ruminando placidamente e, de algum modo miraculoso, continuavam produzindo leite. Esse fenômeno não deixava nunca de surpreender Poganowska.

De modo sonolento, ele carregou a antiga carroça marrom e o reboque, puxou as rédeas dos seus dois cavalos, os avermelhados Lisa e Hans, e, com seu cachorro cinzento, um *spitz* chamado Poldi, sentado ao seu lado, pôs o veículo em movimento. Chacoalhando pelos paralelepípedos do calçamento do pátio, ele pegou a direita na Pacelli Allee e dirigiu-se para o norte na direção de Schmargendorf. Eram seis horas da manhã. Poderiam ser nove da noite antes que ele tivesse terminado.

Exausto, necessitando desesperadamente de sono, Poganowska ainda não havia perdido seus modos joviais e um tanto rudes. Ele se tornara uma espécie de reserva moral para os seus 1,2 mil fregueses. Seu trajeto se espalhava por três grandes distritos: Zehlendorf, Schönenberg e Wilmersdorf. Todos os três sofreram severos bombardeios; Schönenberg e Wilmersdorf, por estarem mais perto do centro da cidade, quase foram riscados do mapa. Somente em Wilmersdorf mais de 36 mil moradias foram destruídas, e quase metade das 340 mil pessoas nesses dois distritos ficara desabrigada. Sob tais circunstâncias, um rosto cheio de vida era uma visão rara e bem-vinda.

E mesmo sendo ainda muito cedo, Poganowska encontrava pessoas esperando por ele em cada uma das intersecções. Havia filas em todos os lugares nesses dias – para o açougueiro, o padeiro, e mesmo para a água nos locais em que a rede de distribuição havia sido destruída. Apesar das filas de fregueses, Poganowska fazia soar a imensa sineta, anunciando sua chegada. Ele tinha começado a usar esse sistema no início do ano, quando o aumento dos ataques diurnos tornou impossível a entrega a domicílio. Para os seus fregueses o sino, assim como o próprio Poganowska, passara a ser uma espécie de símbolo.

Esta manhã não foi diferente. Poganowska cumprimentou seus fregueses e distribuiu as quantidades racionadas de leite e outros laticínios. Ele mantinha relações com algumas dessas pessoas há quase uma década e elas sabiam que podiam obter um extra uma vez ou outra. Enquanto manuseava os cartões de racionamento, Poganowska dava um jeito de providenciar um pouco mais de leite ou nata, caso houvesse uma ocasião especial como batizados ou casamentos. Com certeza era ilegal e, portanto, arriscado – mas, bem, todos os berlinenses tinham que enfrentar riscos nesses dias.

Mais e mais, os fregueses de Poganowska pareciam cansados, preocupados e tensos. Poucas pessoas ainda falavam sobre a guerra. Ninguém fazia idéia do que estava acontecendo e, mesmo que se soubesse, não haveria nada a fazer. Além disso, havia muitos generais de gabinete. Poganowska não convidava a discussões das novidades. Imerso em sua rotina diária de quinze horas e se recusando a pensar sobre a guerra, ele, como milhares de outros conterrâneos, havia como que se imunizado contra a realidade.

Agora, a cada dia, Poganowska estava atento a certos sinais que o ajudassem a manter o coração funcionando. As estradas continuavam abertas. Não havia barreiras ou linhas de tanques nas ruas principais, nem peças de artilharia ou tanques usados em barricadas, nem soldados defendendo posições-chave. Não havia nada que indicasse que as autoridades temessem um ataque russo, ou que Berlim fosse ameaçada com um cerco.

Havia outro indício pequeno, mas significativo. Todas as manhãs, enquanto Poganowska dirigia através dos subdistritos de Friedenau, onde seus fregueses mais proeminentes moravam, ele olhava de relance para a casa de um conhecido nazista, um importante oficial do departamento de correios.

Pelas janelas abertas da sala ele podia ver o imenso retrato na sua imponente moldura: a pintura impactante de Adolf Hitler – os traços fortemente arrogantes – continuava lá. Poganowska conhecia os hábitos dos burocratas do Terceiro Reich. Se a situação estivesse realmente crítica, aquele santuário para o Führer já teria desaparecido.

Ele emitiu um comando para os cavalos e seguiu seu trajeto. Apesar de tudo, ele não conseguia enxergar qualquer razão para ficar indevidamente alarmado.

Nenhuma parte da cidade fora completamente poupada dos bombardeios, mas Spandau, o segundo maior distrito de Berlim, localizado no extremo oeste da cidade, havia escapado do tipo de ataque que todos mais temiam: bombardeio de saturação. Noite após noite os moradores esperavam pelo infortúnio. Estavam surpresos com o fato do ataque ainda não ter vindo, pois Spandau era o centro da vasta indústria de armamentos de Berlim.

Contrastando com os distritos no coração da cidade, distritos que tiveram entre 50 e 75% de suas áreas destruídas, Spandau havia perdido apenas 10% de suas edificações. Se bem que isso significasse que mais de mil casas haviam sido destruídas ou se tornado inabitáveis, o que, levando em consideração os padrões normais dos berlinenses endurecidos pelos ataques, não deixava de ser uma mera picada de mosquito. Uma cáustica pichação podia então ser vista nos distritos centrais, nas terras mais devastadas e enegrecidas pelas explosões: "*Die Spandauer Zwerge kommen zuletzt in die Särge*" – "Os pequenos moradores de Spandau são os últimos a ir para os caixões".

Na última fronteira a oeste de Spandau, no subdistrito calmo e pastoril de Staaken, Robert e Ingeborg Kolb estavam mais do que agradecidos por viver nessa espécie de lugar esquecido. As únicas bombas que haviam caído ali perto tinham sido aquelas que atingiram o campo de aviação que ficava nas proximidades – e os danos causados foram leves. Sua casa de estuque laranja e marrom, com sua varanda envidraçada e os jardins e gramados que a circundavam, permanecia intocada. A vida se desenvolvia quase dentro da normalidade, exceto que Robert, o diretor técnico de 54 anos de uma fábrica de impressão, tinha cada vez mais dificuldade de fazer sua viagem diária até o local de trabalho no centro da cidade. Isso significava percorrer toda a extensão dos ataques feitos à luz do dia. Tal fato se constituía em uma fonte de preocupações para Ingeborg.

Essa noite os Kolbs planejavam, como sempre, ouvir o noticiário em alemão transmitido pela BBC, embora fosse uma prática há muito proibida.

Eles haviam acompanhado passo a passo o avanço das forças aliadas, tanto do lado oriental como do ocidental. Agora o Exército Vermelho se encontrava muito próximo dos arredores a leste da cidade. Apesar disso, acalmados pela atmosfera rural das cercanias, consideravam a ameaça iminente a Berlim algo inimaginável; e a guerra, distante e irreal. Robert Kolb se convencera de que eles estavam a salvo; e Ingeborg, de que Robert sempre estava certo. Afinal de contas, ele era um veterano da Primeira Guerra Mundial.

– A guerra – Robert lhe assegurava – passará batida por nós.

Quase certos de que independentemente do que acontecesse eles não seriam envolvidos, os Kolbs olhavam com tranqüilidade para o futuro. Agora que havia chegado a primavera, Robert tentava se decidir sobre o local onde pendurar a rede no jardim. Ingeborg tinha outras tarefas com que se ocupar. Planejava plantar espinafre, salsa, alface e uma variedade de batata que ficava rapidamente madura, e eis o maior problema: ela deveria plantar essas batatas no início de abril ou esperar até os dias mais primaveris de maio?

• • •

No seu quartel-general de estuque cinza, um edifício de três andares nos arredores de Landberg, a quarenta quilômetros de Oder, o marechal da União Soviética Georgi K. Zhukov sentou à mesa para considerar alguns planos de sua autoria. Em uma das paredes, um grande mapa de Berlim mostrava em detalhe a proposta da ofensiva de Zhukov para capturar a cidade. Sobre sua mesa estavam três telefones de campanha. Um para uso geral; outro para se comunicar com seus colegas de patente, os marechais Konstantin Rokossovskii e Ivan Stepanovich Koniev, encarregados dos imensos batalhões nos flancos setentrional e meridional, respectivamente. O terceiro telefone era uma linha direta com Moscou e com o supremo comandante, Josef Stalin. O comandante da Primeira Frente Bielo-Russa – com seu peito largo e seus 49 anos – falava com Stalin cada noite às onze horas, relatando os avanços do dia. Agora Zhukov se perguntava quanto tempo ainda levaria para que o líder desse o comando para invadir Berlim. Esperava ter ainda algum tempo. Em uma emergência, Zhukov refletiu que poderia tomar a cidade de imediato, mas ainda não estava inteiramente preparado. Em caráter provisório, ele havia planejado o ataque para o final de abril. Com sorte, ele pensou, poderia chegar a Berlim e reduzir toda a resistência em dez ou doze dias. Os alemães iriam lutar com ele por cada centímetro – era o que ele esperava. Provavelmente, eles ofereceriam maior combate na parte ocidental da cidade. Lá, até onde ele podia prever, estava a única rota de fuga para os defensores alemães. Mas ele planejava atacá-los pelos dois lados à medida que eles tentassem escapar. Na primeira semana de maio, ele prognosticava um massacre em grande escala no distrito de Spandau.

• • •

No segundo andar de um apartamento em Wilmersdorf, Carl Johann Wiberg escancarou as venezianas ao estilo francês das janelas da sala, caminhou até a pequena sacada e avaliou as condições do tempo. Com ele, seus companheiros constantes: Tio Otto e Tia Effie, dois bassês cor de fígado, que andavam gingando. Ergueram as cabeças e olharam para ele cheios de expectativa, esperando pela caminhada matinal.

Caminhar era tudo o que Wiberg fazia para matar o tempo naqueles dias. Todos na vizinhança gostavam desse homem de negócios, um sueco de 49 anos. Consideravam-no em primeiro lugar um "bom berlinense"; em segundo, um sueco. Ao contrário de muitos outros estrangeiros, ele não abandonara a cidade quando os bombardeios começaram. Além do mais, apesar de Wiberg nunca ter reclamado de seus problemas, seus vizinhos sabiam que ele havia perdido quase tudo. Sua mulher falecera em 1939. Sua fábrica de cola havia sido destruída. Após trinta anos como pequeno empresário em Berlim, restara-lhe pouco mais que os dois cachorros e o apartamento. Na opinião de alguns dos seus vizinhos, ele era um homem melhor do que muitos alemães legítimos.

Wiberg olhou para o Tio Otto e a Tia Effie.

– Hora de passear – ele disse.

Ele fechou as janelas e atravessou a sala em direção ao pequeno vestíbulo. Vestiu seu *Chesterfield* de magnífico corte e assentou o seu *Homburg* cuidadosamente escovado na cabeça. Abrindo a gaveta do móvel de mogno polido que ficava próximo à porta, retirou de dentro um par de luvas de camurça e, por um momento, ficou contemplando uma litografia emoldurada que também estava na gaveta.

A impressão, delineada em cores vistosas, mostrava um cavaleiro com armadura completa montado sobre um arisco garanhão branco. Preso à lança do guerreiro, estava um ondulante estandarte. Através do visor aberto do elmo, os olhos do cavaleiro brilhavam selvagemente. Um cacho de cabelo caía-lhe sobre a testa; ele tinha um olhar penetrante e um pequeno bigode negro. Marcando o estandarte que parecia animado por um vento imaginário, estavam as palavras: "*Der Bannerträger*" – "O porta-estandarte".

Wiberg fechou a gaveta devagar. Ele mantinha a litografia escondida porque a caricatura satírica de Hitler havia sido banida de toda a Alemanha.

Mas Wiberg não queria se livrar dela; a peça era muito engraçada para ser jogada fora.

Passando a coleira nos cães, trancou cuidadosamente a porta da frente e desceu os dois lances de escada, ganhando a rua coberta de entulhos. Próximo à saída do prédio, tirou o chapéu para alguns vizinhos e, com os cães à frente, seguiu rua abaixo, pisando com cautela ao redor dos buracos. Ele se perguntava por onde andaria *Der Bannerträger*, agora que o fim parecia próximo. Em Munique? No seu Ninho de Águia em Berchtesgaden? Ou aqui, em Berlim? Ninguém aparentava saber – se bem que isso não fosse qualquer surpresa. O paradeiro de Hitler sempre fora um grande segredo.

Nesta manhã, Wiberg resolveu entrar no seu bar favorito, Harry Rosse, localizado no número 7 da Nestorstrasse – um dos poucos estabelecimentos que continuavam abertos no distrito. A clientela era variada: figurões nazistas, oficiais alemães e uma variedade de homens de negócio. Havia sempre boa conversa e o sujeito poderia saber as últimas notícias – onde haviam caído as bombas na noite passada, quais fábricas haviam sido atingidas, como Berlim seguia sua rotina apesar de tudo. Wiberg gostava de encontrar seus velhos amigos nessa atmosfera festiva e ele estava interessado em todos os aspectos da guerra, especialmente nos estragos provocados pelos bombardeios e em como estava o moral do povo alemão. Particularmente, queria saber a localização de Hitler. Ao voltar para a rua novamente, fez uma nova mesura para um velho conhecido. A despeito de todas as questões que povoavam sua cabeça, Wiberg sabia algumas coisas que deixariam seus vizinhos espantados. Porque este sueco que era mais alemão que muitos alemães também era membro do ultra-secreto Escritório de Serviços Estratégicos americano. Ele era um espião aliado.

Em seu apartamento térreo em Kreuzberg, o dr. Arthur Leckscheidt, pastor evangélico da igreja Melanchthon, estava envolto em desgosto e desespero. A sua igreja com duas torres góticas fora destruída, e seu rebanho, dissipado. Pelas janelas ele podia ver o que havia sobrado. Havia umas poucas semanas atrás, a igreja tinha recebido um ataque direto e, minutos depois, era consumida pelas chamas. A dor que ele sentia, cada vez que olhava para os escombros, ainda não fora mitigada. No ápice do ataque, esquecendo-se de sua própria segurança, o pastor Leckscheidt correu para dentro da igreja tomada pelo fogo. A parte de trás da construção e seu órgão magnífico continuavam intactos. Escalando rapidamente os degraus estreitos que levavam até o local onde ficava o órgão, Leckscheidt tinha apenas um pensamento:

dizer adeus ao seu amado instrumento e à sua igreja. Cantando em voz baixa, os olhos marejados, dr. Leckscheidt tocou sua despedida. Enquanto as bombas caíam por toda a extensão do distrito de Kreuzberg, os incrédulos pacientes no Hospital Urbano, que ficava nas proximidades, e as pessoas abrigadas nos porões das adjacências escutaram o órgão de Melanchthon soar o antigo hino *Da necessidade profunda eu clamo por ti.*

Agora ele dizia um tipo diferente de adeus. Sobre a mesa havia um rascunho de um comunicado que ele iria enviar para os tantos paroquianos que haviam abandonado a cidade ou que estavam nas forças armadas. "Mesmo que as batalhas no Leste e no Oeste nos mantenham sob constante tensão", ele escreveu, "a capital da Alemanha tem sido constantemente o alvo dos ataques aéreos... vocês podem imaginar, caros amigos, que a morte está colhendo uma grande safra. Há carência de caixões. Uma mulher me contou que teve que oferecer nove quilos de mel para conseguir um esquife no qual deitar o seu falecido marido."

O dr. Leckscheidt também estava possesso. "Nós, ministros, nem sempre somos chamados para dar um enterro digno às vítimas dos ataques aéreos", ele escreveu. "Freqüentemente o partido organiza o sepultamento sem um ministro... sem a palavra de Deus." E vez após vez ao longo da carta, ele se referia à devastação da cidade. "Vocês não podem imaginar como está a aparência de Berlim neste momento. Os edifícios mais adoráveis se transformaram em ruínas... Já é comum estarmos sem gás, luz ou água. Deus nos poupe de passarmos fome! Preços inomináveis são praticados sobre os bens só disponíveis no mercado negro." E ele encerrava o comunicado com uma nota de amargo pessimismo: "Esta é, provavelmente, a última carta por um longo tempo. Talvez em breve não tenhamos mais a capacidade de nos comunicar. Nos veremos novamente? Nossa sorte está nas mãos de Deus".

Circulando de propósito pelas ruas caóticas de Dahlem, outro clérigo, padre Bernhard Happich, decidira resolver as questões com as próprias mãos. Um problema delicado fora o centro de suas atenções durante semanas. Noite após noite ele rezou para obter uma orientação, meditando sobre o curso que deveria tomar. Agora ele havia chegado a uma decisão.

Havia uma grande demanda pelos serviços de todos os clérigos, mas essa demanda era particularmente intensa no que dizia respeito ao padre Happich. O religioso de 55 anos, que carregava as palavras "Jesuíta: incapacitado para o serviço militar" estampadas na sua carteira de identidade (os nazistas tinham uma impressão como essa reservada para os judeus e outros perigos indesejáveis), era também um médico de admirável destreza. Entre suas tantas outras tarefas, ele era o padre provincial da Casa Dahlem, que era ao mesmo tempo orfanato, maternidade e um lar para crianças enjeitadas dirigido pelas irmãs da Missão do Sagrado Coração. Foram a madre superiora Cunegundes e suas seguidoras que lhe trouxeram o problema e, por conseguinte, forçaram-no a uma solução.

O padre Happich não tinha ilusões a respeito dos nazistas e de como a guerra certamente iria acabar. Ele havia concluído há muito tempo que Hitler e sua nova ordem brutal estavam condenados ao desastre. Agora, a crise se aproximava a passos rápidos. Berlim estava cercada – o cálice enegrecido no olho do conquistador. O que aconteceria à Casa Dahlem e às suas bondosas (mas nada mundanas) irmãs?

Com o rosto fechado, padre Happich aproximou-se do lado de fora do lar. A construção sofrera apenas danos superficiais, e as irmãs estavam convencidas de que suas preces haviam sido escutadas. O padre não discordava delas, mas, sendo um homem prático, acreditava que a sorte e a má pontaria tinham alguma coisa a ver com isso.

Ao cruzar o salão de entrada, olhou para a grande estátua em seus trajes azuis e dourados, a espada erguida. Era São Miguel, "o guerreiro de Deus contra todo mal". A fé das irmãs no santo era bem fundamentada, porém, assim como antes, padre Happich estava contente por ter tomado sua decisão. Como todo mundo, ele ouvira os relatos sobre os horrores cometidos no Leste do país da boca dos refugiados que haviam conseguido escapar antes do avanço das forças russas. Muita coisa poderia ser exagero, ele acreditava; sabia, contudo, que algumas histórias eram verdadeiras. O padre decidira-se por alertar as irmãs. Agora seria preciso escolher o momento certo para lhes contar e, acima de tudo, encontrar as palavras adequadas. Eis a maior preocupação de Happich: como contar a sessenta freiras e irmãs seculares que elas corriam o risco de ser estupradas?

3

O medo de ataques sexuais caiu sobre a cidade como uma mortalha, pois Berlim, após quase seis anos de guerra, era agora basicamente uma cidade de mulheres.

No começo, em 1939, a capital contava com 4 milhões e 321 mil habitantes. No entanto, o colossal número de baixas, a convocação tanto de homens como de mulheres e a evacuação voluntária de um milhão de cidadãos para regiões mais seguras no interior do país por volta de 1943-44 cortaram o número inicial em mais de um terço. Nesse momento, os únicos homens que restaram em um número significativo estavam nas faixas abaixo de dezoito anos e acima de sessenta. Os que restaram na faixa entre dezoito e trinta anos totalizavam aproximadamente cem mil e, na sua grande maioria, não podiam servir no exército ou estavam feridos. Em janeiro de 1945, a população estimada da cidade era algo em torno de 2 milhões e 900 mil. Naquele momento, porém, tal número era certamente muito elevado. Após 85 ataques aéreos em menos de onze semanas e com a ameaça de cerco à cidade, milhares mais haviam fugido. As autoridades militares estimavam que a população de Berlim caíra para 2 milhões e 700 mil, dos quais mais de 2 milhões eram mulheres – e mesmo esta soma não passava de uma suposição baseada nas informações.

Um elemento complicador na tentativa de se obter o verdadeiro número de habitantes era a enorme afluência dos refugiados das províncias orientais, ocupadas pelas forças soviéticas. Alguns calculavam que o número de refugiados ficava acima da casa dos quinhentos mil. Desarraigados, os civis em debandada congestionaram as estradas para Berlim por meses, carregando seus pertences nas costas, ou em carroças puxadas a cavalo, ou ainda em carrinhos de mão, tocando seus animais adiante. A maioria não ficava na cidade, seguindo rumo a oeste. À medida que passavam, porém, deixavam atrás de si as apavorantes histórias que traziam nas bagagens. As narrativas desses episódios haviam se espalhado por Berlim como uma praga, infectando muitos cidadãos com o terror.

Os refugiados falavam de um invasor vingativo, violento e rapace. Pessoas cujas jornadas tinham começado na longínqua Polônia, ou nos territórios já capturados da Prússia Oriental, Pomerânia e Silésia, davam depoimentos amargurados sobre um inimigo que não oferecia misericórdia. De fato, declaravam os refugiados, a propaganda russa insuflava o Exército Vermelho a não poupar ninguém. Falaram de um manifesto, que teria sido escrito pelo principal propagandista da União Soviética, Ilya Ehrenburg, que era transmitido tanto por rádio quanto por meio de um folheto às tropas vermelhas. "Matem! Matem!", seguia o manifesto. "Na raça alemã não há nada além de maldade... Sigam os preceitos do camarada Stalin. Esmaguem de uma vez por todas a besta fascista em seu próprio covil! Usem a força e destruam o orgulho racial dessas mulheres alemãs. Tomem-nas como seus legítimos troféus de guerra. Matem! À medida que vocês avançarem, matem! Vocês são os audazes soldados do Exército Vermelho.*"

Os refugiados relataram que as linhas de frente avançadas eram bem disciplinadas e de comportamento exemplar, mas que as unidades secundárias que as seguiam eram uma malta desorganizada. Em violentas orgias, regadas a bebida, esses homens do Exército Vermelho matavam, saqueavam e estupravam. Muitos comandantes russos, de acordo com as reclamações dos fugitivos, aparentavam tolerar as ações de seus subordinados. Pelo menos, não faziam qualquer esforço para impedi-los. Dos camponeses aos bem-nascidos, os relatos eram os mesmos, e, em qualquer lugar no mar de refugiados, havia mulheres que contavam histórias assustadoras sobre ataques brutais – de serem, sob a mira das armas, forçadas a se despirem e se submeterem a repetidas violações.

Quanto disso tudo era fantasia, quanto era fato? Os berlinenses não tinham certeza. Aqueles que sabiam das atrocidades e dos genocídios efetuados pelas tropas alemãs da SS na Rússia – e milhares sabiam disso – temiam que as histórias fossem verdadeiras. Aqueles que estavam cientes do que era feito

* Não vi pessoalmente o folheto de Ehrenburg. Contudo, muitos dos que entrevistei tiveram essa oportunidade. Ademais, o panfleto é mencionado repetidas vezes nos documentos oficiais alemães, diários de guerra e em numerosas histórias. A versão mais completa aparece em Memórias, do almirante Doenitz, página 179. Que o panfleto de fato existe, não tenho qualquer dúvida. Questiono, porém, a versão acima, já que os tradutores alemães eram famosos por sua imprecisão. Todavia, Ehrenburg escreveu outros panfletos que eram igualmente maus, como qualquer um pode concluir a partir dos seus escritos, particularmente daqueles publicados em inglês e em caráter oficial durante a guerra pelos próprios soviéticos no *Soviet War News*, 1941-45, vols. 1-8. O seu lema "Matem os alemães" era repetido vez após vez – e aparentemente com a completa aprovação de Stalin. Em abril de 1945, em um editorial sem precedentes no jornal militar soviético, *Estrela vermelha*, ele recebeu uma reprimenda oficial do chefe de propaganda, Alexandrov, que escreveu: "O camarada Ehrenburg está exagerando... nós não estamos lutando contra o povo alemão, mas sim contra os hitlers do mundo". Tal reprovação teria sido desastrosa para qualquer outro escritor soviético, mas não para Ehrenburg. Ele continuou com a sua propaganda "Matem os alemães" como se nada tivesse acontecido – e Stalin fez vista grossa. No quinto volume de suas memórias, *Peoples, years and life*, publicado em Moscou em 1963, Ehrenburg se esqueceu convenientemente do que escrevera durante a guerra. Na página 126, ele diz: "Em diversos ensaios, enfatizei que nós não devemos, melhor, não podemos acossar as pessoas – afinal, somos soviéticos e não fascistas". Contudo, é preciso que se diga uma coisa: independentemente do que Ehrenburg tenha escrito, não podia ser pior do que o que era publicado pelo chefe de propaganda nazista, Goebbels – um fato que muitos alemães convenientemente também esqueceram. (N. do A.)

com os judeus nos campos de concentração – um novo e horrível aspecto do nacional-socialismo que o mundo livre recém estava conhecendo – também acreditavam nos refugiados. Esses berlinenses mais bem-informados podiam perfeitamente acreditar que os opressores começavam a se tornar oprimidos, que a roda da retribuição se movia para fechar o círculo. Muitos dos que conheciam a extensão dos horrores perpetrados pelo Terceiro Reich abandonavam qualquer esperança. Altos burocratas e oficiais do alto escalão nazista tinham discretamente removido suas famílias de Berlim ou estavam a ponto de fazê-lo.

Os fanáticos ainda permaneciam, e os berlinenses comuns, menos a par das informações e ignorando o verdadeiro estado das coisas, também iam ficando. Eles não podiam ou não iriam partir. "Oh, Alemanha, Alemanha, minha pátria", escreveu em seu diário Erna Saenger, uma dona de casa de 65 anos, mãe de seis crianças. "A confiança traz a desilusão. Acreditar completamente significa ser estúpido e cego... mas... nós permaneceremos em Berlim. Se todos abandonarem suas casas como fizeram os vizinhos, daremos ao inimigo exatamente o que ele quer. Não, nós não queremos esse tipo de derrota."

Apesar disso, poucos berlinenses poderiam alegar que desconheciam a natureza do perigo. Quase todo mundo tinha ouvido as histórias. Um casal, Hugo e Edith Neumann, moradores de Kreuzberg, realmente haviam sido informados por telefone. Alguns parentes que moravam na zona ocupada pelos russos tinham arriscado suas vidas, um pouco antes das comunicações serem cortadas, para avisá-los que os conquistadores estavam estuprando, matando e roubando sem qualquer controle. Mesmo assim, os Neumanns permaneceram. A loja de materiais elétricos de Hugo havia sido bombardeada, mas abandoná-la agora seria algo impensável.

Outros preferiam varrer do pensamento as histórias, porque a propaganda, fosse a espalhada pelos refugiados, fosse a inspirada pelo governo, já não lhes tinha qualquer significado. A partir do momento em que Hitler ordenara a invasão sem motivos da Rússia, em 1941, todos os alemães haviam sido submetidos à implacável artilharia da propaganda de ódio. Os soviéticos foram pintados como bárbaros e subumanos. Quando a tendência mudou e as tropas alemãs foram obrigadas a recuar em todos os *fronts* da Rússia, o dr. Joseph Goebbels, o chefe perneta de propaganda do Reich, intensificou seus esforços – particularmente em Berlim.

O assistente de Goebbels, dr. Werner Naumann, admitiu em caráter privado que "nossa propaganda, tanto no que diz respeito ao modo como os russos são quanto no que a população de Berlim pode esperar com a chegada deles, está sendo tão bem-sucedida que nós reduzimos os berlinenses a um estado de puro terror". Por volta do fim de 1944, Naumann sentiu que "passamos de todos os limites no exagero – nossa propaganda acabou por se voltar contra nós".

Agora o tom da propaganda havia mudado. À medida que o império de Hitler se esfacelava, pedaço por pedaço, que Berlim era demolida, bloco a bloco, Goebbels passara a transformar as mensagens de terror em votos de renovada confiança; agora as pessoas eram informadas que a vitória estava ali, na próxima esquina. Tudo o que Goebbels conseguiu com seu procedimento foi gerar entre os berlinenses cosmopolitas um tipo de humor grotesco e macabro, que se materializou em um grande e coletivo mostrar de línguas com o intuito de produzir aquele som de cano de descarga frouxo, um gesto que a população dirigia sarcasticamente para si mesma, para seus líderes e para o resto do mundo. Os berlinenses rapidamente alteraram o lema de Goebbels de "O Führer ordena, nós obedecemos" para "O Führer ordena, nós agüentamos o que vier". Quanto às promessas do chefe de propaganda sobre a vitória final, um irreverente reduziu tudo, de modo solene, a: "Aproveite a guerra, a paz será terrível".

Na atmosfera próxima ao pânico criada pelos relatos dos refugiados, os fatos e a razão foram se distorcendo frente ao avanço dos rumores. Histórias contendo todo tipo de atrocidades se espalhavam por Berlim. Os russos eram descritos como mongóis de olhos puxados que trucidavam mulheres e crianças num piscar de olhos. Diziam que os homens do clero eram queimados até a morte com lança-chamas. Outras histórias davam conta de que as freiras eram estupradas e então obrigadas a desfilar despidas pelas ruas; de que as mulheres eram transformadas em escravas de campanha e que os homens eram obrigados a marchar rumo à servidão na Sibéria. Houve inclusive uma reportagem no rádio revelando que os russos haviam pregado as línguas de suas vítimas a mesas. Os menos impressionáveis consideravam essas narrativas fantásticas demais para merecer crédito.

Outros, porém, estavam terrivelmente conscientes do que estava por vir. Na sua clínica particular em Schöneberg, a dra. Anne-Marie Durand-Wever, graduada pela Universidade de Chicago e uma das ginecologistas mais renomadas da Europa, sabia a verdade. A médica de 55 anos, famosa por suas posições antinazistas (ela era autora de muitos livros que defendiam os direitos da mulher, a igualdade entre os sexos e o controle de natalidade – todos banidos pelos nazistas), estava impelindo seus pacientes a abandonar Berlim. Ela havia examinado uma grande quantidade de refugiadas e chegara à conclusão de que, de alguma maneira, o número de violações relatadas era ainda inferior aos casos realmente ocorridos.

A dra. Durand-Wever pretendia permanecer em Berlim, mas agora ela levava consigo, aonde quer que fosse, uma pequena cápsula de cianureto de rápida ação. Depois de tantos anos clinicando, não tinha certeza se seria capaz de cometer suicídio. Todavia, mantinha a pílula na bolsa – pois se os russos tomassem Berlim, ela acreditava que todas as mulheres, entre oito e oitenta anos, poderiam esperar pelo estupro.

A dra. Margot Sauerbruch também esperava o pior. Ela trabalhava com seu marido, o professor Ferdinand Sauerbruch, o mais eminente cirurgião da Alemanha, no maior e mais velho hospital de Berlim, o Charité, no distrito de Mitte. Por causa de sua localização, junto à estação principal de trem, o hospital recebera os refugiados em estado mais grave. A partir dos exames que fizera nas vítimas, a dra. Sauerbruch não tinha qualquer ilusão a respeito da ferocidade do Exército Vermelho quando deixado à rédea solta. Os estupros, ela sabia com certeza, não eram propaganda.

Margot Sauerbruch estava estarrecida com o número de refugiadas que haviam tentado o suicídio – incluindo uma enorme quantidade de mulheres que não tinham sido molestadas ou violadas. Horrorizadas pelo que elas haviam visto ou ouvido, muitas tinham cortado os pulsos. Algumas tinham, até mesmo, tentado matar suas próprias crianças. Quantas tinham sido bem-sucedidas em sua empreitada ninguém sabia. A dra. Sauerbruch vira apenas aquelas que haviam falhado. Contudo, era muito claro que uma onda de suicídios tomaria Berlim se os russos capturassem a cidade.

A maioria dos outros médicos, pelo menos aparentemente, concordava com esse ponto de vista. Em Wilmersdorf, o cirurgião Günther Lamprecht anotou em seu diário que "o principal tópico – mesmo entre os médicos – é a técnica do suicídio. As conversas sobre esse assunto estão se tornando insuportáveis".

Era muito mais do que mera conversa. Os planos de morte já estavam a caminho. Em todos os distritos, os médicos eram assediados por seus pacientes e amigos que ou procuravam informações sobre formas rápidas de suicídio ou imploravam por receitas que permitissem a eles comprar o veneno. Tomados por uma onda de medo, milhares de berlinenses ensandecidos haviam decidido morrer do jeito que fosse para não cair nas mãos do Exército Vermelho.

– Quando eu vir o primeiro par de botas russas, cometo suicídio – confiou Christa Maunier, de vinte anos, à amiga Juliane Bochnik.

Christa já havia garantido seu veneno. Rosie Hoffman – amiga de Juliane – e seus parentes haviam feito o mesmo. Os Hoffmans estavam completamente desesperançados e não esperavam nenhuma misericórdia dos russos. Embora Juliane não soubesse disso àquele tempo, os Hoffmans mantiveram relações com o *Reichsführer* Heinrich Himmler, comandante da Gestapo e da SS, o homem responsável pelo genocídio de milhões nos campos de concentração.

Veneno – particularmente o cianureto – tornou-se o método preferido de autodestruição. Um tipo de cápsula, conhecida como pílula "KCB", em especial, sofria grande demanda. Esse composto cianídrico concentrado era tão poderoso que a morte se dava quase que instantaneamente – até mesmo as emanações, se inaladas, poderiam ser fatais. Com aquela previdência germânica, alguma agência do governo havia espalhado uma vasta quantidade dessas cápsulas em Berlim.

Os oficiais nazistas, os oficiais graduados, os líderes dos departamentos do governo e mesmo funcionários mais subalternos tinham à disposição seus próprios suprimentos de veneno, que podiam estender aos familiares e aos amigos com pouca dificuldade. Médicos, farmacêuticos, dentistas e empregados de laboratório também tinham acesso às cápsulas e pílulas. Alguns, inclusive, potencializavam os efeitos dos tabletes. O dr. Rudolf Hückel, professor de patologia da Universidade de Berlim e o mais reconhecido especialista na cidade em patologia do câncer, havia adicionado ácido acético às suas cápsulas de cianureto e às da esposa. Se eles precisassem delas, o ácido acético faria o veneno trabalhar ainda mais rápido.

Alguns berlinenses, impossibilitados de conseguir o cianureto de ação rápida, estocavam barbitúricos ou derivados do veneno. O comediante Heinz Rühmann, freqüentemente chamado de "o Danny Kaye* da Alemanha", estava tão temeroso em relação ao futuro por causa da sua esposa, a bela atriz Hertha Feiler, e do seu jovem filho, que escondera uma lata com veneno de rato dentro do pote de farinha – apenas como garantia. O antigo embaixador nazista na Espanha, o tenente-general da reserva Wilhelm Faupel, planejava envenenar-se junto com a esposa por meio de uma overdose de medicamentos. Ele tinha complicações cardíacas. Quando sofria os ataques, tomava um estimulante contendo digitalina. Faupel sabia que uma overdose causaria um ataque do coração e o assunto se encerraria de modo rápido. Havia, inclusive, guardado remédio suficiente para alguns dos seus amigos.

---

* Danny Kaye (1913-1987). Ator de cinema e cantor norte-americano. Iniciou seu período de maior fama e sucesso nos anos da Segunda Guerra Mundial. (N. do T.)

Para outros, a melhor e mais corajosa maneira de morrer era com um rápido tiro. No entanto, um número surpreendente de mulheres, a maioria de meia-idade, escolhera o método mais sangrento entre todos – a lâmina de barbear. Na família Ketzler, em Charlottenburg, Gertrud, de 42 anos, normalmente uma mulher alegre, agora carregava uma gilete na bolsa – assim como sua irmã e sua sogra. A amiga de Gertrud, Inge Rühling, também possuía uma lâmina, e as duas mulheres discutiam ansiosamente qual era o modo mais efetivo de se garantir o objetivo – cortar os pulsos ou fazer uma incisão longitudinal sobre as artérias.

Havia sempre a chance de que tais medidas drásticas pudessem não ser necessárias. Para a maioria dos berlinenses ainda restava uma última esperança. Aterrorizada com o Exército Vermelho, a imensa maioria da população, em particular as mulheres, agora ansiava desesperadamente que as forças anglo-americanas capturassem Berlim.

• • •

Era quase meio-dia. Voltando das linhas russas, na cidade de Bromberg, o capitão Sergei Ivanovich Golbov tentava acostumar a visão à enorme sala de estar do luxuoso apartamento de terceiro andar que ele e mais dois oficiais de mesma patente do Exército Vermelho recém haviam "liberado". Golbov e seus amigos estavam alegremente bêbados. Todos os dias eles dirigiam 145 quilômetros do quartel-general em Bromberg até o *front* para saber das novidades; mas, no momento, tudo estava tranqüilo. Não haveria muito a relatar até que a ofensiva a Berlim começasse. Enquanto isso, após meses de informes da linha de frente, o bem-apessoado Golbov, 25 anos de idade, aproveitava para relaxar.

Com a garrafa na mão, ele continuava olhando para a riqueza do interior. Nunca na vida ele vira algo parecido. Pesados quadros com molduras douradas e trabalhadas ornavam as paredes. As janelas tinham cortinas de seda. Os móveis estavam cobertos por ricos tecidos brocados. Finos tapetes turcos cobriam o chão, e imponentes lustres pendiam do teto das duas salas, a de estar e a de jantar, que lhe era adjacente. Golbov tinha absoluta certeza de que um importante nazista devia ter sido o dono desse apartamento.

Havia uma pequena porta semicerrada ao fim da sala de estar. Golbov a abriu e descobriu um banheiro. Na extremidade de uma corda, presa a um gancho na parede, estava o corpo de um oficial nazista trajando uniforme completo. Golbov observou rapidamente o cadáver. Havia visto milhares de alemães mortos, mas esse corpo enforcado parecia tão tolo. Golbov chamou os amigos, mas eles estavam muito entretidos na sala de jantar para responder. Eles jogavam cristais alemães e venezianos nos lustres – e em si mesmos.

Golbov voltou para a sala, disposto a se sentar no longo sofá que antes ele havia visto de passagem – mas então descobriu que o lugar já estava ocupado. Deitado em toda sua extensão, trajando uma camisola amarrada na cintura ao estilo grego, jazia uma mulher morta. Ela era muito jovem e havia se preparado para a morte com cuidado. Seu cabelo fora dividido em duas tranças que caíam sobre cada um dos ombros. Suas mãos estavam cruzadas sobre os seios. Embalando sua garrafa, Golbov sentou em uma poltrona e ficou olhando para ela. Atrás dele, continuavam as gargalhadas e o despedaçar das taças na sala de jantar. A garota devia estar no início da casa dos vinte, e, pelas marcas azuis em seus lábios, Golbov chegou à conclusão de que ela havia ingerido veneno.

Atrás do sofá ocupado pela moça morta, havia uma mesa com fotografias emolduradas em prata – crianças sorridentes com um jovem casal, possivelmente seus pais; e um casal mais velho. Golbov pensou na própria família. Durante o cerco a Leningrado, sua mãe e seu pai, quase mortos de fome, haviam tentado fazer uma sopa a partir de uma espécie de óleo industrial. O prato liquidou com os dois. Um de seus irmãos foi morto nos primeiros dias da guerra. O outro, Mikhail, de 34 anos, um líder guerrilheiro, acabou sendo capturado pela SS, amarrado a uma estaca e queimado vivo. Esta garota no sofá morreu de um modo um tanto pacífico, pensou Golbov. Deu uma longa balançada na garrafa, caminhou em direção ao sofá e pegou a morta no colo. Caminhou até as janelas fechadas. Atrás dele, entre gritos e risadas, o lustre da sala de jantar despencou no chão, provocando um fortíssimo estrondo. Golbov também quebrou uma grande quantidade de vidro ao jogar o corpo da garota diretamente através da janela.

4

Os berlinenses, que quase diariamente faziam gestos com os punhos para as bombas e que, mais do que nunca, choravam por suas famílias, parentes e amigos perdidos nos ataques aéreos ou nas forças armadas, agora falavam fervorosamente nos ingleses e nos americanos não mais como conquistadores, mas sim "libertadores". Foi uma extraordinária mudança de atitude, e esta nova postura produziu resultados curiosos.

A moradora de Charlottenburg Maria Köckler recusou-se a acreditar que os americanos e os ingleses permitiriam que Berlim caísse nas mãos dos russos. Ela estava inclusive determinada a ajudar os Aliados ocidentais. A dona-de-casa de 45 anos e cabelos grisalhos disse a amigos que ela estava "pronta para entrar na luta para deter os Vermelhos até que os '*Amis*'* chegassem".

Muitos berlinenses aplacavam seus medos ouvindo transmissões da BBC e acompanhando cada combate travado no *front* ocidental, que desmoronava – era quase como se estivessem seguindo o curso de um vitorioso exército germânico que se apressasse para salvar Berlim. Durante os ataques, Margarete Schwarz, uma contadora, passava noite após noite com seus vizinhos, traçando meticulosamente o avanço anglo-americano através da parte oeste da Alemanha. Cada quilômetro conquistado lhe parecia mais um passo a caminho da libertação. Liese-Lotte Ravené também encarava a situação da mesma maneira. Passava seu tempo em um apartamento cheio de livros em Tempelhof, onde ela cuidadosamente marcava os últimos avanços dos americanos em um grande mapa, desejando fervorosamente que os *Amis* avançassem. *Frau* Ravané não gostava de pensar no que aconteceria se os russos chegassem primeiro. Ela era uma semi-inválida – com braçadeiras de ferro que lhe envolviam a cintura e corriam por toda a extensão da perna direita.

Milhares tinham certeza de que os *Amis* chegariam primeiro a Berlim. Sua fé se assemelhava à das crianças – vaga e obscura. *Frau* Annemaria Hückel, cujo marido era médico, começou a rasgar as velhas bandeiras nazistas para usar como bandagens na grande batalha que ela estava esperando para o dia em que os americanos chegassem. Brigitte Weber, de Charlottenburg, uma jovem de vinte anos e noiva há três meses, tinha certeza de que os americanos estavam chegando e ela pensava saber exatamente onde eles pretendiam viver. Brigitte ouvira dizer que os americanos gostavam de levar um alto padrão de vida e apreciavam as melhores coisas da existência. Ela estava pronta para apostar que eles haviam cuidadosamente escolhido o opulento distrito residencial de Nikolassee. Raramente uma bomba caíra nessas redondezas.

Outros, enquanto esperavam pelo melhor, preparavam-se para o pior. A sensata Pia van Hoeven e suas amigas Ruby e Eberhard Borgmann relutantemente chegaram à conclusão de que apenas um milagre poderia evitar que os russos alcançassem Berlim primeiro. Assim, elas aceitaram o convite de seu grande amigo, o jovial e rechonchudo Heinrich Schelle, para se juntar a ele e a sua família quando a batalha pela cidade começasse. Schelle

* Literalmente, "amigos". Modo de se referir aos Aliados. Em francês no original. (N. do T.)

gerenciava o Gruban-Souchay, loja de vinhos e ao mesmo tempo um dos mais famosos restaurantes de Berlim, situado no térreo dos Borgmanns. Ele havia transformado uma de suas adegas em um maravilhoso abrigo, complementado por tapeçarias orientais e provisões suficientes para resistir ao cerco. Havia pouca comida, exceto pelas batatas e latas de atum, mas havia um amplo suprimento dos mais raros e delicados vinhos da França e da Alemanha na adega adjacente – além de conhaque Hennessy e caixas e mais caixas de champanhe.

– Enquanto nós esperamos por Deus sabe lá o quê – disse-lhes Heinrich –, talvez possamos ao menos viver confortavelmente. – Então ele acrescentou: – Se ficarmos sem água... sempre haverá o champanhe.

Biddy Jungmittag, 41 anos, mãe de duas filhas jovens, achava que toda essa conversa de que os americanos e os ingleses iriam chegar não passava – em suas próprias palavras – de "uma grande porcaria". Britânica de nascimento, casada com um alemão, ela conhecia muito bem os nazistas. Seu marido, suspeito de pertencer a um grupo de resistência alemã, fora executado havia cinco meses. Os nazistas, ela acreditava, lutariam com semelhante fúria tanto contra os Aliados ocidentais quanto contra os russos. Uma rápida olhada no mapa mostrava que estranho seria se os anglo-americanos chegassem antes em Berlim. Mas a iminente chegada do Exército Vermelho não alarmava indevidamente Biddy. Eles não ousariam tocar nela. No seu sensato jeito britânico de ser, Biddy pretendia mostrar seu velho passaporte ao primeiro russo que aparecesse.

Havia alguns que não sentiam necessidade de documentos para se proteger. Eles não estavam apenas esperando pelos russos, eles há muito tempo queriam lhes dar boas-vindas. Esse momento seria a realização de um sonho pelo qual pequenos grupos de alemães haviam trabalhado e se dedicado durante a maior parte de suas vidas. Perseguidas e importunadas com freqüência pela Gestapo e pela polícia criminal, umas poucas células mais resistentes haviam de algum modo sobrevivido. Os comunistas alemães e seus simpatizantes ansiavam pela vinda dos salvadores do leste.

Embora totalmente dedicados a derrubar o nazismo, os comunistas de Berlim tinham sido tão dispersados, que sua efetividade – para os Aliados ocidentais, de qualquer maneira – era mínima. Existia um aparelho comunista clandestino, mas que, solenemente, só recebia ordens diretas de Moscou e trabalhava exclusivamente como uma rede soviética de espionagem.

Hildegard Radusch, que havia sido deputada comunista no parlamento berlinense entre 1927 e 1932, estava resistindo à sua sorte quase que sozinha. Faminta, quase congelando, escondia-se com outros comunistas perto da vila de Prieros, na fronteira sudeste de Berlim. Junto com sua amiga Else ("Eddy") Kloptsch, ela vivia em uma grande caixa de madeira com três metros de altura por dois e meio de largura, fixada no concreto. O casebre não tinha gás, nem água, nem banheiro, mas para a robusta Hildegard, de 42 anos (descrita por si mesma como "o homem da casa"), era o refúgio perfeito.

Hildegard e Eddy viviam juntas deste 1939. Elas estavam escondidas em Prieros havia quase dez meses. Hildegard constava na lista nazista dos "mais procurados", mas ela havia sobrepujado em astúcia a Gestapo por diversas vezes. Seu maior problema, como o dos outros comunistas na região, era a comida. Candidatar-se aos cartões de racionamento significaria revelar instantaneamente sua identidade e acabar presa. Por sorte, Eddy, embora uma simpatizante, não era procurada como comunista e assim recebia as rações semanais. A parca porção, porém, mal dava para uma pessoa. (O jornal oficial nazista, *Völkischer Beobachter*, trazia impressa a porção adulta para a semana: dois quilos de pão; novecentos gramas de carne e salsicha; 140 gramas de banha; 140 de açúcar; e a cada três semanas 62 gramas de queijo e cem gramas de um café de má qualidade.) Ocasionalmente, as duas mulheres conseguiam complementar sua dieta comprando com cautela no mercado negro. Os preços, contudo, eram exorbitantes: apenas trinta gramas de café custavam entre cem e duzentos marcos.

Dois pensamentos preocupavam constantemente Hildegard: comida e ser libertada pelo Exército Vermelho. Mas esperar era duro, e simplesmente sobreviver ficava mais difícil a cada mês – como ela metodicamente registrou em seu diário.

Em 13 de fevereiro de 1945, ela escreveu: "Já é hora dos russos chegarem... os cachorros ainda não me pegaram".

18 de fevereiro: "Nenhuma notícia de Zhukov sobre o *front* de Berlim desde o último dia 7, e nós esperando tão desesperadamente pela sua chegada. Venha, Tovarishti, quanto mais rápido você estiver aqui, mais rápido essa guerra terminará".

24 de fevereiro: "Indo para Berlim no dia de hoje. Café de térmica; um pedaço de pão seco. Três homens me olharam de forma suspeita durante a viagem. É tão reconfortante saber que Eddy está a meu lado. Não há nada para comer em nenhum lugar. Eddy realmente fez a viagem para conseguir cigarros com o cartão de racionamento que ela comprou no mercado negro – valia dez cigarros. Não havia nenhum na loja, assim ficou com cinco charutos. Ela

esperava trocar um vestido de seda e dois pares de meia por algo comestível. Nada feito. Nem pão havia no mercado negro".

25 de fevereiro: "Três charutos já se foram. Ainda sem *comuniqués* de Zhukov. Nada também de Koniev".

27 de fevereiro: "Estou ficando nervosa com toda essa espera. Isto é catastrófico para alguém que está ansiosa para trabalhar e tem de ficar confinada aqui".

19 de março: "Refeição maravilhosa ao meio-dia – batatas salgadas. À noite, panquecas de batata, fritas em óleo de fígado de bacalhau. O gosto não é lá essas coisas".

Agora, neste primeiro dia de primavera, Hildegard ainda esperava e, segundo a anotação do seu diário, "estava quase enlouquecendo de fome". Nenhuma informação chegava do *front* russo. Tudo o que ela conseguia escrever era que "os ventos estão varrendo o inverno do campo e do prado. Os narcisos estão em flor. O sol está brilhando, e o ar está quente. Os costumeiros ataques aéreos... Julgando pelas detonações, os aviões estão cada vez mais perto de nós". E mais tarde, percebendo que os Aliados ocidentais estavam na altura do Reno e poderiam, por seus cálculos, "chegar a Berlim em vinte dias", ela amargamente se lembrou de que os berlinenses "prefeririam receber os homens dos países capitalistas". Ela esperava que os russos pudessem chegar de uma vez, que Zhukov atacasse na Páscoa.

A cerca de quarenta quilômetros diretamente ao norte de Prieros, em Neuenhagen, nos limites orientais de Berlim, outra célula comunista esperava com obstinada disposição. Seus membros, também, viviam sob o constante medo de serem presos ou mortos, mas eles eram militantes mais ativos e mais bem organizados que seus camaradas de Prieros e tinham mais sorte também: eles estavam a apenas 56 quilômetros do Oder e esperavam que o seu distrito fosse um dos primeiros, entre os mais afastados, a ser capturado.

Membros desse grupo haviam trabalhado noite após noite debaixo dos narizes da Gestapo, preparando um plano para o dia da libertação. Eles sabiam os nomes e os paradeiros de cada nazista da localidade, tanto dos oficiais da SS quanto dos da Gestapo. Eles sabiam quais estavam dispostos a cooperar e quais não. Alguns estavam marcados para ser imediatamente presos, outros, para ser liquidados. O grupo era tão bem organizado que havia inclusive feito planos detalhados para uma futura administração do distrito.

Todos os membros dessa célula esperavam com ansiedade pela chegada dos russos, certos de que suas recomendações seriam aceitas. Mas nenhum aguardava com maior aflição do que Bruno Zarzycki. Ele sofria tanto com as úlceras que mal conseguia comer, mas seguia dizendo que, no dia em que o Exército Vermelho chegasse, suas úlceras desapareceriam; ele sabia.

Inacreditavelmente, por toda Berlim, em porões úmidos e em sótãos abafados, uns poucos entre as mais odiadas e perseguidas vítimas do nazismo agarravam-se obstinadamente à vida, esperando pelo dia em que poderiam emergir de seus esconderijos. Eles não se importavam com quem chegasse primeiro, contanto que alguém viesse, e rápido. Uns viviam com mais dois ou três companheiros, outros em família e outros ainda em pequenas colônias. A maioria de seus amigos pensava que estavam mortos – e em certo sentido eles estavam. Alguns não haviam visto o sol por anos a fio, não haviam sequer caminhado por uma rua de Berlim. Eles não podiam se dar ao luxo de ficar doentes, pois isso significava ter de recorrer a um médico, responder perguntas e possivelmente ser descoberto. Mesmo durante os piores bombardeios, eles permaneciam nos seus esconderijos, já que nos abrigos antiaéreos teriam sido imediatamente reconhecidos. Eles mantinham uma frieza de aço, pois haviam aprendido há muito tempo a não entrar em pânico. Deviam sua sobrevivência à habilidade de sufocar praticamente qualquer emoção. Eram engenhosos e tenazes e, após seis anos de guerra e aproximadamente treze de perseguições em plena capital do Terceiro Reich de Hitler, quase três mil ainda estavam vivos. Que eles conseguissem sobreviver era um depoimento em favor da coragem de um largo segmento de cristãos da cidade, nenhum dos quais vai receber jamais o devido reconhecimento por terem protegido os desprezados bodes expiatórios da nova ordem – os judeus*.

* O número estimado de sobreviventes judeus é oriundo das estatísticas do Senado de Berlim, preparadas pelo dr. Wolfgang Scheffler, da Universidade Livre de Berlim. Elas são contestadas por alguns especialistas judeus – entre os quais Siegmund Weltlinger, que foi o presidente dos Assuntos Judaicos no governo do pós-guerra. Ele estabeleceu que o número de sobreviventes era de apenas 1,4 mil judeus. Além desses que viveram clandestinamente, o dr. Scheffler afirma que pelo menos 5,1 mil judeus que se casaram com cristãos viviam na cidade sob as então chamadas condições legais. Na melhor das hipóteses, porém, viver assim era como estar em um limbo assustador, porque sobre esses judeus pairava a ameaça de serem presos a qualquer momento. Atualmente [1966], seis mil judeus moram em Berlim – uma mera fração dos 160.564 de 1933, o ano em que Hitler ascendeu ao poder. Deste número, ninguém sabe ao certo quantos judeus berlinenses deixaram a cidade, emigraram da Alemanha ou foram deportados e exterminados em campos de concentração. (N. do A.)

Siegmund e Margarete Weltlinger, ambos chegando à casa dos sessenta, estavam escondidos num pequeno apartamento de térreo em Pankow. Uma família de cientistas cristãos, os Möhrings, arriscando suas próprias vidas, os havia acolhido. O lugar estava superlotado. Os Möhrings, suas duas filhas e os Weltlingers viviam todos juntos em um apartamento de dois quartos. Mas os Möhrings dividiam suas rações e tudo mais com os Weltlingers e jamais haviam feito uma reclamação. Apenas uma vez em muitos meses os Weltlingers ousaram sair: uma dor de dente os levou a correr o risco. O dentista que extraiu o dente aceitou a explicação dada por Margarete: ela era uma "prima que estava de visita".

Eles haviam tido sorte até 1943. Embora Siegmund tivesse sido expulso do mercado de ações em 1938, ele foi logo em seguida convidado a ocupar um cargo especial no Bureau da Comunidade Judaica em Berlim. Naqueles dias o Bureau, sob o comando de Heinrich Stahl, registrou a riqueza e as propriedades dos judeus; mais tarde a agência tentou negociar com os nazistas a fim de aliviar o sofrimento dos judeus nos campos de concentração. Stahl e Weltlinger sabiam que era apenas questão de tempo até que o Bureau fosse fechado – mas eles bravamente continuaram o trabalho. Então, em 28 de fevereiro de 1943, a Gestapo fechou a agência. Stahl desapareceu no campo de concentração de Theresienstadt, e os Weltlingers receberam a ordem de se juntar a uma "casa de judeus" para sessenta famílias em Reinickendorf. Os Weltlingers permaneceram na casa de Reinickendorf até que escurecesse. Então, removeram as Estrelas de Davi dos seus casacos e escaparam durante a noite. Desde a fuga, eles tinham ido morar com os Möhrings.

Por dois anos, o mundo exterior fora para eles nada mais do que um pedaço de céu emoldurado por edifícios – mais uma árvore solitária que crescia no pequeno pátio defronte à janela da cozinha. A árvore se tornou uma espécie de calendário de sua reclusão.

– Duas vezes vimos a nossa castanheira adornada pela neve – Margarete disse ao marido. – Duas vezes as folhas se tornaram marrons, e agora a árvore novamente está em flor.

Ela estava desesperada. Será que eles teriam que passar mais um ano escondidos?

– Talvez – ela disse ao marido – Deus tenha nos abandonado.

Siegmund a confortava. Eles tinham muitas razões ainda para viver, ele lhe disse: seus dois filhos – uma filha de dezessete e um filho de quinze – estavam na Inglaterra. Os Weltlingers não os viam desde que Siegmund conseguira fazer com que fossem retirados da Alemanha em 1938. Abrindo uma Bíblia, ele procurou pelo nonagésimo primeiro Salmo e o leu devagar:

– Caiam mil ao teu lado, e dez mil à tua destra; *mas* ela (calamidade) não se aproximará de ti.

Tudo o que eles podiam fazer era esperar.

– Deus está conosco – ele disse à mulher. – Acredite em mim, o dia da libertação está próximo.

No ano anterior, mais de quatro mil judeus haviam sido presos pela Gestapo nas ruas de Berlim. Muitos desses judeus tinham se arriscado porque simplesmente não suportavam ficar confinados por nem mais um minuto.

Hans Rosenthal, de vinte anos, continuava escondido em Lichtenberg e estava determinado a sair. Ele havia passado vinte e seis meses em um cubículo de um metro e oitenta de altura por um e meio de extensão. Era, na verdade, uma espécie de depósito de ferramentas anexado à parte de trás da casa de um amigo de sua mãe. A existência de Rosenthal até aquele momento tinha sido cheia de perigos. Seus pais estavam mortos e, aos dezesseis anos, ele foi mandado para um campo de trabalhos forçados. Em março de 1943, ele havia escapado e, sem documentos, pegou um trem para Berlim e pediu guarida na casa do amigo da sua mãe. Não havia luz nem água no seu minúsculo tugúrio, e o único banheiro disponível era um antiquado urinol. Ele o esvaziava durante os ataques aéreos noturnos, a única ocasião em que se arriscava a abandonar seu esconderijo. Exceto por um sofá estreito, o cubículo estava vazio. Mas Hans tinha uma Bíblia, um rádio e, pendurado na parede, um mapa cuidadosamente marcado. Conquanto esperasse pelos Aliados ocidentais, parecia-lhe que os russos capturariam Berlim. E isso o preocupava, mesmo que tal fato significasse sua liberdade. No entanto, reconfortava-se repetindo seguidas vezes: "Eu sou um judeu. Sobrevivi aos nazistas e sobreviverei também a Stalin".

No mesmo distrito, em um porão em Karlshorst, Joachim Lipschitz vivia sob a proteção de Otto Krüger. Em geral, o porão era silencioso, mas algumas vezes Joachim pensava ter ouvido o distante troar das armas russas. O som era suave e sutil, como os aplausos de luva de uma platéia entediada. Ele deixava a imaginação trabalhar – afinal, os russos ainda estavam muito longe. Contudo, ele estava familiarizado com as canhonadas russas. Filho de um médico judeu e de uma mãe gentia, ele havia sido alistado em Wehrmatch. Em 1941, no *front* oriental, perdera um braço em combate. Os serviços prestados para a Alemanha, no entanto, não o tinham salvado de seu maior crime: ter sangue judeu. Em abril de 1944, ele fora condenado a um campo de concentração. Daquele momento em diante, passou a se esconder.

Joachim, com 27 anos, perguntava-se o que aconteceria agora que o clímax se aproximava. Todas as noites, a filha mais velha dos Krüger, Eleanore, descia ao porão para discutir as perspectivas. Eles tinham afeto um pelo outro desde 1942, e Eleanore, por não ter guardado segredo desses laços, fora desqualificada para freqüentar uma faculdade graças à sua associação com uma pessoa "indigna". Agora eles aguardavam pelo dia em que poderiam se casar. Eleanore se convencera de que os nazistas estavam arruinados militarmente e que logo viria o colapso. Joachim pensava o contrário: os alemães iriam lutar até o limite de suas forças, e Berlim se tornaria um campo de batalha – talvez outra Verdun. Eles também discordavam a respeito de quem tomaria a cidade primeiro. Joachim esperava que fossem os russos; Eleanore, os ingleses e os americanos. Mas Joachim acreditava que eles deveriam estar preparados para qualquer eventualidade. Então Eleanore estava estudando inglês – e Joachim se aprimorando no russo.

Ninguém esperava com maior angústia pela queda de Berlim do que Leo Sternfeld, sua mulher Agnes e a filha de 23 anos Annemarie. Os Sternfelds não estavam se escondendo, porque a família era protestante. Mas a mãe de Leo era judia, e, desse modo, ele foi classificado como sendo de origem judaica. Como resultado, Leo e sua família tinham vivido em um tormentoso suspense durante toda a guerra; a Gestapo brincara com eles de gato e rato. Fora-lhes permitido morar onde quisessem, mas pairava sobre eles a constante ameaça da prisão.

O perigo aumentara ainda mais com a aproximação dos combates, e Leo lutara como nunca para manter o espírito das mulheres. Na noite anterior, uma bomba tinha caído no posto do correio das redondezas, mas Leo ainda conseguia fazer piada com isso.

– Vocês não terão mais que ir lá longe para pegar as cartas – ele disse à esposa. – O correio está chegando na nossa escada.

Ao deixar a sua casa em Tempelhof naquela manhã de março, Leo Sternfeld, o antigo empresário, agora designado pela Gestapo para trabalhar como lixeiro, sabia que havia procrastinado a elaboração de seus planos até que fosse tarde demais para ter qualquer um. Eles não poderiam sair de Berlim e não havia tempo para que procurassem um esconderijo. Se Berlim não fosse capturada no prazo de algumas semanas, eles estavam condenados. Leo conseguira se inteirar de uma informação secreta de que a Gestapo pretendia arrebanhar todos aqueles que tivessem uma gota que fosse de sangue judeu no dia 19 de maio.

• • •

Longe, em direção a oeste, no quartel-general do Segundo Exército britânico em Walbeck, próximo à fronteira com a Holanda, o oficial-médico sênior, o brigadeiro Hugh Glyn Hughes, tentava antecipar alguns dos problemas de saúde que ele talvez encontrasse nas semanas seguintes – especialmente quando chegasse a Berlim. Secretamente, ele temia por surtos de tifo.

Alguns refugiados já começavam a cruzar as primeiras linhas, e seus assistentes haviam informado que esses carregavam uma série de doenças contagiosas. Como qualquer outro médico ao largo do *front* aliado, o brigadeiro Hughes vinha acompanhando o desenrolar dos fatos com enorme cautela: uma epidemia mais grave poderia ser desastrosa. Cofiando seu bigode, ele se perguntava como lidaria com os refugiados quando o filete d'água se transformasse em uma inundação. Deveria haver também milhares de Aliados entre os prisioneiros de guerra. E só Deus sabia o que eles iriam encontrar quando chegassem a Berlim.

O brigadeiro também estava preocupado com outro problema ligado a todos esses outros: os campos de concentração e os de trabalhos forçados. Houvera algumas informações sobre eles via países neutros, mas nenhum deles sabia ao certo como as coisas estavam funcionando, quantas pessoas estavam confinadas e em que condições. No momento, parecia que o Segundo Exército britânico ia ser o primeiro a desmantelar um campo de concentração. Em sua mesa estava um relatório em que constava que uma dessas instalações ficava diretamente no caminho pelo qual avançavam, em uma área a norte de Hannover. Quase não havia mais nenhuma informação sobre isso. O brigadeiro Hughes se questionava sobre o que iriam encontrar. Ele esperava que os alemães tivessem mostrado sua costumeira preocupação com as questões médicas e que mantivessem as condições de saúde sob controle. Ele nunca tinha ouvido falar do lugar antes. Era chamado de Belsen.

5

O capitão Helmuth Cords, um veterano de 25 anos do *front* russo, detinha uma Cruz de Ferro por bravura. Era também um prisioneiro em Berlim – e ele provavelmente não ia viver para ver o fim da guerra. O capitão Cords era membro de um grupo de elite – o pequeno grupo de sobreviventes dos sete mil alemães que haviam sido presos por estarem envolvidos na tentativa de assassinato contra Hitler, oito meses antes, em 20 de julho de 1944.

Hitler descarregara sua vingança em uma orgia bárbara: quase cinco mil entre os alegados participantes haviam sido executados, tanto os culpados quanto os inocentes. Famílias inteiras exterminadas. Qualquer um que tivesse o mais vago envolvimento com os conspiradores havia sido preso e, não raro, sumariamente executado. Eles tinham sido mortos da maneira prescrita pelo próprio Hitler. "Todos devem ser pendurados como gado", ordenara. Os líderes foram pendurados exatamente desse modo – presos a ganchos de açougue. Em vez de corda comum, foram enforcados com cordas de piano.

Agora, na ala B da prisão Lehrterstrasse, que tinha o formato de uma estrela, o último grupo dos supostos conspiradores aguardava. Havia entre eles conservadores e comunistas; eram oficiais do exército, médicos, homens do clero, professores universitários, escritores, antigos nomes da política, simples trabalhadores e camponeses. Alguns não faziam a mais vaga idéia do porquê de estarem presos; eles nunca haviam sido formalmente acusados. Uns poucos haviam passado por julgamento e aguardavam uma nova audiência. Alguns, de fato, haviam sido considerados inocentes, mas continuavam presos. Outros haviam participado de julgamentos de cartas marcadas, sendo rapidamente sentenciados e agora esperavam pela execução. Ninguém sabia ao certo quantos prisioneiros havia na ala B – uns arriscavam duzentos; outros, menos de cem. Não havia jeito de manter a contagem. A cada dia, prisioneiros eram levados para nunca mais serem vistos. Tudo dependia da veneta de um homem: o capitão da Gestapo, o *Grüppenführer* da SS Heinrich Müller. Os encarcerados esperavam pouca misericórdia da parte dele. Mesmo que os Aliados estivessem nos portões da prisão, acreditavam que Müller prosseguiria com a carnificina.

Cords era um dos inocentes. Em julho de 1944, fora nomeado para Bendlerstrasse como oficial júnior para auxiliar o chefe do Estado-Maior do Exército da reserva, coronel Claus Graf von Stauffenberg. Havia apenas uma coisa errada, como depois se descobriu, com aquela nomeação: o sujeito distinto de 36 anos chamado Von Stauffenberg – tendo apenas um dos braços e usando um tapa-olho preto sobre o olho esquerdo – era a figura principal do levante de 20 de julho, o homem que voluntariamente havia se oferecido para matar Hitler.

No quartel-general do Führer em Rastenburg, na Prússia oriental, durante uma das mais longas conferências militares de Hitler, Von Stauffenberg colocara uma valise contendo uma bomba-relógio debaixo da longa mesa do mapa, próxima do local onde Hitler ficava. Minutos depois que Von Stauffenberg havia escapulido da sala para retornar a Berlim, a bomba explodiu. Milagrosamente, Hitler sobreviveu à explosão. Horas mais tarde, em Berlim, Von Stauffenberg, sem os benefícios de um julgamento formal, foi fuzilado no pátio do quartel-general de Bendlerstrasse, em companhia de mais três militares que haviam sido peças-chave na conspiração. Qualquer um, mesmo que remotamente associado a ele, foi preso – incluindo Helmuth Cords.

A noiva de Cords, Jutta Sorge, neta do ex-chanceler e ministro do Exterior Gustav Stresemann, também foi capturada e presa. Assim como sua mãe e seu pai. Todos eles, incluindo Helmuth Cords, estavam, desde então, encarcerados.

O cabo Herbert Kosney, prisioneiro no mesmo edifício, sabia menos ainda a respeito da conspiração de 20 de julho do que Cords. Kosney, porém, havia sido inadvertidamente implicado. Ele fazia parte de um grupo de resistência comunista, e sua participação na tentativa de assassinato consistiu em transportar um homem desconhecido de Lichterfelde para Wannsee.

Embora não fosse um comunista, Herbert flertara com diversos grupos vermelhos clandestinos desde 1940. Em novembro de 1942, enquanto ele estava de licença militar em Berlim, seu irmão mais velho, um membro do partido comunista desde 1931, dissuadiu Herbert, de modo violento, de retornar ao *front*: quebrou-lhe o braço com um golpe de rifle, levou-o a um hospital militar e explicou que havia encontrado o soldado ferido em um fosso.

O truque funcionou. Herbert nunca retornou ao *front*. Foi nomeado para um batalhão de reserva em Berlim e, a cada três meses, recebia um novo atestado médico do dr. Albert Olbertz, que o mantinha no "serviço leve". Acontecia do dr. Olbertz também ser membro de um grupo comunista.

Foi por causa de Olbertz que Herbert acabou sendo preso. Poucos dias depois do atentado contra Hitler, Olbertz pediu a Herbert que fosse com ele fazer um trabalho urgente envolvendo o transporte de alguém. Usando uma ambulância militar, eles pegariam um sujeito que Herbert não conhecia – um oficial sênior da Gestapo, general Artur Nebe, chefe da Polícia Criminal, que era procurado para interrogatório. Algum tempo depois, Nebe foi capturado, assim como Olbertz e Herbert. Olbertz cometeu suicídio; Nebe foi executado; Herbert, julgado e condenado à morte por uma corte civil. Mas como ele ainda fazia parte do exército, era preciso que fosse julgado novamente por um tribunal militar. Herbert sabia que era apenas uma questão de formalidade – e que as formalidades pouco significavam para o chefe da Gestapo, Müller. Ao olhar através da janela de sua cela, Herbert Kosney se perguntava quanto tempo ainda levaria até que fosse executado.

Não muito longe, outro homem se questionava sobre o que o futuro reservava para ele. Era o irmão de Herbert, Kurt Kosney. Ele havia sido interrogado incessantemente pela Gestapo, mas até agora ele não havia dito nada sobre suas atividades comunistas. Certamente ele não havia revelado nada que pudesse incriminar seu irmão mais novo. Ele se preocupava com Herbert. O que tinha acontecido com ele? Para onde fora levado? Umas poucas celas separavam os dois irmãos. Contudo, nem Kurt nem Herbert sabiam que estavam na mesma prisão.

Apesar de não estarem presos, um outro grupo de cativos estava vivendo em Berlim. Desarraigados de suas famílias, removidos à força de suas terras natais, tinham – como tantos outros – apenas um desejo: o de serem libertados o mais rápido possível, fosse pela mão de quem fosse. Eram os trabalhadores escravos – mulheres e homens oriundos de quase todos os países que os nazistas haviam invadido. Havia poloneses, tchecos, noruegueses, dinamarqueses, holandeses, belgas, luxemburgueses, franceses, iugoslavos e russos.

No total, os nazistas haviam importado compulsoriamente cerca de sete milhões de pessoas – o equivalente a quase a população inteira da cidade de Nova York – para trabalhar nas casas e empresas alemãs. Alguns países sofreram terríveis perdas: quinhentas mil pessoas foram embarcadas na pequena Holanda (população de 10 milhões e 956 mil) e seis mil do minúsculo Luxemburgo (população de 296 mil). Mais de cem mil trabalhadores – em sua maioria franceses e russos – trabalhavam exclusivamente em Berlim.

Os trabalhadores estrangeiros estavam engajados em todo tipo concebível de tarefa. Muitos figurões nazistas adquiriam garotas russas para trabalhos domésticos. Arquitetos, envolvidos em projetos de guerra, equipavam seus escritórios com jovens desenhistas estrangeiros. A indústria pesada tinha suas cotas preenchidas por eletricistas, metalúrgicos, moldadores, mecânicos e trabalhadores não-treinados entre esses cativos. As companhias de gás, água e transporte "empregavam" outros milhares – sem pagar virtualmente nada. Mesmo o quartel-general germânico em Bendlerstrasse tinha o seu grupo de trabalhadores estrangeiros. Um francês, Raymond Legathière, ocupava-se, em tempo integral, trocando rapidamente as vidraças, assim que elas eram destruídas pelas bombas.

A força de trabalho em Berlim se tornara tão crítica que os nazistas zombaram abertamente da Convenção de Genebra, usando prisioneiros de guerra e mesmo os trabalhadores estrangeiros nas atividades essenciais da guerra. Como a Rússia não havia assinado o tratado da Convenção, os prisioneiros do Exército Vermelho eram usados de todas as maneiras que os alemães pudessem imaginar. De fato, não havia agora mais nenhuma diferença entre os prisioneiros de guerra e os trabalhadores estrangeiros. Como as condições pioravam dia após dia, os prisioneiros vinham sendo usados para construir casamatas antiaéreas, reconstruir quartéis bombardeados e até mesmo para alimentar com carvão as usinas termoelétricas. Agora, a única diferença entre os dois grupos era que os estrangeiros tinham maior liberdade – mas até isso dependia da região e do tipo de trabalho que estivessem executando.

Os estrangeiros viviam em "cidades" de madeira em prédios semelhantes a casernas, localizados nas proximidades ou mesmo dentro das fábricas; comiam em um rancho comunitário e usavam um emblema de identificação. Algumas empresas faziam vista grossa para os regulamentos e permitiam que os trabalhadores vivessem fora das normas, mesmo em Berlim. Muitos vagavam livres pela cidade, indo ao cinema e outros locais de entretenimento, contanto que respeitassem rigorosamente o toque de recolher.*

Alguns guardas, vendo o andar da carruagem, foram relaxando sua atitude. Muitos estrangeiros – e com freqüência os próprios prisioneiros de guerra – descobriram que podiam, ocasionalmente, matar um dia de trabalho. Um guarda, encarregado de vigiar 25 franceses que atravessavam a cidade de metrô diariamente, estava agora tão receptivo, que já nem se dava o trabalho de contar os prisioneiros que saíam do trem. Não se importavam com quantos se "perdessem" na viagem – contanto que todos estivessem de volta às seis horas da tarde na estação de Potsdamer Platz para que fizessem a jornada de volta ao campo.

Nem todos os trabalhadores estrangeiros tinham tanta sorte. Milhares eram mantidos em confinamento, sem, virtualmente, nenhum tipo de liberdade. Isto era particularmente verdade nas usinas municipais e governamentais. Os franceses que trabalhavam para a companhia de gás em Marienfelde, no sul de Berlim, tinham poucos privilégios e eram mal alimentados em comparação com os trabalhadores das usinas privadas. Ainda assim, estavam em melhor situação do que os russos que exerciam a mesma atividade. Um francês, André Bourdeau, escreveu em seu diário que o chefe da guarda, Fesler, "nunca manda ninguém para um campo de concentração", e no domingo, para complementar as rações, "permite-nos ir às plantações colher uma ou duas batatas". Bourdeau estava feliz de não ser do Leste: o acampamento russo, ele escreveu, estava "ter-

* Havia uma outra categoria de trabalhador – o trabalhador voluntário estrangeiro. Milhares de europeus – alguns por serem simpatizantes ardorosos do nazismo, outros por acreditarem que estavam ajudando a combater o bolchevismo e uma grande maioria por serem cínicos oportunistas – haviam respondido aos anúncios dos jornais alemães que ofereciam trabalho altamente bem pago junto ao Reich. A esses trabalhadores foi permitido viver de modo bastante livre em locais nas imediações de seus empregos. (N. do A.)

rivelmente superlotado por homens, mulheres e crianças, todos juntos e amontoados... sua comida, na maioria das vezes, era intragável". Em outros lugares, em algumas usinas dirigidas pela iniciativa privada, os trabalhadores russos passavam tão bem quanto os vindos do Oeste.

Curiosamente, os trabalhadores ocidentais por toda Berlim, a cada dia que passava, notavam uma mudança nas russas. Nas instalações do laboratório Schering em Charlottenburg, as russas, que talvez pudessem estar exultantes com o rumo dos acontecimentos, estavam, pelo contrário, totalmente deprimidas. As ucranianas e as bielo-russas, em particular, pareciam inquietas com a possibilidade da captura da cidade por seus compatriotas.

Quando chegaram, havia dois ou três anos, as mulheres trajavam simples vestidos de camponesas. Gradualmente, foram mudando, tornando-se mais sofisticadas no vestir e nas maneiras. Muitas usavam cosméticos pela primeira vez. Os cortes de cabelo e o estilo das roupas haviam se alterado de modo evidente: as garotas russas copiavam o jeito de ser das francesas e das alemãs do entorno. Agora, as outras pessoas percebiam que as russas, da noite para o dia, tinham tornado novamente a usar seus vestidos de camponesas, como que antecipando as possíveis represálias que sofreriam do Exército Vermelho – mesmo que todas elas tivessem sido retiradas da Rússia à força. Aparentemente, essas mulheres temiam ser punidas por terem se tornado muito européias.

Por toda Berlim, o moral dos trabalhadores ocidentais estava elevadíssimo. Na indústria Alkett em Ruhleben, havia 2,5 mil franceses, belgas, poloneses e holandeses trabalhando na produção de tanques e, com exceção dos guardas alemães, cada um fazia planos para o futuro. Os trabalhadores franceses, particularmente, estavam animadíssimos. Passavam suas noites falando a respeito das lautas refeições que fariam no momento em que colocassem os pés na França e de como cantariam os sucessos populares: *Ma Pomme* e *Prospère*, de Maurice Chevalier*, estavam entre as favoritas.

Jean Boutin, um mecânico parisiense de vinte anos, sentia-se especialmente feliz; ele sabia que estava cumprindo um papel na derrocada alemã. Boutin e outros trabalhadores holandeses vinham por anos sabotando as peças dos tanques. O mestre alemão repetia constantemente a ameaça de enviar os sabotadores para os campos de concentração, mas ele nunca o fez – e para

* Maurice Chevalier (1888-1972). Célebre cantor e ator francês, verdadeira lenda do mundo dos espetáculos. Estrelou musicais americanos e gravou centenas de músicas de sucesso, principalmente entre os anos 1930-1960. (N. do T.)

isso havia uma boa razão: a escassez de mão-de-obra era tamanha que as linhas de montagem dependiam quase que exclusivamente dos trabalhadores estrangeiros. Jean achava a situação um tanto divertida. Cada peça de rolamento em que ele trabalhava tinha que ficar pronta em 54 minutos. Ele nunca tentava terminar uma peça completa em menos de 24 horas – e normalmente ainda a entregava defeituosa. Em Alkett, os trabalhadores forçados tinham apenas uma regra simples: cada peça defeituosa que eles conseguissem fazer passar pelo mestre significava mais um passo rumo à vitória e à queda de Berlim. Até então, ninguém tinha sido pego.

6

Inevitavelmente, apesar dos constantes bombardeios, apesar do espectro do Exército Vermelho às margens do Oder, apesar do próprio recuo das forças alemãs à medida que os Aliados os pressionavam nos dois *fronts*, ocidental e oriental, havia aqueles que se recusavam terminantemente a considerar a hipótese de uma catástrofe. Eram os nazistas fanáticos. Muitos deles pareciam aceitar as dificuldades pelas quais iriam passar como uma espécie de purgatório – uma maneira de temperar e de apurar sua devoção ao nazismo e seus objetivos. Uma vez que tivessem demonstrado sua lealdade, as coisas voltariam para os seus devidos lugares; estavam convencidos não apenas de que Berlim jamais cairia, mas de que a vitória do Terceiro Reich estava garantida.

Os nazistas ocupavam um lugar peculiar na vida da cidade. Os berlinenses jamais aceitaram completamente Hitler ou seu evangelismo. Eles sempre tinham sido muito sofisticados e muito cosmopolitas nos seus pontos de vista. De fato, o humor cáustico dos berlinenses, seu cinismo político e a sua quase completa falta de entusiasmo em relação ao Führer e sua nova ordem há muito atormentavam o partido nazista. Embora as demonstrações dos nazistas para impressionar o mundo, incluindo os desfiles à luz das tochas, fossem feitas em Berlim, milhares de soldados do batalhão de choque tinham de ser deslocados de Munique para conter os manifestantes. "Eles ficam melhores nos cinejornais do que nós", debochavam os berlinenses, "e os pés deles também são maiores!"

Por mais que tentasse, Hitler nunca foi capaz de conquistar o coração dos berlinenses. Muito antes da cidade ser demolida pelas bombas dos Aliados, um Hitler frustrado e furioso já estava planejando reconstruir Berlim de acordo com a imagem nazista. Pretendia, inclusive, mudar-lhe o nome para Germânia, pois nunca conseguira esquecer que em cada eleição livre durante os anos 1930 os berlinenses o haviam rejeitado. Na eleição decisiva de 1932, quando Hitler estava certo de que iria desbancar Hindenburg, Berlim deu-lhe a menor votação – apenas 23%. Agora, os cidadãos fanáticos estavam dispostos a fazer com que Berlim, a cidade menos nazista da Alemanha, se tornasse a última *festung* (fortaleza) do nazismo. Conquanto fossem minoria, eles ainda estavam no controle.

Milhares entre os fanáticos eram adolescentes e, como a maioria dos da sua geração, conheciam apenas um deus – Hitler. Desde a infância, eles haviam sido saturados com os objetivos e a ideologia do nacional-socialismo. Muitos outros também tinham sido treinados para defender e perpetuar a causa, dispondo de uma gama de armas que ia de rifles a bazucas antitanques, chamadas *Panzerfäuste*. Klaus Küster era um membro típico do grupo de adolescentes. Filiado à juventude hitlerista (havia mais de mil membros em Berlim), sua especialidade era destruir tanques a uma distância menor do que 55 metros. Klaus não tinha nem dezesseis anos.

Os mais dedicados autômatos entre os militares eram, sem dúvida, os membros da SS. Estavam tão convencidos sobre a vitória final e tão devotados a Hitler que aquilo que passava pelas suas cabeças desafiava a compreensão de quase todos os outros alemães. O fanatismo deles era tão forte que por vezes parecia provir de seus subconscientes. Dr. Ferdinand Sauerbruch, no Hospital Charité, trabalhando em um paciente anestesiado, um homem da SS seriamente ferido, oriundo do *front* do Oder, ficou, de repente, momentaneamente paralisado. Na quietude da sala cirúrgica, das profundidades do efeito da anestesia, o homem da SS começou a falar. Com calma e de modo distinto, começou a repetir sem parar:

– *Heil* Hitler!... *Heil* Hitler!... *Heil* Hitler!...

Embora esses fossem os verdadeiros extremistas, havia centenas de milhares de civis em igual grau de loucura. Alguns eram caricaturas ambulantes do que o mundo livre imaginava que um nazista devia ser. Um deles era Gotthard Carl, 47 anos. Ainda que Gotthard fosse apenas um simples funcionário civil, um contador em serviço temporário na Luftwaffe, ele usava o vistoso uniforme azul da força aérea com toda a arrogância e todo o orgulho de um ás da aviação. Ao entrar em seu apartamento, no final da tarde, fazia soar os calcanhares com força e, simultaneamente, batia continência e gritava:

– *Heil* Hitler.

Essa performance vinha sendo praticada há anos.

Sua mulher, Gerda, estava totalmente incomodada com o fanatismo do marido, mas no momento estava mais ansiosa e preocupada em discutir com ele algum tipo de plano de sobrevivência. Os russos, ela salientava, aproximavam-se de Berlim. Gotthard a interrompia.

– Rumores – ele se enfureceu –, rumores plantados pelo inimigo.

No desorganizado mundo nazista de Gotthard tudo corria conforme planejado. A vitória de Hitler era certa. Os russos não estavam nos portões de Berlim.

Então havia também os entusiastas e impressionáveis – aqueles que nunca haviam considerado a derrota como uma possibilidade – como Erna Schultze. A secretária de 41 anos que trabalhava no Oberkommando der Kriegsmarine (Comando Maior da Marinha) recém havia realizado a ambição de sua vida: fora promovida a secretária de um almirante, e este era o seu primeiro dia de trabalho.

A Casa Shell, onde o quartel-general ficava localizado, havia sido severamente bombardeada nas últimas 48 horas. Apesar disso, o pó e os destroços não incomodavam Erna – assim como ela não ficara perturbada com a ordem que acabara de chegar à sua mesa. Dizia que os *Geheime Kommandosache* (arquivos confidenciais) deviam ser destruídos. Mas Erna recebeu com pesar a notícia (ao final de seu primeiro dia de trabalho) de que ela e os outros empregados deviam tirar licença por tempo "indeterminado" e que seus cheques de pagamento seriam expedidos.

Contudo, Erna permaneceu imperturbável. Sua fé era tão forte, que ela se recusava inclusive a acreditar nos *communiqués* oficiais que davam conta das derrotas. O moral seguia elevado em toda Berlim, ela acreditava, e era apenas uma questão de tempo antes que o Reich triunfasse. Mesmo agora, ao deixar o prédio, Erna tinha certeza absoluta de que dentro de poucos dias a marinha ia chamá-la de volta.

Havia outros tão confiantes e tão envolvidos no pequeno círculo fechado da alta hierarquia nazista que eles pensavam muito pouco na guerra e nas suas conseqüências. Inebriados pela atmosfera glamorosa de suas posições privilegiadas, sentiam-se não apenas seguros, mas, em sua cega devoção a Hitler, totalmente protegidos. Uma dessas pessoas era Käthe Reiss Heusermann, uma mulher atraente e de olhos azuis.

No número 213 da Kurfürstendamm, a vivaz loira de 35 anos estava imersa no seu trabalho como assistente do professor Hugo J. Blaschke, o principal dentista do Reich. Blaschke, por ter servido Hitler e sua corte desde 1934, fora honrado com a patente de SS *Brigadeführer* (general brigadeiro) e nomeado para chefiar a equipe dentária do Centro Médico da SS. Um nazista fervoroso, Blaschke havia transformado sua associação com Hitler na prática privada mais lucrativa de Berlim. Agora ele se preparava para levá-la um passo adiante. Diferentemente de Käthe, ele podia ver com clareza o que se afigurava no horizonte – na primeira oportunidade que aparecesse, planejava deixar Berlim. Se ele permanecesse, sua posição e patente dentro da SS seriam embaraçosas: sob o controle dos russos, a proeminência de hoje poderia muito bem se transformar na culpabilidade de amanhã.

Käthe estava quase que completamente esquecida da situação. Estava muito ocupada. Do início da manhã até tarde da noite, trabalhava duro, auxiliando Blaschke nas várias clínicas, nos quartéis-generais e no consultório dele em Kurfürstendamm. Competente e charmosa, Käthe havia conquistado de tal maneira a confiança da elite nazista que já atendera quase toda a comitiva de Hitler – e, uma vez, o Führer em pessoa.

Esta ocasião fora o ponto alto de sua carreira. Em novembro de 1944, ela e Blaschke haviam sido chamados com urgência para o quartel-general do Führer em Rastenburg, na Prússia oriental. Lá eles encontraram Hitler sofrendo de uma dor aguda. "Seu rosto, particularmente a bochecha direita, estava terrivelmente inchado", ela registrou mais tarde. "Seus dentes estavam em péssima condição. Ele tinha ao todo três pontes. Apenas oito dentes superiores eram seus, e mesmo estes estavam amparados por coroas de ouro. Uma ponte completava a arcada superior e era mantida segura no lugar pelo apoio dos dentes existentes. Um deles, o siso do lado direito, estava terrivelmente infeccionado."

Blaschke deu uma olhada e avisou Hitler que o dente teria que ser extraído, pois não havia como salvá-lo. Explicou que, ao todo, dois seriam removidos – um dente falso, ao final da ponte, também havia sido infectado pelo siso. Isso significava romper a ponte uma posição antes do dente falso estragado, retirando a porcelana e a coroa de ouro, um procedimento que demandava uma quantidade considerável de perfuração e serração. Então, depois que tivesse feito a extração completa, traria, em oportunidade vindoura, uma ponte inteiramente nova ou ancoraria outra vez a velha.

Blaschke estava nervoso com a operação: era um procedimento complicado e não havia modo de prever as reações de Hitler. A dificuldade se tornava ainda maior porque o Führer não gostava de ser anestesiado. Käthe lembrava-se de ele ter dito ao dentista que aceitaria "apenas a quantidade mínima". Tanto Blaschke como Käthe sabiam que ele sofreria de uma dor excruciante; ademais, a operação talvez durasse uns trinta ou quarenta minutos. Não havia, porém, nada mais que eles pudessem fazer.

Blaschke deu uma injeção no maxilar superior de Hitler, e a operação começou. Käthe ficou ao lado de Hitler, uma mão expandindo-lhe a bochecha, a outra segurando um espelho. Rapidamente a broca do dentista perfurou a ponte. Então ele mudou a ferramenta e começou a serrar. Hitler ficou sentado sem se mexer – "como se estivesse congelado", ela lembrou. Finalmente Blaschke, livre para trabalhar no dente podre, fez uma rápida extração. "Do princípio ao fim", Käthe disse mais tarde, "Hitler não se moveu nem emitiu uma única palavra. Foi uma performance extraordinária. Perguntávamonos como ele podia suportar a dor."

Isso ocorrera havia cinco meses; e até agora nada fora feito para arrumar a ponte bamboleante de Hitler. Fora do círculo imediato do Führer, poucos sabiam dos detalhes da operação. Uma das regras cruciais àqueles que trabalhavam para o líder do Reich era que, tudo a respeito dele, especialmente suas doenças, devia permanecer em sigilo absoluto.

Käthe era boa em guardar segredos. Por exemplo, ela sabia que uma dentadura especial estava sendo construída para a conhecida mas não reconhecida primeira-dama do Reich. Blaschke pretendia encaixar a ponte de ouro na próxima vez que ela estivesse em Berlim. A amante de Hitler, Eva Braun, certamente necessitava dela.

Finalmente, Käthe conhecia o segredo mais bem guardado de todos. Era sua responsabilidade enviar um conjunto completo de ferramentas dentárias e demais suprimentos para onde quer que o Führer fosse. Além disso, ela estava preparando uma nova ponte com coroas de ouro para uma das quatro secretárias de Hitler: a baixinha e corpulenta Johanna Wolf, de 45 anos. Logo Käthe encaixaria a nova ponte em "Wolfie", ali, no centro cirúrgico da Reichskanzlei. Ela vinha fazendo o trajeto entre o consultório de Blaschke e a Reichskanzlei quase que diariamente nas últimas nove semanas. Adolf Hitler tinha estado lá desde o dia 16 de janeiro.

Conforme a noite de primavera se aproximava, a cidade assumia um aspecto desértico. A descomunal e arruinada Berlim, fantasmagórica e vulnerável, estendia-se sob a pálida luz da lua, oferecendo um alvo claro para o inimigo noturno. No subsolo, os berlinenses esperavam pelos bombardeios e se perguntavam quais deles estariam vivos pela manhã.

Às nove horas da noite, a R. A. F. voltou. As sirenes soaram pela quarta vez nas últimas 24 horas, e o 317º ataque à cidade começou. No seu quartel-general em Hohenzollerndamm, o major-general Hellmuth Reymann, trabalhando com afinco em sua mesa, dava pouca atenção ao martelar das baterias antiaéreas e às explosões das bombas. Ele estava lutando desesperadamente contra o tempo – e havia muito pouco sobrando.

Apenas dezesseis dias antes, o telefone tocara na casa de Reymann, em Dresden. O general Wilhelm Burgdorf, adjunto de Hitler, estava na linha.

– O Führer – disse Burgdorf – designou-o para comandante militar de Dresden.

Primeiramente, Reymann não conseguia nem mesmo responder. A capital da Saxônia no século 16 – com suas torres espiraladas, castelos e calçamentos de pedra – havia sido quase que totalmente destruída em três pesados ataques aéreos. Reymann, inconsolável pela destruição da velha e adorável cidade, perdeu o juízo.

– Diga a ele que não há nada aqui para defender exceto escombros – ele gritou, desligando o telefone.

Suas palavras raivosas foram uma temerária liberdade. Uma hora mais tarde, Burgdorf tornou a ligar e disse:

– Em vez de Dresden, o Führer acabou de nomeá-lo comandante de Berlim.

Em 6 de março, Reymann assumiu o comando. Em poucas horas ele fez uma descoberta aterradora. Embora Hitler houvesse declarado que Berlim era uma *Festung**, as fortificações existiam apenas na imaginação do Führer. Nada havia sido feito para preparar a cidade contra os ataques. Não havia nenhum plano, não havia defesas, não havia virtualmente sequer tropas. Pior: nenhuma provisão fora feita em relação à população civil; simplesmente não existia um plano de evacuação para as mulheres, as crianças e os idosos.

Agora, Reymann estava trabalhando fervorosamente contra o relógio para resolver a situação. Seus problemas eram perturbadores: onde ele conseguiria tropas, armamentos, munição e equipamentos para proteger a cidade? Ou engenheiros, maquinaria e materiais para erguer defesas? Conseguiria permissão para evacuar mulheres, crianças e idosos? Caso contrário, como ele poderia alimentá-los e protegê-los quando o cerco começasse? Vezes sem fim retornava à sua cabeça a grande questão: tempo – quanto tempo ainda restava?

Mesmo conseguir oficiais seniores era difícil. Somente agora, nessa hora de urgência, Reymann havia conseguido designar um chefe de Estado-Maior, o coronel Hans Refior. O talentoso Refior chegara algumas horas antes e estava mais espantado que Reymann com a confusão em Berlim. Poucos dias an-

---

* "Fortaleza". Em alemão no original. (N. do T.)

tes, no magazine ilustrado *Das Reich**, Refior havia visto um artigo declarando que Berlim era virtualmente inexpugnável. Lembrava-se, em particular, de uma linha: "Berlim é como um porco-espinho enrolado, expondo suas pontiagudas defesas". Se isso era verdade, esses defensores deviam estar cuidadosamente escondidos. Refior não fora ainda capaz de ver pouco mais do que meia dúzia desses espinhos.

Em todos os seus 53 anos como soldado profissional, o grisalho Reymann jamais imaginara ser confrontado com uma tarefa de tal monta. Precisava ainda encontrar respostas para cada um dos problemas – e com rapidez. Era possível salvar Berlim? Reymann estava disposto a fazer tudo o que estivesse ao seu alcance. Havia inúmeros exemplos na história militar em que a derrota parecia inevitável e, contudo, a vitória fora alcançada. Pensou em Viena, que obtivera sucesso na defesa contra o ataque dos turcos em 1683, e no general Graf von Gneisenau, chefe de Estado-Maior de Blücher, que defendera Kolberg em 1806. Verdade, essas eram comparações inúteis, mas talvez elas oferecessem algum tipo de esperança. Todavia, Reymann sabia que tudo ia depender da capacidade das forças alemãs em manterem o *front* de Oder, e do general no comando dessas forças.

Os grandes nomes já não se faziam presentes – Rommel, Von Rundstedt, Von Kluge, Von Manstein –, os líderes vitoriosos cujos nomes no passado eram palavras familiares. Todos haviam desaparecido. Estavam mortos, desacreditados ou haviam sido forçados a se aposentar. Naquele momento, mais do que nunca, a nação e as tropas precisavam de um soldado magistral – outro arrojado Rommel, outro meticuloso Von Rundstedt. A segurança de Berlim e mesmo a sobrevivência da Alemanha como nação dependiam disso. Mas onde estava esse homem?

---

* Semanário de grande circulação, geralmente contendo artigos e sátiras contra os Aliados, além dos famosos editoriais de Goebbels. (N. do T.)

OS CIVIS

Dr. Arthur Leckscheidt, pastor evangélico da destruída igreja Melanchton. "(...) dr. Leckscheidt tocou sua despedida. Enquanto as bombas caíam por toda a extensão do distrito de Kreuzberg, os incrédulos pacientes no Hospital Urbano, que ficava nas proximidades, e as pessoas abrigadas nos porões das adjacências escutaram o órgão de Melanchthon soar o antigo hino "Da necessidade profunda eu clamo por ti".

Madre Superiora Cunegundes, diretora do convento Haus Dahlem, o orfanato e maternidade dirigido pela missão das irmãs do Sagrado Coração. "Como contar a sessenta freiras e irmãs seculares que elas corriam o risco de ser estupradas?"

O leiteiro Richard Poganowska, em foto de 1945. "Agora, a cada dia, Poganowska estava atento a certos sinais que o ajudassem a manter o coração funcionando."

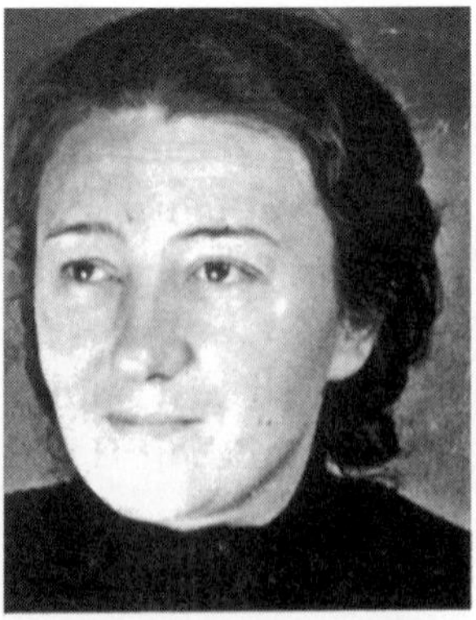

Robert e Ingeborg Kolb, em 1945.

As fotos são da coleção particular do autor, salvo crédito diferente.

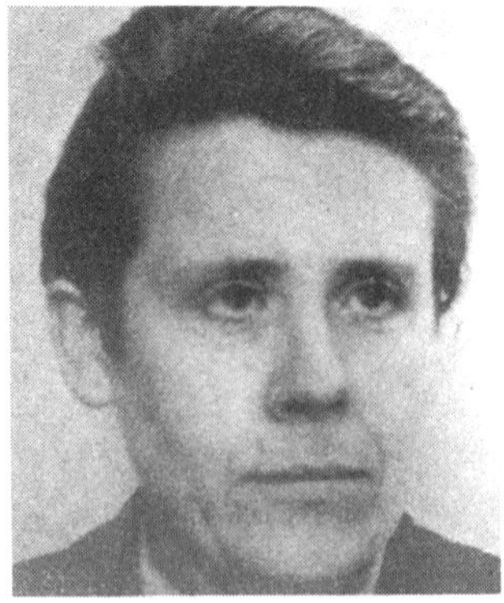

esquerda, Juliane Bochnik, em 1945. "Quando eu vir o primeiro par de botas russas, cometo uicídio", uma amiga confiou a ela. No meio, Pia van Hoeven, que esperava pelo fim em "um maravilhoso abrigo, complementado por tapeçarias orientais (...)". À direita, Hildegard Radusch, uma omunista que estava na lista de procurados dos nazistas e esperava ansiosamente a chegada do xército Vermelho.

À esquerda, Else Kloptsch. No meio, Herbert Kosney, e à direita, Kurt Kosney.

a esquerda, capitão Helmuth Cords com sua noiva, utta Sorge. Cords estava à espera da execução por umplicidade no atentado de 20 de julho contra Hitler. utta também estava presa. Cords foi solto nos últimos dias da guerra e casou-se com Jutta. À direita, Gustav Riedel, o tratador dos leões do zoológico de erlim.

Arquivos do Senado d

A prisão de Lehsterstrasse, onde Herbert Kosney, Kurt Kosney, Jutta Sorge e Helmuth Cords estiveram detidos.

A dra. Katherina Heinroth (que mais tarde se tornaria a diretora do zoológico) com seu macaco de estimação.

Parte dois

O GENERAL

1

O amanhecer do dia 22 de março trouxe consigo frio e neblina. No sul da cidade, a Reichstrasse 96 estendia-se por entre a orvalhada floresta de pinheiros, o asfalto coberto por pequenas e resplandecentes camadas de geada. Logo cedo nesse segundo e arrepiante dia de primavera a estrada estava congestionada pelo tráfego – tráfego que mesmo para a Alemanha em guerra tinha um aspecto irreal.

Algumas das pesadas caminhonetes que saíram à estrada carregavam volumosos porta-arquivos, pastas de documentos, equipamento oficial e caixas de papelão. Outros estavam abarrotados de obras de arte – móveis sofisticados, pinturas encaixotadas, bronzes, cerâmicas e estátuas. No topo de uma pilha na caçamba de um caminhão, um busto de Júlio César balançava gentilmente para lá e para cá.

Espalhados entre os caminhões, os carros de passageiros, sobrecarregados, eram dos mais variados tipos: Horchs, Wanderers, limusines Mercedes. Todos traziam o medalhão prateado com a suástica que os identificava como veículos do partido nazista. E todos seguiam pela Reichsstrasse 96 na mesma direção: o sul. Nos carros estavam os burocratas do partido do Terceiro Reich – os "faisões dourados", aqueles que detinham o privilégio de usar a suástica auricolor da elite nazista. Junto com suas esposas, crianças e pertences, os faisões dourados estavam emigrando. Com os rostos fechados, sombrios em seus uniformes, os homens olhavam fixamente para frente, como se assombrados pela possibilidade de serem detidos e mandados de volta para o único lugar onde não queriam estar: Berlim.

Avançando velozmente em direção ao norte, no lado oposto da rodovia, vinha um carro de pessoal do Wermacht, um grande Mercedes com a bandeira quadriculada em preto, vermelho e branco metálico do comandante da Heeresgruppe* no lado esquerdo do pára-lama. Curvado, trajando um antigo casaco de pele de carneiro, um cachecol protegendo a garganta, o coronel-general Gotthard Heinrici estava sentado ao lado do motorista e olhou tristemente para a estrada. Ele conhecia essa rodovia, assim como todos os oficiais do Reich. O primo de Heinrici, o marechal-de-campo Gerd von

* Alto-comando, grupo especial ou divisão especial. (N. do T.)

Rundstedt, uma vez a havia chamado de *der Weg zur Ewigkeit* – a estrada para a eternidade. Ela havia servido de caminho para mais de um oficial sênior rumo ao esquecimento militar, pois a Reichsstrasse 96 era a rota direta para o quartel-general do Estado-Maior alemão, a trinta quilômetros de Berlim. Fora dos altos círculos militares, poucos alemães conheciam a localização exata desse quartel-general. Nem mesmo os habitantes locais tinham consciência de que o centro do sistema nervoso do exército da Alemanha hitlerista ficava nos arredores da cidade medieval de Zossen, extremamente bem camuflado e escondido pela floresta. Zossen era o destino de Heinrici.

Se o avanço do tráfego, com sua inquietante evidência de que os departamentos do governo estavam de mudança, causou alguma impressão no general, ele não a comunicou para o seu ajudante de 36 anos, o capitão Heinrich von Bila, sentado no banco de trás com o camareiro de Heinrici, Balzen. Houve pouca conversa durante as longas horas de sua jornada de oitocentos quilômetros. Eles haviam saído antes do amanhecer do norte da Hungria, onde Heinrici havia comandado a Primeira Divisão de tanques e o Primeiro Exército húngaro. Eles haviam pegado um avião até Bautzen, na fronteira tcheco-germânica, e de lá tinham continuado de carro. E, agora, cada hora que passava trazia Heinrici, de 58 anos, um dos mestres em defesa do Wehrmacht, para mais perto do maior teste que já enfrentara ao longo dos seus quarenta anos como militar.

Heinrici conheceria os detalhes completos do seu novo posto somente em Zossen – no entanto, ele já sabia que sua preocupação não seria com os Aliados ocidentais, mas sim com seus antigos inimigos: os russos. Era, para o general, uma tarefa dolorosa e clássica: seria encarregado de comandar o batalhão Vistula, com ordens de deter os russos no Oder e salvar Berlim.

De repente soou a sirene de ataque aéreo. Heinrici, sobressaltado, voltou-se para olhar o amontoado de casas coloniais pelas quais eles recém haviam passado. Não havia qualquer sinal de bombardeio ou de aviões aliados. O gemido continuava, como o som de um gorjeio que agora desaparecia na distância. Não fora o som que o sobressaltara. Estava mais do que acostumado aos bombardeios. O que o havia surpreendido fora perceber que, mesmo nos mais perdidos vilarejos da Alemanha, o alarme para ataque aéreo soava. Heinrici voltou para sua posição vagarosamente. Se bem que houvesse comandado unidades desde o início da guerra em 1939, primeiro no *front* ocidental e, a partir de 1941, na Rússia, ele estivera fora da Alemanha por mais de dois anos e não fazia a menor idéia do impacto total da guerra sobre sua terra natal. Percebeu que era um estranho em seu próprio país. Ficou deprimido; ele não tinha esperado por nada que se assemelhasse a essa situação.

No entanto, poucos generais haviam adquirido maior experiência durante a guerra – e, inversamente, poucos militares de tamanha graduação haviam alcançado tão pouco renome. Ele não era um arrojado Rommel, tratado como celebridade pelos alemães por seus sucessos e posteriormente homenageado por um especialista em propaganda como Hitler com o bastão de marechal-de-campo. Fora dos comandos de batalha, o nome de Heinrici mal aparecera na imprensa. A fama e a glória que todo e qualquer soldado almeja havia sido evitada por ele, pois em seus longos anos como líder de combate no *front* oriental, ele havia lutado contra os russos em um papel que, por sua natureza intrínseca, o relegaria à obscuridade. Suas operações não lidavam com as glórias obtidas em uma guerra-relâmpago, mas sim com o desespero das difíceis retiradas. Sua especialidade era a defesa e, nesse quesito, pouquíssimos podiam lhe fazer par. Um comandante astuto, estrategista preciso, homem de uma gentileza ilusória, Heinrici era, não obstante, um general com a rigidez da velha escola aristocrática que aprendera há muito tempo a defender a linha com uma quantidade mínima de homens e com o menor custo possível. "Heinrici", observou certa vez um de seus oficiais de pessoal, "recue somente quando o ar estiver mudando de direção – e, ainda assim, após deliberar consideravelmente o caso."

Em uma guerra que tinha sido para ele uma lenta e dolorosa retirada durante todo o caminho, dos subúrbios de Moscou aos montes Carpácios, Heinrici havia resistido vezes sem conta em posições praticamente impossíveis de serem mantidas.

Obstinado, audacioso e exigente, ele aferrava-se a cada chance – mesmo quando fosse questão de defender mais um quilômetro por mais uma hora. Lutava com tamanha ferocidade que seus oficiais e homens orgulhosamente o apelidaram de "*Unser Giftzwerg*" – "nosso pequeno e valente canalha"*. Baixinho, franzino, com tranqüilos olhos azuis, cabelos loiros e um bigode elegante, Heinrici parecia, à primeira vista, mais um professor de escola do que um general – e um professor dos mais miseráveis.

Era um ponto de grande preocupação para seu ajudante, Von Bila, que Heinrici tivesse tão pouco apreço pelo aspecto exterior de sua elevada patente. Von Bila constantemente se queixava da aparência do general – principalmente de suas botas e sobretudo. Heinrici tinha pavor do costume muito popular entre os oficiais alemães de trazer as botas, que vinham até o joelho,

* *Unser Giftzwerg* significa literalmente "nosso anão venenoso" – e a designação era comumente aplicada a Heinrici nesse sentido por aqueles que não gostavam dele. (N. do A.)

extremamente polidas. Ele preferia as botas comuns de cano curto, gastas pelo uso, no antiquado modelo da Primeira Guerra Mundial, afiveladas nos lados com correias de couro. Quanto aos seus sobretudos, possuía vários, mas gostava mesmo era de seu casaco surrado de pele de carneiro e, apesar de todo empenho de Von Bila, recusava-se a se separar dele. Da mesma maneira, Heinrici usava seus uniformes até que eles estivessem quase reduzidos a trapos. E, como acreditava que o sujeito devia viajar com a menor bagagem possível, raramente carregava mais do que um uniforme consigo – aquele que estava em suas costas.

Era Von Bila quem tinha que tomar a iniciativa quando Heinrici precisava de roupas novas – e Von Bila tinha horror desses encontros, pois normalmente saía como perdedor. A última vez em que o ajudante se aventurara a trazer o assunto à baila, adotou uma abordagem cautelosa. Fazendo uma espécie de sondagem, ele inquiriu Heinrici:

– *Herr Generaloberst**, não devemos talvez tentar encontrar um momento para providenciar um novo uniforme?

Heinrici olhou para Von Bila por sobre seus óculos de leitura e perguntou suavemente:

– Você acha mesmo, Bila?

Por um momento o ajudante pensou que obtivera sucesso. Então, o *Giftzwerg* perguntou friamente:

– Para quê?

Desde aquele momento, Von Bila não voltou a tocar no assunto.

Se Heinrici, porém, não aparentava ser um general, ele agia como tal. Era um soldado dos pés à cabeça e, para as tropas que comandava, uma figura lendária.

Em dezembro de 1941, o imponente ataque-relâmpago de Hitler contra a Rússia havia sucumbido ao clima inóspito e estacionado antes de chegar nas proximidades de Moscou. Ao longo de todo o *front* germânico, um milhão e 250 mil soldados equipados com roupas leves haviam sido surpreendidos por um inverno rigoroso e antecipado. Enquanto os alemães lutavam contra a neve e o gelo, as forças russas, que Hitler e seus especialistas haviam virtualmente desconsiderado, apareceram como que de lugar nenhum. Em um ataque por todos os lados, os soviéticos lançaram cem divisões de soldados com roupas adequadas ao inverno em um ataque contra os invasores. As tropas alemãs tiveram que retroceder, sofrendo um número assombroso

* "Senhor general-comandante". Em alemão no original. (N. do T.)

de baixas, e, por alguns momentos, o combate parecia uma repetição da terrível retirada dos exércitos de Napoleão em 1812 – em uma escala ainda maior e mais sangrenta.

A linha precisava ser estabilizada. O setor mais difícil de ser mantido fora dado a Heinrici. Em 26 de janeiro de 1942, ele estava no comando do que restava do Quarto Exército, o qual, sustentando o território diretamente voltado para Moscou, fazia as vezes de pivô da linha alemã. Qualquer recuo significativo nessa posição poderia arriscar os batalhões nos flancos e talvez desencadear uma debandada.

Heinrici assumiu o comando em um dia dolorosamente frio; a temperatura era de -41°C. A água congelava dentro das caldeiras das locomotivas; as metralhadoras não iriam disparar; trincheiras e buracos individuais não poderiam ser cavados, pois o chão parecia feito de ferro. Os soldados mal-equipados de Heinrici lutavam com neve pela cintura, os flocos da nevasca presos às suas narinas e pestanas. "Fora-me dito para resistir até que o grande ataque chegasse, a ofensiva que certamente iria tomar Moscou", escreveu mais tarde. "Contudo, em toda parte, meus homens estavam morrendo – e não apenas vitimados pelas balas russas. Muitos deles congelaram até a morte."

Eles conseguiram resistir por quase dez semanas. Heinrici usou cada método que lhe era disponível, os ortodoxos e os nada ortodoxos. Exortou seus homens, incitou-os, promoveu e rebaixou – e sucessivamente desafiou a antiga e inflexível ordem de Hitler: "*Starre Verteidigung*" – "Não ceder". Naquela primavera, o pessoal do Quarto Exército estimou que, durante o longo inverno, o *Giftzwerg* esteve, em algumas ocasiões, em uma desvantagem numérica de pelo menos doze para um.

Nos arredores de Moscou, Heinrici desenvolveu uma técnica pela qual se tornou famoso. Quando sabia que um ataque russo era iminente em um setor específico, ele ordenava, na noite anterior, um recuo de um ou dois quilômetros para suas tropas, que assim assumiam novas posições. Desse modo, a barragem da artilharia russa caía sobre um *front* deserto. Nas palavras de Heinrici, "era como acertar um saco vazio. O ataque russo perderia velocidade porque meus homens, ilesos, estariam prontos para reagir. Então, minhas tropas dos setores que não haviam sido atacados poderiam se aproximar e reocupar as linhas de frente originais". O truque era saber para quando os russos estavam preparando um ataque. A partir dos relatórios da Inteligência, das patrulhas e das informações extraídas dos prisioneiros, somados a um extraordinário sexto sentido, Heinrici era capaz de apontar a hora e o local do próximo ataque com uma precisão quase matemática.

Nem sempre era possível empregar esses métodos, e, quando o fazia, Heinrici tinha que usar da maior cautela – Hitler havia encarcerado e até mesmo fuzilado generais por desobedecerem a sua ordem de não ceder território. "Enquanto mal podíamos mover uma sentinela de lugar sem sua permissão", Heinrici registraria mais tarde, "alguns de nós, onde era possível, encontrávamos maneiras de burlar a mais suicida de suas ordens".

Por razões óbvias, Heinrici nunca fora um dos favoritos de Hitler ou de sua corte. Sua educação militar, aristocrática e conservadora, exigia que ele observasse fielmente o juramento de submissão a Hitler; no entanto, o chamado de uma ditadura muito mais elevada sempre veio em primeiro lugar. Já no início da guerra, ele tinha caído em desgraça junto ao Führer por causa de suas concepções religiosas.

Filho de um pastor protestante, Heinrici lia um trecho da Bíblia diariamente, comparecia aos ofícios nos domingos e insistia que suas tropas fizessem procissões até a igreja. Essas práticas desagradavam a Hitler. Por diversas vezes, recebera claras alusões de que Hitler considerava imprudente um general ser visto em público indo à igreja. Em sua última viagem à Alemanha, enquanto deixava a cidade de Münster, na Westphalia, Heinrici recebeu a visita de um oficial do alto escalão do partido nazista, enviado especialmente de Berlim para falar com ele. Heinrici, que nunca fora membro do partido, foi informado de que "o Führer considera suas atividades religiosas incompatíveis com os objetivos do nacional-socialismo". Ouviu a advertência com a impassibilidade de uma pedra. No domingo seguinte, ele, sua mulher e sua filha compareceram à igreja como de costume.

A partir de então, ele foi promovido de modo lento e relutante. Não fosse por sua inegável e brilhante liderança e pelo fato de que vários dos comandantes para os quais servira – particularmente o marechal-de-campo Günther von Kluge – insistissem na sua promoção, ela lhe teria sido negada inteiramente.

No final de 1943, Heinrici caiu na inimizade do *Reichsmarschall* (marechal do Reich) Herman Goering, novamente por causa de questões religiosas. Goering reclamou veementemente para Hitler que durante a retirada do Quarto Exército na Rússia Heinrici havia falhado em cumprir a política do Führer de terra-arrasada. Especificamente, ele acusou o general de haver, de modo deliberado, descumprido as ordens de "queimar e inutilizar todo e qualquer prédio habitável" em Smolensk; entre os prédios que ficaram de pé, estava a grande catedral da cidade. Heinrici se explicou solenemente: "Se Smolensk fosse incendiada, eu não poderia retirar minhas forças através dela". A resposta foi insatisfatória tanto para Hitler quanto para Goering, mas havia suficiente lógica do ponto de vista militar para que fosse possível conduzi-lo a uma corte marcial.

Hitler, contudo, não se esqueceu. Heinrici, que fora vítima de gás venenoso na Primeira Guerra Mundial, sofria desde então de diversos tipos de desordens estomacais. Alguns meses após o incidente com Goering, Hitler, mencionando essas doenças, colocou Heinrici na lista dos inativos por causa de sua "má saúde". Assim, foi enviado para uma casa de saúde em Karlsbad, Tchecoslováquia, e lá, nas palavras de Heinrici, "simplesmente me deixaram sentado". Umas poucas semanas após a sua exoneração, os russos romperam pela primeira vez as linhas do seu antigo comando, o Quarto Exército.

Durante os primeiros meses de 1944, Heinrici permaneceu em Karlsbad, na condição de um espectador distante dos eventos apocalípticos que iam vagarosamente ruindo o império de Hitler: a invasão da Normandia pelos Aliados ocidentais em junho, o avanço anglo-americano ao longo da bota da Itália e a captura de Roma; a tentativa abortada de assassinar Hitler a 20 de julho; as esmagadoras ofensivas russas à medida que eles progrediam pela Europa oriental. Enquanto a situação se agravava rapidamente, Heinrici considerava sua inação insuportavelmente frustrante. Ele poderia ter conseguido um comando se suplicasse ao Führer, mas isso ele se recusava a fazer.

Finalmente, no final do verão de 1944, após oito meses de aposentadoria forçada, Heinrici recebeu a ordem de voltar ao serviço – dessa vez no comando da acossada Primeira Divisão Panzer e do Primeiro Exército húngaro.

Na Hungria, Heinrici retomou seu velho estilo. Lá, no auge da batalha, o coronel-general Ferdinand Schörner, o *protégé** de Hitler e superior hierárquico de Heinrici no país, emitiu uma ordem dando conta de que qualquer soldado encontrado atrás do *front* sem justificativa seria "sumariamente executado e teria seu corpo exposto para servir de exemplo". Heinrici, desgostoso com a ordem, replicou furiosamente:

– Tais métodos nunca foram usados sob meu comando. E nem nunca serão.

Embora tivesse sido forçado a recuar do norte da Hungria para a Tchecoslováquia, ele lutou pelo território de forma tão tenaz, que, em 3 de março de 1945, recebeu a informação de que fora condecorado com as espadas para as folhas de carvalho de sua Cruz de Cavaleiro – um feito notável para um homem que era intensamente odiado por Hitler. E agora, apenas

* "Protegido". Em francês no original. (N. do T.)

duas semanas depois, ele se dirigia em alta velocidade para Zossen, com a ordem de assumir o comando do batalhão Vistula no bolso.

Ao observar o asfalto da Reichsstrasse 96 passando debaixo dos pneus do seu veloz Mercedes, Heinrici se perguntava para onde ele seria levado finalmente. Lembrou-se da reação do seu pessoal na Hungria quando sua nomeação tornou-se conhecida e lhe foi ordenado que se reportasse ao general Heinz Guderian, chefe do quadro de generais do OKH (*Oberkommando des Heeres*) – Comando Maior do Exército. Eles estavam estarrecidos.

– Você quer realmente a tarefa? – perguntou-lhe o chefe do Estado-Maior.

Para seus apreensivos subordinados, o jeito sincero e direto de Heinrici certamente traria problemas. Como comandante do *front* de Oder, a última grande linha de defesa entre os russos e Berlim, ele estaria constantemente sob a supervisão de Hitler e de seus "bobos da corte", como os chamava um dos seus oficiais. Heinrici nunca fora um sicofanta, nunca aprendera a mascarar os fatos; como ele poderia evitar o choque com os homens que rodeavam o Führer? E todos conheciam o destino daqueles que discordavam de Hitler.

Do modo mais delicado possível, os oficiais mais próximos de Heinrici haviam sugerido que ele encontrasse alguma desculpa para abrir mão do comando – talvez por "questões de saúde". Surpreso, o general respondeu que apenas seguiria as suas ordens – "como qualquer soldado raso Schultz ou Schmidt".

Agora que ele se aproximava dos limites de Zossen, Heinrici não conseguia deixar de lembrar que, ao partir, seu pessoal havia olhado para ele "como se eu fosse uma ovelha enviada ao matadouro".

2

No portão principal da base, o carro de Heinrici foi rapidamente liberado. A cancela interna foi erguida, e, com uma avalanche de saudações, o carro entrou no quartel-general de Zossen. Era quase como se tivessem entrado em um outro mundo. De certo modo, era apenas isso: um mundo militar, escondido, camuflado, disciplinado, conhecido por alguns poucos e identificado pelos códigos "Maybach I" e "Maybach II".

O complexo a que agora chegavam era o Maybach I – o quartel-general do OKH, o Comando Maior do Exército, liderado pelo general Guderian. Dali ele dirigia os exércitos do *front* oriental. Um quilômetro e meio adiante, localizava-se um outro complexo totalmente independente: Maybach II, o quartel-general do OKW, o Comando Maior das Forças Armadas. Apesar de sua designação secundária, Maybach II abrigava a autoridade máxima – o quartel-general do supremo comandante, Hitler.

Diferentemente do general Guderian, que operava diretamente do quartel-general do OKH, o alto escalão do OKW – o chefe de Estado-Maior, o marechal-de-campo Wilhelm Keitel, e o chefe de Operações, coronel-general Alfred Jodl – permanecia junto a Hitler, onde quer que ele quisesse estar. Apenas os mecanismos operacionais do OKW permaneciam em Zossen. Por meio deles, Keitel e Jodl comandavam os exércitos no *front* ocidental, além de utilizálos como agência de divulgação das ordens de Hitler para todas as forças armadas da Alemanha.

Dessa maneira, Maybach II era o santuário dos santuários, tão afastado do quartel-general de Guderian que poucos dos seus oficiais haviam sequer recebido permissão para entrar em suas instalações. O isolamento entre os dois quartéis-generais era tão completo que eles estavam fisicamente divididos por altas cercas de arames farpados, constantemente patrulhadas por sentinelas. Ninguém, Hitler havia declarado em 1941, deveria saber mais do que o necessário para o cumprimento de suas atividades. No quartel-general de Guderian, era dito que "se os inimigos chegassem a capturar o OKW, aqui seguiríamos trabalhando normalmente: não sabemos nada do que se passa lá".

Debaixo da proteção do pálio da floresta, o carro de Heinrici seguiu uma entre as tantas estradas estreitas e sujas que entrecortavam o complexo. Localizadas no meio das árvores, em séries irregulares, estavam as baixas construções de concreto. Havia entre elas tamanho espaço, que conseguiam assim a máxima proteção das árvores, mas, apenas para garantir, haviam sido pintadas com uma pardacenta camuflagem, incluindo diversas tonalidades de verde, marrom e preto. Os veículos ficavam estacionados fora das estradas – ao lado das casernas e cobertos por redes camufladas. Sentinelas patrulhavam o lugar por completo, e, em pontos estratégicos ao redor do campo, as pequenas protuberâncias das casamatas erguiam-se do solo.

Essas casamatas faziam parte de uma imensa estrutura de instalações subterrâneas que se estendiam por todo o acampamento, pois Maybach I e II tinham muito mais construções abaixo da terra do que na superfície. Cada edifício tinha três andares subterrâneos e estava conectado com o seguinte por rotas de passagem. A maior dessas instalações intraterrestres era a "Exchange 500" – a maior central de comunicações de telefonia, teletipo e rádio da Alemanha. Era completamente auto-sustentável, com seu próprio condicionador de ar (equipado inclusive com um sistema de filtros capaz de resistir a ataques de gás do inimigo), suprimento de água, cozinhas e alojamentos. Ficava 21 metros abaixo da superfície – o equivalente a um prédio de sete andares enterrado no chão.

Exchange 500 era a única instalação dividida pelo OKH e pelo OKW. Além de interligar todos os superiores distantes do exército, da marinha e da aeronáutica com os dois quartéis-generais de Berlim, era o principal centro de troca de informações do governo do Reich e de seus diversos centros administrativos. A construção fora completada em 1939, projetada para servir ao vasto império. Na sala de controle das linhas principais e secundárias, numerosos operadores sentavam-se à frente de mesas tomadas por luzes piscantes. Sobre cada uma delas, havia um cartão com o nome da cidade: Berlim, Praga, Viena, Copenhague, Oslo e assim por diante. Mas as luzes de alguns consoles haviam sido apagadas: mesas que ainda carregavam os nomes de Atenas, Varsóvia, Budapeste, Roma e Paris.

Apesar de todas as precauções com a camuflagem, o complexo de Zossen havia sido bombardeado – Heinrici podia evidenciar o fato claramente enquanto seu carro percorria o caminho até um estacionamento do lado de fora do prédio de comando de Guderian. A área estava perfurada por crateras, árvores haviam sido arrancadas pela raiz e alguns prédios tinham sido extremamente danificados. O efeito do bombardeio, porém, fora minimizado pela sólida estrutura das construções – algumas das quais tinham paredes com mais de um metro de espessura.*

---

* Zossen havia sido, de fato, pesadamente bombardeada pelos americanos há apenas sete dias, em 15 de março, a pedido dos russos. A mensagem do marechal Sergei V. Khudyakov, do Exército Vermelho, para o general John R. Deane, chefe da missão militar americana em Moscou, atualmente arquivada em Washington e Moscou, e aparecendo aqui pela primeira vez, é um documento surpreendente pelo discernimento que oferece sobre a extensão da inteligência russa na Alemanha. "Caro general Deane: De acordo com informações que possuímos, a divisão do exército alemão está situada a 38 quilômetros ao sul de Berlim, em um abrigo subterrâneo especialmente fortificado chamado pelos alemães de 'A cidadela'. Está localizada de 5,5 a 6 quilômetros ao sul-sudeste de Zossen e aproximadamente de um a um quilômetro e meio a leste de uma grande auto-estrada... [Reichsstrasse 96] que corre paralelamente aos trilhos do trajeto Berlim-Dresden. A área ocupada pelas fortificações subterrâneas... estendem-se ao longo de cinco a seis quilômetros quadrados. O território está completamente cercado por emaranhados de arames farpados, distribuídos e enterrados em diversas fileiras. Ademais, é fortemente vigiado por um regimento da SS. De acordo com a mesma fonte, a construção da fortificação subterrânea foi iniciada em 1936. Em 1938 e 1939, a resistência das fortificações foi (continua na página 67)

Havia mais de uma evidência do ataque no interior do prédio principal. A primeira pessoa que Heinrici e Von Bila viram foi o tenente-general Hans Krebs, chefe de Estado-Maior de Guderian, que sofrera ferimentos durante o ataque. Com um monóculo no olho direito, estava sentado atrás de uma mesa em um escritório próximo ao de Guderian, a cabeça envolta por um turbante de bandagens brancas. Heinrici não se importava muito com Krebs. Embora o chefe de Estado-Maior fosse extremamente inteligente, Heinrici via-o como "um homem que se recusava a acreditar na verdade, que poderia mudar algo do preto para o branco a fim de minimizar a situação real para Hitler".

Heinrici olhou para ele. Dispensando as amenidades, perguntou de modo abrupto:

– O que aconteceu com você?

Krebs encolheu os ombros.

– Oh, isso não é nada – ele replicou. – Nada.

Krebs sempre fora imperturbável. Antes da guerra, ele havia sido *attaché** militar na embaixada alemã em Moscou, e seu russo era quase perfeito. Após a assinatura do pacto de neutralidade russo-japonês em 1941, Stalin o abraçara, dizendo "seremos amigos para sempre". Naquele momento, conversando casualmente com Heinrici, Krebs mencionou que continuava se aperfeiçoando no russo.

– A cada manhã – ele disse –, coloco um dicionário numa prateleira embaixo do espelho e, enquanto faço a barba, aprendo mais algumas palavras.

Heinrici concordou com a cabeça. O russo de Krebs talvez lhe fosse útil em breve.

O major Freytag von Loringhoven, auxiliar de Guderian, juntou-se a eles naquele momento. Com ele estava o capitão Gerhard Boldt, outro membro do grupo particular de Guderian. Eles cumprimentaram formalmente Heinrici e Von Bila e então os escoltaram até o escritório do general. Para Von Bila, todos pareciam vestidos com imaculado brilho, botas altas, os uniformes de campo cinzentos bem cortados e passados, com as saliências vermelhas no

---

(cont. da nota) testada pelos alemães, tanto contra bombardeios aéreos quanto contra fogo de artilharia. Peço-lhe, caro general, que não deixe de fazer a gentileza de, o mais depressa possível, passar as coordenadas para os Aliados, para que a força aérea bombardeie 'A cidadela' com carga pesada. Tenho certeza de que como resultado... o Estado-Maior alemão, se ainda estiver localizado ali, sofrerá danos e perdas que impedirão o prosseguimento normal das atividades... e [talvez] tenha que ser deslocado para outro lugar. Dessa maneira, os alemães perderão seu bem organizado centro de comunicações e quartel-general. Junto vai um mapa com a exata localização do Estado-Maior alemão [quartel-general]." (N. do A.)

* "Adido". Em francês no original. (N. do T.)

colarinho, referentes aos postos que ocupavam. Heinrici, caminhando à frente com Von Loringhoven, parecia, como de costume, vestir um figurino completamente deslocado – especialmente se visto de costas. A cor avermelhada do casaco de pele de cordeiro fazia Von Bila estremecer.

Von Loringhoven entrou no escritório de Guderian, retornando alguns minutos depois e mantendo a porta aberta para Heinrici. "Herr Generaloberst Heinrici", ele anunciou à passagem do *Giftzwerg*. Von Loringhoven fechou a porta e se juntou a Boldt e Von Bila na ante-sala.

Guderian estava sentado atrás de uma grande mesa cheia de papéis. Quando Heinrici entrou, ele se ergueu, cumprimentou calorosamente o visitante, ofereceu-lhe uma cadeira e por um breve momento conversou sobre a viagem de Heinrici. Este percebeu que Guderian estava tenso e irascível. Ombros largos, altura mediana, cabelos ralos e grisalhos, um bigode irregular, Guderian aparentava ter muito mais do que os seus 56 anos. Embora não fosse de conhecimento geral, ele era um homem doente, sofrendo de pressão alta e fraqueza cardíaca – quadro que não era em nada aliviado por suas constantes frustrações. Nesses dias, o criador das imponentes forças *panzer* de Hitler encontrava-se quase que completamente enfraquecido – ele, o general que, por meio de suas técnicas de proteção de tanques, havia permitido a tomada da França em 1940 em apenas 27 dias e que quase obtivera semelhante sucesso na Rússia. Mesmo como chefe do Estado-Maior, não possuía virtualmente qualquer influência sobre Hitler. Um oficial exaltado no melhor dos tempos, Guderian agora acumulava tamanha frustração, segundo Heinrici ouvira, que estava sujeito a ataques violentos de fúria.

Enquanto eles conversavam, Heinrici olhava ao redor dele. O escritório era espartano: uma grande mesa com um mapa, diversas cadeiras de espaldar reto, dois telefones, uma lâmpada de mesa com uma pantalha verde e nada nas paredes de um amarelo acinzentado, exceto a costumeira fotografia emoldurada de Hitler, pendurada sobre a mesa do mapa. O chefe do Estado-Maior não tinha nem mesmo uma cadeira estofada.

Apesar de Guderian e Heinrici não serem amigos íntimos, haviam se conhecido há muitos anos, respeitavam-se mutuamente no âmbito profissional e eram bastante próximos para conversar informal e livremente. Tão logo entraram na questão, Heinrici falou com franqueza.

– General – ele disse –, estive nos confins da Hungria. Não sei quase nada a respeito do grupo de exército Vistula, o modo como está composto ou qual a situação no Oder.

Guderian foi igualmente direto. Respondeu de um modo um tanto ríspido.

– Devo lhe dizer, Heinrici, que Hitler não queria lhe dar esse comando. Ele tinha outra pessoa em mente.

Heinrici permaneceu em silêncio. Guderian continuou:

– Sou eu o responsável. Disse a Hitler que você era o único homem capaz de dar conta da missão. Primeiramente, ele não queria nem ouvir falar no seu nome. Finalmente, consegui fazer com que ele concordasse.

Guderian falava de um modo impessoal, em um estilo prosaico, mas, à medida que o assunto passou a ser do seu interesse, o tom de sua voz mudou. Mesmo depois de vinte anos, Heinrici ainda lembraria de cada detalhe da invectiva que se seguiu.

– Himmler – Guderian falou asperamente. – Este foi o grande problema. Livrar-se do homem que você vai substituir: Himmler!

Abruptamente, ele ergueu-se da cadeira, andou ao redor da mesa e começou a caminhar pela sala. Heinrici apenas recentemente soubera que o *Reichsführer* Heinrich Himmler era o comandante do grupo de exército Vistula. A novidade o surpreendera de tal modo que primeiramente não pôde acreditar. Ele sabia que Himmler era membro do gabinete pessoal de Hitler – provavelmente o homem mais poderoso na Alemanha depois do Führer. Não sabia que Himmler tinha qualquer experiência em comandar tropas no campo – sem falar em dirigir as atividades de um grupo de exército.

Com amargura, Guderian relatou como em janeiro, a partir do momento em que o *front* polonês começara a entrar em colapso diante da enxurrada do Exército Vermelho, ele havia desesperadamente requisitado a formação do grupo de exército Vistula. Naquele momento, imaginava-se o grupo como um complexo de forças ao norte, responsável por estabelecer uma linha de defesa entre o Oder e o Vistula, aproximadamente da Prússia oriental até o extremo sul, onde poderia se unir com outro grupo de exército. Se a linha fosse mantida, evitaria que a avalanche russa se dirigisse para o coração da Alemanha, através da baixa Pomerânia e Silésia superior, passando então por Brandemburgo e – finalmente – Berlim.

Para comandar o grupo, Guderian havia sugerido o marechal-de-campo Freiherr von Weichs.

– Naquele momento, ele era o homem certo para a situação – disse Guderian. – O que aconteceu? Hitler disse que Von Weichs era velho demais. Jodl estava presente na conferência e esperei que fosse me dar apoio. Ele, no entanto, fez algumas observações sobre as convicções religiosas de Weichs. Foi o suficiente para encerrar o assunto. Assim – trovejou Guderian –, adivinhe a quem nós chegamos? Hitler apontou para Himmler! Entre todos, logo Himmler!

Guderian, em suas próprias palavras, "discutiu e protestou contra a escolha, absurda e estarrecedora", de um homem que não tinha nenhum conhecimento militar. Mas Hitler não cedeu. Sob o comando de Himmler, o *front* entrou em colapso. O Exército Vermelho tinha se movido exatamente como Guderian prognosticara. Uma vez que os russos cruzaram o Vistula, parte de suas forças se moveu para o norte e chegou até o Báltico em Danzig, destacando e mantendo algo em torno de vinte a 25 divisões exclusivamente para a Prússia oriental. As forças soviéticas restantes espalharam-se pela Pomerânia e Silésia superior, alcançando os rios Oder e Neisse. Por toda a extensão do *front* oriental a linha alemã foi esmagada. Nenhum setor, porém, ruiu mais rápido que o de Himmler. Sua falha abriu os portões para o principal caminho através da Alemanha e possibilitou que fosse estabelecida uma ligação direta com os Aliados ocidentais. Acima de tudo, seu fracasso colocara Berlim em perigo.

Guderian disse a Heinrici que, apenas 48 horas antes, ele havia dirigido até o quartel-general do grupo de exército Vistula em Birkenhain, aproximadamente oitenta quilômetros ao norte de Berlim, para tentar persuadir Himmler a desistir do comando. Lá, fora informado de que Himmler estava doente. Finalmente, acabou por localizar o comandante da SS em um sanatório a 32 quilômetros de distância, perto da cidade de Lychen, "escondendo-se atrás de um mero resfriado".

Guderian logo viu que a "doença" de Himmler poderia ser usada como vantagem. Expressou simpatia pelo *Reichsführer* e sugeriu que talvez ele estivesse sobrecarregado pelo trabalho, que o número de cargos a seu cuidado "esgotaria a força de qualquer homem". Além de comandar o grupo de exército de Vistula, o ambicioso Himmler também era ministro do Interior; chefe da Gestapo, a polícia alemã encarregada dos serviços de segurança; líder da SS e comandante das forças de elite. Por que não abrir mão de um desses cargos, sugeriu Guderian – que tal do grupo de exército Vistula?

Himmler aceitou a proposta. Era a mais pura verdade, ele disse; suas muitas atribulações, de fato, exigiam uma resistência enorme.

– Mas – Himmler perguntou – como posso sugerir ao Führer a minha desistência do Vistula?

Guderian rapidamente respondeu que, se tivesse sua autorização, *ele* mesmo poderia sugeri-lo. Himmler concordou de imediato. Naquela noite, acrescentou Guderian, "Hitler aliviou o estafado e sobrecarregado *Reichsführer*, mas somente após uma série de resmungos e com óbvia relutância".

Durante os meses anteriores, Guderian continuou, ele tentara fazer com que Hitler entendesse que o "verdadeiro perigo estava no *front* oriental", e que "medidas drásticas faziam-se necessárias". Ele insistira em uma série de retiradas estratégicas dos Estados Bálticos – particularmente de Courland, na Latvia, dos Bálcãs e, inclusive, da Noruega e da Itália. Em todos os lugares, as linhas precisavam ser encurtadas; cada divisão sobressalente poderia ser utilizada no *front* russo. De acordo com a Inteligência, os russos tinham duas vezes mais divisões do que os Aliados ocidentais – embora houvesse menos divisões alemãs lutando no Leste do que no Oeste. Ademais, as melhores divisões alemãs estavam voltadas para Eisenhower. Todavia, Hitler se recusou a assumir uma postura defensiva; ele jamais iria acreditar nas evidências e nos fatos colocados diante de si.

Então, Guderian declarou:

– Hitler cometeu, possivelmente, o seu maior erro.

Em dezembro de 1944, desencadeou sua pesada ofensiva contra os Aliados ocidentais – sua última jogada – através da floresta de Ardennes, que se estendia pela Bélgica e pelo norte de Luxemburgo. O ataque, Hitler jactava-se, iria dividir as forças aliadas e mudar completamente o curso da guerra. Contra o centro da linha aliada, ele lançou três exércitos plenamente equipados – um total de vinte divisões, sendo que doze equipadas com blindados. Seus objetivos: romper a linha, chegar ao rio Meuse e então, rumando para o norte, capturar o porto de Antuérpia, centro vital para a recepção e distribuição de suprimentos. Pegos de surpresa, os Aliados acusaram o golpe e recuaram com enormes perdas. Mas a ofensiva logo terminou. Recuperando-se com agilidade, as tropas aliadas expulsaram as tropas estraçalhadas de Hitler de volta para trás da fronteira alemã em apenas cinco semanas.

– Quando se tornou óbvio que a ofensiva havia fracassado – disse Guderian –, implorei a Hitler para que ele retirasse nossas tropas de Ardennes e as deslocasse para o *front* oriental, onde uma ofensiva russa era esperada a qualquer momento. Foi inútil: ele se recusava a acreditar na nossa estimativa sobre o poderio do Exército Vermelho.

Em 9 de janeiro, Guderian informou Hitler que os russos pretendiam lançar seus ataques a partir do mar Báltico e dos Bálcãs, com uma poderosa força que totalizava 225 divisões e 22 corpos de tanques. A estimativa fora preparada pelo general Reinhard Gehlen, chefe de Inteligência de Guderian. Ela indicava que os russos ultrapassariam em número os alemães na seguinte proporção: onze para um na infantaria, sete para um em tanques, e, tanto em artilharia quanto em aviões, em pelo menos vinte para um. Hitler esmurrou a mesa e, tomado de fúria, censurou o autor do relatório.

– Quem preparou esse lixo? – ele rugiu. – Seja quem for, deve ser confinado a um hospício!

Três dias depois os russos atacaram, e as previsões de Gehlen provaram estar precisas.

– O *front* virtualmente se desintegrou – disse Guderian a Heinrici –, simplesmente porque a maioria de nossas forças *panzer* estava retida no Oeste. Finalmente, Hitler concordou em transferir alguns veículos, mas não iria permitir que eu usasse os tanques para atacar as vanguardas russas a leste de Berlim. Para onde então ele os estava enviando? Para a Hungria, onde foram usados em um ataque totalmente inútil a fim de recapturar os campos de petróleo. Pois bem! Agora mesmo – ele se enfureceu – há dezoito divisões alocadas em Courland: inativas. Precisa-se delas aqui e não nos Estados Bálticos! Se quisermos sobreviver, tudo o que ainda tivermos deve ser concentrado no *front* do Oder.

Guderian fez uma pausa e, com esforço, acalmou-se. Então disse:

– Os russos já estão em nosso quintal. Eles detiveram sua ofensiva para se reorganizar e se agrupar. Estimamos que você terá de três a quatro semanas, até que o nível da água baixe, para se preparar. Entrementes, os russos tentarão estabelecer novas cabeças-de-ponte na encosta ocidental e expandir aquelas que eles já possuem. Estas devem ser rechaçadas. Independentemente do que estiver acontecendo nos outros lugares, os russos têm que ser detidos às margens do Oder. É nossa única esperança.

3

Agora Guderian requisitava os mapas. No lado de fora, na ante-sala, um dos ajudantes desenrolou alguns do topo de uma pilha previamente preparada, levou-os para o escritório e os abriu sobre a mesa diante dos dois generais.

Esta era a primeira vez que Heinrici olhava para a situação global. Mais de um terço da Alemanha já se fora – engolida pelos avanços das duas frentes aliadas. Tudo o que havia restado estava entre duas grandes barreiras aquáticas: a oeste, o Reno; a leste, o Oder e o seu afluente, o Neisse. E Heinrici sabia que as grandes zonas industriais do Reich que ainda não haviam sido capturadas estavam sendo bombardeadas dia e noite.

No Oeste, as forças de Eisenhower, como Heinrici ouvira, estavam realmente junto ao Reno, a maior linha de defesa natural da Alemanha. As forças anglo-americanas estendiam-se por quase oitocentos quilômetros ao longo da margem ocidental – aproximadamente do Mar do Norte até a fronteira da

Suíça. Em um ponto, o Reno fora inclusive atravessado. No dia 7 de março, os americanos haviam se apoderado de uma ponte em Remagen, ao sul de Bonn, antes que ela pudesse ser completamente destruída. Agora uma cabeça-de-ponte com 32 quilômetros de extensão e oito de profundidade estendia-se ao longo da margem oriental. Outras travessias eram esperadas para qualquer momento.

No Leste, os soviéticos haviam invadido em grande número a Europa oriental, mantendo um *front* de quase 1,3 mil quilômetros – do Báltico ao Adriático. Dentro da Alemanha eles ocupavam as margens dos rios Oder e Neisse, seguindo todo o caminho até a fronteira com a Tchecoslováquia. Agora, Guderian disse a Heinrici, os inimigos se preparavam freneticamente para retomar a ofensiva. Aviões de reconhecimento haviam comunicado o deslocamento de reforços em direção ao *front*. Em cada estação da estrada férrea eram despejados equipamentos e armas. As rodovias estavam congestionadas por tanques e comboios (mecânicos e de animais), além das tropas que vinham marchando. Qual seria a força do Exército Vermelho no momento do ataque ninguém poderia estimar, mas três grupos de exército haviam sido identificados na Alemanha – concentrados, na sua maior parte, em posição diretamente oposta à ocupada pelo grupo de exército Vistula.

Olhando para o *front* que herdara, Heinrici via pela primeira vez o que ele classificaria mais tarde de "a mais pura e estarrecedora verdade".

No mapa, a fina linha vermelha e ondulada marcava a disposição do grupo Vistula ao longo de 280 quilômetros – da costa do Báltico até a confluência do Oder e do Neisse na Silésia, onde ele se unia às forças do general Schörner. A maior parte do *front* estendia-se na margem ocidental do Oder, mas ainda havia três grandes cabeças-de-ponte na margem oriental: ao norte, em Stettin, capital da Pomerânia, construída no século 13; ao sul, na cidade de Küstrin e na velha cidade universitária de Frankfurt – ambas localizadas em um setor vital: diretamente oposto a Berlim.

Para evitar que os russos capturassem a capital e se dirigissem para o coração da Alemanha, Heinrici descobriu que dispunha de apenas dois exércitos. Mantendo a ala norte do *front* estava o Terceiro Exército Panzer, sob o comando do pequenino general Hasso von Manteufell – depois de Guderian e Rommel, provavelmente o maior estrategista de tanques no Wehrmacht. Mantinha posições ao longo de 150 quilômetros – do norte de Stettin à junção do canal Hohenzollern com o Oder, aproximadamente 45 quilômetros a nordeste de Berlim. Abaixo desse ponto, da confluência do Neisse e pelos 128 quilômetros seguintes, a defesa estava nas mãos do Nono Exército e de seu comandante, Theodor Busse, um general de 47 anos e que usava óculos.

Deprimido como estava pelo quadro geral da situação, Heinrici não estava demasiadamente surpreso com as descomunais forças arregimentadas contra ele. No *front* oriental era costumeiro lutar sem cobertura aérea, com um mínimo de tanques, sem falar em uma desvantagem numérica de nove a dez homens contra um. Mas tudo ia depender, Heinrici sabia, do moral das tropas. O que o alarmava agora era a composição desses dois exércitos.

Para o experiente Heinrici o nome de uma divisão e de seu comandante geralmente serviam como uma indicação de suas histórias e habilidades de combate. Naquele momento, examinando o mapa, descobriu que havia poucas divisões regulares no Leste que ele ao menos reconhecesse. Em vez dos habituais números de identificação, a maioria delas tinha nomes esquisitos, tais como: "Gruppe kasse", "Döberitz", "Nederland", "Kurmark", "Berlim" e "Müncheberg". Heinrici se perguntava a respeito da composição dessas unidades. Eram pedaços de outras tropas – remanescentes de divisões simplesmente reunidos? O mapa de Guderian não fornecia uma visão clara da questão. Teria que verificar pessoalmente, mas começava a suspeitar que essas divisões eram apenas nomes. Heinrici não fez qualquer comentário sobre suas suspeitas, pois Guderian tinha outros problemas mais imediatos a discutir – em particular, Küstrin.

O maior exército de Heinrici era o Nono de Busse, o último escudo de defesa antes de Berlim. Pelos pontos vermelhos marcados no mapa, era evidente que os problemas de Busse cresciam. Os russos, disse Guderian, estavam se concentrando em oposição ao Nono Exército. Esforçavam-se ao máximo para destruir as duas cabeças-de-ponte alemãs na margem oriental em Küstrin e na área de Frankfurt. A situação em Küstrin era a mais perigosa.

Naquele setor, nas semanas anteriores, o Exército Vermelho tinha obtido sucesso em cruzar o Oder diversas vezes, fazendo cabeças-de-ponte no lado ocidental. A maioria dessas tentativas havia sido rechaçada, mas, apesar de todos os esforços da defesa, os russos continuavam mantendo posições ao redor de Küstrin. Eles haviam garantido cabeças-de-ponte de bons tamanhos em ambos os lados da cidade. Entre essas guaritas em forma de pinças, restava apenas um simples corredor, ligando os defensores de Küstrin com o Nono Exército. Quando essas pinças se fechassem, Küstrin cairia, e a ligação entre as duas cabeças-de-ponte proveria os russos de um grande trampolim na margem ocidental para sua ofensiva rumo a Berlim.

E então Guderian lançou outra bomba sobre Heinrici.

– Hitler – ele disse – decidiu lançar um ataque para acabar com a cabeça-de-ponte ao sul de Küstrin, e o general Busse já está se preparando. Acredito que a ação se dará em 48 horas.

O plano, como Guderian o desenhou, previa que o ataque fosse lançado de Frankfurt, 21 quilômetros abaixo de Küstrin. Cinco divisões *Panzer-*Granadeiro deveriam cruzar o rio na cabeça-de-ponte alemã e de lá atacariam ao longo da margem oriental, atingindo por trás a cabeça-de-ponte russa localizada a sul de Küstrin.

Heinrici estudou o mapa. Frankfurt espalhava-se sobre o rio Oder, estando a maior parte da cidade na margem ocidental. Uma única ponte unia as duas partes da cidade. Para o novo comandante do grupo de exército Vistula, dois fatos estavam luminosamente nítidos: o terreno montanhoso na margem oriental oferecia condições ideais para a artilharia russa – das alturas eles poderiam deter completamente os alemães em sua trajetória. Mas, pior, a cabeça-de-ponte que cruzava o rio era pequena demais para permitir a reunião de cinco divisões motorizadas.

Por um longo momento, Heinrici estudou cuidadosamente o mapa. Não tinha qualquer dúvida em sua mente de que a reunião das divisões alemãs seria instantaneamente detectada, sendo primeiro pulverizada pela artilharia e, na seqüência, atacada por aviões. Olhando para Guderian, ele disse apenas:

– É completamente impossível.

Guderian concordou. Cheio de raiva, falou a Heinrici que a única maneira de reunir as divisões seria "cruzar a ponte uma depois da outra – formando uma coluna de homens de uns 25 quilômetros de extensão". Hitler, porém, insistia no ataque. "Vai dar certo", ele havia dito a Guderian, "porque os russos serão pegos de surpresa por uma operação tão ousada e nada ortodoxa".

Heinrici, ainda examinando o mapa, viu que o setor entre Küstrin e Frankfurt estava completamente congestionado por tropas russas. Mesmo que o ataque pudesse ser lançado da cabeça-de-ponte, os russos eram tão fortes que os alemães jamais alcançariam Küstrin. Solenemente, Heinrici avisou:

– Nossas tropas serão crivadas e terão o Oder às costas. Será um desastre.

Guderian não fez nenhum comentário – não havia nada a dizer. De repente, olhou para o relógio e disse com irritação:

– Oh, Deus, tenho que voltar a Berlim para a conferência do Führer às três.

A simples lembrança desse compromisso provocava-lhe outra explosão de fúria.

– É impossível trabalhar – Guderian esbravejou. – Duas vezes por dia, perco horas ouvindo aquele grupo ao redor de Hitler falando idiotices, discutindo bobagens! Não consigo fazer nada! Gasto todo meu tempo na estrada ou em Berlim ouvindo baboseiras!

A raiva de Guderian era tamanha que chegou a alarmar Heinrici. O rosto do chefe do Estado-Maior tornara-se vermelho como uma beterraba, e por um momento Heinrici temeu que o outro pudesse cair morto, vitimado por um ataque cardíaco. Houve um silêncio angustiante enquanto Guderian tentava recobrar a calma. Então ele disse:

– Hitler irá discutir o ataque a Küstrin. Talvez o melhor seja você vir comigo.

Heinrici declinou.

– Se devo lançar esse ataque insano depois de amanhã – ele disse –, é mais útil que eu vá para meu quartel-general o quanto antes.

Em seguida, obstinadamente acrescentou:

– Hitler pode esperar uns dias para me ver.

Na ante-sala, Heinrich von Bila contava o tempo do encontro pela pilha de mapas e cartas que ia diminuindo conforme eram conduzidas ao escritório de Guderian. Restavam apenas uma ou duas, então as instruções, ele pensou, deviam estar chegando ao fim. Vagou o olhar sobre a mesa e ficou observando preguiçosamente o mapa que estava em cima. Ele mostrava toda a extensão da Alemanha, mas as linhas que o marcavam pareciam de algum modo diferentes. Von Bila estava prestes a desviar os olhos quando algo chamou sua atenção. Foi olhar mais de perto. O mapa *era* diferente de todos os outros. Agora, eram as letras que o atraíam – estava escrito em inglês. Ele se inclinou e começou a estudá-lo cuidadosamente.

4

Eram quase seis horas quando o exausto Heinrici chegou ao seu quartel-general em Birkenhain, próximo a Prenzlau. Durante as duas horas e meia de percurso desde Zossen, ele permanecera calado. A certa altura, Von Bila tentou iniciar uma conversa, perguntando se o general havia visto o mapa. Von Bila presumia que Guderian havia mostrado uma cópia separada do mapa, explicando seu conteúdo. Heinrici, de fato, não sabia nada a respeito disso, e seu ajudante ficou sem resposta. O general simplesmente sentou-se, quieto e preocupado. Von Bila nunca o vira tão desanimado.

O primeiro olhar de Heinrici para o seu novo quartel-general conseguiu deprimi-lo ainda mais. O posto de comando do grupo de exército Vistula consistia de uma ampla e imponente mansão ladeada por casernas de madeira. A edificação principal era uma aberração arquitetônica – ao longo da fachada, com imensas colunas, havia uma coleção de pesados ornamentos. Anos atrás, Himmler construíra o lugar para ser uma espécie de refúgio particular. Em um desvio ferroviário, junto ao local, ficava o seu luxuoso e completo trem privado, o "Steiermark".

Assim como em Zossen, esse quartel-general ficava escondido entre as árvores, mas aí terminava a comparação. Não havia sequer sombra do alvoroço militar que Heinrici esperava de um quartel-general de um grupo de exército em atividade. Exceto por um cabo da SS no salão de entrada do prédio principal, o lugar parecia deserto. O cabo perguntou por seus nomes, conduziu-os a um banco duro e desapareceu.

Alguns minutos se passaram até que um sujeito alto, imaculadamente vestido em um traje de tenente-general da SS, apareceu. Apresentou-se como chefe do Estado-Maior de Himmler, Heinz Lammerding, e explicou em tom suave que o *Reichsführer* estava "engajado em uma discussão mais importante" e "não poderia ser perturbado no momento". Polido mas indiferente, Lammerding não convidou Heinrici para aguardar em seu escritório nem sequer teve qualquer gesto de hospitalidade. Dando uma volta sobre os calcanhares, deixou que os dois seguissem esperando no mesmo local. Em todos os seus anos como oficial sênior, Heinrici nunca havia sido tratado de um modo tão desdenhoso.

Esperou pacientemente por mais quinze minutos, então falou baixo a Von Bila:

– Vá dizer ao Lammerding que não pretendo ficar sentado aqui nem mais um minuto. Exijo ver Himmler imediatamente.

Segundos depois, Heinrici foi conduzido através de um corredor até o escritório de Himmler. O *Reichsführer* esperava de pé ao lado da mesa. Era de estatura mediana, o torso mais longo do que as pernas – as quais um dos membros do grupo de Heinrici lembrava como sendo "as patas traseiras de um touro". Tinha um rosto estreito, queixo recuado, olhos míopes atrás dos óculos de armação de arame, um pequeno bigode e uma boca fina. Suas mãos eram pequenas, macias e afeminadas, os dedos longos. Heinrici reparou na textura de sua pele, que era "pálida, flácida e com um quê de esponjosa".

Himmler se aproximou, trocou cumprimentos e imediatamente lançou-se em uma longa explicação.

– Você precisa entender – ele disse, tomando o braço de Heinrici – que é muito difícil ter de abandonar o grupo de exército Vistula.

Sem parar de falar, conduziu o general até uma cadeira.

– Mas, como deve saber, tenho tantos cargos, tanto trabalho a fazer... além do mais, minha saúde não anda nada boa.

Sentando-se atrás da mesa, Himmler recostou-se e disse:

– Agora lhe contarei tudo o que está acontecendo. Pedi que trouxessem todos os relatórios.

Dois homens da SS entraram na sala; um era taquígrafo, o outro carregava uma grande pilha de mapas. Atrás deles vieram mais dois oficiais. Heinrici ficou satisfeito em ver que esses oficiais usavam uniformes do Wehrmacht e não da SS. Um deles era o tenente-general Eberhard Kinzel, delegado-chefe do Estado-Maior; o outro, o coronel Hans Georg Eismann, chefe de Operações. Heinrici estava particularmente feliz em ver Eismann, a quem conhecia como um excepcional oficial auxiliar. Lammerding não estava presente.

Himmler esperou até que todos se sentassem. Começou então a pronunciar um discurso dramático de justificativa pessoal. Mais tarde, Heinrici teve a impressão de que "ele começou com Adão e Eva" e depois mergulhou em uma explicação tão trabalhosa e cheia de detalhes que "nada do que ele disse fazia sentido".

Tanto Kinzel quanto Eismann sabiam que Himmler poderia falar assim por horas a fio. O primeiro, depois de alguns minutos, retirou-se em função de "assuntos urgentes". Eismann sentou-se e ficou observando Himmler e Heinrici, comparando-os mentalmente. Ele via no último "um soldado grisalho, velho e perseverante – um homem rígido, sério e silencioso, para quem a cortesia vinha de berço", sendo sujeitado à espalhafatosa conversa furada de um novo-rico sem qualquer habilidade militar, "que não seria capaz de ler a escala em um mapa". Olhando para os gestos desenfreados de Himmler, "repetindo inúmeras vezes, em linguagem teatral, os fatos mais desimportantes", ele sabia que Heinrici estava ao mesmo tempo estarrecido e enojado.

Eismann agüentou o quanto pôde, mas acabou por também pedir licença para se retirar, com a desculpa de que "havia muita coisa a fazer". Alguns minutos mais tarde, Heinrici notou que o taquígrafo, incapaz de tomar nota da torrente verbal de Himmler, havia posto o lápis de lado. Aborrecido além do limite do imaginável, Heinrici ficou sentado em silêncio, deixando as palavras inundarem-no.

Subitamente o telefone na mesa de Himmler tocou. O *Reichsführer* atendeu e ficou ouvindo por um momento. Seus olhos tomaram-se de assombro. Passou o telefone para Heinrici.

– Você é o novo comandante – ele disse. – É melhor que você pegue essa ligação.

Heinrici tomou o aparelho e disse:

– Aqui é Heinrici, quem está falando?

Era o general Busse, comandante do Nono Exército. Heinrici ficou petrificado com o que ouvira. O desastre já começara a acontecer sob o seu novo comando. Os russos haviam descoberto os preparativos de Busse para o ataque a Küstrin. A 25ª Divisão Panzer, uma das melhores de Busse, que por meses havia mantido o corredor aberto entre as cabeças-de-ponte russas em ambos os lados da cidade de Küstrin, havia sido discretamente deslocada das suas posições a fim de preparar a ofensiva. Outra divisão, a 20ª Divisão Panzer, fora direcionada para a posição da 25ª. Os russos haviam visto as movimentações e atacaram simultaneamente pelo norte e pelo sul. As pinças se fecharam, assim como Guderian havia temido. A 20ª Divisão Panzer foi bloqueada, Küstrin isolada – e os russos agora tinham uma grande cabeça-de-ponte para atacar Berlim.

Heinrici cobriu o fone com a mão e de modo soturno comunicou a Himmler as novidades. O *Reichsführer* parecia nervoso e encolheu os ombros.

– Bem – acabou por dizer –, você é o comandante do Grupo de Exército Vistula.

Heinrici olhou-o embasbacado.

– Agora, escute aqui – ele disse rispidamente. – Não sei nada a respeito desse maldito grupo. Não tenho nem idéia de quantos soldados disponho, ou onde eles deveriam estar.

Himmler olhou de maneira vaga para seu interlocutor. Heinrici percebeu que dele não poderia esperar qualquer ajuda. Voltou novamente a falar no telefone e autorizou Busse a contra-atacar imediatamente, prometendo ao mesmo tempo ao comandante do Nono Exército que ele chegaria ao *front* assim que pudesse. Ao devolver o aparelho, Himmler começou novamente a sua longa divagação, como se nada tivesse acontecido.

Todavia, Heinrici estava agora completamente exasperado. Grosseiramente, ele interrompeu o discurso. Era necessário, ele disse a Himmler, que o *Reichsführer* emitisse a sua considerável opinião sobre a situação como um todo, pois disso dependia o futuro da Alemanha. A questão, ele lembrou mais tarde, "desagradou visivelmente" a Himmler. O *Reichsführer* ergueu-se da cadeira, deu a volta na mesa e, agarrando o braço de Heinrici, conduziu-o a um sofá no canto mais afastado da sala, longe do alcance do ouvido do taquígrafo. Então, em uma voz abafada, Himmler largou a bomba.

– Por meio de um país neutro – ele confidenciou –, estou tomando as medidas necessárias para começar uma negociação com o Oeste.

Fez uma pausa e acrescentou:

– Estou lhe revelando isso em caráter de sigilo absoluto, compreende?

Houve um longo silêncio. Himmler olhou cheio de expectativa para Heinrici – presumivelmente esperando por algum comentário. Heinrici estava chocado. Isto era traição – traição da Alemanha, de seus exércitos e líderes. Lutou duramente para controlar seus pensamentos. Será que Himmler dizia a verdade? Ou era uma artimanha para levá-lo a cometer uma indiscrição? O ambicioso Himmler, ele acreditava, seria capaz de tudo – mesmo de traição para ficar com o poder só para si. O experiente general de tantas frentes de batalha ficou ali, sentado e quieto, revoltado apenas em estar na presença daquele sujeito.

Subitamente, a porta se abriu, e um oficial da SS apareceu. Himmler não escondeu seu alívio com a interrupção.

– *Herr Reichsführer* – o oficial anunciou –, o pessoal está reunido para a despedida.

Himmler se levantou e, sem dizer mais nenhuma palavra, deixou a sala.

Às oito horas da noite, Himmler, os oficiais da SS e os seguranças haviam partido. Levaram tudo consigo, incluindo, como Balzen, o serviçal de Heinrici, logo descobriria, os talheres de prata, as louças, os copos e mesmo os pires. Sua partida foi tão completa que era como se Himmler nunca tivesse posto os pés naquele quartel-general. A bordo do seu luxuoso trem particular, Himmler dirigiu-se velozmente através da noite rumo a oeste e para bem longe do *front* do Oder.

Às suas costas, deixou um furioso Heinrici. A raiva e o desgosto do novo comandante aumentaram quando ele olhou em volta do quartel-general; um de seus oficiais lembra que "o mau humor de Heinrici subia vários graus" à medida que ele examinava a decoração afeminada da mansão de Himmler. O enorme escritório e os objetos do interior eram brancos. O quarto era decorado em um tom de verde suave – cortinas, carpete, estofados, inclusive as colchas e cobertas. Heinrici comentou sarcasticamente que o local era mais "adequado para uma mulher elegante do que para um soldado que tentava dirigir um exército".

Mais tarde naquela noite, Heinrici telefonou para o seu antigo chefe de Estado-Maior na Silésia, como ele havia prometido, e lhe contou o que ocorrera. A essas alturas, já havia recobrado o controle de suas emoções e pôde pensar mais friamente sobre o encontro. A revelação de Himmler era fantástica demais para merecer crédito. Heinrici decidiu-se por esquecê-la. Na ligação para o seu velho colega na Silésia, ele disse:

– Himmler estava louco para ir embora. Não via a hora de sair daqui, o mais rápido possível. Não queria estar no comando quando o colapso chegasse. Queria um mero general para isso... e eis-me aqui, o bode expiatório.

No quarto designado para ele, o ajudante de Heinrici, o capitão Heinrich von Bila, caminhava incansavelmente de lá para cá. Não conseguia tirar da cabeça a imagem do mapa que vira no quartel-general de Guderian em Zossen. Era estranho, ele pensou, que ninguém o tivesse impedido de estudá-lo – ainda que o mapa fosse obviamente um documento oficial do comando. Guderian deve tê-lo mostrado a Heinrici, mas este não fizera qualquer comentário. Seria possível, portanto, que o mapa fosse menos importante do que ele acreditava? Talvez tivesse sido preparado no quartel-general de Guderian – como uma estimativa germânica das intenções dos Aliados. No entanto, Von Bila achava pouco provável – por que imprimi-lo em inglês e não em alemão? Havia apenas uma outra explicação plausível: *era* um mapa Aliado, capturado de algum modo pela Inteligência alemã. De onde mais poderia ter vindo? Se isso fosse verdade – e Von Bila não conseguia imaginar outra alternativa –, então ele teria que dar um jeito de avisar sua mulher e seus três filhos. De acordo com o mapa, se a Alemanha fosse derrotada, sua casa em Bernberg ficaria na zona controlada pelos russos. A menos que Von Bila estivesse imaginando coisas, ele havia visto, de fato, um plano ultra-secreto mostrando como os Aliados pretendiam ocupar e dividir a Alemanha.

5

A oitenta quilômetros de distância, o mapa original e os papéis anexos estavam em segurança no Auf dem Grat 1, em Dahlem, Berlim – o quartel-general de emergência do coronel-general Alfred Jodl, chefe de Operações do OKW (Comando Maior das Forças Armadas). E de todos os fantásticos segredos que chegaram às mãos da Inteligência alemã durante a guerra, esse dossiê, guardado em uma pasta vermelha, era o documento de maior poder revelador que Jodl jamais lera.

A pasta continha uma carta e um memorando de 75 páginas; presos na parte de trás, havia dois mapas dobráveis, cada um com aproximadamente cinqüenta por 45 centímetros, desenhados em uma escala de um centímetro para vinte quilômetros. Jodl se perguntava se os Aliados já haviam descoberto que uma cópia do preâmbulo de uma de suas operações mais secretas estava faltando. Ela havia sido capturada dos britânicos em janeiro passado, nos dias finais da ofensiva de Ardennes.

O plano Aliado fora considerado tão demolidor por Hitler, que apenas uns poucos quartéis-generais da OKW tiveram permissão para vê-lo. Na primeira semana de fevereiro, o Führer, após gastar uma noite inteira estudando o dossiê, classificara o documento como "Segredo de Estado". Seus conselheiros militares e suas equipes poderiam estudar o plano, mas mais ninguém. Nem mesmo os membros de seu próprio gabinete foram informados. Contudo, apesar dessas restrições, uma civil teve acesso aos papéis e aos mapas: *Frau* Luise Jodl, recém-casada com o general havia algumas semanas.

Uma noite, um pouco antes do casamento, o general Jodl decidiu mostrar os papéis para sua noiva. Ela era, afinal de contas, depositária de inúmeros segredos militares: ela havia sido secretária do Comando Maior alemão. Trazendo o documento inteiro em sua valise, o general Jodl levou-o até o apartamento dela, que ficava a uma quadra do seu quartel-general. Quase que imediatamente, após a porta ter sido fechada com segurança às suas costas, ele apresentou os papéis e disse à sua noiva:

– Isto é o que os Aliados pretendem fazer com a Alemanha.

Luise pegou a pasta vermelha do documento e a abriu sobre a mesa, examinando seu conteúdo. Ela aprendera havia muito tempo a ler documentos e mapas militares, mas nesse caso sua habilidade fez-se pouco necessária – os documentos eram de uma clareza cristalina. Seu coração disparou. O que ela tinha em mãos era o projeto de ocupação aliada para sua terra natal assim que ela fosse derrotada. Alguém no quartel-general de Eisenhower, ela pensou, usava de um espírito vingativo na hora de escolher as palavras-chave. Na capa do documento, estava o arrepiante título: "Operação Eclipse".

Tomando-lhe o dossiê, o general Jodl abriu os mapas e os espalhou sobre a mesa.

– Veja – ele disse com amargura –, veja as fronteiras.

Em silêncio Luise estudou as pesadas linhas divisórias desenhadas na superfície do mapa. As áreas ao norte e a noroeste traziam duas grandes iniciais, "RU"; na zona ao sul, na região da Bavária, estavam grafadas as letras "EUA"; e na parte restante do Reich, aproximadamente toda a região central e de lá para leste, as maiúsculas eram "URSS". Até Berlim, ela notou consternada, estava dividida entre as "Três Grandes". Localizada no centro da zona russa, a cidade havia sido circulada à parte, sendo tripartida entre os Aliados: os americanos ficavam com o sul, os britânicos com a parte norte e noroeste, e os soviéticos com o norte e o leste. Então esse seria o preço da derrota, ela pensou. Luise olhou para o seu futuro marido.

– É como um pesadelo – ela disse.

Mesmo que soubesse que o mapa era genuíno, Luise considerava a evidência difícil de aceitar. De onde, ela perguntou, vinha esse documento Eclipse? Embora conhecesse o general Jodl por anos, ela sabia que sobre certos assuntos ele podia ser bem lacônico. Ela sempre pensara em Alfred como um sujeito "retraído, escondido atrás de uma máscara, inclusive para mim". Nesse momento, a resposta dele foi evasiva. Ainda que confirmasse que os mapas e papéis eram genuínos, não revelou como eles os haviam obtido, exceto pelo comentário de que "foram conseguidos em um quartel-general britânico".

Foi somente muito mais tarde, quando Jodl já havia retornado para seu quartel-general, que outro aspecto temeroso da Operação Eclipse ocorreu a Luise. Se a Alemanha fosse derrotada, seus parentes nas montanhas Harz viveriam na zona ocupada pelos russos. Embora amasse Jodl e fosse completamente leal a seu país, Luise tomou uma decisão bastante humana. Nesta ocasião, ela iria negligenciar a advertência de nunca revelar as coisas que via, lia e ouvia. Ela não poderia permitir que sua cunhada e quatro crianças pequenas caíssem nas mãos dos russos.

Luise decidiu correr o risco. Ela conhecia o número do código secreto do general que dava acesso a uma linha exclusiva. Pegando o telefone, ela falou com o operador e pediu uma ligação para seus parentes. Passados alguns minutos, ela conseguiu. Após uma conversa rápida e inócua com sua cunhada – ainda surpresa com o telefonema –, Luise casualmente observou ao final:

– Você sabe que o vento que sopra do leste anda muito forte nestes dias. Creio que você e as crianças devem atravessar o rio e seguir para o oeste.

Ela recolocou vagarosamente o fone no receptor – esperando que sua mensagem desajeitada tivesse sido entendida.

Na outra extremidade da linha, sua cunhada ouviu o clique do aparelho sendo desligado. Ela se perguntava por que Luise ligara tão tarde da noite. Era bom ouvi-la, mas não conseguiu fazer a menor idéia do que Luise estava falando. Logo tirou o assunto da cabeça.

O general e Luise casaram-se no dia 6 de março. Desde então, *Frau* Jodl andava preocupada com a possibilidade de que o marido pudesse descobrir sobre a ligação. Ela não precisava se preocupar. O sobrecarregado general tinha problemas bem mais urgentes.

Naquele momento, Jodl e sua equipe de oficiais haviam estudado e analisado a Operação Eclipse tão detalhadamente que eles sabiam cada parágrafo de cor. Conquanto não fosse um documento estratégico – isto é, ele não tratava de movimentos iminentes do inimigo que exigissem contramovimentos específicos dos alemães –, o plano Eclipse tinha quase a mesma importância. Porque ele ajudava a responder uma série de questões que vinham atormentando Jodl e o OKW durante anos: quão forte era, eles se perguntavam, a aliança entre as forças ocidentais e a União Soviética? Tal aliança seria rompida quando essas nações se sentassem para fazer o espólio? Agora que as forças russas haviam tomado toda a Europa Central, a declaração de "rendição incondicional" feita por Churchill e Roosevelt em Casablanca em 1943 continuaria de pé? E os Aliados pretendiam seriamente impor tais termos à Alemanha derrotada? À medida que Jodl e o Comando Maior alemão estudavam o documento Eclipse, todas essas questões sobre as intenções aliadas desapareciam. O documento aliado oferecia as respostas em termos inequívocos.

No entanto, foi somente a partir da segunda semana de fevereiro que Jodl percebeu a real importância do documento – em particular, dos mapas. Em 9 de fevereiro e nos três dias seguintes, Roosevelt, Churchill e Stalin encontraram-se secretamente em Yalta. A despeito dos esforços da Inteligência em descobrir exatamente o que ocorrera na reunião, Jodl, como todo o resto do mundo, só ficou sabendo o que saiu no *communiqué* oficial, enviado à imprensa no dia 12 de fevereiro – mas já era o suficiente. Mesmo vago e precavido, o anúncio não deixava dúvidas de que os papéis e mapas do Eclipse eram a chave para as intenções declaradas pelos Aliados.

Em um parágrafo do *communiqué* oficial se afirmava que: "Concordamos com políticas e planos em comum para forçar os termos de uma rendição incondicional, que deveremos impor em conjunto... Esses termos não serão divulgados até que a Alemanha tenha sofrido a derrota final... De acordo com o planejado, as forças das Três Potências ocuparão, cada qual, uma zona específica da Alemanha...". Não era necessário para os Aliados expressarem os "termos" – Jodl já os havia lido no documento Eclipse. E ainda que o *communiqué* de Yalta não revelasse as zonas de ocupação propostas, Jodl também as conhecia. A localização e as fronteiras de cada uma dessas zonas eram mostradas nos mapas do Eclipse.

Havia muitas outras conclusões que poderiam ser deduzidas, mas uma em particular era a mais dolorosa para Jodl. Estava claro que, independentemente do que ocorrera em Yalta, os planos aliados para a Alemanha haviam sido meramente ratificados no encontro das Três Grandes. Embora o *communiqué* de Yalta desse a impressão de que a partilha e o projeto de ocupação haviam sido elaborados no encontro, as datas nos papéis e mapas do Eclipse provavam, sem sombra de dúvida, que as decisões básicas haviam sido tomadas meses atrás. Uma folha de apresentação, presa à parte de trás do memorando, datava de janeiro. Os mapas haviam sido preparados ainda antes: impressos no final de 1944, traziam uma data de novembro. Objetivamente, a Operação Eclipse, que foi definida como "planos e operações para a ocupação da Alemanha", jamais poderia ter sido produzida a menos que houvesse total concordância entre os Aliados – acontecimento que era fatal para uma das últimas esperanças alemãs.

Desde o momento em que o Exército Vermelho cruzou a fronteira oriental do Reich, Hitler e seus conselheiros militares ficaram esperando que os primeiros sinais de desunião aparecessem entre os Aliados. Isso certamente aconteceria, eles acreditavam, porque o Ocidente jamais permitiria que os soviéticos dominassem a Europa Central. Jodl compartilhava dessa visão. Ele apostava especialmente nos britânicos, pois sentia que eles não tolerariam tal situação.* Mas isso foi antes de colocar os olhos sobre a Operação Eclipse. O documento indicava claramente que a aliança continuava intacta, e Yalta era apenas mais uma confirmação do fato.

Além disso, o primeiro parágrafo da folha de apresentação – um prefácio para o documento inteiro – mostrava a completa concordância entre os Aliados. Seguia: "Com o objetivo de levar a cabo os termos de rendição impostos à Alemanha, os governos dos Estados Unidos, União Soviética e Reino Unido (o último, inclusive, com o nome dos países) concordaram que a Alemanha deva ser ocupada pelas forças armadas das três potências".** E ali não

* Em sua conferência, no dia 27 de janeiro de 1945, Hitler perguntou a Goering e Jodl: "Vocês realmente acham que, lá no fundo, os ingleses estão entusiasmados com toda essa expansão dos russos?". Jodl respondeu sem hesitar: "Certamente não. Os planos deles são bem diferentes... mais tarde... virá a plena percepção do ocorrido". Goering também estava confiante. "Com certeza, eles não planejavam que nós fôssemos segurá-los, enquanto os russos conquistam a Alemanha. Eles não esperavam que nós fôssemos combatê-los como loucos no *front* ocidental, enquanto os russos se dirigem mais e mais para o centro da Alemanha." Jodl concordou plenamente, ressaltando que os britânicos "sempre olharam para os russos com suspeita". Goering estava tão convencido de que os ingleses logo tentariam alguma espécie de comprometimento com o Reich, pois isso era preferível a eles do que ver o coração da Europa ser tomado pelo mundo comunista, que disse: "Se as coisas seguirem desse jeito, em poucos dias receberemos um telegrama [dos britânicos]". (N. do A.)

** Pode haver alguma variação entre essa tradução e o texto do documento original. Quando da captura do Eclipse, o documento foi vertido para o alemão e então fotografado. A versão aqui presente é a tradução do documento capturado de volta para o inglês. (N. do A.)

havia qualquer disputa de autoria quanto a esta folha de apresentação. Fora assinada em janeiro de 1945, no quartel-general do 21º Grupo de exército britânico, então localizado na Bélgica, por ninguém menos que o major-general *sir* Francis de Guingand e pelo marechal-de-campo Montgomery, do Estado-Maior.

O pior golpe de todos para Jodl era a repetida ênfase na rendição incondicional, mencionada vez após vez. Desde o começo, os alemães haviam tido a certeza de que essa declaração fora feita com o objetivo de servir de propaganda para erguer o moral dos Aliados em seus *fronts*. Agora eles sabiam de tudo: os Aliados iriam fazer valer cada letra de seu termo de "rendição incondicional". "A única resposta possível para os trompetes da guerra total", dizia o Eclipse, "é a derrota total e a total ocupação... É preciso que fique claro que os alemães não estarão em condições de 'negociar' no sentido que damos a esta palavra."

O propósito dos Aliados não deixava qualquer esperança ou futuro para a Alemanha. Estava claro que mesmo que o Reich quisesse capitular, não havia outro jeito que não a rendição incondicional. Para Jodl, isso significava que não havia outra escolha para a Alemanha senão lutar até a morte.*

Foi durante a última semana de março – o dia exato ninguém poderia lembrar – que o general Reinhard Gehlen, chefe de Inteligência de Guderian, dirigiu para Prenzlau para se encontrar com o novo comandante do grupo de exército Vistula. Em sua valise, trazia uma cópia da Operação Eclipse. Gehlen esboçou em linhas gerais a Heinrici a última disposição conhecida das tropas russas no Oder; então, ele abriu o documento Eclipse e explicou do que se tratava. Heinrici olhou demoradamente para as páginas. Depois, estudou cuidadosamente os mapas. Finalmente, Heinrici voltou os olhos para Gehlen e resumiu em uma linha o que todos no Comando Maior sabiam ser o real significado do documento.

---

* No julgamento de Jodl em Nuremberg, em 1946, ele foi questionado sobre por que não aconselhara Hitler a se render logo no início de 1945. Jodl disse: "As razões para eu não fazê-lo vinham basicamente... da rendição incondicional... e ainda que tivéssemos alguma dúvida quanto aos futuros acontecimentos, ela foi completamente removida ao capturarmos o Eclipse inglês". A essa altura de seu depoimento, Jodl olhou para os oficiais britânicos e, com um meio sorriso, disse: "Os cavalheiros da delegação inglesa sabem do que estou falando". O fato é que o comentário perdeu-se entre os britânicos presentes ao julgamento: o Eclipse fora mantido em tamanho segredo que nem eles sabiam nada a respeito disso. Foi essa referência misteriosa, mais as diversas entrevistas com *Frau* Jodl, que levaram o autor deste livro a procurar os documentos da Operação Eclipse, aqui revelados pela primeira vez. (N. do A.)

– *Das ist ein Todersurteil* – Isto é uma sentença de morte – ele disse.

Alguns dias mais tarde – no Domingo de Ramos, em 25 de março – o coronel-general Jodl examinou novamente os mapas do Eclipse. Ele tinha boas razões para fazê-lo. As unidades do general George S. Patton, do Terceiro Exército americano, cruzaram o Reno na noite de quinta-feira por uma vila agrícola em Oppenheim, próximo a Mainz, e agora se dirigiam a Frankfurt. No dia seguinte, ao norte, as forças do marechal-de-campo Montgomery cruzaram o rio em um ataque maciço com um *front* de quarenta quilômetros de extensão. Apesar de todos os esforços, a linha do Reno estava desmoronando – e os Aliados ocidentais avançavam velozmente. Naquele momento, Jodl, reexaminando ansiosamente os mapas do Eclipse, perguntava-se até onde os Aliados entrariam na Alemanha. Esta era uma questão que o memorando de apresentação não respondia. Jodl queria ter as outras partes do plano – particularmente a parte que cobrisse as operações militares.

Ainda assim, os mapas ofereciam uma pista. Ele havia inclusive mencionado a questão à sua esposa. Era apenas um pressentimento, mas Jodl acreditava estar certo. Os mapas mostravam que a linha de demarcação entre as forças anglo-americanas e as russas seguia, de modo aproximado, ao longo do rio Elba, de Lübeck a Wittenberge; de lá, fazia uma curva ao sul nos arredores de Eisenach; e então, no leste, seguia o óbvio traçado da fronteira tcheca. Seria essa linha, além de ser uma zona de fronteira, também o ponto final do avanço anglo-americano? Jodl tinha quase certeza que sim. Disse à esposa que não acreditava que os americanos e os britânicos estivessem se dirigindo a Berlim; confiava na hipótese de que eles haviam decidido deixar a captura da capital a cargo do Exército Vermelho. A não ser que os mapas do Eclipse tivessem sido mudados, Jodl tinha a impressão de que as forças de Eisenhower estacionariam ruidosamente na linha de fronteira do Eclipse.

OS DEFENSORES

O coronel-general Hanz Guderian, chefe do quadro de generais, em 1945.

O major-general Hellmuth Reymann, comandante de Berlim, examinando um rifle italiano.

À esquerda, o coronel Theodor von Dufving, em 1945. Von Dufving era chefe de Estado-Maior do genera Karl Weidling, comandante do 56º Corpo Panzer, que Hitler mandou fuzilar e a quem depois designou comandante de Berlim. Weidling e Von Dufving renderam a cidade para Chuikov em 2 de maio de 1945. No meio, o coronel Oscar Wöhlermann, comandante de artilharia do 56º Corpo Panzer. À direita, o general Theodor Busse, comandante do Nono Exército, em 1945.

À esquerda, o general Walther Wenck, para cujo 12º Exército, organizado às pressas, Hitler designou as últimas tropas. À direita, o capitão Hellmuth Lang (aqui, atrás de Rommel, em 1944), que, nas últimas horas da guerra, sugeriu que Heinrici fosse o mais devagar possível para o *front*, pois em breve a guerra já estaria terminada.

À esquerda, general Hasso von Manteuffel, comandante do Terceiro Exército Panzer. "Nós temos um exército de fantasmas." À direita, o coronel-general Gotthard Heinrici, comandante do Grupo de Exército Vistula.

O Tiergarten, cheio de escombros e destroços. Ao fundo, o Reichstag.

Os "soldados" da defesa de Berlim, com idade entre doze e quinze anos, fotografados após sua captura. Esta foto foi fornecida ao autor pelas autoridades russas. Abaixo, soldados das Guardas Nacionais Volkssturm, alguns dos quais com setenta anos ou mais.

Parte três

O OBJETIVO

1

Um pouco antes da meia-noite do Domingo de Ramos, um carro do comando americano aproximou-se da construção de pedra do quartel-general da 82ª Divisão Aerotransportada em Sissonne, norte da França. Dois oficiais desceram. Um vestia um uniforme americano; o outro, um uniforme de combate britânico sem insígnias. O segundo homem, alto e esquálido, usava uma asseada boina verde e, num vivo contraste com seu cabelo loiro, ostentava um imenso e um tanto selvagem bigode ruivo. Para britânicos e americanos, seu nome era quase impronunciável: Arie D. Bestebreurtje. Era amplamente conhecido entre eles como "Arie" ou "Capitão Harry". O fato é que mesmo esses nomes mudavam de missão para missão, pois ele passava a maior parte do tempo atrás das linhas alemãs. Arie era um agente das Forças Especiais e um membro do Serviço de Inteligência holandês.

Alguns dias antes, Arie fora chamado a Bruxelas por seus superiores. Lá, recebeu a informação de que seria designado para uma operação especial junto à 82ª Divisão. Ele devia se reportar ao jovial major-general James M. Gavin, de 38 anos, comandante da Divisão, para tomar parte em um assunto ultrassecreto. Agora, Arie e o oficial que o acompanhava entraram no quartel-general, subiram apressadamente um lance de escadas, cruzaram um corredor e chegaram à sala do mapa, que era muito bem protegida. Ali, suas credenciais foram checadas por um policial militar que então lhes bateu continência e abriu a porta.

Ao entrar na sala, Arie foi calorosamente cumprimentado pelo general Gavin e seu chefe de Estado-Maior, coronel Robert Wienecke. A maioria dos homens na sala, Arie percebeu, eram velhos amigos: ele havia saltado e lutado com eles durante o ataque da 82ª a Nijmegen, na Holanda. Seus superiores em Bruxelas não haviam exagerado sobre as medidas de segurança que ele poderia encontrar. Havia apenas quinze oficiais presentes – comandantes de regimentos e, com certeza, membros de suas equipes, todos eles escolhidos a dedo. A sala em si era bastante despojada. Havia uns poucos bancos e mesas, alguns mapas nas paredes. No final da peça, uma cortina cobria um grande e extenso mapa.

O nome de cada um dos homens foi então chamado por um oficial de segurança, que o checava novamente de acordo com uma lista; logo após, o general Gavin rapidamente deu início aos procedimentos. Postando-se junto ao mapa encortinado, convidou a todos para se aproximar.

– Somente aqueles entre vocês que detêm reais e absolutas razões para saber foram convidados para essa reunião – ele começou –, e devo enfatizar que, até segunda ordem, nada do que ouvirem nesta sala deve sair daqui. De certo modo, vocês estarão treinando seus homens no escuro, pois não estarão autorizados a lhes revelar o objetivo. De fato, vocês já estão lhes dando parte do treinamento, embora a maior parte de vocês estivesse completamente inconsciente disso. Nas últimas semanas, vocês e seus homens estiveram saltando ou voando sobre áreas específicas de treinamento, deliberadamente marcadas e dispostas de modo a simular as verdadeiras dimensões de nosso próximo ataque. Senhores, nós estamos indo para o golpe final. Este é o domingo do ataque.

Ele puxou as cordas ao lado do mapa. As cortinas se abriram, revelando o alvo: Berlim. Arie observou de perto os rostos dos oficiais enquanto eles olhavam vidrados para o mapa. Acreditou ter visto ânsia e excitação, o que não o surpreendeu. Esses comandantes vinham sendo frustrados há meses. A maioria deles havia saltado com suas unidades sobre a Sicília, Itália, Normandia e Holanda, mas ultimamente a divisão havia sido relegada a ações terrestres, em sua maioria em Ardennes, durante a Batalha de Bulge. Arie sabia que, como tropas aerotransportadas de primeira ordem, elas haviam sido desviadas do seu verdadeiro papel: atacar objetivos à frente dos exércitos de vanguarda e resistir até sua chegada. A verdade é que o avanço Aliado fora tão rápido que os ataques planejados de pára-quedas haviam sido seguidamente cancelados.

O ataque a Berlim, Gavin explicou, seria parte de uma operação do Primeiro Exército Aliado Aerotransportado, contando com unidades de três divisões. A 82ª, designada por "Força Tarefa A", teria o papel principal. Desenrolando uma folha de papel vegetal sobre o mapa, Gavin apontou para uma série de sinais, quadrados e ovais, feitos a lápis, demarcando os vários objetivos e as zonas em que os pára-quedistas deveriam ser lançados.

– De acordo com os planos – ele disse –, a 101ª Divisão Aerotransportada tomará o campo de aviação Gatow, a oeste da cidade. Uma brigada do primeiro Corpo Britânico Aerotransportado deve apoderar-se do campo Oranienburg, a nordeste.

Fez uma pausa e então continuou:

– Nosso objetivo principal localiza-se mesmo é dentro de Berlim: o Aeroporto Tempelhof.

O alvo da 82ª parecia inacreditavelmente pequeno. Nos espalhados quinhentos quilômetros quadrados da cidade e dos arredores, o aeroporto parecia um selo postal – uma nódoa verde de dois quilômetros quadrados, cercada por uma área de grandes construções e edifícios. Ao norte, leste e sul de seus limites, havia, um dado um tanto sinistro, nada menos que nove cemitérios.

– Dois regimentos manterão os perímetros – Gavin disse –, e o terceiro se dirigirá para as edificações na parte norte do campo, voltado para o centro de Berlim. Ficaremos ali até que nossas forças terrestres nos alcancem. Isso não deverá demorar. É questão no máximo de alguns dias.

O treinamento "cego" dos pára-quedistas, Gavin disse, deveria ser intensificado. Maquetes do Tempelhof e das áreas vizinhas deveriam ser guardadas em locais "seguros" do quartel-general; fotos da extensão dos locais de salto, considerações da Inteligência e outros materiais estariam disponíveis aos comandantes de regimento e aos membros de suas equipes somente para planos específicos.

– Contamos também com a sorte – falou Gavin – de ter os serviços do capitão Harry. Ele é um especialista quando o assunto é Berlim, em particular o aeroporto Tempelhof e as suas cercanias. Ele saltará conosco e de agora em diante estará disponível para dar instruções e responder a todas as suas perguntas.

Gavin fez nova pausa e olhou para seus oficiais.

– Estou certo de que todos vocês querem saber a resposta para a grande questão: quando atacamos? Isto depende dos alemães. O plano do ataque aerotransportado vem sendo desenvolvido desde novembro passado. Houve constantes mudanças, e esperamos muitas outras antes de chegarmos ao dia preciso do ataque. O "Dia A", como vem sendo chamado, dependerá da velocidade do avanço dos Aliados em direção a Berlim. Certamente, o lançamento não será programado até que as forças terrestres estejam a uma distância razoável da cidade. No entanto, o Dia A pode estar a apenas duas ou três semanas de distância. Sendo assim, não temos muito tempo. Por hora, isso é tudo o que posso dizer a vocês.

Gavin deu um passo atrás e voltou-se para falar com os oficiais de sua equipe. Um após o outro, eles repassaram cada fase da operação, e, enquanto eles falavam, Gavin sentou-se, ouvindo-os parcialmente. Como lembrou mais tarde, lamentava o fato de que a segurança o tivesse impedido de revelar os detalhes por completo. Ele havia sido muito pouco honesto, pois revelara a seus homens somente uma parte da operação do Primeiro Exército Aliado Aerotransportado – a seção operacional que dizia respeito ao ataque em conjunto com as tropas aliadas que seguiam para capturar Berlim. O que ele não havia mencionado era que o mesmo lançamento aerotransportado poderia ser ordenado sob circunstâncias militares bem distintas: o súbito colapso ou a rendição da Alemanha e de suas forças armadas. Mas essa parte do plano continuava sendo ultra-secreta. Era a continuação lógica da Operação Overlord* – a invasão da Europa – e, por um tempo, ficou sendo conhecida como Operação Rankin, Caso C, e posteriormente Operação Talismã. Este último nome foi modificado em novembro de 1944, por razões de segurança. Naquele momento carregava o codinome de Operação Eclipse.

Eclipse era tão secreta que, à parte os oficiais de Estado-Maior do alto escalão no Supremo Quartel-General, apenas uns poucos generais receberam autorização para estudá-la. Eles eram comandantes dos corpos do exército ou outros em serviços de equivalente responsabilidade. Poucos comandantes de divisão sabiam alguma coisa sobre Eclipse. Gavin estava a par apenas de alguns dos objetivos do plano, sendo que, desses poucos objetivos, ele conhecia apenas aquelas partes especificamente relacionadas com sua atividade e à de sua divisão.

Durante os meses anteriores, nas numerosas conferências ministradas pelo general Lewis H. Brereton, comandante do Primeiro Exército Aliado Aerotransportado, e pelo superior imediato de Gavin, major-general Matthew B. Ridgway, comandante do 18º Corpo, Eclipse fora referido como o plano de ocupação para a Alemanha. O documento detalhava os movimentos operacionais que imediatamente teriam lugar caso a Alemanha se rendesse ou entrasse em colapso. Os principais objetivos eram reforçar a rendição incondicional e o desarmamento e controle de todas as forças alemãs.

Sob as condições de Eclipse, o plano de ataque aerotransportado sobre Berlim exigia que os pára-quedistas se movessem rapidamente para "obter o controle da capital inimiga e, acima de tudo, capturar os centros administrativos e de transporte... e demonstrar a força de nosso exército". Eles deviam subjugar qualquer foco de fanáticos que quisesse continuar oferecendo resistência; resgatar e cuidar dos prisioneiros de guerra; confiscar documentos ultra-secretos, arquivos e filmes antes que eles pudessem ser destruídos; controlar os centros de informações, tais como correios, agências telefônicas, estações de rádio, jornais e gráficas; prender criminosos de guerra e altos funcionários do governo que tenham sobrevivido; e estabelecer a lei e a ordem. As paratropas deviam iniciar todos esses movimentos, ficando no aguardo da chegada das forças terrestres e das equipes de governo militar.

---

* Overlord: "o senhor sobre os senhores", ou uma espécie de governante absoluto, supremo. (N. do T.)

Isso era tudo o que fora dito a Gavin sobre a Operação Eclipse. Ele não sabia nada quanto ao modo como o plano previa a ocupação da Alemanha e de Berlim ou o zoneamento após a derrota. No momento, a única preocupação de Gavin era preparar a 82ª. Mas como resultado de todas as exigências, era preciso armar dois planos distintos. O primeiro era o ataque operacional para capturar a cidade. O segundo, concebido sob as condições de Eclipse, necessitava que unidades aerotransportadas fossem lançadas sobre Berlim para servir como uma espécie de guarda avançada, incumbida de agir apenas como força policial. Gavin se arriscara a contar tudo aos comandantes de sua equipe – embora ele soubesse que, se a guerra terminasse de repente, toda a missão aerotransportada teria que sofrer drásticas mudanças. Do modo como as coisas estavam, suas ordens eram claras. Devia seguir o plano operacional e preparar a 82ª Divisão para um ataque aerotransportado a fim de capturar Berlim.

Gavin subitamente deu-se conta de que o oficial da Inteligência holandesa estava terminando sua parte da exposição.

– Insisto em repetir que, se vocês estão esperando ajuda de qualquer pessoa em Berlim, esqueçam – disse o capitão Harry. – Encontrarão guias dispostos a oferecer ajuda? A resposta é não. Existe uma força de resistência como as que encontramos na França e na Holanda? A resposta é não. Mesmo que alguns berlinenses simpatizem conosco em foro íntimo, estarão assustados demais para demonstrar qualquer sentimento. Podemos discutir todos esses assuntos de forma mais detalhada posteriormente; mas, por hora, deixem-me garantir-lhes o seguinte: não tenham qualquer ilusão de que serão recebidos com champanhes e rosas, como se fossem libertadores. O exército, a SS e a polícia lutarão até a última bala. Só então erguerão as mãos para se render e dirão que tudo foi realmente um grande erro, que é tudo culpa de Hitler e agradecerão a vocês por terem chegado à cidade antes dos russos.

O grande holandês cofiou o bigode.

– Ah, eles lutarão com uma fúria dos infernos – ele disse –, e a situação pode ficar espinhosa por um certo tempo. Contudo, no final valerá a pena, e tenho muito orgulho de estar com vocês nessa empreitada. Meus amigos, quando tomarmos Berlim, a guerra estará encerrada.

Tomar Berlim não seria tarefa fácil, Gavin sabia, mas ele acreditava que o choque psicológico do ataque pudesse por si só desmotivar os defensores alemães. Seria um dos maiores ataques aerotransportados de toda a guerra. No plano inicial, a operação contava com 3 mil caças de proteção, 1,5 mil aviões de transporte, provavelmente mais de mil planadores e algo em torno de 20 mil pára-quedistas – mais do que foram lançados na Normandia no Dia D.

–Tudo o que precisamos agora – disse Gavin a seus oficiais ao fim da reunião – é de uma decisão e da palavra "atacar".

A cinqüenta quilômetros de distância dali, em Mourmelon-le-Grand, a poderosa 101ª Divisão Aerotransportada também estava em treinamento e pronta para qualquer operação, mas ninguém na Divisão sabia a natureza da missão que seria ordenada. Foram tantos os planos de ataque com pára-quedistas, vindos do alto quartel-general, que haviam "entrado pelo cano" que o comandante, o major-general Maxwell D. Taylor, seu assistente, o brigadeiro-general Gerald J. Higgins, e o resto da equipe encontravam-se mergulhados em incertezas. Tinham que se preparar para qualquer eventualidade, mas eles se questionavam seriamente se qualquer um dos planos para lançamento seria realmente levado a cargo.

Além do projeto de Berlim, havia planos para um ataque aerotransportado na base naval alemã de Kiel (Operação Erupção); para uma série de lançamentos sobre campos de prisioneiros de guerra (Operação Jubilosa); e para um ataque para conquistar posições à frente do Sétimo Exército americano que se dirigia para a Floresta Negra (Operação Efeito). Muitos outros planos estavam sendo estudados – e alguns deveras fantásticos. O quartel-general da 101ª soubera que os comandantes do Primeiro Exército Aliado Aerotransportado consideravam inclusive a possibilidade de saltar nas montanhas ao redor de Berchtesgaden, na Bavária, para apoderar-se do Ninho da Águia em Obersalzberg e, quem sabe, capturar seu dono, Adolf Hitler.

Obviamente, nem todos os lançamentos poderiam ser programados. Como o general Higgins disse à sua equipe:

– Simplesmente não há tantos aviões de transporte para acomodar a demanda de paratropas caso todas essas operações fossem ordenadas. Seja como for, não somos gananciosos – queremos apenas uma!

Qual operação, porém, caberia ao exército aerotransportado? E qual, em particular, seria o papel desempenhado pela 101ª? O lançamento sobre Berlim parecia ser o mais provável – muito embora o chefe de Operações, coronel Harry Kinnard, considerasse que seria "uma situação bastante cabeluda". Todos estavam amargurados com o fato de que, na ocasião de um lançamento sobre Berlim, os homens da 101ª haviam sido designados para o campo de aviação Gatow, enquanto seus arqui-rivais da 82ª haviam recebido como objetivo primário Tempelhof. Ainda assim, Berlim seguia sendo o grande alvo da guerra; lá havia o suficiente para todo mundo.

Para o coronel Kinnard um ataque aerotransportado parecia ser o modo perfeito de encerrar o conflito na Europa. Na sala com o mapa da guerra, ele havia inclusive desenhado uma linha vermelha das áreas de pouso na França até as zonas em que os pára-quedistas da 101ª aterrissariam em Berlim: a capital alemã ficava a apenas 675 quilômetros de distância aérea. Se eles recebessem o sinal verde, ele acreditava que os primeiros americanos estariam colocando os pés em Berlim em cerca de cinco horas.

General Taylor, comandante da 101ª, e seu assistente, general Higgins, enquanto esperavam ansiosamente pelo ataque, questionavam-se a respeito da possibilidade dos aerotransportados serem de fato acionados. Higgins estudou detalhadamente o mapa.

– O modo como as forças terrestres estão se movendo – ele disse – logo nos deixará a ver navios.

Nesse mesmo dia, domingo, 25 de março, os líderes militares das forças aliadas receberam notícias gratificantes do Supremo Quartel-General da Força Expedicionária Aliada (SQFEA*). Em Washington e Londres, o general C. Marshall, chefe do Estado-Maior dos EUA, e o marechal-de-campo *sir* Allan Brooke, chefe do Estado-Maior Imperial, estudavam um telegrama recebido do general Dwight D. Eisenhower, que chegara na noite passada. "A série recente de vitórias a leste do Reno resultou, como planejado, na destruição em larga escala das forças inimigas disponíveis no *front* ocidental. Embora não queira parecer extremamente otimista, estou convicto de que a presente situação oferece a oportunidade pela qual lutamos com tanto empenho, e ela deve ser agarrada com as duas mãos... Pessoalmente, acredito que a resistência do inimigo... está ficando tão frouxa que as penetrações e os avanços, em breve, estarão limitados apenas por nossa capacidade de nos mantermos... Estou dirigindo as mais vigorosas ações em todos os *fronts*... Pretendo fortalecer cada sucesso com a máxima velocidade."

2

A 240 metros de altura, as linhas de homens e veículos pareciam intermináveis. Examinando a situação do seu desarmado avião de escolta, *Miss*

---

* No original, a sigla é SHAEF (Supreme Headquarters of the Allied Expeditionary Forces). (N. do E.)

Me, o tenente Duane Francies olhava fixamente e cheio de fascinação para o espetáculo lá embaixo. A paisagem estava apinhada de tropas, tanques e veículos. Desde o final de março, quando o último dos exércitos cruzou o Reno, Francies vinha assistindo ao desenvolvimento do fluxo. Agora o grande rio já fora há muito ultrapassado, e para a direita ou para a esquerda, e para a frente até onde a visão de Francies podia alcançar, estava o vasto panorama dos uniformes cáquis.

Francis empurrou a alavanca e *Miss Me* fez um rasante ao longo dos limites do Segundo Exército britânico e do Nono americano. Percorreu as alas, viu as tropas lhe acenarem, e então se dirigiu para o seu devido lugar ao leste, onde era sua tarefa ser os "olhos" da principal coluna de tanques da Quinta Divisão Blindada. Ele tinha certeza de que a vitória estava próxima. Nada poderia deter esse avanço. Para o piloto de 24 anos – ele registraria isso mais tarde – parecia que "a própria crosta terrestre havia se soltado e estava correndo como louca rumo ao Elba", a última barreira aquática importante antes de Berlim.

O que Francies viu foi apenas uma minúscula parte do grande ataque aliado. Por esses mesmos dias, sob um frio de rachar, enfrentando a chuva e a lama, a nevasca e a neve, por toda a extensão do *front* ocidental que ia da Holanda até quase a fronteira da Suíça, uma torrente de homens, máquinas e suprimentos – espalhada por 580 quilômetros – vinha inundando as planícies germânicas. A última grande ofensiva havia começado. Para destruir o poder militar alemão, vinham sete poderosos exércitos – com 85 gigantescas divisões, cinco delas aerotransportadas e 23 blindadas, totalizando uma força de 4 milhões e 600 mil homens – que, como um enxame, avançavam sobre o Reich para aplicar-lhe o golpe final.

Bandeiras de rendição improvisadas – lençóis brancos, toalhas, retalhos de roupa – estavam penduradas em todo lugar. Nas cidades e vilarejos, alemães assustados, ainda atordoados pelas batalhas que os haviam atingido, olhavam espantados da soleira das portas e através das janelas abertas para a incrível força das tropas aliadas que fluíam pelas ruas. A operação era descomunal, e sua velocidade, impressionante.

Castigando cada estrada por que passavam, seguiam comboios de tanques, armas de alimentação automática, artilharia pesada, carros blindados, lançadores de granadas de gás, comboios de munição, ambulâncias, caminhões de gasolina e grandes transportes movidos a diesel puxando longos blocos de *trailers* carregados de equipamentos – seções para pontes, escoras, escavadeiras blindadas e até pequenas embarcações. Os quartéis-generais das

Divisões também estavam em movimento, com seus jipes, carros de equipe, caravanas de comando e grandes caminhões de rádio, de onde brotavam florestas de antenas tremelicosas. Por fim, onda após onda, sufocando cada estrada, vinham as tropas – em caminhões e na caçamba dos veículos blindados, marchando ao lado das colunas motorizadas ou movendo-se laboriosamente através dos campos adjacentes.

Elas formavam uma parada vistosa e violenta, e no meio da formação podiam-se ver as bandeiras de guerra, os emblemas e as insígnias dos regimentos que haviam feito a história da Segunda Grande Guerra. Nas divisões, brigadas e regimentos havia sentinelas que haviam participado das ações de retaguarda durante a evacuação de Dunquerque, Comandos barbudos com boinas verdes já desbotadas, veteranos da brigada do Lorde Lovat, que haviam atacado as costas da Europa ocupada nos anos mais negros da guerra, os bravos canadenses da famosa Segunda Divisão que haviam aterrissado em Dieppe no sangrento ensaio para a invasão da Normandia. Nas colunas blindadas, com as flâmulas vibrantes, havia uns poucos remanescentes dos "Ratos do Deserto" da Sétima Divisão Blindada, que ajudara o marechal-de-campo Erwin Rommel a conquistar as areias da Líbia. E, erguendo-se sobre o tremendo alarido dos homens e das armas, ouvia-se o som agudo dos foles dos "Diabos de Saia", a 51ª Divisão de escoceses, anunciando com suas gaitas o prelúdio da batalha, como sempre haviam feito.

Nas falanges americanas, havia divisões com nomes insolentes e pitorescas legendas – o "Lutadores da 69ª", a Quinta "Divisão Vitória" blindada, "Os Railsplitters" da 84ª Infantaria, a Quarta "Divisão Hera" de infantaria. Havia a Segunda Divisão Blindada, "Inferno sobre Rodas", cujas táticas nada convencionais de tanques haviam provocado perdas para os alemães desde os desertos confins do norte da África até os bancos do Reno. Havia a Primeira Divisão, "A Grande Vermelha", com o recorde de maior número de ataques terrestres entre as unidades americanas: a Primeira, junto com a 29ª Divisão, a "Cinza e Azul", uma das mais antigas forças dos EUA, famosa por lutar com bravura, havia resistido quando tudo parecia perdido, sustentando uma estreita faixa de terra na praia da Normandia chamada "Omaha".

Uma unidade, a famosa 83ª Divisão, que se movia com a mesma rapidez de uma força-tarefa blindada, havia sido recentemente apelidada de "Circo Rag-Tag"* pelos correspondentes. Seu habilidoso comandante, o major-general Robert C. Macon, dera ordens de equipar a divisão de transporte com

---

* Rag-Tag poderia ser traduzido por "retalho" ou uma "mistura de elementos estranhos". (N. do T.)

qualquer coisa capaz de se mover; "sem perguntas". Agora o Circo Rag-Tag movia-se com um estranho sortimento de veículos alemães pintados às pressas: jipes Wehrmacht, carros de equipe, caminhões de munição, *panzers* Mark V e Tiger, motocicletas, ônibus e dois caminhões de bombeiro. Avançado no *front*, carregado de homens da infantaria, ia um desses caminhões. Na traseira, uma grande e esvoaçante faixa, que dizia: "Próxima parada: Berlim".

Havia três grandes Grupos de Exército. Entre Nijmegen, na Holanda, e Düsseldorf, às margens do Reno, o 21º Grupo de Exército do marechal-de-campo *sir* Bernard Law Montgomery cruzara o Reno em 23 de março e agora cruzava as planícies da Westphalia, ao norte do grande vale industrial do Ruhr. Sob o comando de Montgomery e sustentando o flanco norte estava o Primeiro Exército canadense, comandado pelo tenente-general Henry D. Crerar. Na posição central, estava o tenente-general *sir* Miles Dempsey com o Segundo Exército britânico (o mais "aliado" entre os exércitos aliados contava, além das unidades de escoceses e irlandeses e ingleses, com contingentes de poloneses, holandeses, belgas e tchecos – e mesmo a 17ª Divisão Aerotransportada americana). Seguindo com o Grupo pelo flanco sul, estava a terceira força de Montgomery: o poderoso Nono Exército dos EUA, comandado pelo tenente-general William H. Simpson. As forças de Montgomery já haviam ultrapassado o Reno em pelo menos oitenta quilômetros.

Seguindo a linha Aliada, mantendo um *front* de aproximadamente duzentos quilômetros, do trecho do Reno em Düsseldorf até a área do Mainz, localizava-se o 12º Grupo de Exército sob o comando do tranqüilo e modesto general Omar N. Bradley. Assim como Montgomery, Bradley dispunha de três exércitos. Contudo, um deles, o 15º americano, sob o comando do tenente-general Leonard Gerow, era um exército "fantasma"; o 15º estava sendo preparado para atividades de ocupação e, naquele momento, não desempenhava nenhum papel, sustentando a margem ocidental do Reno, diretamente em frente do Ruhr, cobrindo a área de Düsseldorf a Bonn. A força de Bradley residia nos poderosos Primeiro e Terceiro Exércitos dos EUA, que, juntos, totalizavam uma soma de quase quinhentos mil homens. O Primeiro Exército, comandado pelo general Courtney Hodges – o "burro de carga" do teatro europeu e a força que liderou a invasão da Normandia –, erguia-se ao sul do Ruhr, seguindo para leste a uma velocidade assombrosa. Desde a captura da ponte Remagen, no dia 7 de março, Hodges aumentara constantemente a cabeça-de-ponte na margem oriental do Reno. Divisão após divisão, a área ia sendo tomada. Então, em 25 de março, os homens do Primeiro abandonaram os acampamentos com uma inacreditável força. Agora, três dias depois, eles estavam a mais de 65 quilômetros do local da travessia. Cruzando a Alemanha central como uma tempestade, próximo ao Primeiro Exército, encontrava-se o famoso Terceiro Exército, liderado pelo general George S. Patton. O controverso e explosivo general – que gostava de se gabar de que o Terceiro Exército havia percorrido as maiores distâncias e de modo mais rápido, libertado mais quilômetros quadrados no continente, matado e capturado mais alemães do que qualquer outra força militar – acumulou novo sucesso. Ele roubara o impacto da ação de Montgomery cruzando secretamente o Reno mais de 24 horas antes do ataque imensamente divulgado do 21º Grupo. No momento, as colunas de tanques de Patton avançavam para o leste a um ritmo de 48 quilômetros por dia.

Próximo a Patton e no flanco direito do comando do general Bradley encontrava-se a terceira grande força aliada terrestre, o Sexto Grupo de Exército, sob o comando do general Jacob Dever. Os dois exércitos de Dever – o Sétimo dos EUA, liderado pelo tenente-general Alexander Patch, e o Primeiro francês, sob as ordens do general Jean de Lattre de Tassigny – sustentavam a ala sul do *front*, cobrindo cerca de 240 quilômetros. Os exércitos de Patch e Patton moviam-se quase que lado a lado. O de De Tassigny lutava sobre o terreno mais irregular de todo o *front*, através dos montanhosos Vosges e da Floresta Negra. Sua força, o primeiro exército montado na França após a libertação, não existia havia seis meses. Agora os seus cem mil homens esperavam que houvesse tempo para eles acertarem as contas com *les boches* antes da guerra terminar.

Cada um tinha um acerto a fazer. No entanto, ao longo do *front* ocidental não havia sequer sombra de uma força coesa e organizada que pudesse ser chamada de Exército alemão. Dizimados durante a ofensiva de Ardennes, os antes poderosos exércitos do Reich haviam finalmente sido esmagados na campanha de um mês de duração entre os rios Moselle e o Reno. A decisão de Hitler de combater na margem ocidental do Reno em vez de recuar suas forças combalidas para posições mais adequadas na margem oriental provou-se desastrosa; tal fato poderia ser registrado como um dos maiores erros militares de toda a guerra. Aproximadamente trezentos mil homens haviam sido feito prisioneiros, e sessenta mil, mortos ou feridos. Ao todo, os alemães perderam o equivalente a mais de vinte divisões completas.

Agora era estimado que, embora restassem mais de sessenta divisões, elas só existissem no papel, com apenas cinco mil homens cada, em vez da formação completa que variava entre nove mil e doze mil. De fato, acreditava-se que só houvesse cerca de 26 divisões completas no Oeste, e mesmo estas estavam mal-equipadas, sem munição, sofrendo drasticamente com a falta de combustível e transporte, artilharia e tanques. Somados a elas, havia pedaços de divisões restantes, grupos SS desmembrados, tropas antiaéreas, milhares de homens da Luftwaffe (a força aérea alemã quase desaparecera), organizações paramilitares, as Guardas Nacionais Volkssturm (unidades compostas por velhos e garotos não-treinados), e mesmo grupos de cadetes adolescentes. Desorganizado, com problemas de comunicação, carente de líderes competentes, o Exército alemão era incapaz de deter ou mesmo de retardar o feroz e sistemático avanço das forças de Eisenhower.

Com a ofensiva do Reno completando uma semana, os velozes Grupos de Exército de Montgomery e Bradley já se aproximavam do último reduto alemão: o fortemente defendido Ruhr. Simultaneamente com o avanço para o leste, três exércitos americanos engajaram-se repentina e abruptamente no ataque ao Ruhr pelo norte e pelo sul. No Norte, o Nono Exército de Simpson mudou de direção, marchando do extremo leste para sudeste. No Sul, o Primeiro de Hodge e o Terceiro Exército de Patton, movendo-se paralelamente, com Patton no flanco, também manobravam e se dirigiam para nordeste a fim de estabelecer uma conexão com Simpson. A armadilha fora armada tão depressa que os alemães – principalmente o marechal-de-campo Walter Model, a cargo do Grupo de Exército B, uma força com não menos de 21 divisões – foram praticamente pegos de surpresa pelas pinças que os envolviam. Naquele momento, eles estavam acossados pela ameaça do cerco, presos em um bolsão de 112 por 88 quilômetros de extensão – um bolsão que a Inteligência aliada dizia conter mais homens e equipamentos do que os russos capturaram em Stalingrado.

No plano geral para derrotar a Alemanha, a travessia do Reno e a captura de Ruhr sempre haviam sido considerados objetivos essenciais – e formidáveis. O complexo industrial na bacia do Ruhr, com suas minas de carvão, refinarias, siderúrgicas e fábricas de armamento cobriam quase 6,5 quilômetros quadrados. Pensara-se que sua captura poderia levar meses – mas isso fora antes do colapso no Reno. Agora a manobra em pinça – a estratégia do tranqüilo missouriano Omar Bradley – era executada a uma velocidade alucinante. Os americanos moviam-se com tanta rapidez que os comandantes das divisões falavam que o cerco completo era uma questão de dias. Uma vez que o destino do Ruhr estivesse selado, os alemães teriam muito pouca força para impedir o progresso da grande ofensiva aliada. Mesmo agora o inimigo estava tão desarticulado que não havia uma linha contínua de defesa.

As forças alemãs estavam tão desorganizadas, de fato, que o major-general Isaac D. White, comandante da Segunda Divisão Blindada dos EUA, ordenou que seus homens passassem ao largo de qualquer resistência mais forte e seguissem avançando. A Segunda, encabeçando o movimento de pinça do Nono Exército ao longo do Ruhr, tinha, por essa razão, percorrido mais de oitenta quilômetros em apenas três dias. Os alemães lutavam bravamente em focos isolados, mas a Segunda encontrava maiores dificuldades com as pontes destruídas, com os bloqueios erguidos às pressas nas estradas, com as minas e o terreno acidentado do que com a ação desses inimigos. O mesmo se dava praticamente em todos os lugares.

O tenente-coronel Wheeler G. Merriam, liderando o avanço da Segunda com seu 82º Batalhão de Reconhecimento, deparava-se com situações extremamente confusas, mas muito poucos combates. Em 28 de março, com seus tanques espalhados em cada lado da principal linha ferroviária, Merriam fez uma pausa para comunicar sua nova posição. Enquanto o seu homem do rádio tentava estabelecer contato com o quartel-general, Merriam pensou ouvir um apito de vapor. Subitamente um trem alemão, carregado de tropas, armas e veículos blindados, passou deixando um rastro de fumaça ao longo da linha, cruzando pelo meio de suas unidades. Alemães e americanos olharam uns para os outros cheios de espanto. Merriam olhava para os soldados do Wehrmacht inclinados para fora das janelas do trem de tão perto, que podia notar claramente "as barbas malfeitas nos rostos de cada indivíduo". Seus homens, estupefatos, acompanhavam o trem à medida que este se deslocava para o leste. Nenhum tiro foi disparado por qualquer uma das partes.

Por fim, de volta à ação, Merriam agarrou o rádio-telefone. A alguns quilômetros para o oeste, o comandante da Divisão, major-general White, viu o trem aparecer no campo de visão quase ao mesmo tempo em que ouvia no rádio de seu jipe o excitado aviso de Merriam. White viu um policial do exército, que dirigia as colunas da Segunda, subitamente interromper o tráfego através das trilhas – e então White, como Merriam, ficou paralisado enquanto o trem passava. Segundos depois, com o telefone de campo na mão, ele requisitava fogo de artilharia. Em poucos minutos, a 92ª Artilharia de Campo, direcionada para o extremo oeste, disparou uma salva de tiros que dividiu o trem em dois. Mais tarde se descobriu que os vagões carregavam numerosas armas antitanques, peças de campo e uma peça de artilharia montada sobre trilhos com 400mm de calibre. Os soldados capturados que estavam no trem disseram ignorar completamente o avanço aliado. Pensavam que os americanos e os britânicos ainda estivessem na margem ocidental do Reno.

A confusão era tanto aliada quanto inimiga. O tenente-coronel Ellis W. Williamson, da 30ª Divisão de Infantaria, movia-se com tamanha velocidade que fora inclusive alvejado pela artilharia de outra divisão aliada. Eles pensaram que os homens de Williamson fossem alemães em retirada rumo ao leste. O tenente Clarence Nelson, da Quinta Divisão Blindada, teve igualmente uma experiência bizarra. Seu jipe foi atingido e Nelson acabou entrando em um pequeno trator que estava sob fogo pesado. Ele ordenou que um tanque atirasse contra o ponto de resistência inimigo. O veículo se moveu, subiu a colina e disparou duas cargas – contra um carro blindado britânico. Os ocupantes saíram furiosos mas ilesos. Eles haviam ficado de tocaia na expectativa de conseguirem um alvo só para eles. E Chaplain Ben L. Rose, da 113ª Cavalaria Mecanizada, lembra-se de um comandante de tanque fazendo, com toda solenidade, um relatório ao líder do seu grupo:

– Avançamos pelo menos noventa metros, senhor, sobre a relva. A resistência está pesada: tanto a dos inimigos quanto a dos amigos.

As manobras eram tão velozes, e tão rápida era a capitulação das defesas alemãs, que muitos comandantes estavam mais preocupados com os acidentes nas estradas do que com o fogo inimigo. O capitão Charles King, da famosa Sétima Divisão Blindada britânica, implorou a seus homens que "tomassem cuidado ao dirigir por essas estradas. Seria uma pena", ele advertiu, "morrer em um acidente justo agora". Poucas horas depois, King, um dos Ratos do Deserto original, estava morto; o jipe em que ele trafegava passou sobre uma mina terrestre alemã.

A maioria dos homens não fazia a mais vaga idéia de onde estava nem quem lhe cobria os flancos. As vanguardas, em muitos lugares, já haviam saído de seus mapas. Os habilidosos exploradores do 82º Batalhão de Reconhecimento não estavam nem um pouco preocupados. Eles dispunham de mapas de emergência: cartas do tamanho de um lenço de seda distribuídas no início da guerra à Força Aérea americana, com as rotas de fuga através do território inimigo para o caso dos pilotos serem abatidos. Os exploradores do 82º confirmavam suas posições simplesmente cruzando os dados com as placas de sinalização alemãs. No setor da 84ª Divisão, o tenente-coronel Norman D. Carnes descobriu que em todo o seu batalhão restavam apenas dois mapas dando conta dos avanços propostos. Ele também não estava preocupado – contanto que os rádios continuassem funcionando e a linha de comunicação com o quartel-general fosse mantida. O tenente Arthur T. Hadley, um especialista na psicologia dos conflitos armados, incorporado à Segunda Divisão Blindada, que usava um alto-falante em seu tanque em vez de uma arma para demandar a rendição das cidades alemãs, agora se orientava por um antigo guia Baedeker destinado a turistas. E o capitão Francis Schommer, da 83ª Divisão, sempre sabia para onde estava conduzindo seu batalhão. Porque ele agarrava o primeiro alemão que avistava, encostava um revólver em suas costelas e, falando fluentemente a língua local, exigia saber a sua exata localização. Com tal método, ele nunca obtinha uma resposta errada.

Para os homens das divisões blindadas, a ultrapassagem do Reno representava o seu ideal de guerra. A linha serpenteante de veículos que agora empurrava, cruzava, cercava e cortava as cidades e as forças inimigas oferecia um exemplo clássico das táticas de uso de blindados no seu apogeu. Alguns homens tentavam descrever nas cartas a grande corrida dos blindados rumo ao leste. O tenente-coronel Clifton Batchelder, comandante do Primeiro Batalhão do 67º Regimento, pensava que o avanço tinha "todo o vigor e a audácia das grandes operações da cavalaria da Guerra Civil". O tenente Gerald P. Leibman, percebendo que à medida que a Quinta Divisão Armada rompia as linhas inimigas milhares de alemães eram deixados para trás em focos isolados, escreveu de modo exagerado que "estamos explorando as retaguardas do inimigo *antes* de encará-lo de frente". Para Leibman, o ataque lembrava a velocidade da campanha de blindados comandada pelo general Patton na Normandia, campanha da qual ele também fizera parte. "Ninguém come ou dorme", disse o tenente. "Tudo o que fazemos é atacar e prosseguir, atacar e prosseguir. É como estar na França de novo – só que desta vez as bandeiras tremulando sobre as casas não são tricolores, mas sim bandeiras brancas." No Regimento de Devonshire, avançando ao lado da Sétima Divisão Blindada britânica, o tenente Frank Barnes disse ao tenente Robert Davey, seu amigo, que "é maravilhoso seguir em frente o tempo inteiro". Ambos estavam exultantes, pois lhes fora dito na reunião antes do ataque que este era o último grande esforço antes do objetivo final: Berlim.

O marechal-de-campo Montgomery sempre soubera que Berlim era o objetivo final. Irritando-se facilmente, impaciente com os atrasos, temperamental e muitas vezes grosseiro, mas sempre realista e corajoso, Montgomery havia fixado sua mira em Berlim assim como fizera havia muito tempo na grande vitória no deserto de El Alamein. O homem que havia dito "Avançar" quando as condições climáticas deveriam ter adiado a invasão da Normandia agora exigia novamente o sinal verde. Na ausência de uma decisão clara do supremo comandante, Montgomery anunciara a sua. Às 18h10 da tarde de terça-feira, 27 de março, em uma mensagem codificada para o Supremo Quartel-General, ele informou ao general Eisenhower: "Hoje emiti ordens aos comandantes do Exército para a campanha em direção ao leste que está prestes a começar... Minha intenção é seguir a pleno vapor para a linha do Elba usando o Segundo e o Nono Exércitos. A ala direita do Nono será dirigida para Magdeburg; e a esquerda do Segundo, para Hamburgo...

"O Exército canadense operará... para controlar a Holanda Oriental e Ocidental, além da área costeira ao norte da ala esquerda do Segundo Exército...

"Ordenei que o Nono e o Segundo Exércitos movessem suas forças móveis e blindadas para frente de uma só vez para cruzar o Elba com a máxima rapidez possível. A situação parece boa, e os eventos devem desenrolar-se com presteza dentro de poucos dias.

"Meu quartel-general tático se deslocará para noroeste de Bonninghardt na quinta-feira, 29 de março. Depois disso... seguirá por Wesel-Münster-Wiedenbrück-Herford-Hanover – e de lá, eu espero, pela auto-estrada até Berlim."

• • •

Girando devagar no ar a ponta de suas coleiras, Tia Effie e Tio Otto olhavam fixamente e de modo lamentoso para os entulhos que cobriam a cidade lá embaixo. Da sacada do segundo andar do seu apartamento em Wilmersdorf, Carl Wiberg falou de modo a acalmar e encorajar os bassês, enquanto os conduzia para um lugar seguro. Praticava com eles o procedimento para escapar dos ataques aéreos, e os cachorros, após semanas de treinamento, estavam bem condicionados. Assim como os vizinhos de Wiberg, embora eles considerassem excessiva a preocupação do sueco com seus animais de estimação. Todos estavam acostumados a ver a Tia Effie e o Tio Otto, os pêlos escovados e brilhantes, subindo e descendo pela janela. Ninguém prestava muita atenção às cordas que os prendiam, o que ia diretamente de encontro às intenções de Wiberg. Um dia, se a Gestapo chegasse a encontrá-lo, ele deveria usar essas mesmas cordas para escapar, fugindo pela sacada.

Ele havia pensado em tudo com muito cuidado. Um mínimo deslize poderia revelar a sua identidade de espião aliado, e agora, com os berlinenses ficando a cada dia mais ansiosos e desconfiados, Wiberg não queria correr nenhum risco. Ele ainda não havia descoberto o paradeiro de Hitler. Suas perguntas casuais e aparentemente inocentes não atraíam qualquer suspeita, mas, por outro lado, também não levavam a nenhuma descoberta. Mesmo seus amigos do alto escalão no Wehrmacht e na Luftwaffe não sabiam de nada. Wiberg começava a acreditar que o Führer e sua corte não estavam em Berlim.

De repente, enquanto ele levava os cachorros para a sacada, a campainha tocou. Wiberg ficou tenso, pois não esperava visitantes. Vivia atormentado pelo medo de que cedo ou tarde iria até a porta e encontraria a polícia. Soltou cuidadosamente os cachorros e então se dirigiu para a entrada do apartamento. Do lado de fora, estava parado um sujeito estranho. Ele era alto e forte, vestido com roupas comuns e uma jaqueta de couro. Equilibrada sobre seu ombro direito, havia uma caixa de papelão.

– Carl Wiberg? – ele perguntou.

Wiberg concordou com a cabeça. O estranho largou a caixa na ante-sala.

– Um pequeno presente dos seus amigos da Suécia – ele disse com um sorriso.

– Meus amigos da Suécia? – perguntou Wiberg cautelosamente.

– Não se faça de morto. Você sabe muito bem do que se trata – disse o estranho. Ele deu meia-volta e desceu rapidamente pela escada.

Wiberg fechou a porta com suavidade. Ficou paralisado, olhando para a caixa de papelão. Os únicos "presentes" que ele recebia dos suecos eram suprimentos para a operação de espionagem em Berlim. Seria uma armadilha? Será que a polícia não estaria apenas esperando que ele abrisse a caixa para invadir o apartamento? Rapidamente ele cruzou a sala e olhou com cautela para a rua lá embaixo. Estava vazia. Nenhum sinal do seu visitante. Wiberg voltou até a porta e por algum tempo ficou apenas ouvindo. Nenhum som fora do comum. Por fim, ergueu a caixa e a levou até o sofá da sala. Abriu-a. Dentro desta entrega feita de modo tão casual havia um radiotransmissor. Wiberg subitamente deu-se conta de que estava suando.

Algumas semanas antes, Wiberg fora notificado por seu superior, um dinamarquês chamado Hennings Jessen-Schmidt, de que daqui por diante ele seria o "lojista" da rede de espionagem em Berlim. Desde então, ele vinha recebendo uma variedade de suprimentos por mensageiros. Mas até esse momento, ele sempre fora notificado das entregas com antecedência, e as mais importantes sempre haviam sido feitas com extremo cuidado. Seu telefone sempre tocava duas vezes e depois parava; era o sinal combinado para avisar que uma entrega se aproximava. Os suprimentos chegavam somente na calada da noite e geralmente durante um ataque aéreo. Nunca alguém havia se aproximado dele durante o dia. Wiberg estava furioso. "Alguém", disse ele mais tarde, "tinha agido de modo muito ingênuo e amador, parecendo disposto a pôr a operação inteira a perder."

A posição de Wiberg tornava-se a cada dia mais delicada; não poderia se dar ao luxo de receber uma visita da polícia. Seu apartamento era agora uma espécie de armazém de equipamentos de espionagem. Estocada nos quartos, havia uma grande e variada quantidade de cédulas, algumas tabelas de código e uma enorme gama de drogas e venenos – de pílulas capazes de rapidamente "nocautear" aqueles que as ingerissem, produzindo inconsciência pelo tempo que fosse necessário, a cápsulas mortais de cianureto. No seu reservatório de carvão e numa garagem alugada nas redondezas, havia um pequeno arsenal de rifles, revólveres e munição. Wiberg possuía inclusive uma valise contendo explosivos extremamente voláteis. Por causa dos ataques aéreos, essa "consignação" preocupara-o consideravelmente. Mas ele e Jessen-Schmidt haviam encontrado o esconderijo perfeito. Os explosivos agora estavam guardados em uma grande caixa no cofre do Deutsche Union Bank.

O apartamento de Wiberg escapara até agora, milagrosamente, dos ataques aéreos, mas ele ficava horrorizado ao pensar nas conseqüências se o local fosse atingido. Ele ficaria imediatamente exposto. Jessen-Schmidt dissera a Wiberg que no momento certo os suprimentos seriam entregues aos vários grupos de operação e aos sabotadores que em breve chegariam a Berlim. As operações desses agentes selecionados esperavam um sinal de Londres, que seria enviado por rádio ou por meio da rede de mensageiros. Wiberg esperava que a distribuição fosse feita logo. Jessen-Schmidt fora avisado para esperar pela mensagem durante as próximas semanas, pois o trabalho do time deveria coincidir com a captura da cidade. De acordo com a informação que o dinamarquês e o sueco haviam recebido, os britânicos e os americanos alcançariam Berlim no meio de abril.

3

Na tranqüilidade do seu estúdio, no número 10 da rua Downing, Winston Churchill sentou-se curvado em sua cadeira de couro favorita, telefone no ouvido. O primeiro-ministro ouvia seu chefe de Estado-Maior, o general *sir* Hastings Ismay, fazer a leitura da cópia da mensagem de Montgomery ao supremo comandante. A promessa do marechal-de-campo de "máxima rapidez possível" era, de fato, uma boa notícia; melhor ainda era a sua intenção declarada de seguir para Berlim. "Montgomery", disse o primeiro-ministro para Ismay, "está fazendo progressos notáveis."

Após meses de conturbadas discussões entre os líderes ingleses e americanos, a estratégia aliada parecia ter se acomodado. Os planos do general Eisenhower, definidos no outono de 1944 e aprovados pelo Estado-Maior unificado em Malta, em janeiro de 1945, designavam o 21º Grupo de Exército de Montgomery para fazer a rota principal do baixo Reno e do norte do Ruhr. Esta era a rota que Churchill, em uma carta a Roosevelt, havia definido como "a distância mais curta até Berlim". Ao sul, as forças americanas estavam para cruzar o rio e seguir rumo à área de Frankfurt, desviando a atenção do inimigo para o avanço de Montgomery. Esta linha suplementar de avanço poderia se tornar a principal, caso a ofensiva do marechal-de-campo fosse detida. Contudo, no entendimento de Churchill, a questão estava decidida. A "Grande Cruzada" se aproximava do final, e para o primeiro-ministro era uma imensa satisfação que, entre todos os comandantes aliados, fosse o herói de El Alamein o provável responsável pela captura da capital inimiga. O 21º Grupo de Exército fora especialmente reforçado para a ofensiva, com tropas de elite, apoio aéreo, suprimentos e equipamentos. No total, Montgomery tinha sob seu comando quase um milhão de homens em 35 divisões e unidades anexadas, incluindo o Nono Exército americano.

Havia quatro dias, Churchill viajara com o general Eisenhower para a Alemanha, a fim de testemunhar a fase inicial do ataque ao Reno. Enquanto observava às margens do rio o monumental início da ofensiva, Churchill dissera para Eisenhower: "Meu caro general, o alemão está derrotado. Nós o pegamos. Ele já não pode fazer mais nada".

E de fato, a resistência inimiga provou ser surpreendentemente fraca na maioria das áreas. No setor do Nono Exército americano, onde duas divisões – de cerca de 34 mil homens – cruzaram ombro a ombro com os britânicos, houve apenas 31 baixas. Agora, Montgomery possuía mais de vinte divisões e 1,5 mil tanques além do Reno, rumando diretamente para o Elba. O caminho para Berlim – o qual Churchill chamara de "o principal e verdadeiro objetivo das forças anglo-americanas" – parecia completamente aberto.

Politicamente também o estava. Nunca houve qualquer discussão entre as "Três Grandes" para saber qual exército tomaria a cidade. Berlim era um alvo exposto, esperando ser capturado pela força aliada que chegasse primeiro.

Contudo, *houve* discussões, muitas delas, a respeito da ocupação do resto da nação inimiga – como os setores marcados nos mapas da Operação Eclipse indicavam. E as decisões quanto à ocupação da Alemanha teriam um efeito crucial na captura e no futuro político de Berlim. Pelo menos um dos líderes aliados havia percebido este fato desde o início. "Haverá, sem sombra de dúvida, uma corrida por Berlim", ele havia dito. Este homem era Franklin Delano Roosevelt.

Fazia dezessete meses, no dia 19 de novembro de 1943, que a questão fora trazida até Roosevelt. Naquela ocasião, o presidente havia sentado à cabeceira da mesa na sala de conferência do almirante Ernest J. King, a bordo do couraçado americano *Iowa*. Ao seu lado estavam assistentes e conselheiros, entre os quais a junta do Estado-Maior americano. Roosevelt dirigia-se para o Oriente Médio, para as conferências de Cairo e Teheran – a quinta e a sexta reuniões dos líderes aliados em tempo de guerra.

Aqueles eram dias fundamentais para a luta global contra os poderes do Eixo. No *front* russo, os alemães haviam sofrido sua maior e mais sangrenta derrota: Stalingrado, cercada e sitiada por 23 dias, caíra, e mais de trezentos mil alemães foram mortos, feridos ou feito prisioneiros. No Pacífico, onde mais de um milhão de americanos estavam lutando, os japoneses vinham sendo obrigados a retroceder em todos os *fronts*. No Oeste, Rommel havia tomado a rota do norte da África. A Itália, invadida a partir desse continente via Sicília, rendera-se; os alemães resistiam encarniçadamente no norte do país. E agora a coalizão anglo-americana preparava os planos para o *coup de grâce* – Operação Overlord, a invasão completa da Europa.

A bordo do *Iowa*, Roosevelt mostrava uma nítida contrariedade. Os documentos e mapas à sua frente eram a parte essencial de um plano chamado Operação Rankin, Caso C, um dentre os muitos estudos desenvolvidos em função da invasão iminente. Rankin C levava em consideração os passos que deveriam ser tomados caso houvesse uma súbita derrocada ou rendição do inimigo. Nessa eventualidade o plano sugeria que o Reich e Berlim fossem divididos em setores, cada qual ocupado por uma das "Três Grandes". O que incomodava o presidente era a área escolhida para seu país pelos planejadores britânicos.

Rankin C fora criado sob circunstâncias peculiares e frustrantes. O homem diretamente responsável por suas disposições seria o supremo comandante aliado na Europa. Mas o nome para este cargo ainda estava para ser definido. A difícil tarefa de tentar planejar a questão antes que o supremo comandante assumisse – isto é, preparar as duas ofensivas de travessia dos rios, Operação Supremacia, e um plano para o caso da Alemanha ruir, Operação Rankin –

fora entregue ao tenente-general inglês Frederick E. Morgan*, conhecido pelo codinome de "COSSAC" (Chefe do Estado-Maior do Supremo Comandante Aliado). Era um trabalho estafante e ingrato. Quando foi nomeado para o posto, *sir* Alan Brooke, chefe do Estado-Maior Imperial, disse-lhe:

– Bem, é isso; não vai funcionar, é claro, mas você vai ter que dar o sangue para que funcione!

Ao preparar o Rankin C, Morgan tinha que considerar todo tipo de questões imponderáveis. O que aconteceria se o inimigo capitulasse de modo tão abrupto que os Aliados fossem pegos de surpresa, assim como ocorrera na Primeira Guerra Mundial, quando os alemães haviam se rendido sem qualquer previsão, em novembro de 1918? Para onde iriam as tropas? Que partes da Alemanha seriam ocupadas pelas forças americanas, britânicas e russas? Quem tomaria Berlim? Estas eram as questões básicas, e elas precisavam ser resolvidas de um modo claro e definitivo para que os Aliados não fossem surpreendidos por um repentino colapso.

Até então, nenhum plano específico para o fim da guerra havia sido feito. Embora nos Estados Unidos e no Reino Unido diversos corpos governamentais discutissem os problemas que surgiriam com o fim das hostilidades, pouco progresso foi feito na formulação de uma política global. Havia concordância apenas sobre um ponto: que o país inimigo seria ocupado.

Os russos, em contrapartida, não tiveram dificuldade em encontrar uma política. Joseph Stalin sempre dera como certa a ocupação e sabia muito bem o que fazer quando a hora chegasse. Desde dezembro de 1941, ele havia informado grosseiramente ao ministro do Exterior britânico, Anthony Eden, as suas exigências para o pós-guerra, nomeando os territórios que ele pretendia ocupar e anexar. Era uma lista impressionante: incluídas no seu projeto para o espólio da guerra estavam a Letônia, a Lituânia e a Estônia; uma parte da Finlândia que ele havia tomado quando atacara os finlandeses em 1939; a província da Bessarábia, na Romênia; a parte oriental da Polônia que os soviéticos haviam ocupado em 1939 mediante um acordo com os nazistas; e a maior parte da

* Como originalmente concebida em 1943, havia, de fato, três partes para a Operação Rankin: Caso A lidaria com a possibilidade de os alemães se tornarem tão fracos que apenas uma versão miniatura da Operação Overlord seria necessária para a invasão; Caso B concebia uma retirada estratégica das forças alemãs de algumas partes dos países ocupados, enquanto o grosso de suas forças ocuparia as costas da Europa para repelir uma invasão; e Caso C lidaria com um repentino colapso da Alemanha antes, durante ou depois da própria invasão. Casos A e B foram logo abandonados e receberam, como Morgan se lembra, apenas rápida consideração. (N. do A.)

Prússia Oriental. Enquanto ele calmamente comunicava suas exigências, tiros eram disparados a menos de 25 quilômetros do Kremlin, nos subúrbios de Moscou, onde as forças alemãs ainda lutavam desesperadamente.

Embora os britânicos considerassem as exigências feitas por Stalin em 1941 prematuras – para dizer o mínimo* –, em 1943 eles já se ocupavam em preparar seu próprio plano. O ministro do Exterior, Anthony Eden, recomendara que a Alemanha fosse totalmente ocupada e dividida entre os Aliados em três zonas. Por essa razão, um corpo de gabinete chamado Armistício e um Comitê pós-guerra estavam sob o controle do deputado Clement Attlee, chefe do Partido Trabalhista. O grupo de Attlee emitiu uma recomendação em larga escala que também advogava a favor da divisão tripartite, com os britânicos ocupando o setor industrial e as áreas de forte comércio a noroeste. Berlim, como emitido na recomendação, deveria ser ocupada em conjunto pelas três potências. O único entre os Aliados que não possuía virtualmente qualquer plano para o caso de a Alemanha ser derrotada eram os Estados Unidos. A visão oficial do governo americano era a de que as determinações para o pós-guerra deveriam esperar o momento em que a vitória final estivesse mais próxima. A política de ocupação, na época, era encarada como uma responsabilidade dos militares.

Mas agora, com o poder da força coletiva dos Aliados se fazendo sentir em cada *front* e a escalada de suas ofensivas progredindo rapidamente, a necessidade de uma coordenação política tornou-se evidente. Em outubro de 1943, na Conferência dos Primeiros-Ministros em Moscou, o primeiro passo tentado foi estabelecer uma política em comum para o pós-guerra. Os Alia-

---

* As propostas de Stalin chegaram a Churchill enquanto ele cruzava o Atlântico a bordo do couraçado HMS Duke of York, que estava a caminho de um encontro com Roosevelt. Os EUA recém haviam entrado na guerra, e Churchill tinha escrúpulos em expor a questão para seu poderoso e novo aliado naquele momento. Ele telegrafou para Eden, ministro do Exterior: "Naturalmente, você não será duro com Stalin. Estamos comprometidos com os EUA a não entrarmos em pactos secretos ou especiais. Levar essas propostas a Roosevelt poderia trazer problemas e levar a situação a um conflito... Mesmo que informalmente... alertá-lo sobre a questão seria, a meu ver, inconveniente". O Departamento de Estado foi informado sobre a conversa de Eden com Stalin, mas não há qualquer evidência de que alguma pessoa, naquele momento, tivesse se dado ao trabalho de incomodar o presidente americano com a informação. Em março de 1943, contudo, Roosevelt foi completamente inteirado e, segundo Eden, que discutiu a questão com ele, não previu grandes dificuldades de relacionamento com os soviéticos. "A grande questão que dominava por completo a cabeça do presidente", disse Eden, "era se seria possível trabalhar com a Rússia neste momento e depois da guerra." (N. do A.)

dos aceitaram a idéia de dividirem a responsabilidade do controle e da ocupação da Alemanha, uma entidade tríplice, a Comissão Européia de Aconselhamento (CEA)*, para "estudar e fazer recomendações aos três governos no que diz respeito às questões ligadas com o fim das hostilidades".

Enquanto isso, no entanto, Morgan produzira *seu* plano – um esboço de planta para a ocupação da Alemanha –, "preparado", como mais tarde explicou, "somente após uma enorme quantidade de consultas a sua bola de cristal". Inicialmente, sem direcionamento político, Morgan desenvolvera um plano prevendo uma ocupação limitada do território. Mas as propostas finais do seu Rankin C refletiam o esquema mais elaborado do Comitê Attlee. Morgan sentara-se com um mapa e dividira a Alemanha em três partes exatas, "mal rabiscando com um lápis azul as fronteiras existentes entre as províncias". Era óbvio que os Russos, vindos do leste, deveriam ocupar o setor oriental. A divisão entre a coalizão anglo-americana e os russos na versão revisada do plano Rankin C seguia a sugestão de uma linha que fosse de Lübeck, no Báltico, até Eisenach, na Alemanha central, e de lá até a fronteira tcheca. Não era preocupação de Morgan qual extensão teria a zona soviética. Não lhe fora pedido para que fizesse essa consideração, visto que "naturalmente seria um assunto dos russos, que não estavam incluídos em nosso partido COSSAC". Mas Berlim o preocupava, pois ela ficaria dentro do setor soviético. "Devíamos continuar considerando o lugar como a capital ou o lugar onde um dia houve uma capital de fato?", ele se perguntava. "O caráter internacional da operação sugeria que a ocupação de Berlim ou de qualquer outra capital deveria ser feita de um único modo: uma força tríplice, igualmente dividida entre as tropas dos Estados Unidos, da Grã-Bretanha e da Rússia."

Quanto às zonas britânicas e americanas, parecia a Morgan que sua divisão norte-sul fora determinada por um fato aparentemente ridículo mas profundamente relevante: a localização das bases de cada país e a proximidade para os ingleses de seus depósitos. A partir do momento que as primeiras tropas americanas chegaram ao Reino Unido, elas ficaram primeiramente aquarteladas na Irlanda do Norte e mais tarde no sul e sudoeste da Inglaterra. As forças britânicas estavam situadas ao norte e a sudoeste. Dessa maneira, a concentração das tropas, suas cargas e comunicações estavam separadas – os americanos sempre à direita, os britânicos à esquerda, de frente para o continente. No prognóstico de Morgan para a Operação Overlord, esta disposição devia continuar na travessia do Canal para a invasão das praias da Normandia

* No original, a sigla é EAC (European Advisory Commission). (N. do T.)

– e, presumivelmente, seguiriam assim através da Europa até o coração da própria Alemanha. Os britânicos deveriam entrar pelo norte da nação alemã e libertar a Holanda, a Dinamarca e a Noruega. À direita, os americanos seguiriam sua linha de avanço através da França, da Bélgica e de Luxemburgo, chegando às províncias do sul da Alemanha.

"Não acredito", disse Morgan mais tarde, "que ninguém naquela época tenha conseguido perceber a extensão das implicações geradas pelas divisões estabelecidas – que na certa foram tomadas por um oficial de baixo escalão do Escritório de Guerra. Dali, porém, originou-se todo o resto."

A bordo do *Iowa*, o presidente dos Estados Unidos percebia perfeitamente a extensão das implicações. Estas implicações eram justamente o que o desagradava em relação ao plano Rankin C. Assim que a sessão começou, às três da tarde, Roosevelt trouxe o assunto à tona: ele estava profundamente irritado. Comentando o memorando em anexo, no qual os chefes de Estado-Maior pediam por ajuda para seguir os planos revistos de Morgan, Roosevelt repreendeu seus conselheiros militares por "fazerem certas suposições" – em particular a de que os EUA deveriam aceitar a proposta britânica de ocupação do sul da Alemanha. "Não gosto desse arranjo", declarou o presidente. Ele queria o noroeste do país. Queria acesso aos portos de Bremen e Hamburgo, além daqueles na Noruega e na Dinamarca. E Roosevelt fincava pé em mais uma questão: a extensão da zona americana. "Nossa parte deveria compreender Berlim", ele disse. "Berlim deve ser dos americanos." E então adicionou: "Os soviéticos podem ficar com os territórios do leste".

Roosevelt estava descontente com mais outro aspecto do Rankin C. Os EUA, ficando com o sul, teriam uma esfera de responsabilidade que incluiria a França, a Bélgica e Luxemburgo. O presidente estava preocupado com a França, e especialmente com o líder das Forças Livres Francesas, o general Charles de Gaulle, a quem ele via como uma "dor de cabeça política". Conforme as forças avançavam para aquele país, o presidente advertiu seus conselheiros de que De Gaulle estaria "um quilômetro atrás das tropas", pronto para se apoderar do governo. Acima de tudo, Roosevelt temia que uma guerra civil irrompesse na França assim que o conflito terminasse. Ele não queria se envolver "na reconstrução da França. Isto era um bebê", declarou o presidente, "que os ingleses deveriam embalar."

E não apenas a França. Para ele os britânicos deveriam também assumir a responsabilidade por Luxemburgo e pela Bélgica, além do sul da Alemanha. Quanto à zona americana – como o presidente a visualizava –, ela deveria abranger o norte do país (incluindo Berlim) por toda a extensão até Stettin, no Oder. Então, novamente, medindo suas palavras, ele enfatizou seu descontentamento com a proposta para os zoneamentos. "Não me agrada nem um pouco esse plano britânico para que fiquemos com o sul", ele disse.

As sugestões do presidente assustaram seus conselheiros militares. Três meses antes, na Conferência de Quebec, a Junta dos Chefes de Estado-Maior, em princípio, aprovara o plano. Mesmo procedimento tomou o Estado-Maior Combinado anglo-americano. Naquela ocasião, Roosevelt expressara grande interesse na divisão da Alemanha e acrescentou o peso de sua influência para que houvesse pressa no planejamento das tropas, que deveriam "estar prontas para chegar a Berlim junto com as russas".

A junta dos chefes de Estado-Maior acreditava que as questões envolvendo o Rankin C estavam todas acertadas. Eles haviam trazido o assunto do plano no *Iowa* apenas porque fatores políticos e econômicos, assim como a política militar, estavam envolvidos. Agora o presidente desafiava não só o plano de ocupação, mas a própria base da Operação Overlord. Se as zonas projetadas de ocupação fossem trocadas para acomodar os desejos do presidente, uma inversão na ordem das tropas precisava ser feita *antes* da invasão. Isso atrasaria – e poderia assim pôr em risco – a ofensiva através do Canal, uma das operações mais complicadas na história de todas as guerras. Parecia claro aos seus conselheiros militares que o presidente Roosevelt ou não entendera a grandeza logística envolvida nos movimentos, ou a compreendera perfeitamente e estava disposto a bancar os custos fenomenais que resultariam da ordem de tomar a zona noroeste e Berlim para os Estados Unidos. Na visão deles, os custos eram proibitivos.

O general Marshall começou diplomaticamente a delinear a situação. Ele concordou "que o assunto deveria ser levado adiante". Mas, disse ele, as propostas do Rankin C originavam-se de considerações estritamente militares. Partindo de um pressuposto logístico, ele arrazoou: "Devemos manter as forças americanas na direita... a questão toda se originou nos portos da Inglaterra".

O almirante Ernest King, chefe de Operações Navais dos EUA, secundou Marshall; os planos de invasão já estavam tão avançados, disse ele, que seria contraproducente aceitar qualquer mudança na disposição das tropas.

A grandeza do problema era tamanha que Marshall acreditava que um esquema completamente novo seria necessário para reacomodar as tropas – um esquema suficientemente flexível para ser aplicado "em qualquer estágio do desenvolvimento", a fim de garantir ao presidente o que ele queria na Alemanha.

Roosevelt discordava. Ele entendia que se houvesse um colapso completo no Reich de Hitler, os EUA teriam que colocar a maior quantidade possível de homens na Alemanha, e ele sugeriu que alguns deles fossem mandados "via Escócia" – entrando, desse modo, pelo norte da Alemanha. Foi nesse ponto que ele expressou de modo convicto que os Aliados promoveriam uma corrida por Berlim; neste caso, as divisões dos EUA deveriam chegar lá "o quanto antes". Harry Hopkins, conselheiro e homem de confiança de Roosevelt, que estava presente no *Iowa*, tinha essa mesma noção de urgência; ele acreditava que os EUA deveriam estar "prontos para lançar uma divisão aerotransportada em Berlim dentro de duas horas depois do colapso".

Por repetidas vezes, os conselheiros militares tentaram impressionar o presidente com o sério problema que uma alteração no Rankin C poderia acarretar. Roosevelt permaneceu impassível. Finalmente ele puxou em sua própria direção um mapa da Alemanha de uma *National Geographic* que estava sobre a mesa e passou a desenhar. Primeiro ele traçou uma linha através da fronteira ocidental da Alemanha até Düsseldorf e depois ao longo do sul, do Reno ao Mainz. De lá, com um largo golpe, ele dividiu a Alemanha ao meio, seguindo o paralelo 50, aproximadamente entre Mainz, no oeste, e Asch, na fronteira tcheca, a leste. Então o lápis se moveu para nordeste, para Stettin, no Oder. Os americanos ficariam com a área acima da linha, os britânicos com o setor abaixo. Mas da maneira como Roosevelt fizera a divisão, as fronteiras orientais das zonas dos EUA e da Grã-Bretanha se afunilariam para dentro com o formato semelhante ao de uma lâmina. A ponta ficaria sobre Leipzig; de lá, o setor restante correria a nordeste até Stettin e a sudeste até Asch. O presidente não disse nada, mas esse pequeno triângulo que sobrara seria obviamente a zona soviética. Ele continha pelo atual desenho menos da metade da área originalmente alocada para os soviéticos na proposta original do Rankin C. Dessa forma, Berlim não estava mais no território a ser ocupado pela Rússia. Agora a cidade se localizava na fronteira americana e soviética. Marshall compreendia que o presidente planejava que a ocupação de Berlim se desse pela união das tropas de todos os Aliados.

O mapa mostrava de forma inequívoca o que Roosevelt tinha em mente. Se os EUA ocupassem a zona sul proposta pelo COSSAC no documento do Rankin, os "britânicos bloquearão cada movimento que fizermos", disse o presidente a seus chefes militares. Era claro e evidente, Roosevelt disse, que "as considerações políticas dos ingleses estavam por trás das propostas".

A discussão terminou sem uma decisão, mas Roosevelt não deixou qualquer dúvida na cabeça de seus chefes militares do que exatamente ele esperava.

A ocupação feita pelos Estados Unidos, como a tencionava Roosevelt, significava o alojamento de um milhão de soldados na Europa "por pelo menos um ou talvez até dois anos". Seu plano pós-guerra era similar à postura americana em relação ao próprio conflito – um comprometimento pleno com a vitória, mas com o mínimo de interferência nos assuntos europeus. Ele antevia uma rápida e bem-sucedida penetração até o coração da terra inimiga – "uma invasão da Alemanha usando a malha ferroviária com pouco ou nenhum combate" – que levaria as tropas dos EUA para a zona noroeste e de lá para Berlim. Acima de tudo, o presidente dos Estados Unidos estava determinado a capturar Berlim.*

• • •

Assim foi oferecido o primeiro plano concreto para a Alemanha feito pelos EUA. Havia apenas um problema. Roosevelt, muitas vezes criticado por agir como se fosse seu próprio secretário de Estado, não comunicara a ninguém seus pontos de vista, com exceção de seus chefes militares. Eles se debruçaram sobre o plano por quase quatro meses.

Após a conferência no *Iowa*, o general Marshall deu o mapa de Roosevelt – a única evidência tangível de um pensamento administrativo em relação à ocupação da Alemanha – ao major-general Thomas T. Handy, chefe da Divisão de Operações do Departamento de Guerra. Quando o general Handy voltou a Washington, o mapa estava guardado no fundo dos arquivos ultra-secretos da Divisão de Operações. "No limite dos meus conhecimentos", ele iria lembrar mais tarde, "nunca recebemos instruções de enviá-lo para qualquer pessoa no Departamento de Estado."

O arquivamento do plano de Roosevelt pelos seus próprios conselheiros militares foi apenas um entre uma série de estranhos e altamente custosos disparates e erros de julgamento dos oficiais americanos nos dias seguintes à reunião no *Iowa*. Era para eles terem uma profunda influência no futuro da Alemanha e de Berlim.

Em 29 de novembro, Roosevelt, Churchill e Stalin encontraram-se pela primeira vez na Conferência de Teerã. Nesse encontro, as Três Grandes nomearam os representantes que comporiam em Londres a importantíssima Co-

---

* O relato dos eventos a bordo do *Iowa* provém das minutas escritas à mão pelo general George C. Marshall. O verdadeiro memorando não contém citações diretas, somente notas à guisa de pontos de referência. Atribuí diretamente as citações do presidente e dos outros quando estava claramente indicado que as sentenças lhes pertenciam. (N. do A.)

missão Européia de Aconselhamento – o corpo encarregado de elaborar os termos de rendição para a Alemanha, definir as zonas de ocupação e formular os planos para a administração do país pelos Aliados. Para a CEA, os britânicos nomearam um amigo pessoal de Anthony Eden, o subsecretário para Assuntos Exteriores, *sir* William Strang. Os russos escolheram um negociante avesso a barganhas, famoso por sua obstinação – Fedor T. Gusev, embaixador soviético no Reino Unido. Roosevelt escolheu para seu enviado à corte de St. James o dedicado mas tímido, com muita dificuldade em se expressar, embaixador John G. Winant. Winant nunca foi inteirado de sua nova missão, nem tomou conhecimento dos objetivos do presidente para a Alemanha.

No entanto, uma oportunidade logo apareceu para o embaixador entender a natureza da política que ele deveria desposar na CEA – mas esta oportunidade foi perdida. A Conferência do Cairo (Roosevelt, Churchill, Chiang Kai-Shek) ocorreu de 22 a 26 de novembro; o encontro de Teerã (Roosevelt, Churchill, Stalin) começou no dia 28 de novembro e se estendeu até 1º de dezembro; depois de Teerã, Roosevelt e Churchill encontraram-se novamente no Cairo, a 4 de dezembro. Naquela noite, numa longa reunião-jantar com Churchill, Eden e o chefe do Estado-Maior do presidente, almirante-de-esquadra William D. Leahy, Roosevelt mais uma vez levantou objeções às propostas do Rankin C. Ele disse aos britânicos – aparentemente sem divulgar o conteúdo do seu mapa ou a extensão de suas revisões – que acreditava que os EUA deveriam ficar com a zona noroeste da Alemanha. Churchill e Eden opuseram-se fortemente à sugestão, mas a questão seguiu adiante para que fosse estudada pelos chefes do Estado-Maior Combinado. Eles, por sua vez, recomendaram que o COSSAC, general Morgan, deveria considerar a possibilidade de revisar o plano Rankin C.

Winant, apesar de fazer parte da delegação no Cairo, não foi convidado para a reunião-jantar e, pelo menos aparentemente, nunca foi informado sobre o assunto discutido naquela noite. Enquanto Roosevelt voltava para casa, Winant seguiu de volta para Londres rumo à primeira reunião da CEA, apenas vagamente ciente do que o presidente e a administração realmente queriam.

Ironicamente, apenas a alguns quilômetros de distância da embaixada dos EUA em Londres, em Norfolk House, na praça St. James, estava um homem que sabia muito bem o que o presidente Roosevelt queria. O tenente-general Frederick Morgan, estupefato com as novas ordens para reexaminar seu plano Rankin C, visando inverter as zonas britânicas e americanas, colocou sua pressionada equipe para trabalhar imediatamente. Rapidamente ele chegou à conclusão de que era impossível – pelo menos até a Alemanha ser derrotada. Reportou-se logo a seus superiores – e "aquilo", mais tarde ele recordou, "encerrou o assunto", pelo menos no que lhe dizia respeito.

• • •

Enquanto isso, os chefes militares dos EUA, apesar dos protestos em que diziam não querer envolver-se com política, ficaram, de fato, a cargo da política americana no pós-guerra europeu. Para eles, o zoneamento e a ocupação da Alemanha eram questões estritamente militares, para serem tratadas pela Divisão de Assuntos Civis do Departamento de Guerra. Como resultado inevitável, o Departamento de Guerra desentendeu-se com o Departamento de Estado quanto à Alemanha. A conseqüência foi um cabo-de-guerra, ao curso do qual qualquer esperança de se chegar a uma política coerente e unificada na questão foi irrecuperavelmente perdida.

Em primeiro lugar, estava claro a todos que algo precisava ser feito para dirigir o embaixador Winant em suas negociações com a CEA em Londres. Para coordenar as visões conflitantes dos americanos, um grupo especial chamado Comitê Ativo de Segurança estabeleceu-se em Washington nos primeiros dias de dezembro de 1943, com representantes dos Departamentos de Estado, Guerra e Marinha. Os representantes do Departamento de Guerra, oficiais da Divisão de Assuntos Civis, recusaram-se até mesmo, no início, a fazer parte do Comitê – ou no que tangia essa questão, inclusive a reconhecer a necessidade de uma Comissão Européia de Aconselhamento. Todo o problema da rendição e da ocupação da Alemanha, sustentavam os oficiais do Exército, era puramente uma questão militar que seria decidida no momento oportuno e, "na esfera militar", pelos chefes do Estado-Maior Combinado. Por causa dessa situação ridícula, os procedimentos foram atrasados por duas semanas. Entrementes, Winant participava das negociações em Londres sem quaisquer instruções.

Por fim, os militares chegaram a um acordo quanto às reuniões, e o comitê iniciou suas atividades – mas muito pouco foi alcançado. Cada grupo no comitê tinha que checar suas recomendações com seus superiores antes que elas fossem telegrafadas para Winant em Londres. Pior: cada líder de departamento tinha poder de veto quanto às diretrizes sugeridas – uma prerrogativa que o Departamento de Guerra usou à exaustão. O dirigente interino do Comitê, o professor Philip E. Mosely, do Departamento de Estado, que viria a ser o conselheiro político do embaixador Winant, comentou mais tarde que os oficiais da Divisão de Assuntos Civis "receberam severas instruções para não concordar com nada, ou quase nada, tendo sempre que reportar as discussões aos seus superiores. O sistema de negociação de pouco alcance, restrito por instruções rígidas e seguidos vetos, assemelhava-se aos procedimentos dos negociantes soviéticos em seus momentos de maior intransigência".

Durante todo o mês de dezembro de 1943, a discussão continuou. Na opinião do Exército as zonas de ocupação provavelmente seriam determinadas, mais ou menos, pela posição final das tropas quando o tratado de rendição fosse assinado. Sob tais circunstâncias, os representantes do Exército não viam sentido em permitir que Winant negociasse *qualquer* acordo a respeito das zonas na CEA.

Tão irredutíveis estavam os militares que eles rejeitaram mesmo um plano do Departamento de Estado que, embora similar ao britânico – ele também dividia a Alemanha em três partes iguais –, tinha a adição de um elemento vital: um corredor de ligação até Berlim, entrando fundo na zona soviética. O autor da idéia do corredor era o professor Mosely. Ele esperava que os soviéticos fossem recusar completamente, mas insistiu na inclusão porque, como explicaria mais tarde, "eu acreditava, se o plano fosse apresentado com firmeza desde o início, que ele poderia ser levado em consideração quando os soviéticos começassem a estruturar suas próprias propostas". Era necessária uma providência, ele sustentou, "para possibilitar o livre acesso por terra do oeste até Berlim".

O plano do Departamento de Estado foi submetido à Divisão de Assuntos Civis do Departamento de Guerra para ser estudado previamente, antes de uma reunião completa do Comitê. Por algum tempo não houve resposta. Finalmente, Mosely visitou os oficiais da Divisão e foi à procura do coronel que estava cuidando do caso. Ele perguntou se o oficial havia recebido o plano. O coronel abriu a última gaveta de sua escrivaninha e disse:

– Está bem aqui.

Então ele se reclinou na cadeira, pôs os dois pés sobre a mesa e disse:

– E é aqui que vai ficar.

O plano nunca foi transmitido a Winant.

Em Londres, a CEA reuniu-se formalmente pela primeira vez a 15 de dezembro de 1943, e para o embaixador Winant talvez tenha sido ótimo que o assunto do encontro tenha girado em torno apenas de regras de procedimento. Ele continuava sem instruções oficiais. Ele ouvira de fontes britânicas não-oficiais sobre o plano que tanto desagradara Roosevelt, mas ele não sabia que se tratava do plano Rankin C de Morgan: pensava que o que havia sido descrito para ele fosse o Attlee. Ele também fora informado, novamente de modo extra-oficial (pelo secretário assistente de Guerra dos EUA John J. McCloy), que o presidente queria a zona noroeste. Winant não esperava que os britânicos fossem aceitar a troca.* A estimativa de Winant estava absolutamente certa.

Em 14 de janeiro de 1944, o general Dwight D. Eisenhower, o novo supremo comandante designado, chegou a Londres para assumir seu posto, e toda a maquinaria do planejamento militar, até então nas mãos do general Morgan, foi oficialmente transferida para sua autoridade. Havia, porém, um plano no qual inclusive ele teria muita dificuldade em interferir nessa data avançada. Um dia depois de sua chegada, no primeiro encontro formal da CEA, o plano Rankin C de Morgan foi apresentado por *sir* William Strang ao embaixador Winant e ao enviado russo, Fedor Gusev. Os EUA, graças ao impasse em Washington, perderam a iniciativa. E nunca a recuperariam. Strang demorou a escrever sobre a vantagem que tinha sobre seus colegas. "Ao passo que eles tinham que telegrafar para pedir instruções a um governo distante e às vezes nada compreensivo e até antipático, eu estava no centro dos acontecimentos, normalmente capaz de em pouco tempo ter minha linha de ação definida. Eu tinha uma vantagem adicional: meu governo começara o planejamento do pós-guerra em tempo hábil e de maneira ordenada."

Em 18 de fevereiro, na segunda reunião formal da CEA, no que foi certamente um recorde para uma decisão diplomática soviética, o inescrutável Gusev, sem nenhum tipo de argumentação, solenemente aceitou a proposta britânica de zoneamento.

Essa proposta dava aos russos quase 40% da área da Alemanha, 36% de sua população e 33% de sua capacidade produtiva. Berlim, embora dividida pelos Aliados, ficava profundamente incrustada na zona proposta aos soviéticos, a 180 quilômetros de distância da linha de demarcação anglo-americana. "A divisão proposta parecia tão justa como qualquer outra", diria Strang mais tarde, "e se talvez tenha sido de algum modo generosa demais para com os soviéticos, isso estava de acordo com o desejo das nossas autoridades milita-

* "Os britânicos mantinham uma longa associação econômica com a zona norte", McCloy escreveu ao general Marshall, em 12 de dezembro, "e Winant me disse que o plano foi apresentado depois de uma consulta entre políticos e economistas. Não sei até que ponto o presidente vai se aferrar à idéia de ocupar essas áreas, visto a tremenda oposição que farão os ingleses... No geral, eu seria a favor de ocupar a zona norte, mas não creio que valha a grande briga que provocará". O Departamento de Estado aparentemente não demonstrava predileção por um ou outro caminho. Em palavras escritas à mão, McCloy acrescentou que Cordell Hull o havia chamado e dito que "não tinha preferência entre as áreas ao sul ou ao norte". (N. do A.)

res, que tinham preocupações com a escassez de força humana no pós-guerra, não desejando assim uma área de ocupação maior do que o necessário." Havia uma série de outras razões. Uma delas era o medo tanto dos ingleses quanto dos americanos de que a Rússia assinasse um tratado de paz em separado com a Alemanha. Outra, que dizia respeito particularmente aos militares dos EUA, era o medo de que a União Soviética não se aliasse na luta contra o Japão. E, finalmente, os britânicos acreditavam que a Rússia, caso não fosse impedida por antecipação, poderia pedir, de fato, até 50% da Alemanha levando em consideração suas perdas sofridas durante a guerra.

No que dizia respeito aos EUA, a sorte agora já tinha sido lançada. Ainda que as Três Grandes tivessem que aprovar o plano britânico, a dura realidade para os americanos era o fato de que a Rússia e a Grã-Bretanha já haviam entrado em um acordo.* De certo modo, era um *fait accompli* e havia muito pouco que Winant pudesse fazer além de informar o seu governo.

A rápida aceitação por parte dos soviéticos do plano inglês pegou Washington e o presidente de surpresa. Roosevelt escreveu às pressas uma nota para o Departamento de Estado. "Quais são as zonas nos projetos russos e britânicos e qual é a zona que estamos propondo?", ele perguntou. "Preciso saber disso para que possa avaliar se está de acordo com o que decidimos meses atrás." Os oficiais do Departamento de Estado estavam desconcertados, e por uma boa razão: eles não sabiam que decisões Roosevelt havia tomado em Teerã e no Cairo quanto às zonas.

Houve uma enorme quantidade de ligações telefônicas entre a Junta do Estado-Maior e o Departamento de Estado antes que o presidente obtivesse sua informação. Então, em 21 de fevereiro, tendo visto o plano anglo-russo, Roosevelt reagiu. "Discordo da proposta de demarcação das fronteiras feita pelos britânicos", afirmou de modo seco em memorando ao Departamento de Estado. Não fez qualquer menção à zona soviética, mas em vez disso objetou novamente contra o setor proposto aos EUA, repetindo de modo ainda

* Um dos grandes mitos que se desenvolveu desde o fim da Segunda Guerra Mundial é que Roosevelt foi o responsável pelas zonas de ocupação. O fato é que o plano é britânico do início ao fim. Foi concebido por Anthony Eden, desenvolvido pelo Comitê Attlee (que utilizou a concepção estritamente militar de Morgan como veículo), aprovado por Churchill em seu gabinete e apresentado por Strang no CEA. Muitos relatos de americanos e britânicos se referem às divisões por zonas como um plano russo. Essa conclusão errônea deriva do fato de que quando Gusev, na segunda reunião do CEA, aceitou a proposta dos ingleses, ele também apresentou um esboço soviético para os termos de rendição da Alemanha. Uma seção tratava das zonas: era um plano britânico *in toto*. (N. do A.)

mais enérgico o que dissera aos seus conselheiros militares no *Iowa*. O memorando do presidente foi uma revelação para o Departamento de Estado.

"Nosso principal objetivo", ele escreveu, "não é tomar parte nos problemas internos do sul da Europa, mas sim tomar parte na eliminação da Alemanha como possível e provável causadora de uma Terceira Guerra Mundial. Vários pontos foram levantados sobre as dificuldades de transferir nossas tropas... do *front* francês para o *front* ao norte da Alemanha – o que é chamado de 'pular carniça'. Essas objeções são falaciosas, porque, independentemente de onde estejam as tropas britânicas e americanas no dia da rendição da Alemanha, é fisicamente simples para elas se deslocarem para qualquer lugar – norte, sul, leste... Tendo considerado todas as questões, e lembrando que os suprimentos têm que cruzar mais de 5 mil e 600 quilômetros por mar, os Estados Unidos deveriam usar os portos no norte da Alemanha – Hamburgo e Bremen – e... Holanda... Desse modo, creio que a política americana deveria ser a da ocupação do noroeste alemão...

"Se mais alguma coisa for necessária para justificar este desacordo com os ingleses... posso apenas acrescentar que as preocupações políticas nos Estados Unidos fazem *minha decisão definitiva*". Então, para ter certeza absoluta de que o seu secretário de Estado realmente havia entendido o que ele queria, Roosevelt adicionou, sublinhando as palavras: "*Você deverá falar diretamente comigo caso o assunto acima não esteja totalmente claro*".

Explicou sua posição a Churchill de um modo mais jocoso. "Por favor, não me peça para manter as forças americanas na França", ele escreveu para o primeiro-ministro. "Simplesmente não posso fazê-lo! Como sugeri anteriormente, não me cabe assumir a paternidade da Bélgica, da França e da Itália. É você quem deve disciplinar suas próprias crianças. Em vista do fato de que elas podem vir a ser sua muralha nos dias futuros, você deveria ao menos lhes pagar os estudos agora!"

O chefe do Estado-Maior dos EUA aparentemente ouviu a mesma coisa do presidente. De modo quase imediato, os oficiais do Exército da Divisão de Assuntos Civis reverteram sua posição dentro do Comitê Ativo de Segurança. Poucos dias depois da reunião da CEA em Londres, um coronel invadiu a passos largos o escritório do professor Mosely no Departamento de Estado e estendeu um mapa à sua frente. "Isto é o que o presidente realmente quer", ele disse. Mosely olhou para o mapa. Ele não fazia idéia de quando ou sob quais circunstâncias ele havia sido preparado. Ele nunca o vira anteriormente – nem ninguém no Departamento de Estado. O mapa era o mesmo que o presidente Roosevelt marcara a bordo do *Iowa*.

Do mesmo modo misterioso que ele havia emergido, o mapa de Roosevelt logo a seguir sumiu novamente de vista. Mosely esperava que ele fosse apresentado na próxima reunião do comitê em Washington. Tal fato nunca ocorreu. "Não faço a mínima idéia do que foi feito dele", disse Mosely anos depois. "Na reunião seguinte, os oficiais da Divisão de Assuntos Civis produziram um mapa completamente novo, uma variação que eles explicaram como sendo baseada nas instruções do presidente. Quem recebeu essas instruções, nunca pude descobrir."

O conceito desse novo mapa era de algum modo similar ao mapa feito pelo presidente no *Iowa*, mas não completamente. A zona dos EUA continuava sendo a noroeste, e a britânica, o sul. Mas a linha divisória entre elas, correndo ao longo do paralelo 50, agora se interrompia um pouco antes da fronteira tcheca. Além disso, a fronteira oriental da zona dos EUA avançava agressivamente para o leste, ultrapassando Leipzig e encampando ainda mais território. Havia mais uma mudança, mais importante que todas as outras: a zona dos EUA não incluía mais Berlim. Na versão original de Roosevelt, a fronteira oriental da zona americana passava sobre a capital; agora essa linha curvava-se para oeste em um semicírculo antes da cidade. Será que Roosevelt – após insistir com seus chefes militares de que "deveríamos chegar até Berlim" e de que "Berlim deveria ser americana" – agora mudara de idéia? Os oficiais da Divisão de Assuntos Civis não se pronunciaram. Mas eles exigiram que a nova proposta fosse imediatamente transmitida a Londres, onde Winant deveria exigir sua aceitação pela CEA!

De qualquer modo, era uma proposta absurda; e o Departamento de Estado sabia disso. Sob o novo plano, tanto a Grã-Bretanha quanto a Rússia ficariam com áreas de ocupação menores; parecia pouco provável que ambas fossem aceitar um arranjo que lhes era desfavorável, tendo acertado uma divisão territorial mais vantajosa anteriormente. Os oficiais da Divisão de Assuntos Civis haviam produzido a proposta sem acompanhá-la de memorandos que auxiliassem Winant a expô-la perante os membros da CEA; quando solicitados a preparar esses documentos que dariam sustentação ao novo plano, eles se recusaram e disseram que isso era tarefa do Departamento de Estado. A proposta finalmente foi submetida a Winant sem qualquer tipo de adendo. O embaixador telegrafou freneticamente em busca de instruções mais detalhadas. À medida que o tempo avançava e elas não chegavam, Winant arquivou o plano; ele nunca foi submetido.

Este foi o último esforço para introduzir um plano dos EUA. Roosevelt continuou resistente ao esquema britânico até o final de março de 1944. Naquele momento, George F. Kennan, conselheiro político do embaixador Winant, voou até Washington para explicar ao presidente os problemas que haviam se erguido na CEA por causa do impasse. Roosevelt revisou a situação e, após examinar mais uma vez a proposta britânica, disse a Kennan que "considerando todas as circunstâncias, era provavelmente uma decisão justa". Ele então aprovou a zona soviética e o plano em geral, mas com uma condição: os EUA, ele insistiu, deveriam ficar com o setor norte. De acordo com o relato que mais tarde Kennan fez a Mosely, no fim da reunião ele perguntou ao presidente o que havia acontecido ao seu próprio plano. Roosevelt deu uma gargalhada. "Oh", ele disse, "era apenas uma idéia."

Ao longo dos importantes meses de 1944, enquanto as tropas anglo-americanas invadiam o continente, expulsando os alemães da França e começando a se dirigir rumo ao Reich, as batalhas políticas nos bastidores prosseguiam. Roosevelt não abria mão de suas exigências quanto à zona noroeste da Alemanha. Churchill, com a mesma tenacidade, recusou-se a arredar pé de sua posição.

Em abril, Winant informou verbalmente à CEA da posição de seu governo, mas ele não expôs imediatamente de forma escrita os desejos do presidente perante os delegados. O embaixador não estava preparado para fazê-lo até que recebesse instruções em uma questão que ele considerava crucial. No plano britânico não havia ainda qualquer providência para o acesso ocidental para Berlim.

Os britânicos não previram qualquer problema relacionado a essa questão. Eles supunham que, no momento em que as hostilidades terminassem, alguma autoridade alemã assinaria o tratado de rendição e administraria o país sob o controle do supremo comandante. Nenhuma zona estaria bloqueada para outra e, na visão de Strang, haveria "algum tipo de movimentação livre dos alemães de zona para zona, e das zonas ocidentais para a capital... assim como liberdade de ir e vir para todos os militares aliados com fins específicos e para as autoridades civis na Alemanha". Além disso, apesar do assunto nunca ter vindo à tona na CEA, Gusev havia discretamente assegurado a Strang e Winant que ele não previa qualquer tipo de dificuldade. Afinal, e Gusev repetia isso com freqüência, a simples presença das forças dos EUA e da Grã-Bretanha em Berlim trazia consigo o direito de livre acesso. Era uma questão que foi acordada tacitamente, em uma espécie de acordo de cavalheiros.

Contudo, Winant pensava que a cláusula deveria ser posta no papel. Ele acreditava que os "corredores", como os originalmente propostos por Mosely, tinham que ser incluídos antes que as Três Grandes aceitassem formalmente o esquema britânico. Ele pretendia apresentar tal proposta no exato momento em que formalmente trouxesse o ponto de vista de seu presidente a respeito das zonas à CEA. Ele queria garantias como uma ferrovia específica, auto-estrada e rotas aéreas através da zona soviética até Berlim.

Em maio, o embaixador voou para Washington, viu o presidente, e então esboçou suas disposições sobre o corredor ao Departamento de Guerra. A Divisão de Assuntos Civis terminantemente rejeitou o plano de Winant.* Os oficiais garantiram-lhe que a questão do acesso a Berlim era "em todos os aspectos, um assunto estritamente militar" e deveria ficar a cargo dos comandantes locais – por meio dos canais militares –, quando a Alemanha fosse ocupada. Winant, derrotado, retornou a Londres. Em 1º de junho, ele concordou formalmente com o plano britânico e com o setor soviético, com a exceção de que os EUA deveriam ocupar a zona noroeste. O documento não continha nenhuma cláusula provendo o acesso a Berlim.** De forma experimental, pelo menos, os Aliados haviam decidido o futuro da cidade: quando a guerra terminasse, Berlim seria uma espécie de ilha quase no centro da zona de ocupação soviética.

O poderoso combate agora se encaminhava velozmente para uma conclusão. No final de julho de 1944, Gusev, ávido por formalizar os ganhos rus-

* O que foi conversado na reunião entre Roosevelt e Winant, ou qual era a posição do presidente quanto à questão do trânsito em Berlim, não é conhecido. Há também confusão sobre se o Departamento de Guerra se opôs ou não ao plano do "corredor" de Winant. É creditado ao major-general John H. Hildring, chefe da Divisão de Assuntos Civis, ter dito a Winant que "o acesso para Berlim deveria ser providenciado". Esta versão reflete os pontos de vista dos três principais historiadores americanos desse período: professor Philip Mosely (*The Kremlin and World Politics*); Herbert Feis (*Churchill, Roosevelt, Stalin*); e William M. Franklin, diretor do Bureau de História do Departamento de Estado (*Zonal Boundaries and Acess to Berlin – World Politics*, outubro de 1963). "Winant", Franklin escreve, "aparentemente não fez quaisquer anotações dessas conversas... Uma coisa, no entanto, é clara: Winant não recebeu nem instruções, nem encorajamento de ninguém em Washington para levar a questão até os russos." (N. do A.)

** Por razões que para sempre permanecerão obscuras, a posição de Winant quanto ao acesso a Berlim havia mudado depois de seu retorno a Washington. O veterano diplomata Robert Murphy lembra que logo após ter se juntado ao Supremo Quartel-General, em setembro de 1944, almoçou com Winant em Londres e discutiu a questão do trânsito até Berlim. Murphy estimulou Winant a reabrir a discussão. Em suas memórias, *Diplomat among Warriors*, ele escreve: "Winant argumentou que nosso direito de livre acesso a Berlim estava implícito em nosso direito de estar lá. De um jeito ou de outro, os russos... estavam inclinados a suspeitar de nossas motivações e se insistíssemos nessa questão técnica estaríamos apenas lhes intensificando a desconfiança". De acordo com Murphy, Winant não estava disposto a forçar esse assunto na CEA. (N. do A.)

sos na CEA, deliberadamente apressou a solução. A menos que a disputa anglo-americana fosse resolvida e que as Três Grandes assinassem um acordo, ele disse suavemente, a URSS não via mais qualquer razão para seguir com as discussões na CEA. A ameaça implícita de retirar-se da Comissão de Aconselhamento, jogando no lixo o trabalho de meses, teve o efeito desejado.

Nos dois lados do Atlântico, diplomatas ansiosos e conselheiros militares estimularam seus líderes a ceder. Tanto Churchill quanto Roosevelt permaneciam inflexíveis. Roosevelt parecia ser o menos perturbado pela ameaça soviética. Winant foi avisado que a partir do momento em que os EUA já haviam concordado com a zona soviética, o presidente não podia entender por que "qualquer discussão com os soviéticos ainda era necessária nesse momento".

Roosevelt, porém, vinha sofrendo pressões de todos os lados. Enquanto as altercações políticas prosseguiam, o grande exército anglo-americano seguia qual um poderoso enxame rumo à Alemanha. No meio de agosto, o general Eisenhower telegrafou para o Estado-Maior Combinado, avisando que eles talvez fossem "confrontados com a ocupação da Alemanha antes do esperado". Mais uma vez a disposição das tropas como originalmente prevista por Morgan no plano Rankin C voltara a importunar os estrategistas: as tropas britânicas na ala esquerda seguiam para o norte da Alemanha; os americanos, pela direita, avançavam em direção ao sul. Eisenhower agora se dava conta da disposição política das zonas de ocupação – o primeiro militar americano a fazê-lo. "Tudo o que podemos fazer", ele disse, "é encarar o problema de um ângulo puramente militar", e isso significava manter "a atual disposição dos exércitos....". Eisenhower acrescentou: "A menos que recebamos instruções em contrário, devemos concordar que esta solução é aceitável... considerando a situação que poderemos encontrar e a ausência de decisões básicas quanto às zonas de ocupação".

A crise, há muito inevitável, finalmente chegara. Os Departamentos de Guerra e de Estado dos EUA, pela primeira vez em completo acordo, viram-se frente a frente com o dilema: ninguém estava preparado para reabrir novamente a questão com o presidente. Em todo caso, a questão precisava ser discutida na nova reunião Roosevelt-Churchill agendada para o outono; qualquer decisão final teria que ser tomada antes do evento. Entrementes, o plano de Eisenhower não podia ser retardado. Como os chefes dos EUA tinham planos prontos para a ocupação americana *tanto* da zona noroeste quanto da zona sul, em 18 de agosto eles avisaram a Eisenhower que eles estavam "em completo acordo" com sua solução. Assim, apesar de Roosevelt não ter ainda anunciado sua decisão, a suposição de que os EUA ocupariam a zona sul seguia como a mais provável.

Roosevelt e Churchill encontraram-se novamente em Quebec, em setembro de 1944. Roosevelt havia claramente mudado de postura. O presidente, que normalmente esbanjava energia, parecia fraco e abatido. A poliomielite, que seu renomado charme e seu caráter espirituoso e informal encobriam, agora estava evidente na dolorosa hesitação de cada um de seus movimentos. Mas havia mais do que isso. Ele vinha governando desde 1933 – mais do que qualquer outro presidente dos EUA – e ainda agora buscava um quarto mandato. A campanha, a diplomacia interna e no exterior, o esforço dos pesados anos de guerra estavam rapidamente cobrando seu preço. Era fácil de perceber por que seus médicos, familiares e amigos lhe imploravam para que não se candidatasse novamente. Para a delegação britânica em Quebec, a saúde de Roosevelt parecia estar se degenerando a passos largos. O general *sir* Hastings Ismay, chefe do Estado-Maior de Churchill, ficou chocado com sua aparência. "Há dois anos", ele disse, "o presidente era um retrato de saúde e vitalidade, mas agora perdeu tanto peso que parece ter encolhido: seu paletó dançava sobre seus ombros, e seu colarinho parecia ser vários números maior. Nós sabíamos que as sombras estavam se aproximando."

Cansado, frustrado, coagido pelas circunstâncias e sob pressão dos seus assessores e de Churchill, o presidente finalmente desistiu e aceitou a zona sul. Os britânicos fizeram concessões. Entre elas, estava o direito dos EUA de controlar os grandes portos e armazéns das áreas de Bremen e Bremerhaven.*

O último encontro das Três Grandes ocorrido durante a guerra aconteceu em Yalta, em fevereiro de 1945. Foi uma conferência crucial. A vitória já era visível, mas estava claro que os laços que uniam os líderes aliados eram antes fruto de uma realidade militar do que de considerações políticas. Os russos tornavam-se cada vez mais exigentes e arrogantes a cada quilômetro que eles avançavam rumo à Europa Central. Churchill, há muito tempo um adversário declarado do comunismo, mostrava-se particularmente preocupado com o futuro de países como a Polônia, que o Exército Vermelho havia libertado e que agora controlava.

---

* Na conferência, outra questão controversa emergiu quando o presidente e o secretário do Tesouro dos EUA, Henry Morgenthau, introduziram um severo e dificilmente executável plano de transformar a Alemanha em uma nação agrícola, sem indústrias. A princípio, Churchill aderiu a esse esquema, mas, sob a pressão de seus conselheiros, mais tarde voltou atrás em sua posição inicial. Meses depois, Roosevelt abandonou o controverso plano de Morgenthau. (N. do A.)

Roosevelt, lúgubre e ainda muito mais fraco do que em Quebec, continuava se enxergando como o Grande Árbitro. Na sua visão, um mundo pacífico no pós-guerra só poderia ser alcançado com a cooperação de Stalin. Uma vez ele expressara sua política em relação ao líder do Exército Vermelho nos seguintes termos: "Creio que se eu der a ele tudo o que puder sem pedir nada em troca, ele, *noblesse oblige*, não tentará anexar nada e trabalhará junto comigo na construção de um modo de democracia e paz". O presidente acreditava que os EUA poderiam "se dar bem com a Rússia" e que ele poderia "controlar Stalin" pois, como uma vez ele havia explicado, "numa conversa cara a cara... o tio Joe... ficaria suscetível à sua influência". Embora as preocupações do presidente fossem crescentes quanto às intenções soviéticas no pós-guerra, ele permanecia quase que resolutamente otimista.

Em Yalta, as últimas grandes decisões do período de guerra foram tomadas. Entre elas estava uma dando à França completa parceria na ocupação da Alemanha. A zona francesa no país e seu setor de Berlim foram retirados das áreas dos EUA e da Grã-Bretanha; Stalin, que se opusera à participação francesa, recusou-se a contribuir com alguma parte da zona russa. Em 11 de fevereiro de 1945, as Três Grandes formalmente aceitaram suas respectivas zonas.

Desse modo, após dezesseis meses de confusão e disputa, os EUA e a Grã-Bretanha finalmente estavam de acordo. O plano de ocupação, baseado em um esquema originalmente chamado de Rankin C, mas agora conhecido pelos militares como Operação Eclipse, continha uma surpreendente omissão: não havia qualquer previsão de um acesso anglo-americano para Berlim.

Levou apenas seis semanas para Stalin violar o acordo de Yalta. Passadas menos de três semanas da conferência, a Rússia havia deposto o governante da Romênia, zona de ocupação soviética. Em um ultimato ao rei Miguel, os vermelhos autoritariamente ordenaram a nomeação de Petru Groza, líder do Partido Comunista romeno, para primeiro-ministro. A Polônia também estava perdida: a promessa de eleições livres nunca se concretizou.

Insolentemente, Stalin parecia ter dado as costas ao aspecto fundamental do pacto de Yalta, que estabelecia que as forças aliadas ajudariam "as pessoas libertadas do domínio da Alemanha nazista... formando eixos de Estados satélites... a fim de criar instituições democráticas de acordo com a vontade de seus povos". Stalin, contudo, achava que nenhuma das condições de Yalta que o favoreciam – tais como a divisão da Alemanha e de Berlim – estavam sendo conduzidas de modo escrupuloso.

Roosevelt fora por diversas vezes advertido das impiedosas ambições territoriais de Stalin por seu embaixador em Moscou, W. Averell Harriman, mas dessa vez a flagrante quebra de palavra do líder soviético chegou até ele como um terrível choque. Na tarde de sábado do dia 24 de março, em uma pequena sala no último andar da Casa Branca, Roosevelt recém terminara seu almoço com a sra. Anna Rosenberg, sua representante pessoal encarregada de estudar o problema do retorno dos veteranos, quando chegou a mensagem telegrafada por Harriman dando conta da situação polonesa. O presidente leu a nota e teve um súbito ataque de fúria, soqueando repetidamente os braços de sua cadeira de rodas. "Ao bater na cadeira", a sra. Rosenberg iria recordar mais tarde, "ele repetia sem parar: 'Averell está certo! Não se pode fazer negócio com Stalin! Ele está quebrando a promessa que fez na frente de todo mundo em Yalta!'.*"

Em Londres, Churchill ficou tão perturbado com o afastamento de Stalin do espírito de Yalta que ele disse ao seu secretário temer que o mundo pudesse considerar que "o sr. Roosevelt e eu endossamos um acordo fraudulento". Em seu retorno de Yalta, ele dissera ao povo britânico que "Stalin e os líderes soviéticos desejavam viver em um sentimento de honrada amizade e igualdade com as democracias ocidentais. Acredito... que sua palavra seja sua fiança". Mas nesse mesmo sábado, 24 de março, um preocupado primeiro-ministro comentou a seu assistente: "Dificilmente aceitarei desmembrar a Alemanha até que minhas dúvidas sobre as intenções russas estejam desfeitas".

Com os movimentos soviéticos tornando-se "cristalinos como água", Churchill percebeu que a mais potente força de barganha dos ocidentais seria a presença das tropas anglo-americanas incrustadas no fundo da Alemanha, de modo que elas pudessem se encontrar com as russas "o mais a leste possível". Assim, a mensagem do marechal-de-campo Montgomery, anunciando sua intenção de arremeter contra o Elba e Berlim, era uma notícia de fato animadora: para Churchill, a rápida captura de Berlim agora parecia vital. Mas, apesar da mensagem de Montgomery, nenhum comandante ao longo do *front* ocidental ainda tinha recebido ordens de tomar a cidade. Tal ordem poderia vir apenas de um homem: o supremo comandante, general Eisenhower.

---

* Este incidente vem de uma conversa privada com a sra. Rosenberg (agora sra. Paul Hoffman). A sra. Roosevelt também estava presente; as duas mulheres mais tarde compararam anotações e concordaram que as palavras do presidente foram exatamente essas. (N. do A.)

4

O ataque pegou Berlim completamente de surpresa. Um pouco antes das onze da manhã de quarta-feira, 28 de março, os primeiros aviões apareceram. Imediatamente, baterias por toda a cidade entraram em ação, vomitando projéteis em direção aos céus. A algazarra da artilharia, somada ao estardalhaço das sirenes antiaéreas, era ensurdecedora. Esses aviões não eram americanos. Os ataques dos EUA eram quase previsíveis: eles ocorriam normalmente às nove da noite e depois do meio-dia. Este ataque era diferente. Ele vinha do leste, e tanto o horário quanto as táticas eram novas. Fazendo barulho na altura dos telhados, uma grande quantidade de combatentes russos descarregava suas metralhadoras nas ruas.

Na Potsdamer Platz, corria-se em todas as direções. Ao longo da Kurfürstendamm, pessoas em compras mergulhavam pelas portas, buscavam abrigo nas entradas para o metrô, ou dirigiam-se para as salvadoras ruínas da igreja Memorial Kaiser-Wilhelm. Mas alguns berlinenses, que haviam permanecido por horas em longas filas esperando para comprar suas rações semanais, recusaram-se a arredar pé. Em Wilmersdorf, a enfermeira Charlotte Winckler estava determinada a conseguir comida para seus dois filhos, Ekkehart, de seis anos, e Bárbara, com apenas nove meses de idade. Na Adolf Hitler Platz, Gertrud Ketzler e Inge Rühling, amigas de longa data, esperavam calmamente junto com outros em frente a um armazém. Havia algum tempo, ambas haviam decidido cometer suicídio caso os russos chegassem a Berlim, mas agora isso não passava mais por suas cabeças. Elas pretendiam assar um bolo de Páscoa, e já há dias vinham comprando e estocando os itens de que iriam precisar. Pelos lados de Köpenick, a rechonchuda Hanna Schultze, de quarenta anos, esperava conseguir uma quantidade extra de farinha para fazer um bolo marmorizado. Durante as compras do dia, Hanna também esperava encontrar algo mais: um par de suspensórios para seu marido, Robert. Seu último par estava quase irremediavelmente gasto.

Durante os ataques aéreos, Erna Saenger sempre ficava preocupada com o "Papa", o modo carinhoso como chamava seu marido Konrad. Ele se recusou obstinadamente a ir para o abrigo do Zehlendorf, e, para variar, ele estava na rua. Konrad caminhava com dificuldade em direção ao seu restaurante favorito, o Alte Krug, na Königin-Luise Strasse. Nenhum ataque aéreo ainda havia impedido o veterano de 78 anos, combatente da Primeira Guerra Mundial, de comparecer aos encontros de quarta-feira de seus velhos camaradas. Aquele não haveria de ser o primeiro dia.

Um berlinense estava aproveitando de verdade cada minuto do ataque. Usando um velho capacete de guerra, o jovem Rudolf Reschke corria de lá para cá entre a porta de sua casa em Dahlem e o centro da rua, insultando deliberadamente os aviões que voavam baixo. A cada vez, Rudolf gesticulava para os pilotos. Um deles, aparentemente percebendo as ofensas, mergulhou em sua direção. Enquanto Rudolf corria, salvas de tiro varriam a calçada ao lado dele. Para Rudolf, isso era apenas parte do jogo. No que lhe dizia respeito, a guerra era a melhor coisa que já lhe acontecera em seus catorze anos de vida.

Onda após onda, os aviões atacaram a cidade. Na medida em que os esquadrões exauriam suas munições, eles chispavam para o leste, para serem substituídos por outros que atacavam como se fossem um enxame de abelhas. O ataque surpresa russo redefiniu a dimensão do terror que era viver em Berlim. As baixas foram pesadas. Muitos civis foram atingidos não por balas inimigas, mas pelo "fogo amigo" dos defensores da cidade. Para poderem avistar os aviões em vôo rasante, as equipes da artilharia antiaérea tinham que alinhar os canos de suas armas à altura da copa das árvores. Como resultado, a cidade foi borrifada pelo fogo quente das metralhadoras. Os disparos vinham principalmente de seis grandes torres antiaéreas que se erguiam sobre a cidade em Humboldthain, em Friedrichshain e nas redondezas do zoológico de Berlim. Esses enormes fortes à prova de bombas haviam sido construídos entre 1941 e 1942, após o primeiro grande ataque dos Aliados à cidade. Cada um deles era imponente, mas o maior de todos era o complexo antiaéreo construído, incongruentemente, próximo ao santuário de pássaros do zoológico. Possuía duas torres. A menor, chamada de Torre L, era um centro de controle de comunicações, equipado com radar. Próximo a ela, em meio aos disparos das metralhas cuspindo fogo, ficava a Torre G.

Essa torre era imensa. Cobria quase a área de um quarteirão da cidade e erguia-se a quarenta metros de altura – o equivalente a um prédio de treze andares. As paredes de concreto reforçado tinham quase dois metros e meio de espessura, e as aberturas profundas, com obturadores com folhas de aço de sete a dez centímetros, alinhavam-se nos lados. No topo da torre, uma bateria com oito peças de artilharia de 127mm disparava continuamente, e em cada uma das quatro torres de tiro nos cantos, com múltiplos focos de disparo, canhões de tiro rápido despejavam projéteis nos céus.

Dentro do forte o barulho era quase insuportável. Somado ao troar das baterias, havia o constante estrépito dos elevadores automáticos de balas, que transportavam a munição em um infinito fluxo, do arsenal no térreo até cada metralhadora. A Torre G não fora planejada apenas como uma plataforma de metralhadoras, mas também como um gigantesco armazém de cinco andares, hospital e abrigo antiaéreo. O último andar, diretamente abaixo das baterias, abrigava uma guarnição para cem militares. No andar abaixo, havia um hospital da Luftwaffe com 95 leitos, completamente aparelhado, com salas de raio-X e dois blocos cirúrgicos. A equipe era formada por seis médicos, vinte enfermeiras e cerca de trinta serventes. Abaixo desse andar, no terceiro, havia a arca do tesouro. Seus estoques continham as melhores peças dos museus berlinenses. Ali estavam estocadas as famosas esculturas de Pergamon, partes do imponente altar de sacrifícios do rei Eumenes II dos helenos, de cerca de 180 a. C.; diversas antiguidades egípcias, gregas e romanas, incluindo estátuas, relevos, urnas e vasos; o "tesouro dourado de Príamo", uma fabulosa coleção de braceletes de ouro e de prata, colares, brincos, amuletos, ornamentos e jóias, escavados pelo arqueólogo alemão Heinrich Schiliemann, em 1872, no local da antiga cidade de Tróia. Também havia tapeçarias Gobelin de valor inestimável, uma vasta quantidade de quadros – entre eles os belíssimos retratos do século 19 pintados pelo artista alemão Wilhelm Leibl – e a enorme coleção de moedas do Kaiser Wilhelm. Os dois primeiros andares da torre eram gigantescos abrigos antiaéreos, com grandes cozinhas, depósitos de comida e aposentos de emergência para a estação de transmissão alemã, a Deutschlandsender.

Totalmente auto-suficiente, a Torre G não dependia das redes de água e energia. Ademais, tinha capacidade para abrigar quinze mil pessoas durante os ataques aéreos. O complexo estava tão bem equipado de suprimentos e munição que a guarnição militar acreditava que, independentemente do que acontecesse com o resto de Berlim, a torre do zoológico poderia resistir por um ano, caso fosse necessário.

Do mesmo modo súbito que começou, o ataque se encerrou. As armas no topo da Torre G foram gaguejando até parar. Por todos os lados de Berlim, erguia-se a fumaça negra e espiralada das chamas provocadas pelas balas incendiárias. O ataque havia durado pouco mais do que vinte minutos. Logo que os aviões desapareceram, as ruas de Berlim voltaram a ficar movimentadas. Do lado de fora das lojas e dos supermercados, aqueles que haviam abandonado as filas agora tentavam furiosamente retomar seus antigos lugares, sendo repelidos de modo grosseiro por aqueles que não tinham arredado pé.

No zoológico, um homem correu para fora da Torre G assim que os disparos terminaram. Nervoso, como sempre costumava ficar depois dos ataques, Heinrich Schwarz, de 63 anos, dirigiu-se ao santuário de pássaros, carregando consigo um pequeno balde com carne de cavalo.

– Abu, Abu – ele chamou.

Um estranho estalido veio da extremidade do tanque. Então o estranhíssimo pássaro do Nilo, com a plumagem de um azul acinzentado e o descomunal bico parecendo um tamanco holandês, emergiu graciosamente de dentro d'água e, sobre suas pernas finas que pareciam duas ripas de madeira, caminhou em direção ao homem. Schwarz sentiu um profundo alívio. A rara cegonha Abu Markub continuava viva.

Mesmo sem os ataques aéreos, o encontro diário com o pássaro tornava-se mais e mais uma experiência penosa para Schwarz. Ele segurou a carne de cavalo.

– Terei que lhe dar isso – ele disse. – O que posso fazer? Não tenho peixe. Vai querer ou não?

O pássaro fechou os olhos. Schwarz balançou tristemente a cabeça. A Abu Markub fazia a mesma recusa a cada dia. Se a teimosia da criatura persistisse, a cegonha certamente morreria. E não haveria nada que Schwarz pudesse fazer. O último dos atuns enlatados se fora e não se poderia encontrar peixe fresco em nenhum lugar de Berlim – ainda mais para servir ao zoológico.

Dos pássaros remanescentes, a Abu Markub era o preferido do tratador Schwarz. Seus outros favoritos havia muito já tinham partido – "Arra", o papagaio de 75 anos a quem Schwarz ensinara a dizer "Papa", fora mandado por segurança para a região de Saar há dois anos. Todas as avestruzes alemãs haviam morrido de concussão ou com o impacto dos ataques aéreos. Sobrara apenas Abu – que morria lentamente de inanição. Schwarz desesperava-se de preocupação.

– Ele está ficando cada vez mais magro – disse ele à sua mulher, Anna. – Suas juntas estão começando a ficar salientes. E cada vez que eu tento alimentá-lo, ele me olha como se estivesse dizendo: "Certamente você cometeu um erro. Essa comida não é para mim".

Dos catorze mil animais, pássaros, répteis e peixes que habitavam o zoológico em 1939, restavam apenas, contando todas as espécies, 1,6 mil. Durante os seis anos da guerra, os espraiados jardins do zoológico – que incluíam um aquário, um insetário, abrigos para répteis e elefantes, restaurantes, cinemas, salões de baile e prédios administrativos – haviam sido atingidos por mais de cem bombas explosivas. O pior ataque havia ocorrido em novembro de 1943, quando grandes quantidades de animais tinham sido mortas. Logo depois, muitos dos sobreviventes haviam sido evacuados para outros zoológicos na Alemanha. Encontrar suprimentos para os 1,6 mil animais e pássaros restantes tornava-se a cada dia mais difícil com a cidade de Berlim sofrendo um racionamento de comida. As necessidades do zoológico, mesmo para a pouca quantidade de bichos, eram atordoantes: não apenas grandes quantidades de carne de cavalo e peixe, mas 36 tipos diferentes de comida, que iam de talharim, arroz e farelo de trigo até fruta em conserva, marmelada e larvas de formiga. Havia bastante feno, trevo e vegetais frescos, mas quase todo o resto tornara-se praticamente impossível de conseguir. Embora estivesse sendo usada comida artificial, cada pássaro ou animal recebia menos da metade de suas rações – e isto ficava evidente.

Dos nove elefantes do zôo, restava agora apenas um. Siam, a pele caindo flácida em grandes camadas cinzas, tornara-se tão mal-humorado que os tratadores tinham medo de entrar em sua jaula. Rosa, a grande hipopótamo, estava em estado lastimável, com a pele seca e crestada, mas seu bebê de dois anos e favorito de todos, Knautschke, ainda mantinha seu aspecto jovial e vistoso. Pongo, o normalmente bem-humorado gorila de 240 quilos, perdera mais de 25 quilos e ficava sentado em sua jaula, às vezes por horas parado, olhando de modo lento e ameaçador para os que passavam. Os cinco leões (dois deles filhotes), os ursos, as zebras, os cervos, os macacos e os raros cavalos selvagens, todos apresentavam os efeitos de suas dietas deficientes.

Havia uma terceira ameaça à existência das criaturas do zôo. Com freqüência, o zelador Walter Wendt relatava o desaparecimento de uma de suas poucas cabeças de gado. Só havia uma conclusão possível: alguns berlinenses estavam roubando e carneando os animais para complementar suas próprias rações escassas.

O diretor do zoológico, Lutz Heck, viu-se confrontado por um dilema – um dilema que nem mesmo a amizade de seu companheiro de caça, *Reichsmarschall* Hermann Goering, ou qualquer outro figurão poderiam aliviar. No caso de haver um cerco prolongado à cidade, os pássaros e animais certamente morreriam de fome. Pior, os animais perigosos – os leões, os ursos, as raposas, as hienas, os gatos tibetanos, o premiado babuíno do zôo, uma das espécies raras que Heck havia pessoalmente conseguido trazer de Camarões – poderiam escapar durante a batalha. Levaria pouco tempo, perguntava-se Heck, para que ele tivesse que dar um fim no seu babuíno e nos seus queridos leões?

Gustav Riedel, o tratador dos leões, que alimentara com mamadeira os dois leõezinhos de nove meses, Sultan e Bussy, havia tomado uma decisão: independentemente das ordens que recebesse, ele pretendia salvar os leõezinhos.

Riedel não estava sozinho em seus sentimentos. Quase todos os tratadores tinham planos de sobrevivência para seus favoritos. A dra. Katherina Heinroth, esposa do diretor do aquário bombardeado, homem de 74 anos, já estava cuidando em seu apartamento de um macaquinho chamado Pia. O tratador Robert Eberhard estava obcecado em proteger os cavalos raros e as zebras que lhe foram confiados. A grande preocupação de Walter Wendt eram os dez bisões europeus – parentes próximos dos bisões americanos. Eles eram seu orgulho e sua alegria. Ele gastara a maior parte do tempo nos últimos trinta anos tentando reproduzi-los artificialmente. Eles eram únicos e valiam o investimento de um milhão de marcos – aproximadamente 250 mil dólares.

Quanto a Heinrich Schwarz, o tratador de pássaros, ele não conseguiria mais suportar o deplorável espetáculo da Abu Markub. Ele ficou à beira do tanque e chamou mais uma vez o grande pássaro. Quando ele veio, Schwarz curvou-se e delicadamente tomou-o nos braços. De agora em diante a ave ia viver – ou morrer – no banheiro da família Schwarz.

Na sala Beethoven, ornada por seus detalhes barrocos em vermelho e dourado, as batidas agudas da batuta trouxeram um súbito silêncio. O maestro Robert Heger ergueu seu braço direito e o manteve estático no ar. Do lado de fora, em algum lugar da cidade devastada, o som da sirene de um carro de bombeiros desaparecia lentamente. Por mais um momento Heger sustentou a pose. Então sua batuta mergulhou no ar e, anunciado por quatro toques abafados de tambor, o *Concerto para violino* de Beethoven brotou suavemente da monumental Orquestra Filarmônica de Berlim.

Enquanto as madeiras começavam seu tranqüilo diálogo com a percussão, o solista Gerhard Taschner esperava, os olhos fixos no maestro. Grande parte da platéia que lotara a ainda intacta sala de concerto em Köthenerstrasse tinha vindo ouvir o brilhante violinista de 23 anos e, à medida que as notas cristalinas de seu instrumento subitamente pairavam no ar, depois desaparecendo e surgindo novamente, as pessoas, extasiadas, ouviam. Aqueles que estiveram presentes ao concerto daquela tarde, na última semana de março, lembram que alguns berlinenses estavam tão enlevados pela execução de Taschner que choravam silenciosamente.

Durante toda a guerra, os 105 membros da Filarmônica haviam oferecido aos berlinenses uma rara e bem-vinda oportunidade de aliviá-los do medo e do desespero. A orquestra ficara sob o comando do ministro da Propaganda, Joseph Goebbels, e os seus músicos haviam sido dispensados do serviço militar, visto que os nazistas consideravam a Filarmônica boa para o moral. Com isso, os berlinenses concordavam plenamente. Para os amantes da música, a orquestra era uma espécie de transporte, tranqüilizando-os, afastando-os da guerra e dos seus terrores por alguns instantes.

Um homem que sempre se deixou emocionar pela orquestra foi Albert Speer, o comandante de Hitler para armamentos e produção de guerra, que ocupava agora o seu tradicional assento bem no meio da divisão da orquestra. Speer, o mais culto membro da hierarquia nazista, raramente perdia uma apresentação. A música, mais do que qualquer outra coisa, permitia a ele se livrar de suas aflições – e ele nunca precisara de tal paliativo como precisava naquele momento.

O *Reichsminister* (ministro do Reich) Speer encarava o maior problema de sua carreira. Ao longo da guerra, apesar de todos os contratempos imagináveis, ele havia conseguido manter o poder de produção industrial do Reich. Mas há muito tempo, suas estatísticas e projeções davam conta do inevitável: os dias do Terceiro Reich estavam contados. À medida que os Aliados penetravam cada vez mais fundo em território alemão, o realista Speer era o único ministro do gabinete que tinha coragem de dizer a Hitler a verdade. "A guerra está perdida", ele escreveu ao Führer no dia 15 de março de 1945. "Se a guerra está perdida", Hitler respondeu, "então a nação também irá perecer." Em 19 de março, Hitler divulgou uma diretriz monstruosa: a Alemanha devia ser totalmente destruída. Tudo tinha que ser demolido ou queimado – usinas de energia elétrica, sistemas de distribuição de água e gasodutos, portos e canais, complexos industriais e redes de transmissão, todos os navios e as pontes, todas as linhas férreas e instalações de comunicação, todos os veículos e postos de abastecimento de qualquer espécie, e até mesmo as auto-estradas do país.

Speer, incrédulo, apelou para Hitler. Ele tinha a obrigação, especial e particular, de conseguir reverter essa política. Se Hitler fosse bem-sucedido em eliminar a indústria alemã, comércio e arquitetura, ele estaria destruindo muitas das criações do próprio Speer – suas pontes, suas largas auto-estradas, suas construções. O homem que, mais do que qualquer outro, era responsável por forjar as terríveis ferramentas da guerra total de Hitler não poderia encarar tamanha destruição. Havia, no entanto, outra consideração mais importante a ser feita. Fosse qual fosse o destino do regime, Speer disse a Hitler: "Devemos fazer o possível para manter, mesmo que seja apenas de um modo primitivo, uma base para a existência de uma nação... não temos o direito de proceder demolições que poderão afetar a vida das pessoas...".

Hitler permaneceu inflexível. "Não há mais razão para considerar a base sequer da mais primitiva forma de existência", ele replicou. "Ao contrário, é muito melhor destruir inclusive isso, e que o façamos nós mesmos. A nação provou-se fraca..." Com essas palavras, Hitler abandonou o povo alemão. Como ele explicou a Speer, "aqueles que restarem após a batalha não são de nenhuma valia, pois os bons terão perecido".

Speer estava horrorizado. As pessoas que haviam lutado com tanta bravura por seu líder valiam agora, aparentemente, menos do que nada para seu Führer. Durante anos Speer mantivera os olhos fechados para o lado mais brutal das operações nazistas, acreditando encontrar-se intelectualmente acima daquilo tudo. Agora, tarde demais, ele percebia o que se recusara a enxergar por meses. Expôs a questão ao general Alfred Jodl dizendo que "Hitler está completamente louco... e precisa ser detido".

Entre 19 e 23 de março, uma sucessão de ordens de "terra arrasada" partiu do quartel-general de Hitler para os *gauleiters** e oficiais militares por toda a Alemanha. Os que faziam corpo mole no cumprimento da ordem eram ameaçados com a execução. Speer imediatamente entrou em ação. Ciente de que estava colocando a própria vida em risco, partiu para deter o plano de Hitler, ajudado por um pequeno círculo de amigos formado por militares de alta patente. Speer telefonou para industriais, voou para guarnições militares, visitou oficiais das províncias, defendendo suas idéias em todos os lugares, discutindo mesmo com os mais encarniçados nazistas que o plano de Hitler condenaria a Alemanha a desaparecer para sempre.

Considerando a seriedade da campanha promovida pelo *Reichsminister*, a presença dele no concerto da Filarmônica poderia parecer uma frivolidade – não fosse por um fato: no topo da lista dos recursos alemães que Speer lutava para preservar estava a própria Filarmônica. Havia poucas semanas, o dr. Gerhart von Westermann, o empresário da orquestra, pedira ao violinista Taschner, um favorito de Speer, para que buscasse a ajuda do *Reichsminister* para manter a Filarmônica intacta. Tecnicamente, os músicos estavam isentos do serviço militar. Mas com a batalha de Berlim se aproximando, Von Westermann temia que, a qualquer dia, a orquestra inteira pudesse ser alistada na Volkssturm, a Guarda Nacional. Embora os assuntos da orquestra fossem supostamente administrados por Joseph Goebbels, Von Westermann sabia que não havia qualquer possibilidade de conseguir ajuda do ministro da Propaganda. Ele disse ao violinista: "Você tem que nos ajudar. Goebbels nos abandonou... vá pedir ajuda a Speer... nós agradeceremos de joelhos a você".

---

* Oficiais responsáveis por distritos na Alemanha nazista. (N. do T.)

Taschner estava extremamente relutante: qualquer conversa sobre esquivar-se ou fugir às responsabilidades do serviço militar era considerada traição, podendo levar o sujeito à desgraça ou ao confinamento. Por fim, porém, ele concordou.

Em seu encontro com Speer, Taschner começou de modo hesitante. "Sr. ministro", ele disse, "gostaria de falar-lhe sobre uma questão um tanto delicada. Espero que não me compreenda mal... mas hoje em dia alguns assuntos são de difícil trato..." Olhando para ele de modo vivo, Speer rapidamente o deixou à vontade e, encorajado, Taschner relatou a difícil situação da orquestra. O *Reichsminister* ouviu atentamente. Então ele assegurou ao violinista que Von Westermann não tinha razões para se preocupar. Ele já pensara em um plano para fazer mais do que evitar que os músicos fossem alistados na Volksstrum. No momento decisivo, ele pretendia evacuar secretamente os 105 homens da orquestra.

Speer já tinha, no momento, executado a primeira parte do plano. Os 105 homens que estavam sentados no palco do Beethoven Hall vestiam ternos escuros em vez dos tradicionais smokings, mas entre todas as pessoas da platéia, somente Speer conhecia a razão. Os smokings – junto com os melhores pianos, as harpas, as famosas tubas wagnerianas e as partituras – haviam sido discretamente removidos da cidade em um comboio de caminhões havia três semanas. A volumosa e preciosa carga fora escondida em Plassenburg, próximo a Kulmbach, a 386 quilômetros a sudoeste de Berlim – convenientemente no caminho do avanço dos americanos.

A segunda parte do plano de Speer – salvar os homens – era mais complicada. Apesar da intensidade dos ataques aéreos e da proximidade dos exércitos invasores, o ministro da Propaganda jamais sugerira a interrupção da agenda da Filarmônica. Os concertos ocorriam com uma freqüência de três a quatro por semana, entre os ataques aéreos, até o final de abril, quando a temporada era oficialmente encerrada. Qualquer evacuação dos músicos antes desse período estava fora de questão: Goebbels, sem dúvida, acusaria os músicos de deserção. Speer estava determinado a evacuar a orquestra para o Oeste; ele não tinha absolutamente qualquer intenção de permitir que os homens caíssem nas mãos dos russos. Mas seu esquema dependia inteiramente da velocidade do avanço dos Aliados ocidentais: ele contava que os anglo-americanos manteriam os russos em Berlim.

Speer não pretendia esperar até que os Aliados ocidentais entrassem na cidade. Assim que ele e os músicos pudessem tomar um ônibus na calada da noite, ele daria a ordem de evacuação. O ponto crucial do plano residia no sinal de partida. Os músicos deveriam sair todos juntos, de uma só vez e à noite. Isso significava que o escape deveria se dar imediatamente após o concerto. Para evitar uma falha na segurança, a palavra-chave seria mantida em segredo o quanto fosse possível. Speer bolara um método engenhoso para alertar os músicos: no último momento o maestro da orquestra anunciaria uma mudança no programa, e a Filarmônica então tocaria uma peça especificamente escolhida por Speer. Essa seria a deixa para os músicos; imediatamente após a performance eles deveriam entrar no comboio de ônibus que estaria esperando na escuridão do lado de fora do Beethoven Hall.

A música que Speer havia selecionado para servir de sinal estava de posse de Von Westermann. Quando ela foi entregue pelo especialista em assuntos culturais de Speer, Von Westermann foi incapaz de esconder sua surpresa. Ele questionou seriamente o assistente. "É claro que você deve estar familiarizado com a música das últimas cenas. Você sabe que elas representam a morte dos deuses, a destruição de Valhalla e o fim do mundo. Você tem certeza de que foi isso o que o ministro ordenou?" Não havia qualquer equívoco. Para o último concerto da Filarmônica de Berlim, Speer requisitara a música de *Die Götterdämmerung* – O crepúsculo dos deuses, de Wagner.

Nessa escolha, se Von Westermann estivesse a par, estava a pista para o último e mais ambicioso projeto de Speer. O *Reichsminister*, determinado a salvar o que pudesse da Alemanha, decidira que havia apenas um jeito de fazê-lo. Já há algumas semanas, o perfeccionista Albert Speer vinha tentando encontrar um meio eficaz de assassinar Adolf Hitler.

• • •

Ao longo de todo o *front* oriental, os grandes exércitos russos aglomeravam-se, mas ainda estavam muito longe de poder iniciar uma ofensiva a Berlim. Os comandantes soviéticos irritavam-se com o atraso. O Oder era uma barreira formidável, e o degelo da primavera não fora completo: o rio continuava parcialmente coberto de gelo. Além dele estavam as defesas alemãs – as casamatas, os campos minados, os fossos antitanques e as posições de artilharia entrincheiradas. A cada dia a linha alemã era reforçada, e este fato preocupava os generais do Exército Vermelho.

Ninguém estava mais ansioso para entrar em ação que o coronel-general Vasili Ivanovich Chuikov, de 45 anos, comandante da importante Oitava Guarda do Exército, que ganhara grande renome na União Soviética como defensora de Stalingrado. Chuikov culpava os Aliados ocidentais pela demora. Depois do ataque surpresa alemão de dezembro em Ardennes, os britânicos e os americanos haviam pedido a Stalin que ele aliviasse a pressão sobre eles aumentando a velocidade do avanço do Exército Vermelho pelo leste. Stalin concordara e havia lançado a ofensiva russa à Polônia antes do tempo previsto. Chuikov acreditava, como mais tarde ele iria dizer, que "se nossas linhas de comunicação não tivessem ficado tão espalhadas e desorganizadas na retaguarda, poderíamos ter atacado Berlim em fevereiro". Mas tão rápido foi o avanço soviético sobre a Polônia que, quando os exércitos chegaram ao Oder, eles perceberam que haviam perdido a comunicação e o contato com os suprimentos. A ofensiva teve de ser detida, na visão de Chuikov porque "nós precisávamos de munição, combustível e barcaças para atravessar o Oder, os córregos e canais que ficam defronte a Berlim". A necessidade de reagrupar e preparar o ataque já dera aos alemães aproximadamente dois meses para que pudessem organizar as suas defesas. Chuikov estava amargurado. Cada dia de espera significava mais baixas para os homens de sua guarda quando o ataque começasse.

O coronel-general Mikhail Yefimovich Katukov, comandante da Primeira Guarda de Tanques do Exército, aguardava com igual impaciência o começo da ofensiva, embora estivesse agradecido pela demora. Seus homens precisavam de descanso, e sua equipe de manutenção, de uma chance para consertar os veículos blindados. "Os tanques viajaram, em linha reta, aproximadamente uns 570 quilômetros", ele disse para um de seus comandantes de unidade, general Getman, assim que eles alcançaram o Oder. "Mas, Andreya Levrentevich", ele continuou, "os hodômetros marcavam mais de dois mil quilômetros. Um homem não tem hodômetro e ninguém sabe dizer que tipo de desgaste ele sofre."

Getman concordou. Ele não tinha qualquer dúvida de que os alemães seriam esmagados, e Berlim, capturada, mas ele também estava feliz com a oportunidade de fazer uma reorganização. "A cartilha da guerra, camarada general", ele contou a Katukov, "diz que a vitória é conquistada não pela tomada das cidades, mas pela destruição do inimigo. Em 1812, Napoleão se esqueceu desse detalhe. Ele perdeu Moscou – e não se tratava de um líder de homens qualquer."

A atitude era muito parecida nos outros quartéis-generais por todo o *front*. Todos, embora impacientes com o atraso, estavam aproveitando imensamente o adiamento, pois não havia qualquer ilusão quanto à dureza da batalha que os esperava. Os marechais Zhukov, Rokossovskii e Koniev haviam recebido relatórios desanimadores sobre o que eles poderiam encontrar. As estimativas de sua Inteligência indicavam que mais de um milhão de alemães cuidavam da defesa e de que aproximadamente três milhões de civis poderiam ajudar na luta em Berlim. Se os relatórios estivessem certos, o Exército Vermelho seria superado em uma proporção de três para um.

Quando se daria o ataque? Até aquele momento, os marechais não sabiam. O gigantesco grupo de exército de Zhukov estava programado para invadir a cidade – mas isto também poderia ser alterado. Assim como os exércitos anglo-americanos esperavam pelo comando "Atacar" de Eisenhower, os comandantes do Exército Vermelho também dependiam de seu supremo comandante. O que preocupava os marechais mais do que qualquer outra coisa era o avanço da coalizão anglo-americana através do Reno. A cada dia eles estavam mais próximos do Elba e, conseqüentemente, de Berlim. Se Moscou falhasse em ordenar logo uma ofensiva, os britânicos e os americanos poderiam chegar à cidade antes do Exército Vermelho. Até então, a palavra "Atacar" não havia sido proferida por Stalin. Era quase como se ele também estivesse esperando.

OS ATACANTES

Os comandantes aliados se encontram. Da esquerda para a direita: marechal Sokolovskii, o marechal-de-campo Montgomery, o marechal Zhukov, o general Eisenhower, e o general Koenig, da França.

Acima, o general William Simpson, comandante do Nono Exército americano, conversa com o marechal-de-campo Montgomery. À esquerda de Montgomery, ao fundo, está o general Omar Bradley, comandante do 12º Grupo de Exército americano; atrás de Montgomery, o marechal-de-campo sir Alan Brooke, chefe do Estado-Maior Imperial. Abaixo à direita, o general Henry D. Crerar, comandante do Primeiro Exército canadense, com Montgomery.

O general George S. Patton, do Terceiro Exército norte-americano.

IMPERIAL WAR MUSEUM

Os Três Grandes, em Teerã.

OS RUSSOS

O marechal Ivan S. Koniev, comandante do Primeiro Exército ucraniano, à esquerda na foto, em 1945.

O marechal Konstantin K. Rokossovskii, comandante do Segundo Exército bielo-russo (à direita), em 1945, com Montgomery.

Marechal Georgi Zhukov, comandante do Primeiro Exército bielo-russo e rival de Koniev, fotografado em 1945.

Marechal Vasilli I. Chuikov, em foto de 1966. Em 1945, ele era um coronel-general comandando o Oitavo Exército de Guarda no ataque a Berlim.

O brigadeiro Hugh Glyn Hughes, oficial médico sênior, do Segundo Exército Britânico. "Nenhuma fotografia, nenhuma descrição poderia dar conta dos horrores que vi."

Foto cortesia do brigadeiro Glyn Hughes

Berlim, abril de 1945.

Parte quatro

A DECISÃO

1

Uma grande procissão de caminhões de suprimento do exército rodava pela rua principal, estreita e poeirenta, da cidade francesa. Em linhas infinitas, passavam rugindo os comboios, seguindo para o longo caminho em direção nordeste, ao Reno e ao *front* ocidental. Ninguém tinha permissão de parar; policiais do exército estavam em todo lugar para garantir que o tráfego continuasse fluindo. Para os motoristas, não havia qualquer razão para fazer uma parada. Para eles, esta era apenas mais uma cidadezinha francesa com sua costumeira catedral, apenas outro posto de controle na velocíssima "Autoestrada Bola Vermelha". Eles não sabiam que nesse momento da guerra Reims talvez fosse a cidade mais importante na Europa.

Por séculos, as batalhas se encresparam em torno dessa estratégica encruzilhada no nordeste da França. A catedral gótica erguendo-se de modo majestoso no centro da cidade havia resistido a incontáveis bombardeios e, vezes sem fim, sua estrutura tinha sido restaurada. No lado de fora da construção ou no seu santuário interior haviam sido coroados todos os monarcas da França, de Clóvis I em 496 a Luís XVI em 1774. Nesta guerra, misericordiosamente a cidade e seu monumento haviam sido poupados. Agora, à sombra da grande catedral com suas torres gêmeas espiraladas, ficava o quartel-general de outro grande líder. Seu nome era Dwight D. Eisenhower.

O Supremo Quartel-General das Forças Expedicionárias Aliadas (SQFEA) estava instalado em uma rua secundária, próximo à estação de trem em um moderno prédio de três andares. O prédio era o Collège Moderne et Technique, antes uma escola técnica para garotos. Em forma de caixa, com seu pátio com quatro lados ao redor de toda a construção, a escola de tijolos vermelhos fora originalmente projetada para abrigar 1,5 mil estudantes. Os funcionários do Estado-Maior chamavam-na de "pequena escola vermelha". Talvez por causa das exigências do SQFEA, o prédio parecia pequeno: o quartel-general havia praticamente dobrado sua força desde 1944 e agora possuía aproximadamente 1,2 mil oficiais e mais quatro mil homens alistados. Como resultado, a escola podia acomodar somente o supremo comandante, seus oficiais imediatos e seus departamentos. Os demais trabalhavam em outros prédios espalhados por Reims.

Em uma sala de aula no segundo andar, que ele usava como escritório, o general Eisenhower trabalhara o dia inteiro quase sem fazer nenhuma pausa. A sala era pequena e espartana. Duas cortinas pesadas sobre as duas janelas bloqueavam a visão da rua. Havia umas poucas espreguiçadeiras sobre o chão de carvalho extremamente encerado, mas isso era tudo. A mesa de Eisenhower, posicionada em um nicho no fundo da sala, estava sobre um tablado – usado, em um tempo remoto, pelo professor. Sobre a mesa havia um estojo de couro azul, um aparelho de intercomunicação, fotos emolduradas de sua esposa e seu filho, e dois telefones negros – um para uso regular, o outro, um instrumento para "receber" as ligações de Washington e Londres. Havia também vários cinzeiros, pois o supremo comandante era um fumante compulsivo, consumindo mais de sessenta cigarros por dia.* Atrás da mesa ficava a bandeira pessoal do general e, no canto oposto, uma antiga bandeira dos EUA.

Na tarde anterior, Eisenhower voara até Paris para uma coletiva com a imprensa. A grande notícia era a vitória no Reno. O supremo comandante anunciou que a principal linha de defesa inimiga no Oeste havia sido rompida. Apesar de Eisenhower dizer aos repórteres que ele não queria "declarar a guerra encerrada, pois os alemães iriam resistir e lutar com tudo que tivessem", na sua opinião a Alemanha era um "inimigo batido". No meio da coletiva houve uma referência a Berlim. Alguém perguntou quem chegaria primeiro à capital, "nós ou os russos?". Eisenhower respondeu que ele acreditava que "se fosse apenas pela quilometragem, seriam eles", mas rapidamente acrescentou que não "queria fazer nenhum tipo de previsão"; embora os russos tivessem um "caminho mais curto a percorrer", eles teriam que enfrentar "o grosso das forças alemãs".

Eisenhower passou a noite no Hôtel Raphael; então, deixando Paris logo após o amanhecer, voou de volta para Reims. Às 7h45, ele estava em seu escritório, conferenciando com seu chefe de Estado-Maior, tenente-general Walter Bedell Smith. Esperando por Eisenhower, na pasta de couro do general Smith, havia uma enorme quantidade de telegramas que haviam chegado ao longo da noite e que só o supremo comandante podia responder. Eles estavam classificados com o selo da mais alta segurança: "Somente para os olhos de Eisenhower". Entre eles, estava a mensagem de Montgomery, pedindo aprovação para seu avanço sobre o Elba e Berlim. No entanto, o telegrama mais importante vinha do chefe do Estado-Maior do Exército dos EUA, general George

* Em 1948, devido a uma súbita elevação dos batimentos cardíacos, seu médico aconselhou-o a abandonar o tabaco. Eisenhower nunca mais fumou. (N. do A.)

C. Marshall. Por coincidência, as mensagens de Marshall e Montgomery haviam chegado ao SQFEA na noite anterior com uma diferença de duas horas – e as duas teriam uma influência decisiva sobre Eisenhower. Nesta quarta-feira, dia 28 de março, elas atuariam como catalisadores na cristalização da estratégia que o supremo comandante seguiria para levar a guerra a um fim.

Meses antes, a missão de Eisenhower como supremo comandante havia sido definida em uma sentença pelo Estado-Maior Combinado: "Você entrará no continente europeu e, em conjunção com as outras Nações Unidas, empreenderá operações voltadas para o coração da Alemanha e para a destruição de suas forças armadas". Ele havia carregado essa diretriz de modo brilhante. Graças à sua personalidade, habilidade administrativa e tato, ele conseguira unir a soldadesca de mais de uma dúzia de nações e transformá-la na mais impressionante força militar da história. Poucos homens teriam conseguido tal feito mantendo as animosidades em um nível tão baixo. Mesmo assim, Eisenhower, com 55 anos, não se enquadrava no conceito tradicional de líder militar europeu. Diferentemente dos generais britânicos, ele não estava treinado para considerar objetivos políticos como parte da estratégia militar. Eisenhower, embora um diplomata magistral nas políticas de compromisso e de apaziguamento, era insciente em termos de política internacional – e se orgulhava disso. Seguindo a tradição militar americana, ele havia sido treinado para nunca usurpar a supremacia civil. Resumidamente, contentava-se em lutar e vencer; política ele deixava para os homens de Estado.

Mesmo agora, nesse ponto crucial de transição da guerra, os objetivos de Eisenhower permaneciam, como sempre, puramente militares. Ele nunca havia dado qualquer diretriz relativa à questão do pós-guerra na Alemanha, nem considerava esse problema de sua responsabilidade. "Meu trabalho", mais tarde ele disse, "era encerrar a guerra o mais rápido possível... destruir o Exército alemão o quanto antes."

Eisenhower tinha todas as razões para estar animado com o rumo que seu trabalho estava tomando: em 21 dias seus exércitos haviam ultrapassado o Reno e mergulhado no coração da Alemanha muito antes do agendado. Contudo, os avanços de suas vanguardas, ansiosamente acompanhados pelo mundo livre, traziam agora uma série de decisões complexas ao supremo comandante. A velocidade imprevista da ofensiva anglo-americana tornara obsoletos alguns planos estratégicos elaborados meses atrás. Eisenhower precisava ajustar seus planos para caber na nova situação. Isso significava mudar e redefinir os papéis de alguns exércitos e de seus comandantes – em particular o marechal-de-campo Montgomery e seu poderoso 21º Grupo de Exército.

A última mensagem de Montgomery era um toque de clarim chamando para a ação. O marechal-de-campo de 58 anos não pedia instruções de combate; ele solicitava o direito de liderar o ataque. Mais rápido do que qualquer outro comandante em perceber as implicações políticas de uma situação militar, Montgomery sentiu que a captura de Berlim pelos Aliados era vital – e ele estava convencido de que ela devia ser efetuada pelo 21º Grupo de Exército. Seu telegrama, indicativo que era da intratabilidade de Montgomery, deixou claro que ainda havia diferenças fundamentais de opinião entre ele e o supremo comandante. A reação de Eisenhower ao telegrama do marechal-de-campo, como relatariam o general Smith e outros no SQFEA, foi "como aquela de um cavalo com um espinho debaixo da sela".

A diferença crucial entre as filosofias militares de Montgomery e Eisenhower dizia respeito ao ataque isolado *versus* a ampla estratégia para o *front*. Durante meses, Montgomery e o chefe geral do Estado-Maior Imperial, marechal-de-campo *sir* Alan Brooke, haviam debatido sobre um ataque relâmpago e isolado ao coração da Alemanha. Quase imediatamente à queda de Paris, enquanto os alemães ainda estavam desorganizados e preocupados em abandonar a França, Montgomery expôs pela primeira vez seu plano a Eisenhower. "Chegamos a um estágio", ele escreveu, "em que um ataque pleno e poderoso em direção a Berlim pode ser bem-sucedido, o que poria fim à guerra com a Alemanha."

Montgomery explicou seu esquema em nove parágrafos concisos. Ele argumentou que as forças anglo-americanas precisariam de suprimentos e capacidade de manutenção para duas investidas, lado a lado, ao coração da Alemanha. No seu ponto de vista, deveria haver apenas uma investida – a sua própria – e ela precisaria de "todos os recursos de manutenção... sem restrição". As outras operações teriam que se adequar aos suportes logísticos restantes. "Se", advertiu Montgomery, "nos preocuparmos com a solução preestabelecida e dividirmos nossos recursos de manutenção, não teremos uma força de ataque completa, prolongando assim a guerra." O tempo era "de tão vital importância... que era preciso tomar logo uma decisão".

O plano era extremamente imaginativo e, do ponto de vista de Montgomery, precisamente adequado ao tempo disponível. Também se destacava por uma estranha reversão no método tradicional de guerra do marechal-de-campo. Como mais tarde descreveu o tenente-general *sir* Frederick Morgan, agora chefe-assistente de Estado-Maior de Eisenhower: "Colocando de modo sucinto, Montgomery, até então celebrado principalmente por suas deliberações cautelosas, concebera a noção de que se ele pudesse decidir cada prioridade, mesmo que em detrimento dos Grupos de Exército americanos, poderia, em curtíssimo tempo, superar o inimigo, seguir para Berlim e encerrar a guerra rapidamente".

Obviamente o plano envolvia um gigantesco risco. Lançar dois grupos de exército, com mais de quarenta divisões, em direção à Alemanha em um ataque unificado e maciço poderia levar a uma rápida e definitiva vitória – mas também poderia resultar em um total e talvez irreversível desastre. Para o supremo comandante, os riscos superavam em muito qualquer chance de sucesso, e ele o disse em uma mensagem cheia de tato a Montgomery. "Embora concorde com sua concepção de uma ofensiva poderosa a Berlim", disse Eisenhower, "não concordo que ela deva ser feita nesse momento." Ele acreditava que primeiro era essencial abrir os portos de Le Havre e da Antuérpia "a fim de garantir uma poderosa ofensiva ao centro da Alemanha". Ademais, Eisenhower disse que "nenhum reposicionamento de forças de nossos presentes recursos seria suficiente para sustentar um ataque a Berlim". A estratégia do supremo comandante era avançar através da Alemanha em um amplo *front*, cruzar o Reno e capturar o grande vale industrial do Ruhr antes de se dirigir à capital.

Esta troca de mensagens ocorrera na primeira semana de setembro de 1944. Uma semana depois, em uma mensagem aos seus três comandantes de grupos de exército – Montgomery, Bradley e Devers –, Eisenhower elaborou mais longamente seu plano: "Berlim claramente é o prêmio principal para os atacantes, assim como o será para os defensores, que concentrarão o grosso de suas forças na cidade. Não há qualquer tipo de dúvida em minha cabeça de que devemos concentrar todas as nossas energias e recursos em uma rápida ofensiva contra Berlim. Nossa estratégia, contudo, terá que ser coordenada com a dos russos; assim poderemos considerar objetivos diferentes".

Aquilo que Eisenhower enxergava como objetivos possíveis variava enormemente: os portos no norte da Alemanha ("eles deveriam ser ocupados como um flanco de proteção para nossa ofensiva a Berlim"); os importantes centros industriais e de comunicação em Hannover, Brunswick, Leipzig e Dresden ("os alemães provavelmente vão guardá-los como posições intermediárias de proteção a Berlim"); e finalmente, no sul do país, as áreas de Nuremberg e Munique, que precisariam ser tomadas ("para deter as forças inimigas em retirada da Itália e dos Bálcãs"). Dessa maneira, advertiu o supremo comandante, "devemos estar preparados para um ou mais dos seguintes acontecimentos:

"A – Dirigir as forças tanto do grupo de exército do Norte quanto do grupo do centro de forma a cobrir os eixos Ruhr-Hannover-Berlim *ou* Frankfurt-Leipzig-Berlim *ou* ambos.

"B – Os russos chegarem antes a Berlim. Nesse caso o grupo de exército do Norte tomaria a área de Hannover e os portos de Hamburgo. O grupo central... poderia dominar parte, ou toda a área de Leipzig-Dresden, dependendo do progresso do avanço russo.

"C – Sob qualquer circunstância o grupo de exército do Sul tomaria Augsburg-Munique. A área de Nuremberg-Regensburg seria capturada pelo grupo central ou do Sul... dependendo da situação no momento."

Eisenhower resumiu sua estratégia nestas palavras: "Sem rodeios, é meu desejo seguir para Berlim pela rota mais direta e expedita, com forças britânicas e americanas combinadas, apoiadas por outras forças disponíveis, movendo-se para centros-chave e zonas ocupadas nos flancos, tudo em uma única operação combinada e coordenada". Mas, acrescentou, tudo isso teria que esperar, pois não "era possível nesse estágio indicar quando se dariam essas ofensivas nem de que forças disporiam".

Quer estivesse certa a estratégia do *front* amplo, quer estivesse errada, Eisenhower era o supremo comandante e Montgomery tinha que aceitar suas ordens. Mas este estava amargamente desapontado. Para os ingleses ele era o soldado mais popular desde Wellington*; e para suas tropas Monty era uma lenda viva. Muitos bretões o consideravam o mais experiente comandante de campo em todo o palco europeu (e ele estava bastante ciente do fato), e a recusa de seu plano, que ele acreditava ser capaz de encerrar a guerra em três meses, deixou-o profundamente ressentido.** Esta disputa estratégica no outono de 1944 gerara entre os dois comandantes uma cizânia que nunca seria completamente superada.

No sétimo mês depois do ocorrido, Eisenhower ainda não havia se desviado de seu conceito de um padrão coordenado e amplo de ataque. Da mesma forma, Montgomery não havia cessado de expressar sua opinião sobre como, quando e por quem a guerra seria vencida. Seu próprio chefe de Esta-

---

* Duque de Wellington – Arthur Wellesley (1769-1852). Militar e político britânico, famoso por suas campanhas, principalmente contra Napoleão. (N. do T.)

** Seu orgulho foi de algum modo restaurado quando, um pouco depois desse incidente, os britânicos mostraram sua confiança em Montgomery e em suas políticas nomeando-o marechal-de-campo. Para o homem que havia mudado a tendência da derrota britânica no deserto e havia expulsado Rommel do norte de África, era uma honra há muito merecida. (N. do A.)

do-Maior, major-general *sir* Francis de Guingand, mais tarde escreveu: "Montgomery... sente-se justificado por trazer todas as influências que possam fazer de seu ponto de vista o vitorioso: de fato, os fins justificam quase todos os meios". Uma das influências que ele conquistou para sua causa era realmente poderosa: o chefe do Estado-Maior Imperial, marechal-de-campo Marshal Brooke, que via Eisenhower como um sujeito vacilante e indeciso. Uma vez ele resumiu o supremo comandante como um homem com "a mais atraente personalidade e, ao mesmo tempo, com um cérebro muitíssimo limitado do ponto de vista estratégico".

Eisenhower estava perfeitamente ciente dos comentários maldosos que emanavam do Escritório de Guerra e do quartel-general de Montgomery. Mas se essa campanha de difamação sobre sua política estratégica o magoava, Eisenhower não deixava transparecer nada. E ele nunca retrucava. Mesmo quando Brooke e Montgomery advogaram a nomeação de um "comandante de forças terrestres" – uma espécie de marechal-de-campo posicionado entre Eisenhower e seus grupos de exército –, o supremo comandante não demonstrou seu descontentamento. Finalmente, depois de meses "roendo os dentes" – para usar uma expressão do general Omar Bradley –, Eisenhower perdeu a paciência. A questão estourou após o ataque alemão através de Ardennes.

Devido ao fato de o avanço inimigo ter rompido o *front* anglo-americano, Eisenhower viu-se forçado a posicionar todas as tropas de reserva no Norte, sob o comando de Montgomery. Essas forças incluíam dois terços do 12º Grupo de Exército do general Bradley – que eram o Primeiro e o Nono exércitos.

Depois que os alemães foram rechaçados, Montgomery deu uma extraordinária coletiva na qual deixou subentendido que ele, praticamente sozinho, salvara os americanos de um desastre. Ele havia restabelecido o *front* ocidental, declarou o marechal-de-campo, e "interceptei... detive... e... expulsei" o inimigo. "A batalha foi muito interessante. Creio que uma das mais complicadas... de que já participei." Ele havia, Montgomery disse, "empregado todo o poder disponível do grupo de exército britânico... vocês, dessa maneira, têm um retrato das tropas britânicas lutando em ambos os lados dos americanos, que sofreram um duro golpe".

Montgomery havia, de fato, armado a principal contra-ofensiva vinda do Norte e do Leste e a dirigiu de modo soberbo. Mas, na coletiva do marechal-de-campo à imprensa, para usar as palavras de Eisenhower, "ele criou, infelizmente, a impressão de que havia entrado em ação como uma espécie de salvador dos americanos". Montgomery falhou em mencionar os papéis que tiveram Bradley, Patton e outros comandantes americanos, ou que para cada soldado britânico havia trinta ou quarenta americanos engajados no combate. Mais importante ainda, ele negligenciou o fato de que para cada baixa britânica de trinta a sessenta americanos haviam caído.*

Os propagandistas alemães foram rápidos em aumentar a gravidade do problema. Transmissões de rádio inimiga veicularam uma versão exagerada e distorcida da coletiva, direcionando seus sinais diretamente para as linhas americanas; foi esta versão que deu a muitos americanos as primeiras notícias do incidente.

Na seqüência da coletiva de imprensa e do tumulto que causou, a velha controvérsia sobre um comandante de forças terrestres voltou à baila, dessa vez sustentada por uma campanha ativa da imprensa britânica. Bradley revoltou-se. Se o marechal-de-campo fosse nomeado comandante de forças terrestres, ele declarou, renunciaria a seu comando.

– Depois do que aconteceu – ele disse a Eisenhower –, se Montgomery assumir o cargo... você deve me mandar para casa... eis uma situação que não vou suportar.

Patton disse a Bradley:

– Renunciarei junto com você.

Nunca ocorrera tamanha desavença na coalizão anglo-americana. À medida que a campanha "promova Montgomery" se intensificava – uma campanha que para alguns americanos parecia se originar diretamente do quartel-general do marechal-de-campo – o supremo comandante finalmente considerou a situação intolerável. Decidiu encerrar a altercação de uma vez por todas: ele iria colocar Montgomery na fogueira, levando toda a questão ao Estado-Maior Combinado.

A essa altura, o chefe de Estado-Maior de Montgomery, major-general De Guingand, soube do iminente conflito e apressou-se em resgatar a unidade anglo-americana. Ele voou até o SQFEA e encontrou-se com o supremo comandante. "Ele mostrou-me uma mensagem que estava para mandar a Washington", mais tarde relatou De Guingand. "Fiquei estarrecido com o que li." Com a ajuda do general Bedell Smith, conseguiu convencer Eisenhower a se-

* Esses números foram dados por Winston Churchill em 18 de janeiro de 1945, em um discurso na Câmara dos Comuns. Assustado com a quebra da cordialidade, ele anunciou que "as tropas dos EUA foram responsáveis pelo grosso do combate" em Ardennes, sofrendo perdas "iguais àquelas sofridas pelos dois lados na batalha de Gettysburg". Então, no que só poderia ser interpretado como uma reprimenda direta a Montgomery e a seus apoiadores, ele advertiu os britânicos para não "se deixarem levar pelos gritos dos criadores de caso".

gurar a mensagem por mais 24 horas. O supremo comandante concordou depois de grande relutância.

Retornando ao quartel-general de Montgomery, De Guingand lançou abruptamente os fatos à frente do marechal-de-campo. "Contei a Monty que eu havia visto a mensagem de Ike", disse De Guingand, "e, com efeito, ela dizia 'ou eu ou Monty'." Montgomery ficou chocado. De Guingand nunca o havia visto "tão solitário e desanimado". Ele olhou para seu chefe de Estado-Maior e perguntou em voz baixa: "Freddie, o que você acha que eu devo fazer?". De Guingand já havia rascunhado uma mensagem. Usando esta como base, Montgomery mandou a Eisenhower um comunicado cuidadosamente soldadesco, no qual declarava claramente não possuir qualquer desejo de insubordinação. "Seja qual for sua decisão", ele disse, "você pode contar cem por cento comigo." A mensagem estava assinada: "Seu devotado subordinado, Monty".*

Isso levou a questão a um fim – pelo menos naquele momento. Mas agora, em seu quartel-general em Reims, neste dia decisivo, 28 de março de 1945, Eisenhower escutava distintamente o eco de um velho refrão: não mais a agitação pela designação de um comandante de forças terrestres, mas um mais antigo, mais básico – uma força ofensiva *versus* um *front* amplo. Sem debater com Eisenhower, Montgomery tinha, em suas próprias palavras, "passado ordens aos comandantes de campo para a operação rumo ao leste" e agora esperava fazer um grande e único ataque na direção do Elba e de Berlim, pretendendo obviamente entrar na capital portando a chama da vitória.

O fato é que, fazendo a principal ofensiva ao norte do Ruhr, Montgomery na verdade seguia a estratégia acordada – o plano de Eisenhower aprovado pelo Estado-Maior Combinado em Malta, em janeiro. O que Montgomery agora propunha era simplesmente a extensão lógica do avanço – um movimento que o levaria a Berlim. Se ele estivesse agindo às pressas, sua ansiedade era compreensível. Como Winston Churchill e o marechal-de-campo Brooke, Montgomery acreditava que o tempo estava se extinguindo, que a guerra seria perdida do ponto de vista político a menos que as forças anglo-americanas chegassem a Berlim antes dos russos.

O supremo comandante, por outro lado, não havia recebido qualquer diretriz de ordem política de seus superiores em Washington que refletisse a

* "Montgomery", mais tarde Eisenhower declarou, "acreditava na nomeação de um comandante de campo por uma questão de princípio. Ele se ofereceu inclusive para servir sob o comando de Bradley caso eu aprovasse." (N. do A.)

urgência dos britânicos. E embora ele fosse o comandante das forças aliadas, Eisewhower continuava recebendo ordens do Departamento de Guerra dos EUA. Na falta de qualquer definição política de Washington, seu objetivo permanecia o mesmo: a derrota da Alemanha e a destruição de suas forças armadas. E, como agora ele via, o método pelo qual ele poderia de modo mais rápido alcançar o objetivo militar mudara radicalmente desde a apresentação de seus planos ao Estado-Maior Combinado em janeiro.

Originalmente, sob o plano de Eisenhower, o 12º Grupo de Exército do general Bradley, no centro, teria um papel secundário, oferecendo suporte ao principal esforço de Montgomery ao norte. Mas quem poderia prever o sucesso espetacular obtido pelas forças de Bradley desde o início de março? Boa sorte e uma brilhante liderança haviam produzido resultados deslumbrantes. Mesmo antes do ataque maciço de Montgomery sobre o Reno, o Primeiro Exército havia capturado a ponte Remagen e rapidamente cruzara o rio. Mais ao sul, o Terceiro Exército de Patton havia vencido o Reno sem qualquer dificuldade. Desde então, as forças de Bradley avançavam de modo arrojado, acumulando vitórias. Seus feitos haviam incendiado a imaginação da população americana, e Bradley agora almejava um papel mais importante na campanha final. A esse respeito, Bradley e seus generais em nada diferiam de Montgomery: eles, também, queriam o prestígio e a glória de encerrar a guerra – e, se eles tivessem a chance, de capturar Berlim.

Nesse exato momento, Eisenhower prometera lançar um ataque maciço para o leste, mas ele não havia especificado com qual grupo – ou grupos – faria o ataque final. Agora, antes de tomar a decisão, Eisenhower tinha que considerar uma variedade de fatores, cada qual afetando o projeto de sua campanha final.

O primeiro desses foi a velocidade inesperada do avanço russo no Oder. Ao tempo em que o supremo comandante formulava seus planos para o assalto do Reno e a ofensiva de Montgomery ao norte do Ruhr, parecia que ainda seriam precisos vários meses até que os russos pudessem chegar à distância de atacar Berlim. Mas nesse instante o Exército Vermelho estava a pouco mais de sessenta quilômetros da cidade – enquanto as forças britânicas e americanas distavam mais de 320 quilômetros da capital. Em quanto tempo os russos lançariam sua ofensiva? Onde e como eles pretendiam armar o ataque – com o grupo de exército de Zhukov no centro oposto a Berlim ou com os três grupos simultaneamente? Qual era a estimativa que faziam da força de defesa alemã e quanto tempo levaria até que o Exército Vermelho rompesse as linhas dessa defesa? E, após cruzarem o Oder, quanto tempo levaria para que os soviéticos chegassem e capturassem Berlim? O supremo comandante não tinha como responder a essas questões, todas elas igualmente importantes em seu planejamento.

A verdade nua e crua era que Eisenhower não sabia quase nada no que se referia às intenções do Exército Vermelho. Não havia uma coordenação militar diária entre a coalizão anglo-americana e os comandantes soviéticos no campo de batalha. Não havia sequer uma linha direta de rádio entre o SQFEA e a missão de conexão militar anglo-americana em Moscou. Todas as mensagens entre os dois *fronts* eram afuniladas através dos canais diplomáticos normais – um método totalmente inadequado dada a velocidade necessária na presente situação. Ainda que Eisenhower conhecesse de modo aproximado a capacidade das forças militares russas, não tinha a mais vaga idéia de sua disposição e ordem de batalha. Fora alguns dados parciais coletados de diversas fontes de Inteligência – a maioria pouco fidedigna* –, a principal fonte de informação do SQFEA sobre o movimento dos russos era o noticiário soviético transmitido todas as noites pela BBC.

Um fato, contudo, estava claro: o Exército Vermelho tinha quase chegado a Berlim. Com os russos tão próximos do objetivo deveria o supremo comandante tentar tomar a cidade?

O problema possuía muitas dimensões. Os russos estavam no Oder há mais de dois meses, e, com a exceção de alguns avanços locais e atividade de patrulha, eles pareciam estar totalmente parados. Suas linhas de suprimento e comunicação deviam estar estendidas ao limite, e parecia pouco provável que pudessem atacar antes do degelo da primavera. Enquanto isso, os exércitos ocidentais, movendo-se com surpreendente velocidade, dirigiam-se cada vez mais para o coração da Alemanha. Em alguns locais, eles conseguiam avançar em média 55 quilômetros por dia. O supremo comandante não tinha nenhuma intenção de relaxar o avanço, fossem quais fossem os planos russos. Mas ele estava relutante em entrar em conflito com os russos por Berlim. Isso poderia ser não apenas embaraçoso para o perdedor, mas – no caso de um encontro inesperado entre as forças em avanço – catastrófico para os dois lados.

Uma colisão em posições invertidas já ocorrera com os russos anteriormente, quando estes estavam aliados por tratado com os alemães. Em 1939, de-

* Em 11 de março, por exemplo, a Inteligência do SQFEA reportou que as vanguardas de Zhukov haviam alcançado Seelow, a oeste do Oder e distando apenas 45 quilômetros de Berlim. Quando este autor entrevistou oficiais de defesa soviéticos, em 1963, ele descobriu que Zhukov não havia de fato chegado a Seelow, no centro do sistema da linha de defesa alemã, antes de 17 de abril. (N. do A.)

pois de Hitler atacar a Polônia numa guerra-relâmpago não-declarada e a subseqüente divisão do país entre a Alemanha e a Rússia, as tropas Wehrmacht avançando para leste chocaram-se com o Exército Vermelho que rumava para oeste: nenhuma linha pré-arranjada de demarcação havia sido estabelecida. O resultado foi uma pequena batalha, com baixas razoavelmente consideráveis em ambos os lados. Um choque parecido poderia ocorrer agora, mas entre os anglo-americanos e os russos – e em uma escala muito maior. Era um pensamento apavorante. Guerras haviam começado por menos. Era óbvio que uma coordenação de movimentos com os russos precisava ser efetivada, e com rapidez.

Além disso, havia outro problema tático que pairava sobre Eisenhower como uma nuvem negra. Na grande sala do mapa, próxima a seu escritório, havia um plano de campanha cuidadosamente desenhado pela Inteligência contendo a legenda: "Reduto Nacional Relatado". O mapa do plano mostrava uma área de território montanhoso localizada a sul de Munique e espraiando-se pelas regiões alpinas da Bavária, oeste da Áustria e norte da Itália. No total, o reduto cobria 32 mil quilômetros quadrados. Seu coração era Berchtesgaden. Na vizinha Obersalzberg – cercada por picos de 2 mil a 2,7 mil metros de altura, cada um equipado com metralhadoras antiaéreas escondidas –, estava o esconderijo de Hitler no topo da montanha, o "Ninho da Águia".

Cobrindo a superfície do mapa, havia uma profusão de marcas vermelhas, cada uma representando um símbolo militar que denotava a existência de algum tipo de instalação de defesa. Havia depósitos de guerra com comida, munição, gasolina e produtos químicos; estações de rádio e de força; pontos de concentração de tropas, casernas e quartéis; linhas ziguezagueantes de posições fortificadas, indo desde trincheiras individuais até casamatas de concreto maciço; até mesmo fábricas subterrâneas à prova de bombas. Agora, a cada dia, mais e mais símbolos eram adicionados ao mapa, e, embora todos eles trouxessem a classificação de "não-confirmado", para o SQFEA esse formidável sistema de defesa na montanha representava a grande ameaça remanescente da guerra na Europa. A área era algumas vezes referida como *Alpenfestung*, Fortaleza Alpina, ou "Reduto Nacional". Nessa íngreme cidadela, de acordo com a Inteligência, os nazistas, com Hitler no comando, pretendiam oferecer a resistência final, ao estilo wagneriano. O acidentado baluarte era considerado inexpugnável, e seus fanáticos defensores poderiam resistir por até dois anos. Havia ainda outro aspecto, quiçá mais apavorante: forças-comando especialmente treinadas – chamadas por Goebbels de "Lobisomens" – estavam programadas para atacar a partir do forte alpino, provocando perdas para as tropas de ocupação.

O *Alpenfestung* realmente existia? Em Washington os militares pareciam acreditar que sim. A informação vinha sendo coletada desde setembro de 1944, quando o Escritório de Serviços Estratégicos (ESS), em um estudo geral do sul da Alemanha, previa que, com a proximidade do fim da guerra, os nazistas certamente evacuariam certos departamentos do governo para a Bavária. Desde então, haviam chovido relatórios e apreciações da Inteligência vindos do campo de batalha, de países neutros e mesmo de fontes internas da própria Alemanha. A maior parte dessas avaliações não foi divulgada, mas algumas beiravam o fantástico.

Em 12 de fevereiro de 1945, o Departamento de Guerra divulgou sem qualquer estardalhaço um documento da contra-Inteligência que dizia: "Não está se dando o devido valor aos muitos relatórios sobre a possível localização do último forte nazista nos Alpes da Bavária... O mito nazista, que é importante quando se está lidando com um homem como Hitler, requer o Götterdämmerung. Pode ser significativo o fato de que em Berchtesgaden, onde poderia estar o quartel-general, esteja localizada a tumba do Barbarossa que, de acordo com a mitologia germânica, espera o momento certo para retornar dos mortos."* O memorando exigia que os comandantes de campo "incluindo até os soldados rasos" ficassem alertas para o perigo.

Em 16 de fevereiro, agentes aliados na Suíça enviaram a Washington um relatório bizarro obtido por meio de adidos militares neutros em Berlim: "Os nazistas estão, sem dúvida, preparando-se para uma luta encarniçada no reduto da montanha... As fortificações estão conectadas por ferrovias subterrâneas... As melhores munições foram poupadas durante meses, assim como quase todo o estoque alemão de gás venenoso. Todos os que participaram da construção da instalação secreta serão mortos quando a verdadeira luta começar – incluindo os civis que ficaram para trás."

Embora as agências da Inteligência britânica e o ESS tivessem divulgado simultaneamente relatórios pedindo cautela, com o objetivo principal de amortecer o impacto dos informes anteriores, nos 27 dias seguintes o espec-

* Quem quer que tenha preparado o documento da contra-Inteligência errou sobre a localização do local de descanso do Barbarossa. Barbarossa (Barba Ruiva) – cognome de Frederico I (1121-1190) – não estava enterrado em Berchtesgaden. Segundo o mito, "ele nunca morreu, mas apenas dorme" nas colinas da Turíngia. Ele está sentado "a uma mesa de pedra com seus seis cavaleiros, esperando pelo tempo em que voltará e livrará a Alemanha da servidão, elevando-a ao mais alto posto entre as nações... sua barba já cresceu através da laje de pedra, mas é preciso que ela se enrole três vezes em volta da mesa antes que seja o momento do seu segundo retorno". (N. do A.)

tro do Reduto Nacional só cresceu. Em 21 de março, a ameaça começou a influenciar o pensamento tático. O quartel-general do 21º Grupo de Exército de Bradley fez circular um memorando intitulado "Reorientação da Estratégia", no qual se afirmava que os objetivos aliados haviam mudado, tornando "obsoletos os planos que havíamos trazido conosco do litoral". Uma das mudanças: o significado de Berlim foi muito reduzido. "A área metropolitana não pode mais ocupar uma posição de importância", seguia o memorando. "... todas as indicações sugerem que os diretórios políticos e militares do inimigo já estão em processo de retirada para o 'Reduto' na baixa Bavária."

Para enfrentar a ameaça, em vez de fazer uma investida para o norte, Bradley sugeriu que seu Grupo de Exército dividisse a Alemanha em duas, rumando diretamente para o centro. Isso evitaria "que as forças alemãs se retirassem" em direção ao sul, "alcançando o Reduto". Além disso, tal manobra obrigaria o inimigo a se dirigir "para o norte, onde poderiam ser cercados e limitados pelas praias do Báltico e do Mar do Norte". Depois, sugeria o memorando, as forças do 12º Grupo de Exército poderiam seguir para o sul a fim de reduzir qualquer força restante de resistência no *Alpenfestung*.

A análise mais alarmante veio em 25 de março do chefe de Inteligência do Sétimo Exército do tenente-general Patch, que estava lutando ao longo da ala sul do *front*. Ele anteviu a possibilidade da criação de um reduto com "uma força de elite, composta predominantemente por membros da SS e tropas de montanha, algo em torno de 200 mil a 300 mil homens". O memorando dava conta de que já nesse momento os suprimentos chegavam à área do reduto a uma média de "três a cinco grandes trens... por semana (desde 1º de fevereiro de 1945)... Um novo tipo de arma tem sido vista, de acordo com os relatórios, em muitos desses trens...". Havia inclusive menção a uma fábrica subterrânea "capaz de produzir aeronaves... Messerschmitts"*.

Dia após dia, os relatórios inundavam o SQFEA. Independentemente de quanto uma evidência fosse analisada e reanalisada, o quadro mantinha-se o mesmo: ainda que o *Alpenfestung* pudesse ser uma mistificação, a possibilidade de sua existência não podia ser ignorada. A própria preocupação do SQFEA estava claramente indicada em uma avaliação da Inteligência sobre o reduto de 11 de março: "Teoricamente... dentro dessa fortaleza... defendida tanto pela natureza quanto pelas mais eficientes e secretas armas já inventadas, os poderes que haviam até então governado a Alemanha sobreviveriam para reorganizar sua ressurreição... A principal tendência da política de defesa

* Aeronave alemã, cuja primeira série, a BF 109, foi desenvolvida entre 1934-35. (N. do T.)

da Alemanha parece ser salvaguardar primeiramente a zona alpina... A evidência indica que um número considerável de membros da SS e de unidades especialmente escolhidas estava sendo deslocado, de modo sistemático, para a Áustria... Parece bastante razoável que alguns dos mais importantes ministros e personalidades do regime nazista já estejam estabelecidos na área do reduto... Goering, Himmler, Hitler... pelo que se sabe, estão em processo de retirada para suas respectivas fortalezas pessoais na montanha...".

O chefe da Inteligência do SQFEA, o major-general britânico Kenneth W. D. Strong, comentou ao chefe do Estado-Maior: "O reduto pode não estar lá, mas temos que manter nossos passos para prevenir que ele esteja". Bedell Smith concordou. Havia, em sua opinião, "todas as razões para crer que os nazistas pretendiam estabelecer sua última resistência entre os penhascos".

Enquanto as opiniões da equipe do SQFEA e dos comandantes de campo dos EUA não davam folga, acumulando-se no escritório de Eisenhower, chegou a mensagem mais significativa entre todas. Ela veio de um dos superiores do supremo comandante, general Marshall, um homem que Eisenhower venerava acima de qualquer outro.*

"A partir do relatório das operações correntes", lia-se no telegrama de Marshall, "parece que o sistema de defesa alemão no Oeste pode ser rompido. Isso permitiria que você movesse um número considerável de divisões rapidamente rumo ao leste em um *front* amplo. Quais são suas opiniões sobre... empurrar as forças dos EUA velozmente para frente, digo, para os cruzamentos de Nuremberg-Linz ou Karlsruhe-Munique? A idéia por trás disso é que... uma ação rápida poderá impedir a formação de áreas de resistência organizada. A região montanhosa ao sul é considerada como uma das possibilidades para algo desse tipo.

"Um dos problemas que surgem com a desintegração da resistência alemã é o do encontro com os russos. Quais são suas idéias a respeito do controle e da coordenação para evitar que um encontro imprevisto aconteça? Uma possibilidade é uma linha demarcada sob acordo. Os arranjos que nós temos agora... parecem inadequados... é preciso providenciar o quanto antes uma linha de comunicação e conexão..."

A mensagem com palavras cuidadosamente escolhidas de Marshall consolidou os planos do supremo comandante. Tendo pesado todos os problemas,

---

* Um dos oficiais sêniores de Marshall, general John Hull, que em 1945 era chefe interino do Estado-Maior do Exército Americano para operações, disse que "Ike era o *protégé* de Marshall e, mesmo que Ike fique ressentido comigo por dizer isso, havia entre os dois homens uma espécie de relação paterno-filial". (N. do A.)

tendo consultado todos os membros de sua equipe, tendo discutido a questão durante semanas com seu velho amigo e colega de West Point, general Bradley, e, o mais importante, tendo sido inteirado do ponto de vista do seu superior, Eisenhower moldou nesse instante sua estratégia e tomou suas decisões.

Naquela fria tarde de março, ele preparou três mensagens telegráficas. A primeira delas era de grande importância histórica e também sem precedentes: foi mandada a Moscou acompanhada de uma mensagem para a Missão Militar Aliada. As operações do SQFEA, Eisenhower telegrafou, haviam chegado a um estágio "em que é essencial que eu conheça os planos russos para poder alcançar o mais rápido sucesso". Desse modo, ele queria que a Missão "transmitisse uma mensagem pessoal minha ao marechal Stalin" e fizesse o que fosse possível "para conseguir uma resposta completa".

Nunca anteriormente o supremo comandante havia se comunicado diretamente com o líder soviético, mas agora a questão urgia. Ele fora autorizado a negociar com os russos diretamente sobre assuntos militares pertinentes à coordenação da campanha. Assim, Eisenhower não viu nenhuma razão em particular para consultar previamente o Estado-Maior Combinado nem os governos dos EUA e da Grã-Bretanha. De fato, nem mesmo o representante do supremo comandante, marechal-comandante do ar *sir* Arthur Tedder, foi informado. Contudo, cópias foram preparadas para todos eles.

O supremo comandante aprovou o esboço do telegrama para Stalin um pouco antes das três horas. Às quatro, a "mensagem pessoal de Eisenhower para o marechal Stalin", após ter sido criptografada, foi despachada. Nela o general perguntava ao generalíssimo quais eram seus planos, revelando ao mesmo tempo os seus próprios. "Minhas operações imediatas", ele disse, "pretendem cercar e destruir o inimigo que defende o Ruhr... Estimo que essa fase... terminará no fim de abril ou ainda antes, e minha próxima tarefa será dividir as forças restantes do inimigo por meio da união com suas forças... O melhor eixo para efetuar essa junção seria por Erfurt-Leipzig-Dresden. Acredito que... esta é a área para a qual estão sendo deslocados os principais departamentos do governo alemão. É ao longo desse eixo que pretendo concentrar meu principal esforço. Somado a isso, assim que possível, um segundo avanço será feito para efetuar a junção com as suas forças na área de Regensburg-Linz, prevenindo, desse modo, a consolidação de um reduto de resistência alemã no sul do país.

"Antes de confirmar meus planos, é fundamental que eles estejam coordenados... com os seus tanto em direção quanto em tempo. Você poderia... revelar-me suas intenções e... até onde as propostas por mim esboçadas... estão de acordo com a sua provável ação. Se nós quisermos completar a destruição dos exércitos alemães sem mais delongas, considero que seja essencial coordenarmos nossas ações e... efetuarmos uma perfeita ligação entre as nossas forças de avanço...."

Em seguida, ele preparou os telegramas para Marshall e Montgomery. Estes foram despachados às sete da noite e com uma diferença de cinco minutos entre um e outro. Eisenhower disse ao chefe do Estado-Maior dos EUA que havia se comunicado com Stalin "sobre a questão do local onde as forças deveriam se unir...". Ele seguiu apontando que "o modo como vejo a situação está em pleno acordo com o seu, embora eu ache que a área de Leipzig-Dresden seja de suma importância...", porque ela ofereceria "o caminho mais curto para as posições russas" e também "permitiria a tomada da última área industrial restante na Alemanha e para a qual... o Comando Maior do Exército e os ministros estariam, segundo relatórios, deslocando-se".

A respeito dos temores de Marshall quanto ao "Reduto Nacional", Eisenhower relatou que ele também estava ciente da "importância de impedir que o inimigo possa formar áreas de resistência organizada" e faria "uma investida em direção a Linz e Munique assim que as circunstâncias permitirem". Eisenhower acrescentou que, no que tangia à coordenação com os russos, ele não acreditava que "ficaremos restritos a uma linha demarcada", mas nos aproximaríamos deles com a sugestão de que "quando nossas forças se encontrarem, ambos os lados recuem para suas próprias zonas de ocupação ao pedido de um dos lados".

O terceiro telegrama de Eisenhower expedido no dia, destinado a Montgomery, continha notícias decepcionantes. "Assim que você tiver unido forças com Bradley... [a leste do Ruhr]... o Nono Exército dos EUA passará ao comando de Bradley", disse o supremo comandante; "Bradley será o responsável por dar cabo... do Ruhr e com o mínimo atraso deverá fazer sua investida no eixo Erfurt-Leipzig-Dresden para se unir com os russos..." Montgomery deveria seguir para o Elba; naquela altura, poderia ser "desejável para o Nono Exército retornar novamente ao seu controle operacional para facilitar a travessia desse obstáculo". Eisenhower, depois de ler o rascunho, acrescentou uma última linha a lápis: "Como você diz, a situação parece boa".

O supremo comandante havia refinado seus planos a esta extensão: em vez de fazer a maior ofensiva através do norte da Alemanha como originalmente concebido, ele havia decidido atacar diretamente através do centro do país. O Nono Exército dos EUA retornara ao comando de Bradley, que agora teria o papel principal. Ele poderia lançar a última ofensiva, visando colocar suas forças na área de Dresden, a cerca de 160 quilômetros ao sul de Berlim.

Embora Eisenhower tivesse aceitado parte das recomendações de Marshall, seus movimentos eram similares àqueles sugeridos pelo general Bradley e seu 12º Grupo de Exército no memorando "Reorientação de Estratégia". Mas, em todos os três telegramas dando conta de seus planos de campanha, havia uma significativa omissão: o objetivo que o supremo comandante certa vez referira como sendo "claramente o prêmio principal". Não havia qualquer referência a Berlim.

• • •

O danificado Portão de Brandemburgo se avultava maior em meio ao pó. De sua *villa* nas proximidades, dr. Joseph Goebbels observava o monumento através da janela entreaberta de seu estúdio. Quase desdenhoso, o chefe de propaganda de Hitler, com seu aspecto de gnomo, dera as costas a seus visitantes – pelo menos foi essa a impressão do homem que estava falando, o comandante de Berlim, major-general Hellmuth Reymann. O general tentava tomar uma decisão sob uma questão que ele considerava das mais urgentes: o destino da população da cidade nessa véspera de batalha.

Esta era a quarta vez em um mês que Reymann e seu chefe de Estado-Maior, coronel Hans Refior, encontravam-se com Goebbels. Depois de Hitler, Goebbels, de 47 anos, era nesse momento o homem mais importante em Berlim. Não era apenas o *Reichsminister* para o Esclarecimento Público e Propaganda; ele era também o *Gauleiter* de Berlim. Em tal função, ele era comissário de Defesa do Reich, responsável por todas as medidas concernentes à população civil da cidade, à organização e ao treinamento das unidades da Guarda Nacional e à construção das fortificações. Em uma situação em que a ausência de qualquer divisão nítida de autoridade entre agências civis e militares criava problemas tanto para os soldados quanto para os líderes civis, Goebbels colocou ainda mais lenha na fogueira. Embora ele fosse completamente ignorante no que dizia respeito aos assuntos militares ou municipais, deixara totalmente claro que sozinho estava assumindo a responsabilidade de defender Berlim. Como resultado, Reymann viu-se em uma posição insustentável. De quem ele deveria receber suas ordens – dos militares do quartel-general de Hitler ou de Goebbels? Ele não tinha certeza, e ninguém parecia preocupado em esclarecer essa questão. Reymann estava desesperado.

Em cada um dos encontros anteriores, Reymann trouxera o assunto da evacuação. Primeiramente Goebbels disse que isso "estava fora de questão". Então ele informou o general de que havia um esquema, preparado pelas "altas autoridades da SS e da polícia". O chefe de Estado-Maior prontamente investigou a informação. Refior, de fato, encontrou um plano. "Ele consistia de um mapa, em escala de 1: 300.000, no qual o oficial responsável, um capitão de polícia, havia feito leves marcas com tinta vermelha representando as rotas de fuga de Berlim pelo oeste e pelo sul." Não havia, ele reportou a Reymann, "quaisquer estações sanitárias, pontos de alimentação, nenhum tipo de transporte para pessoas fracas ou doentes". Ele acrescentou que, "até onde ele podia perceber, o plano previa que os retirantes levassem ao longo das estradas apenas bagagens de mão, marchando de vinte a trinta quilômetros até as estações de embarque onde seriam transportadas para Thüringen, Sachsen-Anhalt e Mecklenburg. Tudo isso deveria acontecer apenas com um apertar de botão de Goebbels. Mas de onde exatamente viria o trem de transporte não estava claro".

Reymann tentou discutir o assunto com Hitler. Ele o vira apenas duas vezes: ao assumir o comando e uns poucos dias depois quando foi convidado a comparecer a uma das conferências noturnas do Führer. No encontro, a discussão se deu basicamente sobre o *front* do Oder, e Reymann não teve a oportunidade de explicar a situação de Berlim. Mas a certa altura, durante uma pausa nos procedimentos, ele falou com Hitler e recomendou que ele ordenasse imediatamente a evacuação de todas as crianças com menos de dez anos da capital. No silêncio repentino que se seguiu à sugestão de Reymann, Hitler voltou-se para ele e perguntou friamente:

– O que quer dizer com isso? O que exatamente você quer dizer com isso?

Então, de modo pausado, enfatizando cada palavra, o Führer disse:

– Todas as crianças nessa faixa etária já foram retiradas de Berlim!

Ninguém ousou contradizê-lo. Hitler rapidamente passou a falar de outros assuntos.

O desprezo com que sua questão foi tratada não deteve o comandante de Berlim. Reymann agora pressionava Goebbels sobre o mesmo assunto.

– *Herr Reichsminister* – ele perguntou –, como iremos manter a população no caso de um cerco? Como iremos alimentá-los? De onde virá a comida? De acordo com as estatísticas do prefeito, há cerca de 110 mil crianças abaixo dos dez anos com suas mães nesse exato momento nesta cidade. Como poderemos arranjar leite para os bebês?

Reymann fez uma pausa, esperando por uma resposta. Goebbels continuava olhando para o lado de fora da janela. Então, sem se voltar, respondeu asperamente:

– Como nós os alimentaremos? Traremos gado dos subúrbios e do interior – é isso que faremos para alimentá-los! Quanto às crianças, temos estoques para três meses de leite enlatado.

O leite enlatado era novidade para Reymann e Refior. A proposta de trazer o gado vivo parecia pura demência. Em uma batalha, as vacas seriam mais vulneráveis que seres humanos, visto que os últimos podiam ao menos se abrigar. De onde Goebbels planejava arrebanhar os animais? E com o que seriam alimentados? Reymann falou sem rodeios:

– Certamente devemos considerar um plano de evacuação imediata. Não podemos esperar mais. A cada dia que passa, multiplicam-se as dificuldades posteriores. Devemos ao menos retirar as mulheres e as crianças neste momento, antes que seja tarde demais.

Goebbels não respondeu. Houve um longo silêncio. Do lado de fora começava a escurecer. Subitamente, ele esticou o braço e agarrou a corda ao lado da janela e a puxou. As pesadas cortinas fecharam-se com um estrépito. Goebbels voltou-se. Tendo nascido com o pé deformado, ele seguiu claudicando até sua mesa, acendeu a luz, olhou para o relógio ao lado do mata-borrão e então para Reymann.

– Meu caro general – ele disse de modo brando –, quando e se uma evacuação for necessária, serei *eu* o responsável por tomar esta decisão.

E então rosnou:

– Não pretendo, porém, semear o pânico em Berlim ordenando algo desse tipo agora! Ainda há muito tempo! Muito tempo!

Ele os dispensou.

– Boa-noite, cavalheiros.

Ao deixar o prédio, Reymann e Refior pararam nos degraus por um momento. O general Reymann olhou fixamente para a cidade. Embora as sirenes não tivessem soado, à longa distância os holofotes militares começavam a vasculhar o céu. Enquanto Reymann calçava vagarosamente as luvas, disse a Refior:

– Estamos diante de um problema que não podemos resolver; não há qualquer chance de sucesso. Só posso esperar que algum milagre aconteça e mude nossa sorte, ou que a guerra termine antes que Berlim seja sitiada.

Ele olhou para seu chefe de Estado-Maior.

– Caso contrário – acrescentou –, que Deus proteja os berlinenses.

Um pouco mais tarde, em seu posto de comando no Hohenzollerndamm, Reymann recebeu um chamado do OKH (Comando Maior do Exército). Além do supremo comandante, Hitler, e do *Gauleiter* de Berlim, Goebbels,

Reymann agora descobrira que ele estava subordinado ainda a outra autoridade. Arranjos estavam sendo feitos, ele foi informado, para que a área de defesa de Berlim ficasse a cargo do Grupo de Exército Vistula e de seu comandante, o coronel-general Gotthard Heinrici. Reymann sentiu as primeiras chamas de esperança ao ler o nome de Heinrici. Ele instruiu Refior para que se reportasse assim que possível à equipe do Grupo de Exército Vistula. Havia apenas uma coisa que o preocupava. Ele se perguntava como Heinrici se sentiria ao ter que cuidar de Berlim e ao mesmo tempo preparar a defesa contra o ataque dos russos no Oder. Reymann conhecia bem Heinrici. Ele podia imaginar a reação do *Giftzwerg* quando soubesse da novidade.

– Isso é um absurdo! – grunhiu Heinrici. – Um absurdo!

Olhou para o novo chefe de Estado-Maior do Grupo de Exército Vistula, tenente-general Eberhard Kinzel, e para seu chefe de Operações, coronel Hans Eismann, e permaneceu em silêncio. Não havia nada a ser dito. "Absurdo" parecia ser um consenso. A proposta de anexar a área de defesa de Berlim ao controle do já pressionado Heinrici, justo nesse momento, soava impossível para os dois oficiais. Nenhum deles conseguia ver como Heinrici poderia dirigir ou mesmo supervisionar as operações de defesa de Reymann. Apenas a questão da distância já inviabilizava o plano; o quartel-general do Vistula distava mais de oitenta quilômetros de Berlim. E estava claro que quem quer que tivesse tido a idéia parecia saber muito pouco a respeito dos atordoantes problemas que Heinrici enfrentava.

Mais cedo naquela noite, os oficiais do departamento de operações do OKH (Comando Maior do Exército) haviam meticulosamente apresentado a proposta de defesa de Berlim para Kinzel. A proposta foi levada adiante de modo experimental – quase como uma sugestão. Agora, enquanto Heinrici caminhava pelo escritório, com suas calças antiquadas ainda cobertas pela lama do *front*, deixou claro para seus subordinados que, no que dependesse de sua vontade, o plano continuaria como estava – apenas uma sugestão. O Grupo de Exército Vistula tinha uma tarefa: deter os russos no Oder. "A menos que eu seja forçado", disse Heinrici, "não pretendo aceitar a responsabilidade sobre Berlim."

Isso não significava que ele não estivesse ciente da terrível situação dos habitantes da cidade. De fato, o destino da população de Berlim, quase três milhões de pessoas, não saía da cabeça de Heinrici. Apavorava-o a idéia de que a cidade se transformasse em um campo de batalha; ele sabia melhor do que ninguém o que acontecia aos civis pegos no meio da fúria da artilharia e dos combates de rua. Acreditava que os russos seriam impiedosos, e no calor da batalha ele não esperava que eles fossem fazer qualquer discriminação entre soldados e civis. Apesar disso, naquele momento era impensável que ele pudesse assumir o encargo do problema de Berlim e de sua população civil. O Grupo de Exército Vistula era a única barreira entre a cidade e os russos, e, como sempre, a principal preocupação de Heinrici eram seus soldados. O rude e beligerante *Giftzwerg* estava furioso com Hitler e o chefe do OKH, Guderian, pelo que parecia para ele o sacrifício deliberado da vida dos seus homens.

Voltando-se para Kinzel, ele disse:

– Ponha-me em contato com Guderian.

Desde que assumira o comando havia uma semana, Heinrici estivera constantemente no *front*. Incansavelmente, ele viajara de quartel-general em quartel-general, visitando as tropas da linha de frente em suas trincheiras e casamatas. Ele rapidamente descobrira que suas suspeitas eram bem fundadas: os nomes de suas divisões existiam apenas no papel. Estava consternado em descobrir que a maioria das unidades havia sido engordada com sobras de tropas e com os remanescentes das gloriosas divisões de outrora, agora reduzidas a poucos homens. Entre essas forças, Heinrici encontrava inclusive unidades não-germânicas. Eram as divisões "nórdicas" e "holandesas", compostas por voluntários pró-nazistas da Noruega e da Holanda, e uma formação com antigos prisioneiros de guerra russos sob o comando do ex-defensor de Kiev, um soldado distinto chamado tenente-general Andrei A. Vlasov. Após sua rendição em 1942, ele fora persuadido a organizar um exército russo pró-Alemanha e anti-stalinista. As tropas de Vlasov preocupavam Heinrici: parecia-lhe que eles estavam prontos para desertar na primeira oportunidade. Algumas das forças *panzer* de Heinrici estavam em boas condições, e ele dependia enormemente delas. Mas o quadro geral era triste. Os relatórios da Inteligência davam conta de que o número de soldados russos poderia chegar a três milhões. Entre o Terceiro Exército Panzer de Von Manteuffel ao norte e o Nono Exército de Busse no setor sul, Heinrici tinha à sua disposição um total de cerca de 482 mil homens e quase nenhuma reserva.

Além de possuir pouquíssimas tropas experimentadas em combate, Heinrici estava em grande desvantagem de equipamentos e suprimentos. Ele precisava de tanques, metralhadoras motorizadas, equipamentos de comunicação, artilharia, gasolina, munição, mesmo rifles. Tão limitados eram os suprimentos que o coronel Eismann, oficial de Operações, descobriu que algumas reposições haviam chegado ao *front* com bazucas e armas antitanques em vez de rifles – e apenas um projétil para cada uma dessas novas armas.

– Isso é uma loucura! – Eismann disse a Heinrici. – Como esses homens poderão lutar depois que tiverem disparado seu único tiro? O que o OKH espera que eles façam? Que usem suas armas vazias como tacos e cassetetes? Isso é genocídio.

Heinrici concordou.

– O OKH supõe que os homens devam esperar pelos desígnios do destino. Eu não.

Por todos os meios à sua disposição, Heinrici tentava organizar a situação de seus equipamentos e suprimentos, mesmo que alguns artigos tivessem simplesmente desaparecido.

Sua maior lacuna estava na artilharia. Os russos começavam a construir pontes sobre o Oder e em suas proximidades pantanosas. Em alguns lugares as áreas alagadas do rio superavam em mais de três quilômetros as suas margens originais. Forças navais especiais, sob o comando de Heinrici, haviam instalado minas com flutuadores pelo rio para destruir as barcaças, mas os russos imediatamente contra-atacaram espalhando redes de proteção. Bombardear as pontes que estavam sendo construídas utilizando a força aérea era algo fora de questão. Os oficias da Luftwaffe haviam informado Heinrici de que eles não tinham nem aeronaves nem gasolina para o trabalho. O máximo que eles poderiam oferecer eram pequenos aviões para missões de reconhecimento. Havia apenas um meio de deter a velocidade febril com que os russos se lançavam à construção: artilharia. Justamente a maior deficiência de Heinrici.

Para fazer frente a essa desastrosa escassez, ele ordenara que as metralhadoras antiaéreas fossem usadas como armas de campo. Ainda que isso representasse menos proteção contra os ataques aéreos russos, Heinrici advogava que as armas teriam maior utilidade no campo de batalha. E, de fato, a manobra trouxe certo alívio à situação. Somente na área de Stettin, o Terceiro Exército Panzer conseguiu seiscentas metralhadoras antiaéreas. Cada uma tinha que ser calçada com concreto, pois eram muito grandes e difíceis de manejar se acopladas a veículos. Estavam ajudando, na medida em que eram posicionadas de forma ameaçadora, a tapar os buracos, muito embora tivessem que ser usadas somente em casos de extrema necessidade. A falta de munição era tão severa que Heinrici estava determinado a poupar tudo o que pudesse para gastar no início do ataque do Exército Vermelho. Ainda assim, como ele disse para sua equipe, "por mais que não tenhamos armas nem munições suficientes para interromper a construção russa, pelo menos estamos atrasando o seu progresso". O coronel Eismann enxergava a situação de modo mais pessimista. "O Grupo de Exército poderia ser comparado a um coelho", mais tarde ele relataria, "assistindo enfeitiçado a uma serpente que quer devorá-lo. Não consegue mover um músculo, mas espera pelo momento em que a serpente irá atacá-lo com a rapidez de um relâmpago... O general Heinrici não queria admitir o fato de que o Grupo de Exército não poderia tomar nenhuma medida significativa baseado em sua própria força."

Contudo, em apenas uma semana de comando, Heinrici havia aberto caminho através de uma série de dificuldades que pareciam insuperáveis. Como fizera em Moscou, Heinrici havia lisonjeado e estimulado suas tropas, falado rispidamente com elas e as louvado, em um esforço para dar-lhes um moral de combate, uma resistência que desse mais tempo a ele e que ajudasse a salvar a vida dos seus próprios soldados. Quaisquer que fossem os sentimentos pessoais do general, para seus oficiais e homens ele era o lendário, destemido e inquebrantável Heinrici. E, fiel ao personagem, ele seguia lutando contra a "loucura e má avaliação" dos oficiais do Comando Maior.

Nesse exato instante, seu temperamento irascível estava voltado diretamente para Hitler e para o chefe do OKH, Guderian. Em 23 de março, o Nono Exército do general Busse havia atacado duas vezes, em um esforço desesperado para romper o isolamento dos defensores de Küstrin, a cidade que os russos haviam cercado no dia em que Heinrici assumira o comando das mãos de Himmler. Heinrici concordara com as táticas de Busse. Sentiu que elas ofereciam a única chance de libertar a cidade antes que os russos consolidassem as suas posições. Mas os russos mostraram-se muito mais fortes; os dois ataques provaram-se desastrosos.

Heinrici, ao reportar o resultado a Guderian, foi informado de modo seco:

– Deve haver um outro ataque.

Hitler assim o queria; e também Guderian.

– Isso é loucura – replicou duramente Heinrici. – Gostaria de sugerir que as unidades *panzer* em Küstrin recebessem ordens de retirada. É a única coisa sensata a fazer.

Guderian encolerizou-se com a proposta.

– O ataque deve ser organizado – ele gritou.

Em 27 de março, Busse mais uma vez lançou suas tropas contra Küstrin. Tão feroz foi o ataque que algumas de suas forças *panzer* conseguiram, de fato, romper a barreira ao redor da cidade. Mas então os russos esmagaram o assalto alemão usando fogo de artilharia. No quartel-general, Heinrici falou sem rodeios.

– O ataque – ele disse – resultou em um massacre. O Nono Exército sofreu perdas inacreditáveis em troca de absolutamente nada.

Mesmo agora, no dia seguinte, sua raiva ainda não fora aplacada. Enquanto esperava pela ligação de Guderian, Heinrici caminhava de lá para cá em seu escritório, resmungando seguidamente a mesma palavra: "Fiasco!". Independente do que pudesse lhe acontecer pessoalmente, quando Guderian o chamasse, Heinrici pretendia acusar o superior pelo sangrento massacre de oito mil homens – quase uma divisão inteira fora perdida no ataque a Küstrin.

O telefone tocou e Kinzel atendeu.

– É de Zossen – ele disse a Heinrici.

A voz suave do tenente-general Hans Krebs, chefe de Estado-Maior do OKH, não era a que Heinrici esperava.

– Eu queria falar com Guderian – ele disse.

Krebs voltou a falar. O rosto do *Giftzwerg* foi se endurecendo à medida que ele ouvia o que o outro tinha a dizer. Seus oficiais, que o observavam, perguntavam-se o que estava acontecendo.

– Quando? – perguntou Heinrici.

Novamente pôs-se a ouvir; então, de modo abrupto, disse, "obrigado", e colocou o fone no gancho. Voltando-se para Kinzel e Eismann, Heinrici falou em voz baixa:

– Guderian não é mais o chefe do OKH. Hitler o substituiu no comando esta tarde.

Para seus oficiais atônitos, ele acrescentou:

– Krebs diz que Guderian está doente, mas que não sabe exatamente o que aconteceu.

A raiva de Heinrici havia se evaporado completamente. Ele fez apenas mais uma observação.

– Este não é o estilo de Guderian – comentou, imerso em pensamentos. – Ele nem ao menos se despediu.

Foi somente tarde daquela noite que a equipe de Heinrici foi capaz de compor o quebra-cabeça. À dispensa de Guderian seguira-se uma das mais violentas cenas já testemunhadas na Reichskanzlei. A conferência do meio-dia começara de forma um tanto tranqüila, mas havia uma hostilidade velada prestes a aflorar. Guderian escrevera um memorando ao Führer explicando por que o ataque a Küstrin havia falhado. Hitler ficou desgostoso não apenas com o tom adotado por Guderian, mas também com a defesa que este fez do Nono Exército e, em particular, do general Busse. O Führer pegara Busse para bode expiatório e ordenara que ele comparecesse à reunião e fizesse um relatório completo.

Como de costume, os principais conselheiros militares de Hitler estavam presentes. Somando-se a Guderian e Busse estavam o chefe de Estado-Maior de Hitler, Keitel; seu chefe de Operações, Jodl; o adjunto do Führer, Burgdorf; diversos outros oficiais seniores e vários ajudantes. Por muitos minutos, Hitler ouviu o resumo que o general fez da atual situação, e então Busse foi convidado a fazer o seu relatório. Ele começou fazendo um rápido esboço de como o ataque fora efetuado e que forças foram empregadas. Hitler começou a mostrar contrariedade. Subitamente, ele interrompeu o relato.

– Por que o ataque falhou? – ele gritou. Ato contínuo, respondeu a própria questão: – Por incompetência! Por negligência!

Seguiu lançando impropérios contra Busse, Guderian e contra o Comando Maior inteiro. Todos eram "incompetentes". O ataque a Küstrin foi lançado, ele vociferou, "sem a devida preparação da artilharia!". Então ele se voltou na direção de Guderian:

– Se Busse não tinha suficiente munição como você alega, por que você não lhe forneceu mais?

Houve um momento de silêncio. Então Guderian começou a falar de modo calmo.

– Já expliquei que...

Hitler, fazendo um gesto com o braço, lhe cortou a fala.

– Explicações! Desculpas! É tudo o que *você* me oferece! – ele gritou. – Bem, então me diga quem é o responsável por nossa derrota em Küstrin: as tropas ou Busse?

Guderian repentinamente explodiu:

– Absurdo! – ele bramiu. – Isso é um absurdo!

Ele quase cuspia as palavras. Furioso, a face avermelhada, lançou-se em uma invectiva.

– Busse não é culpado de nada! Eu já lhe disse isso! – ele gritou. – Ele estava seguindo ordens! Busse utilizou toda munição de que dispunha! Toda! Até o último cartucho!

A fúria de Guderian era monumental. Ele lutava para encontrar as palavras.

– E querer culpar as tropas... olhe o número de baixas! Veja quantos morreram! As tropas fizeram sua parte! O modo como sacrificaram as próprias vidas é prova cabal de sua doação!

Hitler gritou em resposta:

– Eles falharam! Falharam!

Guderian, com o rosto em fogo, bradou a plenos pulmões:

– Devo pedir que... Devo pedir que você *não* faça mais nenhuma acusação contra Busse ou suas tropas!

Os dois homens há muito tinham ultrapassado o patamar de qualquer discussão razoável, mas ambos continuaram se altercando. Face a face, Guderian e Hitler engajaram-se em uma troca tão furiosa e terrível de acusações que os oficiais e ajudantes ficaram paralisados, em estado de choque. Hitler, atacando violentamente o seu Estado-Maior, chamou a todos de "molengas", "idiotas" e "estúpidos". Afirmou que eles o haviam constantemente "induzido ao erro", que havia sido "mal informado" e "enganado". Guderian questionou a autoridade do Führer em dizer que fora "mal informado" e "induzido ao erro". Por acaso o parecer da Inteligência do general Gehlen sobre a força dos russos estava errado?

– Não! – berrou Guderian.

– Gehlen é um idiota! – retorquiu Hitler.

– E quanto às dezoito divisões que continuam cercando os Estados Bálticos em Courland? Quem – bufou Guderian – levou-o ao erro nesta questão? Exatamente quando – ele exigiu do Führer – você pretende evacuar a força de Courland?

Tão violento e estrondoso foi o encontro que depois do ocorrido ninguém conseguiu lembrar exatamente da seqüência da querela.* Mesmo Busse, o inocente pivô da crise, foi incapaz de relatar posteriormente a Heinrici o que se passara em cada detalhe.

– Nós ficamos quase paralisados – ele disse. – Não podíamos acreditar no que estava acontecendo.

Jodl foi o primeiro a reagir. Ele agarrou Guderian, que continuava gritando, pelo braço.

– Por favor! Por favor – ele implorou –, acalme-se.

---

* Há muitas versões da seqüência, desde um detalhado relatório em *Flight in the Winter,* de Juergen Thorwald, a um relato de duas linhas em *Die Leitzen Tage der Reichskanzlei,* de Gerhard Boldt, um dos ajudantes de Guderian. Tratando rapidamente do assunto, Boldt escreve que Hitler aconselhou o chefe do OKH "a ir se tratar em um spa" e Guderian "aceitou a dica". Ele dá a data da conferência como sendo no dia 20 de março, sete dias antes do fatídico ataque a Küstrin. Guderian, em suas memórias, *Panzer Leader*, dá o dia e a data precisa como sendo duas da tarde de 28 de março. Em sua maior parte, a reconstituição que faço é baseada nas memórias de Guderian, apoiada por entrevistas com Heinrici, Busse e seus respectivos auxiliares. (N. do A.)

Ele puxou Guderian de lado. Keitel e Burgdorf ocuparam-se de Hitler, que havia desabado repentinamente, exausto, sobre uma cadeira. O ajudante de Guderian, o major Freytag Von Loringhoven, ainda horrorizado e certo de que o chefe seria preso se ele não o retirasse imediatamente da sala, saiu às pressas e ligou para Krebs, o chefe de Estado-Maior de Zossen, e contou-lhe o acontecido. Von Loringhoven implorou a Krebs que falasse com Guderian pelo telefone e, com o pretexto de que havia novidades urgentes no *front*, entabulasse uma conversa até que o general estivesse mais calmo. Com dificuldade, Guderian foi persuadido a deixar a sala. Krebs, no passado um mestre em manipular as informações para adequá-las às circunstâncias, não teve qualquer problema para conseguir a completa atenção de Guderian por mais de quinze minutos – ao fim dos quais o chefe do Comando Maior do Exército já estava novamente com suas emoções controladas.

Durante o intervalo, o Führer também havia se acalmado. Quando Guderian retornou, Hitler conduzia a conferência como se quase nada tivesse acontecido. Vendo-o entrar, o Führer ordenou que todos saíssem da sala com exceção de Keitel e Guderian. Então, ele disse friamente:

– Coronel-general Guderian, sua saúde física exige que você tire imediatamente seis semanas de descanso.

Com uma voz que não traía qualquer emoção, Guderian disse:

– Eu irei.

Hitler, contudo, ainda não havia terminado.

– Por favor, espere até o final da conferência – ele ordenou.

Passaram-se muitas horas antes que a reunião fosse encerrada. Àquela altura, Hitler foi quase solícito.

– Por favor, faça o possível para recuperar sua saúde – ele disse. – Em seis semanas a situação será extremamente crítica. Então precisarei de você com urgência. Para onde está pensando em ir?

Keitel também queria saber. Desconfiado desse súbito interesse, Guderian prudentemente decidiu não lhes revelar seus planos. Pedindo licença, abandonou a Reichskanzlei. Guderian agora era passado. O inovador das técnicas *panzer*, o último dos grandes generais de Hitler se fora; com ele também os últimos vestígios de racionalidade no Comando Maior da Alemanha.

Às seis horas da manhã seguinte, quinta-feira, 29 de março, Heinrici tinha bons motivos para sentir a perda de Guderian. Ele recém recebera uma mensagem em teletipo informando-o de que Hitler havia designado Krebs como chefe do OKH. Krebs era um homem de fala mansa e um apoiador fanático de Hitler; era ampla e profundamente desprezado. Entre o pessoal do Vistula, a notícia de sua nomeação, seguida de tão perto pela partida de Guderian, produziu uma atmosfera de abatimento. O chefe de Operações, coronel Eismann, resumiu o espírito predominante. Como mais tarde registraria: "Este homem, com seu eterno e amigável sorriso, lembrava-me de algum modo uma pequena corça... estava claro o que poderíamos esperar. Krebs tinha apenas que falar pomposamente umas poucas frases confiantes – e a situação voltava a ficar cor-de-rosa. Hitler conseguiria um apoio muito melhor dele do que de Guderian".

Heinrici não fez qualquer comentário sobre a nomeação. A defesa espirituosa que Guderian fez de Busse salvara não só este comandante, mas também garantiu que não houvesse mais ataques suicidas contra Küstrin. Por isso, Heinrici era grato ao homem de quem tantas vezes discordara. Ele sentiria a falta de Guderian, pois conhecia Krebs de longa data e podia esperar muito pouca ajuda da parte dele. Não haveria ninguém que falasse francamente, como Guderian fazia, na hora em que tivesse que discutir com Hitler o problema do *front* do Oder. Heinrici teria que ver o Führer para uma conferência completa na sexta-feira, 6 de abril.

O carro estacionou do lado de fora do principal prédio do quartel-general Vistula um pouco depois das nove da manhã, no dia 29 de março, e dele saiu o chefe de Estado-Maior, um berlinense de 1m83 e ombros largos. O enérgico coronel Hans "Teddy" Refior esperava cheio de entusiasmo por seu encontro com o chefe de Estado-Maior de Heinrici, general Kinzel. Ele nutria grandes esperanças de que a conferência corresse bem; ficar sob o comando de Heinrici seria a melhor coisa que poderia acontecer para a Área de Defesa de Berlim. Trazendo mapas e diagramas para sua apresentação, o robusto Refior, de 39 anos, entrou no prédio. Por menor que fosse a guarnição de Berlim, Refior acreditava, como mais tarde escreveu em seu diário, que Heinrici "ficaria satisfeito em ver suas forças aumentadas".

Ele teve seu primeiro momento de dúvida quando encontrou o chefe de Estado-Maior. O cumprimento de Kinzel foi contido, se não descortês. Refior esperara que seu velho colega, o coronel Eismann, estivesse presente – eles haviam se debruçado sobre a situação de Berlim havia poucas semanas –, mas Kinzel o recebeu sozinho. O chefe de Estado-Maior parecia incomodado, seus modos beirando a impaciência. Seguindo a disposição de espírito de Kinzel, Refior abriu seus mapas e diagramas e rapidamente começou a relatar os fatos.

A falta de uma autoridade maior para dirigir Reymann havia produzido uma situação quase insustentável para o comando berlinense, ele explicou. "Quando perguntamos ao OKH se ficaríamos sob seu controle, recebemos a resposta de que 'o OKH é responsável apenas pelo *front* oriental. Vocês devem seguir as ordens do OKW (Comando Maior das Forças Armadas)'. Então fomos até o OKW. Eles disseram, 'Por que recorrer a nós? Berlim está voltada para leste – vocês são responsabilidade do OKH'." Enquanto Refior falava, Kinzel examinava os mapas e a disposição das forças de Berlim. Subitamente, Kinzel olhou para Refior e de modo brando transmitiu-lhe a decisão tomada por Heinrici na noite anterior de não aceitar o encargo da defesa da cidade. Então, como Refior mais tarde registraria, Kinzel falou rapidamente sobre Hitler, Goebbels e os outros burocratas.

– No que me diz respeito – ele disse –, aqueles malucos em Berlim podem cozinhar em seu próprio suco.

Dirigindo de volta a Berlim, Refior, com seu vivo entusiasmo despedaçado, percebeu pela primeira vez o que significava ser um "órfão rejeitado". Ele amava Berlim. Ele freqüentara a Academia de Guerra na capital, ali casara e criara duas crianças – um menino e uma menina. Agora, parecia-lhe que estava trabalhando em uma crescente solidão para defender a cidade em que havia passado os anos mais felizes de sua vida. Ninguém na cadeia de comando estava preparado para tomar o que Refior enxergava como a mais grave de todas as decisões: a responsabilidade pela defesa e preservação de Berlim.

Tudo o que restava para ele fazer era guardar em uma pequena mala os poucos pertences que estavam sobre sua mesa. Despedira-se de sua equipe, apresentara seu sucessor, Krebs, e agora o coronel-general Heinz Guderian estava pronto para deixar seu quartel-general em Zossen, sendo seu destino final um segredo bem-guardado. Primeiramente, Guderian pretendia ir com sua esposa para um sanatório próximo a Munique, onde poderia tratar seu coração doente. Depois, planejava seguir para o único lugar tranqüilo que sobrara na Alemanha: o sul da Bavária. As únicas atividades naquela região se davam ao redor dos hospitais do exército e das casas de convalescença, com seus generais aposentados ou destituídos e com seus oficiais de governo evacuados junto com seus departamentos. O general havia escolhido com cuidado. Ele ficaria de fora da guerra, no pacífico clima dos alpes da Bavária. Como ex-chefe do OKH, Guderian sabia que absolutamente nada estava acontecendo naquele lugar.

2

Era Sexta-Feira da Paixão, 30 de março, início do fim de semana da Páscoa. Em Warm Springs, Geórgia, o presidente Roosevelt havia chegado para uma estada na Pequena Casa Branca; perto da estação ferroviária, uma multidão esperava sob o sol escaldante para cumprimentá-lo, como era de costume. À primeira aparição do presidente, um murmúrio de surpresa escapou dos espectadores. Ele saiu do trem quase inerte, o corpo tremendo, carregado nos braços de um homem do Serviço Secreto. Não houve nenhum aceno faceiro, nenhuma piada bem-humorada para ser dividida com a multidão. Para muitos, Roosevelt parecia quase comatoso, apenas vagamente consciente do que acontecia ao seu redor. Chocadas e apreensivas, as pessoas assistiram em silêncio à limusine que se afastava devagar.

Em Moscou, o tempo estava atipicamente brando. Do seu apartamento de segundo andar no prédio da embaixada na rua Mokhavaya, o major-general John R. Deane olhava fixamente para as cúpulas verdes em estilo bizantino e para os minaretes do Kremlin do outro lado da praça. Deane, chefe da Missão Militar dos EUA, e seu colega britânico, marechal Ernest R. Archer, esperavam pela confirmação de seus respectivos embaixadores, W. Averell Harriman e *sir* Archibald Clark-Kerr, de que uma reunião com Stalin havia sido agendada. Na conferência, eles entregariam ao líder russo o "SCAF 252", o telegrama que havia chegado do general Eisenhower no dia anterior (o qual o presidente enfermo dos EUA não tinha visto).

Em Londres, Winston Churchill, um charuto projetando-se de sua boca, acenou para a platéia do lado de fora do número 10 da rua Downing. Ele se preparava para seguir de carro até Chequers, a residência oficial de 280 hectares dos primeiros-ministros britânicos em Buckinghamshire. Apesar de sua aparência alegre, Churchill estava irritado e preocupado. Entre seus documentos estava uma cópia do telegrama do supremo comandante a Stalin. Pela primeira vez em quase três anos de íntima cooperação, o primeiro-ministro estava furioso com Eisenhower.

A reação britânica ao telegrama de Eisenhower vinha sendo armada por mais de 24 horas. Primeiramente os britânicos se sentiram desnorteados, passando posteriormente a um estado de choque e finalmente chegando à irritação. Assim como o Estado-Maior Combinado em Washington, Londres ficara sabendo da mensagem em segunda mão – por meio de cópias classificadas como "meramente informativas". Nem mesmo o representante do supremo comandante marechal-comandante do ar *sir* Arthur Tedder fora informado de antemão sobre o telegrama; Londres não soubera nada por parte dele. Mesmo Churchill foi pego completamente desprevenido. Lembrando-se da mensagem de Montgomery que anunciava em 27 de março seu avanço pelo Elba e "de lá, eu espero, pela auto-estrada até Berlim", o primeiro-ministro escreveu às pressas uma nota para seu chefe de Estado-Maior, general *sir* Hastings Ismay. A mensagem de Eisenhower para Stalin, ele escreveu, "parece se diferenciar bastante do relato que chega de Montgomery do Elba. Por favor, explique". No momento, era algo que Ismay não podia fazer.

Àquela altura, Montgomery deu a seus superiores uma nova surpresa. O poderoso Nono Exército dos EUA, ele reportou ao marechal-de-campo Brooke, seria transferido de seu comando de volta para o 12º Grupo de Exército de Bradley, que faria então um ataque central visando as regiões de Leipzig e Dresden. "Considero que estamos prestes a cometer um terrível erro", disse Montgomery.

Novamente os britânicos encolerizaram-se. Em primeiro lugar, tal tipo de informação deveria vir de Eisenhower, não de Montgomery. Mas o pior: para Londres o supremo comandante parecia estar tomando decisões demais sem consultar ninguém. No ponto de vista da Grã-Bretanha, negociando diretamente com Stalin, ele não apenas ultrapassara em muito a autoridade que lhe fora designada, mas também mudara os planos há muito estabelecidos sem aviso prévio. Em vez de atacar através das planícies ao norte da Alemanha com o 21º Grupo de Exército de Montgomery, que fora especialmente montado para esse ataque, Eisenhower havia subitamente recorrido a Bradley para fazer a última ofensiva da guerra rumo ao coração do Reich. Brooke resumiu amargamente o posicionamento britânico: "Para começar, Eisenhower não tem o direito de negociar diretamente com Stalin, seus comunicados devem ser feitos através do Estado-Maior Combinado; em segundo lugar, ele produziu um telegrama que era ininteligível; e finalmente, o que estava implicado nele parecia estar ao sabor da corrente e ia de encontro a tudo o que fora combinado até então". Na tarde de 29 de março, Brooke, irado, sem consultar Churchill, despachou um violento protesto a Washington. Um debate amargo e cáustico começava lentamente a se estabelecer ao redor do SCAF 252.

Simultaneamente, em Moscou, o general Deane, tendo tomado as primeiras medidas para arranjar um encontro com Stalin, mandou um telegrama para Eisenhower. Deane queria "mais informações de suporte caso [Stalin] queira discutir seus planos em mais detalhes". Depois de meses de negociações frustradas com os russos, Deane sabia muito bem o que o generalíssimo perguntaria e tratou de inteirar Eisenhower: "1) A atual composição dos Exércitos; 2) Um esquema um pouco mais detalhado das manobras; 3) Que Exército ou Exércitos você planeja utilizar para os avanços principal e secundário...; 4) Um resumo das atuais disposições e intenções do inimigo". O SQFEA rapidamente forneceu-lhe as informações. Às 8h15 daquela noite, a Inteligência estava a caminho de Moscou. Deane levava consigo a composição das forças anglo-americanas e sua ordem de batalha de norte a sul. Tão detalhada era a informação que mesmo a mudança de comando no Nono Exército dos EUA de Montgomery para Bradley estava incluída.

Cinqüenta e um minutos depois, o SQFEA recebeu um comunicado de Montgomery. Ele estava compreensivelmente angustiado. Com a perda do Exército de Simpson, a força de sua ofensiva contra Berlim foi esvaziada e sua chance de triunfalmente capturar Berlim parecia perdida. Mas ele continuava esperançoso de persuadir Eisenhower a adiar a transferência. Ele mandou uma mensagem com uma delicadeza incomum. "Percebi", ele disse, "que você pretende mudar a ordem de comando. Se você acha que isso é necessário, peço que não o faça até que possamos alcançar o Elba, pois tal ação atrapalharia o grande movimento que está começando a se desenvolver."

Os superiores britânicos de Montgomery não estavam dispostos a tal delicadeza, como logo os oficiais de Washington iriam descobrir. No Pentágono, o protesto de Brooke foi formalmente entregue ao general Marshall pelo representante britânico no Estado-Maior Combinado, marechal-de-campo *sir* Henry Maitland Wilson. A nota britânica condenava o procedimento que Eisenhower adotara ao estabelecer comunicação com Stalin e acusava o supremo comandante de ter alterado os planos. Marshall, ao mesmo tempo surpreso e preocupado, imediatamente mandou uma mensagem via rádio com Eisenhower. Sua mensagem foi basicamente um repasse do protesto britânico. O protesto afirmava, ele disse, que a estratégia existente deveria ser seguida – que a investida de Montgomery em direção ao norte asseguraria a conquista dos portos germânicos e desse modo "anularia amplamente a guerra com U-boat", além de possibilitar a libertação da Holanda, da Dinamarca, o restabelecimento das comunicações com a Suécia, disponibilizando "aproximadamente dois milhões de toneladas em barcos noruegueses e suecos que estavam ociosos em portos suecos". Os líderes britânicos, Marshall citou, "acreditavam fortemente que a principal ofensiva... deveria se dar através das planícies a noroeste da Alemanha com o objetivo de capturar Berlim...".

Para amainar as críticas britânicas e para refazer o quanto antes a unidade anglo-americana, Marshall estava preparado a dar latitude e compreensão para os dois lados. Ainda assim, sua própria surpresa e aborrecimento com as ações do supremo comandante transpareceram nos últimos parágrafos de sua mensagem: "Antes de despachar o SCAF 252, os aspectos navais do plano britânico foram considerados?". Ele terminou com: "Suas opiniões são requisitadas em caráter de urgência".

Um homem acima de todos os outros considerava a situação urgente e propensa ao caos. A ansiedade de Winston Churchill crescia praticamente a cada hora. O incidente de Eisenhower eclodira justamente no momento em que as relações entre os três aliados não estavam indo bem. Era um período crítico, e Churchill sentia-se completamente só. Ele não sabia o quão doente estava Roosevelt, mas já há algum tempo vinha se sentindo confuso e desconfortável com sua correspondência com o presidente. Como mais tarde ele expressou: "Nos meus longos telegramas eu pensava estar falando com meu amigo e colega confiável... [mas] eu não era mais completamente ouvido por ele... várias mãos combinadas redigiam as respostas que eram mandadas em seu nome... Roosevelt só podia dar a linha geral e sua aprovação... e mesmo assim levava semanas para fazê-lo".

Ainda mais preocupante era a rápida deterioração política que já se fazia evidente entre o Oeste e a Rússia. As suspeitas de Churchill sobre as intenções de Stalin no pós-guerra cresceram verticalmente desde Yalta. O premier soviético descumpriu peremptoriamente as promessas lá feitas; quase que diariamente, novas e ameaçadoras inclinações apareciam. A Europa oriental vinha sendo vagarosamente engolida pela URSS; os bombardeiros anglo-americanos, aterrissados atrás das linhas do Exército Vermelho por falta de combustível ou problemas mecânicos, vinham sendo aprisionados com suas tripulações; bases aéreas e instalações prometidas por Stalin para o uso de bombardeiros americanos foram subitamente negadas; os russos, com livre acesso garantido para libertar os seus compatriotas dos campos de prisioneiros na Alemanha Ocidental a fim de repatriar suas tropas recusaram similar permissão aos representantes ocidentais, seja para entrar, evacuar ou, até mesmo, assistir os soldados anglo-americanos nos campos da Europa Oriental. Pior, Stalin fizera a acusação de que "os ex-prisioneiros de guerra soviéticos nos campos dos EUA... foram sujeitados a maus-tratos, perseguições indevidas e inclusive espancamento". Quando os alemães na Itália tentaram negociar secretamente a rendição de suas forças, a reação russa foi divulgar uma nota insultante acusando os Aliados de sub-repticiamente conversarem com o inimigo "pelas costas da União Soviética, que estava suportando a parte mais difícil da guerra..."*.

E agora vinha essa mensagem de Eisenhower para Stalin. Em uma ocasião em que a escolha dos objetivos militares poderia muito bem determinar o futuro da Europa no pós-guerra, Churchill considerou que a comunicação de Eisenhower com o ditador soviético constituía uma perigosa intervenção na estratégia política e global – domínios que eram estritamente da alçada de Roosevelt e do primeiro-ministro. Para Churchill, Berlim era de crucial importância política, e agora era como se Eisenhower tivesse desistido de um esforço final para capturar a cidade.

Antes da meia-noite do dia 29 de março, Churchill chamara Eisenhower pelo telefone protegido e pediu um esclarecimento sobre os planos do supremo comandante. O primeiro-ministro cuidadosamente evitou a menção do telegrama para Stalin. Em vez disso, frisou a importância política de Berlim e argumentou que Montgomery deveria receber permissão para continuar sua ofensiva rumo ao norte. Era de fundamental importância, segundo Churchill, que os Aliados capturassem a capital antes dos russos. Naquele dia 30 de março, ao começar o trajeto de cem quilômetros até Chequers, ele ponderava com grande preocupação sobre a resposta do supremo comandante. "Berlim não é mais um objetivo militar importante."

Em Reims, a indignação de Dwight Eisenhower crescia no mesmo ritmo dos protestos britânicos. A reação de Londres ao freio da ofensiva de Montgomery pelo norte o surpreendera por sua veemência, mas ainda mais espantoso para Eisenhower fora a tempestade armada em torno do seu telegrama a Stalin. Não conseguia ver qualquer razão para tamanha controvérsia. Ele acreditava que sua ação fora ao mesmo tempo correta e essencial do ponto de vista militar, e não era sem encolerizar-se que via sua decisão ser desafiada. Dono de um temperamento explosivo, Eisenhower era agora o mais furioso entre todos os líderes aliados.

Na manhã de 30 de março, ele começou a responder às mensagens de Washington e Londres. Seu primeiro movimento foi enviar uma confirmação do recebimento do telegrama de Marshall que chegara durante a noite. Prometeu oferecer uma resposta mais detalhada dentro de poucas horas, mas para o momento simplesmente afirmou que os planos seguiam inalterados e

* Churchill havia mostrado essa nota russa para Eisenhower no dia 24 de março, e o supremo comandante, ele escreveu mais tarde, "parecia profundamente irritado com o que ele considerava a mais injusta e infundada das acusações sobre nossa boa-fé". (N. do A.)

que a acusação britânica "não está de nenhum modo baseada na realidade... Meu plano garantirá a tomada dos portos e todas as outras coisas na costa norte muito mais rápido e de forma mais decisiva do que a dispersão agora exigida de mim por meio dessa mensagem que Wilson lhe enviou".

Depois, em resposta ao pedido feito em um telefonema noturno do primeiro-ministro, ele enviou a Churchill detalhes adicionais, esclarecendo as ordens que haviam sido dadas a Montgomery. "Sujeito às intenções russas", uma ofensiva central para Leipzig e Dresden sob o comando de Bradley parece ter sido pedida para que cortasse os exércitos alemães "aproximadamente ao meio... destruindo a maior parte das forças inimigas remanescentes no Oeste". Uma vez que o sucesso dessa ação tivesse sido assegurado, Eisenhower pretendia "tomar as medidas necessárias para liberar os portos do Norte". Montgomery, disse o supremo comandante, seria "o responsável por essas tarefas, e proponho que suas forças sejam aumentadas caso pareça necessário". Assim que "os requisitos acima tenham sido alcançados", Eisenhower planejava enviar o general Denver e seu Sexto Grupo de Exército para sudeste, em direção à área do Reduto "para prevenir qualquer possibilidade de consolidação alemã no Sul e para unir-se às forças russas no vale do Danúbio". O supremo comandante encerrou ressaltando que seus planos atuais eram "flexíveis e sujeitos a mudanças a fim de enfrentar situações inesperadas". Não houve qualquer menção a Berlim.

A mensagem de Eisenhower para o primeiro-ministro foi contida e correta; ela não refletia sua raiva. Sua fúria, no entanto, era claramente evidente no telegrama detalhado que ele enviou, como prometido anteriormente, a Marshall. Eisenhower disse ao chefe do Estado-Maior dos EUA que ele estava "completamente no escuro quanto ao protesto relacionado ao 'procedimento' envolvido. Fui instruído a negociar diretamente com os russos no que dissesse respeito à coordenação militar". Quanto à sua estratégia, Eisenhower insistia novamente que nenhuma mudança fora feita. "No último verão, os chefes do Estado-Maior da Grã-Bretanha", ele disse, "sempre protestaram contra minha determinação de abrir a rota [central]... porque eles diziam que seria uma manobra fútil e... esvaziaria a força do ataque pelo norte. Eu sempre insisti que o ataque pelo norte seria o principal esforço no... isolamento do Ruhr, mas desde o início, retornando ao período anterior ao Dia D, meu plano... tem sido unir... os esforços primários e secundários... e então fazer uma grande ofensiva em direção ao leste. Mesmo uma análise superficial... mostra que o esforço principal deveria ser... na direção da região de Leipzig, em cuja área está concentrada grande parte do potencial industrial alemão, região para a qual se acredita que os ministros do Reich estão migrando."

Voltando ao velho assunto da ansiedade de Montgomery-Brooke em prol de uma estratégia que envolvesse uma ofensiva única, Eisenhower disse: "Seguindo meramente o princípio que o marechal-de-campo Brooke sempre berrou para mim, estou determinado a concentrar as forças em uma grande ofensiva, e tudo o que o meu plano pretende é colocar o Nono Exército dos EUA sob o comando de Bradley, tendo em vista essa fase das operações que envolve o avanço central. No decorrer dos acontecimentos, o plano claramente mostra que o Nono Exército pode ter de retornar outra vez à sua posição a fim de ajudar as forças britânicas e canadenses na missão de limpar por completo a linha costeira a leste de Lübeck. Logo depois, poderemos lançar um movimento para sudeste para prevenir a ocupação nazista da cidadela da montanha".

O Reduto Nacional, que Eisenhower chamava de "cidadela da montanha", era agora nitidamente o principal objetivo militar – tendo maior importância, de fato, do que Berlim. "Posso salientar", disse o supremo comandante, "que Berlim, por si só, não é mais um objetivo relevante. Sua utilidade para os alemães tem sido amplamente aniquilada e mesmo seus governantes preparam-se para se deslocar para outra área. O que é importante no momento é reunir nossas forças em torno de uma ofensiva única, e isso fará com que ocorram ainda mais rapidamente a queda de Berlim, a libertação da Noruega e a aquisição dos navios e dos portos suecos do que se fizéssemos um esforço disperso."

Ao chegar ao parágrafo final de sua mensagem, a raiva de Eisenhower contra os britânicos mal era contida. "O primeiro-ministro e seu chefe de Estado-Maior", ele declarou, "foram contra 'Anvil' [a invasão do sul da França]; eles se opuseram a minha idéia de que os alemães poderiam ser destruídos a oeste do Reno, antes que fizéssemos nosso grande esforço para cruzar o rio; e eles insistiram que a rota seguindo para nordeste a partir de Frankfurt envolver-nos-ia em um combate lento e duro. Agora eles querem, aparentemente, que eu mude o rumo das operações, nas quais poderão estar envolvidas milhares de tropas, antes que as forças alemãs estejam completamente derrotadas. Estou garantindo que essas coisas são estudadas diariamente, hora a hora, por mim e meus conselheiros e que somos movidos apenas por um pensamento: vencer o quanto antes essa guerra.*"

* O telegrama de mil palavras de Eisenhower não aparece nos registros históricos oficiais, e a versão presente no seu Cruzada na Europa tem sido cortada e editada. Por exemplo, a frase "sempre berrou para mim" tem sido mudada para "sempre enfatizou", enquanto que o último e furioso parágrafo citado acima tem sido deixado completamente de fora. Ironicamente, o telegrama foi originalmente rascunhado por um britânico, o chefe de Operações do SQFEA, major-general John Whiteley, mas na ocasião em que o telegrama deixou o quartel-general, ele trazia claramente a marca de impressão de Eisenhower. (N. do A.)

Mais tarde naquele dia, general Marshall e os chefes do Estado-Maior Combinado receberam uma versão aumentada do protesto dos chefes do Estado-Maior britânico feito no dia anterior. Em sua maior parte, o segundo telegrama reiterava, de modo mais extenso, o conteúdo do primeiro, mas havia dois importantes acréscimos. Nesse ínterim, os britânicos souberam por meio do almirante Archer em Moscou da informação suplementar da Inteligência passada pelo SQFEA a Deane. Os britânicos insistiram de modo vigoroso que essa informação não chegasse às mãos dos russos. No caso das discussões já terem sido iniciadas, Londres queria que as conversas fossem suspensas até que o Estado-Maior Combinado tivesse revisado a situação.

Nesse instante, os britânicos começavam a discordar entre eles mesmos – não apenas sobre a prioridade da mensagem de Eisenhower, mas sobre quais partes nela contidas deveriam ser atacadas. Os chefes do Estado-Maior britânico haviam negligenciado a figura de Churchill e enviaram seus protestos sem o seu aval para Washington. E as objeções de Churchill diferiam daquelas dos seus conselheiros militares. Para ele, o "ponto crucial a ser criticado no novo plano de Eisenhower é que ele altera o eixo do principal avanço sobre Berlim na direção de Leipzig e Dresden". No ponto de vista do primeiro-ministro, sob este plano as forças britânicas "poderiam estar condenadas a um papel quase estático no Norte". Pior, "todos os prospectos dos britânicos entrando em Berlim com os americanos também estão descartados".

Berlim, como sempre, era o pensamento predominante na cabeça do primeiro-ministro. Parecia-lhe que Eisenhower "pudesse estar errado ao supor que Berlim perdera sua importância política e militar". Embora os departamentos do governo tivessem "em sua grande parte se movido para o sul, o efeito psicológico que representaria para os alemães a queda de Berlim não deveria ser desprezado". Ele sentia-se assombrado pelo perigo envolvendo a possibilidade de "negligenciar Berlim e deixá-la para os russos". Ele declarou: "Enquanto Berlim agüentar e resistir ao cerco entre as ruínas, o que poderá facilmente acontecer, a resistência alemã será estimulada. A queda de Berlim poderia levar aproximadamente todos os alemães ao desespero."

Apesar de concordar em princípio com os argumentos dos seus chefes de Estado-Maior, Churchill achava que eles haviam recheado suas objeções com "muitas questões menores e irrelevantes". Ele apontou que o "crédito de Eisenhower com os chefes do Estado-Maior dos EUA mantém-se altíssimo... os americanos irão sentir que, na condição de supremo comandante vitorioso, ele tinha, de fato, uma necessidade vital e certa de tentar extrair dos russos... o melhor ponto para fazer o contato entre os exércitos do Oeste e do

Leste". Churchill temia que o protesto britânico acabasse oferecendo apenas "argumentos aos chefes do Estado-Maior dos EUA". Ele esperava que os americanos "revidassem pesadamente". E foi o que eles fizeram.

No sábado, em 31 de março, os chefes militares americanos deram seu apoio incondicional a Eisenhower. Eles concordavam com os britânicos em apenas dois pontos: que Eisenhower deveria estender seus planos aos chefes do Estado-Maior Combinado e que as instruções adicionais para Deane deviam ser suspensas. Na visão dos chefes dos EUA, "a batalha da Alemanha está agora em um ponto em que o comandante de Campo é o melhor juiz das medidas que oferecem o prospecto mais rápido para destruir as forças alemãs ou seu poder de resistência... O general Eisenhower deve continuar tendo liberdade para se comunicar com o comandante-em-chefe do Exército soviético". Para os líderes militares americanos havia apenas um objetivo, e este não incluía considerações políticas. "O único objetivo", eles diziam, "deve ser uma vitória rápida e completa."

Ainda assim, a controvérsia estava longe de acabar. Em Reims, um Eisenhower incomodado continuava explicando e reexplicando sua posição. Durante o dia, seguindo as instruções de Marshall, Eisenhower enviou aos chefes do Estado-Maior Combinado uma longa e detalhada exposição de seus planos. A seguir, ele telegrafou para Moscou pedindo que Deane não passasse a Stalin as informações adicionais enviadas pelo SQFEA. Depois disso, ele garantiu a Marshall – em mais uma mensagem –, "você pode estar certo de que no futuro os telegramas políticos trocados entre mim e a missão militar de Moscou serão repetidos para os chefes do Estado-Maior Combinado e para os britânicos". E finalmente, ele chegou ao apelo ainda não respondido de Montgomery, que chegara aproximadamente 48 horas antes.

Foi mais do que a urgência dos telegramas anteriores que fez com que Eisenhower deixasse para responder a Montgomery por último. A relação entre os dois homens estava de tal maneira desgastada que Eisenhower agora só se comunicava com o marechal-de-campo quando absolutamente necessário. Como o supremo comandante explicou anos mais tarde*: "Montgomery havia assumido uma postura tão pessoal em seus esforços de assegurar que os americanos – e eu, em particular – não recebessem nenhum crédito, e de que, de fato, nós tínhamos muito pouco a ver com aquela guerra, que eu finalmente parei de falar com ele". O supremo comandante e sua equipe – incluindo interessantemente os generais britânicos seniores do SQFEA – viam Montgo-

* Em uma longa e detalhada entrevista a este autor gravada em fita. (N. do A.)

mery como um excêntrico, um criador de casos que no campo de batalha movia-se devagar e com extremo cuidado. "Monty queria seguir para Berlim montado em um cavalo branco vestindo dois chapéus", lembrou o major-general britânico John Whiteley, chefe de Operações do SQFEA, "mas o sentimento era: se algo precisa ser feito com pressa, não encarregue Monty de fazê-lo". O tenente-general *sir* Frederick Morgan, chefe-assistente do Estado-Maior do SQFEA, colocou a situação de outra forma: "Naquele momento, Monty seria a última pessoa que Ike escolheria para uma ofensiva contra Berlim – Monty precisaria de pelo menos seis meses para prepará-la". Bradley agia de modo diferente. "Bradley", Eisenhower disse ao seu ajudante, "nunca se detinha, nunca fazia pausas para reagrupar quando percebia uma oportunidade de avançar."

Agora, a fúria de Eisenhower quanto às críticas que seu telegrama a Stalin recebeu, somada ao longo antagonismo com Montgomery, estava claramente refletida na sua resposta ao marechal-de-campo. A mensagem exsudava seu aborrecimento. "Reafirmo minha decisão de passar o Nono Exército ao comando de Bradley... Como já lhe disse anteriormente, parece dessa distância que uma formação americana passará novamente a você, em um estágio posterior, para as operações além do Elba. Você poderá notar que em nenhuma das mensagens há qualquer menção de minha parte a Berlim. Este lugar tornou-se, no que me diz respeito, nada além de uma localização geográfica, o tipo de objetivo pelo qual nunca tive interesse. Meu propósito é destruir as forças inimigas..."

Ao mesmo tempo em que Eisenhower evidenciava sua posição a Montgomery, Churchill escrevia em Chequers um apelo histórico ao supremo comandante. Era quase que uma antítese das palavras de Eisenhower a Montgomery. Um pouco antes das sete da noite, o primeiro-ministro telegrafou ao supremo comandante: "Se a posição do inimigo deve enfraquecer, como você evidentemente espera... por que não cruzarmos o Elba e avançarmos o máximo que pudermos para o leste? Isso tem um importante peso político, na medida em que o Exército russo... evidencia sua entrada em Viena e por toda a Áustria. Se nós deliberadamente deixarmos Berlim para eles, mesmo que seja de forma consentida, a soma dos dois eventos pode inflar-lhes a convicção, já aparente, de que eles fizeram tudo.

"Ademais, não considero pessoalmente que Berlim tenha perdido sua importância militar, quanto mais sua importância política. A queda de Berlim poderia ter um profundo efeito psicológico sobre a resistência alemã em cada parte do Reich. Enquanto Berlim permanecer de pé, grandes massas de alemães sentir-se-ão obrigados a seguir lutando. A idéia de que a captura de Dresden e a junção com as forças russas seria um ganho superior não me é convincente... Enquanto Berlim permanecer sob bandeira alemã, não há, a meu ver, objetivo mais decisivo na Alemanha.

"Dessa forma, dou meu total apoio à manutenção do plano para cruzarmos o Reno, isto é, que o Nono Exército do EUA marche com o 21º Grupo para o Elba e depois para Berlim..."

Em Moscou, ao cair da noite, os embaixadores americanos e britânicos, junto com Deane e Archer, encontraram o premier soviético e entregaram a mensagem de Eisenhower. A conferência foi curta. Stalin, como mais tarde Deane relatou ao supremo comandante, "ficou impressionado com a direção do ataque à Alemanha central" e ele considerou "que o esforço principal de Eisenhower era acertado para se conseguir o mais importante objetivo, que era dividir a Alemanha ao meio". Ele também sentia que "a última resistência alemã se daria provavelmente no oeste da Tchecoslováquia e na Bavária". Embora aprovasse a estratégia anglo-americana, Stalin não se comprometeu em apresentar a sua. A coordenação final dos planos soviéticos, disse o premier, teria que esperar até que ele pudesse consultar o seu Estado-Maior. Ao fim do encontro, ele prometeu responder à mensagem de Eisenhower dentro de 24 horas.

Momentos depois da saída de seus visitantes, Stalin pegou o telefone e chamou os marechais Zhukov e Koniev. Ele falou de modo conciso, mas suas ordens foram claras: os dois comandantes deveriam viajar a Moscou imediatamente para uma conferência urgente no dia seguinte, domingo de Páscoa. Apesar de ele não dar a razão para suas ordens, Stalin havia decidido que os Aliados ocidentais estavam mentindo; ele tinha certeza absoluta que Eisenhower planejava disputar com o Exército Vermelho a corrida por Berlim.

3

A viagem aérea de 1,6 mil quilômetros do *front* oriental até Moscou fora longa e exaustiva. O marechal Georgi Zhukov afundou-se fatigado no banco do seu carro de campo cinzento, enquanto o veículo sacudia sobre a colina pavimentada de paralelepípedos e sobre a amplidão da Praça Vermelha. O carro acelerou ao passar pela Catedral de São Basil, o Abençoado, com suas cúpulas multicoloridas e listradas, dobrou à esquerda e entrou pelo portão oeste dos muros do Kremlin. Imediatamente atrás de Zhukov, em outro sedã do exército, estava o marechal Ivan Koniev. No mostrador do grande relógio da Torre do Salvador que guardava a entrada, os ponteiros dourados marcavam quase cinco da tarde.

Cruzando o ventoso pátio interior, os dois carros militares avançaram por entre a profusão de palácios pintados, catedrais com domos dourados e os imensos prédios governamentais com suas fachadas amarelas dirigidas para o centro do complexo do Kremlin, antigo domínio dos czares e príncipes russos. Próximo à monumental torre de tijolos brancos de Ivan, o Grande, os carros diminuíram a velocidade e passaram por uma linha de antigos canhões, parando do lado de fora do longo prédio de três andares com sua coloração de areia. Momentos depois, os dois homens, em uniformes bem talhados, de um tom marrom com pesadas dragonas douradas trazendo a estrela solitária de 2,5 centímetros que designava os marechais-de-campo soviéticos, estavam no elevador rumo ao escritório de Stalin, no segundo andar. Nesses curtos momentos, cercados por ajudantes e oficiais de companhia, os dois homens conversavam com afabilidade. Um observador casual poderia supor que se tratavam de amigos íntimos. Na verdade, eles eram terríveis rivais.

Tanto Zhukov quanto Koniev haviam alcançado o topo de suas carreiras. Cada qual era um rigoroso e pragmático perfeccionista, e entre os corpos de oficiais era considerado uma honra e ao mesmo tempo uma impressionante responsabilidade servir sob o comando deles. O baixinho e atarracado Zhukov, com seu aspecto tranqüilo, era o mais conhecido, idolatrado pelo público e pelos soldados russos alistados como o maior entre todos os militares da União Soviética. Ainda assim, havia entre os comissionados aqueles que o enxergavam como um monstro.

Zhukov era um profissional que começara sua carreira como soldado raso nos Dragões Imperiais do Czar. Quando a Revolução Russa teve início, em 1917, ele se juntou aos revolucionários; como um homem da cavalaria soviética, enfrentou os antibolcheviques com tamanha coragem e ferocidade que no Exército Vermelho do pós-guerra civil acabou sendo premiado com uma patente. Embora fosse dotado de uma imaginação brilhante e um instinto natural de comando, ele poderia ter permanecido em uma posição relativamente obscura não fossem os brutais expurgos dos generais do Exército Vermelho perpetrados por Stalin nos anos 1930. A maioria dos expurgados era de veteranos da Revolução, mas Zhukov, possivelmente por ser mais "soldado" do que "partidário", escapou. A cruel remoção da velha guarda acelerou sua promoção. Por volta de 1941, ele já atingira o mais alto posto militar da URSS: chefe do Estado-Maior soviético.

Zhukov era conhecido como "o soldado dos soldados". Talvez por também ter sido um soldado raso, ele granjeara a reputação entre os homens alistados de ser um sujeito tolerante. Desde que suas tropas lutassem com empenho, ele considerava os despojos de guerra nada mais que suas merecidas recompensas. Com seus oficiais, porém, era um implacável disciplinador. Os comandantes seniores que falhassem em cumprir suas ordens eram imediatamente demitidos e então punidos pelo fracasso. A pena normalmente tomava duas formas: o oficial era enviado para um pelotão de fuzilamento ou recebia a ordem de servir na parte mais exposta da linha de frente – como soldado. Às vezes, era dada ao condenado a chance de escolher.

De certa feita, durante a campanha na Polônia em 1944, Zhukov ficara assistindo ao avanço das tropas com o marechal Konstantin Rokossovskii e o general Pavel Batov, comandante do 65º Exército. Subitamente Zhukov, observando a cena através do binóculo, gritou para Batov:

– O comandante da unidade e o comandante da 44ª Divisão de Rifles: pelotão de fuzilamento!

Tanto Rokossovskii quanto Batov começaram a implorar pelos dois generais. Rokossovskii foi capaz de salvar o comandante da unidade. Zhukov, no entanto, permaneceu inflexível no que dizia respeito ao segundo oficial. O general foi imediatamente rebaixado e enviado para as linhas de frente, encarregado de liderar um ataque suicida. Foi morto quase que instantaneamente. Zhukov, logo a seguir, recomendou que o oficial morto recebesse a mais alta condecoração militar: Herói da União Soviética.

O próprio Zhukov tinha sido três vezes condecorado como Herói da União Soviética – assim como o seu astuto competidor, Koniev. Os dois marechais acumulavam pilhas de honrarias, mas enquanto a fama de Zhukov se espalhara por toda URSS, Koniev permanecia virtualmente desconhecido – e a anonimidade o amargurava.

Koniev era um homem alto, ríspido e vigoroso, com um faiscar astuto em seus olhos azuis. Tinha 48 anos, um ano a menos que Zhukov, e em alguns aspectos sua carreira assemelhava-se à do outro homem. Também ele lutara pelo Czar, passara para o lado dos revolucionários e continuara a servir nas forças soviéticas. Mas havia uma diferença, e para homens como Zhukov era uma das grandes. Koniev entrara para o Exército Vermelho como comissário político e, ainda que tivesse se tornado um oficial regular, seu passado estava para sempre maculado. Oficiais políticos tinham sempre sofrido com a antipatia dos militares regulares, pois eram tão poderosos que um comandante poderia não ter sua ordem cumprida a menos que esta fosse endossada por um comissário. Zhukov, embora leal ao Partido, nunca considerara os antigos comissários como verdadeiros homens do exército. Foi sempre uma irritação constante para Zhukov que nos anos do pré-guerra ele e Koniev tivessem comandado nos mesmos teatros e que houvessem sido promovidos quase que no mesmo compasso. Stalin, que os havia escolhido a dedo para seu quadro de oficiais formado por jovens generais nos anos 1930, estava plenamente ciente da intensa rivalidade existente entre os dois homens: ele transformara isso em uma espécie de disputa de um contra o outro.

Koniev, apesar de seus modos rudes e de seu jeito calado, geralmente era considerado pelos militares como o mais cerebral e bem-educado dos dois. Um leitor voraz, ele mantinha uma pequena biblioteca em seu quartel-general e ocasionalmente surpreendia seus oficiais citando passagens de Turguêniev e Puchkin. Era conhecido nas fileiras de suas forças como um implacável disciplinador. Mas ao contrário de Zhukov, mostrava consideração por seus oficiais, reservando sua ira para o inimigo. No campo de batalha, ele podia chegar às raias da barbárie. Durante uma fase da campanha em Dnieper, depois que suas tropas cercaram diversas divisões alemãs, Koniev exigiu que elas se rendessem imediatamente. Quando os alemães se recusaram, ordenou que seus cossacos armados de sabre atacassem. "Deixamos que os cossacos os talhassem à vontade", ele disse para Milovan Djilas, líder da Missão Militar iugoslava em Moscou, em 1944. "Eles deceparam inclusive as mãos daqueles que as erguiam em sinal de rendição." A este respeito, ao menos, Zhukov e Koniev concordavam: não podiam perdoar as atrocidades nazistas. Pelos alemães, não sentiam nem remorso nem piedade.

Agora, enquanto os dois marechais caminhavam ao longo do corredor do segundo andar em direção ao conjunto de escritórios de Stalin, ambos estavam razoavelmente seguros de que o assunto a ser discutido era Berlim. Planos experimentais davam conta de que o Primeiro Grupo de Exército bielo-russo de Zhukov atacaria pelo centro para tomar a cidade. O Segundo Grupo bielo-russo, sob o comando do marechal Rokossovskii, iria pelo norte; e o Primeiro Grupo de Exército de Koniev, ao sul, poderia ser chamado para ajudar. Zhukov, no entanto, estava determinado a conquistar Berlim sozinho. Ele não tinha nenhuma intenção de pedir apoio – especialmente quando esse apoio viria de Koniev. Koniev, contudo, vinha pensando muito em Berlim. As forças de Zhukov poderiam ser detidas pelo terreno – em especial na região fortemente defendida de Seelow Heights, localizada logo além das margens ocidentais do Oder. Se isso acontecesse, Koniev acreditava que teria a chance de roubar o poder de Zhukov. Tinha até mesmo um esquema de ação esboçado na cabeça. Claro que tudo dependeria de Stalin, mas dessa vez Koniev esperava cheio de fervor pela chance de bater Zhukov e colher uma glória havia muito esperada. Se a oportunidade se apresentasse, Koniev acreditava ser capaz de chegar a Berlim antes do seu rival.

No meio do caminho do corredor acarpetado de vermelho, os oficiais de companhia introduziram Zhukov e Koniev na sala de conferência. O ambiente era comprido e estreito, um pé-direito alto, tomado quase que completamente por uma enorme e maciça mesa de mogno, cercada por cadeiras. Dois lustres pesados com lâmpadas claras brilhavam intensamente sobre a mesa. Em um dos cantos havia uma pequena mesa e uma cadeira de couro; na parede próxima, um grande retrato de Lênin. As janelas eram acortinadas e não havia qualquer bandeira ou insígnia na sala. Havia, no entanto, litografias em cromo, com molduras negras idênticas, dos dois mais famosos estrategistas militares russos: o brilhante marechal-de-campo de Catarina II, Aleksandr Suvorov; e o general Mikhail Kutuzov, que em 1812 destruiu os exércitos de Napoleão. Em uma das paredes que limitavam a sala estava a porta dupla que conduzia ao escritório particular de Stalin.

Os marechais já estavam de certa forma familiarizados com os arredores. Zhukov havia trabalhado mais abaixo no corredor quando fora chefe do Estado-Maior em 1941; e os dois homens tinham tido oportunidade de se encontrar naquele local com Stalin muitas vezes antes. Mas esta conferência não era para ser uma pequena sessão privada. Em poucos minutos, logo que os marechais entraram na sala, foram seguidos pelos sete homens mais importantes depois de Stalin na Rússia do tempo de guerra – os membros do Comitê de Defesa do Estado, o todo-poderoso corpo responsável pela tomada de decisões da máquina de guerra soviética.

Sem formalidades ou deferências aos escalões, os líderes soviéticos encheram a sala: o ministro do Exterior Vyacheslav M. Molotov, o presidente delegado do Comitê; Lavrenti P. Beria, o atarracado e míope chefe da Polícia Secreta, um dos homens mais temidos da Rússia; Georgi M. Malenkov, o rotundo secretário do Comitê Central do Partido Comunista e administrador da Procuradoria Militar; Anastas I. Mikoya, o coordenador de Produção de rosto magro e nariz aquilino; marechal Nikolai A. Bulganin, com sua aparência distinta e seu cavanhaque, o representante do Supremo Quartel-General dos *fronts* soviéticos; o imperturbável Lazar M. Kaganovich, o bigodudo especialista em transportes e o único judeu no Comitê; e Nikolai A. Voznesenskii, o administrador e planejador econômico. Representando o lado operacional dos militares estavam o chefe geral do Estado-Maior, general A. A. Antonov, e o chefe de Operações, general S. M. Shtemenko. Enquanto que os principais líderes soviéticos tomavam assento, as portas do escritório do premier se abriram e a figura pequena e atarracada de Stalin apareceu.

Ele estava vestido de modo simples em um uniforme cor de mostarda, sem dragonas ou insígnias; suas calças, cada perna com uma fina linha vermelha, tinham as barras colocadas para dentro das botas negras e macias que lhe chegavam quase aos joelhos. No lado esquerdo de sua túnica, trazia uma solitária decoração: a estrela dourada com fitas vermelhas do Herói da União Soviética. Preso entre os dentes estava um de seus cachimbos prediletos: um Dunhill britânico. Perdeu pouco tempo com as formalidades. Como Koniev lembraria mais tarde, "nós mal nos cumprimentamos antes que Stalin começasse a falar".*

Stalin perguntou a Zhukov e Koniev umas poucas questões sobre as condições no *front*. Então, de modo abrupto, chegou ao ponto. Com sua voz baixa caracterizada pelo peculiar sotaque melopéico da Geórgia, ele disse com tranqüilidade, produzindo um grande efeito:

– Os pequenos aliados (*soyuznichki*) pretendem chegar a Berlim antes do Exército Vermelho.

Ele esperou um momento antes de continuar. Havia recebido informações sobre os planos anglo-americanos, disse Stalin, e estava claro que "as intenções deles não são nada 'aliadas'". Não mencionou a mensagem de Eisenhower da noite anterior, nem ofereceu qualquer outra explicação sobre como fora informado das intenções aliadas. Voltando-se para o general Shtemenko, disse:

– Leia o relatório.

---

* As citações russas, assim como outros materiais soviéticos usados ao longo do livro, foram obtidas durante uma viagem de pesquisa a Moscou em abril 1963 – à exceção daquelas creditadas diferentemente. O governo soviético permitiu ao autor, assistido pelo professor John Erickson, da Universidade de Manchester, que entrevistasse os participantes – de marechais a soldados – envolvidos na batalha de Berlim. O único general soviético que o autor foi proibido de entrevistar foi Zhukov. Os outros – Koniev, Sokolovskii, Rokossovskii e Chuikov – contribuíram cada qual com aproximadamente três horas de conversa privada. Somado a isso, foi dado ao autor acesso aos arquivos militares, além de permissão para copiar e sair da Rússia com volumosa documentação, incluindo mapas de batalha, relatórios posteriores das ações, monografias, fotografias e históricos militares que até então haviam circulado apenas nas esferas do governo soviético. (N. do A.)

Shtemenko pôs-se de pé. As forças de Eisenhower planejavam cercar e destruir as concentrações do inimigo no Ruhr, ele anunciou, para então avançar sobre Leipzig e Dresden. Mas como que "de passagem" eles pretendiam tomar Berlim. Tudo isso, disse o general, "parecerá como uma ajuda ao Exército Vermelho". No entanto, era sabido que capturar Berlim antes da chegada das tropas soviéticas era "o principal objetivo de Eisenhower". Além disso, ele prosseguiu, foi descoberto pelo *Stavka* (Supremo Quartel-General de Stalin) que "duas divisões aerotransportadas dos Aliados estavam sendo rapidamente organizadas para um lançamento sobre Berlim".*

Koniev, em sua versão da reunião, lembrou mais tarde que o plano aliado, como descrito por Shtemenko, também incluía uma investida de Montgomery a norte do Ruhr, "encurtando o caminho que separava Berlim dos agrupamentos básicos e das forças britânicas". Shtemenko terminou, segundo a memória de Koniev, "dizendo que 'de acordo com todos os dados e as informações, este plano – tomar Berlim antes do Exército soviético – era encarado no quartel-general anglo-americano como uma possibilidade totalmente realista, tanto que a preparação para sua execução seguia a pleno vapor'".**

Assim que Shtemenko terminou a avaliação militar, Stalin voltou-se aos seus dois marechais.

– Então – ele disse de maneira suave –, quem irá tomar Berlim? Nós ou os Aliados?

---

* Como, de fato, estavam. (N. do A.)

** A conferência crucial de Stalin com seus marechais é bem conhecida para os altos escalões do Exército soviético, ainda que ela nunca tenha sido publicada anteriormente no Ocidente. Numerosas versões apareceram nos históricos militares e nos jornais russos. Em uma delas está o relato que Zhukov fez da reunião para os oficiais de sua equipe, conforme registrado pelo historiador russo tenente-general N. N. Popiel. O marechal Koniev explicou os bastidores da conferência para o autor e o supriu com detalhes até então desconhecidos. Ele também retomou parte dos detalhes que estão no primeiro segmento de suas memórias, publicadas em Moscou em 1965. Há algumas diferenças entre esta versão e a de Zhukov. Por exemplo, Zhukov não menciona a investida de Montgomery a Berlim; Koniev não faz qualquer referência à disposição anglo-americana de promover um ataque aerotransportado sobre a cidade.
A fonte do material para o relatório lido pelo general Shtemenko nunca foi revelada. Na opinião do autor, o relatório foi produto de uma avaliação militar grosseiramente exagerada da mensagem enviada por Eisenhower na noite anterior – uma avaliação em parte baseada na suspeita dos motivos de Eisenhower, em parte fruto de uma trama a fim de fornecer a Stalin uma justificativa racional para seus próprios objetivos. (N. do A.)

Koniev mais tarde lembraria com orgulho que foi ele quem primeiro respondeu.

– Seremos nós – ele disse –, e antes dos Aliados anglo-americanos.

Stalin olhou-o, um leve sorriso aflorando em seu rosto.

– Então – ele disse novamente de modo suave e com um jeito grave acrescentou –, este é o tipo de sujeito que você é?

Logo, quase que instantaneamente, pelo menos de acordo com as memórias de Koniev, Stalin assumiu novamente um espírito mais frio e burocrático, disparando questionamentos. Como exatamente, estando no Sul, Koniev pretendia capturar Berlim a tempo?

– Não será necessário um grande reagrupamento de suas forças? – ele perguntou.

Koniev só percebeu a armadilha quando já era tarde demais. Stalin mais uma vez utilizava o seu velho truque, jogar um homem contra o outro, mas ao percebê-lo, imediatamente Koniev começou a responder às perguntas.

– Camarada Stalin – ele disse –, todas as medidas necessárias serão tomadas. O reagrupamento ocorrerá dentro do previsto para a conquista de Berlim.

Era a oportunidade pela qual Zhukov esperara.

– Posso falar? – ele perguntou discretamente, quase com condescendência. Não esperou por uma resposta. – Após a devida consideração – ele disse, maneando a cabeça para Koniev –, afirmo que os homens de frente do Primeiro Grupo de Exército bielo-russo não precisam se reagrupar. Eles estão prontos para o ataque. Estamos diretamente voltados para Berlim. A posição que ocupamos é a menor distância até a capital. Nós tomaremos Berlim.

Stalin olhou para os dois homens em silêncio. Mais uma vez um sorriso coloriu brevemente sua face.

– Muito bem – ele disse de modo suave. – Vocês dois permanecerão em Moscou e, com seus estados-maiores, prepararão seus planos. Espero que eles estejam prontos dentro de 48 horas. Então vocês retornarão para o *front* com tudo aprovado.

Os dois homens ficaram chocados com a escassez do tempo dado para que fizessem seus preparativos. Até aquele momento, eles haviam entendido que o prazo marcado para atacar Berlim cairia no início de maio. Agora, Stalin obviamente esperava que eles atacassem com semanas de antecedência. Para Koniev, em particular, o desejo do generalíssimo o obrigava a encarar a realidade de frente. Muito embora tivesse um plano experimental com o qual acreditava ser capaz de chegar a Berlim antes de Zhukov, tal plano sequer estava no papel. A reunião chamara, de modo desesperador, sua atenção para o imenso problema logístico que ele tinha que resolver instantânea e rapidamente. Todo tipo de equipamento e suprimento precisava ser enviado para o *front* em caráter de urgência. Pior, Koniev contava com poucas tropas. Depois do combate na Silésia Superior, uma parte considerável de suas forças ficara espalhada pelo sul. Algumas distavam quilômetros de Berlim. Estas precisavam ser transferidas imediatamente, configurando um gigantesco problema de transporte.

Zhukov, ouvindo a fala de Stalin, estava igualmente preocupado. Ainda que sua equipe de oficiais estivesse sendo preparada para o ataque, estava ainda longe de estar pronta. Seus exércitos encontravam-se posicionados, mas ele, assim como Koniev, precisava seguir o deslocamento de suprimentos e reposições para o *front* a fim de equipar suas forças muito castigadas pelos combates. Algumas de suas divisões, normalmente formadas por um contingente que variava de nove mil a doze mil homens, estavam reduzidas a 3,5 mil. Zhukov acreditava que as operações em Berlim seriam de enorme dificuldade e queria estar pronto para qualquer acontecimento. Sua Inteligência reportara que "a cidade e suas redondezas têm sido cuidadosamente preparadas para oferecer uma feroz resistência. Cada rua, quarteirão, cruzamento, casa, canal e ponte são um componente do sistema de defesa...". Agora, tudo isso teria que ser superado se ele quisesse bater as forças ocidentais na corrida por Berlim. Qual seria o tempo mínimo até que ele estivesse em condições de empreender o ataque? Esta era a questão para a qual Stalin exigia uma resposta – e rapidamente.

Ao fim da reunião, Stalin falou mais uma vez. Não havia calor algum em sua voz. Aos dois marechais ele disse enfaticamente:

– Devo lhes dizer que as datas de início de suas operações atrairão nossa atenção de modo especial.

A rivalidade entre os dois comandantes, nunca completamente disfarçada, era mais uma vez explorada. Com um breve aceno para os homens ao seu redor, Stalin abandonou a sala.

Naquele momento, tendo colocado seus planos de ação, restava ao premier soviético uma tarefa importante: o cuidadoso detalhamento da resposta ao telegrama de Eisenhower. Stalin começou a trabalhar no rascunho previamente preparado. Às oito horas da noite, sua réplica estava pronta e despachada. "Recebi seu telegrama do dia 28 de março", Stalin telegrafou a Eisenhower. "Seu plano de cortar as forças alemãs por meio de uma junção... [com] as forças soviéticas coincide perfeitamente com o plano do Alto Comando Soviético." Stalin concordou inteiramente que a união deveria ser feita na área de Leipzig-Dresden, pois o "grosso das Forças Soviéticas" irá por "essa direção". A data para o ataque do Exército Vermelho? Stalin deu esta informação em específico. Seria "aproximadamente na segunda metade de maio".

A parte mais importante da mensagem do premier veio no terceiro parágrafo. Neste trecho ele implantou a impressão de que não tinha nenhum interesse na capital da Alemanha. "Berlim", ele afirmou, "perdeu a importância estratégica que teve outrora." De fato, Stalin disse, a cidade tornou-se tão desimportante que "o Alto-Comando Soviético, por essa razão, tinha planos de enviar apenas forças secundárias em direção a Berlim".

• • •

Winston Churchill havia se reunido com os chefes do Estado-Maior britânico por quase toda a tarde. Sentia-se incomodado e preocupado. Seu desconforto era fruto de uma mensagem de Eisenhower que havia sido truncada na transmissão. Uma frase no telegrama que Churchill recebera dizia: "Montgomery será responsável pelas atividades de patrulha...". De maneira ríspida, Churchill havia respondido que ele considerava que as forças de sua majestade estavam sendo "relegadas... a uma esfera restrita e inesperada". Eisenhower, aturdido, telegrafou de volta: "Fiquei perturbado, se não sentido... Tal idéia nunca me passou pela cabeça e acredito que minha cópia autêntica... deva eliminar qualquer equívoco". O que aconteceu foi que Eisenhower nunca usou as palavras "atividades de patrulha". O correto era "essas atividades". Por alguma razão, a expressão foi mal transmitida. Aquilo deixou Churchill envergonhado, tanto pelo caráter trivial do incidente quanto pela enorme confusão gerada.

Longe, porém, de trivial aos olhos do primeiro-ministro seguia sendo a apatia americana em relação a Berlim. Com a tenacidade que o havia caracterizado ao longo de toda sua vida, Churchill encarava agora dois problemas de uma só vez: a relação com os Aliados e Berlim. Em um longo telegrama ao doente Roosevelt – seu primeiro a FDR desde o começo da controvérsia a respeito do SCAF 252 – o primeiro-ministro inicialmente deixou clara sua total confiança em Eisenhower. Então, "tendo resolvido esse mal-entendido entre amigos de confiança e aliados que sempre lutaram ombro a ombro", Churchill martelou a idéia de que eles se preparassem urgentemente para tomar a capital alemã. "Nada exercerá um efeito psicológico maior e mais devastador sobre as forças alemãs... do que a queda de Berlim", ele argumentou. "Será o supremo sinal da derrota... Se os [russos] tomarem Berlim, isso não irá fortalecer ainda mais a impressão que eles têm de serem os principais responsáveis e contribuintes pela vitória? E isso não poderá levá-los a uma disposição e humor que venham a trazer ainda mais dificuldades no futuro? Por isso, considero que de um ponto de vista político... se Berlim estiver ao nosso alcance, certamente devemos tomá-la..."

No dia seguinte, a preocupação de Churchill se aprofundou ainda mais quando ele recebeu uma cópia da mensagem de Stalin para Eisenhower. Seu conteúdo, acreditava o primeiro-ministro, era dos mais suspeitos. Às 22h45 daquela noite, ele telegrafou para Eisenhower. "Estou profundamente impressionado com a importância de entrar em Berlim, que pode muito bem ser aberta para nós pela réplica de Moscou a você, que diz no parágrafo três que 'Berlim perdeu a importância estratégica que teve outrora'. Isso deveria ser lido sob a luz dos aspectos políticos que mencionei anteriormente." Churchill acrescentou com fervor que ele agora julgava "extremamente importante que nós apertássemos as mãos dos russos o mais a leste possível...".

Apesar de tudo, a determinação de Churchill em conquistar Berlim não havia esmorecido. Ele continuava otimista. Encerrou sua mensagem para Eisenhower dizendo: "Muito pode acontecer no Oeste, antes do dia da principal ofensiva de Stalin". Sua grande esperança neste instante era que o ímpeto e o entusiasmo da investida aliada mantivessem as tropas em movimento e em direção a Berlim, chegando à cidade, desse modo, antes da data programada por Stalin.

• • •

No quartel-general de Stalin, os marechais Zhukov e Koniev trabalhavam incessantemente. Na terça-feira, 3 de abril, dentro do prazo de 48 horas, seus planos estavam prontos. Mais uma vez, eles foram até Stalin.

Zhukov fez sua apresentação primeiro. Ele estivera considerando o ataque por meses e os movimentos projetados para o seu imponente Primeiro Grupo de Exército bielo-russo estavam na ponta da sua língua. Seu ataque principal se daria antes do amanhecer, ele disse, a partir da cabeça-de-ponte de 44 quilômetros de extensão sobre o Oder a oeste de Küstrin – posição diretamente oposta a Berlim. Ataques adicionais pelo norte e pelo sul dariam suporte ao ataque.

As logísticas do plano de Zhukov eram espantosas. Nada menos que quatro forças de campo e duas de tanques seriam lançadas em seu ataque principal, além de mais dois exércitos que seriam empregados no apoio aos assaltos. Incluindo as forças secundárias que viriam de trás, ele disporia de

768 mil homens. Não dando chance para o azar, Zhukov esperava assegurar para a cabeça-de-ponte de Küstrin um mínimo de 250 peças de artilharia para *cada quilômetro* – aproximadamente um canhão para cada nove metros de *front*! Ele planejava abrir o seu assalto com uma entorpecedora barragem de onze mil armas pesadas, sem considerar os morteiros de pequeno calibre.

E agora ele chegava à sua parte favorita do plano. Zhukov tramara um estratagema bizarro e nada ortodoxo para deixar o inimigo tonto. Ele lançaria sua ofensiva ainda nas horas de escuridão. No instante do ataque, ele pretendia cegar e desmoralizar os alemães lançando sobre eles os poderosos feixes de luz de 140 seguidores antiaéreos, diretamente focados sobre as posições inimigas. Ele confiava que o resultado de seu plano fosse um massacre.

O plano de Koniev era igualmente monumental e, alimentado por sua fogosa ambição, mais complexo e difícil. Como ele diria mais tarde: "Berlim era para nós um objeto desejado de modo tão ardoroso que todo mundo, do soldado ao general, queria ver Berlim com seus próprios olhos, capturá-la com os próprios braços. Este também era o meu ardoroso desejo... e eu estava tomado por ele."

A realidade, porém, era que as forças de Koniev, no ponto mais avançado, estavam a 120 quilômetros da cidade. Koniev contava com a velocidade para ser bem-sucedido. Engenhosamente, ele concentrara suas divisões de tanque na direita. Assim, quando o caminho fosse aberto, ele poderia tomar a direção noroeste e lançar a ofensiva em direção a Berlim, talvez entrando na cidade antes de Zhukov. Esta era a idéia que ele vinha alimentando por semanas. Agora, sob a luz da apresentação de Zhukov, ele hesitou em mostrar as cartas que tinha na manga. Em vez disso, utilizou o momento e restringiu-se aos detalhes operacionais. Seu plano previa um ataque ao amanhecer através do Neisse, sob a proteção de uma pesada cortina de fumaça lançada pelos aviões de combate das esquadrilhas de baixa altitude. Planejava usar no assalto cinco exércitos de campo e dois de tanques – 511,7 mil homens. De modo extraordinário, pedia a mesma e quase inacreditável densidade de artilharia prevista por Zhukov – 250 canhões por quilômetro de *front* –, e ele pretendia fazer um uso ainda maior deles. "Diferentemente de meu vizinho", Koniev relembrou, "eu planejava saturar as posições inimigas com fogo de artilharia por mais de duas horas e 35 minutos."

No entanto, Koniev precisava urgentemente de reforços. Ao passo que Zhukov tinha oito exércitos ao longo do Oder, Koniev, no Neisse, contava com um total de apenas cinco. Para colocar seu plano em funcionamento, ele precisava do reforço de mais dois. Após alguma discussão, Stalin concordou em lhe dar o 28º e o 31º exércitos, porque "os *fronts* foram reduzidos no Báltico e na Prússia Oriental". Contudo, poderia levar muito tempo até que esses exércitos chegassem à Primeira Frente Ucraniana, apontou Stalin. Havia escassez de transporte. Koniev decidiu jogar suas últimas fichas. Ele poderia iniciar o ataque mesmo com os reforços ainda a caminho, disse a Stalin, utilizando-os assim que eles chegassem.

Tendo ouvido as duas proposições, Stalin aprovou ambas. Mas coube a Zhukov a responsabilidade de capturar Berlim. Depois disso, ele devia seguir para a linha do Elba. Koniev devia atacar no mesmo dia que Zhukov, destruir o inimigo que estivesse ao sul da região de Berlim e então deixar que seus exércitos seguissem para oeste a fim de fazer a junção com os americanos. O Terceiro Grupo de Exército soviético, o Segundo Grupo de Exército bielorusso do marechal Rokossovskii, aglomerado ao longo do baixo Oder e espalhando-se até a costa norte, onde estava Zhukov, deveria ficar de fora do assalto a Berlim. Rokossovskii, com seus 314 mil homens, atacaria depois, seguindo através do norte da Alemanha para juntar-se aos britânicos. Juntos, os três grupos de exército da Rússia perfariam um total de 1.593.800 homens.

Parecia que Koniev havia sido relegado a um papel de coadjuvante no ataque a Berlim. Mas então, debruçando-se sobre o mapa que estava na mesa, Stalin desenhou uma linha divisória entre os grupos de exército de Zhukov e Koniev. Era uma fronteira curiosa. Ela começava a leste do *front* russo, cruzava o rio e corria diretamente sobre a cidade medieval de Lübben, em Spree, aproximadamente a cem quilômetros a sudeste de Berlim. Sobre ela, Stalin fez uma pausa repentina em seu traçado. Se ele tivesse seguido a linha cortando a Alemanha, marcando desse modo a fronteira que Koniev não devia cruzar, estaria claramente vetada às forças da Primeira Ucraniana qualquer participação no ataque a Berlim. Nesse momento Koniev ficou exultante. Embora "Stalin não tivesse dito nada...", mais tarde ele recordou, "a possibilidade de uma disputa pelo comando do *front* estava implícita". Sem uma palavra ter sido pronunciada, o sinal verde para Berlim fora dado às forças de Koniev – só dependia de sua capacidade. Para Koniev, estava claro que Stalin havia lido seus pensamentos. Com o que ele chamaria de "desejo secreto de competição... da parte de Stalin", a reunião terminou.

Imediatamente os planos dos marechais foram materializados em diretivas formais. Na manhã seguinte, os comandantes rivais, com as ordens nas mãos, cortaram a neblina de Moscou rumo ao aeroporto, cada qual ansioso por chegar ao seu respectivo quartel-general. Suas ordens exigiam que eles montassem a ofensiva um mês antes da data dada por Stalin a Eisenhower. Por razões de segurança, as diretivas foram escritas sem qualquer indicação de data, mas Zhukov e Koniev tinham a palavra de Stalin quanto ao dia previsto. O ataque a Berlim começaria na segunda-feira, 16 de abril.

• • •

Enquanto Zhukov e Koniev trabalhavam febrilmente para preparar uma ofensiva de treze exércitos com mais de um milhão de homens a Berlim, Adolf Hitler teve outro de seus famosos lampejos intuitivos. O enorme contingente russo em Küstrin, diretamente oposto à capital, não passava de uma grande encenação. A principal ofensiva soviética seria direcionada a Praga, no Sul – não para Berlim. Apenas um dos generais de Hitler foi premiado com o mesmo *insight*. O coronel-general Ferdinand Schörner, atual comandante do Grupo de Exército Central no flanco sul de Heinrici, também enxergara a verdade por trás da encenação russa.

– Meu Führer – advertiu Schörner –, está escrito na história. Lembre-se das palavras de Bismarck: "Quem controlar Praga, controlará a Europa".

Hitler concordou. O brutal Schörner, um dos favoritos do Führer e que figurava com certeza no grupo dos menos talentosos generais da Alemanha, foi imediatamente promovido a marechal-de-campo. Ao mesmo tempo, Hitler lançou uma diretiva que iria selar para sempre o destino do Reich. Na noite de 5 de abril, ele ordenou a transferência para o sul de quatro unidades *panzer* veteranas – a mesma força com que Heinrici vinha contando para deter a ofensiva russa.

4

O carro do coronel-general Heinrici moveu-se devagar através dos escombros de Berlim em direção à Reichskanzlei e à reunião de cúpula ordenada por Hitler nove dias atrás. Sentado no banco traseiro ao lado do seu chefe de Operações, coronel Eismann, olhava em silêncio para as ruas queimadas e enegrecidas. Em dois anos, ele só havia feito uma viagem à cidade. Agora, o que seus olhos evidenciavam era-lhe aterrador. Jamais teria reconhecido esse lugar como a antiga Berlim.

Em tempos normais, a viagem de seu quartel-general até a Reichskanzlei levaria cerca de uma hora e meia, mas eles já estavam em trânsito havia pelo menos o dobro desse tempo. Vezes sem conta, ruas atravancadas de entulhos os obrigavam a tomar complicados desvios. Mesmo as principais vias de acesso da cidade estavam praticamente intransponíveis. Em todo lugar, edifícios incrivelmente inclinados ameaçavam ruir a qualquer momento, tornando todas as ruas perigosas. A água jorrava e gorgolejava dos imensos buracos feitos pelas bombas; o gás escapava pelos dutos, alimentando jatos de chamas; e por toda a cidade, áreas estavam isoladas por cordões com sinais que avisavam: "*Auchtung! Minen!*", dando conta da localização de minas aéreas que ainda não haviam explodido. Heinrici, com amargura na voz, disse a Eismann:

– Então é a isto que finalmente chegamos: um mar de entulhos.

Embora os prédios nos dois lados da Wilhelmstrasse estivessem em ruínas, nada além de estilhaços havia alterado o aspecto da Reichskanzlei. Inclusive as sentinelas SS impecavelmente vestidas pareciam as mesmas. Eles mostraram-se alertas à passagem de Heinrici e de Eismann, que vinha atrás, quando os dois entraram no prédio. Apesar dos atrasos, o general chegara a tempo. A conferência com Hitler estava agendada para as três da tarde, e Heinrici dedicara a ela boa parte de seus pensamentos nos últimos dias. Do modo mais rápido e preciso que fosse capaz, pretendia relatar a Hitler (e àqueles ao seu redor) os verdadeiros fatos a respeito da situação enfrentada pelo Grupo de Exército Vistula. Heinrici sabia muito bem dos perigos de se falar francamente, mas as possíveis conseqüências não pareciam incomodá-lo. Eismann, por outro lado, estava bastante preocupado. "Era como se Heinrici estivesse planejando um ataque completo contra Hitler e seus conselheiros, e foram muito poucos os homens que sobreviveram ao fazer algo assim", ele diria mais tarde.

No salão principal, um oficial da SS, imaculado em uma túnica branca, com botas de cavalaria negra e perfeitamente polidas, cumprimentou Heinrici e o informou de que a reunião se daria no *bunker* do Führer. Heinrici ouvira dizer que uma vasta e labiríntica rede de instalações subterrâneas existia abaixo da chancelaria, incluindo os prédios vizinhos e os jardins fechados que ficavam nos fundos, mas ele nunca antes havia estado em nenhuma delas. Seguindo o guia, ele e Eismann caminharam até o porão e saíram nos jardins. Embora a fachada da Reichskanzlei estivesse intacta, a parte de trás do prédio mostrava severos danos. Uma vez, ali houvera um magnífico jardim com um complexo de fontes. Agora nada mais restava. Elas desapareceram junto com o pavilhão de chá de Hitler e as estufas que ficavam ao lado.

Para Heinrici, a área assemelhava-se a um campo de batalha, com "enormes crateras, aglomerados de concreto, estátuas destruídas e árvores arrancadas pela raiz". Nas paredes negras de fuligem da Chancelaria havia "grandes buracos escuros onde antes costumava haver janelas". Eismann, olhando para o quadro desolador, lembrou-se de um verso de *A maldição do cantor*, de Uhland*, um compositor alemão de baladas do século 19. A letra seguia: "Apenas uma alta coluna pode contar da glória desaparecida; e esta coluna pode cair durante a noite". Heinrici era menos poético. "Pense", ele murmurou para Eismann. "Há três anos, Hitler comandava a Europa, do Volga ao Atlântico. Agora ele está metido em um buraco debaixo da terra."

Eles cruzaram o jardim até uma espécie de fortaleza oblonga, guardada por duas sentinelas. Suas credenciais foram examinadas, e então os guardas abriram uma pesada porta de aço, permitindo que os oficiais entrassem.

Quando a porta fechou com um estrépito às suas costas, Heinrici guardaria para sempre a impressão de que "mergulhamos em um inacreditável mundo subterrâneo". Ao final de uma sinuosa escada de concreto, dois jovens oficiais da SS os receberam em um *foyer* brilhantemente iluminado. Cortesmente, seus casacos foram retirados e, com igual cortesia, Heinrici e Eismann foram submetidos a uma revista. A pasta de Eismann, em especial, foi o centro das atenções: havia sido uma pasta contendo explosivos que quase acabara com Hitler em junho de 1944. Desde então, a guarda de elite do Führer não permitia que ninguém se aproximasse dele sem antes ser submetido a uma revista. Heinrici, apesar dos pedidos de desculpa dos homens da SS, ficou irado com o procedimento. Eismann sentiu "vergonha por um general alemão ser tratado dessa maneira". Finda a revista, foram conduzidos por um longo e estreito corredor que se dividia em duas seções, das quais a primeira fora convertida em um confortável *lounge*. Lâmpadas cobertas projetavam-se do teto, dando às paredes de estuque bege um tom amarelado. Um tapete oriental no chão tinha, aparentemente, sido trazido de uma sala maior da Chancelaria, visto que suas pontas estavam enroladas em cada um dos lados. Embora a sala fosse confortável, os móveis – como o tapete – pareciam pouco adequados. Havia vários tipos de cadeiras, algumas simples, outras cobertas por rica tapeçaria. Uma estreita mesa de carvalho estava apoiada contra uma das paredes e uma enorme quantidade de pinturas a óleo, paisagens produzidas pelo arquiteto e pintor alemão Schinkel, pendia das paredes. À direita da entrada, uma porta aberta dava acesso a uma pequena sala de conferências arrumada para a reunião. Heinrici podia fazer apenas uma suposição a respeito do tamanho e da profundidade do *Führerbunker*. Pelo que ele podia ver, parecia relativamente espaçoso, com portas que conduziam a quartos em ambos os lados do corredor do *lounge* e além deste. Por causa do seu teto

* Ludwig Uhland (1787-1862), poeta romântico, professor e político alemão. (N. do T.)

baixo, das estreitas portas de metal e da ausência de janelas, isto poderia ser uma espécie de pequena passagem linear – exceto que, pelas estimativas de Heinrici, eles estavam pelo menos doze metros abaixo do nível do chão.

Quase imediatamente, um oficial da SS, alto e elegante, apareceu. Era o ajudante de Hitler e seu guarda-costa pessoal, coronel Otto Günsche. De modo aprazível, perguntou-lhes sobre a viagem e lhes ofereceu uma bebida; Heinrici aceitou uma xícara de café. Logo, outros membros começaram a chegar para a conferência. O adjunto de Hitler, general Wilhelm Burgdorf, foi o próximo. Cumprimentou-os, como se recorda Eismann, "com alguns comentários sobre o sucesso". Então, chegou o marechal-de-campo Wilhelm Keitel, chefe do Estado-Maior do OKW, seguido por Himmler, pelo almirante Karl Doenitz e pelo homem reputado como o confidente mais próximo de Hitler, Martin Bormann. Nas palavras de Eismann: "Todos nos cumprimentaram com entusiasmo. Ao vê-los, fiquei realmente orgulhoso de meu comandante. Com a postura que lhe era de praxe, retesada, séria e medida, ele era um soldado dos pés à cabeça entre um bando de asnos da corte".

Eismann percebeu a tensão de Heinrici quando Himmler cruzou a sala em sua direção. Em voz baixa, o general grunhiu:

– Este homem jamais colocará os pés no meu quartel-general. Se ele por acaso anunciar uma visita, avise-me o mais depressa possível para que eu possa escapar. Esse sujeito me dá vontade de vomitar.

E, de fato, Eismann teve a impressão de que Heinrici empalidecera com a insistência de Himmler em encetar uma conversa.

Nesse momento, o general Hans Krebs, sucessor de Guderian, entrou na sala e, vendo Heinrici, foi imediatamente em sua direção. Mais cedo nesse mesmo dia, Heinrici soubera por meio de Krebs da transferência das unidades blindadas que lhe eram vitais para o Grupo de Exército de Schörner. Embora tivesse culpado Krebs por não ter protestado vigorosamente contra a decisão, Heinrici agora parecia quase cordial ao novo chefe do OKH. Ao menos, poderia se livrar da conversa com Himmler.

Krebs, como de costume, foi diplomático e solícito. Ele não tinha qualquer dúvida de que as coisas correriam bem na conferência, assegurou a Heinrici. Doenitz, Keitel e Bormann haviam se juntado a eles e no momento ouviam o relatório de Heinrici sobre os seus problemas. Os três prometeram lhe dar apoio quando fizesse sua apresentação a Hitler. Voltando-se para Eismann, Bormann perguntou:

– Qual a sua opinião sobre a situação do Grupo de Exército, já que isso tem um efeito direto sobre Berlim e sobre a Alemanha em geral?

Eismann ficou aturdido. Com os russos distando apenas sessenta quilômetros da capital e com os Aliados vindos do oeste atravessando o país, a questão beirava as raias da loucura. Respondeu de modo seco.

– A situação é séria. Por isso estamos aqui.

Bormann deu-lhe um tapinha no ombro.

– Você não deveria se preocupar tanto – disse a Eismann. – O Führer certamente lhes garantirá reforços. Vocês obterão as forças de que precisam.

Eismann ficou pasmo. De onde Bormann achava que as forças iriam vir? Por um momento ele teve a desconfortável sensação de que ele e Heinrici eram as únicas pessoas sãs naquela sala.

Mais e mais oficiais e pessoal de equipe iam chegando ao já povoado corredor. O chefe de Operações de Hitler, general Alfred Jodl, alheio e tranqüilo, chegou com seu representante; o chefe do Estado-Maior da Luftwaffe, general Karl Koller, chegou junto com o major-general Walter Buhle, chefe do Estado-Maior do OKW, encarregado dos suprimentos e reforços. A maioria dos homens parecia ser seguida por um ajudante, uma ordenança ou um representante. O resultado disso era uma barulheira e uma confusão que faziam com que Eismann se lembrasse de um enxame de abelhas.

No corredor lotado, Heinrici permanecia em silêncio, ouvindo impassivelmente a algazarra das conversas. Em sua maior parte, eram assuntos de pouca monta, triviais e irrelevantes. O *bunker* e sua atmosfera eram asfixiantes e irreais. Heinrici tinha a inquietante sensação de que os homens ao redor de Hitler haviam se retirado para um mundo de sonhos no qual haviam convencido a si mesmos de que por meio de uma espécie de milagre a catástrofe poderia ser revertida. Enquanto eles esperavam pelo homem que, eles acreditavam, poderia produzir tal milagre, houve uma súbita movimentação no corredor. O general Burgdorf, as mãos muito acima da cabeça, gesticulou para o grupo pedindo silêncio.

– Senhores, senhores – ele disse –, o Führer está vindo.

– Gustav! Gustav!

Os rádios cuspiam o código de aviso para Tempelhof à medida que os aviões se aproximavam do distrito. Nos escritórios dos chefes das estações ao longo da rota da U-Bahn, os alto-falantes emitiam a todo volume o aviso de "Perigo 15!". Outro ataque de saturação cobrindo toda a cidade havia começado.

Formaram-se crateras na terra. Os vidros estilhaçados voaram pelos ares. Blocos de concreto espatifaram-se nas ruas e tornados de poeira ergueram-se de diversos lugares, cobrindo a cidade com uma nuvem cinzenta e sufocante.

Homens e mulheres correram em desabalada carreira à procura dos abrigos. Ruth Diekemann, logo depois de se proteger, olhou para cima e viu as bombas caindo como se fossem ondas, "como uma linha de montagem". Na fábrica de Krupp und Druckenmüller, o trabalhador forçado francês Jacques Delaunay deixou cair o pedaço horripilante de um braço humano que ele acabara de recuperar de um tanque avariado em combate que ele estava examinando e correu para o abrigo. Em Sieges Alee as estátuas de mármore dos soberanos brandemburgo-prussianos balançaram e ruíram em seus pedestais; e o crucifixo erguido pelo líder do século 12, o marquês Albert, o Urso, despedaçou-se contra o busto de seu eminente contemporâneo, o bispo Otho de Bamberg. Próximo dali, na praça Skagerrak, a polícia corria em busca de proteção, deixando para trás o corpo de um suicida que pendia de uma árvore.

Uma chuva de bombas incendiárias caiu e atravessou o telhado da Ala B da prisão de Lehrterstrasse, provocando uma dúzia de chamas de magnésio no segundo andar. Os prisioneiros, tomados de frenesi, foram libertados para lutar contra os focos de incêndio, tropeçando em sacos de areia em meio à fumaça causticante. Dois homens subitamente pararam de trabalhar. O prisioneiro da cela 244 olhou fixamente para o homem da cela 247. Então eles se abraçaram. Os irmãos Herbert e Kurt Kosney descobriram que haviam estado no mesmo andar por dias a fio.

Em Pankow, no apartamento térreo de dois quartos dos Möhrings, onde os Weltlingler se escondiam, Siegmund abraçou sua soluçante esposa, Margarete, e os dois ficaram juntos no meio da cozinha.

– Se isso continuar – ele gritou tentando vencer o barulho ensurdecedor das baterias antiaéreas –, mesmo os judeus poderão ir abertamente para os abrigos. Eles estão muito amedrontados pelas bombas nesse momento para se preocuparem conosco.

Rudolf Reschke teve tempo suficiente apenas para ver que os aviões brilhavam como prata no céu – voando alto demais para o perigoso jogo de pega-pega que ele gostava de brincar com os caças de baixa altitude. Foi quando sua mãe, gritando e à beira da histeria, arrastou-o para o porão, onde sua irmã de nove anos, Christa, estava sentada, tremendo e chorando. O abrigo inteiro parecia balançar. O reboco caía do teto e das paredes; então as luzes começaram a piscar e se extinguiram de vez. *Frau* Reschke e Christa começaram a rezar em voz alta, e um minuto depois Rudolf se uniu a elas no *Pai Nosso*. O barulho do bombardeio começou a piorar, e o abrigo agora parecia tremer o tempo todo. Os Reschke haviam atravessado inúmeros ataques, mas nenhum como esse. *Frau* Reschke, com os braços em volta das duas crianças, começou a soluçar. Rudolf raramente tinha ouvido sua mãe chorar, mesmo que ele soubesse que ela passava grande parte do tempo preocupada, especialmente com o pai deles, que estava no *front*. De repente, ele foi tomado de raiva pelos aviões que assustavam sua mãe – e, pela primeira vez, também ele se sentiu assustado. Com algum embaraço, descobriu que também estava chorando.

Antes que sua mãe pudesse detê-lo, Rudolf saiu correndo do abrigo. Subiu as escadas em direção ao apartamento térreo da família; lá, ele se dirigiu diretamente para o seu quarto e para a sua coleção de soldadinhos de brinquedo. Escolheu a figura mais imponente entre eles, os traços nítidos pintados na cara de porcelana. Foi até a cozinha e pegou o pesado cutelo de sua mãe. Esquecido nesse instante do ataque aéreo, Rudolf saiu para o quintal do apartamento, depositou o boneco no chão e, com um só golpe, decepou-lhe a cabeça.

– Pronto! – ele disse, recuando. Com as lágrimas ainda marcando-lhe o rosto, olhou para baixo e sem remorsos na direção da cabeça decepada de Adolf Hitler.

• • •

Ele veio caminhando vagarosamente através do corredor do *bunker* – meio curvado, arrastando o pé esquerdo, o braço direito tremendo de modo descontrolado. Embora tivesse 1m77 de altura, agora, com sua cabeça e seu corpo curvados para a esquerda, parecia muito menor. Os olhos que os admiradores consideravam "magnéticos" estavam febris e avermelhados, como se ele não tivesse dormido por dias. Sua face estava inchada, e sua cor era de um cinza apagado. Um par de óculos esverdeados pendia de sua mão direita; as luzes brilhantes agora o incomodavam. Por um momento ele encarou inexpressivamente os seus generais que o saudavam, as mãos erguidas, com o coro de "*Heil* Hitler".*

* Ao contrário da crença geralmente aceita, a deterioração da saúde de Hitler não era o resultado dos ferimentos sofridos durante o atentado a bomba que sofrera em 1944, embora isso pareça ter marcado o início de uma rápida debilitação. Depois da guerra, a contra-inteligência dos EUA interrogou aproximadamente todos os médicos que haviam atendido Hitler. O autor leu todos os relatórios e, enquanto nenhum deles apresenta uma causa específica para a paralisia parcial de Hitler, a opinião geral é que, na origem, ela tinha um fundo em parte psicogênico e em parte originado pelo modo como ele vivia. Hitler dificilmente dormia; fazia pouquíssima distinção entre dia e noite. Somado a isso, havia evidências abundantes de que ele estava sendo lentamente envenenado pelo uso indiscriminado de drogas administradas a ele em enormes injeções por seu médico, o professor Theodor Morell. As drogas prescritas iam de morfina, arsênico e estricnina a vários estimulantes artificiais, passando por misteriosos e miraculosos compostos desenvolvidos pelo próprio doutor. (N. do A.)

O corredor estava tão lotado que Hitler teve alguma dificuldade em passar pelas pessoas e chegar até o pequeno salão de conferência. Eismann percebeu que os outros começaram a falar assim que o Führer cruzou por eles; não houve nada parecido com o silêncio respeitoso que ele esperava. Assim como Heinrici, Eismann estava chocado com a aparência do Führer. Hitler, ele pensou, "tinha o aspecto de um moribundo a quem não foram dadas sequer 24 horas de vida. Ele era um cadáver ambulante".

Vagarosamente, como se padecesse de dor, Hitler se arrastou até seu lugar, à cabeceira da mesa. Para surpresa de Eismann ele parecia enrugado "como um saco que tivesse sido jogado sobre a cadeira, sem pronunciar uma palavra sequer, mantendo-se prostrado, com os braços apoiados sobre as guardas". Krebs e Bormann moveram-se para trás do Führer para sentar em um banco junto à parede. De lá, Krebs informalmente apresentou Heinrici e Eismann. Hitler apertou as mãos de ambos de maneira débil. Heinrici notou que "mal conseguira sentir a mão do Führer, pois esta não fazia qualquer pressão".

Por causa das minúsculas dimensões da sala, nem todos puderam sentar, e Heinrici permaneceu à esquerda do Führer, enquanto Eismann ficou à sua direita. Keitel, Himmler e Doenitz tomaram assento no lado oposto da mesa. O restante do grupo ficou do lado de fora, no corredor; para espanto de Heinrici, eles continuaram falando, embora suas vozes agora não passassem de sussurros. Krebs iniciou a conferência.

– A fim de que o comandante – ele olhou para Heinrici – possa voltar o quanto antes para o seu Grupo de Exército, proponho que ele faça o seu relatório imediatamente.

Hitler consentiu, colocando seus óculos esverdeados e gesticulando para que Heinrici começasse.

À sua moda comedida e precisa, o general foi direto ao ponto. Olhando para cada homem sentado ao redor da mesa e então para Hitler, ele disse:

– Meu Führer, devo lhe dizer que o inimigo está preparando um ataque com um contingente e com um poder extraordinários. Neste momento, eles estão concentrados nas seguintes áreas: do sul de Schwedt ao sul de Frankfurt.

No próprio mapa de Hitler sobre a mesa, Heinrici correu lentamente o dedo sobre o setor ameaçado no *front* do Oder, uma linha de aproximadamente 120 quilômetros, apontando de modo rápido para as cidades sobre as quais se esperavam os maiores ataques – em Schwedt, na área de Wriezen, ao redor da cabeça-de-ponte de Küstrin, e ao sul de Frankfurt. Não nutria qualquer dúvida, ele disse, de que "o ataque principal atingiria o Nono Exército de

Busse", que sustentava a área central; o ataque também "cairia sobre o flanco sul do Terceiro Exército Panzer de Von Manteuffel ao redor de Schwedt".

Cuidadosamente, Heinrici descreveu os malabarismos que havia feito para reforçar o Nono Exército de Busse contra a esperada investida dos russos. Mas graças a essa necessidade de fortalecer Busse, Von Manteuffel havia sido prejudicado. Parte do *front* do Terceiro Exército Panzer estava sendo mantida por tropas de qualidade inferior: veteranos da Guarda Nacional, umas poucas unidades húngaras e algumas divisões de desertores russos – cuja confiança era questionável –, sob o comando do general Andrei Vlasov. Então, Heinrici disse sem qualquer emoção:

– Enquanto o Nono Exército está agora em melhores condições do que antes, o Terceiro Exército Panzer não apresenta a mínima condição de combate. O potencial das tropas de Von Manteuffel, ao menos nos setores norte e intermediário de seu *front*, é baixo. Eles não dispõem de artilharia de nenhum tipo. As metralhadoras antiaéreas não podem substituir a artilharia convencional e, em todo caso, falta munição mesmo para aquelas.

Krebs apressou-se em interrompê-lo.

– O Terceiro Exército Panzer – ele disse enfaticamente – receberá em breve peças de artilharia.

Heinrici acedeu com a cabeça, mas não fez nenhum comentário – só acreditaria em Krebs quando, de fato, visse as armas. Continuando como se não houvesse ocorrido nenhuma interrupção, ele explicou a Hitler que o Terceiro Panzer devia sua presente condição de tranqüilidade às margens inundadas do Oder:

– Devo alertá-lo – ele disse – de que só podemos aceitar a condição de fraqueza do Terceiro Exército Panzer enquanto o Oder continuar acima de seu nível normal. Uma vez que as águas baixarem – acrescentou Heinrici –, os russos não hesitarão em atacar por ali também.

Os homens na sala escutavam com atenção a apresentação de Heinrici, se não com certo desconforto. Tamanha franqueza em uma conferência com Hitler era algo incomum; a maioria dos oficiais apresentava as conquistas e pulava as perdas. Desde a partida de Guderian, ninguém havia falado tão abertamente – e estava claro que Heinrici apenas começava a expor a situação. Agora ele voltava-se para a questão da guarnição de resistência em Frankfurt-no-Oder. Hitler havia declarado a cidade uma fortaleza, assim como a malfadada Küstrin. Heinrici queria que Frankfurt fosse abandonada. Considerava que as tropas ali dispostas estavam sendo sacrificadas no altar da mania de Hitler por "fortalezas". Elas poderiam ser salvas e usadas de modo mais racional em outro lugar. Guderian, que compartilhava da mesma opinião no que dizia respeito a Küstrin, havia sido defenestrado por sustentar esse ponto de vista. Heinrici talvez encontrasse o mesmo destino por sustentar sua oposição agora. Mas o comandante do Vistula considerava os homens em Frankfurt como sua responsabilidade; quaisquer que fossem as conseqüências, ele não se deixaria intimidar. Ele trouxe a questão à tona.

– No setor do Nono Exército – ele começou –, uma das partes mais fracas do *front* é ao redor de Frankfurt. A força da guarnição é muito baixa, assim como a munição de que dispõem. Acredito que nós devemos abandonar a defesa de Frankfurt e retirar as tropas.

Subitamente Hitler olhou para ele e proferiu suas primeiras palavras desde que a reunião começara. Disse de modo ríspido:

– Recuso-me a aceitar isso.

Até aquele momento ele havia permanecido não só em silêncio mas também sem se mexer, como se estivesse completamente desinteressado. Eismann ficara com a impressão de que ele sequer ouvia o que estava sendo dito. Agora, o Führer repentinamente "tinha acordado e passava a mostrar um profundo interesse". Começou por perguntar a respeito da força da guarnição, suprimentos e munições, e mesmo, por alguma razão incompreensível, sobre a disposição da artilharia de Frankfurt. Heinrici tinha as respostas. Passo a passo ele expôs seu caso, apresentando relatórios e estatísticas que Eismann lhe alcançava, depositando-os na mesa, à frente do Führer. Hitler olhou para os papéis à medida que eles iam sendo entregues e pareceu impressionado. Sentindo a oportunidade, Heinrici disse em voz baixa, mas de modo enfático:

– Meu Führer, honestamente acredito que desistir da defesa de Frankfurt seria um movimento sábio e lógico.

Para a surpresa da maioria daqueles que estavam presentes na sala, Hitler, voltando-se para o chefe do OKH, disse:

– Krebs, acredito que a opinião do general sobre Frankfurt é precisa. Emita as ordens necessárias para o Grupo de Exército e traga-as até mim ainda hoje.

No silêncio desconcertante que se seguiu, o burburinho das vozes no lado de fora do corredor pareceu desmedidamente alto. Eismann percebeu um súbito e novo respeito por Heinrici. "O próprio general parecia completamente paralisado", lembrou, "mas ele olhou-me com uma expressão em que eu podia ler 'Bem, nós vencemos'." A vitória, contudo, teve vida curta.

Naquele momento houve uma sonora comoção no corredor e a vasta corpulência do *Reichsmarschall* Hermann Goering ocupou completamente a soleira da pequena porta da sala de conferência. Forçando sua entrada, Goering cumprimentou calorosamente os presentes, apertou a mão de Hitler de forma vigorosa e pediu desculpas por seu atraso. Espremeu-se ao lado de Doenitz, e não houve qualquer atraso importuno enquanto Krebs inteirava-o rapidamente da exposição que Heinrici havia feito. Quando Krebs terminou, Goering se levantou e, colocando as duas mãos sobre o mapa na mesa, inclinou-se na direção de Hitler como se fosse fazer algum comentário sobre os procedimentos. Em vez disso, sorrindo desbragadamente e com um evidente bom humor, disse:

– Devo lhe contar uma história sobre uma de minhas visitas à Nona Divisão de Pára-Quedistas...

Não foi além disso. Hitler subitamente sentou-se bastante ereto em sua cadeira e então se ergueu, pondo-se de pé. As palavras escorriam de sua boca em uma torrente que os presentes escassamente podiam compreender. "Diante de nossos olhos", recordou Eismann, "ele foi tomado de uma fúria vulcânica."

Sua fúria não tinha nada a ver com Goering. Era uma diatribe contra seus conselheiros e generais por deliberadamente se recusarem a entendê-lo no uso tático que fazia dos fortes.

– Os fortes – ele gritou – preencheram completamente seus papéis durante a guerra. Isso foi provado em Posen, Breslau e Schneidemühl. Quantos russos foram detidos por eles? E como era difícil capturá-los! Cada um desses fortes era sustentado até o último homem! A história provou que estou certo e que minha ordem de defender um forte até o último homem está correta!

Então, olhando diretamente para Heinrici, ele gritou:

– Eis por que Frankfurt manterá seu status como forte!

Tão repentinamente como havia começado, a invectiva terminou. Mas Hitler, embora abrandado pela exaustão, não podia mais ficar parado. Parecia a Eismann que o Führer havia perdido totalmente o controle sobre si mesmo. "O corpo inteiro dele tremia. Suas mãos, nas quais ele segurava alguns lápis, balançavam violentamente para cima e para baixo, fazendo com que esses mesmos lápis batessem na guarda da cadeira. Ele dava a impressão de estar mentalmente perturbado. Era tudo irreal demais – especialmente a idéia de que o destino de um povo inteiro estava nas mãos daquela ruína humana."

Apesar da explosão de cólera de Hitler e também de sua imprevista mudança de opinião sobre Frankfurt, Heinrici, de modo obstinado, recusava-se a desistir. Discreta e pacientemente – quase como se a explosão não houvesse ocorrido –, voltou a repassar todos os argumentos, destacando cada razão imaginável para abandonar Frankfurt. Doenitz, Himmler e Goering deram-lhe apoio. Mas era no máximo um apoio simbólico. Os três generais mais poderosos na sala permaneceram em silêncio. Keitel e Jodl não disseram nada – e como já era esperado por Heinrici, Krebs manteve-se em cima do muro. Hitler, visivelmente cansado, apenas refutava, em gestos frouxos feitos com as mãos, cada um dos argumentos. Então, com vitalidade renovada, exigiu conhecer as credenciais do comandante da guarnição de Frankfurt, coronel Bieler.

– Ele é um oficial bastante confiável e experiente – replicou Heinrici –, que deu provas de sua capacidade seguidas vezes em combate.

– Ele é um Gneisenau? – disparou Hitler, referindo-se ao general Graf Von Gneisenau, que defendeu com sucesso a fortaleza de Kolberg contra as forças de Napoleão em 1806.

Heinrici manteve a compostura. De modo tranqüilo, respondeu:

– A batalha por Frankfurt irá provar se ele é um *Gneisenau* ou não.

Hitler retrucou:

– Tudo bem, mande Bieler vir me ver amanhã para que eu possa julgá-lo. Então decidirei o que será feito a respeito de Frankfurt.

Heinrici havia perdido a primeira batalha por Frankfurt e, ele acreditava, seguindo as probabilidades, também a segunda. Bieler era um homem pouco atraente que usava óculos com lentes finas. Não era provável que ele fosse causar a melhor das impressões em Hitler.

Aproximava-se então o que Heinrici considerava o ponto crítico do encontro. Quando retomou a palavra, lamentou-se por não possuir qualquer habilidade nas sutilezas diplomáticas. Conhecia apenas uma maneira de se expressar; naquele momento, como sempre, não usou de meias palavras.

– Meu Führer – ele disse –, não acredito que as forças no *front* do Oder serão capazes de resistir aos ataques pesadíssimos que os russos despejarão sobre elas.

Hitler, ainda tremendo, ficou em silêncio. Heinrici descreveu a falta de capacidade de combate entre a mixórdia das tropas – sucatas do que fora o poderio humano alemão – que formavam suas forças. Muitas das unidades na linha de ação não tinham sido treinadas, eram inexperientes ou preenchidas com tantos soldados de primeira hora que não se podia confiar nelas. O mesmo podia-se dizer de muitos dos comandantes.

– Por exemplo – explicou Heinrici –, a Nona Divisão de Pára-Quedistas me preocupa. Seus comandantes e oficiais não-comissionados são em sua maioria antigos funcionários da administração, sem treinamento e desabituados a liderar unidades de combate.

Goering subitamente se encolerizou.

– Minhas paratropas! – ele disse em voz alta. – Você está falando dos meus pára-quedistas? Eles são os melhores que podem existir! Não ouvirei esses comentários tão degradantes! Garanto pessoalmente a capacidade deles de lutar!

– Sua visão, *Herr Reichsmarschall* – observou friamente Heinrici –, está de algum modo distorcida. Não estou dizendo nada contra suas tropas, mas a experiência me diz que unidades não-treinadas, especialmente aquelas lideradas por oficiais sem prática, ficam com freqüência tão chocadas na sua primeira exposição ao bombardeio de artilharia que acabam por se tornar praticamente inutéis.

Hitler falou novamente, a voz agora calma e arrazoada.

– Não se deve poupar nenhum esforço para oferecer treinamento a essas formações – ele declarou. – Certamente há tempo de fazê-lo antes que a batalha comece.

Heinrici assegurou-lhe que todo esforço seria feito no tempo que ainda restava, mas acrescentou:

– Treinamento não lhes dará a experiência de combate e é justamente isso que está faltando.

Hitler refutou a teoria.

– Os comandantes certos proverão a experiência, e, de qualquer modo, os russos também estão lutando com tropas inferiores. Stalin – sustentou Hitler – está próximo do fim de suas forças e tudo o que lhe sobrou são soldados escravos, cujas habilidades são extremamente limitadas.

Heinrici considerava inacreditável a desinformação de Hitler. Discordou de modo enfático:

– Meu Führer – ele disse –, as forças russas não só estão capacitadas como ao mesmo tempo dispõem de uma enorme quantidade de homens.

Na cabeça de Heinrici a hora de trazer à tona as verdades sobre a situação desesperadora de seu grupo havia chegado.

– Devo lhe dizer que a partir da transferência das unidades blindadas para Schörner, todas as minhas tropas, tanto as boas quanto as más, terão de ser usadas como tropas de linha de frente. Não há reservas. De nenhum tipo. Poderão resistir ao bombardeio que precederá o ataque? Resistirão ao impacto inicial? Talvez sim, por um determinado tempo. Mas, em vista do tipo de ataque que esperamos, cada uma de nossas divisões perderá um batalhão por dia. Isso significa que, ao longo de todo o *front* de batalha, perderemos divisões inteiras à taxa de uma por semana. Não podemos absorver tamanhas perdas. Não dispomos de material humano para repô-las.

Ele fez uma pausa, ciente de que todos os olhos estavam voltados para ele. Então seguiu em frente.

– Meu Führer, o fato é que, na melhor das hipóteses, poderemos segurá-los por apenas alguns dias.

Ele olhou ao redor da sala.

– Então – ele disse –, tudo estará terminado.

Houve um silêncio sepulcral. Heinrici sabia que suas estimativas eram irrefutáveis. Os homens ali congregados estavam tão familiarizados com as estatísticas das baixas quanto ele. A diferença residia no fato de que nenhum deles teria falado a respeito delas.

Goering foi o primeiro a romper o silêncio paralisante.

– Meu Führer – ele anunciou –, colocarei imediatamente à sua disposição cem mil homens da Luftwaffe. Eles se apresentarão no *front* do Oder dentro de alguns dias.

Himmler lançou um olhar arregalado para Goering, seu arqui-rival, e então para Hitler, como que tentando captar a reação do Führer. A seguir, também, ele fez um anúncio.

– Meu Führer – ele disse, com a voz esganiçada –, a SS tem a honra de fornecer 25 mil combatentes para o *front* do Oder.

Doenitz não quis ficar atrás. Ele já havia enviado uma divisão de *marines* para Heinrici; agora declarava que, também ele, ofereceria novas forças.

– Meu Führer – ele anunciou –, doze mil marinheiros serão enviados imediatamente com seus navios para o Oder.

Heinrici olhou fixamente para eles. O que ofereciam eram forças não-treinadas, não-equipadas e desqualificadas, disputando um tipo horripilante de leilão com vidas em vez de dinheiro. Eles apostavam um contra o outro não para salvar a Alemanha, mas para impressionar Hitler. E subitamente a febre leiloeira contagiou a todos. Um coro de vozes soou, cada homem tentando sugerir outras forças que poderiam estar disponíveis. Alguém perguntou pelas estimativas das forças de reserva, e Hitler chamou:

– Buhle! Buhle!

No lado de fora, no corredor, onde a multidão de generais e ordenanças havia passado do café para o conhaque, o chamado foi retransmitido.

– Buhle! Buhle! Onde está Buhle?

Houve uma comoção adicional quando o major-general Walter Buhle, chefe encarregado dos suprimentos e reforços, forçou passagem por entre a multidão e entrou na sala de conferência. Heinrici olhou para ele e logo, repugnado, desviou os olhos. Buhle andara bebendo e destilava odor de álcool por todos os poros.* Mais ninguém parecia perceber ou se importar com o fato – inclusive Hitler. O Führer fez uma série de perguntas a Buhle sobre as reservas, suprimentos de rifles, armas leves e munições. Buhle respondeu de modo embolado (que para Heinrici soava como pura estupidez do expositor), mas as respostas pareceram satisfazer a Hitler. De acordo com o que ele pôde aferir das informações de Buhle, outras treze mil tropas poderiam ser retiradas do assim chamado exército da reserva.

Dispensando Buhle, Hitler voltou-se a Heinrici.

– Aí está – ele disse. – Você tem à sua disposição mais 150 mil homens, quase doze divisões. Eis suas reservas.

O leilão estava encerrado. Hitler aparentemente considerava resolvido o problema com o Grupo de Exército. Ainda que tudo o que ele tivesse feito fosse, no máximo, comprar mais doze dias para o Terceiro Reich – e provavelmente a um tremendo custo de vidas humanas.

Heinrici lutou para preservar seu autocontrole.

– Esses homens – ele disse, sem trair qualquer emoção – não foram treinados em combate. Eles estiveram em áreas da retaguarda, em escritórios ou em navios, em trabalhos de manutenção nas bases da Luftwaffe... Eles nunca lutaram no *front*, nunca viram um russo.

Goering o interrompeu.

– As forças que apresentei são, em sua maior parte, de aviadores combatentes. Ou seja, os melhores entre os melhores. E também há as tropas que estiveram em Monte Cassino, tropas cuja fama ofuscou todas as outras.

Vigoroso e loquaz, informou de modo acalorado a Heinrici que esses homens tinham a vontade, a coragem e certamente a experiência necessárias.

Também Doenitz estava enfurecido:

– Digo-lhe que as tripulações dos navios de guerra são tão capazes quanto as suas tropas Wehrmacht.

Por um momento, o próprio Heinrici perdeu a paciência.

– Você não acha que há uma grande diferença entre lutar no mar e lutar na terra? – perguntou de modo sarcástico. – Sou eu quem lhe digo: todos esses homens serão massacrados no *front*! Massacrados!

Se a súbita explosão de Heinrici chocou Hitler, ele não o demonstrou. Enquanto os outros se enraiveciam, Hitler parecia ter adquirido calma e frieza.

– Tudo bem – ele disse. – Colocaremos essas tropas de reserva em uma segunda linha a cerca de oito quilômetros atrás da primeira. A linha de frente

---

* Como Heinrici colocou em uma entrevista com o autor, "Buhle agitava uma enorme bandeira de conhaque à sua frente". (N. do A.)

absorverá o choque preparatório da artilharia russa. Enquanto isso, as forças de reserva se acostumarão com a batalha e, se os russos conseguirem romper a primeira linha de defesa, elas entrarão em combate. Para fazer os russos retroceder, se eles romperem a linha, você terá que utilizar as divisões *panzer*.

E ele olhou para Heinrici como que esperando por um consentimento para uma questão que fosse realmente bastante simples. Não era assim que pensava o general.

– Você tomou as minhas unidades blindadas mais experimentadas, unidades que estavam prontas para o combate. O Grupo de Exército fez um pedido pelo seu retorno. – Enunciando cada palavra de maneira clara, Heinrici disse: – Preciso delas de volta.

Houve um movimento brusco a suas costas, e o adjunto de Hitler, Burgdorf, sussurrou raivosamente no ouvido de Heinrici.

– Basta! – ele ordenou. – Você deve encerrar agora.

Heinrici manteve sua posição.

– Meu Führer – ele repetiu, ignorando Burgdorf –, preciso daquelas unidades blindadas de volta.

Hitler ergueu sua mão quase como se pedisse desculpas.

– Sinto muito – ele replicou –, mas tive que tirá-las de você. Suas unidades *panzer* são muito mais necessárias para o seu vizinho ao sul. O principal ataque dos russos certamente não está apontado para Berlim. Há uma concentração mais forte de inimigos ao sul do que no seu *front* na Saxônia.

Hitler moveu a mão sobre as posições russas no Oder.

– Tudo isso – anunciou em uma voz cansada e chateada – é meramente um ataque de suporte a fim de confundir-nos. O principal ataque do inimigo não será dirigido a Berlim, mas para cá.

De modo dramático, ele posicionou um dedo sobre Praga.

– Conseqüentemente – continuou o Führer –, o Grupo de Exército Vistula deverá muito bem ser capaz de suportar um ataque secundário.

Heinrici olhou descrentemente para Hitler.*

– Meu Führer – ele concluiu –, fiz o que estava ao meu alcance para preparar a defesa para o ataque. Não posso considerar esses 150 mil homens como uma reserva. Também não poderei fazer nada em relação às terríveis

---

* Heinrici mais tarde iria dizer: "A declaração de Hitler arruinou-me completamente. Eu mal tinha como argumentar contra ela, pois desconhecia a situação que o grupo de Schörner iria enfrentar. Sabia apenas que Hitler estava completamente errado. Tudo o que eu podia pensar era 'Como eles conseguem se enganar dessa maneira?'. Percebi que todos eles estavam vivendo na terra do cuco das nuvens (*Wolkenkuckucksheim*)." (N. do A.)

perdas que certamente teremos. É meu dever deixar isso absolutamente claro. Também é meu dever informá-lo de que não posso garantir que o ataque será repelido.

De repente, Hitler voltou à vida. Após lutar para se pôr de pé, ele esmurrou a mesa.

– Fé! – ele gritou. – Fé e crença absoluta no sucesso farão com que sejam vencidas todas as insuficiências! Cada comandante deve encher-se de confiança! Você! – Ele apontou um dedo para Heinrici. – Você deve irradiar essa confiança! Deve instilá-la em suas tropas!

Heinrici olhou de modo inabalável para Hitler.

– Meu Führer – ele disse –, devo repetir, é meu dever repetir, que esperança e fé sozinhas não vão vencer essa batalha.

Atrás dele, uma voz sussurrava:

– Basta! Basta!

Hitler, porém, sequer escutava o que Heinrici dizia.

– Eu lhe digo, coronel-general – ele gritou –, se você estiver consciente do fato de que esta batalha pode ser vencida, ela será! Se suas tropas forem contagiadas pela mesma crença, então você alcançará a vitória e o grande sucesso da guerra!

No tenso silêncio que se seguiu, Heinrici, com o rosto lívido, reuniu seus papéis e os entregou a Eismann. Os dois oficiais tomaram o caminho da saída da sala que permanecia silente. Do lado de fora, no *lounge* do corredor, eles foram avisados de que um ataque aéreo estava em andamento. Entorpecidos, os dois homens ficaram esperando, cada qual em um estado diferente de estupor, quase alheios às conversas que continuavam fluindo ao seu redor.

Após alguns minutos, receberam permissão de deixar o *bunker*. Subiram as escadas e saíram para o jardim. Lá, pela primeira vez desde que havia deixado a sala de conferência, Heinrici falou:

– Foi tudo em vão – ele disse, abatido. – O mesmo que tentar trazer a Lua até a Terra. Ele olhou para os pesados mantos de fumaça que envolviam a cidade e repetiu, quase que para si mesmo:

– Foi tudo em vão. Tudo em vão.*

---

* A pesquisa para a conferência de Hitler foi feita principalmente sobre o diário de Heinrici e complementada pelas longas memórias (186 p.) do coronel Eismann. Heinrici mantinha notas meticulosas de tudo o que ocorria, incluindo as palavras exatas que Hitler usara. Havia algumas diferenças entre os relatos de Heinrici e Eismann, mas essas variações foram resolvidas por uma série de entrevistas feitas com Heinrici durante um período de três meses em 1963. (N. do A.)

As águas azuis do Chiem See, como uma série de espelhos móveis, refletiam a grande linha de pinheiros que cobria o sopé da montanha ao longo da paisagem coberta de neve. Apoiado em sua pesada bengala, Walther Wenk olhava atentamente para o lago e além, para a vasta e panorâmica desordem das montanhas ao redor de Berchtesgaden, a poucos quilômetros dali. Era uma cena de extraordinária beleza e paz.

Em todos os lugares a primeira floração começava a brotar; as calotas de neve começavam a desaparecer das pastagens, embora fosse ainda 6 de abril. Mesmo o ar estava redolente à primavera. A calmaria das redondezas ajudara muito a acelerar a convalescença do antigo chefe de Estado-Maior de Guderian, o mais jovem general do Wehrmacht, com 45 anos.

Ali, no coração dos Alpes da Bavária, a guerra parecia estar a milhares de quilômetros de distância. Com exceção feita aos homens que se recuperavam dos ferimentos de guerra ou, como no caso de Wenck, de acidentes, era difícil encontrar um soldado na área inteira.

Embora continuasse fraco, Wenck caminhava para a recuperação. Considerando a seriedade do acidente, ele tinha sorte de estar vivo. Havia sofrido lesões na cabeça e fraturas múltiplas em uma colisão no dia 13 de fevereiro, e ficara hospitalizado por aproximadamente seis semanas. Tantas costelas foram esmagadas que ele ainda usava um colete cirúrgico que ia do peito às coxas. A guerra parecia terminada para ele e, em todo caso, o desfecho era-lhe lamentavelmente claro. Não acreditava que o Terceiro Reich pudesse sobreviver por mais do que umas poucas semanas.

Ainda que o futuro da Alemanha parecesse sombrio, Wenck tinha muito a agradecer: sua mulher, Irmgard, e seus gêmeos de quinze anos, seu filho Helmuth e sua filha Sigried estavam a salvo, junto com ele, na Bavária. Com dolorosa lentidão, Wenck caminhou de volta para a pequena e pitoresca pousada em que eles estavam vivendo. Ao entrar no *foyer*, Irmgard foi ao seu encontro com uma mensagem. Wenck deveria ligar para Berlim imediatamente.

O adjunto de Hitler, general Burgdorf, atendeu a ligação. Wenck, disse Burgdorf, devia se reportar a Hitler em Berlim no dia seguinte.

– O Führer – disse Burgdorf – acaba de nomeá-lo comandante do 12º Exército.

Wenck ficou ao mesmo tempo confuso e surpreso.

– Décimo Segundo Exército? – ele perguntou. – Que Exército é esse?

– Você saberá de tudo quando chegar aqui – Burgdorf respondeu.

Wenck ainda não estava satisfeito.

– Nunca ouvi falar de um 12º Exército – ele insistiu.

– O 12º Exército – disse Burgdorf com irritação, como se tivesse dado grandes explicações – está sendo arregimentado neste momento.

Dito isso, desligou o telefone.

Horas depois, trajando mais uma vez o uniforme, Wenck disse adeus à sua angustiada esposa.

– Aconteça o que acontecer – ele a advertiu –, fique na Bavária. É um lugar seguro.

Então, ignorando completamente a sua missão, rumou para Berlim. Nos próximos vinte e um dias o nome desse general praticamente desconhecido se tornaria sinônimo de esperança na mente de quase todos os habitantes de Berlim.

A equipe estava acostumada a ver uma explosão ocasional de temperamento, mas ninguém até então havia visto Heinrici dessa maneira. O comandante do Grupo de Exército Vistula em uma escalada de fúria. Ele recém recebera um relatório de Bieler, o oficial encarregado da "fortaleza" em Frankfurt, e de sua visita a Hitler. Como Heinrici havia temido, o oficial de rosto magro e óculos não cabia na idéia que o Führer fazia de um herói nórdico. Após alguns comentários inconseqüentes, durante os quais Frankfurt sequer foi mencionada, Hitler apertou-lhe a mão e dispensou o jovem oficial. Assim que Bieler deixou o *bunker*, Hitler ordenou uma mudança no comando de Frankfurt.

– Arranje outra pessoa – ordenou o Führer a Krebs. – Bieler não se trata certamente de nenhum *Gneisenau*!

O general Busse, cujo Nono Exército incluía a guarnição de Frankfurt, ouvira de Krebs sobre a iminente mudança e imediatamente informou Heinrici. Agora, enquanto Bieler estava plantado ao lado da mesa de Heinrici, o inflamado *Giftzwerg* fazia uma ligação a Krebs. Sua equipe assistia em silêncio. Eles haviam aprendido a medir o grau de irritação de Heinrici pelo modo como ele tamborilava o tampo da mesa. Nesse momento os dedos da sua mão direita subiam e desciam violentamente. Krebs atendeu a ligação.

– Krebs – bufou Heinrici –, o coronel Bieler está aqui no meu escritório. Quero que você escute com atenção. Bieler deve ser mantido como comandante da guarnição de Frankfurt. Já disse isso a Burgdorf e agora estou dizendo a você. Recuso-me a aceitar qualquer outro oficial. Você está entendendo?

Ele não esperou por uma resposta.

– Mais uma coisa. Onde está a Cruz de Ferro de Bieler? Ele espera pela condecoração há meses. Já está na hora dele recebê-la. Você está entendendo?

– Novamente Heinrici não fez nenhuma pausa. – E agora me escute bem, Krebs. Se Bieler não receber a sua Cruz de Ferro, se Bieler não for mantido como comandante em Frankfurt, serei obrigado a renunciar ao *meu* comando! Você está entendendo?

Heinrici, ainda batucando furiosamente os dedos, continuou:

– Espero a sua confirmação sobre o assunto para hoje! Fui claro? – E bateu o telefone com força. Krebs não conseguiu pronunciar uma palavra.

Na tarde do dia 7 de abril, como mais tarde o coronel Eismann lembraria, "o Grupo de Exército recebeu duas mensagens por teletipo do quartel-general do Führer. Na primeira, Bieler foi confirmado como comandante de Frankfurt; na segunda, vinha o anúncio de que ele fora condecorado com a Cruz de Ferro".

O general Alfred Jodl, chefe de Operações de Hitler, sentou-se em seu escritório em Dahlem esperando pela chegada do general Wenck. O novo comandante do 12º recém deixara Hitler e agora era trabalho de Jodl informar Wenck sobre a situação no *front* ocidental. Sobre a mesa de Jodl estava um maço de relatórios do marechal-de-campo Albert Kesselring, comandante-em-chefe no Oeste. Eles pintavam um quadro que se tornava cada vez mais negro com o passar das horas. Em todos os lugares os anglo-americanos atravessavam as linhas.

Na teoria, o 12º Exército deveria formar um escudo para o avanço ocidental sobre Berlim, sustentando uma posição a duzentos quilômetros na parte inferior do rio Elba e do Mulde, a fim de prevenir que os anglo-americanos fizessem uma investida direta contra a cidade. Wenck, Hitler havia decidido, comandaria um exército de dez divisões, compostas por corpos de oficiais *panzer* treinados, homens da Guarda Nacional, forças de cadetes, vários grupos reorganizados e os remanescentes do esfacelado 11º Exército nas montanhas Harz. Mesmo que tal força pudesse ser organizada a tempo, Jodl estava cético quanto à possibilidade de que ela pudesse produzir qualquer efeito. E no que dizia respeito ao Elba, talvez ela nunca entrasse em ação – embora ele não tivesse qualquer intenção de dizer isso a Wenck. No cofre de seu escritório, Jodl ainda mantinha a cópia capturada do plano Eclipse – o documento que detalhava os movimentos que os anglo-americanos fariam diante da rendição ou colapso da Alemanha – e os mapas anexados mostrando as zonas previamente divididas entre os Aliados a ser ocupadas com o fim da guerra. Jodl permanecia convicto de que os americanos e os britânicos parariam às margens do Elba – respeitando a linha divisória aproximada acordada entre os anglo-americanos e os russos para as zonas de ocupação após o término das hostilidades. Parecia perfeitamente claro para ele que Eisenhower iria deixar Berlim para os russos.

• • •

"Naturalmente", começava o parágrafo final do último telegrama de Eisenhower para Churchill, "se em algum momento as condições para o 'Eclipse' [um colapso da Alemanha ou uma rendição] vierem a ocorrer em qualquer lugar do *front*, nós deveremos apressar o avanço... e Berlim será incluída entre nossos alvos importantes". Esse era o comprometimento máximo que o comandante estava disposto a fazer. Isso não satisfez os britânicos, e seus chefes de Estado-Maior continuaram a pressionar os americanos por uma decisão definitiva. Enviaram uma mensagem a Washington exigindo um encontro para discutir a estratégia de Eisenhower. O telegrama de Stalin lhes parecia suspeito. Enquanto o generalíssimo garantira que planejava iniciar sua ofensiva em maio, diziam os chefes britânicos, ele não havia indicado quando pretendia lançar suas "forças secundárias" na direção de Berlim. Por conseguinte, parecia-lhes que Berlim seria capturada assim que fosse possível. Além disso, eles acreditavam que seria "apropriado aos chefes do Estado-Maior Combinado darem orientação a Eisenhower sobre a questão".

A resposta dada pelo general Marshall encerrou de modo firme e decisivo a discussão. "Tais vantagens políticas e psicológicas que resultariam de uma possível captura de Berlim antes dos russos", ele disse, "não devem superar a imperativa consideração militar, a qual, na nossa opinião, é a destruição e o desmembramento das forças armadas da Alemanha."

Marshall não fechou inteiramente a possibilidade de tomar Berlim, pois, "a bem da verdade, ela está dentro do centro de impacto da ofensiva principal". Mas não havia tempo hábil para os chefes do Estado-Maior Combinado darem maiores considerações ao problema. A velocidade do avanço aliado Alemanha adentro era tão rápida, ele disse, que não dava chance de "rever questões operacionais por meio desta ou qualquer outra forma de ação pensada pelo comitê". E Marshall encerrou com um inequívoco apoio ao supremo comandante: "Somente Eisenhower está em posição de saber como lutar esta batalha e como explorar ao máximo as mudanças que ocorrerem no meio do caminho".

De sua parte, Eisenhower, pressionado, declarou que estava disposto a mudar seus planos desde que recebesse ordens para fazê-lo. Em 7 de abril, ele telegrafou para Marshall: "Se em algum momento pudermos tomar Berlim a um custo pequeno, com certeza faremos isso". Como, porém, os russos estavam próximos demais da capital, ele considerava "um contra-senso militar transformar Berlim, a essas alturas dos acontecimentos, em um objetivo maior". Ele foi o primeiro, disse Eisenhower, "a admitir que a guerra é travada em busca de objetivos políticos, e se os chefes do Estado-Maior Combinado decidirem que o esforço aliado para tomar Berlim é mais importante do que as considerações puramente militares neste teatro, aceitarei de bom grado reajustar meus planos e pensar em uma maneira de conduzir tal operação". Ele realçou sua opinião de que, no entanto, "a captura de Berlim deveria ser deixada como algo que faremos se for exeqüível e praticável assim que tivermos procedido ao plano geral, (A) dividir as forças alemãs... (B) ancorar nosso flanco esquerdo firmemente na área de Lübeck, e (C) tentar interromper qualquer esforço alemão de estabelecer uma fortaleza nas montanhas ao sul".

Ele deu quase que a mesma resposta a Montgomery no dia seguinte. Monty insistia nos mesmos pontos que Churchill e os chefes britânicos. Ele pedia a Eisenhower dez divisões extras para atacar Lübeck e Berlim. Eisenhower cortou-lhe as esperanças. "No que diz respeito a Berlim", declarou o supremo comandante, "estou pronto a admitir que ela tem significância política e psicológica, mas de muito maior importância será a localização das forças restantes alemãs em relação Berlim. É sobre isso que irei concentrar minha atenção. Naturalmente, se eu tiver a chance de capturar Berlim a um custo baixo, eu o farei."

Neste ponto, Churchill decidiu encerrar a controvérsia antes que houvesse uma maior deterioração das relações entre os Aliados. Ele informou ao presidente Roosevelt que considerava o caso encerrado. "Para provar minha sinceridade", ele telegrafou ao presidente, "usarei uma das minhas pouquíssimas citações latinas: *Amantium irae amoris integratio est.*" Traduzindo, isso significa: "As brigas dos amantes renovam o amor".

Contudo, enquanto a controvérsia sobre o SCAF 252 e os objetivos anglo-americanos ocupavam os bastidores, os homens das forças anglo-americanas continuavam avançando cada vez mais Alemanha adentro. Ninguém os avisara de que Berlim não era mais um objetivo militar primário.

5

A corrida havia começado. Nunca na história dos conflitos armados tantos homens se moveram de maneira tão rápida. A velocidade da ofensiva anglo-americana era contagiante, e ao longo de todo o *front* a investida estava tomando proporções de uma grande competição. À medida que os exércitos se concentravam às margens do Elba, a fim de assegurar as cabeças-de-ponte para o último e vitorioso ataque que encerraria a guerra, cada divisão ao longo do norte e do centro do *front* ocidental estava determinada a alcançar o rio em primeiro lugar. Além dele, Berlim, como sempre, era o objetivo final.

Na zona britânica, a Sétima Divisão Blindada – os famosos Ratos do Deserto – mal fizera uma pausa desde que deixara o Reno. Uma vez cruzada a barreira natural, o major-general Louis Lyne, o comandante da divisão, havia enfatizado que "todos devem fixar a partir de agora seus olhos no rio Elba. Uma vez que iniciarmos nosso movimento, proponho que não paremos, dia ou noite, até chegarmos lá... Boa caçada na próxima etapa". Agora, mesmo contra pesada oposição, os Ratos do Deserto avançavam uma média de 32 quilômetros por dia.

O sargento de esquadrão major Charles Hennell pensou que era "certo e apropriado que a Sétima tomasse a capital como uma espécie de recompensa por seus longos e ardorosos esforços na guerra desde o Deserto ocidental". Hennell estava com os Ratos do Deserto desde El Alamein. O sargento-major Eric Cole era impelido por uma razão ainda maior para chegar a Berlim. Um veterano de Dunquerque, ele havia sido repelido mar adentro pelos alemães em 1940. Agora Cole preparava-se impiedosamente para ir à forra. Constantemente, ele atormentava as tripulações dos blindados para que seus equipamentos mecanizados estivessem em excelentes condições de locomoção. Cole planejava empurrar os alemães que estivessem à frente dos tanques da Sétima Divisão Blindada caminho afora até Berlim.

Os homens da Sexta Divisão Aerotransportada britânica haviam guiado seus conterrâneos à Normandia no Dia D; eles estavam determinados a guiá-los novamente rumo ao movimento final. O sargento Hugh McWhinnie ouvira dos prisioneiros alemães que, no momento que os britânicos cruzassem o Elba, o inimigo "abriria a porta e os deixaria chegar a Berlim". Ele duvidava da informação. A Sexta Divisão estava acostumada a disputar cada quilômetro. O capitão Wilfred Davison, do 13º Batalhão de Pára-Quedistas, tinha certeza de que haveria uma corrida pela cidade, mas, como a maioria das divisões, ele não tinha dúvida de que "a Sexta estava na frente para liderar o caminho". No quartel-general da Divisão, porém, o capitão John L. Shearer estava ficando um pouco ansioso. Ele ouvira um rumor de que "Berlim seria deixada para os americanos".

As divisões Aerotransportadas dos EUA tinham ouvido o mesmo rumor. O problema era que neste rumor não havia qualquer menção às paratropas. Na área de treinamento do general James Gavin, da 82ª Aerotransportada, onde os pára-quedistas treinavam há dias, já era claro que o lançamento de combate sobre Berlim estava descartado. Aparentemente, uma operação aerotransportada seria requisitada somente diante de um colapso do inimigo que colocasse o plano Eclipse em ação, tornando necessária a presença dos soldados para uma missão de policiamento em Berlim. Mas mesmo isso parecia remoto. O SQFEA já havia instruído o general Lewis Brereton do Primeiro Exército Aerotransportado que em breve seriam feitos lançamentos sobre os campos de concentração em que estivessem prisioneiros aliados, sob o codinome de "Operação Jubilosa". Por mais que eles quisessem libertar os prisioneiros, a perspectiva de uma operação de resgate em vez de uma tarefa de combate encheu os homens do exército aerotransportado de um sentimento que estava longe de ser de júbilo.

Semelhante frustração tomava conta de outros grupos aerotransportados. As "Águias Gritantes" da 101ª Divisão Aerotransportada, do general Maxwell Taylor, estavam mais uma vez lutando como soldados de solo, desta vez no Ruhr. Um regimento da 82ª Divisão de Gavin também fora ordenado para lá. A 82ª Divisão também fora alertada para auxiliar o 21º Grupo de Exército de Montgomery em uma operação a ser feita posteriormente à travessia do Elba.

Foi o soldado Artur "Dutch" Schultz, do 505º Regimento de Pára-Quedistas, quem talvez tenha melhor resumido os sentimentos dos homens das divisões aerotransportadas. Subindo a bordo de um caminhão com destino ao Ruhr, ele cinicamente falou ao seu companheiro, o soldado Joe Tallett.

– Então é isso. Levei-os até a Normandia, certo? Depois até a Holanda, certo? Olhe para mim, garoto. Sou um americano de sangue azul e o país não tem mais ninguém como eu. Eles querem fazer valer o seu dinheiro. Eles não vão *me* desperdiçar em Berlim. Claro que não! Eles estão me guardando para algo melhor! Eles vão me lançar sobre Tóquio!

Se, no entanto, as divisões aerotransportadas sofriam com a desmotivação, os exércitos terrestres estavam cheios de expectativa.

No centro, as forças dos EUA avançavam velozmente e sua potência era tremenda. Com o retorno do enorme Nono Exército de Simpson, do 21º Grupo de Exército de Montgomery, Bradley tornara-se o primeiro general na história americana a comandar quatro exércitos de campo. Além do Nono, suas forças incluíam o Primeiro, o Terceiro e o 15º – algo em torno de um milhão de homens.

Em 2 de abril, apenas nove dias após a travessia do Reno, suas tropas haviam terminado de montar a armadilha ao redor do Ruhr. Preso na arapuca de 6,4 quilômetros quadrados estava o Grupo de Exército B do marechal-de-campo Walter Model, com um número não inferior a 325 mil homens. Com Model contido, o *front* ocidental apresentava-se amplamente aberto e Bradley seguiu impiedosamente em frente, deixando parte do Nono e do Primeiro Exército para dar cabo da armadilha. Agora suas forças exerciam uma perseguição cerrada. Com os britânicos ao norte e o Sexto Grupo de Exército do general Denver dos EUA ao sul, mantendo os flancos, Bradley avançava furiosamente pelo centro da Alemanha, em direção a Leipzig e Dresden. No alinhamento feito do norte para o sul dos exércitos americanos, o Nono estava a menor distância do Elba, e para os comandantes era como se Bradley tivesse dado a Simpson carta branca para a investida que, naquele momento, poderia levar as forças dos EUA para Berlim.

No dia em que o cerco ao Ruhr estava completo, Eisenhower expediu as ordens para suas forças. O grupo de Bradley deveria "limpar o... Ruhr... lançar uma ofensiva contra seu principal eixo: Kassel-Leipzig... aproveitar cada oportunidade de capturar uma cabeça-de-ponte sobre o rio Elba e preparar para conduzir as operações para além do Elba". Em 4 de abril, o dia em que o Nono retornou para ele, Bradley pessoalmente deu novos comandos aos seus exércitos. Na "Carta de Instrução n° 20" do 12º Grupo de Exército, o Nono estava ordenado primeiramente para seguir uma linha ao sul de Hannover, com o centro do exército na área próxima à cidade de Hildesheim – a cerca de 112 quilômetros do Elba. Então, "em ordem", a segunda fase começaria. Era este parágrafo vital que explicitava o papel do Nono Exército e, para o seu comandante, não deixava nenhuma dúvida a respeito do destino de suas forças. Nele, lia-se: "Fase 2. Avançar em ordem para leste... explorar cada oportunidade de conquistar uma cabeça-de-ponte sobre o Elba e estar preparado para continuar o avanço sobre BERLIM ou para nordeste". A fase 1 – o avanço em direção a Hildesheim – parecia ser simplesmente uma ordem direcional. Ninguém esperava encontrar qualquer resistência ou ser detido. Mas a Fase 2 era a bandeira de largada que cada divisão no Nono Exército estava esperando, ninguém mais avidamente que o comandante, o tenente-general William "Grande Simp" Simpson*.

---

* Simpson tinha todas as razões para acreditar que lhe fora dada carta branca para seguir em frente. Na mesma ordem ao 12º Grupo de Exército, o Primeiro e o Terceiro Exércitos dos EUA foram instruídos na segunda fase a capturar cabeças-de-ponte no Elba e prepararem-se para rumar para leste – no caso do Terceiro Exército de Patton, a expressão usada foi "leste ou sudeste". Mas somente na ordem do Nono Exército é que estavam incluídas as palavras "sobre Berlim". (N. do A.)

"Meu pessoal estava estimulado", mais tarde lembraria o general Simpson. "Nós havíamos sido os primeiros a chegar ao Reno e agora seríamos os primeiros a alcançar Berlim. Durante todo tempo só pensávamos em uma coisa – capturar Berlim e encontrar os russos no outro lado." Quando a Carta de Instruções chegou do Grupo de Exército, Simpson não perdeu um minuto. Ele esperava chegar à fase Hildesheim em questão de dias. Depois disso, Simpson disse aos oficiais de sua equipe, ele planejava "dispor uma divisão de blindados e outra de infantaria e pegar a auto-estrada que corria logo abaixo de Magdeburg no trecho entre o Elba e Potsdam, onde estaremos muito próximos de chegar a Berlim". Então Simpson pretendia comprometer o resto do Nono "o mais rápido possível... se nós conseguirmos a cabeça-de-ponte e eles nos liberarem o caminho". Tomado de júbilo, ele disse à sua equipe: "Diabos, quero conquistar Berlim e acredito que todos vocês, até o último soldado, também querem".

O major-general Isaac D. White, o determinado e vigoroso comandante da Segunda Divisão Blindada "Inferno sobre Rodas", estava um bocado à frente de Simpson: seu plano de tomar Berlim estava pronto mesmo antes de seus homens cruzarem o Reno. O chefe de Operações de White, coronel Briard P. Johnson, havia traçado o avanço até a capital semanas antes. Tão meticuloso era seu plano que as ordens detalhadas e os desenhos dos mapas estavam prontos desde o dia 25 de março.

O plano de assalto da Segunda Divisão era de alguma maneira similar ao conceito de Simpson. O plano também seguia pela auto-estrada desde Magdeburg no Elba. Os avanços propostos diariamente estavam desenhados no mapa, e para cada estágio foi dado um codinome. A última arremetida, de cerca de cem quilômetros a partir de Magdeburg, contava com os seguintes nomes para cada fase da linha: "Prata", "Seda", "Cetim", "Amor-perfeito", "Jarro", e finalmente, marcado por uma enorme suástica azul cobrindo Berlim, o codinome "Objetivo". À velocidade que a Segunda se movia, enfrentando apenas focos de oposição, freqüentemente acima de 55 quilômetros por dia, White estava confiante em apanhar a capital. Se os seus homens conseguissem assegurar uma cabeça-de-ponte em Magdeburg, agora apenas a doze quilômetros e distância, White esperava investir contra Berlim dentro de 48 horas.

Agora, ao longo do *front* do Nono Exército que cobria aproximadamente oitenta quilômetros, a Segunda Divisão Blindada de White liderava o avanço. A divisão era uma das maiores formações do *front* ocidental. Com seus tanques, metralhadoras com alimentação automática, blindados, máquinas de terraplenagem, caminhões, jipes e artilharia, ela formava uma corrente com mais de 115 quilômetros de extensão. Para criar a máxima efetividade de combate, a força havia sido divida em três unidades blindadas – Comandos de Combate A, B e R, o último mantido como reserva. Ainda assim, a divisão, movendo-se em conjunto e perfazendo em média três quilômetros por hora, levava aproximadamente doze horas para passar os pontos estabelecidos. Essa pesada força blindada movia-se à frente de qualquer outra unidade do Nono Exército – com apenas uma exceção digna de nota.

No seu flanco direito, acompanhando tenazmente a Segunda Divisão, quilômetro a quilômetro, no mesmo passo e travando batalhas por todo o caminho, vinha uma fantástica coleção de veículos abarrotados de tropas. Vista do ar ela não se assemelhava nem a uma divisão armada nem a uma de infantaria. De fato, não fosse o número de caminhões americanos entremeados entre suas colunas, ela poderia facilmente ser confundida com um comboio alemão. A extremamente individualista 83ª Divisão de Infantaria, a "Circo Rag-Tag", do major Robert C. Macon, seguia a toda velocidade em direção ao Elba em busca de seu butim. Cada unidade inimiga ou cidade que se rendesse ou fosse capturada subscrevia sua cota de veículos para a divisão, normalmente sob a mira das armas. Cada nova aquisição recebia uma rápida camada de tinta cor de oliva e uma estrela dos EUA grudada em um dos lados; então o veículo estava pronto para se unir à 83ª. Os homens da Circo Rag-Tag conseguiram inclusive arranjar a liberação de uma aeronave alemã e, com dificuldade, encontraram alguém para pilotá-la, e ela ia espalhando consternação ao longo de todo o *front*. O primeiro-sargento William G. Presnell, da 30ª Divisão de Infantaria, que havia lutado ao longo do caminho desde a praia de Omaha, conhecia a silhueta de cada caça da Luftwaffe. Assim, quando viu o que era obviamente um avião alemão sobrevoando a sua cabeça, ele gritou "ME-109!" e mergulhou em busca de proteção. Confuso por não ouvir o som da metralha, ergueu-se e voltou os olhos para cima em direção à aeronave que se afastava. O avião estava pintado de verde oliva; na parte debaixo das asas, as palavras "83ª Div. Inf.".

Se os seus compatriotas ficavam confusos com os veículos da 83ª, os alemães ficavam ainda mais. À medida que as divisões avançavam desordenadamente em direção ao Elba, o major Haley Kohler ouvia o insistente buzinar de um carro. "Esta Mercedes veio de trás de nós", ele lembrou, "e começou a ultrapassar todo mundo na estrada." O capitão John J. Devenney também a viu. "O carro ia ziguezagueando por entre nossa coluna, indo na mesma direção", ele recordou. Assim que a Mercedes passou, Devenney ficou estupefato ao ver que o veículo era guiado por um chofer e que estava abarrotado de oficiais do comando alemão. Uma rajada de metralhadora deteve o carro, e os alemães, desnorteados, foram feitos prisioneiros no meio do que eles supunham ser uma de suas próprias colunas. A Mercedes, em ótima condição, recebeu a costumeira pintura às pressas e foi colocada imediatamente em uso.

O general Macon estava determinado a fazer da 83ª a primeira divisão de infantaria a cruzar o Elba e avançar até Berlim. A rivalidade entre a 83ª e a Segunda Divisão Blindada estava agora tão intensa que, quando as unidades de vanguarda das duas divisões chegaram ao rio Weser ao mesmo tempo em 5 de abril, "houve uma discussão considerável", segundo Macon, "sobre quem deveria cruzar o rio primeiro". Finalmente, um acordo foi alcançado: as divisões cruzaram juntas, as unidades ombro a ombro. De volta ao quartel-general da 83ª, os rumores davam conta de que o general White estava furioso com a Circo Rag-Tag. "Nenhuma maldita divisão de infantaria", o comandante da Segunda foi pego dizendo, "vai bater a *minha* expedição ao Elba."

A Segunda também participava de outra competição. A Quinta Blindada, "A Divisão Vitória", deslocava-se quase tão rápido como as colunas de White, e seus homens tinham seus próprios planos para a tomada da capital. "A única grande questão àquela altura era quem iria tomar Berlim primeiro", lembra o coronel Gilbert Farrand, o chefe de Estado-Maior da Quinta Divisão. "Planejávamos cruzar o Elba em Tangermünde, Sandau, Arneburg e Werben. Ouvimos dizer que os russos estavam prontos para atacar; assim, fizemos todos os preparativos possíveis." A divisão movia-se de modo tão ininterrupto que, lembra Farrand, ninguém dormia mais do que quatro ou cinco horas por noite – e freqüentemente ninguém dormia nada. Por causa da constância do avanço, o próprio semitrator de Farrand era agora o quartel-general da Divisão. O progresso da Quinta era imensamente ajudado pelos pífios pontos de resistência inimiga. "O avanço não era realmente nada além", Farrand lembra, "do que romper as ações da retaguarda." Mas estas poderiam ser fatais, como Farrand descobriu quando um disparo penetrou em seu semitrator.

Entre as divisões de infantaria, a 84ª, a 30ª e a 102ª também tinham seus olhos voltados para Berlim. Por toda a Nona, homens sujos e cansados, alimentando-se em movimento, esperavam participar do golpe final. O próprio ímpeto do avanço era excitante. Ainda assim, apesar da ausência de um padrão geral nas defesas alemãs, havia combates – e algumas vezes dos mais duros.

Em algumas áreas, a resistência travava ferozes embates antes de se render. O tenente-coronel Roland Kolb, da 84ª Divisão, os "Railsplitters", percebeu que os piores ataques eram perpetrados pelo que sobrara das antigas unidades da SS, que se escondiam nas matas e assaltavam as tropas em avanço. As colunas blindadas normalmente ultrapassavam esses fanáticos remanescentes e deixavam a cargo da infantaria dar cabo deles. Encontros desesperadores com freqüência ocorriam nas pequenas cidades. Em um dos pontos da ofensiva, Kolb ficou chocado ao ver crianças de doze anos e até menos manejando peças de artilharia. "Em vez de se render", ele lembra, "os garotos escolhiam lutar até a morte."

Outros homens também vivenciaram momentos de horror. Perto das colinas cobertas de árvores de Teutoburger Wald, o major James F. Hollingsworth, liderando a vanguarda da Segunda Divisão Blindada, encontrou-se repentinamente cercado por tanques alemães. Sua coluna havia se dirigido diretamente para um campo de treinamento *panzer*. Para sorte de Hollingsworth, os tanques eram relíquias das quais os motores há muito tinham sido removidos. Mas suas armas estavam em perfeitas condições de uso para o treinamento de recrutas, e os alemães rapidamente abriram fogo. O sargento da equipe, Clyde W. Cooley, um veterano da África do Norte e o atirador do tanque de Hollingsworth, entrou em ação. Movendo sua torre de tiro, colocou fora de combate um tanque alemão que estava a 1,3 mil metros. Virando novamente, explodiu outro que estava a setenta metros. "Todos eles fugiram assim que começamos a abrir fogo", relembra Hollingsworth. Então, assim que o combate terminou, um caminhão alemão abarrotado de soldados veio descendo a estrada em direção à segunda coluna, efetuando disparos. Hollingsworth apressadamente ordenou a seus homens que esperassem para revidar até que o caminhão estivesse ao seu alcance. Ao chegar à distância de setenta metros, ele ordenou que abrissem fogo. O caminhão, peneirado pelas balas de calibre .50 das metralhadoras, explodiu, virou de cabeça para baixo e lançou seus ocupantes uniformizados no meio da estrada. Muitos já estavam mortos quando chegaram ao chão, mas alguns continuavam vivos e gritavam de maneira horrenda. Somente quando chegou para inspecionar os corpos revirados e perfurados foi que Hollingsworth descobriu que os soldados eram mulheres alemãs uniformizadas – o equivalente à WAC* dos EUA.

A oposição era completamente imprevisível. Muitas áreas capitulavam sem disparar um tiro. Em alguns vilarejos e em algumas cidades os prefeitos se rendiam enquanto as tropas alemãs em retirada continuavam atravessando essas mesmas áreas povoadas, passando freqüentemente a menos de um blo-

* WAC – Women's Army Corps. Unidade de Mulheres do Exército. (N. do T.)

co de distância de onde estavam a infantaria e os tanques americanos. Em Detmold, onde uma das maiores fábricas de armamento da Alemanha estava localizada, um civil foi de encontro ao tanque líder do coronel Wheeler G. Merriam, do 82º Batalhão de Reconhecimento, sentinela avançada da Segunda Divisão Blindada. O representante alemão anunciou que o superintendente da fábrica desejava se render. "Tudo ia desmoronando à medida que avançávamos", lembra Merriam. "Alinhados do lado de fora da fábrica estavam o superintendente, o gerente da fábrica e os trabalhadores. O gerente fez um pequeno discurso sobre a rendição e então me presenteou com uma belíssima pistola Mauser cromada." Alguns blocos mais adiante, Merriam aceitou a rendição completa de uma companhia do tesouro alemão – incluindo uma vasta quantidade de notas bancárias. Mas umas poucas horas depois, a infantaria dos EUA, que vinha logo atrás de Merriam, enfrentou uma longa e encarniçada batalha para limpar a mesma cidade. Detmold, como se descobriu depois, estava localizada no centro de uma área de treinamento da SS.

Incidentes similares ocorriam em todo lugar. Em algumas pequenas cidades o silêncio da rendição em uma área poderia ser subitamente rompido pela algazarra de um combate acirrado a apenas alguns blocos dali. Na rua principal de certa cidade, general Macon, comandante da 83ª, lembra de "caminhar com bastante tranqüilidade em direção à entrada da frente de meu quartel-general, mas quando fui tentar sair pela porta de trás, quase fui obrigado a entrar em combate para conseguir passar". Nos arredores de outra cidade, tropas da 30ª Infantaria receberam ao seu encontro soldados alemães que traziam lenços brancos amarrados aos seus rifles. Quando os alemães tentaram se render para os americanos, eles foram metralhados pelas costas por resistentes da SS que continuavam lutando.

Alguns homens desenvolveram novas técnicas para garantir rendições seguras. O capitão Francis Schommer, da 83ª Divisão, que falava alemão fluentemente, diversas vezes conduzia as capitulações por telefone – apoiado por sua Colt .45. Schommer, com a pistola apontada para um novo prefeito capturado, informaria ao prefeito que "seria um ato de sabedoria da sua parte telefonar para o prefeito da cidade vizinha e informá-lo que, se ele quisesse que o lugar continuasse de pé, o melhor seria ele se render agora mesmo. Diga-lhe para que faça as pessoas estenderem lençóis brancos em suas janelas – ou algo parecido". O prefeito assustado "normalmente levava o plano adiante, dizendo ao seu vizinho que os americanos haviam tomado sua cidade com centenas de tanques e peças de artilharia, além de milhares de tropas. O estratagema sempre funcionava".

À medida que a grande investida ganhava ímpeto, as estradas começavam a ficar congestionadas por tropas motorizadas e colunas de blindados indo para o leste e milhares de prisioneiros alemães seguindo na direção contrária. Não havia sequer tempo de tomar conta dos prisioneiros. Exaustos e mal barbeados, os oficiais e soldados do Wehrmacht percorriam a pé e desacompanhados o caminho até o Reno. Alguns deles continuavam carregando armas. O capelão Ben L. Rose, do 113° Grupo de Cavalaria Mecanizada, lembra do aspecto desesperançado de dois oficiais que, com uniformes completos, caminhavam ao lado de sua coluna "tentando fazer com que alguém percebesse que eles ainda estavam armados". Mas os soldados, preocupados apenas com a quilometragem, simplesmente os empurravam para o lado oeste.

Cidades e vilarejos caíam um após o outro diante das forças que avançavam. Poucos homens haviam ouvido falar dessas localidades anteriormente e, em todo caso, nenhum deles lá permanecia o tempo suficiente para se lembrar delas depois. Lugares como Minden, Bückeburg, Tündern e Stadthagen eram apenas postos de controle no caminho até o Elba. Mas as tropas da 30ª Divisão encontraram um nome familiar – tão familiar que muitos dos homens se lembram de ter ficado surpresos que ele de fato existisse. A cidade era Hamelin, famosa pelo flautista*. Uma oposição suicida oferecida por focos de resistência da SS, ultrapassados anteriormente pela Segunda Blindada, e pesadamente retaliados pela 30ª, reduziu a cidade do livro de histórias com casas de pão de mel e as ruas de paralelepípedos a um monte de entulhos e escombros chamuscados em 5 de abril. "Desta vez", disse o coronel Walter M. Johnson, do 117° Regimento, "nós expulsamos os ratos com um tipo um pouco diferente de flauta."

Em 8 de abril, a 84ª Divisão chegou aos arredores de Hannover, cidade do século 15. Na longa viagem desde o Reno, Hannover, com sua população de quatrocentos mil habitantes, era a maior cidade a cair para qualquer das divisões do Nono Exército. O major-general Alexander R. Bolling, comandante da 84ª, esperava passar ao largo da cidade, mas chegaram-lhe instruções que davam conta da necessidade de capturá-la. Comprometer suas tropas em Hannover significaria perder um precioso tempo na corrida com outras divisões de infantaria pelo Elba. A batalha foi selvagem; mesmo assim, em 48 horas a resistência fora reduzida a pequenos focos isolados de ação. Bolling, orgu-

* Referência ao conhecido poema heróico do inglês Robert Browning, *O flautista de Hamelin*, baseado no folclore alemão. (N. do T.)

lhoso da proeza da 84ª, ainda que impaciente para seguir com o avanço, foi ao mesmo tempo surpreendido e lisonjeado ao ser visitado em Hannover pelo supremo comandante, seu chefe de Estado-Maior, general Smith, e pelo general Simpson, do Nono Exército. Ao fim do encontro formal entre eles, Bolling recordou, "Ike me disse, 'Alex, para onde você irá agora?'. Eu respondi, 'general, nós seguiremos em frente, temos o caminho aberto até Berlim e nada poderá nos deter'".

Eisenhower, de acordo com Bolling, "colocou a mão em meu braço e disse, 'Alex, siga em frente. Desejo-lhe toda a sorte do mundo, e não deixe que ninguém o detenha'". Quando Eisenhower deixou Hanover, Bolling acreditava que ele tinha "uma clara orientação verbal do supremo comandante para que a 84ª seguisse até Berlim".

Nesse mesmo domingo, 8 de abril, a Segunda Divisão Blindada, levemente à frente da 83ª no momento, estacionou na primeira parada da linha, Hildesheim. Agora a Segunda deveria esperar ordens para abrir o segundo estágio do ataque. O general White estava satisfeito com a parada. Com a divisão viajando a tal velocidade, a manutenção se tornara um problema, e White precisava de pelo menos 48 horas para fazer reparos. A parada temporária, assim ele entendia, permitiria também que outras unidades avançassem lado a lado. A maioria dos soldados, no entanto, após a velocidade frenética dos últimos dias, perguntava-se por que estavam sendo detidos. Os homens irritavam-se com a demora; no passado, tais paradas haviam dado chance ao inimigo de se reorganizar e se fortalecer. Com o fim tão próximo, ninguém queria dar sorte ao azar. O primeiro-sargento George Petcoff, um veterano da Normandia, preocupava-se com "a luta por Berlim, porque estou começando a achar que minha hora chegou". O capelão Rose se lembra que um dos pilotos de tanque foi tomado de tamanha superstição quanto ao futuro que saiu de seu veículo, olhou para as palavras "Impávido Joe", que estavam pintadas na lataria, e de forma esmerada começou a raspar as letras de "Impávido". "De agora em diante", ele anunciou, "será apenas Joe!"

Se os homens estavam ansiosos e temerosos com o atraso, seus comandantes – incluindo o superior imediato do general White no quartel-general do Décimo Nono Corpo – encontravam-se ainda mais preocupados. O major-general Raymond S. McLain, o comandante do Corpo, esperava que nada pudesse estragar seus planos. Apesar da velocidade das ações, ele não se preocupava com os suprimentos. A força de suas unidades, totalizando mais de 120 mil homens, agora estava maior que o Exército da União em Gettysburg, e ele contava com mil veículos blindados. Com todo esse poder, McLain, como mais tarde ele o expressou, não tinha "absolutamente nenhuma dúvida de que seis dias após cruzar o Elba" o Décimo Nono Corpo estaria inteiro em Berlim.

McLain ouvira do quartel-general de Simpson que a pausa era apenas temporária – e que as razões para a parada eram ao mesmo tempo táticas e políticas. Como se viu depois, sua informação estava duplamente correta. Logo à frente, ficava a futura fronteira da zona soviética de ocupação, e a interrupção do avanço deu tempo ao SQFEA de considerar a situação. Nenhum "limite" geográfico ainda havia sido acertado, tanto para as forças anglo-americanas quanto para as russas. Por conseguinte, o perigo de um choque frontal continuava existindo. Na ausência de qualquer oposição alemã organizada, os comandos maiores dos quartéis-generais não tinham qualquer intenção de interromper os ataques, ainda que uma grave consideração tivesse que ser levada em conta: uma vez que a linha de ocupação fosse cruzada, cada quilômetro capturado teria que ser, cedo ou tarde, devolvido aos russos.

No ponto final do avanço, Berlim estava a apenas duzentos quilômetros de distância, e ao longo de todo o *front* do Nono Exército, os homens esperavam pela ordem decisiva, esquecidos do delicado problema que enfrentava o Comando Maior. Eles tinham todos os tipos de razões para estarem ansiosos. O soldado Carroll Stewart aguardava cheio de expectativa a oportunidade de deitar pela primeira vez os olhos sobre a capital da Alemanha, pois ele ouvira falar que, entre todas as cidades da Europa, Berlim era incomparável do ponto de vista cênico.

• • •

O suboficial da R.A.F. James "Dixie" Deans bateu continência em frente à mesa e saudou vigorosamente o coronel alemão. Hermann Ostmann, comandante da Stalag 357, o campo de prisioneiros de guerra aliados próximo a Fallingbostel, a norte de Hannover, respondeu à saudação com o mesmo vigor. Era apenas uma entre a série de formalidades militares que o prisioneiro de guerra Deans e seu captor Ostmann executavam a cada vez que se viam. Cada qual, como sempre, era um modelo de correção.

Havia entre os dois homens um respeito cauteloso e de certa forma imposto à força. Deans considerava o comandante – um oficial de meia-idade oriundo da Primeira Guerra cujo braço paralisado o desqualificava para serviços mais ativos – um diretor de presídio imparcial, fazendo um trabalho de que visivelmente não gostava. De sua parte, Ostmann sabia que Deans, de 29 anos, eleito porta-voz pelos prisioneiros, era um negociante obstinado e determinado que podia transformar a vida de Ostmann, e com freqüência o fazia, em uma experiência miserável. O coronel estava sempre consciente de que o verdadeiro controle da Stalag 357 jazia no firme controle que o esbelto Deans tinha dos prisioneiros e na inabalável lealdade que os mesmos mostravam para com ele.

Deans era uma lenda. Um navegador que fora derrubado sobre Berlim em 1940, ele havia estado em campos de concentração desde então. Em cada um deles, aprendera algo sobre como obter o máximo de privilégios para si e para seus companheiros mais próximos. Também aprendera muito sobre como lidar com os comandantes das prisões. De acordo com Deans, o procedimento era simples: "Basta transformar a vida deles o tempo todo num inferno".

Agora, Deans encarava o coronel que começava a demonstrar sinais de envelhecimento, esperando para saber o motivo desta última convocação para comparecer ao escritório do comandante.

– Tenho aqui algumas ordens – disse Ostmann, segurando uns papéis. – E receio que teremos que transferir você e seus homens.

Deans imediatamente ergueu a guarda.

– Para onde, coronel? – ele perguntou.

– Para nordeste daqui – disse Ostmann. – O local exato eu desconheço, mas obterei as instruções no caminho. – Então acrescentou: – É claro que você entende que estamos fazendo isso para sua própria segurança. – Fez uma pausa e sorriu debilmente. – Suas forças estão chegando perto.

Deans já estava consciente do fato há dias. As atividades "recreativas" no campo haviam resultado na produção de dois rádios secretos e altamente funcionais. Um ficava escondido em um antiquado gramofone, muito utilizado. O outro, um pequeno receptor alimentado a bateria, servia como uma espécie de rede de notícias para as cercanias da Stalag 357, divulgando as últimas novas. Por meio dessas fontes preciosas, Deans sabia que os exércitos de Eisenhower estavam no Reno e travando combates no Ruhr. A extensão do avanço anglo-americano ainda era desconhecida para os prisioneiros – mas as tropas deviam estar perto para os alemães estarem abandonando o campo.

– Como a transferência será feita, coronel? – Deans perguntou, sabendo de antemão que os alemães só possuíam uma maneira de abandonar um campo de concentração: a pé.

– Eles marcharão em colunas – disse Ostmann. Então, com um de seus gestos de cortesia, ofereceu a Deans um privilégio especial. – Você pode vir no carro comigo, se quiser.

Com igual cortesia, Deans recusou.

– E quanto aos doentes? – ele perguntou. – Há muitos homens aqui que não podem sequer andar.

– Eles serão deixados para trás com a ajuda que nos estiver disponível. E alguns de seus homens podem ficar para cuidar deles também.

Agora Deans queria saber quanto tempo faltava para que os prisioneiros fossem transferidos. Em certas ocasiões Ostmann suspeitava que Deans sabia quase tanto da situação da guerra como ele próprio; mas havia uma coisa que certamente Deans não poderia ter ouvido. De acordo com a informação do quartel-general, os britânicos avançavam na direção de Fallingbostel e encontravam-se no momento a apenas oitenta ou noventa e cinco quilômetros de distância, enquanto os americanos, segundo todos os relatos, já estavam em Hannover, oitenta quilômetros ao sul.

– Você vai imediatamente – ele informou a Deans. – Essas são as minhas ordens.

Ao deixar a sala do comandante, Deans sabia que havia muito pouco que ele pudesse fazer para preparar os homens para a marcha. A comida era escassa e todos os prisioneiros estavam fracos e emaciados pela desnutrição. Uma jornada árdua e prolongada seria com certeza uma sentença de morte para a maioria deles. Mas quando ele retornava às casernas para transmitir a ordem de marchar para fora do campo, fez a si mesmo um solene voto: usando de todas as artimanhas que lhe ocorressem, desde retardar o passo até levantar pequenos motins, Dixie Deans, de alguma maneira, pretendia alcançar as linhas aliadas com todos os doze mil homens da Stalag 357.

O paradeiro do quartel-general do recém-organizado 12º Exército era desconhecido mesmo para seu oficial comandante, o general Walther Wenck. O posto de comando devia estar localizado na área norte das montanhas Harz, a cerca de 120 ou 130 quilômetros de Berlim, mas Wenck já estava dirigindo havia horas. As estradas estavam cheias de refugiados e veículos seguindo em ambas as direções. Alguns refugiados dirigiam-se para leste, tentando escapar ao avanço americano; outros, com medo dos russos, corriam para oeste. Comboios carregando soldados pareciam igualmente desorientados. Dorn, o motorista de Wenck, apertava a buzina seguidas vezes à medida que tentava avançar. Com a seqüência da viagem, de sul para oeste, as condições beiravam o caos. Wenck tornava-se ainda mais inquieto e agitado. O que, ele se perguntava, encontraria quando finalmente chegasse ao quartel-general?

Wenck estava pegando um desvio para chegar ao seu posto de comando. Ele decidira fazer uma longa rota em curva, que o levaria primeiro à cidade de Weimar, a sudoeste de Leipzig, antes que se dirigisse ao quartel-general que devia ficar em algum lugar perto de Bad Blankenburg. Apesar do caminho alternativo acrescentar quase 160 quilômetros a mais à sua jornada, Wenck tinha uma razão para tomar esse desvio. Todas suas economias estavam depositadas em um banco em Weimar, algo em torno de dez mil marcos, e ele pretendia retirar a soma completa. Mas quando seu carro começou a se aproximar da cidade, as estradas estavam estranhamente vazias, e disparos de metralhadora soavam à distância. Alguns quilômetros depois, o carro foi detido em uma barreira, e a polícia militar do Wehrmacht informou o general de que os tanques do Terceiro Exército dos EUA, liderado por Patton, já estavam nos arredores. Wenck ficou ao mesmo tempo chocado e decepcionado. A situação era muito mais grave do que aquela que lhe haviam desenhado no quartel-general de Hitler. Ele não podia acreditar que os Aliados tivessem avançado tão depressa – ou que tamanha extensão do território da Alemanha já estivesse tomada. Foi também difícil de admitir que, provavelmente, seus dez mil marcos também haviam se ido.*

No quartel-general local, os oficiais do Wehrmacht informaram a Wenck que toda a região de Harz estava sob ameaça e as tropas estavam se retirando para regiões fora do flanco. Obviamente, seu quartel-general já havia sido removido da área. Wenck dirigiu-se de volta para Dessau, onde alguns de seus exércitos supostamente estavam se reagrupando. Próximo a Rosslau, a cerca de treze quilômetros a norte de Dessau, descobriu seu quartel-general em uma antiga escola de engenharia do Wehrmacht. Lá, também, Wenck descobriu a verdade a respeito do 12º Exército.

Seu *front* estendia-se ao longo do Elba e de seu afluente, o Mulde, por uma distância de duzentos quilômetros – aproximadamente de Wittenberge, no Elba, para o norte, até o sul em um ponto um pouco abaixo e a leste de Leipzig, no Mulde. No flanco mais ao norte, de frente para os britânicos, estavam as forças do marechal-de-campo Ernst Busch, comandante-em-chefe do

* O persistente Wenck tentou reclamar seu dinheiro depois que a guerra terminou, mas na ocasião Weimar foi englobada pela zona soviética, sob a administração do governo da Alemanha Oriental de Ulbricht. Curiosamente, o banco continuou a enviar a Wenck extratos mensais até 4 de julho de 1947. Ele exibia constantemente esses extratos, pedindo que a soma fosse transferida para seu banco na Alemanha Ocidental. Nenhuma ação foi tomada até 23 de outubro de 1954, quando o banco de Weimar informou a Wenck que ele devia levar a questão ao ministro dos Assuntos do Interior, Distrito de Weimar. "Nós anulamos a sua antiga conta", informava a carta do banco, "juntamente com a soma acumulada..." (N. do A.)

eixo noroeste. Ao sul estavam as unidades severamente criticadas do marechal-de-campo Albert Kesselring, comandante-em-chefe do Oeste. Wenck tinha pouca informação a respeito da capacidade dessas forças. Em sua seção, entre as duas, o 12º Exército existia basicamente no papel. Além de algumas tropas que mantinham posições deterioradas ao longo do Elba, ele dispunha de restos escassos de divisões fantasmas. Outros grupos, ele descobriu, ainda não estavam em condições de operar, e havia inclusive unidades simbólicas, que estavam em vias de se formar. A carga de sua artilharia estava imobilizada, plantada em algumas cidades como Magdeburg, Wittenberge, e próxima à ponte ou pontos de cruzamento ao longo do Elba. Havia algumas metralhadoras de alimentação automática, um grupo de carros blindados e cerca de quarenta Volkswagens semelhantes a pequenos jipes para transporte de tropas. No momento, contudo, o 12º Exército de Wenck contava, na melhor das hipóteses, com apenas uma dúzia de tanques.

Ainda que presumivelmente as tropas dispersas e estropiadas pudessem chegar a um número final de cem mil homens, no momento ele não dispunha nem de longe das dez divisões que lhe haviam sido prometidas. Entre as remanescentes de unidades com nomes impressionantes – "Clausewitz", "Potsdam", "Scharnhorst", "Ulrich Von Hutten", "Friedrich Ludwig Jahn", "Theodor Körner" – sobraram cerca de cinco divisões e meia, algo em torno de 55 mil homens.

Fora as forças já comprometidas com posicionamentos estratégicos ou engajadas em combate, o grosso do novo 12º Exército era formado por cadetes ansiosos por entrar em ação e oficiais em treinamento. Nem Wenck nem seu chefe de Estado-Maior, coronel Günther Reichhelm, tinham qualquer dúvida a respeito do resultado final das batalhas por vir. Mas Wenck se recusava a deixar a desilusão tomar conta de seu espírito. Ele mesmo, jovem e impávido, percebeu a diferença que poderia representar nessa ocasião o comando de um general mais velho: o que o 12º não tinha em força poderia muito bem ser suprido pela impetuosidade e dedicação dos jovens oficiais e cadetes.

Wenck pensava ter encontrado um meio de usar suas forças imaturas porém entusiasmadas como uma espécie de tropa de choque móvel, movimentando-as de área para área conforme a necessidade – pelo menos até que suas outras forças estivessem reagrupadas e em posição. Wenck acreditava que dessa maneira seus jovens cheios de energia pudessem ganhar um precioso tempo para a Alemanha. Uma de suas primeiras ações como comandante foi ordenar que suas mais poderosas e bem-equipadas tropas ocupassem formações em posições centrais para uso ao longo dos rios Elba e Mulde. Olhando para o seu mapa, Wenck circulou as áreas de provável ação – Bitterfeld, Dessau,

Belzig, Wittenberge. Havia uma outra localidade, ele acreditava, em que os americanos certamente poderiam tentar cruzar o Elba. Quase às margens do rio, devastada durante a Guerra dos Trinta Anos e quase completamente destruída, a cidade de Magdeburg erguera-se novamente. Agora, a grande fortaleza com sua cidadela islada e sua catedral do século 11 erguia-se como um farol no caminho das forças americanas. Ao redor dessa área – particularmente ao sul de Magdeburg –, Wenck destacou as mais bem-equipadas unidades de suas "Scharnhorst", "Potsdam" e "Von Hutten" para resistir ao assalto americano da melhor maneira que pudessem.

Suas defesas estavam alinhavadas até o último detalhe, suas táticas decoradas por todos os seus oficiais. Agora, no quartel-general do Grupo de Exército Vistula, distando aproximadamente 190 quilômetros a nordeste do de Wenck, Gotthard Heinrici estava pronto para a batalha.

Atrás de seu primeiro *Hauptkamplinie* – a principal linha de resistência – Heinrici desenvolveu uma segunda linha. Um pouco antes da primeira e esperada barragem russa de artilharia, Heinrici havia dito aos seus comandantes, ele ordenaria uma evacuação da linha de frente. Imediatamente, todas as tropas recuariam para a segunda *Hauptkamplinie*. Era o velho truque de Heinrici usado em Moscou de deixar os russos atirarem em um "saco vazio". Assim que os bombardeamentos russos arrefecessem, as tropas deveriam se mover para frente e reocupar suas posições originais no *front*. A artimanha havia funcionado no passado e Heinrici continuava confiando em seu sucesso. O segredo, como sempre, era determinar o momento exato do ataque.

Já haviam ocorrido diversas tentativas de fazê-lo. No setor do Terceiro Exército Panzer de Von Manteuffel, ao norte de Berlim, o general Martin Gareis, comandante do fraco 46º Corpo Panzer, estava convencido de que o ataque ocorreria no dia 8 de abril. A pesada movimentação de veículos e a concentração da artilharia alinhada diretamente para as posições de Gareis pareciam indicar um assalto iminente – e soldados russos capturados haviam mesmo se gabado da data. Heinrici não acreditava nos relatórios. Sua própria Inteligência, somada ao seu velho hábito de confiar em seu instinto, levavam-no a acreditar que a data era muito prematura. Como mais tarde se verificaria, ele estava certo. Ao longo de todo o *front* do Oder, o dia 8 de abril transcorreu tranqüilo e sem eventos dignos de nota.

Contudo, a vigilância de Heinrici era agora incessante. A cada dia ele sobrevoava as linhas russas em um pequeno avião de reconhecimento, observando a disposição das tropas e da artilharia. A cada noite ele estudava com esmero até altas horas os relatórios da Inteligência e os interrogatórios dos prisioneiros, procurando sempre pela pista que pudesse lhe fornecer o exato momento do ataque.

Foi durante esse período tenso e crítico que o *Reichsmarschall* Hermann Goering convocou Heinrici para almoçar em seu castelo. Embora Heinrici estivesse desesperadamente cansado e relutante em abandonar seu quartel-general mesmo que fosse por algumas horas, não havia como recusar. Karinhall, a enorme propriedade do *Reichsmarschall*, ficava apenas a poucos quilômetros do quartel-general do Vistula, em Birkenhain. A área da propriedade era tão grande que Goering possuía inclusive um zoológico privado. À medida que se aproximavam, Heinrici e seu assistente, capitão Von Bila, ficaram assombrados com a magnificência das posses de Goering, que se assemelhavam a um parque, com a vista dos lagos, dos jardins, com os terraços panorâmicos e uma pista de faixas triplas. Ao longo dela, soldados das unidades de paratropas da Luftwaffe, elegantemente uniformizados, alinhados às margens, cobriam o caminho do portão principal até o castelo, compondo a força de defesa pessoal de Goering.

O castelo, como o próprio Goering, era maciço e opulento. O saguão de entrada lembrava a Heinrici "uma igreja tão grande, mas tão grande que os olhos do sujeito automaticamente dirigem-se para as traves do teto". Goering, resplandecente em uma jaqueta de caça branca, cumprimentou Heinrici friamente. Sua atitude foi um presságio do que estava para vir, pois o almoço foi um desastre.

O *Reichsmarschall* e o general desgostavam-se mútua e intensamente. Heinrici sempre culpara Goering pela perda de Stalingrado, onde, apesar de todas as promessas, a Luftwaffe fora incapaz de suprir as tropas interceptadas do Sexto Exército de Von Paulus. No entanto, Heinrici desgostaria do *Reichsmarschall* de qualquer maneira por sua arrogância e pomposidade. De sua parte, Goering considerava Heinrici perigosamente insubordinado. Ele jamais perdoara o general por deixar Smolensk intacta, e, nos últimos dias, sua antipatia por Heinrici aumentara sensivelmente. As críticas de Heinrici à Nona Divisão de Paratropas na conferência do Führer o haviam amargurado profundamente. No dia seguinte à reunião, Goering telefonara ao quartel-general do Vistula e falara com o coronel Eismann.

– É-me inconcebível – disse com fúria o *Reichsmarschall* – que Heinrici tenha falado das minhas paratropas do modo como falou. Isso é um insulto a minha pessoa! Continuo com a Segunda Divisão de Pára-Quedistas à minha disposição e você pode avisar ao seu comandante que ele não vai ver sequer um soldado dela. Nenhum! Vou enviá-la para Schörner. Eis um soldado de verdade! Um verdadeiro soldado!

Agora, no almoço, Goering voltou seu ataque diretamente contra Heinrici. Começou criticando duramente as tropas que ele tinha visto recentemente durante suas viagens ao longo do *front* do Vistula. Sentado em uma enorme cadeira, semelhante a um trono, e balançando um grande copo prateado de cerveja, Goering acusou Heinrici de não impor a disciplina sobre seus comandados.

– Percorri todas as suas forças – ele disse –, e setor após setor encontrei homens fazendo apenas uma coisa: nada! Vi alguns jogando cartas nas trincheiras! Encontrei homens das organizações de trabalho que não tinham sequer pás para fazer seus trabalhos. Em alguns lugares, encontrei homens sem suas cozinhas de campanha! Em outras seções quase nada foi feito para construir defesas. Por todos os lugares encontrei seu pessoal vadiando, não fazendo absolutamente nada. – Tomando um grande gole de cerveja, Goering disse de modo ameaçador: – Pretendo levar todos esses incidentes ao conhecimento do Führer.

Heinrici não viu sentido em discutir. Tudo o que ele queria fazer era sair dali. Mantendo seu temperamento sob controle, de algum modo Heinrici conseguiu vencer o almoço. Mas, quando Goering já avistava seus dois visitantes ganhando o caminho da porta, Heinrici parou, olhando vagarosamente para os magníficos arredores e para o impressionante castelo com suas alas e seus torreões.

– Só posso esperar – ele disse – que meus vadios possam salvar esse belo lugar em que você mora das batalhas que estão por ocorrer.

Goering o encarou friamente por um momento, então deu meia-volta e caminhou para dentro.

Goering não teria Karinhall por muito mais tempo, pensou Heinrici ao abandonar o lugar. Ele estava começando a chegar a uma conclusão sobre a data do ataque russo, baseado nos relatórios da Inteligência, nas observações aéreas, na constante redução do nível do rio Oder e na intuição que nunca o havia traído. Heinrici acreditava que o ataque começaria dentro de uma semana – em algum momento entre os dias 15 e 16 de abril.

• • •

Puxando a toalha que cobria a mesa, o marechal Georgi Zhukov expôs o enorme mapa em relevo de Berlim. Era mais uma maquete que um mapa, com miniaturas dos prédios governamentais, pontes e estações ferroviárias, dispostas como réplicas perfeitas sobre as ruas, os canais e os aeroportos. As posições de defesa esperadas, as torres de fogo antiaéreo e as casamatas já estavam nitidamente marcadas, e pequenas bandeiras verdes, cada qual com um número, davam conta dos principais objetivos. O Reichstag estava marcado com a 105; a Reichskanzlei, com a 106; 107 e 108 eram os escritórios dos ministérios do Interior e do Exterior respectivamente.

O marechal voltou para o seu escritório.

– Olhe para o objetivo 105 – ele disse. – Quem será o primeiro a chegar no Reichstag? Chuikov e sua Oitava Guarda? Katukov com seus tanques? Berzarin e seu Quinto Exército de Choque? Ou talvez Bogdanov com sua Segunda Guarda? Quem será?

Zhukov provocava deliberadamente seus oficiais. Cada um estava em frenesi para chegar à cidade primeiro e, em particular, capturar o Reichstag. Na lembrança que posteriormente o general Nikolai Popiel fez da cena, Katukov, presumivelmente já se vendo lá, disse de repente:

– Apenas imagine. Se eu chegar à 107 e à 108, poderei agarrar Himmler e Ribbentrop de uma só vez!

Durante todo o dia, as instruções foram postas em progresso; ao longo do *front* os preparativos para os ataques estavam quase completos. As armas e as munições estavam posicionadas nas florestas; os tanques moviam-se a fim de se posicionar de modo que seus canhões pudessem suplementar o poder de fogo da artilharia quando o bombardeio começasse. Um vasto estoque de suprimentos, materiais para construção de pontes, botes de borracha e balsas estava pronto nas áreas de ataque, e comboio após comboio engarrafava as estradas transportando as divisões para os pontos de reunião. A demanda por tropas era tão frenética que os russos, pela primeira vez, estavam transportando via aérea os homens da retaguarda. Era óbvio para qualquer soldado russo que o momento do ataque chegaria logo, embora ninguém fora do quartel-general soubesse a data exata.

O capitão Sergei Ivanovich Golbov, o correspondente do Exército Vermelho, dirigiu ao longo do *front* de Zhukov, acompanhando os enormes preparativos. Golbov recorrera a todas as suas fontes no esforço de descobrir a data do ataque, mas sem sucesso. Nunca ele testemunhara tamanha atividade antes de um ataque e estava convencido de que os alemães deviam estar acompanhando cada movimento. Contudo, ele comentou longamente mais tarde, "ninguém parecia dar a menor importância para o que os alemães pudessem ver".

Um aspecto dos preparativos intrigava Golbov. Há dias que não paravam de chegar ao *front* holofotes antiaéreos de todas as formas e tamanhos. As equipes que os posicionavam eram compostas por mulheres. Além disso, essas unidades estavam sendo mantidas logo atrás do *front* e cuidadosamente camufladas com redes. Golbov nunca vira tantos holofotes seguidores juntos. Ele se perguntava como eles poderiam ser usados no ataque.

• • •

No *Reichspostzentralamt* em Berlim, o prédio da administração dos serviços postais em Tempelhof, o ministro dos Correios do Reich, Wilhelm Ohnesorge, debruçou-se sobre as folhas brilhantes dos selos sobre sua mesa. Eram a primeira tiragem, e Ohnesorge estava extraordinariamente satisfeito com eles. O artista havia feito um trabalho de altíssima qualidade e o Führer certamente ficaria satisfeito com os resultados. Com deleite ele examinou dois dos selos mais de perto. Um deles mostrava um soldado da SS com uma arma Schmeisser sobre o ombro; a outra representava um líder do Partido Nazista, com uma tocha erguida em sua mão direita. Ohnesorge acreditava que os selos comemorativos faziam justiça à ocasião. Eles estariam à venda no dia 20 de abril, aniversário de Hitler.

Uma data especial era também a principal preocupação de Erich Bayer. O contador de Wilmersdorf há semanas estava preocupado com o que faria na terça-feira, dia 10 de abril – o dia seguinte. O pagamento precisava ser feito neste prazo; de outro modo, todo tipo de problema poderia ocorrer. Bayer tinha o dinheiro; esse não era o problema. Mas fazia diferença nesse momento pagar? O exército que tomasse Berlim – o americano ou o russo – insistiria no pagamento? E o que aconteceria se nenhum deles entrasse na cidade? Bayer tentava considerar o assunto sob todos os aspectos. Então ele foi até o banco e sacou 1,4 mil marcos. Entrando no escritório mais próximo, fez o pagamento requerido para seu imposto de renda de 1945.

• • •

Tudo aconteceu tão rápido que a surpresa foi generalizada. No *front* ocidental, no quartel-general do Nono Exército, o general Simpson imediatamente passou a palavra para seus dois comandantes de corpos, major-general Raymond S. McLain, do 19º, e major-general Alvan Gillem, do 13º. As ordens oficiais ainda estavam por vir, disse Simpson, mas a palavra de ordem era "avançar". A Fase 2 tinha começado. Era oficial. As divisões deveriam ultrapassar o Elba – e ir além. No quartel-general da Segunda Divisão Blindada, o general White recebeu as novas e imediatamente as repassou ao coronel Paul A. Disney, comandante do 67º Regimento, a unidade líder da Segunda. Disney lembrou que na ocasião, logo na chegada, "mal tive tempo de dizer 'olá' quando White disse 'siga para o leste'". Por um breve momento Disney foi pego no contrapé. A parada durara apenas 24 horas. Ainda confuso, perguntou: "Qual é o objetivo?". White respondeu com apenas uma palavra: "Berlim!".

6

Em cinco grandes colunas, os homens da Segunda Divisão Blindada aceleraram em direção ao Elba e Berlim. Eles ultrapassaram um quartel-general alemão iluminado sem reduzir o passo. Cruzaram cidades onde velhos soldados da Guarda Nacional, armas em mãos, permaneciam desamparados nas ruas, chocados demais para tomarem qualquer ação. Eles cruzaram inclusive com colunas motorizadas alemãs que se moviam na mesma direção. Houve algumas descargas de metralhadora, mas ninguém parou em nenhum dos lados. Os soldados americanos montados sobre os tanques deram tiros a esmo em direção às motocicletas alemãs. Onde tropas inimigas tentavam impor uma resistência em trincheiras, alguns comandantes dos EUA usavam suas cavalarias motorizadas. O major F. Hollingsworth, enfrentando uma dessas situações, alinhou 34 tanques e proferiu um comando raramente ouvido nos modernos conflitos de guerra:

– Carga!

As armas começaram a rugir, os tanques de Hollingsworth seguiram em direção às posições inimigas, pondo os alemães em retirada. Em todo lugar, tanques cuspiam fogo sobre as posições inimigas e seus territórios. Na noite de quarta-feira, 11 de abril, em um avanço de blindados sem paralelo, os Sherman cobriram uma distância de 91 quilômetros – 117 quilômetros em estrada de rodagem – em menos de 24 horas. Um pouco antes das oito horas da noite, o coronel Paul Disney enviou para o quartel-general uma mensagem lacônica: "Estamos no Elba".

Um pequeno grupo de veículos blindados alcançara ainda antes os arredores de Magdeburg. Durante a tarde, os carros de reconhecimento do tenente-coronel Wheeler Merriam, viajando a uma velocidade superior a oitenta quilômetros por hora, penetrara em uma área de subúrbio na margem ocidental do Elba. Ali os carros foram detidos, não pela defesa alemã, mas pelo tráfego de carros civis e pela circulação de consumidores. O pelotão disparou uma descarga de metralhadora a fim de limpar a rua. O resultado foi caótico. Mulheres desmaiaram. Os consumidores atropelaram-se, fugindo aos bandos, ou então se jogaram estendidos sobre o chão. Os soldados alemães iniciaram um corre-corre, atirando para todos os lados. O grupo de Merriam não dispunha de força suficiente para controlar a área, mas os carros de reconhecimento conseguiram se desvencilhar da confusão e chegar até o aeroporto, que era o seu real objetivo. Enquanto eles se dirigiam para o fim da pista, os aviões estavam aterrissando ou em preparativos para decolar. Os americanos abriram fogo contra tudo o que estava ao alcance da visão, incluindo um esquadrão de caças pronto para levantar vôo. Então a defesa se organizou e os carros de reconhecimento foram duramente alvejados. Os veículos conseguiram escapar sofrendo a perda de apenas um blindado, mas a sua aparição alertara o sistema de defesa alemão em Magdeburg. Agora, à medida que unidade após unidade americana chegava ao Elba em cada um dos lados da cidade, elas passavam a encontrar uma resistência cada vez mais encarniçada. As patrulhas de Merriam, ao se retirarem, haviam relatado uma peça vital de informação: a ponte da *Autobahn* para o norte da cidade continuava de pé. Este imediatamente se tornou o objetivo principal da divisão, pois permitiria que a Segunda chegasse até Berlim. Mas pela força bélica da resposta aos americanos estava claro que a ponte não poderia ser tomada de passagem. Os defensores de Magdeburg estavam determinados a lutar. Enquanto isso, havia outras pontes ao norte e ao sul. Se qualquer uma delas pudesse ser tomada antes que o inimigo tivesse oportunidade de destruí-la, a Segunda estaria a caminho.

Onze quilômetros ao sul, em Schönebeck, outra ponte cruzava o Elba. Esse era o objetivo dos tanques do major Hollingsworth, do 67º Regimento Blindado. Durante toda a tarde de quarta-feira, os tanques de Hollingsworth progrediram de maneira desimpedida cidade após cidade até chegarem a um local chamado Osterwieck. Ali, um regimento da Guarda Nacional forçou uma parada no avanço. Hollingsworth ficou confuso. Muitos dos velhos alemães pareciam prontos a se render – muitos tinham inclusive amarrado lenços brancos às pontas de seus rifles e os haviam estendido para fora de suas trincheiras –, contudo não havia qualquer afrouxamento no combate. Um prisioneiro, capturado logo nos primeiros minutos, explicou: onze soldados da SS que estavam na cidade obrigavam os membros da Guarda Nacional a lutar. Cheio de raiva, Hollinsworth entrou em ação.

Requisitando seu jipe e levando consigo seu sargento e mais um operador de rádio, além do motorista, o major circulou a área e entrou pela cidade por um caminho usado pelo gado. Ele compunha uma figura das mais estranhas. Duas Colts automáticas estavam nos seus coldres, presas abaixo da cintura, ao estilo do velho oeste; por precaução, carregava uma Tommy*. Hollingsworth era um exímio atirador que já havia matado pessoalmente mais de 150 alemães. Agarrando um civil que passava, exigiu saber onde estavam aquarteladas as tropas da SS. O homem aterrorizado imediatamente apontou para uma grande casa com um estábulo ali perto, cercada por uma cerca alta. Percebendo uma porta de entrada na cerca, Hollingsworth e seus homens desceram do carro e, tomando impulsão, foram de encontro à porta usando os ombros, arrancando-a da soleira. Ao penetrarem no pátio, um homem da SS correu na direção deles, com a pistola automática erguida; Hollingsworth fuzilou o homem com sua Tommy. Os outros três americanos começaram a lançar granadas através das janelas. Olhando rapidamente ao redor, o major localizou outro homem da SS na porta aberta do celeiro e o acertou com sua .45. Dentro da construção, eles encontraram os corpos de seis vítimas das granadas; os três outros membros da SS se renderam. Hollingsworth voltou correndo para sua coluna. Ele havia perdido 45 preciosos minutos.

Três horas depois, os tanques de Hollingsworth galgaram um terreno alto, de onde podiam avistar e inspecionar as cidades de Schönebeck e Bad Salzelmen. Além, brilhando sob a luz do cair da tarde, corria o Elba, nesse ponto com quase 150 metros de largura. Enquanto examinava a área com seu binóculo, Hollingsworth viu que a ponte da auto-estrada continuava de pé – e por uma boa razão. Os veículos blindados alemães utilizavam-na para escapar para a costa leste do rio. Como, Hollingsworth se perguntava, com os blindados inimigos por toda parte, ele poderia conquistar a ponte antes que ela fosse pelos ares?

Enquanto acompanhava as movimentações, um plano começou a tomar forma. Chamando dois de seus comandantes de companhia, capitão James W. Starr e capitão Jack A. Knight, Hollingsworth delineou sua idéia. "Eles estão se movendo ao longo dessa estrada que vai do norte para o sul e que atravessa Bad Salzelmen", ele disse. "Então eles tomam o caminho do leste na intersecção da estrada, bem à frente de Schönebeck, e cruzam a ponte. Nossa única esperança é direcionar um ataque sobre Bad Salzelmen e controlar a intersecção. Agora, eis o que faremos. Quando chegarmos à intersecção, sua companhia, Starr, limpará e bloqueará a estrada, detendo os alemães que ve-

* Apelido muito comum da submetralhadora Thompson. (N. do T.)

nham pelo sul. Unir-me-ei a você pela retaguarda da coluna alemã, que a esta altura já fez a curva para leste em direção a Schönebeck, e a seguirei através da ponte. Knight, você vem por trás. Nós temos que tomar esta ponte e, por Deus, nós iremos conseguir."

Hollingsworth sabia que o plano só funcionaria se eles conseguissem se mover com a máxima rapidez. A luz do dia fenecia; com sorte, os alemães nos tanques jamais perceberiam que tinham companhia ao cruzar a ponte.

Em poucos momentos, os tanques de Hollingsworth estavam a caminho. Com as portinholas abertas, eles avançaram contra Bad Salzelmen; antes que os alemães pudessem perceber o que estava acontecendo, os veículos de Starr haviam bloqueado a estrada pelo sul e enfrentavam a linha de *panzers*. Os tanques alemães que lideravam a coluna já haviam pegado a curva na intersecção, rumo à ponte. Aparentemente, ao ouvir o som dos disparos que vinham de trás, eles começaram a acelerar. Nesse momento os tanques de Hollingsworth preencheram o vazio deixado na coluna e os seguiram com a mesma velocidade.

Então, porém, eles foram descobertos. A artilharia montada em vagões-plataforma na ferrovia próxima abriu fogo contra a retaguarda da coluna dos EUA. Quando os Sherman de Hollingsworth voltaram-se na direção de Schönebeck, um tanque Mark V alemão, voltando sua torre de tiro, disparou uma carga em direção ao líder americano. O sargento de equipe Cooley, o atirador de Hollingsworth, abriu fogo e explodiu com o Mark V. Voando para o lado, o *panzer* foi de encontro a um muro e começou a queimar furiosamente. Mal havia espaço para o tanque de Hollingsworth passar, mas, desviando cuidadosamente, ele conseguiu, assim como o resto da coluna. Atirando na traseira de cada veículo inimigo e desviando dos *panzers* em chamas, os tanques americanos investiram contra a cidade. Ao chegarem ao centro, como recordou Hollingsworth, "todo mundo estava atirando em todo mundo. Era uma confusão dos diabos. Os alemães estavam debruçados nas janelas atirando em nós com seus *Panzerfäuste* ou pendendo mortos".

O tanque de Hollingsworth ainda não havia sido atingido e ele estava agora a menos de três ou quatro quadras da ponte. À medida que os tanques restantes avançavam, o fogo inimigo parecia vir de todos os lugares. Os prédios ardiam em altas labaredas e, muito embora já passasse das onze horas da noite, o cenário estava tão iluminado que a impressão que se tinha era de que ainda havia luz natural.

À frente estava o acesso à ponte. Os tanques avançaram. A entrada, que da altura Hollingsworth não conseguira antever, era um labirinto de muradas de pedra dispostas em intervalos irregulares em ambos os lados da estrada; os veículos tinham que reduzir a marcha e fazer manobras agudas para a esquerda e para a direita antes de atingirem o vão central. Saltando de seu tanque, Hollingsworth saiu para fazer um reconhecimento e ver se podia indicar o caminho e ao mesmo tempo direcionar o fogo de seu atirador por meio do telefone que ficava pendurado na parte de trás do tanque. Naquele instante, uma bomba antitanque explodiu treze metros à frente de onde estava Hollingsworth. Fragmentos da pavimentação voaram pelos ares e de repente o major descobriu que seu rosto estava banhado de sangue.

Com a pistola calibre 45 em uma das mãos e o telefone do tanque na outra, ele foi manobrando em direção à ponte. Seu tanque colidiu com um jipe e Hollingsworth pediu apoio dos homens da infantaria. Liderando-os para a aproximação, começou a comandar a remoção das barreiras na estrada, trocando disparos constantes com os alemães que ferozmente defendiam o caminho. Uma bala o atingiu no joelho esquerdo, mas ele continuou liderando os homens da infantaria, insuflando-os a continuar. Por fim, cambaleante e com a visão encoberta pelo próprio sangue, Hollingsworth foi detido. Uma chuva de projéteis vinha das posições alemãs, e o major foi obrigado a ordenar uma retirada. Ele chegara a alcançar doze metros da ponte. Quando o coronel Disney, seu oficial comandante, chegou à cena e o encontrou "incapaz de caminhar e coberto de sangue, ordenei que ele fosse levado para a retaguarda". Hollingsworth perdera a oportunidade de tomar a ponte por uma questão de minutos. Se tivesse conseguido, ele acreditava ser capaz de chegar a Berlim em onze horas.

No amanhecer do dia 12 de abril, enquanto a infantaria e os engenheiros tentavam uma vez mais se apoderar da ponte de Schönebeck, os alemães a explodiram bem diante de suas vistas.

Bem acima do *front* do Nono Exército, o tenente Duane Francies fez com que o seu desarmado avião de escolta, o *Miss Me*, desse uma longa volta. Sentado atrás de Francies estava seu observador de artilharia, tenente William S. Martin. Os dois homens haviam feito escolta para a Quinta Divisão Blindada desde o Reno, localizando os focos de resistência e transmitindo via rádio as posições aos tanques que avançavam. Nem tudo, porém, era trabalho de rotina; mais de uma vez Francies e Martin haviam causado alvoroço nas tropas inimigas, atirando a curta distância nas colunas com suas Colts calibre 45.

Para os lados do leste, as nuvens haviam se aberto e os aviadores podiam ver o vulto das chaminés à distância.

– Berlim! – gritou Francis, apontando para frente. – As fábricas de Spandau.

A cada dia agora, à medida que o avanço da Quinta Divisão mantinha-se constante, Francies procurava por novos pontos de referência da cidade a partir do seu avantajado posto de observação. Quando o *Miss Me* guiasse os tanques até Berlim, o jovem piloto queria estar apto a reconhecer instantaneamente as principais vias de acesso e os prédios, a fim de melhor informar os tanques a respeito deles. Ele pretendia dar "aos rapazes" o guia turístico completo assim que eles se aproximassem da capital.

Francies estava quase pronto para retornar a um pasto perto das primeiras colunas que serviria de pista de pouso quando subitamente ele acelerou a aeronave. Havia avistado um motociclista com um carro lateral conjugado cortando uma estrada próxima a alguns dos tanques da Quinta. Ao iniciar o mergulho para inspecionar o veículo, ele olhou de relance para a direita e retesou-se de surpresa. Voando a apenas uns trinta metros acima do nível das árvores e quase indistinguível estava um Fieseler Storch, um avião de reconhecimento de artilharia alemão. Com a aproximação do *Miss Me*, as cruzes brancas na fuselagem e nas asas configuraram-se nitidamente distintas contra o fundo cinza-escuro do Storch. Assim como o avião americano, este era um avião de estrutura leve, um monomotor, mas um pouco maior que o *Miss Me* e, como Francies sabia, pelo menos 50km/h mais veloz. Os americanos, contudo, tinham a vantagem da altitude. No momento em que Francis gritou "vamos pegá-lo!", ele ouviu Martin exigir a mesma providência.

Por rádio Martin relatou que eles haviam avistado um avião alemão e anunciou calmamente:

– Vamos entrar em combate.

No chão, os tripulantes dos tanques da Quinta, estarrecidos, curvaram seus pescoços e olharam para o céu procurando o iminente duelo das aeronaves.

Martin abriu as portas laterais enquanto Francies executava o mergulho. Fazendo uma curva com o aeroplano e cumprindo um círculo fechado sobre a aeronave alemã, os dois homens começaram a descarregar suas pistolas calibre 45. Francies esperava que os disparos forçassem os alemães a sobrevoar os tanques, que esperavam com suas metralhadoras posicionadas, metralhadoras que facilmente derrubariam a aeronave. Mas o piloto do avião inimigo, embora obviamente confuso pelo ataque inesperado, não seria assim tão condescendente. Fazendo uma manobra violenta para um dos lados, o Storch começou a voar impetuosamente em círculos. Sobre ele, Francies e

Martin, como guardas de fronteira em uma diligência, estavam inclinados para fora de seu avião esvaziando suas automáticas na velocidade máxima que seus dedos conseguiam puxar o gatilho. Para surpresa de Francies, não houve nenhum tiro de resposta dos alemães. Mesmo enquanto os americanos recarregavam suas armas, o piloto do Storch, em vez de aumentar a distância entre eles, continuava voando em círculos. Mais tarde, Francies poderia apenas supor que o piloto continuava tentando descobrir o que exatamente estava lhe acontecendo.

Então, mergulhando até chegar a uma distância de seis metros do inimigo, os dois americanos efetuaram disparo após disparo contra o vidro da cabina do avião alemão. Eles estavam tão próximos que Francies viu o piloto "nos olhando, com os olhos que pareciam dois ovos de tão arregalados". Então, subitamente, a aeronave alemã fez uma manobra brusca e começou a rodopiar. Martin, que fazia um breve relatório do combate via rádio, gritou:

– Nós o pegamos! Nós o pegamos!

Sua voz estava tão distorcida pelos gritos de excitação que o tenente-coronel Israel Washburn, sentado em seu semitrator, pensou que Martin tivesse dito: "Fomos atingidos!"*.

O Storch caiu cumprindo espirais, sua asa direita atingiu o chão, partindo-se repentinamente, e o avião foi deslizando até parar no meio do pasto. Francies aterrissou o *Miss Me* em um campo próximo e correu para o local da queda da outra aeronave. O piloto alemão e seu observador já estavam do lado de fora, mas o último fora atingido no pé e caiu no chão. O piloto se escondeu atrás de uma imensa pilha de sacos de açúcar de beterraba até que um tiro de advertência dado por Martin fez com que ele se erguesse com as mãos para cima. Enquanto Martin mantinha o piloto sob a mira de sua arma, Francies examinava o observador ferido. Quando ele removeu a bota do alemão, um projétil de .45 acabou saindo. Enquanto ele fazia a bandagem no ferimento superficial, o alemão não parava de repetir:

– *Danke. Danke. Danke.***

Mais tarde naquele dia, Francies e Martin posaram rapidamente ao lado do prêmio que haviam capturado. Eles tinham enfrentado o que foi provavelmente a última batalha aérea da Segunda Guerra Mundial no teatro europeu

---

* Em inglês há uma enorme semelhança na morfologia das duas frases, o que explica a confusão do ouvinte. A frase proferida por Martin é "We got him", enquanto Washburn entendeu "We got hit". (N. do T.)

** Obrigado. Em alemão no original (N. do T.)

e foram, sem dúvida, os únicos aviadores a derrubar um avião alemão usando pistolas. Para Francis, "foi um dia de pura alegria". A única coisa que poderia superar essa experiência seria liderar a Quinta Divisão Blindada até Berlim. Francies acreditava que teria que esperar apenas um ou dois dias para que a ordem viesse.*

Conforme o pelotão de tanques liderados pelo tenente Robert E. Nicodemus se aproximava de Tangermünde, à tarde, ia sendo recebido por um silêncio ameaçador. O objetivo de sua unidade, parte da Quinta Divisão Armada, era capturar a ponte desta cidade pequena e pitoresca, que ficava a uns 65 quilômetros a noroeste de Magdeburg. Agora que a ponte de Schönebeck se fora, a de Tangermünde era, ao menos para o Nono Exército, a mais importante da guerra.

O tanque de Nicodemus deslizava pela rua central de Tangermünde e em direção à praça. As ruas por que passava, assim como toda a cidade, estavam desertas. Então, quando os tanques pararam na praça, as sirenes usadas nos alertas antiaéreos começaram a soar e, como Nicodemus disse mais tarde, "tudo aconteceu de uma só vez. O lugar virou um verdadeiro inferno".

Das janelas, das soleiras e dos telhados que até momentos antes pareciam vazios, os alemães abriram fogo com armas antitanques semelhantes a bazucas. Os americanos responderam prontamente. Em um momento o sargento Charles Householder ergueu-se na torre de tiro do seu tanque, atirando para todos os lados com sua submetralhadora Tommy até que seu veículo foi atingido e ele teve que saltar para fora. O tanque do sargento Leonard Haymaker, logo atrás do de Householder, também foi atingido; ele explodiu em chamas. Haymaker conseguiu escapar em segurança, mas sua tripulação ficou presa do lado de dentro por causa dos disparos inimigos. Agachando-se e fazendo uma pequena volta, Haymaker se posicionou com sua Tommy e disparou em direção aos alemães, oferecendo cobertura para seus homens e possibilitando que estes escapassem.

A essa altura da batalha, um soldado americano saltou sobre a lataria do tanque de Nicodemus, na parte de trás do veículo, e, erguendo sua voz acima da barulheira, identificou-se como um prisioneiro fugitivo de guerra.

---

* O feito extraordinário de Francies, sem paralelo na Segunda Guerra Mundial, nunca chegou ao conhecimento do Departamento de Defesa dos EUA. Ele foi recomendado para uma Cruz de Distinção da Aviação, mas nunca a recebeu. Curiosamente Martin, embora não fosse um piloto, foi condecorado com uma Medalha do Ar por sua participação na ação. (N. do A.)

Cerca de quinhentos prisioneiros estavam sendo mantidos na cidade, ele disse, em dois locais diferentes. Nicodemus viu-se em um dilema. Ele estava para pedir o suporte da artilharia, mas como ele poderia mandar bombardear uma cidade cheia de prisioneiros americanos? Decidiu por tentar invadir o campo mais próximo e retirar os prisioneiros da linha de tiro.

Guiado pelo fugitivo, Nicodemus seguiu o caminho através dos prédios, quintais e cortando cercas, até chegar a um cercado perto do rio. No instante em que os prisioneiros americanos no campo viram a aproximação do oficial, atiraram-se sobre os guardas. A escaramuça foi breve. Assim que os guardas foram desarmados, Nicodemus guiou os prisioneiros para a liberdade. Quando o grupo se aproximou da última rua em que havia resistência por parte do inimigo e viu os tanques americanos ao fundo, um dos soldados voltou-se na direção de Nicodemus e disse exultante:

– Agora sou um homem livre. Eles não podem me matar.

Ele caminhou até o meio da rua e um atirador de elite alemão explodiu-lhe a cabeça com um tiro.

Enquanto Nicodemus liberava os prisioneiros, um combate desesperador, casa a casa espalhara-se por toda a cidade. Por fim, quando a ponte estava quase à vista, representantes da guarnição alemã encontraram a vanguarda dos EUA e anunciaram seu desejo de se render. Enquanto as negociações se desenvolviam, houve uma tremenda explosão. Uma colossal camada de pó se ergueu e uma chuva de entulhos desabou sobre a cidade. Os engenheiros alemães haviam explodido a ponte. A Divisão Vitória, a unidade americana mais próxima da capital, havia sido detida a tantalizantes 85 quilômetros de Berlim.

A ansiedade começou a se espalhar pelo do Comando do Nono Exército. Até o meio da tarde do dia 12 de abril, todos os fatos haviam colaborado para o crescente aumento da confiança. A Quinta Divisão Armada percorrera a fenomenal marca de 320 quilômetros em apenas trinta dias; a Segunda fizera esta mesma distância precisando apenas de um dia a mais. Conjuntamente, o exército de Simpson havia cumprido aproximadamente 364 quilômetros desde que ultrapassara o Reno. As divisões do Nono Exército chegavam ao Elba ao longo de todo o *front*.

No entanto, nenhuma ponte fora capturada até agora, nenhuma cabeça-de-ponte estabelecida na margem oriental do rio. Muitos homens haviam esperado que fosse ocorrer uma repetição da famosa captura da ponte Remagen, no Reno, a qual no início de março havia mudado da noite para o dia a estratégia anglo-americana. Tal sorte, porém, não se repetiu. Naquele momento, no quartel-general da Segunda Divisão Blindada, uma decisão foi tomada: o rio teria que ser atravessado. As tropas fariam um ambicioso assalto à margem leste do Elba a fim de assegurar uma cabeça-de-ponte. Então uma ponte de pontão poderia ser construída por sobre o rio.

Em seu quartel-general, o brigadeiro-general Sidney R. Hinds, comandante do Comando B de Combate da Segunda Divisão, expôs seus planos. A operação poderia se dar a sul de Magdeburg, em uma pequena cidade chamada Westerhüsen. Na melhor das hipóteses, o plano era uma aposta. O fogo da artilharia inimiga poderia destruir a ponte antes que ela estivesse completa ou, pior, evitar totalmente quaisquer tipos de operações. Contudo, quanto mais Hinds esperasse, maior poderia ser a concentração das defesas inimigas do outro lado. E com cada hora de atraso, a chance de bater os russos na corrida por Berlim ficava cada vez menor.

Às oito da noite do dia 12 de abril, dois batalhões de infantaria blindada foram discretamente transportados até a margem oriental em veículos anfíbios conhecidos por DUKW. A travessia não encontrou qualquer resistência. À meia-noite, os dois batalhões já haviam cruzado o rio, e à primeira luz do amanhecer um terceiro se juntara a eles. Na margem oriental, as tropas rapidamente desembarcaram, cavando posições defensivas em um semicírculo bastante fechado ao redor do ponto escolhido para erguer o pontão. Cheio de júbilo, o general White fez uma ligação para o comandante do Nono Exército, o general Simpson:

– Estamos do outro lado!

• • •

Os alemães ficaram sabendo da travessia quase que ao mesmo tempo que Simpson. Em Magdeburg, o comandante de combate, um veterano da Normandia, imediatamente entrou em contato com o general Wenck no quartel-general do 12º Exército. O oficial de Magdeburg, um experiente homem de artilharia, havia muito aprendera a não subestimar o inimigo. No começo da manhã de 6 de junho de 1944, ele havia olhado de seu posto avançado de artilharia a frota aliada de invasão. Naquela oportunidade, como agora, havia prontamente informado seus superiores sobre a situação. "É a invasão", ele havia dito. "Deve haver uns dez mil navios se aproximando." A sua incrível mensagem não recebeu crédito. "Em que direção estão indo esses navios?", foi-lhe perguntado. Sua resposta foi dura e simples: "Na minha".

Agora o major Werner Pluskat, o homem que havia dirigido o fogo alemão na parte central da praia de Omaha, preparava-se para oferecer resistência no Elba. Seus atiradores ao longo do rio, ao norte e ao sul de Magdeburg, segurariam os americanos o máximo de tempo que pudessem. Mas Pluskat já estava há muito tempo envolvido nesta guerra para ter qualquer ilusão quanto ao seu desfecho.

No entanto, os jovens cadetes de que dependia o general Wenck não tinham nenhum pensamento pessimista. Novos e cheios de energia, era como se eles procurassem as batalhas que estavam por vir. Agora unidades móveis de combate das divisões de Potsdam, Scharnhorst e Von Hutten apressavam-se em ocupar suas posições, preparando-se para varrer do mapa a cabeça-de-ponte americana na margem oriental do Elba.

• • •

Na margem ocidental do Elba, os engenheiros trabalhavam de modo frenético. Seguidores de luz, rapidamente posicionados, foram apontados diretamente para cima a fim de usar o reflexo produzido pelas nuvens, e nesse brilho de luar artificial, os primeiros pontões foram assegurados e empurrados para dentro do rio. Uma após a outra, as unidades de flutuação foram sendo fixadas em seus lugares.

Acompanhando de perto, o coronel Paul A. Disney, comandante de Regimento da 67ª Blindada, assistia à construção da ponte com crescente impaciência. Subitamente um som da artilharia fez-se ouvir. Os tiros caíram próximos aos primeiros pontões, erguendo colunas de água no ar. O padrão dos disparos era incomum: os projéteis não vinham em salvas; eles vinham de modo disperso, aparentemente de diversas e espalhadas fontes de armas posicionadas. Disney, certo de que o fogo estava sendo dirigido por um observador escondido nas proximidades, ordenou uma busca imediata no prédio de quatro andares um tanto arruinado que dava vistas para o rio. A busca se mostrou infrutífera; os tiros continuaram, de modo acurado e mortal.

Os pontões racharam-se e afundaram, e o metralhar constante que atingia a água obrigou os construtores a procurar abrigo. Os homens feridos foram levados para a segurança da margem do rio; outros ocuparam seus lugares. Durante toda a noite os disparos continuaram, anulando a obstinada persistência dos engenheiros americanos. A coisa que Hinds mais temia havia acontecido. De modo inflexível, ordenou que uma unidade de infantaria fizesse uma marcha forçada para o sul. Suas instruções: encontrar um outro local.

Na manhã seguinte, o resto da ponte foi destruído pelo fogo das armas alemãs. Quando os últimos projéteis foram lançados e demoliram o já retorcido e danificado vão, a ponte estava apenas a setenta metros da orla oriental. Hinds, o rosto fechado e fatigado, ordenou que o local fosse abandonado. Quando os homens reuniram-se aos feridos, uma mensagem chegou: a infantaria no lado oriental havia encontrado uma área propícia à construção de uma ponte em uma área rio abaixo.

Na tarde de sexta-feira, dia 13, os DUKW estavam rebocando um pesado cabo através do rio até a nova cabeça-de-ponte. A idéia era que o cabo servisse provisoriamente. Uma vez que estivesse no seu lugar, ele permitiria o suporte de uma série de pontões para cima e para baixo do rio, carregando veículos, tanques e armas. Embora esse sistema fosse de uma lerdeza desesperadora, teria que servir até que os materiais para a construção de uma cabeça-de-ponte pudessem ser trazidos.

Uma questão de grande interesse para Hinds no momento era o destino dos três batalhões posicionados na margem oriental do rio. Com suas costas para o Elba, as tropas defendiam uma área que perfazia aproximadamente um semicírculo, englobando as vilas de Elbenau e Grünewalde. Era uma pequena cabeça-de-ponte na praia, e eles não tinham nenhum suporte de veículos blindados ou de artilharia, exceto pelas baterias nas margens ocidentais. Se os três batalhões fossem atingidos por qualquer ataque mais poderoso, a situação poderia se tornar perigosa. Hinds ordenou então que o coronel Disney cruzasse o Elba em um DUKW e assumisse o comando da infantaria.

Disney encontrou o posto de comando do primeiro dos três batalhões, liderado pelo capitão John Finnell, em uma pequena floresta. Finnell estava preocupado. A pressão dos alemães estava aumentando.

– Se não conseguirmos colocar uns tanques por essas bandas imediatamente – ele disse –, a coisa vai ficar muito feia.

Após informar Hinds sobre a situação via rádio, Disney resolveu ir atrás do segundo batalhão. Ao se aproximar do rio, projéteis começaram a cair ao redor dele. Disney mergulhou em um fosso, mas os tiros do inimigo se acirravam cada vez mais. Ergueu-se, procurando um abrigo melhor. Desta vez a sorte não estava a seu lado. Sentiu uma chuva de balas, depois outra. Uma terceira saraivada levou-o ao chão. Disney ficou ali, quase inconsciente e severamente ferido. A parte superior de seu braço esquerdo estava destroçada e cheia de estilhaços; além disso, um grande projétil havia arrancado a parte superior de sua coxa.

Em 36 horas, Hollingsworth e Disney, dois dos homens que mais ardentemente haviam se dedicado a liderar as forças americanas até Berlim, haviam sido postos fora de combate.

Às 13h15 do dia 12 de abril, ao mesmo tempo em que os primeiros tanques da Quinta Divisão Armada avançavam sobre Tangermünde, o presidente Franklin D. Roosevelt falecia em seu gabinete em Warm Springs.

Um artista trabalhava em seu retrato quando o presidente subitamente levou a mão à cabeça e se queixou de dor de cabeça. Um instante depois, ele estava morto. Em sua mesa havia uma cópia da *Constituição* Atlanta. O cabeçalho dizia: NONO – 91KM DE BERLIM.

Levou aproximadamente 24 horas antes que a notícia da morte do presidente começasse a chegar às tropas da linha de frente. O major Alcee Peters, da 84ª Divisão, soube da notícia por meio de um alemão. No cruzamento de uma ferrovia próxima a Wahrenholz, um guarda-freios em idade já avançada veio lhe oferecer suas condolências porque "a notícia é tão terrível". Peters ficou chocado e incrédulo, mas antes que pudesse absorver completamente o que ouvira, sua coluna moveu-se novamente, seguindo para o Elba, e ele tinha outras questões com que se preocupar. O tenente-coronel Norman Carnes, comandando um batalhão do 333° Regimento de Infantaria, atravessava uma refinaria de óleo bombardeada a norte de Brunswick quando soube da morte de FDR. Sentiu-se pesaroso, mas seus pensamentos, também, estavam voltados para o trabalho. "Devia ser só mais uma crise", ele disse mais tarde. "Meu próximo objetivo era Wittingen e eu estava muito ocupado pensando nisso. Roosevelt, vivo ou morto, não poderia me ajudar naquela hora." O capelão Ben Rose escreveu para sua esposa Anne: "Todos nós estávamos sentidos... mas tínhamos visto tantos homens morrerem que a maioria de nós sabia que mesmo Roosevelt não era indispensável... Fiquei surpreso com o modo calmo como recebemos a notícia e conversamos tranqüilamente sobre o ocorrido".

• • •

Joseph Goebbels mal conseguia se conter. No momento em que ouviu a notícia, telefonou para Hitler no *Führerbunker*.

– Meu Führer, eu o congratulo! Roosevelt está morto! – ele exultou. – Está escrito nas estrelas. A última metade de abril será o ponto de virada para nós. Hoje é sexta-feira, 13 de abril. Chegou a hora da virada!

Um pouco antes, Goebbels passara duas previsões astrológicas ao conde Schwerin von Krosigk, *Reichsminister* de Finanças. Uma havia sido preparada no dia que Hitler chegou ao poder, 30 de janeiro de 1933. A outra, datada de 9 de novembro de 1918, tratara do futuro da República de Weimar. Krosigk anotou em seu diário: "Um fato assombroso tornou-se evidente. Ambos os horóscopos prediziam a deflagração da guerra em 1939, as vitórias até 1941, e a subseqüente série de reveses – com os mais duros golpes até os primeiros meses de 1945, especialmente na primeira metade de abril. Então, ocorreria uma vitória esmagadora na segunda metade de abril, estagnação até agosto e paz no mesmo mês. Pelos próximos três anos a Alemanha mergulharia em tempos difíceis, mas, a partir de 1948, ela se reergueria".

Goebbels também andara lendo *A história de Frederico II da Prússia*, de Thomas Carlyle, o que lhe dera ainda mais uma fonte de deleite. Um capítulo tratava da Guerra dos Sete Anos (1756-1763), quando a Prússia havia resistido sozinha contra uma coalizão de forças que incluía a França, a Áustria e a Rússia. No sexto ano desse combate, Frederico havia dito a seus conselheiros que, se até o dia 15 de fevereiro não houvesse qualquer mudança em seus destinos, ele cometeria suicídio. Então, no dia 5 de janeiro de 1762, a czarina Elizabete morreu e a Rússia se retirou do conflito. "O milagre da Casa de Brandenburgo", escreveu Carlyle, "acabou por acontecer." Todo o caráter da guerra mudara para melhor. Agora, no sexto ano da Segunda Guerra Mundial, Roosevelt estava morto. O paralelo era inevitável.

O ministro da Propaganda estava em êxtase. Nas instalações do seu ministério, ordenou champanhe para todos.

• • •

– Atravessem! Atravessem! E continuem em movimento!

O coronel Edwin "Chumbo Grosso" Crabill, da 83ª Divisão, empurrava seus homens, ao longo de toda a margem do rio, para dentro dos botes de assalto, lá e acolá, ajudando os mais lerdos com a ponta de sua bota.

– Não percam esta oportunidade – ele gritava para outro barco que estava sendo carregado. – Vocês estão a caminho de Berlim!

Enquanto outros homens começavam a se mover em direção ao DUKW, Crabill, baixinho e nervoso, admoestava-os:

– Não esperem para se organizar! Não esperem que alguém lhes diga o que fazer! Entrem de uma vez! Se vocês se moverem *agora*, podem conseguir seus objetivos sem disparar um tiro!

Crabill estava certo. Na cidade de Barby, 24 quilômetros a sudeste de Magdeburg e logo abaixo do ponto onde estavam seus arqui-rivais, a Segunda Blindada, tentando desesperadamente fazer uso de sua barca a cabo, os homens da 83ª cruzavam o rio em grandes grupos, sem qualquer oposição. Eles haviam entrado na cidade para verificar que a ponte havia sido destruída, mas, sem esperar por ordens do oficial em comando da 83ª, Crabill havia ordenado que a travessia fosse feita imediatamente. Botes de assalto haviam sido trazidos às pressas e em uma questão de horas um batalhão inteiro já havia cruzado. Agora outro estava a caminho. Simultaneamente, a artilharia era transportada sobre os pontões e os engenheiros erguiam uma ponte estreita que poderia estar pronta ao cair da noite. Mesmo Crabill estava impressionado com a atividade frenética que suas ordens haviam desencadeado. Enquanto ia de grupo em grupo exigindo maior presteza, ele seguia repetindo triunfantemente para os outros oficiais:

– Eles jamais vão acreditar nisso lá no Fort Benning!

Assistindo em silêncio à cena febril, havia uma audiência de alemães, parados em uma sacada abaixo da torre do relógio da prefeitura. Por horas, enquanto limpava a pequena resistência que havia na cidade, o tenente-coronel Granville Sharpe, comandando um batalhão de infantaria, tinha plena consciência dessa audiência e com ela ficava a cada momento mais contrariado. "Meus homens estão sendo baleados, e lá ficam aqueles alemães assistindo à luta e ao assalto ao rio com vivo interesse", ele recordou. Naquele instante Sharpe chegara ao seu limite. Dirigindo-se até um tanque, disse ao atirador:

– Faça um disparo, digamos, sobre o número cinco do relógio.

O subordinado obedeceu, enquadrando em sua mira o número desejado. A galeria subitamente se dispersou.

Em todo caso, o show havia terminado. A 83ª havia atravessado. A primeira cabeça-de-ponte sólida havia sido estabelecida na margem oriental do Elba.

À noite do dia 13, os engenheiros haviam terminado sua tarefa e colocado um cartaz próximo à extremidade da ponte. Em honra ao presidente e, usando do alto moral e da perspicaz apreciação pelo valor da publicidade, costumeiros na Divisão, o cartaz dizia: PONTE TRUMAN. PORTÃO DE ENTRADA PARA BERLIM. CORTESIA DA 83ª DIVISÃO DE INFANTARIA.

As novidades foram transmitidas ao general Simpson e depois repassadas ao general Bradley. Ele imediatamente telefonou para Eisenhower. Subitamente, a cabeça-de-ponte da 83ª era o aspecto predominante no pensamento de todos. O supremo comandante ouviu cuidadosamente as novidades. Então, ao fim do relatório, levantou uma questão a Bradley. Na reconstituição que mais tarde este fez da conversa, Eisenhower perguntou:

– Brad, qual você acha que poderá ser o custo para nós de uma invasão do Elba até Berlim?

Bradley vinha considerando a mesma questão há dias. Como Eisenhower, também não via Berlim como um objetivo militar, mas se pudesse ser capturada facilmente não se devia perder a chance. Ainda assim, Bradley, como seu chefe, estava preocupado com uma penetração tão profunda na futura zona de ocupação soviética e com as baixas que ocorreriam à medida que as tropas dos EUA avançassem sobre áreas das quais fossem obrigadas, eventualmente, a bater em retirada. Ele não acreditava que as perdas no caminho para Berlim seriam muito altas, mas a história poderia ser diferente quanto a tomar a cidade. Isso sim poderia ter um custo pesado.

Então ele respondeu ao supremo comandante:

– Estimo que poderia nos custar cem mil homens.

Houve uma pausa. Foi quando Bradley acrescentou:

– Seria um preço um tanto elevado a se pagar por um objetivo que traria somente prestígio, uma vez que sabemos que teremos que abandoná-lo e deixar a outra parte tomar conta.*

A conversa se encerrou. O supremo comandante não revelou suas intenções. Bradley, porém, tinha deixado sua opinião clara e inequívoca: a vida dos americanos era mais importante do que mero prestígio ou do que uma ocupação temporária sem real e significativa importância.

No quartel-general do 19º Corpo, o general McLain estava diante de seu mapa, estudando a situação. Em sua opinião a linha inimiga na margem oriental do Elba era crosta grossa, nada mais. Uma vez que suas divisões conseguissem atravessá-la e rompê-la, nada poderia detê-los até Berlim. Coronel George B. Sloan, o oficial de Operações, acreditava que os americanos encontrariam o mesmo tipo de oposição que haviam encontrado na rota até o Reno

---

* A estimativa de Bradley gerou espaço para muita confusão, tanto sobre o momento em que ele a transmitiu a Eisenhower quanto sobre o modo como ele chegou a esses números. O incidente foi primeiramente revelado pelo próprio Bradley em suas memórias, *A história de um soldado*. Nenhuma data foi dada. Por conseguinte, como Bradley revelou ao autor, ele é parcialmente culpado pela incerteza resultante. Uma versão que circulou dava conta que Bradley teria dito a Eisenhower, já em janeiro de 1945, que as baixas em Berlim poderiam chegar a cem mil. Bradley mesmo diz: "Dei a estimativa para Ike por telefone imediatamente após termos conquistado a cabeça-de-ponte sobre o Elba. Certamente eu não esperava sofrer cem mil baixas no caminho para Berlim. Mas estava convencido de que os alemães lutariam bravamente por sua capital. Era em Berlim, na minha visão, que teríamos sofrido essas grandes perdas". (N. do A.)

– bolsões de resistência em fossos e valas que poderiam ser ultrapassados por forças que se movessem com velocidade. Tinha plena confiança que, uma vez retomado o ataque, em 48 horas as unidades blindadas de vanguarda dos EUA entrariam em Berlim.

McLain tomou umas poucas e rápidas decisões. O surpreendente jeito do Circo Rag-Tag em conquistar uma cabeça-de-ponte acelerou as tropas, que cruzaram o Elba pela ponte, em pouco mais que algumas horas, mudando completamente de figura o desafio do rio. Os homens da 83ª não estavam só expandindo a cabeça-de-ponte na praia da orla oriental; eles avançavam para além dela. McLain estava certo de que a cabeça-de-ponte da 83ª era permanente. Já não estava tão certo de que a operação de transporte via cabo da Segunda Divisão Blindada pudesse resistir a uma carga de artilharia. Ainda assim, a Segunda atravessara três batalhões para o lado oriental e mantinha essa posição. Arranjos haviam sido feitos para que parte da Segunda começasse a fazer a travessia utilizando a "Ponte Truman" da 83ª. McLain, portanto, não via qualquer razão para que a 30ª Divisão, agora se movendo para a posição, atacasse Magdeburg e seguisse para a ponte da *Autobahn*. À taxa que as tropas moviam-se no momento, a cabeça-de-ponte da 83ª poderia ser rapidamente expandida para se unir aos batalhões opostos à ponte via cabo da Segunda Blindada. A partir dessa vasta e alargada cabeça-de-ponte, o avanço poderia continuar. McLain decidira deixar Magdeburg completamente para trás. A ponte Truman, como a 83ª havia antecipado, seria o portão de entrada para Berlim.

No amanhecer de sábado, 14 de abril, nas barcas transportadas via cabo da Segunda Divisão Blindada, o general Hinds esperava por três pontões que seriam presos e unidos. Eles formariam uma plataforma semelhante a uma barcaça, a qual o cabo permitiria se deslocar rio acima e rio abaixo, enquanto uma ponte não fosse construída. As balas continuavam caindo nas duas margens da cabeça-de-ponte improvisada e as tropas no lado oriental seguiam envolvidas em combates pesados. Eles podiam resistir por algum tempo contra a infantaria que lhes fazia oposição, mas o maior temor de Hinds era um ataque *panzer*. Os americanos na margem oriental continuavam sem suporte de artilharia ou blindados.

O primeiro veículo a ser transportado no pontão-barcaça foi uma máquina de terraplenagem; o terreno da margem oriental precisava ser aplainado e nivelado antes que os tanques e as armas pesadas pudessem vencê-lo. Um DUKW rebocaria a plataforma, acelerando a velocidade da barcaça, fazendo com que o cabo se movesse mais rápido. Hinds assistia com ansiedade. Dois cabos haviam sido danificados e levados pela corrente. Ele só tinha mais um sobrando; e seus últimos pontões de formato acima do padrão haviam sido comprometidos na formação da barcaça.

A incômoda operação começou. Enquanto os homens assistiam, a barcaça movia-se lentamente em direção ao meio do Elba. Então, quando se aproximava da orla oriental, o inacreditável aconteceu. Um único disparo soou e, em um daqueles tiros que só acontecem uma vez para cada milhão, o cabo foi danificado. Hinds ficou paralisado e em estado de choque enquanto o cabo, a barcaça e a máquina de terraplenagem desciam rio abaixo. Cheio de amargura, ele disse:

– Lá se vão para o inferno!

Embora aquele disparo certeiro tivesse sido significativo em anunciar o desastre total, a expressão se confirmou quando as tropas na margem oriental começaram a ser atacadas por veículos blindados.

No lado a leste do Elba, através das gotículas do ar brumoso da manhã e da fumaça do fogo da artilharia, o tenente-coronel Arthur Anderson podia ver os blindados alemães esmagando as linhas de defesa de sua infantaria. Havia sete ou oito veículos blindados, entre eles um par de tanques. Através de seus óculos, Anderson viu o grupo, muito além do alcance de suas bazucas antitanques, atirando metodicamente contra as trincheiras norte-americanas. Ao mesmo tempo em que observava esse acontecimento, uma de suas companhias que mantinha posições no flanco extremo direito de seu posto foi devastada. As tropas abandonavam suas trincheiras, correndo para a segurança da floresta. Agora os alemães se lançavam sobre as posições das outras duas companhias de Anderson, explodindo as trincheiras, uma a uma. De modo desesperado, Anderson pediu via rádio às baterias na margem ocidental do Elba que viessem em seu socorro. Mas o ataque alemão se dava de modo tão veloz que, mesmo quando os disparos da Segunda Blindada começaram a cair, Anderson sabia que já era tarde demais.

Mais abaixo, ao longo da cabeça-de-ponte, o tenente Bill Parkins, comandando a Primeira Companhia, subitamente ouviu suas metralhadoras abrirem fogo e então o fogo de resposta dos alemães. Um pelotão se precipitou rapidamente. Três veículos alemães com infantaria, ele reportou, vinham ao longo da linha, "limpando tudo que encontravam pelo caminho". Parkins deu ordens para que as tropas mantivessem suas posições e que continuassem atirando. Então ele abandonou seu posto de comando para descobrir por si mesmo o que estava acontecendo. "Vi três tanques Mark V a uns noventa metros de distância, aproximando-se a partir do leste", mais tarde ele relatou, "e cada um parecia ter um pelotão de infantaria consigo. Eles haviam posicionado prisioneiros americanos marchando à sua frente. Suas armas disparavam diretamente através deles." Alguns dos homens de Parkins retornavam o fogo com suas bazucas, mas a distância era muito grande para que as armas funcionassem de modo efetivo; os projéteis que chegavam a atingir os tanques neles apenas ricocheteavam. Seus homens estavam sendo triturados. Parkins ordenou que eles recuassem, antes que fossem todos capturados ou mortos.

Os veículos alemães vinham em alta velocidade do norte, do sul e do leste da cabeça-de-ponte. O sargento de equipe Wilfred Kramer, encarregado de um pelotão de infantaria, viu um tanque alemão a uns duzentos metros de distância. A infantaria assumiu a posição de um leque aberto e Kramer ordenou que seus homens aguardassem. Então, quando os alemães estavam a 36 metros, ele deu voz de comando para que abrissem fogo. "Estávamos fazendo tudo certo e sustentando nossa posição", mais tarde ele explicou. "Mas então o tanque abriu fogo. O primeiro disparo caiu a cerca de nove metros de nossa metralhadora. A seguir, o alemão dirigiu-se diretamente sobre a linha. Ele podia ver onde estava cada uma de nossas trincheiras individuais. Era tiro à queima-roupa." Kramer resistiu o quanto pôde; depois, ele também, ordenou que seus homens recuassem.

Os combates eram tão encarniçados ao redor de Grünewalde que o tenente-coronel Carlton E. Stewart, comandando um batalhão, fez um pedido de artilharia para uma de suas companhias e para "disparar sobre nossas posições, pois nossos homens estão todos nos porões das casas". Todos pediam por ataques aéreos para neutralizar os tanques, mas foram poucos os aviões que apareceram durante a batalha que se estendeu do amanhecer até a tarde. No avanço sobre o Elba, as pistas para os caças ficaram tão afastadas do *front* que os aviões eram obrigados, para cobrir as distâncias, a carregar tanques extras de gasolina em suas asas, tomando o lugar das bombas.

À tarde, o general Hinds ordenara que toda a infantaria na margem oriental do Elba recuasse e cruzasse de volta. Embora as baixas parecessem em um primeiro momento serem muitas, os homens enganaram-se durante dias. O total final de baixas na margem oriental foi fixado em 304; um batalhão perdeu sete oficiais e 146 homens alistados foram mortos, feridos ou estavam desaparecidos. O combate sepultou a última esperança da Segunda Divisão Blindada de conseguir uma ponte ou uma cabeça-de-ponte sobre o Elba. Agora o general White, comandante da Segunda, não tinha outra opção a não ser utilizar a ponte da 83ª, em Barby. Os alemães haviam feito um bloqueio bem-sucedido, e com extrema velocidade, do grande ímpeto que a Segunda Divisão Blindada até então vinha demonstrando.

A destruição da cabeça-de-ponte fora tão repentina e o combate tão feroz que os comandantes americanos ainda não sabiam que unidades os haviam atacado. De fato, eram ao todo poucas unidades. Como o general Wenck prognosticara, seus cadetes novatos e oficiais em treinamento o haviam servido de maneira satisfatória. Ambiciosos e sedentos de glória, eles haviam levado a si mesmos e seus pobres equipamentos ao limite, conseguindo o tempo que Wenck precisava. Ao repelir a Segunda Divisão Blindada, essas tropas de choque móveis haviam conseguido algo que nenhuma outra unidade alemã obtivera em trinta meses de combate. Tivesse a divisão sido capaz de assegurar uma ponte ou uma cabeça-de-ponte sobre o Elba, a Segunda poderia ter tomado o caminho de Berlim mesmo sem esperar por ordens.

O plano de ataque do supremo comandante para a Alemanha revelara-se brilhante; de fato, a velocidade do grande avanço anglo-americano havia claramente surpreendido inclusive a ele mesmo. Ao norte, o 21º Grupo de Exército de Montgomery continuava seguindo em frente. Os canadenses, próximos a Arnhem, estavam prontos a começar a limpeza do último bolsão inimigo que continuava resistindo no nordeste da Holanda. O Segundo Exército Britânico havia cruzado o rio Leine, capturado a cidade de Celle e estava nos arredores de Bremen. No centro do Reich, a cercada região do Ruhr estava quase controlada e, o mais importante, o Nono Exército de Simpson, junto com os Primeiro e Terceiro Exércitos dos EUA, havia quase cortado a Alemanha em duas. O Primeiro avançava sobre Leipzig. O Terceiro Exército, de Patton, aproximava-se da fronteira tcheca.

Esse turbilhão de ganhos, contudo, tivera seu custo: eles haviam estendido as linhas de suprimento de Eisenhower quase que ao limite. Fora os comboios de caminhões, não havia virtualmente nenhum outro tipo de transporte terrestre disponível para as forças de Bradley; apenas uma ponte férrea continuava em operação sobre o Reno. As forças de combate continuavam bem supridas, mas os oficiais de comando do SQFEA estavam preocupados com o cenário geral. Para servir as vastas forças espalhadas, centenas de aviões de transporte de tropas haviam recebido ordens de voar o tempo todo, distribuindo os suprimentos. Somente no dia 5 de abril, um comboio aéreo de C-47s transportara mais de 3,5 mil toneladas de munição e suprimentos e quase 2.840.750 litros para o *front*.

Somado a isso, à medida que os Aliados aprofundavam-se cada vez mais em solo alemão, eles tinham que suprir um crescente número de não-combatentes. Centenas de milhares de prisioneiros de guerra alemães precisavam ser alimentados. Trabalhadores forçados dos outros países, além dos britânicos e dos americanos libertados dos campos de prisioneiros, precisavam de abrigo, comida e serviços médicos. Hospitais, ambulâncias e comboios médicos só agora começavam a se deslocar. E, embora essas instalações médicas fossem amplas, uma demanda imprevista subitamente lhes era imposta.

Nos últimos dias, o que provaria ser o maior horror escondido do Terceiro Reich começava a ser descoberto. Ao longo de todo o *front*, nessa semana de tremendo avanço, os homens haviam se tomado de choque e aversão ao encontrarem os campos de concentração de Hitler, suas centenas de milhares de internos, e a evidência de que milhões já haviam sido mortos.

Soldados endurecidos pelas batalhas mal podiam acreditar no que seus olhos testemunhavam à medida que os prisioneiros dos campos de concentração chegavam até eles. Vinte anos mais tarde os homens ainda iriam relembrar daquelas cenas com implacável revolta: os esqueletos vivos e emaciados que, cambaleantes, dirigiam-se até eles, criaturas das quais o regime nazista só não conseguira arrancar o último dos bens: o desejo de sobreviver. As covas comuns, as valas e os buracos, as filas dos crematórios marcadas por ossos carbonizados, testemunhas medonhas e caladas do sistemático extermínio em massa dos "prisioneiros políticos" – que haviam sido condenados à morte, como um guarda de Buchenwald explicou, porque "simplesmente eram judeus".

As tropas encontraram câmaras de gás dispostas como se fossem chuveiros coletivos, exceto que em vez de água gás cianídrico era expelido dos bicos. Na casa do comandante de Buchenwald, as pantalhas dos abajures eram feitas de pele humana. A mulher do comandante, Ilse Koch, possuía luvas e livros encadernados com o couro dos internos; duas cabeças humanas, encolhidas e empalhadas, estavam dispostas em pequenos pedestais de madeira. Havia depósitos cheios de sapatos, roupas, membros artificiais, dentaduras e óculos – estocados e catalogados com destacada e metódica eficiência. Os dentes de ouro haviam sido removidos e enviados para o ministério das Finanças do Reich.

Quantos haviam sido exterminados? No primeiro momento da descoberta estarrecedora ninguém poderia precisar. Mas ficou claro, à medida que os relatórios começaram a chegar de todas as localidades do *front*, que a cifra total poderia ser astronômica. No entanto, não havia qualquer dúvida sobre quem eram as vítimas. Elas eram, segundo a definição do Reich, de origem "não-ariana", vindas de "uma cultura infecta e inferior", pessoas de uma dúzia de nações e de uma dúzia de fés, mas predominantemente judeus. Entre eles estavam poloneses, franceses, tchecos, holandeses, noruegueses, russos e alemães. No genocídio mais diabólico já vivido na história da humanidade, eles haviam sido assassinados com uma variedade de métodos pouco convencionais. Alguns foram utilizados como cobaias em experimentos de laboratório. Milhares foram mortos a tiro, envenenados, enforcados ou submetidos às câmaras de gás; outros, apenas entregues à morte por inanição.

No campo de Ohrdruf, desmantelado pelo Terceiro Exército americano em 12 de abril, o general George S. Patton, um dos mais calejados oficiais dos EUA, caminhou por entre as casas de execução e então se afastou, o rosto coberto de lágrimas, sentindo um desconforto inominável e sem controle. No dia seguinte, Patton ordenou que a população de um vilarejo próximo, cujos habitantes alegavam ignorar a situação do campo que ficava na vizinhança, fossem ver com seus próprios olhos. Aqueles que se recusaram foram escoltados até o local sob a mira das armas. Na manhã seguinte, o prefeito do vilarejo e sua mulher se enforcaram.

Ao longo da rota de avanço dos britânicos, as descobertas foram igualmente tenebrosas. O brigadeiro Hugh Glyn Hughes, o oficial médico sênior do Segundo Exército Britânico, andava preocupado há dias com a possibilidade de doenças infecciosas em um campo que fora descoberto em Belsen. Ao chegar ao local, Hughes descobriu que o tifo e a febre tifóide estavam entre as suas menores preocupações. "Nenhuma fotografia, nenhuma descrição poderia dar conta dos horrores que vi", ele disse, anos depois. "Ainda havia 56 mil pessoas vivas no campo. Elas viviam em 45 cabanas. Em toda parte havia de seiscentas a mil pessoas vivendo em acomodações que mal suportariam cem. As cabanas estavam superlotadas de internos, vítimas dos mais variados estágios de desnutrição e das mais variadas doenças. Eles estavam sofrendo de subnutrição, gastrenterite, tifo, febre tifóide e tuberculose. Havia mortos por toda parte, pelo menos uns dez mil, espalhados em valas a céu aberto, em poços e sarjetas, ao lado das cercas de arame farpado, alguns nos mesmos dormitórios que os vivos. Em trinta anos como médico, eu nunca tinha visto nada que se assemelhasse ao que encontramos lá."

Para salvar os que ainda continuavam vivos, os exércitos ao longo de todo o *front* tinham que providenciar assistência médica imediata. Em algumas situações, as necessidades militares foram relegadas a um segundo plano. "Não creio", mais tarde disse Hugues, "que qualquer um de nós percebesse com o que seríamos confrontados ou as demandas que cairiam sobre os serviços médicos." Tinha-se necessidade urgente de doutores, enfermeiras, leitos e milhares de toneladas de materiais hospitalares e equipamentos. Somente o brigadeiro Hughes requisitou um hospital com quatorze mil leitos – mesmo que ele soubesse que, independente das providências que fossem tomadas, pelo menos quinhentos internos morreriam por dia até que a situação pudesse ser controlada.

O general Eisenhower fez uma visita pessoal a um campo próximo a Gotha. O rosto endurecido, os dentes cerrados, ele caminhou por quase toda a extensão do campo. "Até aquele momento", lembrou posteriormente, "eu soubera da existência de locais assim apenas com informações artificiais ou por meio de fontes secundárias... Nunca, jamais em qualquer outra ocasião eu experimentara semelhante sensação de choque."

O impacto psicológico da descoberta dos campos de concentração sobre os oficiais e homens do exército era incomensurável. No *front* do Nono Exército em uma vila próxima a Magdeburg, o major Julius Rock, um oficial-médico da 30ª Infantaria, veio inspecionar um trem de carga que a 30ª havia interrompido. Os vagões estavam lotados de internos provindos de campos de concentração. Rock, horrorizado, imediatamente esvaziou o trem. Sob os protestos veementes do prefeito local, Rock alojou os internos em casas alemãs – mas não antes que o comandante de seu batalhão tivesse dado uma ordem ríspida ao prefeito, que não deixara um só momento de reclamar da situação.

– Se você se recusar – disse o comandante com simplicidade –, tomarei reféns alemães e os executarei.

A implacável vontade de vencer a guerra, de modo rápido, substituía progressivamente qualquer outra emoção ou desejo dos homens que haviam visto os campos de concentração. O supremo comandante compartilhava do mesmo sentimento. Ao retornar de Gotha ao SQFEA, ele telegrafou para Washington e Londres recomendando com insistência que a imprensa e que os legisladores fossem mandados imediatamente para a Alemanha a fim de presenciar os horrores dos campos em primeira mão, para que então a evidência pudesse ser "apresentada ao público da Grã-Bretanha e dos EUA de um modo que não deixasse espaço para qualquer tipo de dúvida".

Antes, porém, que Eisenhower pudesse exercer pressão para encerrar a guerra, ele precisava consolidar suas vastas forças. Na noite do dia 14, de seu escritório em Reims, Eisenhower transmitiu a Washington seus planos futuros.

Tendo completado com sucesso sua ofensiva central, Eisenhower disse, era agora confrontado por duas tarefas principais: "a posterior subdivisão das forças inimigas restantes; e a captura daquelas áreas em que ele pudesse encontrar os últimos pontos de resistência efetiva". Essas áreas seriam, segundo imaginava Eisenhower, a Noruega e o Reduto Nacional* da Bavária. Ao norte, planejava lançar as forças de Montgomery através do Elba e assegurar Hamburgo, dirigindo-se depois para Lübeck e Kiel. Ao sul, planejava enviar o Sexto Grupo de Exército do general Dever em direção à área de Salzburg. "Operações durante o inverno", Eisenhower afirmou, "seriam extremamente dificultosas no Reduto Nacional... O Reduto pode esperar até que tenhamos feito nossa junção com os russos... assim, devemos agir com toda velocidade para evitar que os alemães tenham tempo de preparar suas defesas com homens e materiais."

Quanto à capital alemã, Eisenhower acreditava que também seria "bastante desejável fazer uma ofensiva contra Berlim, uma vez que os inimigos poderiam estar planejando um agrupamento de suas forças ao redor da capital, e, para todos os efeitos, a queda da cidade representaria um grande golpe no moral do inimigo e no do próprio povo alemão". Mas, disse o supremo comandante, essa operação "deveria ser considerada de baixa prioridade, assumindo importância apenas se as operações para assegurar nossos flancos forem conduzidas com inesperada rapidez".

Em resumo, então, seu plano era: (1) "conquistar um *front* estável na área central do Elba"; (2) iniciar operações em direção a Lübeck e à Dinamarca; e (3) iniciar "uma poderosa investida" para encontrar as tropas soviéticas no vale do Danúbio e desmantelar o Reduto Nacional. "Já que o ataque a Berlim teria que esperar o resultado das outras três etapas acima", disse Eisenhower, "não o incluí como parte de meu plano."

No Elba, ao longo de toda noite do dia 14, os homens da Circo Rag-Tag e da Segunda Divisão Blindada moíam-se através da ponte da 83ª em Barby. Embora uma segunda ponte tenha sido construída próxima à primeira, o movimento sobre aquela continuava pequeno. A coluna blindada do general White, no entanto, planejava iniciar uma investida contra Berlim assim que se reagrupassem, ainda nas margens ocidentais. Entre as tropas da 83ª circulava a história de que o coronel Crabill havia oferecido em empréstimo à Segunda Blindada um grande ônibus vermelho, novo, recém-confiscado, que ele encontrara em Barby, capaz de transportar cinqüenta soldados. A 83ª tinha todas as razões para se sentir triunfante. Naquele instante suas patrulhas já estavam ao norte da cidade de Zerbst, a menos de 77 quilômetros de Berlim.

---

* Reduto Nacional: assim era chamada cada uma das fortalezas nazistas que consistiam num foco de resistência. (N. do T.)

Logo cedo na manhã de domingo, 15 de abril, o comandante do Nono Exército, general Simpson, recebeu uma ligação do general Bradley. Simpson deveria voar imediatamente até o quartel-general do 12º Grupo de Exército em Wiesbaden.

– Tenho algo muito importante para lhe contar – disse Bradley – e não quero falar por telefone.

Bradley estava esperando por seu comandante na pista de pouso. "Nós nos cumprimentamos com um aperto de mão", lembrou Simpson, "e ali mesmo ele me informou das novidades". Brad disse:

– Você deve parar no Elba. Não deve avançar um centímetro a mais em direção a Berlim. Sinto muito, Simp, mas estas são as novas.

– Onde, raios, você conseguiu essa informação? – Simpson exigiu saber.

– Direto com Ike – respondeu Bradley.

Simpson ficou tão abalado que não pôde "sequer lembrar das coisas que Brad disse dali para frente. Tudo de que me lembro é de estar com o coração partido e de voltar para o avião em uma espécie de atordoamento. Tudo que eu conseguia pensar era como iria comunicar a decisão aos meus oficiais, aos meus comandantes de corpo, às minhas tropas?".

De seu quartel-general, Simpson passou a informação para seus comandantes de corpo; então seguiu imediatamente para o Elba. O general Hinds encontrou-se com Simpson no quartel-general da Segunda e ao vê-lo encheu-se de preocupação. "Pensei", diria mais tarde Hinds, "que talvez o velho não tivesse gostado do modo como estávamos cruzando o rio. Ele perguntou como iam indo as coisas." Hinds respondeu:

– Acho que tudo vai bem agora, general. Fizemos duas retiradas dentro dos conformes. Não houve nenhum nervosismo ou pânico, e nossa travessia por Barby progride bem.

– Ótimo – disse Simpson. – Mantenha seus homens na margem oriental, se quiser. Mas eles não devem mais avançar.

E olhou para Hinds.

– Sid – ele disse –, é o mais longe que eles irão.

Hinds ficou chocado a ponto da insubordinação.

– Não, senhor – ele reagiu energicamente. – Isso está errado. Vamos para Berlim.

Simpson parecia lutar para sufocar suas emoções. Houve um momento de silêncio constrangedor. Então Simpson disse com uma voz firme e sorumbática:

– Nós não vamos para Berlim, Sid. Para nós, a guerra termina aqui.

Entre Barleben e Magdeburg, onde elementos das tropas da 30ª Divisão continuavam avançando em direção ao rio, as notícias se espalharam rapidamente. Os homens reuniram-se em grupos, gesticulando e falando, ao mesmo tempo raivosos e excitados. P. F. C. Alexander Korolevich, do 120° Regimento, Companhia D, não tomou parte na conversa. Ele não tinha certeza se estava alegre ou triste, mas simplesmente sentou no chão e começou a chorar.

• • •

Heinrici reconheceu todos os sinais. Em uma parte do *front* os russos posicionaram suas peças de artilharia; em outra seção lançaram um pequeno ataque. Esses atos eram apenas dissimulações e Heinrici as conhecia. Ele aprendera todas as artimanhas russas anos atrás. Essas pequenas ações eram uma espécie de prelúdio para o ataque principal. Agora, sua principal preocupação era o momento exato em que deveria ordenar a seus homens que recuassem para a segunda linha de defesa.

Enquanto ele refletia sobre a questão, o *Reichsminister* Albert Speer, o chefe de armamento e produção, chegou. Aquele era o típico dia em que Heinrici não queria receber visitantes – especialmente de um sujeito nervoso como Speer, obviamente incomodado com o papel que tinha que desempenhar. Nos confins do escritório de Heinrici, Speer explicou a natureza de sua visita. Ele queria o apoio do general. Heinrici não deveria seguir a ordem de "terra arrasada" de Hitler, que implicava destruir as indústrias, as usinas de energia, as pontes e afins.

– Por que – perguntou retoricamente Speer – tudo deveria ser destruído se nesse momento a Alemanha já está derrotada? O povo alemão deve sobreviver.

Heinrici o escutou sem interrompê-lo. Concordou que a ordem de Hitler era "perversa" e garantiu a Speer que faria tudo o que estivesse ao seu alcance para ajudar.

– Mas – advertiu Heinrici –, tudo o que posso fazer agora é lutar *esta* batalha da melhor maneira que puder.

De súbito, Speer puxou uma pistola do bolso.

– A única maneira de parar Hitler – ele disse abruptamente – é com alguma coisa deste tipo.

Heinrici olhou para a arma, erguendo as sobrancelhas.

– Bem – ele disse friamente –, devo lhe confessar que não nasci com espírito de assassino.

Speer passou a caminhar pelo escritório. Parecia não ter ouvido o que dissera Heinrici.

– É absolutamente impossível deixar claro a Hitler que ele deve desistir. Tentei fazê-lo por três vezes: em outubro de 1944, em janeiro e em março deste ano. A última resposta de Hitler foi: "Se um soldado falasse comigo desse jeito, pensaria que ele perdera sua têmpera e mandaria fuzilá-lo na hora". Então ele disse: "Nesta crise seríssima que atravessamos, os líderes não podem perder a têmpera. Se isso lhes acontecer, devem ser afastados". É impossível persuadi-lo de que tudo está perdido. Impossível.

Speer colocou a pistola novamente no bolso.

– De qualquer modo, seria impossível matá-lo – ele disse em uma voz mais calma.

Não revelou a Heinrici que durante meses andara planejando um meio de assassinar Hitler e toda sua corte. Havia pensado inclusive em um esquema para introduzir gás no sistema de ventilação do *Führerbunker*, mas isso se mostrou impossível: uma chaminé com 3,5 metros de altura havia sido construída ao redor do orifício de entrada do tubo. Agora Speer dizia:

– Eu poderia matá-lo se acreditasse que isso salvaria o povo alemão, mas não posso. – Ele olhou para Heinrici. – Hitler sempre acreditou em mim – ele disse. E então acrescentou: – De qualquer maneira, tal ato seria uma indecência.

Heinrici não gostou do rumo que a conversa estava tomando. Também estava preocupado com o comportamento e as inconsistências de Speer. Se em algum momento alguém ficasse sabendo o que Speer lhe dissera, todos os ocupantes de seu quartel-general provavelmente seriam fuzilados. Heinrici, fazendo-se de desentendido, reconduziu a conversa para seu tema original, evitar que fosse aplicada na Alemanha uma política de terra arrasada.

– Tudo que posso fazer – reiterou o comandante do Vistula – é cumprir meu papel de soldado da melhor maneira que puder. O resto está nas mãos de Deus. Garanto-lhe uma coisa. Berlim não se tornará uma Stalingrado. Não deixarei que isso aconteça.

A luta em Stalingrado se dera rua a rua, quadra a quadra. Heinrici não tencionava permitir que as tropas recuassem até Berlim sob a pressão russa, tendo, assim, que lutar um tipo semelhante de batalha. Quanto às instruções de Hitler de destruir instalações vitais ao longo de toda área ocupada por seu Grupo de Exército, Heinrici já dera ordens em sentido contrário. Ele disse a Speer que esperava a qualquer momento a chegada do comandante de Berlim, general Reymann. Convidara-o para discutir essas questões e explicar-lhe pessoalmente por que lhe era impossível colocar a guarnição de Berlim sob o comando do Vistula. Alguns instantes depois, Reymann chegou. Acompanhava o chefe de Operações de Heinrici, coronel Eismann. Speer continuou presente ao longo de toda a conferência militar.

Heinrici disse a Reymann, como mais tarde anotou Eismann, "que não dependesse do apoio do Grupo de Exército Vistula". Foi como se a última esperança no olhar de Reymann se apagasse.

– Não faço idéia então – ele disse – de como defenderei Berlim.

Heinrici revelou que esperava que suas forças fossem capazes de desviar a trajetória do combate da direção de Berlim.

– É claro – ele acrescentou –, pode ser que eu receba *ordens* de mandar unidades para Berlim, mas não creio que você deva contar com isso.

Reymann contou a Heinrici que havia recebido ordens de Hitler para destruir as pontes e determinadas edificações na cidade. Heinrici replicou furiosamente:

– Qualquer demolição de pontes ou outras facilidades servirá apenas para paralisar a cidade. Se por alguma razão Berlim acabar caindo sob meu comando, proibirei tais demolições.

Speer fez pesar sua influência na discussão, pedindo a Reymann que não levasse adiante essas ordens, pois isso geraria a interrupção do fornecimento de água e luz. Segundo a lembrança de Eismann quanto às palavras de Speer, o *Reichsminister* teria dito:

– Se você destruir essas linhas de suprimento, a cidade ficará paralisada por pelo menos um ano. Isso levará milhões à fome e às doenças epidêmicas. É seu dever evitar essa catástrofe! É sua responsabilidade não levar essas ordens adiante!

A atmosfera, como relembrou Eismann, estava carregada. "Um pesado combate para persuadir Reymann estava sendo travado", ele disse. "Finalmente ele respondeu em uma voz rouca que apenas cumpria seu dever como oficial da maneira mais honrada possível; seu filho havia perecido no *front*; seu lar e seus bens haviam sido consumidos; tudo o que lhe restara era sua honra. Ele nos lembrou do que havia acontecido com o oficial que falhou em sua missão de explodir a ponte Remagen: fora executado como um criminoso comum. O mesmo, pensava Reymann, acontecer-lhe-ia caso não levasse adiante as ordens que recebera."

Tanto Heinrici quanto Speer tentaram dissuadi-lo, mas foram incapazes de demovê-lo de sua convicção. Por fim, Reymann abandonou a conferência. Logo depois, Speer também saiu. Finalmente Heinrici estava sozinho para se concentrar na única questão que lhe era importante: em que momento se daria o ataque russo.

O último boletim da Inteligência que chegara ao quartel-general dava conta de que o ataque poderia se iniciar imediatamente. O general Reinhard Gehlen, chefe de Inteligência do OKH, também incluíra os mais recentes interrogatórios feitos aos prisioneiros. Em um deles um soldado do Exército Vermelho, da 49ª Divisão de Rifle, garantia que "a principal ofensiva começaria dentro de cinco ou dez dias". Circulavam rumores entre os soldados do exército soviético, segundo esse prisioneiro, de que "a Rússia não permitiria que os EUA e a Grã-Bretanha reclamassem a conquista de Berlim". Um segundo interrogatório era similar e continha ainda maiores especulações. Um prisioneiro do 79º Corpo, capturado logo no início do dia em Küstrin, dissera que, quando o ataque começasse, seu principal objetivo seria "chegar a Berlim antes dos americanos". De acordo com esse soldado, "eram esperadas escaramuças com os americanos", os quais seriam "alvejados 'por engano' com o fogo da artilharia russa, só para terem uma idéia do que é uma verdadeira artilharia".

• • •

Em Moscou, nesse mesmo dia, domingo, 15 de abril, o embaixador Averell Harriman encontrou-se com Stalin para discutir a guerra no *front* oriental. Antes do encontro, o general Deane, da Missão Militar dos EUA, havia chamado a atenção de Harriman para os relatórios das rádios alemãs que afirmavam que o ataque russo a Berlim era esperado para qualquer momento. Harriman, ao fim da conferência com Stalin, trouxe casualmente o assunto à tona. Era verdade, ele perguntou, que o Exército Vermelho estava prestes a iniciar sua ofensiva contra Berlim? A resposta do marechal, como Deane transmitiria via cabo para Washington naquela noite, foi: "Stalin disse que haveria, de fato, uma ofensiva que ele não podia afirmar que seria exitosa. De qualquer modo, o ataque principal seria lançado contra Dresden e não contra Berlim, como já havia sido dito anteriormente para Eisenhower".

• • •

Ao longo do resto da tarde, Heinrici debruçou-se sobre os relatórios da Inteligência, falando com seus assessores e oficiais do exército por telefone. Então, um pouco antes das oito da noite, ele tomou uma decisão. Ele havia analisado todos os relatórios vindos do campo; ele repassara e avaliara cada nuance dos antigos movimentos de seu inimigo. Agora, enquanto caminhava pelo seu escritório, as mãos cruzadas nas costas, a cabeça curvada em concentração, ele fez uma pausa; para um ajudante que o observava atentamente "era como se ele subitamente houvesse parado de respirar". E voltou-se para seus oficiais.

– Acredito – ele disse em voz baixa – que o ataque se dará nas primeiras horas de amanhã.

Acenando para o seu chefe de Estado-Maior, despachou uma ordem de uma linha para o general Busse, que comandava o Nono Exército alemão. Nela lia-se: "Recuem e tomem posição na segunda linha de defesa". O relógio marcava quinze para as nove da noite. Em exatamente sete horas e quinze minutos, na segunda-feira, 16 de abril, o *Giftzwerg* começaria a lutar a última batalha da Alemanha.

A CORTE DO FUHRER

IMPERIAL WAR MUSEUM

Reichsführer Heinrich Himmler.

IMPERIAL WAR MUSEUM

Reichsmarschall Hermann Goering.

Selos comemorativos feitos para homenagear o aniversário de Hitler, no dia 20 de abril. Os selos mostram soldados alemães em poses heróicas.

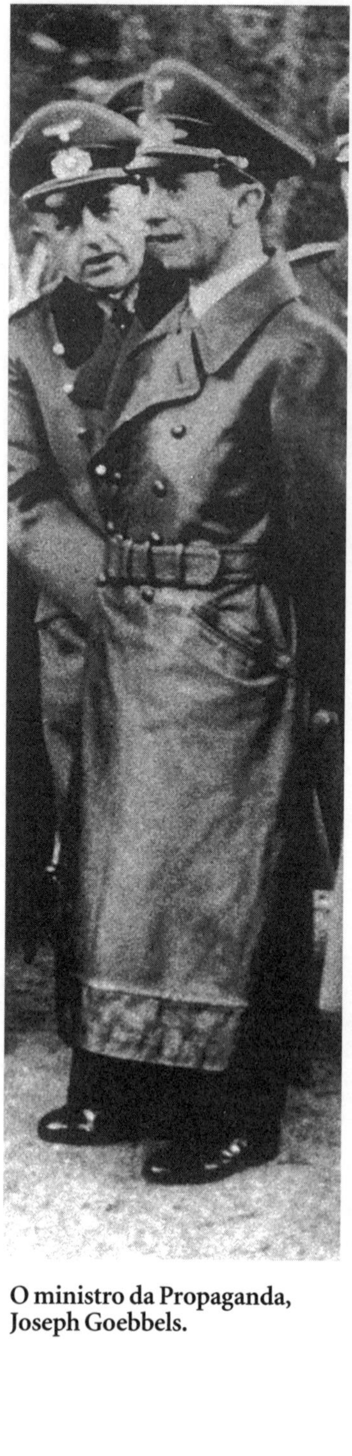

IMPERIAL WAR MUSEUM

O ministro da Propaganda, Joseph Goebbels.

Imperial War Museum

·querda para a direita: Albert Speer, almirante Doenitz, coronel-general Jodl, vistos aqui após sua captura.

Imperial War Museum

Martin Bormann.

Arquivos do Senado de Berlim

A Reichskanzlei em ruínas.

O *bunker* do zoológico após a batalha de Berlim: o último reduto de oficiais a capitular. Abaixo, a entrada para o *bunker* de Hitler. À esquerda da foto, a área onde os corpos de Hitler e Eva Braun foram encharcados de gasolina e incinerados.

Parte cinco

A BATALHA

1

Ao longo do *front* do Primeiro Exército bielo-russo, nas profundezas negras da floresta, tudo estava em silêncio. Debaixo dos pinheiros e das redes de camuflagem as armas estavam alinhadas quilômetro após quilômetro e dispostas de acordo com o calibre. Os morteiros estavam no *front*. Atrás deles, os tanques com seus longos canhões elevados. Logo a seguir vinham as metralhadoras de alimentação automática e, na seqüência, as baterias leves e pesadas de artilharia. Na última linha havia quatrocentos *Katushkas* – lança-mísseis de múltiplos canos, capazes de disparar dezesseis projéteis simultaneamente. E, agrupados de forma compacta sobre a cabeça-de-ponte no lado ocidental do rio, em Küstrin, estavam os holofotes seguidores. Nesse momento, em todos os lugares, nos minutos finais antes do ataque, os homens do exército do marechal Georgi Zhukov esperavam pela hora zero – quatro da manhã.

A boca do capitão Sergei Golbov estava seca. Parecia-lhe que a cada momento a quietude se tornava mais intensa. Ele estava com suas tropas a norte de Küstrin, na margem oriental do Oder, em um ponto em que o rio ainda estava acima do seu nível normal. Ao redor dele, como o próprio relataria mais tarde, havia "enxames de tropas de assalto, linhas de tanques, pelotões de engenheiros com seções de pontes de pontões e botes de borracha. Toda a margem do rio estava congestionada com homens e equipamentos e ainda assim havia um silêncio completo". Golbov podia "sentir os soldados quase tremendo de excitação – como cavalos frementes antes da caçada". Continuava dizendo a si mesmo que "de alguma maneira tinha que sobreviver a este dia, porque havia muita coisa para escrever". Inúmeras vezes repetia a seguinte frase: "Esta não é a hora de morrer".

No centro, as tropas encontravam-se amontoadas na cabeça-de-ponte na margem ocidental do rio. Essa posição-chave – que agora se estendia por cinqüenta quilômetros de largura e dezesseis quilômetros de profundidade –, que os russos haviam arrebatado do general Busse no final de março, serviria de trampolim para a investida de Zhukov rumo a Berlim. Dali, os homens do qualificado Oitavo Exército de Guardas lançariam seu assalto. Uma vez que eles tivessem cercado o ponto crítico de Seelow Heights, situado diretamente em frente e levemente para oeste, os blindados poderiam avançar. O tenente dos Guardas Vladimir Rozanov, 21 anos, líder de um setor de reconhecimento da artilharia, permanecia na margem ocidental, muito próximo às garotas do Exército Vermelho que operariam os holofotes seguidores. Rozanov tinha certeza de que as luzes enlouqueceriam os alemães; ele mal podia esperar que as garotas ligassem os interruptores.

Em um aspecto, contudo, a preocupação de Rozanov com o ataque que estava por vir tornava-se incomum. Seu pai estava com as forças do marechal Koniev, no Sul. O jovem oficial estava furioso com seu genitor; o velho não escrevera uma carta sequer para sua família em dois anos. Apesar disso, nutria grandes esperanças de encontrá-lo em Berlim, e talvez voltar junto com ele para casa depois da batalha. Embora Rozanov estivesse cansado da guerra, sentia-se feliz por participar do último grande ataque. Mas toda essa espera lhe era quase insuportável.

Em local mais avançado na cabeça-de-ponte, o sargento Nikolai Svishchev, chefe de Equipe de Artilharia, encontrava-se junto à sua bateria. Um veterano de muitas barragens, sabia exatamente o que esperar. No momento em que os tiros começassem, ele havia avisado sua equipe:

– Gritem a ponto de botar os pulmões para fora para equilibrar a pressão, porque o barulho será ensurdecedor.

Agora, como cordão de disparo entre os dedos, Svishchev esperava por um sinal para abrir fogo.

Ao sul de Küstrin, na cabeça-de-ponte nas redondezas de Frankfurt, o sargento Nikolai Novikov, de um regimento de rifle, lia os *slogans* escritos às pressas nas latarias dos tanques que estavam ao alcance de sua visão. "De Moscou a Berlim", dizia um. Em outro: "50 quilômetros até o covil da Besta Fascista". Novikov sentia-se tomado por um frenesi de excitamento. Seu entusiasmo havia sido estimulado pelo discurso feito por um dos oficiais políticos do regimento com o objetivo de erguer o moral dos soldados . O tom apaixonado e otimista do pronunciamento havia de tal modo tocado Novikov que ele prontamente assinara um requerimento pedindo sua filiação ao Partido Comunista*.

Em um *bunker* construído em uma colina da qual se podia contemplar a cabeça-de-ponte de Küstrin, o marechal Zhukov olhava de modo fixo e im-

* Muitos soldados filiaram-se ao PC no Oder, por razões nem sempre políticas. Ao contrário das forças americanas e britânicas, o Exército Vermelho não possuía nenhum sistema de registro em discos de identificação ou *dog tags* (placas de identidade); os familiares dos homens do Exército Vermelho mortos ou feridos em combate raramente eram informados de modo oficial. Se um soldado comunista, no entanto, fosse vitimado, o Partido notificava sua família ou parentes próximos. (N. do A.)

passível para a escuridão. Com ele estava o coronel-general Chuikov, o defensor de Stalingrado e comandante do Oitavo Exército de Guardas, a força ponta-de-lança. Desde Stalingrado, Chuikov vinha sofrendo de eczema. As erupções afetavam mormente suas mãos; para protegê-las, ele usava luvas negras. Agora, enquanto aguardava impacientemente o início da ofensiva, esfregava com nervosismo uma luva na outra.

– Vasili Ivanovich – Zhukov perguntou de maneira abrupta –, todos os seus batalhões estão posicionados?

A resposta de Chuikov foi rápida e confiante.

– Há 48 horas, camarada marechal – ele disse. – Tudo o que você me ordenou, eu executei.

Zhukov olhou para o relógio. Posicionando-se na abertura do *bunker*, inclinou o quepe, apoiou os dois cotovelos no parapeito de concreto e cuidadosamente ajustou seu binóculo. Chuikov ergueu o colarinho de seu sobretudo, levando as abas cobertas de pele até a altura dos ouvidos para abafar o som do bombardeio, tomando um lugar ao lado de Zhukov e erguendo também seu próprio binóculo. Os oficiais mais próximos amontoaram-se atrás deles ou abandonaram o *bunker* para observar o bombardeio do lado de fora, na colina. Nesse instante todos olhavam fixamente e em silêncio para a escuridão. Zhukov olhou mais uma vez para o relógio e outra vez através do binóculo. Os segundos se esvaíram. Então Zhukov disse em voz baixa:

– Agora, camaradas. Agora.

Eram quatro horas da manhã.

Três sinalizadores vermelhos rasgaram o céu da noite. Por um momento interminável, as luzes pairaram no ar, banhando o Oder com um brilho rubro. Então, na cabeça-de-ponte em Küstrin, as falanges de holofotes de Zhukov foram acesas. Com uma cegante intensidade, os 140 poderosos seguidores antiaéreos, complementados pelos faróis dos tanques, dos caminhões e dos outros veículos, foram focados diretamente sobre as posições alemãs que estavam à frente. O correspondente de guerra tenente-coronel Pavel Troyanoskii lembraria do estonteante clarão como se "milhares de sóis houvessem se juntado". O coronel general Mikhail Katukov, comandante da Primeira Guarda de Tanques, foi pego completamente de surpresa.

– De onde foi que nós tiramos todos esses holofotes? – ele perguntou ao general N. N. Popiel, da equipe de Zhukov.

– Só o diabo deve saber – replicou Popiel –, mas acho que eles fizeram uma limpa em toda zona de defesa antiaérea de Moscou.

Por um momento houve silêncio, enquanto os holofotes iluminavam a área à frente de Küstrin. Então, três sinalizadores verdes subiram em direção às imensidades, e as armas de Zhukov começaram a falar.

Com um rugido ensurdecedor, que fez tremer a terra, o *front* foi tomado pelas chamas. Em um bombardeio que jamais foi igualado no *front* oriental, mais de vinte mil armas, dos mais variados calibres, despejaram uma chuva de fogo sobre as posições alemãs. Expostas pela implacável luz dos holofotes, as terras alemãs para além da cabeça-de-ponte ocidental de Küstrin pareciam desaparecer diante da chuva de projéteis. Vilas inteiras foram desintegradas. Terra, concreto, aço, partes de árvores foram cuspidos no ar e, à distância, as florestas começaram a arder. Ao norte e ao sul de Küstrin, milhares de rajadas foram disparadas na escuridão. Pequenos pontos de luz, como pequenos fogos de artifício, cintilavam em rápida sucessão conforme toneladas de disparos atingiam os alvos. O furacão de explosivos era tão intenso que um distúrbio atmosférico foi criado. Anos depois, os sobreviventes alemães recordariam vividamente o vento estranho e quente que de súbito começou a soprar e a gemer por entre as florestas, curvando árvores, revolvendo poeira e escombros pelo ar. E os homens de ambos os lados da linha jamais esqueceriam o violento estrondo produzido pelas armas. Elas criaram uma concussão tão tremenda que as tropas e os equipamentos também tremiam incontrolavelmente com o choque.

A tempestade de som era entorpecedora. Na bateria do sargento Svishchev, os atiradores gritavam no limite de suas vozes, mas a concussão de suas armas era tamanha que o sangue escorria por seus ouvidos. O som mais apavorante vinha dos *Katushkas* ou "Órgãos de Stalin", como as tropas os chamavam. Os mísseis eram lançados em furiosas quantidades de uma só vez e berravam através da noite, deixando longas caudas brancas atrás de si. O som aterrorizante que eles produziam lembrava ao capitão Golbov o som de blocos de aço sendo esmerilhados de uma só vez. Apesar da terrível algazarra, Golbov considerava o bombardeio divertidíssimo. Por toda parte ao seu redor ele via "as tropas encorajadas como se estivessem enfrentando os alemães em um combate corpo-a-corpo, e em todos os lugares os homens disparavam as armas ao alcance de suas mãos, sem se importar com o fato de não poder visualizar seus alvos". Ao assistir às armas vomitando fogo, lembrou-se de umas palavras que sua avó certa vez proferira sobre o fim do mundo, "quando a terra queimaria e os maus seriam devorados pelo fogo".

Em meio ao tumulto provocado pelo bombardeio, as tropas de Zhukov começaram a se movimentar. Os disciplinados membros da Oitava Guarda de

Chuikov assumiram a vanguarda na cabeça-de-ponte de Küstrin, na margem ocidental do Oder. À medida que avançavam, a barragem da artilharia era posicionada mais para frente, como que lhes estendendo um tapete vermelho. Ao sul e ao norte de Küstrin, onde os assaltos teriam de ser feitos através do rio ainda acima do nível normal, os engenheiros estavam na água assentando os pontões e unindo seções pré-frabricadas de pontes de madeira. Ao redor deles, ondas de tropas de choque cruzavam o Oder sem esperar pelas pontes, lançando-se e se balançando em botes de assalto.

Nas fileiras vinham tropas que tinham estado em Leningrado, Smolensk, Stalingrado e antes em Moscou, homens que haviam forçado a ferro e fogo o seu caminho por meio continente para chegar ao Oder. Havia soldados que viram suas vilas e cidades serem obliteradas pelas armas alemãs, que tiveram suas lavouras incendiadas, suas famílias massacradas por soldados nazistas. Por todas essas razões, o ataque continha um significado especial. Eles haviam sobrevivido para o momento da vingança. Os alemães não lhes tinham deixado nem sombra de um lugar chamado lar; nada mais os prendia senão o desejo de avançar. Naquele momento, a desforra convertia-se em selvageria. Igualmente ávidos estavam os milhares de prisioneiros de guerra recém-libertos: o Exército Vermelho precisava com tanta urgência de reforços que os homens agora livres – esfarrapados, esfaimados, muitos ainda visivelmente vitimados pelos maus-tratos sofridos – receberam armas. Assim, eles também, tomados pela fúria do avanço, seguiam em frente, procurando uma chance de executar suas terríveis vinganças.

Animados e gritando como homens de uma tribo selvagem, os membros das tropas russas avançaram pelas margens orientais do Oder. Tomados por uma espécie de frenesi, consideraram possível esperar pelos botes ou pontes. Golbov assistiu cheio de espanto aos seus soldados mergulharem nas águas, carregados com equipamento completo, e começarem a cruzar o rio a nado. Outros usaram qualquer coisa que flutuasse para fazer a travessia: tonéis de gasolina, pranchas de tábua, blocos de madeira, troncos de árvores. Era um espetáculo fantástico. Lembrava a Golbov "um imenso exército de formigas, flutuando e cruzando a água sobre folhas e galhos. O Oder fervilhava com barcos carregados de homens, canoas cheias de suprimento, toras flutuantes transportando as armas. Por todos os lados via-se as cabeças se mexendo enquanto os soldados flutuavam ou nadavam". A certa altura, Golbov avistou seu amigo, o médico do regimento, "um homenzarrão chamado Nicolaieff, correndo ao longo da margem, arrastando atrás de si um bote ridiculamente minúsculo". Golbov sabia que Nicolaieff "devia permanecer atrás das linhas no hospital de campo, mas lá estava ele naquele botezinho, remando como um louco". Golbov tinha a impressão de que nenhuma força sobre a terra poderia parar essa furiosa investida.

Abruptamente, o bombardeiro terminou, provocando um silêncio profundo. A canhonada durou uns bons 35 minutos. No *bunker* de comando de Zhukov, os oficiais de sua equipe logo perceberam que os telefones estavam tocando. Há quanto tempo, ninguém seria capaz de responder; todos sofriam com algum grau de surdez. Os oficiais começaram a atender as ligações. Os comandantes sob Chuikov faziam seus primeiros relatórios.

– Até agora tudo está dentro do planejado – Chuikov relatou a Zhukov.

Poucos instantes depois, ele tinha notícias ainda melhores:

– Os primeiros objetivos já foram alcançados – anunciou com orgulho.

Zhukov, que havia sido tomado de tensão desde o início do ataque, tornou-se subitamente expansivo. Segundo a lembrança que tem da cena o general Popiel, Zhukov "apertou a mão de Chuikov e disse":

– Excelente! Excelente! Muito bom de fato!

No entanto, mesmo que estivesse satisfeito como estava, Zhukov tinha bastante experiência para não subestimar seu inimigo. O troncudo marechal se sentiria melhor quando o objetivo vital de Seelow Heights, próximo a Küstrin, estivesse cercado. Então, ele sentia, o sucesso estaria assegurado. Ainda assim, tal conquista não deveria demorar muito para se dar. Fora todo resto, os bombardeiros russos começavam agora a atacar as áreas à frente. Mais de 6,5 mil aviões estavam programados para oferecer suporte ao seu ataque e ao de Koniev. Zhukov, porém, acreditava que o bombardeio da artilharia por si só devia ter desmoralizado o inimigo.

• • •

Na sala de operações de seu posto de comando avançado na floresta de Schönewalde, ao norte de Berlim, o coronel-general Gotthard Heinrici caminhava de lá para cá, as mãos às costas. Ao redor dele, os telefones soavam e os oficiais de sua equipe anotavam os reportes, transcrevendo cuidadosamente a informação para um mapa de guerra que jazia sobre a mesa no centro da sala. A cada momento, Heinrici parava sua caminhada para dar uma espiada no mapa ou ler uma mensagem alcançada a ele pelo coronel Eismann. Não ficou nem um pouco surpreso com o modo como a ofensiva russa estava sendo conduzida, embora a maioria de seus oficiais estivesse apavorada com o caráter descomunal do bombardeio. O general Busse, do Nono Exército, o descreveu como "o pior de todos os tempos", e o coronel Eismann, baseando sua opinião nos primeiros relatórios, acreditava que o "fogo de aniquilação havia praticamente destruído nossas fortificações na linha de frente".

Sob a escuridão da noite do dia 15, a grande maioria das tropas do Vistula havia recuado para a segunda posição de defesa, como Heinrici ordenara. Mas tinha ocorrido uma série de dificuldades. Alguns oficiais ficaram amargamente ressentidos com o comando para abandonar suas posições na linha de frente. Parecia-lhes uma retirada. Diversos comandantes o interpelaram em tom queixoso:

– Já lhe ocorreu – Heinrici perguntou friamente a um dos generais que protestavam – que não restará nada das suas grandes fortificações na linha de frente ou mesmo dos seus homens após os russos abrirem fogo? Se você está no meio do fogo cerrado, você não ergue a cabeça para ver o que está acontecendo. Você espera pela hora certa de sair. É isso precisamente o que estamos fazendo.

O complicado estratagema levou grande parte da noite para ser executado. Segundo todos os relatórios, nas áreas em que as tropas conseguiram executar a manobra de retirada, ela se mostrou eficaz. Agora os homens esperavam pelo avanço dos russos na segunda linha. Em uma parte do *front*, Heinrici tinha a vantagem: a oeste de Küstrin estava o arenoso platô em forma de ferradura de Seelow Heights. Tinha, dependendo do ponto, de trinta a sessenta metros de altura e dava para um vale conhecido como Oder Bruch, por sua enorme quantidade de arroios. Os russos teriam que cruzar esse vale em seu avanço desde o Oder, e, ao longo de toda a meia-lua formada pelo platô, Heinrici havia posicionado seus atiradores de forma a cobrir as linhas de aproximação.

Ali, naquelas altitudes, residia a única chance de Heinrici para deter o ataque de Zhukov, e Heinrici sabia que seu oponente daria grande importância estratégica a esse fato. Os russos precisariam cercar o platô com rapidez, antes que a artilharia de Heinrici pudesse atingir as pontes do Exército Vermelho no Oder e produzir um estrago entre as tropas que avançariam pelo terreno baixo e pantanoso. Obviamente Zhukov esperava ter eliminado quase toda resistência com seu bombardeio maciço, tornando a captura de Heights muito mais simples. Mas graças ao recuo alemão das linhas de frente, a maioria das forças e da artilharia de Heinrici estava intacta e em posição. O plano de defesa tinha sido bem executado. Havia apenas uma coisa errada: Heinrici não tinha nem homens nem armas suficientes. Sem o apoio da Luftwaffe pelo ar e sem poder contar com homens na reserva, armas, tanques, munição e combustível, Heinrici podia apenas atrasar a ofensiva de Zhukov. Cedo ou tarde seu inimigo lhe romperia as linhas.

Ao longo de todo o *front*, os dois exércitos de Heinrici dispunham de menos de setecentos tanques em operação e metralhadoras de alimentação automática. Esses itens haviam sido espalhados entre as várias unidades do Terceiro e do Nono Exércitos. A mais forte das divisões, a 25ª Divisão Panzer, tinha 75 veículos; a mais fraca contava com apenas dois. Em contraste com o poder de artilharia de Zhukov – vinte mil armas dos mais variados calibres* –, Heinrici tinha 744 armas, mais seiscentas peças antiaéreas sendo utilizadas como se fossem de artilharia. Tanto os suprimentos de munição quanto os de combustível encontravam-se em níveis críticos. Fora as munições estocadas ao lado das baterias, o Nono Exército possuía reservas suficientes apenas para dois dias e meio de combate.

Heinrici não poderia deter os russos por um período apreciável de tempo – muito menos poderia partir para um contra-ataque, pois havia dispersado a pequena quantidade que possuía de veículos e artilharia para dar a cada unidade uma chance de oferecer resistência. Ele já sabia há muito o máximo que era possível fazer: ganhar um pouco mais de tempo. Ao olhar para o mapa e para as finas linhas vermelhas que marcavam o avanço das forças russas, Heinrici pensou amargamente nos *panzers* que haviam sido transferidos ao marechal-de-campo Schörner para deter o ataque russo que, segundo o marechal e Hitler, se daria sobre Praga. Aquelas unidades blindadas teriam dado a Heinrici sete divisões *panzer* no total.

– Se eu pudesse contar com *elas* – ele disse a Eismann com azedume –, os russos não estariam se divertindo como estão agora.

Diante da gravidade da situação, a grande crise ainda estava por vir. O ataque de Zhukov era só o começo. Havia as forças de Rokossovskii ao norte a serem somadas. Quanto tempo levaria até que elas atacassem o Terceiro Exército de Von Manteuffel? E quando Koniev lançaria sua ofensiva pelo sul?

Heinrici não precisou esperar muito para conhecer as intenções de Koniev. O segundo ataque russo veio pelo setor extremamente ao sul da linha defendida pelo exército de Busse, e pelo setor do marechal-de-campo

---

* Zhukov disse ao general Eisenhower e à imprensa, em junho de 1945, que ele abrira o ataque dispondo de 22 mil peças de artilharia dos mais variados calibres. Seu plano original contava com onze mil canhões, mas não é sabido se ele os obteve até o momento do ataque. Enquanto os números russos variavam enormemente de figura, indo de vinte mil a quarenta mil peças, muitos especialistas militares acreditam que Zhukov dispusesse, pelo menos, de sete mil a oito mil peças de campo e provavelmente esse mesmo número em armas de calibres menores. (N. do A.)

Ferdinand Schörner. Exatamente às seis horas da manhã, as tropas do Primeiro Exército ucraniano de Koniev atacaram cruzando o rio Neisse.

• • •

Em uma formação em V bem fechada, os caças Vermelhos agruparamse e se dirigiram para o rio através das rajadas do fogo antiaéreo, coloridos pelas balas que deixavam tracejados rosa, vermelho, amarelo e branco. Então com densas nuvens de fumaça branca escapando de suas traseiras as aeronaves mergulharam no vale, a menos de quinze metros sobre o cinza metálico do rio Neisse. Por seguidas vezes os caças passavam pelas barragens antiaéreas, deixando uma cortina fina e algodoada de fumaça que obscurecia não apenas o rio, mas também as margens oriental e ocidental. O marechal Ivan Koniev, assistindo de um posto de observação localizado em uma posição alta, diretamente voltada para o rio, estava muito satisfeito. Voltando-se para o general N. P. Pukhov, cujo 13º Exército em breve estaria se juntando ao ataque, Koniev disse:

– Nossos vizinhos utilizam holofotes, pois eles querem mais luz. Eu lhe digo, Nikolai Pavlovich, nós precisamos é de mais escuridão.

Embora Koniev estivesse atacando em um *front* de cerca de oitenta quilômetros, ele havia ordenado que a cortina de fumaça caísse sobre uma distância pelo menos quatro vezes maior a fim de confundir os alemães. Agora, observando a ação por meio de um telescópio apoiado sobre um tripé, Koniev percebia que a fumaça não se dispersava. A velocidade do vento havia sido calculada em apenas meio metro por segundo – menos que uma milha por hora. Com satisfação ele anunciou que a cobertura estava "com a densidade e a consistência certas, além da altura estar correta". Então, enquanto os aviões continuavam lançando fumaça, a artilharia pesada de Koniev abriu fogo com um tremendo estrondo.

Seu bombardeio era tão impiedoso quanto havia sido o de Zhukov, mas Koniev utilizava o poder de sua artilharia de modo mais seletivo. Antes do ataque, os comandantes de artilharia de Koniev, sabendo que seus observadores estariam cegos pela cortina de fumaça, haviam marcado cada ponto de defesa conhecido, cada fortaleza em mapas topográficos e haviam feito mira sobre eles com suas armas. Além de acertar esses alvos pré-selecionados, as armas da primeira frente ucraniana atiravam em avenidas que corriam do lado oeste do Neisse, preparando o caminho para as tropas e os tanques que viriam depois. Barragens móveis, como gadanhas de fogo, metodicamente ceifaram centenas de metros das posições alemãs. À medida que o ataque avançava, as florestas ardiam em chamas, como ocorrera na área de Zhukov, e um mar de labaredas se estendia ao longo de todo o trajeto do rio.

Koniev não estava dando qualquer chance para o azar. Guiava-o não apenas sua ambição de chegar a Berlim antes de Zhukov, mas também uma razão mais importante: a inesperada velocidade do avanço dos Aliados ocidentais, que estavam naquele instante a apenas 65 quilômetros da cidade. Koniev pensava que uma ou duas dessas coisas poderiam acontecer: as forças de Eisenhower tentariam chegar à capital antes do Exército Vermelho – e a Alemanha certamente tentaria fazer uma paz à parte com os Aliados. Como Koniev expressaria mais tarde: "Nós não queríamos acreditar que nossos aliados fechariam um acordo em separado com os alemães. Contudo, na atmosfera... na qual abundavam em igual proporção fatos e rumores, nós militares não podíamos nos dar ao luxo de excluir todas as possibilidades... Isso deu um caráter de especial urgência à operação rumo a Berlim. Precisávamos considerar a possibilidade de que... os líderes fascistas preferissem render Berlim aos americanos e aos britânicos do que a nós. Os alemães deixariam o caminho livre para eles, enquanto para nós seria uma luta encarniçada até o último soldado*". Em seu planejamento Koniev tinha "sensatamente considerado a perspectiva". Para alcançar o objetivo de bater tanto o general Zhukov quanto os Aliados ocidentais na corrida por Berlim, Koniev sabia que teria que superar o inimigo logo nas primeiras horas de seu ataque. Diferentemente de Zhukov, Koniev não possuía nenhuma cabeça-de-ponte preenchida por

---

* Koniev fazia eco às suspeitas do próprio Stalin. No início de abril, Stalin havia enviado um telegrama para Roosevelt dando conta de que um acordo havia sido alcançado em Berna com os alemães, pelo qual eles "abririam o *front* para as tropas anglo-americanas e as deixariam moverem-se para o leste, enquanto os britânicos e os americanos prometeram, em troca, aliviar os termos do armistício para a Alemanha... Os alemães no *front* ocidental haviam, de fato, suspendido a guerra... [enquanto]... eles continuavam a combater a Rússia, a aliada da Grã-Bretanha e dos EUA...". Roosevelt respondeu que estava surpreso com a alegação "de que entrei em acordo com o inimigo sem antes obter sua total concordância... Francamente, não posso evitar a sensação de amargo ressentimento contra seus informantes, sejam eles quem forem, por tão vil e baixa deturpação de minhas ações ou dos meus homens de confiança". Stalin e seus marechais continuaram desconfiados. Mesmo atualmente, o livro de história do ex-ministro da Defesa da URSS, *The great fatherland war of the Soviet Union 1941-45*, traz o registro de que "para evitar que o Exército Vermelho cercasse Berlim... os hitleristas... preparavam-se para se render aos americanos ou aos ingleses. Nossos aliados também pretendiam cercar a capital... muito embora pelos acordos existentes... Berlim ficasse dentro da zona de ocupação do Exército soviético...". O fato é que, obviamente, nenhum acordo jamais existiu. (N. do A.)

infantaria na margem oeste do Neisse. Ele tinha que transpor o rio à força, e isso era um formidável obstáculo.

O Neisse era um rio gelado e de forte correnteza. Em alguns locais tinha 137 metros de extensão, e ainda que a margem oriental fosse relativamente plana, a costa oeste era bastante íngreme. Os alemães haviam se utilizado com grande habilidade dessas defesas naturais; nesse instante eles estavam entrincheirados em um grande número de casamatas reforçadas com concreto, permitindo-lhes dominar o rio e observar as aproximações orientais. Koniev precisava esmagar o inimigo com a máxima velocidade para evitar que suas tropas ficassem sujeitas ao fogo certeiro que seria disparado dessas casamatas. Seu plano contava com o apoio das divisões blindadas, que seriam lançadas no ataque no momento em que fossem estabelecidas cabeças-de-ponte na margem ocidental. Isso, contudo, significava construir pontes através do rio antes que a cortina de fumaça que lhes oferecia proteção se dissipasse, e, se o bombardeio não nocauteasse o inimigo, tal atividade talvez tivesse que ser realizada sob fogo pesado. Ele pretendia fazer sua travessia principal na área de Buchholz e Triebel. Mas também haveria outras. Koniev, convencido de que deveria alcançar a rápida e completa asfixia do inimigo, havia ordenado um enorme ataque através do rio, com mais de 150 locais de travessia. Em cada um deles, seus engenheiros haviam se comprometido em erguer pontes ou pontões móveis no prazo de uma a três horas.

Às 6h55, o segundo estágio do plano de Koniev foi posto em prática. Ao longo de toda margem oriental, as primeiras tropas emergiram das matas sob a proteção do fogo contínuo da artilharia e, em uma miscelânea de botes, lançaram-se ao rio Neisse. Imediatamente atrás delas veio uma segunda leva de homens, seguida de perto por uma terceira. Na área de Buchholz-Triebel, as tropas de choque do 13º Exército de Pukhov avançaram como um enxame sobre as águas revoltas, arrastando seções de pontões. Liderando a investida estava a Sexta Guarda da Divisão de Rifles, comandada pelo major-general Georgi Ivanov, um cossaco rude de 44 anos. Ivanov colocava qualquer coisa que flutuasse dentro d'água. Além dos pontões, utilizou tanques vazios de combustível para aviação e grandes caixas de fertilizantes alemães, as quais ele mandara vedar para que ficassem cheias de ar; estas eram carregadas por homens até as posições para servir de suporte às pontes. Na água estavam centenas de engenheiros trabalhando amontoados e em conjunto. Muitos homens estavam mergulhados até o pescoço nas águas geladas do Neisse, segurando pesadas vigas sobre suas cabeças, enquanto outros transportavam estoques de madeira até o leito do rio. Times especiais de engenheiros puxavam cabos através do Neisse em botes equipados com guinchos operados à mão. Na margem ocidental eles assentaram estações de barcas e então manualmente, via cabo, transportavam, em plataformas flutuantes, armas e tanques através do rio. Em alguns lugares, os engenheiros cruzavam as armas sem utilizar as plataformas: eles simplesmente as arrastavam desde o leito do rio, atando-as à ponta dos cabos. As operações seguiam avançando firmemente, apesar do fogo inimigo estar caindo sobre toda linha. Para proteger os que atravessavam, Ivanov dispôs na praia baterias que disparavam diretamente sobre a cabeça dos homens de suas tropas, indo atingir as defesas alemãs que estavam na margem ocidental. Ele dava suporte a essas baterias com uma chuva de balas de não menos que duzentas metralhadoras, "apenas para manter a cabeça dos soldados abaixada".

Às 7h15, Koniev recebeu uma boa notícia: a primeira cabeça-de-ponte havia sido assegurada na margem ocidental. Uma hora depois ele soube que metralhadoras de alimentação automática e tanques tinham sido transportados via cabo para o outro lado e já estavam engajados no combate ao inimigo. Por volta de 8h35, ao final do bombardeio que durou duas horas e trinta e cinco minutos, Koniev soube com absoluta certeza que suas tropas estavam firmemente estabelecidas na outra margem do Neisse. Elas tinham até então assegurado 133 dos 150 pontos de travessia. Unidades do 13º Exército de Pukhov, juntamente com as forças do Terceiro Exército da Guarda de Tanques, já haviam investido contra a região central da área de Triebel, e segundo todas as estimativas as linhas inimigas à frente deles pareciam estar rompidas. Os blindados do Quarto Exército da Guarda de Tanques agora se moviam em direção ao mesmo setor, e ao sul os homens do Quinto Exército haviam ultrapassado o rio. Parecia a Koniev que seus tanques conseguiriam uma brecha a qualquer momento.

Uma vez que isso fosse alcançado, Koniev planejava investir contra as cidades de Spremberg e Cottbus. Vencida esta última, ele se dirigiria pela estrada até Lübben. Esta área era de especial interesse para Koniev. Era o ponto terminal da linha de fronteira traçada por Stalin, separando o *front* do Primeiro Exército bielo-russo de Zhukov e sua primeira frente ucraniana. Se Koniev chegasse rapidamente até lá, ele planejava contatar Stalin de imediato e pedir autorização para se dirigir para o norte, em direção a Berlim. Koniev estava tão confiante com o progresso de suas forças que já enviara ordens ao coronel-general Pavel Semenovich Rybalko, do Terceiro Exército da Guarda de Tanques, para "estar preparado para investir contra Berlim pelo sul com um corpo de tanques reforçado por uma divisão de rifles do Terceiro Exército de Guarda". Afigurava-se a Koniev a possibilidade de que talvez pudesse bater Zhukov na corrida pela cidade. Ele estava tão absorvido no progresso do seu ataque que não percebeu a sorte que tinha de ainda estar vivo. Nos primeiros momentos do assalto, uma bala de um atirador de elite havia feito um buraco muito discreto em seu telescópio, a alguns centímetros da sua cabeça.*

• • •

Nos arredores orientais de Berlim, o troar das armas, a menos de 55 quilômetros de distância, era como o soturno trovejar de uma tempestade no horizonte. Em pequenas vilas e cidades próximas ao Oder houve alguns estranhos efeitos devido aos tremores da terra. Na estação de polícia em Mahlsdorf, os livros caíam das estantes e os telefones tocavam sem receberem ligações. As luzes ficavam mais fracas ou piscavam em diversas áreas. Em Dahlwitz-Hoppergarten uma sirene antiaérea entrou em pane e começou a soar sem parar e sem que se pudesse desligá-la. Quadros caíam das paredes, janelas e espelhos rachavam. Uma cruz despencou do campanário de uma igreja em Müncheberg, e em todos os lugares os cães começaram a ganir.

Nos distritos da parte leste de Berlim, o som abafado ecoava e ricocheteava nas ruínas esqueléticas e enegrecidas. O flagrante cheiro dos pinheiros queimados pairou sobre os arredores de Köpenick. Ao longo dos limites de Weissensee e Lichtenberg um súbito vento causou um agitar fantasmagórico das cortinas, e em Erkner alguns habitantes que estavam nos abrigos antiaéreos acordaram sobressaltados não pelo barulho mas sim pela vibração da terra.

Muitos berlinenses sabiam que som era aquele. No apartamento dos Möhrings, em Pankow, onde os Weltlinger estavam escondidos, Siegmund, que fora um homem da artilharia na Primeira Guerra Mundial, instantaneamente reconheceu que vinha da distância um ruído como o produzido por um pesado bombardeio de artilharia; ele acordou sua esposa Margarete para comunicá-la do fato. Pelo menos um berlinense alegou ter visto efetivamente a barragem móvel de Zhukov. Um pouco depois das quatro da manhã, Horst Römling escalou uma torre com a altura de sete andares no extremo oeste de Weissensee e olhou fixamente em direção ao oriente através de seu binóculo. Horst rapidamente informou seus vizinhos de que tinha visto "o brilho e os clarões das armas russas", mas poucos acreditaram nele – era considerado por todos um jovem delirante e sonhador, para usar palavras gentis.

* Koniev só soube desse incidente vinte anos depois, quando teve a oportunidade de ler as memórias do general Pukhov. (N. do A.)

O som não chegou aos distritos centrais, embora aqui e acolá alguns berlinenses alegassem ter ouvido um som incomum. Muitos pensaram se tratar apenas dos ruídos do fogo antiaéreo, ou a detonação de bombas que ainda não haviam explodido, lançadas durante as duas horas e vinte minutos dos ataques aéreos noturnos, ou quiçá o colapso súbito de um prédio danificado.

Um pequeno grupo de civis soube quase imediatamente que a ofensiva russa havia começado. Eles eram os operadores do principal posto telefônico na Winterfeldtstrasse em Schöneberg. Poucos minutos depois do início da barragem, os ramais de conexão ficaram congestionados pelas ligações. Nervosos, os oficiais do partido nazista nas áreas próximas ao Oder e ao Neisse ligavam para os líderes administrativos em Berlim. Os chefes dos bombeiros queriam saber se deviam tentar combater o fogo nas florestas ou retirar seus equipamentos para regiões mais afastadas. Os chefes de polícia telefonavam para seus superiores e todos tentavam falar com seus parentes. Como os operadores iriam lembrar anos depois, quase todas as ligações completadas começavam com duas palavras: "Já começou!". A supervisora dos telefonistas Elisabeth Milbrand, uma católica devota, pegou as contas do rosário e passou a rezar baixinho.

Por volta das oito da manhã, a maioria dos habitantes de Berlim já ouvira no rádio que "os pesados ataques russos continuavam no *front* do Oder". As notícias deveriam ser restritas, mas todo berlinense comum não precisava se esforçar muito para saber a verdade. No boca-a-boca ou por meio de parentes fora da cidade, as pessoas sabiam que o momento pelo qual elas tanto haviam temido finalmente tinha chegado. Curiosamente, naquele instante os homens na rua sabiam mais que Hitler. No *Führerbunker* o líder continuava dormindo. Ele havia se retirado por volta das três e o general Burgdorf, seu adjunto, dera ordens estritas para que o Führer não fosse acordado.

O estranho mundo do *bunker* tinha uma aparência quase alegre naquela manhã; havia vasos com tulipas brilhantes na pequena ante-sala, no *lounge* do corredor e na pequena sala de conferência. Mais cedo, um dos jardineiros da Reichskanzlei as cortara dos poucos canteiros que haviam resistido às bombas que esfacelaram os jardins. Isso pareceu a Burgdorf uma boa idéia, visto que Eva Brown adorava tulipas. A primeira dama extra-oficial do Reich havia chegado na noite anterior. Trouxera com ela alguns presentes de velhos amigos de Munique para o Führer. Um deles era um livro enviado pela baronesa Baldur von Schirach, esposa do ex-líder da Juventude do Reich. O herói do romance suportava todos os infortúnios sem perder a esperança. "Otimismo", ele dizia, "é uma mania para fazer com que tudo fique bem quando as coisas estão indo mal." A baronesa pensara no livro como a escolha mais apropriada. Tratava-se de *Cândido*, de Voltaire.

• • •

A princípio Zhukov não acreditou nas notícias. De pé em seu posto de comando em Küstrin, cercado por sua equipe, ele olhava incrédulo para Chuikov, até que não conteve mais sua raiva.

– Que diabos você está dizendo? Como assim, nossas tropas foram atacadas? – ele gritou para o comandante do Oitavo Exército de Guarda, e dessa vez sem o uso amigável dos tratamentos informais. Chuikov já havia visto Zhukov fora de si anteriormente e se manteve totalmente calmo.

– Camarada marechal – ele disse –, independente de sermos temporariamente atacados ou não, a ofensiva, com certeza, continuará. Mas a resistência no momento está dura e está contendo nosso avanço. A artilharia pesada vinda de Seelow Heights atingiu as tropas e os tanques que lhes davam suporte à medida que ganhavam terreno – explicou Chuikov.

Além disso, o solo da região mostrou-se extremamente impróprio para a locomoção dos blindados. Os tanques e as metralhadoras de alimentação automática estavam atolando nos pântanos e nos canais de irrigação do Oder Bruch, ficando inutilizados. Um bom número dos tanques atolados foi atingido, um depois do outro, e acabaram incendiados. Até então, o Oitavo Exército de Chuikov, segundo ele próprio, tinha avançado apenas 1,3 quilômetro. Zhukov, de acordo com o general Popiel, deu vazão a sua fúria com "uma torrente de expressões indecorosas".

O que havia ocorrido com a supostamente irresistível força ofensiva? Havia uma grande variedade de opiniões, como o general Popiel rapidamente descobriu, logo que entrou em contato com os oficiais seniores de Zhukov. O general Mikhail Shalin, comandante de corpo do Primeiro Exército de Guarda, disse a Popiel que ele tinha certeza de que "os alemães haviam recuado das linhas de frente e assumido posições na segunda linha de defesa, ao longo de Seelow Heights. Portanto, a maioria de nossas bombas caiu em território aberto". O general Vasili Kuznetsov, comandante do Terceiro Exército de Choque, mostrou-se severamente crítico em relação ao plano do Primeiro Exército bielo-russo.

– Como sempre – ele disse a Popiel – atacamos como era de nosso costume, e a esta altura os alemães já conhecem nossos métodos. Eles recuaram suas tropas uns bons oito quilômetros. O fogo da nossa artilharia arrasou com tudo, menos com nosso inimigo. – O general Andreya Getman, um comandante experiente e bastante laureado do Primeiro Exército da Guarda de

Tanques de Katukov, estava ao mesmo tempo irritado e descontente, em especial com o uso dos holofotes.

– Eles não cegaram as principais forças do inimigo – ele disse. – Mas deixe eu dizer o que eles fizeram: expuseram nossos tanques e nossa infantaria para os atiradores alemães.

Zhukov jamais esperara que o ataque fosse fácil; no entanto, embora tivesse previsto um número pesado de baixas, ele considerava virtualmente impossível que os alemães pudessem deter o seu avanço. Como mais tarde iria colocar, ele contara com "uma rápida redução das defesas inimigas"; em vez disso, ele acrescentou, utilizando de grande eufemismo, "o golpe impetrado pelo primeiro escalão do *front* provou-se inadequado". Ele não tinha nenhuma dúvida que, levando em consideração apenas a comparação das forças de cada lado, ele poderia superar o inimigo, mas agora o incomodava "o perigo de que a ofensiva pudesse ser atrasada". Zhukov decidiu alterar suas táticas. Rapidamente ele despachou uma série de ordens. Os bombardeios aéreos deveriam ser concentrados sobre as posições inimigas em que estivessem postadas as armas; ao mesmo tempo, a artilharia deveria começar a fazer fogo contra Heights. Então, Zhukov tomou mais uma providência. Ainda que originalmente seus exércitos de tanques não fossem engajados no combate até que Seelow Heights tivesse sido conquistado, Zhukov agora decidira utilizá-los imediatamente. O general Katukov, comandante do Primeiro Exército da Guarda de Tanques, que estava no *bunker*, recebeu diretamente as ordens. Zhukov não deixou dúvidas sobre o que queria: Heights deveria ser capturado, a qualquer custo. Zhukov iria forçar o inimigo à submissão e, se necessário, terraplanar seu caminho até Berlim. A seguir, acompanhado por sua equipe, o encorpado marechal deixou seu posto de comando, destilando por todos os poros sua raiva quanto ao atraso. Zhukov não tinha intenção de permitir que fosse atrasado por uma meia dúzia de armas bem posicionadas pelo inimigo – nem pretendia perder a corrida por Berlim para Koniev. Em seu caminho fora do *bunker*, enquanto os oficiais deslocavam-se para o lado para deixá-lo passar, ele subitamente se virou para Katukov e disparou:

– Bem! Circulando!

• • •

A Ordem do Dia do Führer chegou ao quartel-general do Nono Exército do general Busse um pouco depois do meio-dia. Estava datada de 15 de abril, mas aparentemente havia sido retida até que a equipe de Hitler tivesse certeza de que a grande ofensiva russa houvesse começado. Os comandantes tinham ordem de espalhar o documento de uma só vez, até o nível da companhia, mas de nenhuma maneira era para ele ser publicado nos jornais.

"Soldados do *front* oriental da Alemanha", dizia a Ordem. "Pela última vez a mortal e inimiga união dos judeus e bolcheviques iniciará um ataque com suas hordas. Este inimigo está tentando esmagar a Alemanha e exterminar nosso povo. Vocês, soldados no Leste, já sabem o destino que aguarda... as mulheres, meninas e crianças alemãs. Os velhos e as crianças serão assassinados; as mulheres e as meninas serão reduzidas a prostitutas em campos de concentração. Os que sobreviverem a tudo isso serão enviados para a Sibéria.

"Esperávamos por esse ataque, e desde janeiro tudo tem sido feito para construir um *front* capaz de resistir. O inimigo é confrontado por uma tremenda força de artilharia. As perdas em nossa infantaria são supridas por novas e incontáveis unidades. Unidades de alarme, outras recém-organizadas e a *Volkssturm* estão reforçando nosso *front*. Desta vez os bolcheviques irão experimentar o velho destino da Ásia: cair diante da capital do Reich alemão.

"Qualquer indivíduo que não cumprir com seu dever neste momento será considerado um traidor de nosso povo. Qualquer regimento ou divisão que abandonar sua posição age da maneira mais desgraçada, fazendo um vergonhoso papel diante das mulheres e crianças que resistem bravamente sob o terror dos bombardeios em nossas cidades. Prestem atenção especialmente aos poucos oficiais e soldados traidores que, para salvar suas vidas miseráveis, lutarão contra nós sob soldo russo, quem sabe até usando uniformes alemães. Qualquer um que ordene uma retirada, a não ser que vocês o conheçam bem, deve ser feito imediatamente prisioneiro e, se necessário, morto no local, independentemente do posto que ocupe. Se cada soldado no *front* oriental cumprir com sua obrigação nos próximos dias e nas próximas semanas, a última investida asiática será destruída, exatamente como ocorrerá ao fim do avanço de nossos outros inimigos pelo oeste.

"Berlim permanecerá alemã. Viena* mais uma vez será alemã, e a Europa nunca será dos russos.

"Prometam defender, em solene juramento, não o conceito vazio da pátria, mas seus lares, suas esposas, suas crianças e, por conseguinte, nosso futuro.

"Nessa hora todo o povo alemão olha para vocês, meus guerreiros no Leste, e só pode esperar que graças à sua constância, ao seu fanatismo, às suas armas e à sua liderança a investida bolchevique termine sufocada em seu pró-

* Viena foi capturada pelo Exército Vermelho no dia 13 de abril. (N. do A.)

prio sangue. Neste momento, quando o destino removeu da face da Terra o maior criminoso* de guerra de todos os tempos, o momento da virada na guerra será decidido."

Busse não precisava de uma Ordem do Dia para alertá-lo de que os russos precisavam ser detidos. Meses atrás ele havia dito a Hitler que se os russos rompessem a linha do Oder, Berlim e o resto da Alemanha cairiam. No entanto, ficou furioso ao ouvir falar de um *front* poderoso; de um inimigo confrontado por "uma tremenda força de artilharia" e "novas e incontáveis unidades". Frases de efeito não deteriam os russos. A Ordem do Dia de Hitler era, em sua maior parte, ficção. Em um ponto, porém, a Ordem era clara: Hitler pretendia que os soldados alemães lutassem até a morte – simultaneamente nos *fronts* ocidental e oriental.

Busse tinha abrigado uma esperança secreta, tão bem guardada que ele só a havia exposto para Heinrici e alguns dos seus comandantes mais próximos. Ele pretendia resistir o máximo que pudesse no Oder para permitir a chegada dos americanos. Como ele disse a Heinrici:

– Se pudermos resistir até que os americanos cheguem aqui, teremos cumprido nossa missão diante de nosso povo, nosso país e nossa história.

Heinrici respondeu de modo ácido.

– Você não sabe sobre o Eclipse? – ele perguntou.

Busse nunca ouvira nada a respeito. Heinrici lhe contou do mapa capturado mostrando as linhas de demarcação dos Aliados e as zonas projetadas de ocupação.

– Duvido – disse Heinrici – que os americanos sequer cheguem a cruzar o Elba.

Apesar de tudo, Busse continuara por um tempo aferrado à idéia. Agora finalmente ele a abandonara. Mesmo que as forças de Eisenhower cruzassem o Elba e se dirigissem para Berlim, seria, provavelmente, tarde demais. Entre outras coisas, Hitler preparava-se para lutar por cada quilômetro contra o avanço americano; ele não estava fazendo qualquer distinção entre as democracias e o comunismo. A posição da Alemanha era desesperadora; assim também, Busse acreditava, era a situação do Nono Exército. Mas enquanto Hitler continuasse com a guerra e se recusasse a capitular, Busse poderia apenas tentar deter os russos – como estava fazendo –, até o limite de suas forças.

O Nono recebera o impacto completo dos ataques russos; e não teria como resistir muito mais. Ainda assim, as forças de Busse continuavam man-

---

* Hitler, obviamente, estava se referindo ao presidente Roosevelt. (N. do A.)

tendo suas posições em praticamente todos os locais. As armas e as tropas em Seelow Heights, embora impiedosamente bombardeadas e alvejadas, haviam revidado de modo persistente, detendo o avanço inimigo. Mas ainda que os homens de Busse estivessem contendo o progresso russo em quase todas as frentes, isso se fazia com um custo terrível. Em algumas áreas os oficiais reportavam que a vantagem russa chegava a dez homens para um. "Eles chegam até nós em hordas, leva após leva, sem se importar com suas vidas", disse por telefone um dos comandantes de divisão. "Disparamos nossas metralhadoras, normalmente à queima-roupa, até transformá-los em uma massa de sangue. Meus homens estão lutando até esgotarem suas munições. Então eles são simplesmente esmagados ou completamente devastados. Não sei por quanto tempo ainda se poderá suportar essa situação." Praticamente todas as mensagens se assemelhavam a essa. Havia pedidos desesperados por reforços: armas, tanques e, acima de tudo, munição e gasolina. Um item, porém, era insubstituível: as tropas. As poucas reservas de Busse já estavam comprometidas ou em vias de. Muitas delas engajaram-se na batalha na região crucial de Seelow.

Mantendo a região central da área ocupada pelo Nono Exército estava o 56º Corpo Panzer. Restava-lhe a esta altura, no entanto, apenas o nome famoso. O 56º havia sido desmantelado e reconstituído muitas vezes. Agora, mais uma vez, estava sob um processo de reconstrução. Tudo o que restara da formação do Corpo original era um grupo de membros-chaves. Mas apesar disso tudo, o Corpo tinha uma figura de definitivo valor – um tenente-general de extrema experiência, comandante altamente condecorado chamado Karl Weidling, um oficial de poucas palavras conhecido por seus amigos como Karl o "Esmagador".

Busse havia posto a unidade remendada na região vital de Seelow sob o comando de Weidling. No momento ele dispunha de três divisões: a inexperiente e inconfiável Nona Divisão de Pára-Quedistas, de Goering, a desqualificada 20ª Divisão de Granadeiros Panzer e a fraca Divisão Müncheberg. Apoiado nos dois flancos pelos Corpos – 101º, na esquerda; e 11º SS, na direita –, o 56º Corpo de Weidling se opunha à principal ofensiva russa contra Berlim. Embora Weidling houvesse chegado poucos dias antes e estivesse lutando em um terreno com o qual não estava familiarizado, com forças fracas e muitas vezes inexperientes, o veterano de sessenta anos tinha até então repelido todos os ataques.

Contudo, ele necessitava urgentemente das suas unidades restantes e até aquele momento, na manhã de 16 de abril, elas não haviam chegado. Os problemas de Weidling apenas começavam. Antes do término da semana, ele estaria enfrentando crises muito maiores do que qualquer uma que ele anteriormente tivesse encontrado em um campo de batalha. Karl o "Esmagador" estava destinado brevemente a ser condenado à morte, tanto por Busse quanto por Hitler – e assim, em uma estranha sutileza do destino, nas últimas horas da Alemanha ele se tornaria o defensor de Berlim.

No *front* ocidental o general Walther Wenck, comandante do 12º Exército, estava ao mesmo tempo satisfeito e intrigado. O sucesso de suas unidades jovens e inexperientes em rechaçar o inimigo e eliminar sua cabeça-de-ponte ao sul de Magdeburg foi um acontecimento de magnitude muito maior do que Wenck jamais esperara. A cabeça-de-ponte em Barby, no entanto, era uma história diferente. Os homens de Wenck haviam feito tudo que estava ao seu alcance para destruir as pontes em Barby, desde minas flutuantes soltas no rio até homens-rãs. Alguns dos últimos aviões que restaram à Luftwaffe na área também fizeram um bombardeio aéreo. Como as tentativas anteriores, também falharam. A cabeça-de-ponte estava bem estabelecida naquele momento, e as tropas e os blindados americanos cruzavam o rio havia mais de 48 horas. O que intrigava Wenck era que, embora os americanos estivessem fortalecendo e consolidando suas posições na margem oriental do Elba, eles não faziam qualquer esforço para seguir na direção de Berlim. Isso era algo que Wenck não conseguia entender.

O ataque feroz dos americanos no período entre 12 e 15 de abril dera a Wenck todas as razões para acreditar que seria forçado a lutar uma batalha defensiva e sangrenta no *front* ocidental. Agora, porém, os americanos davam todos os sinais de estar em compasso de espera.

– Francamente, estou abismado – Wenck disse ao seu chefe de Estado-Maior, coronel Reichhelm. – Talvez eles tenham ficado sem suprimentos e precisem se reorganizar.

Qualquer que fosse a razão, Wenck estava feliz com a suspensão temporária das atividades. Suas forças encontravam-se completamente desconjuntadas e em muitos lugares ainda estavam sendo organizadas. Precisava de todo o tempo que conseguisse para colocar seu exército em forma e reforçar suas tropas com qualquer veículo blindado que caísse em suas mãos. Alguns tanques e metralhadoras de alimentação automática haviam chegado, Wenck alimentava a esperança, embora pequena, de receber mais reforços, mas não tinha nenhuma ilusão de receber o total de divisões complementares que lhe fora prometido. Wenck suspeitava que não havia mais nenhuma a ser enviada. Uma coisa era certa: o 12º Exército, espalhado de forma esparsa ao longo do

Elba como única barreira antes de Berlim, não resistiria a nenhum tipo de ofensiva por muito tempo.

– Se os americanos lançarem um grande ataque, romperão nossas posições com facilidade – ele disse a Reichhelm. – Depois disso, o que poderá detê-los? Não há nada entre nós e Berlim.

• • •

As notícias atingiram Carl Wiberg como se fossem poderosos socos. Ele olhou fixamente e cheio de incredulidade para seu chefe, Hennings Jessen-Schmidt, o cabeça da unidade OSS de Berlim.

– Você tem certeza? – Wiberg perguntou. – Absoluta certeza?

Jessen-Schmidt acedeu.

– Esta é a informação que recebi – ele disse – e não tenho nenhuma razão para duvidar de sua veracidade.

Os dois homens se entreolharam em silêncio. Por meses eles haviam se apoiado sobre a convicção de que as forças de Eisenhower capturariam Berlim. Mas as notícias trazidas por Jessen-Schmidt, que cruzou a cidade para chegar ao apartamento de Wiberg, obliteravam todas as esperanças. Um mensageiro especial recém chegara da Suécia com uma mensagem de alta prioridade de Londres. Ela os alertava a não esperar pelos anglo-americanos.

Ao longo de todos os meses em que levara sua vida dupla em Berlim, Wiberg havia considerado todas as possibilidades, exceto esta. Mesmo agora ele quase não podia acreditar. A mudança no plano não afetaria o trabalho deles, pelo menos no momento: deveriam continuar enviando informações, e Wiberg, na sua função de "zelador da loja", deveria continuar distribuindo suprimentos aos homens da operação quando e se a ordem chegasse. Mas até onde Wiberg sabia, poucos – se é que algum – dos especialistas treinados e dos sabotadores haviam chegado à cidade. Jessen-Schmidt estivera esperando apenas por um homem – um técnico em rádio que devia juntar o transmissor e o receptor que continuavam escondidos embaixo de uma pilha de carvão no porão de Wiberg. Com o coração pesaroso, Wiberg se perguntava se alguém ainda viria naquele momento ou se o equipamento alguma vez seria posto em uso. O esconderijo dos suprimentos também representava um perigo. Os alemães ainda podiam encontrá-lo. Pior, os russos poderiam. Wiberg esperava que Londres houvesse avisado o aliado oriental sobre o pequeno grupo de espiões infiltrados em Berlim. Caso contrário, seria difícil de explicar o grande estoque de material militar.

Wiberg também tinha um motivo pessoal para estar ansioso. Após longos anos como viúvo ele havia recentemente conhecido uma jovem mulher chamada Inge Müller. Planejavam casar depois do término da guerra. Agora Wiberg se perguntava o quão segura estaria Inge com a chegada dos russos. Parecia-lhe que o pequeno grupo de conspiradores estava condenado no caldeirão abrasivo que Berlim logo se tornaria. Tentou sufocar seus medos, mas ele nunca sentira tamanho abatimento. Eles haviam sido abandonados.

• • •

O comandante do Primeiro Exército da Guarda de Tanques, coronel general Mikhail Katukov, bateu seu telefone de campanha e, dando voltas, violentamente chutou a porta do seu quartel-general. Ele recém havia recebido o relatório do oficial líder da 65ª Guarda da Brigada de Tanques no *front* de Seelow Heights. Os russos não estavam progredindo.

– Estamos parados nos calcanhares da infantaria – disse o general Ivan Yushchuck a Katukov. – Que grande trapalhada!

Com sua fúria de certa forma aplacada, Katukov voltou-se da porta para encarar seu pessoal. Com as mãos nos quadris, balançou a cabeça mostrando incredulidade.

– Aqueles malditos demônios hitleristas! – ele disse. – Nunca vi uma resistência desse tipo no curso de toda a guerra.

Então Katukov anunciou que iria descobrir pessoalmente o que "diabos estava atravancando as coisas". Independentemente do que fosse, ele devia tomar o Heights pela manhã. Dessa forma, a ofensiva de Zhukov poderia começar.

Ao sul, as forças do marechal Koniev haviam esmagado as defesas alemãs no *front* de 29 quilômetros a oeste do Neisse. Suas tropas avançavam sobre o rio. Eles agora dispunham de vinte tanques-pontes (alguns capazes de suportar sessenta toneladas), 21 transportes de barca e locais para travessia de tropas, além de dezessete pontes para assaltos leves. Com as bombas "Stormovik" abrindo caminho, os tanques de Koniev guinariam para noroeste e rumariam pela estrada principal, passando por Zossen e seguindo em direção a Berlim. Nos mapas esta rota era chamada de Reichsstrasse 96 – a auto-estrada que o marechal-de-campo Gerd von Rundstedt chamara de "*Der Weg zur Ewigkeit*" – "A estrada para a eternidade".

• • •

Era quase como se as autoridades não estivessem preparadas para enfrentar o fato de que Berlim estava ameaçada. Embora o Exército Vermelho estivesse agora a cerca de cinqüenta quilômetros de distância, nenhum alarme fora dado e nenhum anúncio oficial havia sido feito. Os berlinenses sabiam muito bem que os russos haviam atacado. O som abafado da artilharia fora a primeira pista; agora as notícias vinham de refugiados, por telefone, no boca-a-boca. Mas de certa maneira ainda eram informações contraditórias e fragmentadas, e na falta de uma fonte real e confiável, os rumores e as especulações circulavam livremente. Algumas pessoas diziam que os russos estavam a menos de dezesseis quilômetros de distância, outras davam conta de que eles já haviam alcançado os subúrbios orientais. Ninguém sabia precisamente qual era a situação, mas a maioria dos berlinenses acreditava que os dias da cidade estavam contados, que haviam começado os estertores da morte.

E ainda assim, de modo surpreendente, as pessoas continuavam tocando seus negócios. Nervosas, é verdade, lutando com dificuldade para manter a aparência de normalidade, mas ainda assim tentando.

A cada parada, o leiteiro Richard Poganowska era bombardeado por perguntas. Seus clientes pareciam esperar que ele soubesse mais do que qualquer um. O normalmente animado Poganowska não podia fornecer nenhuma resposta. Estava tão amedrontado quanto aqueles a quem servia. Na Kreuznacherstrasse, o retrato de Adolf Hitler continuava pendurado no *living* do oficial do correio nazista, mas mesmo isso não parecia tranqüilizador a Poganowska.

Ele estava feliz de ver sua jovem amiga de treze anos Dodo Marquardt esperando pacientemente por ele em uma esquina em Friedenau. Normalmente ela seguia com ele por uma ou duas quadras, e ela o ajudava, de modo incomensurável, a manter o moral elevado. Agora, sentada próxima a seu cachorro Poldi, Dodo tagarelava alegremente. Poganowska, no entanto, encontrava dificuldade em ouvi-la esta manhã. Alguns novos *slogans* haviam aparecido nos muros semidemolidos da área, e ele os observou sem entusiasmo. "Berlim continuará dos alemães", anunciava um. Outros diziam: "Vitória ou escravidão", "Viena será novamente alemã", e "Quem acredita em Hitler acredita na vitória". Na parada costumeira em que deixava Dodo, Poganowska a ergueu da caminhonete e a colocou no chão. Com um pequeno sorriso ela disse:

– Até amanhã, senhor leiteiro.

Poganowska respondeu:

– Até amanhã, Dodo.

De volta ao veículo, Richard Poganowska se perguntava quantos amanhãs ainda restavam.

O pastor Arthur Leckscheidt, presidindo um enterro no cemitério próximo à sua igreja arruinada, não acreditava que o sofrimento que estava por vir pudesse ser pior do que o daquele exato momento. Parecia já uma eternidade desde que sua belíssima igreja Melanchthon havia sido destruída. Durante as últimas semanas, tantos haviam morrido nos ataques aéreos que o sacristão de sua paróquia nem registrava mais os óbitos. Leckscheidt permanecia de pé junto à vala comum na qual jaziam os corpos de quarenta vítimas mortas durante o ataque aéreo noturno. Apenas umas poucas pessoas estavam presentes enquanto ele cumpria os ritos funerários. Ao terminar, a maioria deles se afastou, mas uma garota ficou ali plantada. Ela disse a Leckscheidt que o irmão era um dos mortos. Então, banhada em lágrimas, ela deixou escapar:

– Ele pertencia à SS. Ele não freqüentava a igreja. – Ela hesitou. – O senhor rezará por ele? – perguntou.

Leckscheidt assentiu. Embora ele discordasse veementemente dos nazistas e da SS, na morte, ele lhe disse, "não podia negar a nenhum homem as palavras de Deus". Curvando a cabeça ele disse: "Senhor, não vire seu rosto para mim... meus dias têm sido como uma sombra... minha vida é nada diante de ti... meu tempo está depositado em tuas mãos...". Em um muro próximo alguém havia pichado durante a noite as palavras "A Alemanha é vitoriosa".

A madre superiora Cunegundes ansiava pelo fim do conflito. Mesmo que Haus Dahlem, o convento e casa de maternidade dirigida pela missão das irmãs do Sagrado Coração em Wilmersdorf, fosse quase uma pequena ilha em seu isolamento religioso, a madre superiora – baixa, gorda e enérgica – tinha suas fontes de informação no lado de fora. O clube de imprensa de Dahlem, na *villa* do ministro do Exterior Joachim von Ribbentrop, situada diretamente à frente do convento, havia sido fechado na noite anterior. Por meio dos amigos jornalistas que vieram se despedir ela ouvira que o fim estava próximo e que a batalha pela cidade ocorreria em poucos dias. A resoluta madre superiora esperava que o combate não se prolongasse. Com aquele avião aliado que caíra em seu pomar e com o telhado de seu convento tendo sido atingido havia poucos dias, o perigo estava chegando muito perto. Já era mais do que hora dessa guerra estúpida e terrível terminar. Nesse ínterim, ela tinha mais de duzentas pessoas sob seu cuidado: 107 bebês recém-nascidos (dos quais 91 eram ilegítimos), 32 mães e sessenta freiras e irmãs leigas.

Como se as irmãs não tivessem suficientes afazeres, a madre superiora havia posto ainda mais incumbências sobre elas. Com a ajuda do zelador, algumas das freiras haviam pintado enormes círculos brancos com cruzes vermelhas brilhantes no centro, dispostos nos lados do prédio e sobre a nova manta de alcatrão que cobria o teto do segundo andar (o terceiro havia desaparecido junto com o telhado). Realista como era, a madre superiora havia instruído suas estudantes de enfermagem a transformar o refeitório e a sala de recreação em estações de primeiros socorros. As refeições agora eram feitas na capelinha, iluminada dia e noite pela luz das velas; o porão fora dividido em berçário e em uma série de pequenas peças para casos de confinamento. A madre superiora tinha inclusive providenciado que todas as janelas da área fossem cimentadas e fechadas com tijolos, além do reforço de sacos de areia no lado de fora. Ela estava pronta para tudo o que pudesse vir. Havia uma coisa, porém, para a qual ela não estava preparada: Cunegundes dividia a mesma aflição que seu confessor e mentor, padre Bernhard Happicch, de que as mulheres pudessem ser molestadas pelas forças de ocupação. O padre Happich estava pronto para falar às Irmãs sobre essa questão no dia 23 de abril. No momento, sob a luz das notícias que seus amigos jornalistas haviam trazido, a madre superiora achava que elas não poderiam esperar tanto tempo. Parecia-lhe que os russos poderiam chegar a qualquer momento.

Enquanto as pessoas esperavam por novidades, escondiam suas angústias por meio de um humor sarcástico. Uma nova espécie de cumprimento tomou conta da cidade. Perfeitos estranhos trocavam apertos de mão saudando-se mutuamente com um "*Bleib übrig*" – sobreviva. Muitos berlinenses faziam paródias do último pronunciamento de Goebbels, transmitido havia dez dias. Insistindo que a sorte da Alemanha sofreria uma súbita alteração, ele havia dito: "O Führer sabe o exato momento em que a mudança acontecerá. O destino nos mandou esse homem para que possamos, neste momento de grande estresse interno e externo, testemunhar o milagre". Agora, em toda parte, essas palavras eram repetidas, normalmente com uma imitação escarninha do modo de falar do ministro da Propaganda. Outro dizer também corria de boca em boca. "Não temos nada com que nos preocupar", as pessoas afirmavam solenemente umas para as outras. "Gröfaz nos salvará". Gröfaz há muito tempo era o apelido de Hitler entre os berlinenses. Era a abreviação de "*Grösster Feldherr aller Zeiten*" – "O maior general de todos os tempos".

Mesmo com a cidade quase sob a mira das armas russas, a vasta maioria dos complexos industriais de Berlim continuava em atividade. Bombas e munições estavam sendo despachadas para o *front* no limite do possível pelas fábricas em Spandau. Equipamentos elétricos continuavam saindo da planta da Siemens em Siemensstadt; grandes quantidades de rolamentos e ferramentas para máquinas eram produzidas nas fábricas de Marienfelde, Weissensee e

Erkner; canos de armas de fogo e armações seguiam saindo da fábrica Rheinmetall-Borsig, em Tegel; tanques, caminhões de carga e metralhadoras de alimentação automática partiam com estardalhaço das linhas de montagem da Alkett, em Ruhleben; e assim que os tanques eram reparados na planta de Krupp und Druckenmüller, em Tempelhof, os operários os entregavam diretamente às forças do exército. Tão grande era a urgência que o gerente havia inclusive solicitado aos trabalhadores estrangeiros que se voluntariassem como motoristas de emergência. O trabalhador forçado Jacques Delaunay, um francês, foi um dos que discretamente recusou.

– Você é muito esperto – disse-lhe um motorista de tanque que voltou à planta naquela tarde. – Você sabe para onde nós levamos esses tanques? Diretamente para as linhas de frente.

Não somente as plantas industriais, mas também os serviços de utilidade pública continuavam a funcionar. No centro de meteorologia em Potsdam, os meteorologistas continuavam a marcar rotineiramente a temperatura, dando conta de que ao meio-dia ela era de 15°C com uma queda esperada para 4°C com a chegada da noite. O céu estava claro com nuvens esparsas e ocasionais e havia um moderado vento sudoeste que poderia mudar para sudeste com o anoitecer. Havia uma previsão de mudança a partir do dia 17 – céu encoberto com a possibilidade de chuvas e trovoadas.

Em parte por causa do excelente tempo, as ruas estavam cheias. Donas-de-casa, sem saber o que o futuro lhes reservaria, compravam todos os itens não-racionados que pudessem conseguir. Cada loja parecia ter sua própria e longa fila. Em Köpenick, Robert e Hanna Schultze perderam três horas na fila do pão. Quem poderia dizer quando eles teriam a oportunidade de comprar mais? Como milhares de outros berlinenses, os Schultze tinham tentado encontrar um meio de esquecer suas preocupações. Naquele dia, desbravando o agora escasso sistema de transporte, eles fizeram baldeações em ônibus e bondes por seis vezes até que pudessem alcançar seu destino em Charlottenburg – o cinema. Era sua terceira aventura na semana. Em vários distritos eles haviam assistido a filmes chamados *Ein Mann wie Maximilian* (*Um homem como Maximilian*), *Engel mit dem Saitenspiel* (*Anjo com a lira*) e *Die Grosse Nummer* (*O grande número*). *Die Grosse Nummer* era um filme sobre circo, e Robert o considerou disparado o melhor filme da semana.

O prisioneiro francês Raymond Legathière percebeu que havia tanta confusão no quartel-general militar em Bendlerstrasse que a sua ausência não seria sentida e ele calmamente tirou a tarde de folga. A esta altura, os guardas não pareciam mais se importar. Legathière dera um jeito de conseguir um ingresso para o cinema próximo à Potsdamer Platz, que estava reservado para os soldados alemães. Agora ele relaxava na escuridão enquanto o filme, especialmente relançado pelo ministro da Propaganda, Goebbels, começava. Era um filme histórico, colorido, um épico chamado *Kolberg*, e tinha como tema a defesa heróica da cidade da Pomerânia durante a Guerra Napoleônica perpetrada por Graf von Gneisenau. Durante o filme, Legathière ficou duplamente fascinado. Tanto pela película em si quanto pelo comportamento dos soldados ao seu redor. Eles estavam encantados. Tomados de animação, aplaudindo, exclamando uns para os outros, eles foram como que contagiados pela saga do legendário militar alemão. Ocorreu então a Legathière que em breve esses mesmos soldados poderiam ter a chance de eles mesmos se tornarem heróis.

O sinal veio sem aviso. Em seu escritório na Filarmônica, o complexo de edifícios que abrigava as salas de concerto e de ensaio da Filarmônica de Berlim, o dr. Gerhart von Westermann, o diretor da orquestra, recebeu uma mensagem do *Reichsminister* Albert Speer: a Filarmônica tocaria seu último concerto esta noite.

Von Westermann sempre soubera que as notícias viriam assim – de repente e apenas algumas horas antes do concerto. As instruções de Speer eram de que todos os músicos que fossem deixar a cidade o fizessem imediatamente após a performance. Sua jornada deveria terminar na região de Kulmbach-Bayreuth, cerca de 385 quilômetros a sudoeste de Berlim – a mesma área para a qual Speer enviara anteriormente os mais estimados instrumentos da Filarmônica. De acordo com o *Reichsminister*, os americanos iam conquistar a área de Bayreuth em questão de horas.

Havia apenas um problema. O plano original contava em fazer desaparecer de uma só vez a Filarmônica inteira; este plano fracassara. Para começar, temendo que o plano chegasse aos ouvidos de Goebbels, Von Westermann alertara apenas alguns membros de confiança da orquestra. Para sua surpresa a grande maioria, por causa da família, laços sentimentais ou de outra natureza com a cidade, mostrou-se relutante em partir. Quando o plano foi levado à votação, foi derrotado. Gerhard Taschner, o jovem e virtuoso primeiro-violinista da orquestra, recebeu a incumbência de avisar Speer. O *Reichsminister* aceitou a notícia de modo sereno, mas manteve a oferta de pé: seu carro particular e seu motorista estariam esperando no final da noite para levar aqueles que quisessem partir. Taschner, sua mulher e os dois filhos, junto com a irmã do seu parceiro musical Georg Diburtz, estavam definitivamente abandonando Berlim. No entanto, eles eram os únicos. Mesmo Von Westermann, diante da votação, sentiu-se obrigado a ficar.

Se ainda houvesse, contudo, membros da orquestra que estivessem indecisos, eles precisavam saber que esta era a última chance. Havia ainda a possibilidade de que aqueles que estivessem a par do segredo pudessem mudar de idéia e decidir partir. Assim, faltando três horas para a apresentação da noite, Von Westermann revisou o programa. Era tarde demais para agendar um ensaio, e os músicos que nada sabiam sobre o plano de evacuação ficariam surpresos com a mudança. Mas tanto para os que sabiam quanto para os ignorantes, a música que Speer havia escolhido para marcar o último concerto teria um significado sombrio e tocante. As partituras que Von Westermann havia ordenado que fossem colocadas nas estantes dos músicos nesse momento traziam o título *Die Götterdämmerung* – a música trágica e vigorosa de Wagner sobre a morte dos deuses.

A esta altura rapidamente se tornava claro a todos os berlinenses que a "Fortaleza Berlim" não passava de um mito; mesmo o mais desinformado dos seres poderia perceber o quão mal preparada estava a cidade para resistir a um ataque. As principais avenidas e estradas continuavam abertas. Havia poucas armas e veículos blindados em evidência, e, à parte os anciões da Guarda Nacional, alguns em uniformes, outros apenas com as braçadeiras atadas às mangas de suas jaquetas, não havia virtualmente quaisquer tropas à vista.

Os procedimentos de segurança pareciam estar restritos a barricadas e barreiras rudimentares de defesa dispostas por toda parte. Nas ruas laterais, praças, ao redor dos prédios governamentais e dos parques, grandes pilhas de materiais haviam sido coletadas. Ocasionalmente havia rolos de arame farpado, sólidos obstáculos de ferro antitanque e velhos caminhões e bondes em desuso recheados com pedras. Esses deveriam ser usados para bloquear as principais vias públicas quando a cidade recebesse o ataque. Mas poderiam tais barricadas deter os russos? "Os Vermelhos levarão pelo menos duas horas e quinze minutos para atravessá-las", dizia uma piada corrente: "Duas horas rindo desbragadamente e quinze minutos para esmagar as barricadas". As linhas de defesa – trincheiras, fossos antitanques, barricadas e posições de armas – estavam aparentemente apenas nos arredores da cidade e, mesmo lá, os berlinenses podiam ver com clareza, elas estavam muito aquém do desejado.

Um homem, saindo da cidade naquele dia, considerou os preparativos de defesa "totalmente fúteis e ridículos!". Ele era um especialista em fortificações. O general Max Pemsel havia sido o chefe de Estado-Maior do Sétimo

Exército que defendeu a Normandia no Dia D. Por suas forças terem sido incapazes de conter a invasão, Pemsel, junto com outros, havia, desde então, caído em desgraça junto a Hitler. Ele recebera como "recompensa" o comando de uma obscura divisão que lutava ao norte e havia se resignado a cumprir aquela "missão suicida".

Então no dia 2 de abril, tomado de surpresa, Pemsel recebera instruções do general Jodl para que voasse a Berlim. O mau tempo havia atrasado seu avião, obrigando-o a fazer paradas em vários lugares. Não conseguiu chegar à capital antes do dia 12 de abril. Jodl o admoestou por seu atraso.

– Sabe, Pemsel – ele disse –, você seria nomeado o comandante de Berlim, mas acabou chegando muito tarde.

Ao ouvir essas palavras, Pemsel disse posteriormente, "senti um grande alívio no peito".

Agora, em vez de assumir o comando de Berlim, Pemsel seguia em direção ao *front* italiano: Jodl o nomeara chefe de Estado-Maior do marechal Rodolfo Graziani, do Exército italiano. Pemsel considerava a situação quase como um sonho. Ele achava bastante duvidoso que ainda existisse tal força; no entanto, Jodl lhe havia feito uma descrição de suas tarefas com tanto cuidado que era como se a guerra estivesse progredindo de maneira satisfatória, como se o conflito ainda fosse se estender por anos.

– Seu trabalho – ele alertou Pemsel – será bastante difícil, porque ele demanda não somente grande conhecimento militar mas também habilidades diplomáticas.

Embora a perspectiva de Jodl fosse totalmente delirante, Pemsel estava satisfeito em ir para a Itália. No caminho, ele passaria pela Bavária, e pela primeira vez em dois anos veria sua mulher e sua família. Quando chegasse finalmente à Itália, era possível que a guerra já tivesse acabado.

Ao deixar Berlim, Pemsel sentiu que o destino e o tempo haviam sido excepcionalmente gentis com ele. Era evidente que a cidade não poderia ser defendida. Passando por um emaranhado composto de três caminhões, cravos de aço e blocos de concreto em forma de cone, que deveriam ser utilizados como obstáculos antitanques, ele balançou a cabeça em sinal de descrença. Um pouco mais adiante, o carro passou por velhos da Guarda Nacional que abriam trincheiras com extrema lentidão. Quando abandonou a cidade, Pemsel mais tarde recordou, "agradecia a Deus por me deixar passar sem esse cálice amargo".

Em seu quartel-general em Hohenzollerndamm, o comandante da cidade, general Reymann, parou em frente a um enorme mapa de Berlim preso à parede, observando as linhas de defesa marcadas sobre ele e se questionando, como mais tarde colocou, "o que, em nome de Deus, era para eu fazer". Reymann mal dormira nos últimos três dias e desde a manhã havia recebido inúmeras ligações, comparecido a diversas reuniões, visitado seções do perímetro de defesa e expedido uma série de ordens – a maioria das quais, ele acreditava em foro íntimo, tinha pouca chance de ser completada antes que os russos alcançassem a cidade.

Mais cedo nesse dia, Goebbels, encarregado oficial da defesa de Berlim, havia reunido como era de costume seu "conselho de guerra" semanal. Para Reymann, essas reuniões agora pareciam quase farsescas. À tarde, ele descrevera esta última ao seu chefe de Estado-Maior, coronel Refior.

– Ele me disse a mesma coisa de sempre. "Se a batalha por Berlim começasse nesse instante, você teria à sua disposição todos os tipos de tanque e peças de artilharia dos mais variados calibres, milhares de metralhadoras, das leves às de pesado porte, e centenas de morteiros, além de uma enorme quantidade de munição para todas as armas."

Reymann fez uma pausa.

– De acordo com Goebbels – ele disse a Refior –, conseguiremos tudo de que precisarmos *se* Berlim for cercada.

Então Goebbels subitamente mudou o rumo da conversa.

– Quando a batalha por Berlim começar, onde você pretende estabelecer seu quartel-general? – ele perguntou.

O próprio Goebbels planejava ir para o *bunker* do Zôo e sugeriu que Reyamnn também comandasse as operações de lá. Reymann acreditou ter percebido imediatamente o que o *gauleiter* tinha em mente: Goebbels pretendia manter Reymann e a defesa de Berlim completamente debaixo de sua asa. Do modo mais delicado possível, Reymann declinou a oferta.

– Seria melhor que ficássemos separados – ele disse –, já que juntos os poderes político e militar poderiam ser eliminados de uma só vez por um golpe ocasional.

Goebbels abandonou o assunto, mas Reymann percebeu um repentino e imediato esfriamento nas maneiras do *gauleiter*. Goebbels sabia perfeitamente que seria quase impossível que o enorme *bunker* do Zoológico pudesse ser destruído, mesmo por uma série de poderosas bombas.

Reymann sabia que o *Reichsminister* não esqueceria que seu convite havia sido recusado. Mas no momento, enquanto ele era confrontado com a desesperadora tarefa de preparar a defesa da cidade, a última pessoa que Reymann queria ter nas proximidades era Goebbels. Não dera o mínimo crédito nem às promessas nem aos pronunciamentos do *gauleiter*. Apenas alguns dias antes, novamente discutindo suprimentos, Goebbels havia dito que a defesa de Berlim seria sustentada por "pelo menos cem tanques". Reymann pedira então por uma lista por escrito dos suprimentos prometidos. Quando a requisição finalmente lhe foi entregue, os cem tanques passaram a ser "25 tanques prontos para combate e 75 em fase de montagem". Independentemente de quantos fossem, Reymann sabia que não ia ver sequer um deles. O *front* do Oder teria prioridade em todas as armas vitais.

Para Reymann, somente um membro do Gabinete realmente compreendia o que o destino reservara para Berlim. Era o *Reichsminister* Albert Speer, e mesmo ele não sabia de tudo. Imediatamente após o conselho de guerra do *gauleiter*, Reymann havia recebido ordens de se apresentar diante de Speer. Na antiga embaixada francesa na Pariser Platz, onde o chefe de produção de guerra de Hitler agora mantinha seus escritórios, o normalmente civilizado Speer estava furioso. Apontando para a grande estrada que corria através do mapa da cidade, Speer exigia saber o que "estava acontecendo no eixo Leste-Oeste". Reymann olhou para ele tomado de surpresa.

– Estou construindo uma pista de decolagem entre o Portão de Brandemburgo e a Coluna da Vitória – ele respondeu. – Por quê?

– Por quê? – explodiu Speer. – Por quê? Você está pondo abaixo meus postes de luz: eis o porquê! E você não pode fazer isso!

Reymann havia imaginado que Speer soubesse tudo sobre o plano. Nas batalhas por Breslau e Königsberg, os russos haviam tomado os aeroportos que ficavam nas redondezas de ambas as cidades quase que imediatamente. Para evitar que uma situação similar ocorresse em Berlim, havia se decidido pela construção de uma pista de decolagem quase no centro do distrito governamental, ao longo do eixo Leste-Oeste, onde a estrada passava através do Tiergarten. "Por essa razão", Reymann disse mais tarde, "em acordo com a Luftwaffe, a pista entre o Portão de Brandemburgo e a Coluna da Vitória foi escolhida. Isso significava que os postes ornamentais de bronze teriam que ser removidos, e as árvores, em uma extensão de trinta metros em ambos os lados, teriam que ser derrubadas. Quando mencionei este plano a Hitler, ele disse que os postes poderiam ser removidos, mas as árvores deveriam permanecer. Fiz o máximo possível para persuadi-lo a mudar de idéia, mas Hitler não queria ouvir uma palavra sobre cortar as árvores. Mesmo que eu tenha explicado que se as árvores não fossem removidas somente aviões pequenos seriam capazes de aterrissar e decolar, Hitler mantinha-se inflexível. Não sei quais eram suas razões, mas a remoção de umas poucas árvores dificilmente poderia arruinar a beleza da cidade àquela altura." E agora Speer se opunha à remoção dos postes de iluminação.

Reymann explicou a situação a Speer, reforçando que contava com a permissão do Führer para remover os postes. Isso, porém, não causou qualquer impressão sobre o *Reichsminister*.

– Você não pode pôr abaixo aqueles postes de luz – ele insistiu. – Oponho-me a isso.

Então Speer acrescentou:

– Você parece não perceber que sou eu o responsável pela reconstrução de Berlim.

Em vão Reymann tentou persuadir Speer para que mudasse de opinião.

– É vital que mantenhamos uma pista de decolagem aberta, especialmente nesta localização – ele argumentou.

O *Reichsminister* não quis ouvir mais nada. Segundo a reconstituição de Reymann, "a conversa terminou com Speer revelando sua intenção de levar o assunto ao Führer. Enquanto isso, seus postes de luz deveriam permanecer onde estavam, e o trabalho na pista deveria parar – mesmo que os russos estivessem avançando diretamente sobre nós".

Um pouco antes do final da reunião, Speer trouxe à tona a questão das pontes de Berlim. Novamente ele argumentou com Reymann, assim como tinha feito no quartel-general de Heinrici no dia anterior, que destruir as pontes era desnecessário, que água, fontes de energia e gás eram transportados sobre elas e "romper essas linhas vitais paralisaria grandes extensões da cidade, tornando minha tarefa de reconstrução ainda mais difícil". Reymann sabia que a influência de Speer sobre Hitler era grande: já havia recebido uma ordem direta da Reichskanzlei para retirar de sua lista diversas pontes que estavam marcadas para a destruição. Agora, Speer insistia na idéia de que todas deveriam ser salvas. Reymann decidiu ser tão teimoso quanto Speer. Caso não recebesse ordens contrárias, vindas diretamente de Hitler, Reymann pretendia seguir à risca suas instruções para explodir todas as pontes restantes. Semelhantemente a Speer, não lhe agradava a idéia; mas não tinha a menor intenção de arriscar sua vida e sua carreira para salvá-las.

Do escritório de Speer, Reymann fez uma rápida visita a um dos setores de defesa nos arredores de Berlim. Cada uma dessas inspeções servia apenas para aprofundar a convicção de Reymann de que as defesas de Berlim não passavam de ilusão. Nos anos pomposos e triunfantes, os nazistas jamais haviam considerado a possibilidade de que um dia o último foco de resistência fosse na capital. Eles haviam construído fortificações em vários outros lugares

– a linha Gustav, na Itália; o Muro do Atlântico, ao longo da costa européia; a linha Siegfried, nas fronteiras ocidentais da Alemanha –, mas nem sequer uma trincheira fora construída em Berlim. Nem mesmo quando os russos progrediram de maneira titânica através do leste europeu e invadiram a pátria, Hitler e seus conselheiros militares agiram para fortificar a cidade.

Foi somente quando o Exército Vermelho chegou ao Oder, no início de 1945, que os alemães começaram a fortificar as defesas de Berlim. Vagarosamente umas poucas trincheiras e obstáculos antitanques começaram a aparecer nos limites orientais da cidade. Então, de modo inacreditável, quando o Exército Vermelho parou junto ao rio congelado à espera do degelo primaveril, as preparações para a proteção da capital também foram interrompidas. Somente em março a defesa de Berlim recebeu alguma consideração de caráter mais sério – e então já era tarde demais. Não havia mais as forças, os suprimentos ou os equipamentos necessários para erguer as fortificações.

Em dois meses de atividade extenuante e frenética, uma série de defesas improvisadas foi erguida simultaneamente. No final de fevereiro, um "cinturão de defesa" foi estabelecido às pressas a cerca de trinta quilômetros da capital. Esta linha corria através de áreas de floresta, pântanos, lagos, rios e canais, ocupando pontos ao norte, ao sul e ao leste da cidade. Antes de Reymann assumir o comando, ordens haviam sido expedidas dando conta que as áreas de obstáculo eram "locais fortificados". De acordo com a mania de Hitler por fortalezas, os contingentes locais da Guarda Nacional foram avisados de que não deveriam ceder ao chegar a esses locais e de que deveriam lutar até o último homem. Para transformar tais locais em sólidas zonas de resistência, quantidades assombrosas de homens, armas e materiais seriam necessários, pois o cinturão teria que se estender por aproximadamente 240 quilômetros em volta da Grande Berlim.

Como Reymann logo descobriu, exceto onde a zona de obstáculo estava sob supervisão direta do exército, os então chamados locais fortificados geralmente não eram mais que poucas trincheiras cobrindo as estradas principais, algumas posições de artilharia espalhadas, ou umas poucas estruturas de concreto reforçado rapidamente convertidas em casamatas com as janelas fechadas por tijolos e fendas para as metralhadoras. Essas frágeis posições, muitas delas ainda desocupadas, estavam marcadas nos mapas de defesa da Reichskanzlei como grandes pontos de resistência.

A principal linha de resistência era a própria cidade. Três anéis concêntricos constituíam o padrão de defesa interno. O primeiro, com 96 quilômetros de circunferência, corria ao redor dos limites de Berlim. Na falta de fortificações adequadas, toda e qualquer coisa estava sendo utilizada para criar barreiras: antigos trens e vagões, prédios arruinados, muros de blocos de concreto maciço, *bunkers* antiaéreos reaproveitados e – a contribuição da natureza – os lagos e rios da cidade. Agora, grupos de homens trabalhavam noite e dia para unir os aparatos naturais e artificiais em uma linha contínua de defesa e em uma barreira antitanque. O trabalho era feito à mão. Não havia nenhum equipamento movido a energia. A maioria das máquinas de movimentação de terra havia muito já tinham sido mandadas para o leste para serem empregadas nas fortificações do *front* do Oder. O uso das poucas máquinas restantes era restrito por causa da escassez de combustível – cada galão disponível fora remetido para as divisões *panzer*.

Na teoria deveria haver cem mil trabalhadores envolvidos na organização dos anéis fortificados. Na prática nunca houve mais do que trinta mil. Havia inclusive escassez de ferramentas manuais; os apelos nos jornais por picaretas e pás haviam trazido poucos resultados. Como expôs o coronel Refior, "os jardineiros de Berlim aparentemente consideravam que cavar em suas plantações de batatas era mais importante do que abrir trincheiras antitanques". Para Reymann, estes eram esforços fúteis. O anel do perímetro jamais estaria pronto a tempo. Era um trabalho sem qualquer esperança, desesperançado ao limite.

O segundo anel, ou intermediário, poderia ser um obstáculo formidável, se preenchido por tropas veteranas amplamente supridas com armas. Tinha uma circunferência de aproximadamente quarenta quilômetros e suas barreiras há muito já estavam assentadas. O sistema ferroviário de Berlim havia sido convertido em uma armadilha mortal. Em alguns lugares havia profundos sulcos e desvios, alguns deles variando entre noventa e 180 metros de extensão, servindo como perfeitos fossos antitanque. De casas fortificadas elevadas acima das linhas férreas, atiradores poderiam alvejar os tanques pegos nas armadilhas. Ao longo de outras extensões, a linha seguia a ferrovia elevada (*S-Bahn*), dando aos defensores a vantagem de altos pontos de tiro.

Se mesmo essas defesas ruíssem, havia ainda o terceiro círculo, ou círculo interno, no centro da cidade. Chamado de Cidadela, esta última área de trincheiras ficava entre os braços do canal Landwehr e o rio Spree, no distrito de Mitte. Quase todos os maiores prédios governamentais povoavam esta última linha de defesa. Em grandes estruturas unidas em conjunto por barricadas e muros de blocos de concreto, os últimos defensores resistiriam no imenso ministério do Ar de Goering (*Reichsluftfahrtministerium*), no colossal quartel-general militar de Benler Block, e dentro das vazias e ecoantes paredes da Reichskanzlei e do Reichstag.

Espalhando-se da Cidadela através dos três anéis de defesa estavam oito setores divididos como se fossem fatias de uma torta, cada qual com seu próprio comandante. Começando com o distrito de Weissensee, no Leste, os setores estavam classificados em sentido horário de A a H. O círculo interno era chamado de Z. Dando suporte aos anéis, seis formidáveis torres de fogo antiaéreo e à prova de bombas estavam espalhadas pela cidade – em Humboldthain, Friedrichshain e nas terras do zoológico de Berlim.

Muitos itens vitais, porém, estavam faltando na *Festung* Berlim. O mais crucial de todos era força humana. Mesmo sob condições ideais, Reymann acreditava, duzentos mil soldados bem-treinados e preparados para combate seriam necessários para defender a cidade. Em vez disso, o que ele dispunha para sustentar os 515 quilômetros quadrados de Berlim, uma área quase igual à da cidade de Nova York, era uma miscelânea de tropas que ia dos rapazes de quinze anos da Juventude Hitlerista a homens na casa dos setenta. Ele dispunha de policiais, unidades de engenheiros e equipes para baterias antiaéreas, mas toda sua infantaria constituía-se de 60 mil homens não-treinados da Guarda Nacional. Esses homens cansados e velhos da Volkssturm agora abriam trincheiras ou se moviam lentamente para posições ao longo das proximidades de Berlim, e teriam que assumir a parte mais pesada da defesa da cidade. A Volkssturm ocupava um tipo de mundo mais baixo entre os militares. Embora fosse esperado que ela lutasse ao lado do Wehrmacht em tempos de emergência, seus membros não eram considerados parte do exército. Eles, assim como a Juventude Hitlerista, eram de responsabilidade dos oficiais locais do partido; Reymann não poderia nem mesmo assumir o comando dessas forças antes que a batalha começasse. Mesmo o equipamento da Volkssturm era de responsabilidade do partido. A Guarda Nacional não dispunha de nenhum veículo, cozinhas de campanha ou meios de comunicação próprios.

No geral, um terço dos homens de Reymann estavam desarmados. Os restantes encontravam-se quase que na mesma situação. "Suas armas", mais tarde ele relataria, "vinham de todos os países com os quais a Alemanha havia lutado, aliados e inimigos. Junto com as nossas havia armas italianas, russas, francesas, tchecoslovacas, belgas, holandesas, norueguesas e inglesas." Havia não menos do que quinze tipos diferentes de rifles e pelo menos dez tipos de metralhadoras. Tentar achar munição para a miscelânea de armas era tarefa das mais ingratas. Batalhões equipados com rifles italianos tinham mais sorte que os demais: havia até vinte balas para cada um deles. As armas belgas, descobriu-se, poderiam aceitar um certo tipo de bala tcheca, mas a munição belga era inútil para os rifles tchecos. Havia poucas armas gregas, mas por alguma razão abundavam munições desse país. Era tão desesperadora a escassez que foi encontrado um modo de adaptar as balas gregas para que fossem disparadas por rifles italianos. Mas tão frenéticas improvisações mal aliviavam o problema geral. No dia de abertura do ataque russo, a média de munição para cada homem da Guarda Nacional era de cinco balas por rifle.

Agora, enquanto Reymann percorria as posições ao longo dos limites orientais, ele tinha certeza de que os russos simplesmente derrubariam as posições alemãs. Faltavam itens de primeira necessidade para a defesa. Não havia quase minas disponíveis, e assim o cinturão dos campos minados que eram essenciais para uma posição de defesa mal existia. Um dos mais antigos e efetivos entre todos os itens de defesa, arames farpados haviam se tornado uma raridade quase impossível de ser obtida. A artilharia de Reymann era constituída por algumas armas antiaéreas móveis, uns poucos tanques cujas torres de tiro cobriam as avenidas para o caso de uma aproximação e as grandes armas dispostas nas torres antiaéreas. Poderosas como eram, essas baterias elevadas, no entanto, tinham um uso limitado. Por causa de suas posições fixas, elas não podiam ser direcionadas para o chão para afugentar os ataques de tanque e de infantaria.

Reymann sabia que sua situação estava além de qualquer esperança. E encontrava-se quase tão pessimista no que se referia à situação em todos os outros lugares. Não acreditava que o *front* do Oder fosse resistir nem que as tropas fossem retornar para a cidade. O coronel Refior havia discutido a possibilidade de obter ajuda por meio dos oficiais no quartel-general do general Busse. Ele obteve uma resposta rude:

– Não espere por nós – disse o chefe do Estado-Maior de Busse, coronel Artur Hölz. – O Nono Exército está e ficará no Oder. Se necessário, tombaremos lá, mas não recuaremos.

Reymann continuava pensando em uma conversa que tivera com um oficial da Volkssturm em um dos setores.

– O que você faria se agora – Reymann perguntara – visse de repente um tanque russo à distância? Como nos informaria? Vamos imaginar que os tanques estivessem vindo por esta direção. Mostre-me o que você faria.

Para sua surpresa, o homem se virou bruscamente e saiu correndo de volta à vila, logo atrás de suas posições. Uns poucos minutos mais tarde ele retornou, ofegante e abatido.

– Me esqueci. O posto telefônico está fechado entre a uma e as duas da tarde.

Ao retornar para a cidade, Reymann olhava para um ponto vazio, não querendo ver o que estava do lado de fora das janelas do carro. Ele sentia que um verdadeiro inferno se armava e que dessa vez a enegrecida Berlim poderia desaparecer para sempre.

A linha ia se rompendo aos poucos mas continuamente, vitimada pela maciça pressão inimiga. Heinrici estivera no *front* durante todo o dia, indo de quartel-general em quartel-general, visitando posições no campo, falando com os comandantes. Estava maravilhado com o fato de os soldados de Busse continuarem resistindo mesmo diante de tantas e tão pesadas perdas. Primeiramente o Nono Exército havia resistido durante três dias aos ataques preliminares; agora, por mais de 24 horas, eles recebiam a força completa da principal ofensiva russa. As tropas de Busse haviam respondido ao ataque de maneira feroz. Somente na área de Seelow, elas haviam destruído mais de 150 tanques e haviam derrubado 132 aviões. Mas estavam enfraquecendo.

Enquanto se dirigia através da escuridão de volta ao seu quartel-general, Heinrici viu-se atrasado por multidões de refugiados. Ele os vira por toda parte neste dia – alguns carregando trouxas, alguns portando em carrinhos de mão seus últimos pertences, alguns em carroças puxadas por cavalos ou bois. Em muitos lugares a quantidade de pessoas constituía-se em um problema tanto para as tropas de Heinrici quanto para os russos.

Em seu posto de comando, os oficiais de sua equipe esperavam ansiosos para ouvir em primeira mão a impressão do general sobre o quadro do *front*. De modo grave, Heinrici resumiu o que havia visto.

– Eles não poderão resistir por muito mais tempo – ele disse. – Os homens estão tão cansados que chegam a estar com as línguas para fora. Ainda assim – ele continuou –, estamos resistindo, algo que Schörner não conseguiu fazer. Aquele grande soldado não foi capaz de segurar Koniev sequer por um dia.

Pouco tempo depois, o chefe do OKH, general Hans Krebs, telefonou.

– Bem, temos uma boa razão para estarmos satisfeitos – ele falou suavemente para Heinrici, que concordou.

– Considerando o tamanho do ataque, até que não perdemos muito terreno – ele disse.

Krebs preferia uma resposta mais otimista, e tentou fazer com que o outro se contagiasse por esse espírito, mas Heinrici não se deixou envolver.

– Eu aprendi – ele disse a Krebs de modo seco – a nunca louvar o dia antes do crepúsculo chegar.

Na escuridão, o soldado Willy Feldheim agarrou-se com mais firmeza ao seu volumoso *Panzerfaust*. Não tinha certeza exatamente de onde estava, mas ele ouvira dizer que esta linha de trincheiras cobrindo as três estradas na área de Klosterdorf ficava a 29 quilômetros do *front*.

Um pouco depois, esperando pela vinda dos tanques russos pela estrada, Willy havia sentido uma grande sensação de aventura. Ele ficava pensando no que sentiria quando visse o primeiro tanque e pudesse finalmente disparar sua bazuca pela primeira vez. As três companhias encarregadas de defender os cruzamentos haviam sido orientadas a deixar os tanques chegar o mais próximo possível antes de disparar. O instrutor de Willy havia dito que a distância de cinqüenta metros era a correta. Enquanto isso o soldado se perguntava quanto tempo eles ainda levariam para aparecer.

Agachado na pequena trincheira, Willy pensava nos dias em que era um corneteiro. Ele se lembrava em particular de um dia luminoso em 1943, quando Hitler falara no Estádio Olímpico e Willy estava entre o grande naipe de corneteiros que haviam tocado uma fanfarra à entrada de Hitler. Ele jamais esqueceria as palavras do líder para a Juventude Hitlerista então reunida: "Vocês são a garantia do futuro...". E a multidão havia gritado: "*Führer Befiehl! Führer Befiehl!*". Havia sido o dia mais memorável da vida de Willy. Naquela tarde ele não tivera qualquer dúvida de que o Reich possuía o melhor exército, as melhores armas, os melhores generais e, acima de tudo, o maior líder mundial.

O sonho se fora com a repentina luz que iluminou o negror da noite. Willy olhou em direção ao *front* e então ouviu novamente o resmungar surdo das armas que ele havia momentaneamente esquecido, e sentiu o frio. Seu estômago começou a doer e teve vontade de chorar. Willy Feldheim, quinze anos, estava terrivelmente assustado, e todos os nobres propósitos e as frases de efeito não poderiam ajudá-lo agora.

A batida dos tímpanos era quase imperceptível. Suavemente as tubas responderam. O surdo rolo dos tímpanos começou de novo. De modo grave e ameaçador as tubas replicaram. Então o naipe inteiro de metais tornou-se vivo, e a impressionante magnificência do *Die Götterdämmerung* partiu da Filarmônica de Berlim. O estado de espírito de todos no Beethoven Hall parecia tão trágico quanto a música. A única iluminação vinha das luzes das estantes de partitura da orquestra. Estava frio na sala, e as pessoas vestiam sobretudos. O dr. Von Westermann ocupou um camarote com sua mulher e seu irmão. Em outro próximo estava a irmã do regente Robert Heger, com mais três amigos. Em seu assento de costume na seção da orquestra estava o *Reichsminister* Albert Speer.

Imediatamente após executar o *Concerto para violino* de Beethoven, Taschner, sua família e a filha de Georg Diburtz haviam deixado a sala. Eles estavam agora a caminho da segurança – mas eram os únicos. Speer mantivera sua promessa. Seu carro estava esperando. Ele enviara inclusive seu ajudante para escoltar o pequeno grupo em segurança ao seu destino. Agora o arquiteto da monstruosa máquina de guerra de Hitler ouvia a música que falava sobre as ignomínias dos deuses, sobre Siegfried em seu leito de morte feito de fogo, sobre Brünnhilde a cavalo ascendendo à pira para unir-se a ele na morte. Então, com os pratos soando e os rolos dos tímpanos, a orquestra chegou ao clímax: o terrível holocausto que destruiu Valhalla. E, à medida que a lamentosa e majestática música enchia o auditório, aqueles que a ouviam sentiram um pesar tão profundo que nem as lágrimas poderiam aliviá-lo.*

2

Não restava quase nada do uma vez poderoso Terceiro Reich. Esmagado pelos dois lados, no mapa ele se assemelhava a uma ampulheta: o Mar do Norte e o Báltico formavam o topo, e a Bavária, partes da Tchecoslováquia, a Áustria e o norte da Itália – que a Alemanha no momento ocupava – compunham a parte de baixo. No meio, no ponto de estrangulamento entre as áreas, apenas 145 quilômetros separavam os americanos dos russos. Os combates continuavam pesados ao Norte e, em um grau menor, no Sul. Ao centro, o Nono Exército dos EUA, sob o comando do general William Simpson, simplesmente mantinha suas posições ao longo do Elba, dando cabo dos pequenos bolsões de resistência, ultrapassados durante a corrida até o rio, além de repelir fracos e ocasionais contra-ataques às suas cabeças-de-ponte. Havia apenas uma dificuldade para o Nono Exército: Magdeburg. Sucessivas vezes seu comandante recusara-se a se render. Agora Simpson considerava que já havia tido o suficiente: ordenou um bombardeio e pôs abaixo um terço da cidade. Então enviou suas tropas.

---

* Há provavelmente tantos relatos deste último concerto quanto o número de sobreviventes da orquestra. Alguns contam uma história, outros, outra. Há diferentes versões sobre a data, o programa e mesmo sobre os músicos que tocaram naquela noite. Aqueles que não sabiam nada a respeito do plano de fuga de Speer recusam-se a acreditar que houvesse tal esquema. A versão que aqui aparece está baseada nos registros e considerações do dr. Von Westermann, além de informações complementares de Gerhard Taschner. (N. do A.)

Na tarde do dia 17, à medida que as unidades da 30ª Infantaria e da Segunda Divisão Blindada começaram a atacar, o general Bradley juntou-se a Simpson no quartel-general do último. O telefone tocou. Simpson atendeu, escutou por um momento e então, colocando a mão sobre o bocal, disse a Bradley:

– Parece que depois de tudo nós vamos conseguir a ponte em Magdeburg. O que faremos então, Brad?

Bradley sabia exatamente o que Simpson queria que ele dissesse: que a ponte da *Autobahn* era a rota mais rápida e direta para Berlim. Mas ele balançou a cabeça.

– Nós não queremos mais nenhuma cabeça-de-ponte sobre o Elba. Se você conseguir capturá-la, creio que terá que enviar um batalhão através dela. Mas vamos esperar que nossos inimigos a explodam antes que você chegue até ela.

As instruções para Bradley vindas do SQFEA eram claras; ele não devia oferecer nenhuma esperança a Simpson de prosseguir com o avanço. As ordens eram: "Tome as medidas necessárias para evitar uma ação ofensiva, incluindo a formação de novas cabeças-de-ponte a leste da linha do Elba-Mulde...". As forças de Simpson deveriam permanecer como uma ameaça a Berlim, mas isso era tudo.

Minutos depois um segundo telefonema encerrou a questão. Ao repor o telefone ao gancho, Simpson disse a Bradley:

– Não há mais motivo para preocupações. Os *Krauts** acabam de explodi-la.

A destruição da ponte acabou com o sonho de "Big Simp" Simpson, que tanto quisera levar seu poderoso Nono Exército a Berlim, a cidade que o supremo comandante certa vez descrevera como sendo "claramente o prêmio principal".

• • •

Nos pequenos povoados ao norte de Boizenburg no Elba, os pais de família ficaram sobressaltados por um lamento distante. O estranho som ficava mais alto, e logo uma surpreendente aparição fez-se visível. A pé pela estrada vinham dois escoceses tocando suas gaitas, espalhando o som agudo e serpenteante de seus foles. Atrás deles vinham os prisioneiros de guerra do

* Designação pejorativa para alemães. Literalmente, "repolhos". Em alemão no original. (N. do T.)

oficial autorizado "Dixie" Deans, doze mil homens, marchando em colunas sob uma fraca escolta de guardas alemães. Os uniformes dos prisioneiros estavam em farrapos. Seus poucos pertences vinham em trouxas jogadas sobre suas costas. Eles estavam emaciados, com frio e fome, mas vinham com cabeças erguidas. O determinado Deans pedira por isso.

– Quando vocês passarem pelas vilas – ele disse a seus homens – mantenham-se eretos mesmo que doa, e mostrem a esses malditos super-homens exatamente quem venceu esta guerra.

O próprio meio de transporte de Dixie era uma antiga bicicleta que a todo momento ameaçava se desmanchar. Um remendo cobria uma grande extensão do pneu frontal. Mas, esburacada como era a estrada sob a qual marchavam, Dixie estava agradecido pela mobilidade. Ele rodava continuamente, indo de coluna em coluna, cuidando de seus homens e observando os guardas alemães que marchavam em ambos os lados de cada coluna. Cada estrada estava cheia de prisioneiros de guerra. Havia aproximadamente dois mil homens por coluna, e ainda que Deans tentasse de modo resoluto, cobrir a área inteira era um trabalho exaustivo. Depois de quase dez dias de uma marcha que parecia sem propósito, os homens de Deans encontravam-se em más condições. Havia poucos caminhões alemães com suprimentos na procissão e a maior parte dos homens sobrevivia do que apanhava nos campos. O comandante alemão, coronel Ostmann, parecia quase embaraçado pela marcha sem sentido e com a escassez de comida, mas ele disse a Deans:

– Não há nada que eu possa fazer.

Dixie acreditou nele.

– Não creio que ele faça a mínima idéia de onde iremos no dia seguinte – Deans disse ao seu companheiro, o oficial autorizado Ronald Mogg.

Os prisioneiros de guerra vagavam como nômades desde que haviam deixado Fallingsbostel. Agora eles se dirigiam para a cidade de Gresse, onde caminhões da Cruz Vermelha com pacotes de comida, conforme fora dito, estariam esperando por eles. Deans esperava que eles parassem por lá e não continuassem mais. Ele havia dito a Ostmann que a marcha era inútil, pois logo os britânicos os libertariam. Deans acreditava estar certo. Do que os homens puderam captar através dos preciosos rádios escondidos que eles haviam trazido do campo de concentração, as notícias sobre os Aliados eram animadoras. Mogg, um especialista em taquigrafia, tomava nota dos noticiários da BBC duas vezes ao dia. Onde quer que eles encontrassem uma tomada, ligavam o rádio do gramofone; durante a marcha eles apoiavam-se no receptor movido a bateria. Um dos guardas alemães, o intérprete de Ostmann, o cabo "Charlie" Gumbach, achava que o sargento John Bristow era um tolo por carregar o pesado e antiquado gramofone nas costas.

– Por que você não deixa essa tralha para trás? – sugeriu o alemão.

– Eu cresci junto dele, Charlie – disse Bristow com seriedade. – Além do mais, meus parceiros jamais me perdoariam se não tivéssemos mais a nossa musiquinha para as noites. – Bristow olhou com um olhar suspeito para o alemão. – Você não gosta de dançar, Charlie? – ele perguntou.

Gumbach encolheu os ombros como que desistindo da conversa; todos esses britânicos eram uns loucos.

Conforme a coluna de Deans seguia pela estrada em direção a uma nova vila, os gaiteiros colocaram seus instrumentos em posição, e os homens exaustos nas fileiras ergueram os ombros e passaram a marchar com mais vigor.

– Pelo menos – disse Ron Mogg, avançando ao lado de Deans –, estamos, sem dúvida, impressionando os nativos.

• • •

No *front* oriental, a Guarda de Chuikov e os tanques de Katukov tinham finalmente ganhado uma posição segura em Seelow Heights graças simplesmente à sua superioridade numérica. Um pouco depois da meia-noite do dia 16, o general Popiel mais tarde lembraria, "as primeiras três casas no subúrbio ao norte da cidade de Seelow tinham sido capturadas... Foi uma operação dolorosa". Durante toda a noite do dia 16, os ataques do Exército Vermelho haviam sido esmagados sucessivamente pelo fogo à queima-roupa das armas antiaéreas. "Os alemães não precisavam nem mirar", disse Popiel. "Eles apenas atiravam no que viam." O próprio Chuikov chegou a Seelow por volta da tarde do dia 17. Encontrou a resistência no local tão encarniçada que estimou, tomado pelo pessimismo, que seria necessário "um dia para romper cada uma das linhas de resistência entre o Oder e Berlim". Somente na noite do dia 17 Heights foi tomado. De fato, foram precisas mais de 48 horas para romper as duas primeiras linhas. Os russos acreditavam que havia pelo menos mais três linhas iguais a essas antes de Berlim.

Popiel, tentando percorrer o caminho até o quartel-general de Katukov, percebeu que a luta havia causado uma grande confusão. As tropas e os tanques espalhavam-se desordenadamente, amontoados nas esquinas, aléias, ruas e jardins. A artilharia alemã continuava disparando. Em seu esforço de tomar Heights, as tropas de Zhukov haviam se desorganizado; agora elas precisavam ser reagrupadas antes de retomarem o avanço. Zhukov, furioso, e completamente ciente dos planos de Koniev, exigiu um esforço total.

Durante a batalha, os tanques soviéticos encontraram uma maneira engenhosa para minimizar o ataque dos robustos foguetes antitanques disparados de *Panzerfäuste*. Para sua surpresa, o general Yushchuk viu que seus pilotos de tanque haviam pegado cada estrado de mola que eles puderam encontrar nas casas alemãs. Esses dispositivos com molas entrelaçadas eram agora enganchados à parte frontal dos tanques para deter o impacto dos foguetes de ponta grossa. Precedidos pelos estrados de mola, os soviéticos agora se preparavam para iniciar o assalto à cidade.

Próximo a Cottbus, em um castelo medieval elevando-se acima do Spree, o marechal Koniev esperava que sua ligação para Moscou fosse completada. Em algum lugar uma solitária bateria inimiga continuava disparando. Era uma típica barragem de artilharia alemã, pensou Koniev ao ouvir o modo cuidadosamente metódico e preciso dos disparos. Ele se perguntava contra o que eles disparavam – talvez contra o castelo ou contra a antena da estação de rádio do seu quartel-general. Fosse qual fosse o objetivo, o fogo não estava atrapalhando seus tanques, os quais já haviam cruzado o Spree desde a tarde. Agora eles já estavam a quilômetros de distância, lançando-se contra um inimigo desmantelado e avançando rumo a Lübben, próximo ao ponto onde terminava a fronteira entre seu exército e o de Zhukov. Para Koniev, havia chegado a hora de ligar para Stalin e pedir permissão para alterar o trajeto de seus tanques para o norte e seguir rumo a Berlim.

Koniev tinha todas as razões para se sentir animado. Seus tanques haviam se movimentado com velocidade jamais vista, muito embora os combates tivessem sido extremamente brutais em algumas áreas, e o número de baixas, consideráveis. Logo cedo, na manhã do dia 17, dirigindo rumo ao *front* para acompanhar a travessia do Spree, Koniev percebera pela primeira vez o quão terrível tinha sido a batalha. Seu carro passara por florestas em chamas e por campos esburacados pelo fogo da artilharia. Havia, ele lembrou, "enormes quantidades de tanques destruídos e queimados, equipamentos mergulhados no lodo, pilhas de metal retorcido, e mortos espalhados por toda parte – tudo o que restara das forças que haviam se encontrado e lutado e passado por essa terra".

Koniev esperava por grandes dificuldades para cruzar o Spree, que, em alguns lugares, chegava a ter 54 metros de distância entre as margens. Quando chegou ao quartel-general do Terceiro Exército da Guarda de Tanques do general Rybalko, uns poucos tanques, de fato, haviam cruzado o rio via balsa, mas tal sistema era muito lento. A linha do Spree precisava ser vencida com rapidez. Koniev e Rybalko correram até uma área onde as patrulhas de reconhecimento tinham reportado evidências de que existia uma espécie de vau. Embora o rio nesse trecho tivesse quase 45 metros de extensão, Koniev, após inspecionar o terreno, decidiu assumir o risco de enviar um tanque para testar a travessia. Rybalko selecionou sua melhor equipe de tanque de seu destacamento líder e explicou-lhes o que deveriam tentar. O tanque mergulhou no rio. Sob fogo da margem ocidental, ele começou lentamente a avançar. A água subiu além das esteiras de rodagem – mas não foi além disso. Nesse setor, o rio tinha apenas um metro de profundidade. Um atrás do outro, os tanques de Rybalko começaram a se mover pesadamente através da água. A linha alemã no Spree estava rompida. As forças de Koniev cruzaram o rio com poder máximo e seguiram em frente a toda velocidade.

Naquele momento, no castelo em Cottbus, a ligação do marechal para Moscou foi completada. Um ajudante passou o telefonema via rádio para Koniev. Ao falar, assumiu a formalidade militar que Stalin sempre exigia.

– Aqui fala o comandante do Primeiro Exército ucraniano – ele disse.

Stalin replicou:

– Camarada Stalin. Prossiga.

– Eis minha situação tática – relatou Koniev. – Minhas forças blindadas estão nesse momento 23 quilômetros a noroeste de Finsterwalde, e minha infantaria encontra-se nas margens do Spree.

Ele fez uma pausa.

– Sugiro que minhas formações de blindados movam-se imediatamente em direção ao norte.

Cuidadosamente, ele evitou mencionar Berlim.

– Zhukov – disse Stalin – está enfrentando dificuldades. Ele ainda continua rompendo as defesas em Seelow Heights. A resistência inimiga na região parece dura e obstinada.

Houve então uma pequena pausa. Então Stalin perguntou:

– Por que não passar os tanques de Zhukov pela abertura criada no seu *front* e deixar que ele siga para Berlim a partir daí? Isto é possível?

– Camarada Stalin – disse Koniev rapidamente –, isto levaria muito tempo e causaria uma grande confusão. Não há necessidade de transferir tanques do Primeiro Exército bielo-russo. As operações em meu setor progridem de maneira favorável. – Ele aproveitou a oportunidade. – Disponho das forças adequadas e estamos em perfeita posição para guinar nossos tanques na direção de Berlim.

Koniev explicou que ele poderia enviar suas forças em direção à cidade pela estrada de Zossen, a quarenta quilômetros de Berlim.

– Qual é a escala do mapa que você está usando? – perguntou Stalin de supetão.

– Um por duzentos mil – respondeu Koniev.

Houve nova pausa enquanto Stalin consultava seu próprio mapa. Então ele disse:

– Você está ciente de que Zossen é a sede do quartel-general do Estado-Maior alemão?

Koniev respondeu afirmativamente. Mais uma pausa se seguiu. Finalmente Stalin disse:

– Tudo bem. Estou de acordo. Dirija seus tanques para Berlim.

O generalíssimo acrescentou que ele redefiniria novas linhas divisórias entre os exércitos, e assim, abruptamente, desligou. Koniev depôs seu próprio telefone, imensamente satisfeito.

Zhukov soube pela boca do próprio Stalin da investida de Koniev rumo a Berlim – e para o general não foi, pelo menos aparentemente, uma conversa agradável. O que foi dito ninguém ficou sabendo, mas a equipe do quartel-general pôde verificar os efeitos sobre seu comandante. Como o tenente-coronel Pavel, correspondente sênior do jornal militar *Estrela Vermelha*, mais tarde diria ao recordar o incidente: "O ataque foi bloqueado, e Stalin repreendeu Zhukov. Era uma situação bastante séria e uma reprimenda de Stalin não costumava vir em linguagem branda." Troyanoskii podia claramente ver que "Zhukov, um homem com todas as marcas de uma vontade ferrenha estampadas na face, um homem que não gostava de dividir sua glória com ninguém, estava extremamente agitado". O general Popiel descreveu o estado de espírito de Zhukov de modo mais sucinto. "Nós temos um leão em nossas mãos", ele disse aos membros mais próximos da equipe. O leão não estava mais em condições de mostrar suas presas. Naquela noite a palavra partiu de um Zhukov impiedoso e se espalhou por todo o Primeiro Grupo de Exército bielo-russo:

– Agora tomem Berlim!

• • •

Nesse momento a confusão começava a varrer as linhas alemãs. A escassez era total. A falta de transportes era crítica, uma quase que total ausência de combustível, e as estradas abarrotadas de refugiados tornavam a movimentação em larga escala das tropas praticamente impossível. A imobilidade estava produzindo medonhas conseqüências: à medida que as unidades mudavam de posição, seus equipamentos, incluindo preciosas peças de artilharia, tinham que ser abandonados. As redes de comunicação, também, começavam a falhar e em alguns lugares já não mais existiam. Como resultado, as ordens chegavam obsoletas aos seus destinos – quando chegavam. O caos se armou quando os oficiais chegaram às unidades que deveriam comandar e simplesmente descobriram que não havia mais nada a ser comandado, pois os responsáveis por elas ou haviam sido capturados ou aniquilados. Em algumas áreas, homens inexperientes, deixados sem liderança, não sabiam exatamente onde estavam nem quem lutava em seus flancos. Mesmo em companhias de veteranos, os quartéis-generais eram obrigados a se mover com tanta freqüência que mesmo as tropas não sabiam onde se localizava seu posto de comando ou como contatá-lo.

As unidades eram cercadas e capturadas ou simplesmente dizimadas. Outras, desmoralizadas, rompiam-se e fugiam em desabalada carreira. Em apenas dois lugares o *front* do Vistula permanecia intacto. Na área ao norte, mantida pelo general Hasso von Manteuffel, o Terceiro Exército Panzer ainda não fora atingido pelo ataque maciço de Zhukov – mas Von Manteuffel esperava um ataque para qualquer momento do Segundo Exército bielo-russo do marechal Konstantin Rokossovskii. Bem ao sul, parte do Nono Exército de Busse ainda resistia. Começava, porém, a sofrer com os efeitos da desintegração geral: seu flanco esquerdo já começara a ruir diante da avalanche de tanques promovida por Zhukov; o direito estava parcialmente cercado pela investida devastadora de Koniev a sul de Berlim. Na verdade, o Grupo de Exército Vistula estava caindo aos pedaços, tomado pelo caos, pela confusão e pela morte – exatamente como Heinrici previra.

Von Manteuffel, assim como Heinrici, nunca subestimara os russos; ele, também, havia lutado anteriormente contra eles por diversas vezes. Agora, voando em seu avião de reconhecimento Storch sobre o Oder, ele estudava o inimigo. Os homens de Rokossovskii não faziam qualquer esforço para esconder seus preparativos para o ataque. As unidades de artilharia e infantaria eram abertamente colocadas em posição. Von Manteuffel maravilhava-se com a arrogância dos russos. Por dias a fio, enquanto ele voava de lá para cá sobre suas linhas, eles não se deram nem ao trabalho de olhar para cima.

Von Manteuffel sabia que quando o ataque começasse ele não seria capaz de detê-lo por muito tempo. Ele era um general *panzer* sem *panzers*. Para deter o ataque de Zhukov no setor do Nono Exército, Heinrici havia levado as poucas divisões *panzer* que ainda lhe restavam. Elas haviam vindo do Terceiro

Corpo SS, que mantinha o seu setor mais ao sul, nas florestas de Eberswalde. O general SS Felix Steiner, que era considerado pelos oficiais do Wehrmacht como um dos melhores generais SS, relatou que, apesar de ter perdido os tanques, havia lhe oferecido outros reforços. Solenemente ele informou a Von Manteuffel:

– Acabo de receber cinco mil pilotos da Luftwaffe, cada um com sua pequena Cruz de Ferro em volta do pescoço. Me diz, o que eu faço com eles?

– Não tenho nenhuma dúvida – Von Manteuffel disse à sua equipe – de que nos mapas de Hitler há uma pequena bandeirinha dizendo SÉTIMA DIVISÃO PANZER, mesmo que ela tenha chegado aqui sem nenhum tanque, caminhão, peça de artilharia ou mesmo metralhadora. Nós temos um exército de fantasmas.

Nesse momento, observando os preparativos russos de seu avião, Von Manteuffel chegou à conclusão de que poderia esperar pelo ataque principal em algum horário do dia 20. Ele sabia exatamente o que iria fazer. Resistiria o quanto fosse possível e então pretendia fazer uma retirada "passo a passo, com meus soldados lado a lado, ombro a ombro, por todo trajeto rumo a oeste". Von Manteuffel não tinha a mínima intenção de deixar que seus homens caíssem nas mãos dos russos.

A situação do Nono Exército estava se tornando catastrófica, embora seu comandante continuasse desconsiderando a possibilidade de recuar. Para o general Theodor Busse, uma retirada, exceto se ordenada, podia ser comparada a uma traição – e as ordens de Hitler eram de resistir. Os tanques de Zhukov, avançando depois de terem rompido a linha de Seelow Heights, haviam feito um estrago no flanco norte do Nono Exército, e agora o Primeiro Exército bielo-russo avançava com extrema velocidade em direção a Berlim. A quase que total falta de comunicação tornou impossível para Busse conhecer a extensão da ruptura em sua linha. Ele não sabia nem se uma espécie de contra-ataque poderia remendar essa fissura. Sua melhor informação era que os tanques de Zhukov já se encontravam a quarenta quilômetros das redondezas de Berlim. Ainda mais alarmante era a investida de Koniev ao flanco sul do Nono. O Primeiro Exército ucraniano, nesse momento além de Lübben, descrevia um arco por trás das linhas do Nono e seguia pelo norte em direção à cidade. Poderia o Nono ser cercado, Busse se perguntava, assim como o Grupo de Exército de Model havia sido no Ruhr? Model havia tido sorte em um aspecto: ele fora cercado pelos americanos.*

---

* O bolsão do Ruhr foi completamente desmantelado no dia 18 de abril. Três dias depois, Model cometeu suicídio. (N. do A.)

A situação era particularmente exasperante para o general Karl Weidling, cujo 56º Corpo Panzer havia absorvido o impacto frontal da ruptura da linha de Seelow Heights por Zhukov. Seu Corpo conseguira reter Zhukov por 48 horas, infligindo-lhe severas perdas. Mas as prometidas divisões da reserva pelas quais Weidling tão ansiosamente esperava – a Divisão Nórdica SS e a poderosa e plenamente operacional 18ª Divisão Panzer Granadeiro – não haviam chegado a tempo para promover os contra-ataques que poderiam ter detido os tanques de Zhukov.

Um homem da Divisão Nórdica aparecera – o comandante, o major general SS Jürgen Ziegler. Chegando de carro no quartel-general de Weidling, ao norte de Müncheberg, Ziegler anunciou calmamente que sua divisão estava a quilômetros de distância; ela havia ficado sem combustível. Weidling estava lívido. Cada divisão *panzer* carregava reservas para tais emergências. Mas Ziegler, que sentiu profundo desprazer em lutar sob o comando de oficiais Wehrmacht, aparentemente não considerava urgente a chegada de sua divisão. Agora, vinte preciosas horas haviam sido perdidas com o reabastecimento, e os tanques de Ziegler ainda não estavam posicionados. A 18ª Divisão Panzer Granadeiro, que deveria ter chegado no dia anterior, 17 de abril, acabara de chegar. Os contra-ataques que haviam sido planejados contando com essa força não iriam mais ocorrer: a divisão chegara a tempo somente para a retirada.

Weidling parecia atormentado pela má sorte. Quando as colunas maciças de tanques de Zhukov invadiram o platô, entre as unidades alemãs mais severamente atingidas estava a força pela qual Heinrici mais temia: a Nona Divisão de Pára-Quedistas de Goering. Já desmoralizados por sua exposição inicial à batalha em Heights, os membros da paratropa entraram em pânico e se dispersaram assim que os tanques russos, disparando suas armas, esmagaram suas linhas. O coronel Hans Oscar Wöhlermann, o novo comandante de artilharia de Weidling, que havia chegado no dia do início da ofensiva russa sobre o Oder, testemunhou a debandada que se seguiu. Em todos os lugares, ele disse, os soldados "corriam como loucos". Mesmo quando ele sacou sua pistola, os frenéticos pára-quedistas não se detiveram. Wöhlermann encontrou o comandante da divisão "totalmente sozinho e completamente decepcionado com a fuga de seus homens, tentando manter o que quer que ainda fosse possível ser mantido". Finalmente, a fuga precipitada foi contida, mas os valorizadíssimos pára-quedistas de Goering "permaneciam sendo" – nas palavras de Wöhlermann – "uma ameaça para o curso de toda a batalha". No que diz respeito a Heinrici, telefonou para Goering em Karinhall assim que soube da notícia.

– Tenho algo a lhe dizer – ele falou com acidez. – Essa suas tropas de Cassino, esses seus famosos pára-quedistas... sinto lhe informar, mas eles fugiram.

Embora Weidling tentasse desesperadamente conter o ataque dos blindados russos, o *front* do 56° não podia ser mantido. O chefe do Estado-Maior de Weidling, tenente-coronel Theodor von Dufving, viu que os russos "começavam a nos empurrar para trás por meio de uma terrível pressão exercida em uma manobra com formato de ferradura – atingindo-nos pelos dois lados e nos cercando repetidas vezes". O Corpo também era submetido a um ataque aéreo implacável: em questão de quatro horas, Von Dufving tivera que se proteger trinta vezes. A tática soviética semelhante a uma "pinça" forçara Weidling a evacuar dois quartéis-generais até a hora do almoço. Como resultado, ele havia perdido a comunicação com o quartel-general de Busse.

Ao cair da noite, Weidling encontrava-se em um porão à luz de velas em Waldsieversdorf, a noroeste de Müncheberg. Lá ele recebeu um visitante: o ministro do Exterior, Joachim von Ribbentrop, que aparentava dúvida e apreensão. "Ele ficava nos olhando cheio de expectativa", lembraria mais tarde Wöhlermann "com olhos tristes e ansiosos." Quando ele ouviu a verdade sobre a situação do 56° Corpo, "a notícia pareceu exercer um efeito arrasador sobre ele". De maneira hesitante, o ministro do Exterior fez umas poucas perguntas em uma voz rouca e baixa e, logo após, tomou o caminho da saída. Wöhlermann e os outros membros do quartel-general haviam meio que esperado que Von Ribbentrop "nos dissesse que as negociações com os americanos e com os britânicos haviam começado. Isso nos teria dado uma esperança nessa hora final". Ele saiu sem proferir uma palavra sequer.

Junto com o ministro do Exterior chegou o líder da Juventude Hitlerista, o maneta Artur Axmann, de 32 anos. Ele trazia notícias que a seu ver agradariam muito a Weidling. Os jovens da Juventude Hitlerista, anunciou Axmann, estavam prontos para entrar em combate e inclusive nesse momento já se deslocavam em direção à retaguarda do 56° Corpo. A reação de Weidling à notícia foi bastante diversa da que Axmann esperara. Segundo a lembrança que Wöhlermann tem do fato, Weidling foi tomado por tamanha fúria que quase não conseguiu falar. Então, "usando uma linguagem extremamente grosseira", ele censurou o plano de Axmann.

– Você não pode sacrificar a vida dessas crianças por uma causa que já está perdida – ele disse furiosamente ao líder da Juventude. – Não só não as utilizarei, como exijo que a ordem que envia essas crianças ao campo de batalha seja retirada.

O gorducho Axmann rapidamente deu sua palavra a Weidling de que a ordem seria anulada.

Se tal comando foi dado, ele nunca chegou a centenas de garotos da Juventude Hitlerista localizados nas proximidades da cidade. Eles permaneceram em suas posições. Nas próximas 48 horas os ataques russos passariam sobre eles como um rolo compressor. Willy Feldheim e os outros 130 garotos de sua companhia ficaram assoberbados; eles retiraram-se confusamente e finalmente pararam para tentar manter uma linha sob a proteção de algumas valas e de um *bunker*. Por fim Willy, exausto pelo medo, esticou-se em um banco durante um intervalo no combate e adormeceu.

Horas depois ele acordou com a estranha sensação de que algo estava errado. Uma voz disse:

– Me pergunto o que está acontecendo. Está tudo tão silencioso.

Os garotos correram para fora do *bunker* – e foram confrontados por uma "cena fantástica e inacreditável, como uma daquelas velhas pinturas da Guerra Napoleônica". O sol brilhava, e por todos os lados havia corpos estendidos. Nada estava de pé. As casas tinham virado ruínas. Havia carros retorcidos e abandonados, alguns deles ainda queimando. O choque mais terrível eram os mortos. Eles estavam amontoados em pilhas, em "um estranho quadro vivo, com seus rifles e *Panzerfäustes* caídos ao lado de seus corpos". Era uma visão do outro mundo. "E então percebemos que estávamos sozinhos."

Eles haviam dormido durante todo o ataque.

Em Berlim, a tensão crescia a cada hora. As forças insuficientes do general Reymann, ocupando os anéis do perímetro externo, haviam sido avisadas de que o sinal "Clausewitz", o codinome para o ataque da cidade, poderia ser dado a qualquer momento. Várias medidas de emergência haviam sido postas em prática, deixando claro a todos os berlinenses que o momento da verdade estava ao alcance da mão. Entre outras coisas, o fechamento das principais estradas e das vias públicas havia começado.

Nem mesmo Goebbels podia continuar ignorando a ameaça. Uma torrente de notícias histéricas e *slogans* foram despejados pelo ministério da Propaganda. O jornal oficial do Partido Nazista, o *Völkischer Beobachter*, anunciou a investida soviética através do Oder, e disse: "Um novo e pesado teste, talvez o maior de todos, está diante de nós". Seguia o jornal: "Cada metro quadrado de território que o inimigo tiver que conquistar, cada tanque soviético que um granadeiro, um homem da Volkssturm, ou jovem de Hitler destruir terá mais peso hoje do que em qualquer outra época desta guerra. O lema do dia é: *Cerre seus dentes! Lute como um demônio! Não recue um pé de nosso solo facilmente! A hora da decisão exige o último e maior esforço!*" Os berlinenses estavam cientes de que os russos já haviam decidido a sorte dos habitantes da cidade. Aqueles que não fossem mortos nas barricadas, advertiu Goebbels, seriam liquidados "pela deportação rumo aos trabalhos forçados".

Na tarde do dia 18, o general Reymann recebeu uma ordem da Reichskanzlei, mais tarde confirmada por uma ligação pessoal de Goebbels, de que "todas as forças disponíveis, incluindo a Volkssturm, foram requisitadas pelo Nono Exército para manter posições de defesa na segunda linha". Em outras palavras, a cidade devia ser sangrada em seus homens do anel de defesa externa. Reymann ficou estarrecido. Rapidamente dez batalhões da Volkssturm foram reunidos, junto com um regimento de unidades de defesa antiaérea da Guarda da "Grande Alemanha". Depois de horas de busca e requisição, uma miscelânea de veículos foi reunida e enviada para o leste. Ao vê-los partir, Reymann voltou-se para o representante de Goebbels.

– Diga a Goebbels – ele falou, sem conter a irritação – que não é mais possível defender a capital do Reich. Os habitantes estão indefesos.

• • •

O rosto de Carl Wiberg não traía nenhuma emoção, mas ele percebeu que suas mãos tremiam. Após os longos meses de procura, ele mal podia acreditar em seus ouvidos. Parado entre os outros consumidores, próximo ao caixa principal da loja de comida do mercado negro, ele se abaixou e fez uns afagos em seus pequenos bassês; o movimento também lhe permitiu escutar um pouco melhor, embora as duas mulheres bem-vestidas que estavam junto a ele não fizessem nenhuma questão de serem sigilosas.

A maioria dos berlinenses não sabia nada a respeito desta loja bem suprida. Ela vendia apenas para clientes seletos, incluindo aqueles do alto escalão nazista. Wiberg vinha freqüentando o lugar fazia bastante tempo, e ele havia recolhido muitas informações acuradas apenas ouvindo consumidores como essas duas senhoras bem-alimentadas. Suas informações tinham que ser precisas, ele pensou; ambas eram casadas com importantes oficiais nazistas.

Wiberg decidiu que já tinha ouvido bastante. Coletou suas compras, acenou com o chapéu de feltro ao proprietário e abandonou a loja. Na rua seus passos foram se acelerando para encontrar Jessen-Schmidt o quanto antes.

Várias horas mais tarde, após uma discussão prolongada, os dois homens concordaram que as notícias de Wiberg tinham que ser verdadeiras. Na tarde de quarta-feira, 18 de abril, uma mensagem foi enviada a Londres. Embora todas as suas outras esperanças tivessem sido esmagadas, Wiberg esperava ardentemente que os Aliados pudessem agir guiados por esse reporte. De acordo com o que ele havia ouvido na mercearia, Hitler definitivamente estava na área de Berlim – em um quartel-general em Bernau, apenas 22 quilômetros a nordeste da cidade. Que melhor presente eles poderiam dar a ele em seu aniversário de 56 anos, no dia 20 de abril, do que um pesado ataque aéreo?

• • •

O general Alfred Jodl, chefe de Operações de Hitler, retornou para casa às três da manhã do dia 20 de abril. Seu rosto estava marcado pela preocupação e pela exaustão. A crise chegara, ele disse à sua esposa, Luise.

– É melhor você empacotar suas coisas e se preparar para abandonar a cidade.

Luise argumentou que queria continuar com seu trabalho na Cruz Vermelha. Jodl, porém, insistiu:

– Com seu nome, os russos não esperariam um dia sequer para enviá-la a Lubianka – ele disse.

– Para onde *eles* estão indo? – ela perguntou.

Jodl encolheu os ombros.

– Para o norte ou para o sul, ninguém sabe – ele disse. – Mas espero que possamos encarar o final juntos.

Eles falaram por quase toda a noite. Um pouco antes das dez da manhã, as sirenes soaram.

– Aposto que Berlim ganhará uma ração extra de bombas hoje – Jodl disse. – Isso sempre acontece no aniversário de Hitler.

Jodl subiu rapidamente as escadas para se barbear antes de voltar ao *bunker* do Führer. Este aniversário não era para ser diferente dos outros: haveria a costumeira parada de oficiais governamentais e membros de gabinete chegando para congratular Hitler, e esperava-se que Jodl estivesse presente. Ao descer novamente as escadas, Luise alcançou-lhe seu chapéu e seu cinto. Ele pegou sua pasta com o mapa e deu na mulher um beijo de despedida.

– Devo me apressar para chegar a tempo às congratulações – ele disse.

Luise se perguntava, como fazia agora todos os dias, se ambos voltariam a se ver novamente.

– Deus o abençoe – ela disse, enquanto o marido entrava no carro.

Outro membro da corte de Hitler também se preparava para se dirigir à cerimônia. O *Reichsmarschall* Hermann Goering pretendia aparecer somente para provar que ele continuava leal, mas de lá ele estava se dirigindo para o sul. Goering havia decidido que o momento de dizer adeus ao seu enorme castelo e propriedade em Karinhall, cerca de oitenta quilômetros a nordeste de Berlim, havia chegado. Ele chegara a esta decisão um pouco depois do bombardeio soviético das cinco e meia da manhã. Goering imediatamente havia ligado para o quartel-general de Heinrici em Prenzlau. Ele foi informado de que o ataque no Norte havia começado: o Segundo Exército bielo-russo de Rokossovskii havia finalmente lançado sua ofensiva contra o Terceiro Exército Panzer de Von Manteuffel. Goering estava perfeitamente ciente de que as forças de Von Manteuffel eram inadequadas. Por diversas vezes o *Reichsmarschall* havia percorrido o *front* nas últimas semanas, dizendo em voz alta para todos os generais que por causa de "vadiagem que se via por toda parte nada estava preparado. Os russos romperão nossas linhas com uma mão nas costas".

O próprio Goering preparara-se bem para este momento. Alinhados na estrada principal do lado de fora dos portões de sua propriedade estavam 24 caminhões da Luftwaffe abarrotados com os bens de Karinhall – suas antiguidades, pinturas, pratarias e móveis. Esse comboio devia seguir para o sul imediatamente. A maioria das pessoas no quartel-general da Luftwaffe em Berlim, junto com seus equipamentos, seguiu em outros comboios mais tarde nesse dia.*

Parado junto ao portão principal, Goering proferiu umas poucas e últimas recomendações ao comandante da coluna de caminhões. Escoltados por motociclistas, os caminhões partiram. Goering ficou olhando para o gigantesco castelo, suas magníficas alas e seus magníficos arcobotantes. Um oficial engenheiro da Luftwaffe chegou; tudo, ele disse, estava pronto. Enquanto uns poucos de seus homens e alguns habitantes do vilarejo olhavam, Goering caminhou pela estrada, curvou-se sobre o detonador e pressionou a alavanca. Com um tremendo ruído, Karinhall foi pelos ares.

Sem deixar a poeira baixar, Goering caminhou em direção ao carro. Voltando-se para um de seus oficiais engenheiros, disse calmamente:

– Bem, isto é algo que você tem que fazer algumas vezes quando se é um príncipe da coroa.

---

* Goering pode ter disposto de até mais do que 24 caminhões. Heinrici acredita que ele possuía "quatro colunas". Neste número, contudo, podem estar incluídos os comboios adicionais da Luftwaffe que deixaram Berlim mais tarde naquele dia. O fato fantástico é que naquele momento, com aviões aterrissados e veículos estacionados por falta de combustível, Goering tivesse à sua disposição não apenas caminhões, mas amplo suprimento de gasolina. (N. do A.)

Batendo a porta do carro, dirigiu-se para Berlim para participar da celebração do aniversário do Führer.

Hitler levantou-se às onze horas da manhã e durante toda a tarde recebeu os tributos de seu círculo mais íntimo – entre eles Joseph Goebbels, Martin Bormann, Joachim von Ribbentrop, Albert Speer, e seus líderes militares Karl Doenitz, Wilhelm Keitel, Alfred Jodl, Hans Krebs e Heinrich Himmler. Depois deles vieram os *Gauleiters* da área de Berlim, membros de equipe e secretários. Então, enquanto as armas soavam na distância, Hitler, seguido por sua comitiva, saiu do *bunker*. Ali, nos jardins completamente esburacados da Reichskanzlei, ele inspecionou os homens de duas unidades – a Divisão SS "Frundsberg", uma unidade recém-chegada do Exército Courland*, e um pequeno e orgulhoso grupo da Juventude Hitlerista de Axmann. "Todos", diria Axmann muito tempo depois, "ficaram chocados com a aparência do Führer. Ele caminhava de modo curvado. Suas mãos tremiam. Mas era surpreendente quanta força de vontade e determinação ainda irradiavam daquele homem." Hitler apertou as mãos dos garotos e condecorou alguns que Axmann introduziu como tendo "recentemente se sobressaído no *front*". Então Hitler caminhou ao longo da linha dos homens da SS. Apertou a mão de cada um e, com confiança, previu que o inimigo seria derrotado antes de se aproximar de Berlim. Observando a cena estava Heinrich Himmler, o líder da SS. Desde 6 de abril ele vinha se encontrando secretamente de tempos em tempos com o conde Folke Bernadotte, líder da Cruz Vermelha suíça. De um modo vago, Himmler havia sondado a possibilidade de negociar os termos da paz com os Aliados, mas agora ele se adiantava e reafirmava sua lealdade e a da SS a Hitler. Dentro de poucas horas ele devia se reencontrar mais uma vez com Bernadotte.

Imediatamente após as cerimônias de inspeção, a conferência militar de Hitler começou. A essa altura, Goering já havia chegado. O general Krebs fez uma breve exposição dos fatos, embora todos estivessem cientes da situação. Berlim seria cercada em uma questão de dias, se não de horas. Mesmo antes de isso acontecer, o Nono Exército de Busse seria cercado e aprisionado, a não ser que uma ordem de recuar fosse dada. Para os conselheiros militares de Hitler, um ponto estava claro: o Führer e os ministérios e departamentos de governo vitais que ainda estavam em Berlim deviam deixar a capital em direção ao sul. Keitel e Jodl particularmente recomendavam com insistência

* Completamente cercados nos Estados Bálticos, os remanescentes do Exército Courland finalmente fizeram uma evacuação por barco e chegaram a Swinemünde no início de abril. Das dezoito divisões, somente uns poucos homens que vieram nos botes, sem equipamento, chegaram à Alemanha. (N. do A.)

que o movimento fosse feito, mas Hitler se recusava a reconhecer que as coisas tivessem assumido esse grau de seriedade. De acordo com o coronel Nicolaus von Below, adjunto da Luftwaffe junto ao Führer, "Hitler defendia que a batalha por Berlim se apresentava como a única chance de evitar uma derrota completa". Ele fez uma concessão: no caso dos americanos e dos russos se unirem no Elba, o Reich seria comandado ao norte pelo almirante Doenitz e ao sul possivelmente pelo marechal-de-campo Albert Kesselring. Enquanto isso, várias agências governamentais receberam autorização de partir imediatamente.

Hitler não revelou seus próprios planos. Mas ao menos três pessoas no *bunker* estavam convencidas de que ele jamais deixaria Berlim. *Fräulein* Johanna Wolf, uma das secretárias de Hitler, tinha ouvido ele ressaltar poucos dias antes que "ele tiraria a própria vida se sentisse que a situação tivesse se tornado irremediável". Também Von Below acreditava que "Hitler havia se decidido a permanecer em Berlim até a morte". Jodl, ao retornar para casa, disse a sua mulher que Hitler, em uma conversa privada, havia lhe dito:

– Jodl, devo lutar enquanto a fé ainda estiver ao meu lado. Depois disso, dou-me eu mesmo o tiro de misericórdia.*

A maior parte dos órgãos do governo já havia sido transferida de Berlim, mas as agências administrativas do Reich que restaram quase pareciam ter sido preparadas para esse momento nos últimos dias, como corredores à espera do tiro de largada. O verdadeiro êxodo começava agora; ele continuaria até que a cidade estivesse completamente cercada. O chefe de Estado-Maior da Luftwaffe, general Karl Koller, anotou em seu diário que Goering havia partido. "Naturalmente", Koller escreveu, "ele me deixa aqui para que eu seja alvo de toda a raiva de Hitler." Os grandes e pequenos burocratas também deram um jeito de se evadir. Philippe Hambert, um jovem francês que trabalhava forçosamente como desenhista no escritório do dr. Karl Dustmann, um dos arquitetos da Organização de Trabalho Todt, ficou aturdido quando seu chefe subitamente lhe deu de presente mil marcos (US$ 250) e deixou a cidade. Margarete Schwarz, no jardim de sua casa em Charlottenburg, olhou para a rua e viu um grande carro azul guiado por chofer estacionar perto de uma casa próxima. Seu vizinho, Otto Solimann, juntou-se a ela, e juntos eles viram quando um "ordenança em uma elegante jaqueta branca junto com um ofi-

* O comentário de Hitler a Jodl foi escrito por Luise Jodl em seu detalhado diário. Ao registro seguia-se esta nota: "Meu marido observou que 'excetuada por uma outra ocasião, quando da morte da minha primeira mulher, esta foi a única conversa de foro íntimo que Hitler teve comigo'". (N. do A.)

cial da marinha cheio de ouros em seu uniforme" deixaram a casa. Rapidamente o carro foi carregado com as bagagens. Então o homem saltou para dentro "e o carro disparou a toda velocidade". Solimann disse a Margarete:

– Os ratos estão abandonando o navio. – O figurão era o almirante Raeder.

Ao todo, o escritório do comandante de Berlim expediu mais de duas mil permissões de saída da capital. "Havia algo quase cômico nas razões que os funcionários do Estado e do partido apresentavam para pedir sua saída da capital", mais tarde lembrou o chefe de Estado-Maior Hans Refior. "Muito embora Goebbels tivesse ordenado que 'nenhum homem capaz de carregar uma arma nos braços deixasse Berlim', nós não colocamos qualquer empecilho para que esses 'lutadores da pátria' conseguissem seus passes. Por que deveríamos reter esses sujeitos desprezíveis? Todos eles acreditavam que fugir poderia salvar suas vidas preciosas. A maioria da população ficou para trás. Para as pessoas comuns fugir era algo fora de alcance, tanto por suas posses quanto pela escassez de transportes."

Na clínica dentária situada no número 213 da Kurfürstendamm, a loira Käthe Heursermann recebeu uma ligação de seu empregador. O principal dentista dos nazistas, o professor Hugo J. Blaschke, preparava-se para partir imediatamente. Havia alguns dias, Blaschke instruíra Käthe a guardar todos os registros, raios-X, moldes e outros equipamentos em caixas para que elas pudessem ser coletadas e enviadas para o sul. Blaschke disse que ele esperava que "o grupo da Chancelaria partisse a qualquer momento, e nós iremos com eles". Käthe havia lhe dito que permaneceria em Berlim. Blaschke ficou furioso.

– Você não percebe o que acontecerá quando os russos chegarem aqui? – ele perguntou. – Primeiro, você será estuprada. Depois, será enforcada. Você tem uma vaga idéia de como são os russos?

Käthe, porém, simplesmente "não conseguia acreditar que as coisas fossem chegar a esse ponto". Mais tarde, ao recordar o acontecido, ela diria: "Não entendi a gravidade da situação. Talvez fosse tolice, mas eu estava tão ocupada que não percebi o quão desesperadora as coisas estavam ficando". Naquele momento, Blaschke foi insistente:

– Pegue as coisas e dê o fora – ele exortou. – O grupo da Chancelaria e suas famílias estão partindo.

Käthe, no entanto, continuava inflexível. Ela pretendia ficar na cidade.

– Bem – concluiu Blaschke –, lembre-se do que eu lhe disse – e desligou o telefone.

Subitamente, Käthe se lembrou de algo que Blaschke lhe pedira uns dias antes. Se ele deixasse a cidade e ela permanecesse, devia avisar um certo amigo dele – usando uma frase à guisa de senha porque, segundo Blaschke, "os telefones poderiam estar grampeados" – que os principais líderes nazistas estavam debandando. Se toda a comitiva já tivesse ido, ela deveria dizer: "A ponte foi removida na noite passada". Se apenas alguns tivessem partido, a senha deveria ser: "Apenas um dente foi extraído na noite passada". Ela não fazia idéia de quem era o amigo de Blaschke, exceto que "seu nome era professor Gallwitz ou Grawitz e acredito que ele mencionou se tratar de um dentista sênior da SS". Blaschke deixara-lhe apenas um número de telefone. Então, sob a impressão de que todo o "grupo da Chancelaria" havia partido, ela ligou para o número. Quando um homem atendeu, Käthe disse:

– A ponte foi removida na noite passada.

Algumas horas mais tarde naquela noite, o professor Ernst Grawitz, líder da Cruz Vermelha alemã e amigo de Heinrich Himmler, sentou para jantar com a família. Quando todos estavam sentados, Grawitz apanhou duas granadas de mão e puxou-lhe os pinos, lançando a si mesmo e a sua família no esquecimento.*

O grande êxodo seria para sempre lembrado pelos berlinenses como "o vôo dos faisões dourados". Mas a maioria das pessoas naquele dia estava mais preocupada com o avanço dos russos do que com a fuga dos nazistas. Helena Boese, esposa do cineasta Karl Boese, recordou que a única preocupação na época era "encontrar um modo de se manter vivo". As tropas soviéticas já estavam em Müncheberg e Strausberg, cerca de 24 quilômetros ao leste; e corria pela cidade a notícia de que uma nova investida russa vinha pelo sul, desde Zossen. Goerg Schröter, um roteirista vivendo em Tempelhof, soube desse avanço russo em primeira mão. Preocupado com uma amiga sua, uma artista de cabaré chamada Trude Berliner que vivia em um dos distritos afastados ao sul de Berlim, Schröter ligou para a sua casa. Ela atendeu e então disse:

– Espere um minuto.

Houve uma pausa.

– Há alguém aqui que quer trocar umas palavras com você – ela disse.

* Um testemunho nos julgamentos de Nuremberg revelou que Grawitz, na sua condição adicional de cirurgião-chefe de Himmler, havia autorizado experimentos médicos em prisioneiros dos campos de concentração. (N. do A.)

Schröter viu-se conversando com um coronel soviético que falava um alemão perfeito.

– Você pode contar que nós – ele disse para um estupefato Schröter – estaremos aí em dois ou três dias.

Em todos os lugares – ao norte, ao sul e ao leste – os *fronts* estavam estreitando-se. E nesse momento todas as engrenagens da metrópole arruinada e despedaçada caminhavam para um colapso. As fábricas estavam fechando; os veículos de passeio já não circulavam mais; o metrô havia parado, exceto para o transporte dos trabalhadores essenciais. Ilse König, uma técnica laboratorial do departamento de saúde da cidade, lembra-se do *Roter Ausweis* (passe vermelho) que recebeu a fim de que pudesse continuar tocando seu trabalho. O lixo deixou de ser coletado; as cartas não eram mais entregues. Gertrud Evers, trabalhando no escritório do posto central em Oranienburgerstrasse, lembrou o "terrível fedor dos pacotes de comida estragada que não foram entregues e que ocupavam o interior do edifício". E uma vez que a maioria dos policiais fora destacada para participar das unidades da Volkssturm, as ruas não eram mais patrulhadas.

Para muitas pessoas nesse dia 20 de abril, a seriedade da situação realmente se materializou por meio de um acontecimento isolado: o zoológico fechou seus portões. Exatamente às 10h50 da manhã, a eletricidade foi cortada, impedindo o funcionamento das bombas de água. O fornecimento voltaria quatro dias depois, mas somente por dezenove minutos. Depois disso, ele permaneceria interrompido até que a batalha estivesse terminada. Mas os tratadores sabiam que a partir daquele dia muitos dos animais certamente morreriam – principalmente os hipopótamos e os habitantes do aquário que haviam sido salvos anteriormente. Heinrich Schwarz, o tratador dos pássaros, já preocupado com a situação da rara cegonha Abu Markub, que estava vagarosamente definhando em seu banheiro, agora se perguntava como seria possível para o animal sobreviver sem água. Schwarz, de 63 anos, decidiu que poderia transportar baldes d'água enquanto ainda tivesse forças – e não só para Abu, mas também para Rosa, a grande hipopótamo e seu bebê de dois anos, Knautschke.

O diretor do zôo, Lutz Heck, estava mergulhado em incertezas. Ele sabia que os animais perigosos deveriam ser sacrificados, em particular o babuíno premiado, mas ele continuava postergando o momento. Perturbado e precisando de um momento de paz, Heck fez algo que nunca fizera antes em sua vida: foi pescar no canal Landwehr junto com um dos tratadores. Lá, enquanto tentava "elucidar o problema", os homens pegaram dois lúcios.

Naquele dia, Fritz Kraft, diretor municipal do metrô, encontrou-se com o prefeito de Berlim, Julius Lippert. O prefeito deu a Kraft e a alguns gerentes do metrô algumas instruções realistas.

– Se os Aliados ocidentais chegarem aqui primeiro – Lippert disse ao grupo –, mantenham as instalações do metrô intactas. Se os russos chegarem antes...

Ele fez uma pausa, moveu os ombros e disse:

– Destruam tudo o que puderem.

As ligações feitas nos pequenos telefones automáticos transmitiam as mesmas instruções. Os mecânicos na estação telefônica de Buckow receberam ordens de destruir as instalações caso os russos ameaçassem capturá-las. Mas o técnico em manutenção Herbert Magder subitamente se deu conta de que ninguém havia dado instruções de como eles deveriam proceder para fazê-lo. Até onde ia o conhecimento de Magder, nenhuma estação fora destruída. Grande parte delas continuou a funcionar durante toda a batalha.

As fábricas também deveriam ser postas abaixo, seguindo a política de terra arrasada de Hitler. O professor Georg Henneberg, líder do departamento químico da Schering em Charlottenburg, lembra-se do diretor do complexo chamando todos os químicos e lendo uma ordem recém-recebida. Com a aproximação do inimigo, dizia o decreto, água, gás, instalações elétricas e caldeiras deveriam ser destruídas. O chefe de Henneberg terminou de ler a ordem, fez um momento de pausa, e então disse:

– Agora, cavalheiros, vocês sabem o que *não* devem fazer.

Despediu-se de todos e fechou a fábrica, mantendo-a intacta. Como lembra Henneberg, "nós todos nos despedimos dizendo: até a outra vida".

Por anos, os berlinenses lembrariam daquele dia 20 de abril por ainda outra razão. Seja em função das comemorações do aniversário do Führer, seja em uma espécie de antecipação do clímax que viria ninguém sabe quando, naquele dia o governo deu uma dose extra de comida chamada "ração da crise" à população faminta. Segundo a lembrança de Jurgen-Erich Klotz, um veterano maneta de 25 anos, a quantia extra de comida consistia de 450 gramas de bacon ou de salsicha; 200 gramas de arroz ou de farinha de aveia; 250 lentilhas secas, ervilhas ou feijões; um enlatado de vegetais, 1 quilo de açúcar, 450 gramas de café, um pequeno pacote de pó artificial para café e um pouco de gordura. Embora o bombardeio aéreo naquele dia se estendesse por quase cinco horas, as donas-de-casa enfrentaram as bombas para conseguir essas rações extraordinárias. Elas deveriam durar oito dias, e, como Anne-Lise Bayer disse a seu marido, "com essas rações nós poderemos subir aos céus". O mesmo pensamento aparentemente ocorreu a todos os berlinenses; a quantidade extra de comida passaria a ser conhecida como *Himmelfahrtsrationen* – rações do Dia da Ascensão.

• • •

Em Gresse, ao norte do Elba, os pacotes da Cruz Vermelha haviam chegado aos doze mil prisioneiros do oficial autorizado Dixie Deans. Deans havia feito todos os arranjos. Ele havia inclusive persuadido o comandante, coronel Ostmann, a permitir que os homens da R. A. F. fossem ao centro internacional da Cruz Vermelha em Lübeck e dirigissem os caminhões de volta, para possibilitar que a entrega de suprimentos fosse feita de modo mais rápido. Agora, colunas de homens ocupavam as estradas ao redor da cidade onde a distribuição das parcelas de comida estava sendo feita.

– Duas parcelas para cada homem – Deans anunciou.

"O efeito no moral dos homens", relembrou o sargento do ar Calton Younger, "foi eletrizante. A chegada das parcelas foi um completo milagre, e nós imediatamente revestimos Deans com as qualidades de um santo."

Deans circulou de coluna em coluna com sua bicicleta estropiada e com o pneu retorcido, vendo se cada homem recebia sua quota, e advertindo os famintos prisioneiros de guerra, que vinham sobrevivendo basicamente dos vegetais que coletavam, para não comerem muito e "guardar o que puderem porque não sabemos o que *Jerry** ainda guarda na manga para nós". Apesar disso, a maioria dos homens, Deans pôde observar, "comia como se aquela fosse sua última refeição". O sargento do ar Geoffrey Wilson devorou sua parcela: charque, biscoitos, chocolate – e, acima de tudo, 120 cigarros. Ele "comia como um louco, e fumava como um louco porque pretendia morrer estufado e saciado".

Os aviões britânicos os encontraram no local onde se sentaram para comer: nove R. A. F. caças Tufão. Eles sobrevoaram sob suas cabeças, e então, no que Wilson lembraria como uma espécie de "sonho fascinante e fantástico", os aviões mergulharam na direção deles. Alguém disse:

– Meu Deus! Eles estão vindo nos salvar!

Os homens correram em todas as direções. Alguns tentavam abanar faixas coloridas que eles carregavam para uma situação de emergência. Ou-

---

* Designação comum usada durante a Segunda Guerra Mundial entre os britânicos para designar soldados alemães ou mesmo o próprio Exército inimigo como um todo. (N. do T.)

tros se jogavam em valas, escondiam-se atrás de muros, corriam para buscar cobertura em celeiros ou abrigo na própria cidade. Mas muitos ficaram a descoberto. Um depois do outro, os Tufões deram rasantes, disparando foguetes e bombas entre as colunas. Os homens gritavam:

– Somos seus parceiros! Somos seus parceiros!

Oito aviões fizeram ataques individuais; o nono, percebendo talvez o engano, retomou a altitude. Tudo se acabou em minutos. Sessenta prisioneiros de guerra foram mortos. Uma porção de outros ficaram feridos, e alguns morreriam mais tarde vitimados pelos ferimentos em hospitais alemães.

Deans foi tomado pelo desespero ao caminhar ao longo das estradas, percebendo a carnificina. Ele imediatamente ordenou a identificação dos mortos. Alguns corpos estavam deformados além da possibilidade de serem reconhecidos – "apenas pedaços e partes que tiveram de ser lançadas nas covas", lembraria mais tarde Deans.

Após os mortos terem sido enterrados e os feridos levados aos hospitais alemães, um Deans frio e determinado circulou ao redor do coronel Ostmann em seu quartel-general temporário. Dessa vez não houve espaço para a cortesia militar.

– Ostmann – ele disse –, quero que você me dê um passe para que eu possa chegar às linhas britânicas. O que aconteceu hoje não deve nunca mais se repetir.

Ostmann olhou para Deans cheio de espanto.

– Sr. Deans – ele disse –, não posso fazer isso.

Deans encarou-o:

– Nós não sabemos quem chegará primeiro ao nosso grupo – ele advertiu. – Podem ser os britânicos, podem ser os russos. Não damos a mínima para quem vai nos libertar. Mas para quem você prefere se render?

Deans olhou diretamente para o alemão:

– Tudo me leva a crer que você não terá muito futuro com os russos. – Ele fez uma pausa para deixar que sua última frase calasse fundo na alma de Ostmann. Então ele disse com uma voz serena: – Coronel, escreva-nos um passe.

Ostmann sentou à mesa e em um papel do Wehrmacht escreveu uma nota que permitia a Deans chegar até o território inimigo.

– Não sei como você conseguirá atravessar o *front* – ele disse a Deans –, mas pelo menos isso permitirá que você chegue até lá.

Deans disse:

– Gostaria de levar o guarda Charlie Gumbach comigo.

Ostmann ponderou a questão por um momento e disse:

– De acordo.

Ele escreveu um passe para Gumbach.

– E não poderei fazê-lo com uma bicicleta que está caindo aos pedaços – disse Dixie.

Ostmann olhou para ele e disse, dando com os ombros, que ele poderia dar um jeito nisso também. Ao deixar o escritório, Deans tinha uma última observação.

– Voltarei com Charlie para apresentar meus homens, isto lhe prometo. – Então, com uma viva saudação, Deans disse: – Obrigado, coronel.

O coronel também o saudou:

– Obrigado, sr. Deans.

Naquela noite, acompanhado pelo cabo alemão Charlie Gumbach, o indomável Dixie Deans começou sua longa jornada até as linhas britânicas.

• • •

Ao cair da noite, Koniev, observando ansiosamente o mapa enquanto os tanques de Zhukov rumavam diretamente para Berlim, exigia de seus homens ainda maior velocidade.

– Não se preocupe com seus flancos, Pavel Semenovich – ele disse ao general Rybalko, comandante do Terceiro Exército da Guarda de Tanques. – Não se preocupe em ficar separado da infantaria. Siga em frente.

Anos mais tarde, Koniev observou que "naquele momento eu sabia o que meus comandantes de tanques estavam pensando: 'Eis você nos lançando nesse buraco, forçando-nos a nos mover sem força em nossos flancos – os alemães não irão cortar nossas comunicações, nos atingir pela retaguarda?'". O alto Koniev, batendo em suas dragonas com as mãos, disse aos comandantes de tanques:

– Estarei presente. Vocês não precisam se preocupar. Meu posto de observação estará com vocês, bem no meio da ofensiva.

Rybalko e o general D. D. Lelyushenko, comandante do Quarto Exército da Guarda de Tanques, respondeu de modo brilhante. Em uma investida que se assemelhou à feita pelas Segunda e Quinta Divisões Blindadas dos EUA no Elba, os tanques soviéticos cortaram o inimigo – apesar de que, como notou Rybalko, "as divisões germânicas que não tinham sido eliminadas continuavam atrás de nós". Em 24 horas, lutando durante todo o caminho, Rybalko fez um avanço arrasador de sessenta quilômetros. Os tanques de Lelyuschenko progrediram 45 quilômetros. Rybalko, naquele momento, telefonou exultante para Koniev.

– Camarada marechal – ele disse –, estamos lutando nos arredores de Zossen. – Elementos do Primeiro Exército ucraniano estavam agora a apenas quarenta quilômetros de Berlim.

• • •

Em Zossen o alarme havia sido acionado. Parecia agora que os soviéticos chegariam ao quartel-general do Alto Comando em 24 horas, e foi dada a ordem de abandonar o posto. Oficiais-chave já haviam partido para um novo posto de comando perto de Potsdam. O pessoal restante do quartel-general, junto com as máquinas de escrever, máquinas de decodificação, cofres e caixas de documentos, era levado para ônibus e caminhões. Enquanto o carregamento prosseguia, as pessoas andavam ansiosamente ao redor, ávidas por irem embora. Naquele momento, disse o general Erich Dethleffsen, que assumira o antigo trabalho de Krebs como assistente do chefe de Estado-Maior, "nós oferecemos à força aérea inimiga um alvo recompensável". Um pouco depois de escurecer, o comboio partiu, seguindo em direção à Bavária. Dethleffsen, dirigindo-se a Berlim para comparecer à conferência noturna do Führer, ficou feliz em ver uma esquadra da Luftwaffe voando sobre ele em direção ao sul. Mais tarde, no resumo inicial dos acontecimentos feito na reunião por um oficial da Luftwaffe a Hitler, ele ficou sabendo do "bem-sucedido ataque aos tanques soviéticos na área de Zossen, defendendo a área de um ataque inimigo". As bombas da Luftwaffe foram muito mais do que bem-sucedidas: os "tanques soviéticos" eram na verdade os ônibus e caminhões da coluna de comando do OKH que rumava para o sul. Os alemães haviam atingido seu próprio comboio.

À meia-noite do dia 20 de abril, Heinrici examinava rigorosamente os seus mapas e tentava analisar a situação. Algumas horas depois, um de seus medos se concretizara: agora ele comandava não somente o Grupo de Exército Vistula, mas também a própria defesa de Berlim. Quase que imediatamente ele ligou para Reymann para lhe dizer que nenhuma ponte deveria ser destruída na cidade. Reymann compreendeu que a cidade estava realmente indefesa, agora que a melhor parte da Volkssturm havia sido enviada para a principal linha de defesa. Heinrici sabia tudo a respeito; de fato, ele agora pedia a Reymann que enviasse o que restara de sua Guarda Nacional.

– Reymann – disse Heinrici traindo sua exaustão –, você não percebe o que estou tentando fazer? Estou tentando garantir que os combates se dêem *fora* da cidade, e não dentro dela.

Sob as presentes circunstâncias, Heinrici sabia que Berlim não poderia ser defendida. Ele não tinha qualquer intenção de permitir que seus exércitos recuassem para dentro da cidade. Os tanques não teriam condições de manobrar ali. Por causa dos prédios, a artilharia não poderia ser usada: elas não teriam espaço para fazer fogo. Além do mais, se qualquer tentativa fosse feita para se lutar dentro da cidade, haveria uma enorme perda de vidas civis. A todo custo Heinrici esperava evitar o horror de uma luta quadra a quadra, rua a rua.

Sua principal preocupação no momento era com o exército de Busse; Heinrici estava certo de que se ele não recuasse imediatamente, seria rapidamente cercado. Antes de partir para o *front* cedo da manhã, ele havia entregue uma mensagem ao seu chefe de Estado-Maior para que chegasse a Krebs: "Não posso assumir a responsabilidade ou dirigir essa situação se o exército de Busse não puder recuar imediatamente: e faça com que ele transmita isto ao Führer".

Então ele inspecionou todo o *front*. Os sinais de desintegração espalhavam-se por toda parte. Ele viu "as estradas cobertas por veículos de refugiados, muitas vezes misturados aos transportes militares". Pela primeira vez, ele percorreu tropas que estavam nitidamente se retirando. No caminho a Eberswalde, ele escreveu, "não encontrei um soldado que não alegasse ter recebido ordens de ir buscar munição, combustível ou qualquer outra coisa na retaguarda". Ele estava consternado e mergulhou na ação. Ao norte de Eberswalde ele "encontrou um homem marchando em direção ao noroeste, dizendo que sua divisão seria reformulada próximo a Joachimsthal"; ele fez com que parassem e os reorganizou próximo a Eberswalde. Nos pontos de travessia do canal na mesma área, ele encontrou "parte da Quarta Divisão de Polícia SS sendo descarregada. Era composta de jovens, recentemente organizados, mas apenas parcialmente armados. Haviam sido informados de que receberiam suas armas em Eberswalde". Ao sul daquela localidade, ele encontrou a estrada engarrafada por uma massa de civis e soldados. Heinrici saiu do seu carro e ordenou aos oficiais não-comissionados que fizessem seus homens dar meia-volta.

– Voltem para o *front* – ele disse.

Na cidade de Schönholz ele viu "jovens oficiais em inatividade e apenas observando os acontecimentos. Eles tiveram que ser energicamente ordenados a estabelecer uma linha para reorganizar as tropas despedaçadas". As florestas entre este local e Trampe estavam "cheias de grupos de soldados que ainda resistiam ou que estavam se retirando. Ninguém dizia ter qualquer tipo de ordem ou designação". Em outra área ele descobriu "uma seção de tanques de reconhecimento parada próxima a veículos estacionados". Ele ordenou que a unidade se "movesse em direção a Biesenthal de uma vez e recuperasse este importante cruzamento". Havia tamanha confusão nas redondezas de Eberwalde, mais tarde Heinrici lembraria, que "ninguém poderia me dizer se ali ainda existia um *front*". Mas por volta da meia-noite ele havia restabelecido a ordem na região e havia despachado novas ordens.

Estava claro que suas forças sofriam com a falta de homens, além de lideranças competentes, e Heinrici sabia que o *front* não poderia resistir por muito tempo. O Terceiro Exército Panzer de Von Manteuffel, no Norte, conseguira algum sucesso defensivo contra o ataque de Rokossovskii, mas era apenas uma questão de tempo até que Von Manteuffel se visse obrigado a também recuar.

Ao meio-dia e trinta, ele ligou para Krebs. Ele lhe disse que a situação tornava-se quase impossível de ser controlada. Em particular, falou a respeito da situação do 56º Corpo Panzer, que, "apesar de todos os contra-ataques realizados contra os soviéticos, estava sendo empurrado mais e mais para trás". A situação naquele local, ele disse, estava "tensa a ponto de explodir". Duas vezes durante o dia ele havia falado pessoalmente com Krebs sobre a rápida deterioração do Nono Exército; em cada uma das vezes Krebs repetira a decisão do Führer:

– Busse deve resistir no Oder.

Nesse momento, mais uma vez Heinrici lutava por Busse.

– Seguidamente – Heinrici disse a Krebs naquele instante – me foi negada liberdade de movimento para o Nono Exército. Agora eu a exijo, antes que seja tarde demais. Devo deixar claro que não estou resistindo às ordens do Führer por teimosia ou pessimismo injustificado. Pelos registros da minha campanha na Rússia, você sabe que eu não sou de desistir facilmente. Mas é essencial agir imediatamente para salvar o Nono de sua destruição. Recebi a ordem – ele disse – de que o Grupo de Exército deve manter o *front* em sua atual posição e de que todas as forças disponíveis sejam deslocadas para preencher o buraco entre o Nono e Schörner no flanco sul. Lamento o que tenho a dizer do fundo do meu coração, mas a ordem não pode ser cumprida. O movimento simplesmente não tem qualquer chance de sucesso. Exijo a aprovação do meu pedido de retirada do Nono Exército. É pensando no interesse do próprio Führer que faço esse pedido.

Seguiu Heinrici:

– De fato, o que eu devo fazer é ir até o Führer e dizer "Meu Führer, já que essa ordem coloca em perigo seu próprio bem-estar, não possui qualquer chance de sucesso e não pode ser executada, requisito que me retire do comando e coloque outro em meu lugar. Então poderei cumprir minha obrigação como um homem da Volkssturm e lutar contra o inimigo".

Heinrici colocava todas suas cartas na mesa: ele declarava ao oficial que lhe era superior que ele preferia lutar no mais baixo dos escalões a levar em frente uma ordem que poderia resultar apenas em um sacrifício sem sentido de vidas.

– Você realmente quer que eu leve isso até o Führer? – perguntou Krebs.

A resposta de Heinrici foi curta:

– Eu exijo – ele disse. – E tomo como testemunhas meu chefe de Estado-Maior e meu chefe de Operações.

Pouco tempo depois, Krebs ligou de volta. O Nono deveria manter sua posição. Ao mesmo tempo, todas as forças que estivessem disponíveis deveriam tentar preencher o buraco com Schörner no flanco sul, "para mais uma vez estabelecer um *front* contínuo". Heinrici soube então que o Nono estava perdido para sempre.

No *Führerbunker*, a conferência militar de Hitler terminou às três da manhã. Durante a reunião Hitler havia culpado o Quarto Exército – o exército que havia sido esmagado por Koniev no dia da abertura de sua ofensiva – por todos os problemas que surgiram desde então. Ele acusou o exército de traição.

– Meu Führer – perguntou o general Dethleffsen, chocado –, o senhor realmente acredita que o comandante cometeu traição?

Hitler olhou para Dethleffsen "com olhos cheios de pena, como se somente um idiota pudesse fazer uma questão tão estúpida". Então ele disse:

– Todas nossas falhas no Leste só podem ser atribuídas à traição, nada além de traição.

Quando Dethleffsen estava prestes a deixar a sala, o embaixador Walter Hewel, representante do Ministério do Exterior de Von Ribbentrop, entrou, sua expressão denotando profunda preocupação.

– Meu Führer – ele disse –, tem alguma ordem para mim?

Houve uma pausa, e então Hewel disse:

– Se nós ainda quisermos conseguir alguma coisa do ponto de vista diplomático, o momento é agora.

De acordo com Dethleffsen, Hitler, "em uma voz macia e completamente mudada", disse:

– Política. Eu não tenho mais nada a ver com política. Este assunto me enoja.

Ele caminhou até a porta – "vagarosamente", relembra Dethleffsen, "cansado e arriado". Então se voltou e disse a Hewel:

– Quando eu estiver morto, você terá mesmo que se ocupar muito com esta politicagem.

Hewel insistiu:

– Creio que devamos fazer algo agora.

Quando Hitler se aproximou da porta, Hewel acrescentou do modo mais sério possível:

– *Meu Führer, faltam cinco segundos para as doze.*

Hitler pareceu não ouvir.

3

O som não se parecia com nenhum que os berlinenses tivessem ouvido anteriormente, diferente do assovio das bombas rompendo o ar, ou do estampido e do baque das baterias antiaéreas. Confusos, os fregueses que estavam enfileirados do lado de fora da loja de departamentos Karstadt na Hermannplatz ouviram: era um lamento baixo vindo de algum lugar na distância, mas agora ele se erguia rapidamente no que se assemelhava a uma espécie terrível de grito. Por um instante os fregueses ficaram como que hipnotizados. Então subitamente as filas se romperam e as pessoas se dispersaram. Mas era tarde demais. Projéteis de artilharia, os primeiros a atingir a cidade, caíram por toda a praça. Uma porção de corpos foi lançada contra a fachada da loja. Homens e mulheres desabaram no meio da rua gritando e se contorcendo em agonia. Eram exatamente onze e trinta da manhã de sábado, 21 de abril. Berlim havia se tornado a linha de frente.

Os projéteis começaram a cair em todo lugar. Labaredas erguiam-se dos telhados em toda parte central da cidade. Os prédios anteriormente danificados pelas bombas ruíram de vez. Os automóveis foram destruídos e pegaram fogo. O Portão de Brandemburgo foi atingido, e uma cornija caiu no meio da rua. Os projéteis sulcaram de lado a lado a Unter den Linden; o Palácio Real, já destroçado, voltou novamente a arder em chamas. Assim como o Reichstag; as vigas mestras que uma vez sustentaram a cúpula da edificação entraram em colapso e nacos de metal ficaram expostos. As pessoas corriam selvagemente ao longo da Kurfüsterdamn, deixando cair valises e pacotes, balançando-se freneticamente de porta em porta. No Tiergarten, ao fim da rua,

O Bunker de Hitler

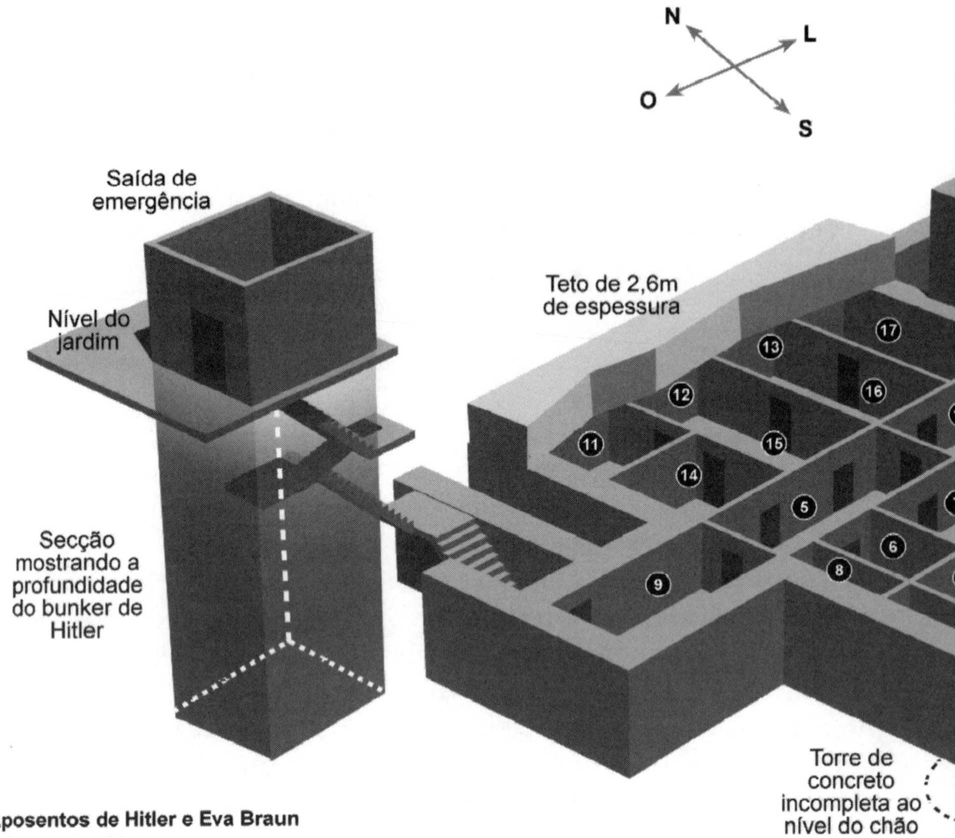

Aposentos de Hitler e Eva Braun

1 Quarto de Hitler
2 Quarto de Eva Braun
3 Banheiro e quarto de vestir
4 Sala de estar de Hitler

Salas de reuniões

5 Hall e sala de reuniões
6 Pequena sala de reuniões de Hitler
7 Escritório de Hitler
8 Chapelaria
9 Recepção
10 Corredor e sala de estar
11/12 Quarto do dr. Stumpfegger e sala de cirurgia
13 Sala de controle do telefone de emergência
14 Quarto de Goebbels (antes, quarto do dr. Morell)
15 Quarto de vestir
16 Controle de eletricidade
17 Geradores e máquinas de ventilação
18 Banheiros
19 Controle de eletricidade
20, 21, 22, 23 Quartos da família Goebbels
24, 25 Quartos dos empregados
26 Refeitório comunitário
27, 28 Despensa e adega
29, 30, 31, 32 Cozinha, incluindo cozinha especial para dietas

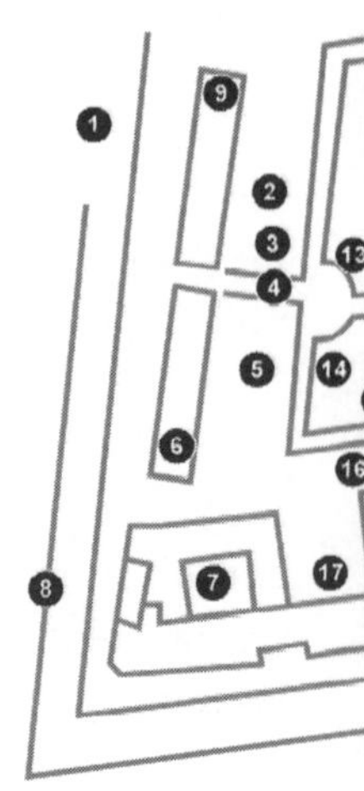

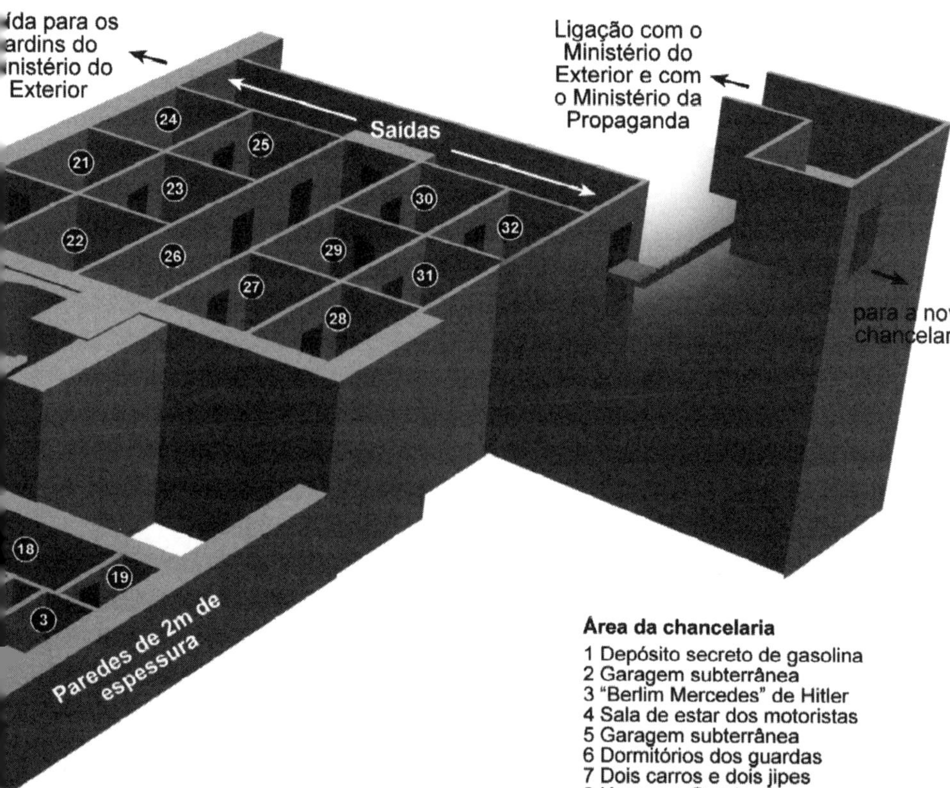

Área da chancelaria

1 Depósito secreto de gasolina
2 Garagem subterrânea
3 "Berlim Mercedes" de Hitler
4 Sala de estar dos motoristas
5 Garagem subterrânea
6 Dormitórios dos guardas
7 Dois carros e dois jipes
8 Hermann Goeringstrasse
9 Dormitório dos guardas
10 Estufa
11 Oficinas
12 Garagem subterrânea para dez carros
13 Escritório de Kempka
14 Bunker para 80 motoristas
15 Jardins
16 Hospital e quarto para cirurgias
17 Bunker e refeitório dos guardas
18 Área dos oficiais e aposentos de Kempka
19 Bunker de Hitler
20 Local onde os corpos foram queimados
21 Torre de concreto incompleta
22 Jardins
23 Fonte
24 Escritório de Hitler
25 Bunker civil
26 Galeria de mármore
27 Bunker para trabalhadores da chancelaria
28 Nova chancelaria
29 Vosstrasse
30 Para o jardim do Ministério do Exterior
31 Para o Ministério do Exterior
32 Para o Ministério da Propaganda
33 Velha Chancelaria
34 Quartos e escritórios da equipe de Hitler
35 Quarto mosaico
36 Cômodo cilíndrico
37 Wilhelmstrasse
38 Sacada de Hitler
39 Sala de cerimônias

um estábulo de cavalos de corrida recebeu um disparo direto. Os gritos dos animais misturaram-se aos gemidos e aos berros de homens e mulheres; um instante depois, os cavalos dispararam de dentro do inferno e cruzaram a Kurfürstendamm, suas crinas e caudas chamuscando.

A cidade era golpeada por uma série ininterrupta de barragens de artilharia, de modo sistemático e metódico. O correspondente Max Schnetzer, do jornal suíço *Der Bund*, parado próximo ao Portão de Brandemburgo, notou que no centro da seção do governo na Wilhelmstrasse pelo menos um projétil caía a cada cinco segundos. Então havia uma pausa de trinta segundos a um minuto e novamente os projéteis começavam a cair. Do ponto onde estava, o repórter podia ver o fogo cortando o céu vindo da direção da Estação de Friedrichstrasse. "Por causa da fumaça e da neblina que dissipavam a luz", mais tarde ele escreveu, "parecia que as próprias nuvens estavam em chamas."

Os disparos foram igualmente intensos em outras partes da cidade. Em Wilmersdorf, Ilse Antz, sua mãe e irmã sentiram seu prédio tremer. As duas garotas se jogaram ao chão. Sua mãe lançou-se contra a porta gritando:

– Meu Deus! Meu Deus! Meu Deus!

Em Neukölln, Dora Janssen olhou seu marido, um major do Wehrmacht, atravessar a rua e tomar sua limusine. O serviçal do major abriu-lhe a porta e repentinamente foi "completamente despedaçado" por um projétil. Quando a poeira se dissipou, ela pôde ver que o marido continuava junto ao carro, a cabeça erguida, mas o rosto distorcido pela dor. Quando *Frau* Janssen correu em direção ao major, ele pôde ver que "uma perna de suas calças estava encharcada de sangue, que corria sobre sua bota e se espalhava pela calçada". Mais tarde, quando ela o viu ser carregado em uma maca, sentiu uma curiosa emoção competindo com sua preocupação com a segurança do marido. Ela não podia deixar de pensar: "Com que bravura ele permaneceu firme, apesar de seu ferimento. Um oficial de verdade!".

Não muito longe dali estava outro oficial que nunca havia acreditado que os russos pudessem chegar tão perto. O fanático guarda-livros da Luftwaffe, capitão Gotthard Carl, que continuava saudando sua família à maneira de Hitler, começava a ser tomado pelo desespero. À medida que os russos se aproximavam, o esplendor das vestes de Carl mostrava ainda mais brilhante e irredutível; de fato, ele tornava ainda mais evidente. Embora sua esposa jamais tivesse coragem de interpelá-lo a respeito, Gerda achava que Carl fazia um papel ridículo com seu uniforme de gala, complementado por abotoaduras douradas e aquelas seqüências de fitas insignificantes. Nesses dias, também, ele nunca estava sem o seu anel com sinete, no qual havia uma suástica contornada por diamantes incrustados.

Gotthard Carl, no entanto, estava plenamente ciente da mudança no curso dos eventos. Retornando para casa na hora do almoço vindo de seu escritório em Tempelhof, ele ergueu a mão na sua tradicional saudação de "*Heil* Hitler" e deu à sua esposa algumas instruções.

– Agora que os bombardeios começaram, você deve ir para o porão e permanecer lá o tempo inteiro. Quero que você se sente junto à porta de entrada.

Gerda olhou para ele cheia de assombro; parecia a ela o lugar menos seguro para ficar. Mas Gotthard foi insistente.

– Ouvi dizer que em outras cidades os russos entraram nos porões usando lança-chamas e que a maioria das pessoas foi queimada viva. Quero que você se sente logo atrás da porta do porão, assim você será imediatamente morta. Desse modo, você não terá que ficar esperando sua vez sentada.

Então, sem mais uma palavra ele apertou a mão da esposa, fez-lhe a saudação nazista e saiu do apartamento.

Confusa, Gerda fez o que lhe foi dito. Ao entrar no abrigo, ela se sentou bem à frente dos outros ocupantes e passou a rezar com firmeza enquanto os bombardeios continuavam lá fora. Pela primeira vez desde que se casara, ela não incluía Gotthard em suas preces. À tarde, na hora em que seu marido normalmente chegava em casa, Gerda, desafiando suas ordens, aventurou-se a subir os degraus. Tremendo e assustada, ela esperou algum tempo, mas Gotthard não retornou. Ela nunca voltaria a vê-lo.

A artilharia começou a disparar logo após o término do bombardeio aéreo. O último ataque aéreo dos ocidentais a Berlim, o 363° da guerra, foi efetuado às 9h45 por elementos da Oitava Força Aérea dos EUA. Por 44 meses os americanos e britânicos tinham lançado as "Big Bs", como os pilotos americanos as chamavam. Os berlinenses haviam erguido seus punhos para as bombas e pranteado as mortes de amigos e parentes, além da destruição de seus lares. Contudo suas raivas, como as próprias bombas em si, tinham um caráter impessoal, dirigidas a um homem que eles jamais veriam. Com as armas da artilharia a situação era diferente. Os disparos vinham de um inimigo que estava do lado de fora de suas portas, que logo os estaria encarando.

Havia também outra diferença. Os berlinenses haviam aprendido a viver com os bombardeios e a se prevenir da precisão quase cronometrada dos ataques. A maioria das pessoas poderia dizer pelo assovio da bomba o local aproximado da zona de impacto; muitos estavam tão acostumados com os ataques que freqüentemente não se davam nem ao trabalho de procurar abrigo. O fogo de artilharia era de certo modo mais perigoso. Os projéteis caíam de modo surpreendente e inesperado. Os disparos e os estilhaços cortavam e ceifavam em todas as direções, seguidamente atingindo posições a metros de distância da explosão inicial.

O jornalista Hans Wulle-Wahlberg, fazendo o percurso através da Potsdamer Platz enquanto o local era revolvido pelas balas da artilharia, via mortos e moribundos por todos os lugares. Parecia-lhe que algumas pessoas tinham morrido pela rajada provocada pelo deslocamento de ar, "que lhes teria estourado os pulmões". Enquanto tentava escapar dos disparos, chegou à conclusão de que os berlinenses, anteriormente aliados contra seu inimigo comum, os bombardeios, "agora não tinham mais tempo para se preocupar com os mortos e feridos. Todo mundo estava ocupado demais em salvar a própria pele".

O impiedoso fogo da artilharia não seguia nenhum padrão. Vinha a esmo e de modo incessante. A cada dia ele parecia aumentar de intensidade. Morteiros e o uivo agudo dos foguetes *Katushkas* logo foram adicionados à barulheira. A maioria das pessoas passava agora boa parte do seu tempo nos porões, nos abrigos antiaéreos, nos *bunkers* da Torre ou nas estações de metrô. Elas haviam perdido completamente a noção do tempo. Os dias esvaíam-se entre o medo, a confusão e a morte que os cercava por toda parte. Os berlinenses que tinham mantido diários de maneira meticulosa até o dia 21 de abril subitamente viram suas datas misturadas. Muitos escreveram que os russos chegaram ao centro da cidade no dia 21 ou 22 de abril, quando o Exército Vermelho ainda estava lutando nos subúrbios. O terror que votavam aos russos freqüentemente era intensificado por um certo conhecimento de seus crimes contra o inimigo. Alguns alemães, ao menos, conheciam o comportamento que suas tropas haviam tido em solo soviético, além das terríveis e secretas atrocidades cometidas pelo Terceiro Reich nos campos de concentração. Por toda Berlim, à medida que os russos se aproximavam, pesava um terrível medo, um medo incomum, algo não experimentado por uma cidade desde a destruição de Cartago.

Elfriede Wassermann e seu marido Erich haviam se abrigado no enorme *bunker* próximo à estação de trem Anhalter. Erich havia perdido a perna no *front* russo em 1943 e podia caminhar somente com a ajuda de muletas. Ele rapidamente reconhecera o som do fogo da artilharia por sua característica, e seguiu com a mulher para o *bunker*. Elfriede havia acomodado seus pertences em duas malas e duas grandes sacolas. Sobre suas próprias roupas ela colocou um par das velhas calças militares de Erich e, em cima de tudo, seus casacos de lã e de pele. Visto que seu marido precisava das duas mãos para usar as muletas, ela amarrara uma sacola nas costas dele e a outra atravessada em seu peito. Uma das sacolas continha comida: alguns pedaços endurecidos de pão, umas fatias finas de carne e vegetais. Em uma das malas de mão de Elfriede havia um grande pote de manteiga.

Quando chegaram à Estação Anhalter, o *bunker* do local já estava superlotado. Elfriede finalmente encontrou um espaço para eles junto a uma das escadarias. Uma única e fraca luz brilhava sobre suas cabeças. Ela permitia que se visse pessoas ocupando cada centímetro de espaço do chão e das escadarias do prédio. As condições no *bunker* eram inacreditáveis. O andar de cima estava reservado para os feridos, e seus gritos podiam ser ouvidos dia e noite. Os banheiros não podiam ser usados porque não havia água; os excrementos espalhavam-se por toda parte. O fedor era inicialmente nauseante, mas depois de um tempo Elfriede e Erich não mais o percebiam. Eles passavam as horas em um estado de completa apatia, mal trocando uma palavra, inconscientes do que estava acontecendo lá fora.

Apenas uma coisa perturbava seus pensamentos íntimos: os gritos contínuos das crianças. Muitos pais haviam ficado sem comida e leite. Elfriede viu "três pequenos bebês sendo carregados para o pavimento superior, todos mortos por inanição". Próximo a Elfriede sentou-se uma jovem mulher com uma criança de três meses. Em algum ponto durante sua estada no *bunker*, Elfriede notou que o bebê não estava mais nos braços da mãe. Ele jazia no concreto, junto a Elfriede, morto. A mãe parecia incapaz de perceber o significado do acontecido, assim como Elfriede. Esta última se lembra de que "simplesmente vi que a criança estava morta e não me senti incomodada em nenhum aspecto".

Em Potsdamerstrasse, a Câmara de Assuntos Estrangeiros estava sendo alvejada. No subsolo com 44 salas havia mais de duas mil pessoas, e Margarete Promeist, que era a encarregada do abrigo, estava sobrecarregada. Além dos civis, dois batalhões da Volkssturm haviam sido recentemente alocados porque, Margarete foi avisada, "os russos estão se aproximando". Incomodada e à beira da exaustão, Margarete ficara mais do que agradecida por um telefonema que recebera havia pouco. Uma amiga íntima tinha se voluntariado para trazer-lhe alguma comida. Agora, enquanto circulava pelo abrigo, 44 civis feridos eram trazidos da rua. Margarete se apressou em auxiliar as vítimas. Uma delas já não podia ser ajudada – e ao sentar calada ao lado do cadáver da mulher que ficara de lhe trazer comida, Margarete invejou-lhe o sorriso tranqüilo e sereno no rosto. "Ela, pelo menos, foi poupada de nossa *via dolorosa*".

Enquanto grande parte das pessoas procurava um abrigo subterrâneo para enfrentar a duração da batalha, o farmacêutico Hans Miede patrulhava seu setor como diretor do abrigo público na Bismarckstrasse 61, em Charlottenburg. Enquanto os projéteis explodiam ao redor dele, ele olhava funestamente para um cartaz na parede do prédio oposto ao abrigo. O texto, impresso em tipos garrafais, dizia: A HORA ANTES DA ALVORADA É A MAIS ESCURA.

Para o dr. Rudolf Hückel a alvorada estava muito longe. Há semanas que o eminente patologista era uma fonte profunda de preocupações para sua esposa, Annemaria. Ela acreditava que ele se encontrava próximo de um colapso nervoso. Tempos atrás ele havia lhe mostrado uma cápsula de cianureto cuja capacidade mortal ele havia amplificado com a adição de ácido acético. Ele lhe revelara que se a situação em Berlim piorasse, ele cometeria suicídio. Desde então, *Frau* Hückel tinha visto como "a intensidade da guerra, sua completa falta de sentido e a raiva de meu marido contra Hitler haviam destruído o que de melhor havia nele". Agora o limite da resistência do dr. Hückel tinha sido atingido. Após ouvir durante horas o alarido dos projéteis, o doutor subitamente se levantou, correu até a janela aberta e gritou a plenos pulmões:

– *Der Kerl muss umgebracht werden!* (Esse sujeito [Hitler] deve ser assassinado!)

Os dedos de Hitler batiam sobre o mapa.

– Steiner! Steiner! Steiner! – ele gritava.

O Führer encontrara a resposta. O general SS Felix Steiner e suas tropas, ele vociferou, deviam atacar imediatamente de suas posições em Eberswalde no flanco do Terceiro Exército Panzer de Von Manteuffel; eles tinham que se dirigir para o sul, cortando o caminho da ofensiva russa em direção a Berlim. O ataque de Steiner taparia o buraco que fora aberto quando o flanco norte do Nono Exército de Busse ruíra. No mapa de Hitler este movimento parecia ser brilhante. A ofensiva de Zhukov agora se assemelhava à uma flecha com a base no Oder e a ponta diretamente sobre Berlim. Ao longo do flanco norte de Zhukov estava a pequena bandeira que dizia: "Grupo Steiner".

Hitler estava mais uma vez confiante. O ataque de Steiner restabeleceria o contato entre o Terceiro e o Nono Exércitos.

Havia apenas uma coisa errada com o esquema do Führer. Steiner não dispunha virtualmente de nenhum homem. Anteriormente, Heinrici decidira colocar sob o comando de Steiner as tropas do Nono Exército que tinham sido empurradas para o norte pela ofensiva russa. Infelizmente, a confusão generalizada no *front* e a falta de tempo impossibilitaram reunir forças suficientes para tornar operacional o Grupo de Steiner. Na verdade, não *havia* Grupo Steiner. Mas o nome permanecera, assim como a pequena bandeira no mapa de Hitler.

Agora o Führer ligava para Steiner. "Lembro que atendi a ligação", disse Steiner, "entre oito e meia e nove horas da noite. As palavras exatas de Hitler foram: 'Steiner, você está ciente de que o *Reichsmarschall* [Goering] tem um exército particular em Karinhall? Ele será expropriado e mandado para batalha'. Enquanto eu tentava entender o significado daquela informação, ele continuou: 'Cada homem disponível entre Berlim e o mar Báltico, de Stettin a Hamburgo, deve ser incluído neste ataque que ordenei'. Quando eu protestei, dizendo que as tropas à minha disposição eram inexperientes, e quando perguntei precisamente onde o ataque iria se dar, o Führer não me deu nenhuma resposta. Ele simplesmente desligou o telefone. Eu não fazia idéia de onde, quando e com o que eu devia atacar."

Steiner ligou para Krebs, explicou-lhe sua situação e disse ao chefe do OKH que não dispunha de tropas. "Então lembro de Hitler entrando no meio da conversa. No momento, eu explicava a Krebs que minhas tropas eram totalmente inexperientes e que não dispúnhamos de armas pesadas. Hitler me aplicou um longo discurso e terminou com as seguintes palavras":

– Você verá, Steiner. Você verá. Os russos irão sofrer sua maior derrota frente aos portões de Berlim.

"Disse a ele que, no meu ponto de vista, a situação de Berlim era irrecuperável. Fui completamente ignorado."

Logo depois Steiner recebeu uma ordem oficial de ataque. O último parágrafo dizia:

> É expressamente proibido recuar para o oeste. Os oficiais que não cumprirem incondicionalmente esta ordem devem ser presos e executados.
>
> Você, Steiner, é totalmente responsável pela execução desta ordem. O destino da capital do Reich depende do sucesso de sua missão.
>
> ADOLF HITLER

Depois de sua conversa com Steiner, Hitler chamou o chefe de Estado-Maior da Luftwaffe, general Koller.

– Todos os membros da Força Aérea na zona norte que estiverem disponíveis devem ser colocados à disposição de Steiner e levados até ele – disse Hitler, com a voz se erguendo. – Qualquer comandante que retiver pessoas consigo será penalizado com a vida em um prazo de cinco horas. Eles devem ser avisados disso.

Então ele gritou:

– Você, você mesmo garantirá que absolutamente nenhum homem deixará de ser empregado ou pagará com sua própria cabeça.

Koller ficou aturdido. Era a primeira vez que ele ouvira falar do Grupo de Steiner. Ele ligou para o general Dethleffsen no OKH e perguntou:

– Onde está Steiner? Para onde devem ser mandadas nossas tropas?

Dethleffsen não sabia, mas prometeu descobrir o mais rápido possível.

Durante todo esse período frenético, um homem, Heinrici, não sabia nada a respeito do esquema. Quando ele finalmente foi inteirado, ligou para Krebs.

– Steiner não tem força suficiente para empreender um ataque desse tipo – Heinrici disse furioso. – Eu rejeito a ordem. Insisto na retirada do Nono Exército. Caso contrário, Krebs, a única unidade de tropas em posição de defender Hitler e Berlim estará perdida. Agora, digo-lhe que, se este meu último pedido não for aprovado, exijo ser exonerado de meu posto.

Será que ele poderia, Heinrici sugeriu, conseguir um horário para ele discutir a questão pessoalmente com Hitler? Krebs vetou a idéia sem rodeios.

– Isso não será possível – ele disse. – O Führer está sobrecarregado.

Para que ficasse registrado, Heinrici anotou o resultado da conversa em seu diário pessoal de guerra: "Meu apelo aos mais altos oficiais para que tivessem em mente as responsabilidades que eles depositavam nas tropas foi rejeitado com as palavras 'Esta responsabilidade é dada pelo Führer'".

A vida do Grupo de Exército Vistula se aproximava do fim. Heinrici sabia que o Grupo resistiria apenas por mais alguns dias. Sua carreira, também, parecia se encaminhar para o fim. O general estava plenamente ciente de que sua inflexível obstinação sobre como lutar sua batalha perdida era considerada o pior tipo de derrotismo por Krebs. Nesse momento, sem aviso, durante a noite do dia 21 de abril, Heinrici foi informado de que o general Eberhard Kinzel, chefe de Estado-Maior do Vistula, seria substituído. O homem que tomaria seu posto era o major general Thilo von Trotha, um dos discípulos mais ardentes de Hitler. Heinrici acreditava que Krebs havia deliberadamente colocado Von Trotha no posto para tentar influenciar suas decisões. Se este era seu objetivo, sua manobra era inútil.

– Conheço esse Von Trotha – Heinrici disse ao coronel Eismann. – Talvez ele seja inteligente, mas gosta de embelezar os fatos; ele sofre de um tipo de otimismo vulgar. Seus pés – observou amargamente o general – estão sempre no ar.

Quando Von Trotha chegasse, Heinrici havia decidido, iria isolá-lo completamente e tratar apenas com Eismann. Era um procedimento perigoso a ser adotado com um favorito de Hitler, mas Heinrici não podia se dar ao luxo de se preocupar com esse tipo de questão no momento.

Antes do amanhecer do dia 22, um segundo anúncio chegou até Heinrici. O comandante de Berlim, general Reymann, telefonou.

– Estou sendo substituído – ele disse a Heinrici.

Os eventos que se seguiram à remoção de Reymann tiveram algumas das qualidades de uma grande comédia de erros. Seu sucessor era outro oficial do alto escalão do Partido Nazista, um certo coronel Kaether, um homem tão obscuro que seu primeiro nome se perdeu na história. Kaether foi imediatamente promovido a major-general, pulando todos os postos de general-brigadeiro. Ele passou o resto do dia telefonando para os amigos para dar a notícia. Ao cair da noite Kaether voltou a ser coronel, sendo removido do posto: o próprio Hitler decidiu assumir temporariamente o comando.

Enquanto isso, os homens cujos destinos estavam mais ligados aos dos últimos dias da cidade enfrentavam sérios problemas. O general Karl Weidling encontrava-se completamente incomunicável, não conseguindo contato com nenhum quartel-general, incluindo o do seu superior imediato, o general Busse. O 56º Corpo *Panzer* de Weidling havia sofrido tamanhos estragos e tinha sido tantas vezes cercado pelo Primeiro Exército de Guarda de Tanques do general Katukov que ele perdera todo e qualquer contato com seus colegas. Circulavam rumores de que Weidling havia deliberadamente recuado, e Weidling não estava em condições de refutá-los. Hitler ouvira essas histórias. Assim como Busse. Após esperarem por quase vinte e quatro horas, os dois homens expediram ordens dando conta da imediata prisão e execução de Weidling.

• • •

Quando a fumaça se dissipou nos arredores de Bernau, o capitão Sergei Golbov viu os primeiros prisioneiros saindo de suas posições de defesa. O combate ali havia sido sanguinário. Havia exigido das tropas de Chuikov quase meio dia para avançar cinco milhas neste setor, 22 quilômetros a nordeste de Berlim. Agora, partes da cidade ardiam em chamas, mas os tanques prosseguiam, seguindo em direção aos distritos berlinenses de Pankow e Weissensee, a sudoeste. Golbov sentou em sua recém-confiscada motocicleta e acompanhou os prisioneiros. Eles formavam um grupo lamentável, ele pensou – "os rostos acinzentados pela poeira, os corpos vergados pela fadiga". Golbov olhou ao seu redor e foi golpeado pela terrível disparidade entre as criações humanas e aquelas produzidas pela natureza. As árvores frutíferas começavam a florescer. "As florações pareciam pequenos flocos de neve, e nos subúrbios cada um dos pequenos jardins estava coberto de flores, mas então as descomunais e negras máquinas de guerra, os tanques, esmagavam esses mesmos jardins – que contraste!"

Golbov tirou do bolso de sua túnica uma cópia dobrada do jornal *Estrela Vermelha*, cuidadosamente arrancou uma tira de papel, colocou um pouco de tabaco sobre ela e enrolou-a em forma de cigarro. Todos usavam o jornal *Estrela Vermelha*; ele era mais fino e parecia queimar melhor do que o *Pravda* ou o *Izvestia*. Enquanto ele acendia seu cigarro, viu um major alemão cambaleando em sua direção pela estrada.

– Deixem minha mulher em paz! – o homem gritava em polonês. – Deixem minha mulher em paz!

Golbov assistiu, confuso, à aproximação do oficial cambaleante e com os olhos tomados de fúria. Quando o alemão chegou mais perto, Golbov desceu de sua motocicleta e foi em sua direção. Sangue escorria das mãos do major.

O alemão ergueu os braços e Golbov percebeu que ele havia cortado os pulsos.

– Estou morrendo – o homem deixou escapar. – Cometi suicídio. Veja!

Ele lançou as mãos em direção a Golbov.

– Agora vocês vão deixar a minha mulher em paz?

Golbov encarou-o.

– Seu idiota – ele disse. – Tenho outras coisas a fazer além de me preocupar com sua mulher.

Ele chamou pelos médicos, e então segurou os pulsos do homem para estancar o sangue até que os primeiros socorros chegassem. De qualquer jeito, provavelmente fosse tarde, pensou Golbov, quando os médicos levaram o major.

– Deixem minha mulher em paz! Deixem minha mulher em paz! – continuava gritando o alemão.

Golbov se recostou contra a motocicleta e reacendeu o seu cigarro. Goebbels fez bem o seu trabalho, pensou; o que eles pensam que somos, monstros?

• • •

Bruno Zarzycki, as lágrimas marcando-lhe o rosto, permaneceu na rua quando os libertadores pelos quais ele tanto esperara passaram. O líder comunista na área de Neuenhagen-Hoppegarten, dezenove quilômetros a leste de Berlim, estava deleitado porque agora todos poderiam ver o que ele há muito já sabia: que a propaganda de Goebbels sobre os soviéticos estava calcada sobre as mais viciosas mentiras. As tropas do Exército Vermelho, com garbo e eficiência, haviam entrado em Neuenhagen e rapidamente a atravessado, dirigindo-se aos distritos berlinenses de Weissensee e Lichtenberg, a oeste. Não houve praticamente nenhuma luta na cidade. A maior parte dos nazistas locais partira no dia 15 de abril. Naquele momento, Bruno disseram ao prefeito Otto Schneider, "quando eu vir o primeiro russo vou ao encontro dele com uma bandeira branca. Um combate seria inútil". O prefeito concordara. Apenas um homem queria briga: o fanático Hermann Schuster, líder da unidade do bem-estar social do partido. Ele havia barricado sua casa e abriu fogo contra as primeiras unidades de reconhecimento. Era uma batalha de um só lado. Os russos eficientemente varreram Schuster e sua casa pelos ares com granadas de mão. Bruno e os outros membros da célula comunista queimaram suas braçadeiras da Volkssturm e encontraram as tropas russas com uma bandeira branca. Bruno estava mais feliz do que nunca. Ele dividiu suas informações com os soldados soviéticos e lhes disse que ele e seus amigos eram "antifascistas e que sempre haviam sido". Para Bruno a chegada dos soldados de Zhukov trazia junto consigo a cura milagrosa que ele antecipara há semanas: suas úlceras desapareceram. Pela primeira vez, ele podia comer sem sentir náusea ou dor.

A cura duraria pouco. O plano detalhado de Bruno para uma futura administração socialista da cidade, o qual ele confidencialmente ofereceu aos conquistadores poucas semanas depois, foi recusado. Um oficial russo o ouviu e então respondeu com apenas uma palavra:

– *Nyet.*

Naquele dia – três meses depois de Bruno Zarzycki ter assistido com orgulho à chegada de seus ídolos – as úlceras que ele sempre considerara "inspiradas pelo fascismo" retornaram, piores do que nunca.

Na prisão de Lehrterstrasse, o cabo Herbert Kosney, condenado, não sabia por quanto tempo ainda poderia contar com a sorte. A confirmação da sentença de morte pronunciada contra ele pelas autoridades civis continuava em suspenso à espera de uma confirmação da corte militar. Herbert vivia em uma espécie de prorrogação. No dia 20, ele fora informado de que o tribunal ouviria seu caso no dia seguinte. Ele sabia exatamente qual seria o veredicto, e provavelmente sua execução seria imediata. Mas na manhã seguinte, quando ele chegou escoltado ao tribunal em Plötzensee, o prédio estava vazio; todos tinham ido procurar por abrigos.

Embora o bombardeio surpresa russo houvesse salvado sua vida, o adiamento era apenas temporário. Konsey agora sabia que seu julgamento ocorreria na segunda-feira, dia 23. Os russos eram a sua última esperança. Se eles não chegassem à prisão antes daquela data, ele certamente seria executado.

Por causa dos disparos da artilharia, os prisioneiros haviam sido removidos para os porões. Herbert percebeu que subitamente os guardas se tornaram amigáveis. Havia rumores de que alguns prisioneiros já haviam sido libertados e de que outros poderiam receber a permissão de partir dentro de poucas horas. Herbert tinha certeza de que permaneceria detido, mas ele tinha esperança de que seu irmão Kurt pudesse sair.

Kurt também estava ciente dos rumores, mas ele sabia algo que Herbert ignorava – de que eles eram apenas parcialmente verdadeiros. Os nomes de algumas Testemunhas de Jeová – pacifistas convictos que desempenhavam diversas tarefas subalternas na prisão – haviam sido chamados, e os homens haviam recebido notas de soltura que lhes permitiram deixar a prisão. Uma Testemunha não parecia ter muita pressa em partir, notou Kurt. O homem estava sentado a uma mesa no porão, limpando cuidadosamente o último bocado de comida de seu prato de lata.

– Por que você não está partindo com os outros? – Kurt perguntou.

A explicação do homem foi simples.

– Meu lar fica em Rhineland, além da linha dos Aliados ocidentais – ele disse. – Não há nenhuma possibilidade de eu chegar até lá. Vou é ficar sentado aqui bem quietinho até que tudo esteja resolvido.

Kurt olhou para a permissão de soltura do homem. Se a Testemunha não ia utilizá-la, ele conhecia alguém para quem ela seria de grande valia. Enquanto o prisioneiro continuava comendo, Kurt manteve a conversa com ele, aproximando-se do papel amarelo que significava liberdade. Depois de mais alguns momentos de conversa amigável, Kurt conseguiu dar um jeito de colocar o papel da permissão dentro do seu bolso sem que o outro percebesse e então se afastou.

Rapidamente ele encontrou Herbert e ofereceu-lhe a preciosa ordem de soltura. Para seu espanto, Herbert recusou-a: como ele estava condenado à morte, a Gestapo daria um jeito de capturá-lo, disse Herbert. Kurt fora aprisionado apenas como suspeito de ser comunista; ele não tinha sido acusado de nada.

– Você terá uma chance melhor – Herbert disse ao irmão. –Vá você.

Então ele acrescentou com falso entusiasmo:

– Em todo caso, todos nós provavelmente seremos liberados ainda hoje. Assim, você pode muito bem ir primeiro.

Pouco tempo depois, com seu saco de dormir sobre o ombro, Kurt Kosney caminhou até a sala da guarda no andar principal e juntou-se à fila de Testemunhas de Jeová que caminhavam para a liberdade. Um dos guardas, um sargento da SS chamado Bathe e que conhecia Kurt, olhou diretamente para ele. Por um terrível momento, Kurt imaginou que fosse ser agarrado e levado de volta ao porão. Mas Bathe voltou o rosto. O homem atrás da mesa disse:

– O próximo.

Kurt apresentou sua ordem. Cinco minutos depois, sua ordem oficial de soltura carimbada, Kurt Kosney parou no meio da rua no lado de fora da prisão. Ele era um homem livre. A rua estava sendo varrida por rajadas de bala e "o ar estava espesso pela fumaça das granadas", mas Kurt Kosney mal percebeu. Ele sentia-se "delirantemente feliz – como se eu tivesse bebido umas vinte doses de conhaque".

• • •

Os russos chegaram a Zossen. Os tanques da Terceira Guarda do general Rybalko haviam capturado o quartel-general do Alto-Comando intacto, junto com uma porção de engenheiros, soldados e técnicos. Todos os demais haviam partido.

Os motoristas dos tanques de Rybalko, cansados e sedentos, piscaram os olhos, surpreendidos com a brilhante iluminação das vastas salas subterrâneas. Enquanto eles vagavam por entre as galerias, alojamentos e escritórios, evidências de um êxodo às pressas podiam ser colhidas em todos os lugares. O major Boris Polevoi, um comissário político associado ao quartel-general de Koniev, viu que havia mapas e papéis espalhados. Em uma das salas, um penhoar estendia-se sobre a mesa; nas proximidades havia uma pasta de couro cheia de fotografias familiares.

Exchange 500, o enorme complexo telefônico, havia sido capturado em perfeitas condições. Os homens ficaram parados na soleira da porta e se embasbacaram com a quantidade de luzes piscantes nos consoles, todas agora não-identificadas. Grandes sinais, anexados às mesas de controle, advertiam em um russo saído de um livro escolar: "Soldados! Não danifiquem o aparelho. Ele poderá ser valioso para o Exército Vermelho". Polevoi e os outros oficiais especularam que os trabalhadores alemães fugitivos "haviam colocado os sinais a fim de salvar os seus próprios pescoços".

Entre os homens capturados no centro de comando encontrava-se Hans Beltow, o engenheiro-chefe dos sistemas do complexo elétrico, e no momento ele apresentava aos russos o Exchange 500. Um operador, Beltow explicou por meio de intérpretes femininas russas, havia permanecido quase até o momento da invasão do quartel-general. Quando o gravador passou a reproduzir suas últimas conversas, os russos permaneceram ouvindo na enorme e imaculada sala. Durante os últimos minutos em que Zossen esteve em mãos alemãs, as chamadas continuaram a chegar de todas as partes do cada vez menor domínio do Reich, e todas elas foram gravadas.

– Tenho uma mensagem urgente de Oslo – disse uma voz em alemão.

– Desculpe – disse o operador de Zossen –, mas não estamos transmitindo. Sou o último homem aqui.

– Meu Deus, o que está acontecendo...?

Outra voz:

– Atenção, atenção. Tenho uma mensagem urgente...

– Não estamos aceitando mensagens.

– Há algum contato com Praga? Como eles estão se sentindo em Berlim?

– Ivan está quase chegando à porta. Estou fechando os canais agora.

Zossen havia caído. Exceto por essa rápida inspeção, as forças de Koniev mal tinham feito uma pausa no local. Uma falange de tanques dirigia-se para Potsdam; outra já havia cruzado o canal Nuthe e chegado a Lichtenrade, ao sul do distrito berlinense de Tempelhof. Outros tanques moveram-se na direção de Teltow e agora aniquilavam as defesas ao sul do canal de Teltow. Além, localizavam-se os distritos de Zehlendorf e Steglitz.

Ao cair da noite do dia 22 de abril, as forças de Koniev haviam rompido as defesas ao sul e batido Zhukov na corrida por Berlim com uma vantagem de mais de um dia.

• • •

No *Führerbunker* a costumeira conferência militar começou às três da tarde. Nos doze anos de história do Terceiro Reich nunca houvera um dia como aquele. O tradicional extravasamento de otimismo desaparecera. O *front* do Oder desabara. O Nono Exército estava virtualmente cercado. Sua unidade mais forte, o 56º Corpo Panzer, estava perdido no momento e não podia ser localizado.* Steiner não tinha condições de atacar. Berlim estava quase cercada. Os comandantes eram substituídos quase que de hora em hora. O Reich agonizava, e o homem que levara a situação a esse ponto agora desistia.

O pronunciamento de Hitler chegou ao seu clímax em uma torrente selvagem e descontrolada de insultos com os quais acusava seus generais, seus conselheiros, seus exércitos e o povo alemão que ele havia levado ao desastre. O final havia chegado, cuspiu Hitler; tudo estava desabando; ele não tinha mais condições de continuar; ele decidira permanecer em Berlim; ele pretendia tomar conta da defesa da cidade pessoalmente – e no último momento pretendia dar um tiro em si mesmo. O general Krebs e o representante da Luftwaffe, general Eckhardt Christian, tomaram-se de horror. Para ambos, Hitler parecia ter sofrido uma completa crise nervosa. Somente Jodl se mantinha calmo, pois Hitler havia revelado tudo isso ao chefe de Operações 48 horas antes.

Todos os presentes tentavam persuadir o quase demente Führer de que nem tudo estava perdido. Ele deveria permanecer no comando do Reich, eles disseram, e deveria deixar Berlim, uma vez que os assuntos não podiam mais ser administrados da capital. O homem que até então havia mantido o mundo deles possível agora os rejeitava. Ele permaneceria em Berlim. Os outros podiam ir para onde bem lhes aprouvesse, disse Hitler. Todos estavam chocados. Para enfatizar que falava a sério, Hitler garantiu que pretendia fazer um anúncio público de sua presença em Berlim. De imediato, ditou uma declaração a ser transmitida imediatamente. Os outros conseguiram persuadi-lo a segurar a informação. O anúncio não seria feito antes do dia seguinte. Enquanto isso, os oficiais e ajudantes no *bunker* chamaram seus colegas que se encontravam fora da cidade para exercer uma pressão adicional sobre o Führer. Himmler, Doenitz e mesmo Goebbels telefonaram, protestando, na condição de seus camaradas, para que ele mudasse de idéia. Hitler não seria dissuadido.

Jodl foi chamado para atender a um telefonema. Enquanto ele esteve fora, Keitel, tentando discutir a questão com Hitler, pediu para ter uma conversa com ele em particular. A sala de conferência estava vazia. De acordo com

---

* No diário de guerra de Heinrici, no qual todas as conversações telefônicas foram transcritas *ipsis verbis* de anotações taquigráficas, um surpreendente registro aparece: "12h30, 21 de abril: Busse para Heinrici: 'Acabo de ouvir dizer que o 56º Corpo na noite passada moveu-se para a Vila Olímpica de Hoppergarten sem ordens específicas. Prisão requisitada...'" Ninguém sabe de onde Busse retirou essa informação, mas ela estava errada: a Vila Olímpica ficava em Döberitz, no lado oeste de Berlim. Weidling estava lutando nos arredores orientais da cidade. (N. do A.)

o relato de Keitel, ele disse a Hitler que via dois cursos de ações ainda abertos: "fazer uma oferta de capitulação antes que Berlim se tornasse um campo de batalha", ou arranjar "para que Hitler voasse até Berchtesgaden e de lá, imediatamente, começasse as negociações". Hitler, segundo Keitel, "não me deixou ir além dessas palavras. Ele me interrompeu e disse: 'Já tomei minha decisão. Não deixarei Berlim. Defenderei a cidade até o final. Quer eu vença esta batalha pela capital do Reich, quer eu caia como símbolo do próprio Reich'".

Keitel considerava essa decisão uma loucura.

– Devo insistir – ele disse a Hitler – que você parta para Berchtesgaden ainda nesta noite.

Hitler não quis ouvir mais nada. Ele chamou Jodl de volta e, em uma conferência privada com os dois oficiais, "deu-nos ordens para que voássemos até Berchtesgaden e de lá tomássemos as rédeas junto com Goering, que era o representante de Hitler".

– Em sete anos – Keitel protestou –, jamais me recusei a cumprir uma ordem sua, mas esta não devo levar adiante. Não pode deixar o Wehrmacht em apuros.

Hitler replicou:

– Vou ficar aqui. Isso é certo.

Então Jodl sugeriu que o exército de Wenck se dirigisse a Berlim de sua posição no Elba.* Keitel declarou que seguiria imediatamente para o *front* ocidental, encontrar-se-ia com o general Wenck, "retirando suas ordens prévias de comando e ordenando que ele marchasse em direção a Berlim para se unir ao Nono Exército".

Finalmente Hitler ouvira uma sugestão que podia aprovar. Pareceu a Keitel que a proposta trouxera um "certo alívio a Hitler em meio a esta situação absolutamente desesperadora". Em seguida Keitel dirigiu-se ao quartel-general de Wenck.

Alguns oficiais ausentes da conferência, como o chefe de Estado-Maior da Luftwaffe, general Karl Koller, estavam tão impactados pela notícia do colapso do Führer que se recusaram a acreditar nos relatórios de seus próprios representantes na cena. Koller correu ao mais recente quartel-general de Jodl em Krampnitz, oito quilômetros a nordeste de Potsdam, e requisitou as notas taquigrafadas.

– O que você ouviu está correto – Jodl disse a Koller.

---

* Os documentos do Eclipse, que ele havia estudado com afinco, haviam convencido Jodl de que uma guinada de Wenck para o leste não seria impedida pelos americanos, que, disto ele estava certo, ficariam permanentemente restritos ao Elba. (N. do A.)

Ele também revelou ao chefe de Estado-Maior da Luftwaffe que Hitler havia desistido e que pretendia cometer suicídio quando chegasse a hora final.

– Hitler disse que não podia tomar parte nos combates por razões físicas e que ele não faria isso devido ao risco de cair nas mãos dos inimigos, talvez enquanto estivesse apenas ferido. Todos nós tentamos dissuadi-lo. Hitler – Jodl continuou – disse que não tinha mais condições de continuar e que agora o comando estava a cargo do *Reichsmarschall*. Em resposta a um comentário de que as tropas não lutariam por Goering, o Führer respondeu: "O que você quer dizer com lutar? Não há mais pelo que lutar e quando chegar a hora da negociação, o *Reichsmarschall* poderá agir melhor do que eu".

Jodl acrescentou:

– Hitler disse que as tropas não estão mais lutando, que as barricadas contra os tanques estavam abertas em Berlim e que a cidade não era mais defendida.

Naquele momento estava claro no *Führerbunker* que as palavras de Hitler não podiam ser interpretadas de outra maneira. Ele passara horas selecionando papéis que então foram levados até o pátio e queimados. A seguir, mandou buscar Goebbels, *Frau* Goebbels e seus filhos. Eles deveriam ficar com ele no *bunker* até o final. O dr. Werner Naumann, assistente de Goebbels, já sabia há algum tempo que "Goebbels considerava que a única conduta decente ao final do percurso, no caso do colapso do Reich, era morrer na batalha ou cometer suicídio". Magda Goebbels, a esposa do *Reichsminister*, compartilhava os mesmos sentimentos. Quando Naumann ouviu sobre o iminente movimento da família Goebbels para a Chancelaria, soube que "todos eles morreriam juntos".

O desprezo de Goebbels pelos "traidores e indignos" era quase igual ao de Hitler. Na véspera da explosão de cólera do Führer, este havia chamado toda sua equipe de propaganda e disse:

– O povo alemão falhou. No Leste, eles estão fugindo, no Oeste, recebem o inimigo com bandeiras brancas. O próprio povo alemão escolheu seu destino. Não forcei ninguém a trabalhar comigo. Por que vocês trabalharam comigo? Agora suas pequenas gargantas serão degoladas! Mas acreditem em mim, quando nós nos retirarmos, a terra irá tremer.

Pelos lemas de Hitler, quase parecia que os únicos alemães leais eram aqueles que planejavam cometer suicídio e enterrar-se a si mesmos em suas próprias tumbas. Nessa mesma noite, grupos de homens da SS procuravam por casas em que houvesse desertores. A punição era rápida. Nas proximidades da Alexanderplatz, a jovem de dezesseis anos Eva Knoblauch, uma refugiada que há pouco chegara a Berlim, viu o corpo de um jovem soldado do Wehrmacht pendurado em um poste de luz. Havia um enorme cartaz amarrado às pernas do morto. Nele se lia: "Traidor. Eu abandonei meu povo".

Ao longo de todo esse dia decisivo, Heinrici esperara por notícias que ele achava que deveriam chegar, que Hitler dera permissão para que o Nono Exército recuasse. As forças de Busse, quase cercadas, cortadas pelo inimigo em seus flancos, encontravam-se próximas da aniquilação. Ainda assim Krebs continuava insistindo na manutenção de suas posições. Ele havia, inclusive, ido ainda mais longe: sugerira que uma parte das forças do Nono Exército revidasse e abrisse um caminho pelo sul para se unir às forças do marechal-de-campo Schörner. O próprio Busse complicava a questão. Heinrici tentara convencê-lo a retroceder mesmo sem ordens específicas; Busse recusou-se até mesmo a fazer um simples recuo sem um comando direto do Führer.

Às onze horas da manhã do dia 22 de abril, Heinrici avisou Krebs de que o Nono seria rompido em diversas partes ao cair da noite. Krebs, em caráter confidencial, prognosticou que o marechal-de-campo Schörner consertaria a situação por meio de uma investida para o norte a fim de se unir a Busse. Heinrici sabia o que ia acontecer.

– Levará vários dias até que Schörner possa organizar um ataque – ele disse a Krebs. – Então o Nono não vai mais existir.

Hora a hora a situação se tornava mais desesperadora, e Heinrici repetidamente exigia que Krebs fizesse alguma coisa.

– Você permite que minhas forças sejam destruídas – ele trovejou – enquanto me diz que devo fazer o possível para evitar a vergonha do Führer de ver-se cercado em Berlim. Contra minha vontade, apesar do constante apelo de ser liberado de minhas funções, estou sendo impedido de fazer a retirada das únicas forças que poderiam ser usadas na proteção do Führer e de Berlim.

O quartel-general do Führer não criava apenas dificuldades para Busse; agora ele exigia que o Terceiro Exército de Manteuffel expulsasse as forças de Rokossovskii para o outro lado do Oder – uma ordem tão impossível de ser levada adiante que Heinrici pôde apenas resmungar quando a recebeu.

Às 12h10, Heinrici alertou Krebs:

– Estou convicto de que este é o último momento para comandar a retirada do Nono Exército.

Duas horas mais tarde ele ligou novamente, mas Krebs já havia seguido para a conferência do Führer. Para o general Dethleffsen, Heinrici disse:

– *Precisamos* chegar a uma decisão.

Às 14h50, Krebs ligou para Heinrici. O Führer havia concordado que parte das forças do Nono Exército poderia recuar ao longo da ala do extremo norte, abandonando Frankfurt. Heinrici bufou. Era uma medida executada pela metade, que resultaria em uma melhora insignificante da situação. Ele não apontou para Krebs que a cidade havia sido defendida brava e firmemente pelo coronel Bieler, o homem que Hitler decidira não ser "nenhum *Gneisenau*". Agora Bieler encontraria dificuldades em se desengajar do combate. Em todo caso, a autorização chegara muito tarde. O Nono Exército estava cercado.

Aproximadamente duas horas depois, Krebs voltou a telefonar. Dessa vez ele informou Heinrici de que na conferência do Führer fora decidido que o 12º Exército de Wenck seria deslocado de sua posição no *front* ocidental. Wenck lançaria um ataque em direção ao leste e a Berlim, aliviando a pressão. Era um anúncio surpreendente; Heinrici comentou de modo seco:

– Será uma ajuda muito bem-vinda.

Uma ordem, porém, para a completa retirada do Nono continuava sem ser proferida. Embora o Grupo estivesse cercado, Heinrici acreditava que as tropas de Busse ainda tinham força suficiente para empreender um movimento na direção oeste. Agora a notícia de Krebs sobre Wenck – a qual Heinrici só viera a conhecer naquele momento – oferecia uma nova possibilidade. "A notícia deu asas à esperança", disse Heinrici mais tarde, "de que o Nono ainda poderia ser resgatado, depois de tudo, de sua situação precária." Heinrici ligou para Busse.

– Krebs acaba de me dizer que o Exército de Wenck está dando meia-volta e marchando em nossa direção. Ele instruiu Busse a recuar suas tropas mais fortes rompendo o cerco dos russos para dirigi-las a oeste a fim de uni-las às de Wenck. Busse protestou dizendo que tal medida enfraqueceria o grosso de sua resistência. Heinrici decidiu que já tivera o bastante.

– Esta é a ordem para o Nono Exército – ele irrompeu com uma voz metálica. – Retire uma divisão e coloque-a a caminho da junção com Wenck.

E assim encerrou a discussão.

Ao redor de toda a cidade um brilho vermelho tingia o céu noturno. Focos de incêndios se erguiam em quase todos os distritos, e a chuva de projéteis seguia de modo incessante. Mas no subsolo da prisão de Lehrterstrasse um sentimento de júbilo e euforia continuava a crescer. Durante a tarde, 21 homens haviam sido libertados. Mais tarde, alguns pertences dos prisioneiros que haviam permanecido foram devolvidos. De acordo com os guardas, a ação fora autorizada para acelerar o processo de soltura. Agora, a qualquer momento, os prisioneiros esperavam ser postos de volta em liberdade. Alguns achavam que isso poderia acontecer antes da chegada da manhã. Mesmo Herbert Kosney sentia naquele instante que vencera a execução.

Um guarda entrou no porão. De uma lista em sua mão, rapidamente começou a ler os nomes. Os homens ouviam com tensão cada nome que era chamado. Havia um comunista, um prisioneiro de guerra russo e diversos homens que Kosney reconheceu como suspeitos do atentado contra Hitler em 1944. O guarda seguia lendo os nomes sem hesitar: "...Haushofer... Schleicher... Munzinger... Sosinow... Kosney... Moll... ." Subitamente Herbert percebeu com um golpe de esperança que seu nome tinha sido chamado.

Todos juntos, os dezesseis prisioneiros foram sendo enfileirados. Depois de contados, o guarda os conduziu ao escritório da segurança. Lá, eles esperaram do lado de fora da porta enquanto, um após o outro, cada homem era individualmente chamado. Quando Kosney entrou, percebeu que havia seis homens da SS na sala, todos bêbados. Um deles conferiu seu nome e lhe entregou seus pertences, confiscados no momento de sua prisão. Eram poucos e deploráveis: sua folha de pagamento como soldado, um lápis e um isqueiro. Herbert assinou um recibo referente à entrega de suas coisas e então um formulário afirmando que ele havia sido libertado. Um dos homens da SS lhe disse:

– Bem, logo você verá sua mulher.

De volta ao porão os homens receberam ordens de empacotar seus pertences. Kosney mal podia acreditar na sua sorte. Ele embrulhou suas coisas rapidamente, dobrando cuidadosamente o terno que havia preservado e que ganhara de sua esposa em comemoração ao seu quarto aniversário de casamento. Depois de terminar, começou a ajudar seu companheiro de prisão, Haushofer. Entre os pertences de Haushofer havia alguma comida, incluindo uma garrafa de vinho e um pão preto alemão. Haushofer não conseguia colocar o pão dentro de sua mochila, assim ele o deu a Kosney. Houve uma longa espera. Então, depois de quase uma hora e meia, os dezesseis homens foram alinhados em fileiras duplas e subiram os degraus, cruzaram uma porta e chegaram a uma sala escura. Subitamente a porta foi fechada de maneira brutal às suas costas, deixando-os imersos em uma escuridão total. Quase imediatamente uma lanterna foi ligada. Quando os olhos de Herbert se acostumaram à penumbra, ele percebeu que a lanterna estava pendurada no cinto do oficial da SS. O homem, um tenente-coronel, usava um capacete e carregava uma arma.

– Vocês estão sendo transferidos – ele disse aos homens. – Se houver qualquer tentativa de fuga, vocês serão mortos. Deixem suas coisas no caminhão ao lado. Marcharemos até a estação de trem de Potsdam.

As esperanças de Kosney foram devastadas. Por um momento ele pensou em arremessar-se para dentro de uma das celas próximas. Ele agora estava certo de que os russos chegariam àquela área dentro de poucas horas. Mas, enquanto pensava em se esconder, percebeu que havia outros homens da SS, portando submetralhadoras, espalhados por toda a sala.

Os prisioneiros foram conduzidos para fora de Lehrterstrasse e obrigados a marchar na direção da Invalidenstrasse. Chovia. Herbert ergueu a gola de sua jaqueta e amarrou uma toalha ao redor do pescoço para fazer as vezes de cachecol. Na metade do caminho, os homens foram detidos e revistados, e seus pertences pessoais, que lhes haviam sido devolvidos apenas por um curto período, foram novamente recolhidos. A coluna pôs-se novamente em movimento, cada prisioneiro flanqueado por um homem da SS com uma submetralhadora às costas e uma pistola na mão. Ao chegarem à Invalidenstrasse, um sargento da SS sugeriu que eles pegassem um atalho através da sala de exibição Ulap, destruída pelos bombardeios. Eles marcharam por entre os escombros e cruzaram as ruínas no enorme prédio com seus pilares de sustentação expostos. Subitamente cada um dos prisioneiros foi agarrado pela gola pelo seu guarda SS correspondente. Um grupo de prisioneiros foi conduzido para a esquerda; o outro, para a direita. A seguir, marcharam até junto da parede do prédio, sendo posicionados a cerca de dois metros de distância um do outro. Todos eles sabiam o que ia acontecer.

Alguns prisioneiros começaram a implorar por suas vidas. O homem ao lado de Kosney começou a gritar:

– Deixem-me viver! Eu não fiz nada.

Naquele momento Herbert sentiu o frio do cano gelado contra sua nuca. Quando o sargento gritou "fogo", Herbert virou sua cabeça. Houve uma saraivada entrecortada de tiros no momento em que cada um dos homens da SS disparou. Kosney sentiu um súbito e lancinante impacto. Então ele foi ao chão. Caiu imóvel.

No instante seguinte, o tenente-coronel caminhou ao longo da fila de homens caídos, disparando um tiro adicional na cabeça de cada prisioneiro. Quando chegou em Herbert, ele disse:

– Este porco já teve o suficiente.

E acrescentou:

– Vamos lá, homens. Precisamos nos apressar. Temos mais trabalho para fazer esta noite.

Kosney jamais soube por quanto tempo ficou ali inerte. Depois de um tempo, com muita cautela, ele colocou a mão sobre o pescoço e a bochecha. Ele sangrava em profusão. Sua vida, contudo, foi salva naquele exato instante em que virou a cabeça. Logo descobriu que não conseguia mexer nem seu braço, nem sua perna do lado direito. Rastejando, ele percorreu vagarosamente o caminho através das ruínas até alcançar a Invalidenstrasse. Lá ele se ergueu, descobriu que podia caminhar e amarrou com ainda mais força a toalha ao redor de sua garganta ferida e ainda mais devagar, tomado pela dor, seguiu em direção ao Hospital Charité. Desmaiou diversas vezes. A certa altura, foi detido por um grupo da Juventude Hitlerista. Primeiramente, exigiram que ele mostrasse seus documentos, mas depois, vendo o estado em que se encontrava, permitiram que ele passasse.

Em algum ponto de sua jornada, desfez-se dos sapatos porque "eles pareciam pesados demais". Em outro momento, deparou-se com um pesado fogo de artilharia. Quanto tempo durou essa caminhada é algo que ele jamais poderá saber – estava apenas semiconsciente –, mas finalmente chegou à sua casa em Franseckystrasse. Então, com sua última reserva de força, Herbert Kosney, a única testemunha viva do massacre da prisão Lehrterstrasse, bateu seguidamente na porta. Sua mulher Hedwig abriu. O homem ali parado estava irreconhecível. Seu rosto estava banhado em sangue, assim como a parte da frente de seu casaco. Horrorizada, ela perguntou:

– Quem é você?

Antes de ele desmaiar, Kosney conseguiu dizer:

– Sou eu, Herbert.*

À uma hora da manhã do dia 23 de abril, o telefone tocou no quartel-general do general Walther Wenck, na floresta de Wiesenburg. O general mais jovem do Wehrmacht, comandante do 12º Exército, continuava vestindo seu uniforme, cochilando em uma poltrona. Seu posto de comando, *Alte Holle* – Velho Inferno –, a cerca de 56 quilômetros a leste de Magdeburg, era o antigo lar de um guarda-caça.

---

* Os outros quinze corpos foram encontrados três semanas depois. Ainda apertados na mão de Albrecht Haushofer estavam alguns dos sonetos que havia escrito na prisão. Um dos versos dizia: "Há tempos que são guiados pela loucura; É quando as melhores cabeças são as enforcadas". (N. do A.)

Wenck atendeu ele mesmo o telefone. Um de seus comandantes informava que o marechal-de-campo Wilhelm Keitel acabava de cruzar as linhas, em direção ao quartel-general. Wenck chamou seu chefe de Estado-Maior, coronel Günther Reichhelm.

– Temos um visitante a caminho – ele disse. – Keitel.

Wenck sempre desgostara profundamente do chefe de Estado-Maior de Hitler. Keitel era o último homem no mundo com quem ele queria falar naquele momento.

Nas últimas semanas, Wenck havia visto mais pesar, miséria e sofrimento do que ele jamais testemunhara em uma batalha. À medida que as fronteiras alemãs se encolhiam, sua área se tornava um vasto campo de refugiados. Sem-teto alemães espalhavam-se por toda parte – ao longo das estradas, nos campos, nas vilas e florestas, dormindo em caminhonetes, barracas, caminhões quebrados, vagões ferroviários e a céu aberto. Wenck havia transformado cada prédio habitável na área – casas, igrejas, mesmo os salões de baile nas vilas – em abrigos para refugiados. "Eu me sentia", ele disse mais tarde, "como um padre visitando seus fiéis. A cada dia eu circulava de lá para cá, tentando fazer o que estivesse ao meu alcance pelos refugiados, principalmente pelas crianças e pelos doentes. E durante todo o tempo nós nos perguntávamos quando os americanos atacariam de suas cabeças-de-ponte sobre o Elba."

Seu exército agora alimentava mais de meio milhão de pessoas por dia. Trens de todas as partes do Reich haviam alcançado a estreita área entre o Elba e Berlim e agora se viam impedidos de seguir adiante. A carga que eles transportavam era ao mesmo tempo uma dádiva e um fardo para o 12º Exército. Todo tipo considerável de carregamento, de peças para aeronaves a carradas de manteiga, era encontrado nesses trens. A uns poucos quilômetros dali, no *front* oriental, os *panzers* de Von Manteuffel estavam parados por falta de combustível; Wenck, por sua vez, quase se afogava em gasolina. Ele informara esses excedentes a Berlim, mas até então nenhum arranjo fora feito para coletar o produto. Ninguém sequer tomava conhecimento de seus relatórios.

Naquele momento, enquanto esperava por Keitel, Wenck pensava com alguma preocupação que, se o chefe de Estado-Maior do OKW soubesse de seu trabalho social entre os refugiados, dificilmente ele aprovaria. Sob o código de ética soldadesca de Keitel, tais ações eram simplesmente inconcebíveis. Wenck ouviu um carro se aproximar, e um dos homens de sua equipe disse:

– Agora assista ao Keitel dar uma de herói.

Trajando a gala completa de um marechal-de-campo, inclusive com um bastão, Keitel entrou na pequena casa seguido por seu adjunto e seu ajudante. "A arrogância e a pompa de Keitel e seu grupo, pavoneando-se como se houvessem acabado de conquistar Paris" pareceram vergonhosas para Wenck, "quando cada estrada contava sua história de miséria e a Alemanha jazia derrotada".

Keitel fez uma saudação formal, tocando a ponta de seu quepe com seu bastão de marechal-de-campo. Wenck percebeu imediatamente que por trás de todo este comportamento meticuloso seu visitante escondia ansiedade e excitação. O adjunto de Keitel mostrou os mapas e os abriu; sem preâmbulos, Keitel debruçou-se sobre eles, bateu com o dedo sobre Berlim e disse:

– Devemos salvar o Führer.

Depois, como que sentindo ter agido de modo muito abrupto, Keitel explicou o que estava acontecendo e pediu um resumo da situação do 12º Exército. Wenck não mencionou os refugiados nem os setores do seu Exército que prestavam ajuda humanitária. Em vez disso, falou em termos gerais sobre a área no Elba. Mesmo quando café e sanduíches foram servidos, Keitel não relaxou. Wenck fez muito pouco para colocar seu visitante à vontade. "A verdade era", ele explicaria posteriormente, "que nos sentíamos terrivelmente superiores. O que Keitel poderia dizer que nós já não soubéssemos? Que o final havia chegado?"

Keitel subitamente se ergueu e começou a caminhar pela sala.

– Hitler – ele disse com gravidade – está totalmente em frangalhos. Pior, ele está desistindo. Por causa dessa situação, você deve ordenar que suas tropas dêem meia-volta e sigam em direção a Berlim, juntando-se ao Nono Exército, de Busse.

Wenck ouviu em silêncio enquanto Keitel descrevia a situação.

– A batalha por Berlim começou – ele disse. – Nada menos do que os destinos da Alemanha e de Hitler estão em jogo.

Olhou de modo solene para Wenck.

– É seu dever atacar e salvar o Führer.

De maneira irrelevante, Wenck subitamente pensou que essa era, provavelmente, a vez em que Keitel chegara mais perto das linhas de frente em sua vida.

Wenck há muito tempo já aprendera em suas relações com Keitel que "se você desse um argumento, uma ou duas coisas podiam acontecer: ou você era obrigado a agüentar duas horas de conversa fiada, ou perdia seu comando". Naquela ocasião ele replicou automaticamente:

– Claro, marechal-de-campo, faremos o que você ordenar.

Keitel aquiesceu.

– Você atacará Berlim pelo setor de Belzig-Treuenbrietzen – ele disse, apontando para duas cidades vinte quilômetros a noroeste das linhas de frente do 12º Exército.

Wenck sabia que isso era impossível. Keitel estava falando de um plano que era baseado em forças – homens, tanques e divisões – que há muito tempo já haviam sido destruídas ou sequer existiram. Sem dispor virtualmente de tanques ou armas de alimentação automáticas e contando com poucos homens, Wenck não podia simultaneamente manter a linha contra os americanos no Elba e promover um ataque a Berlim para salvar o Führer. De qualquer modo, seria terrivelmente difícil atacar Berlim partindo daquelas localidades. Havia muitos lagos e rios no caminho. Com as forças limitadas de que dispunha, ele só poderia chegar a Berlim vindo do norte. Ele sugeriu a Keitel que o 12º se dirigisse a Berlim "a norte dos lagos, via Nauen e Spandau".

– Penso – Wenck acrescentou – poder organizar um ataque dentro de dois dias.

Keitel permaneceu em silêncio por um instante. Então ele falou a Wenck com a dureza de uma pedra:

– Não podemos esperar dois dias.

Novamente, Wenck não discutiu. Ele não tinha tempo a perder. Rapidamente concordou com os planos de Keitel. Ao deixar o quartel-general, o marechal-de-campo se voltou na direção de Wenck e disse:

– Desejo-lhe completo sucesso.

Quando o carro de Keitel se afastou, Wenck reuniu sua equipe.

– Bem – ele disse –, eis o que vamos fazer de verdade. Chegaremos o mais próximo que pudermos de Berlim, mas não abriremos mão de nossas posições no Elba. Com nossos flancos no rio, manteremos aberta uma rota de escape para o oeste. Não teria nenhum sentido fazer uma ofensiva em direção a Berlim para ser cercado pelos russos. Tentaremos estabelecer uma ligação com o Nono Exército, e então tentaremos evadir cada soldado e civil que for capaz de fazer o percurso para o oeste.

Quanto a Hitler, Wenck disse apenas que "o destino de uma pessoa não fazia mais importância". Enquanto passava as ordens para o ataque, ocorreu a Wenck que durante a longa discussão daquela noite Keitel não mencionara uma vez sequer o povo de Berlim.

• • •

Ao amanhecer em Magdeburg, três alemães cruzaram secretamente o Elba e se renderam à 30ª Divisão de Infantaria dos EUA. Um deles era o tenente-general Kurt Dittmar, 57 anos, um oficial Wehrmacht que diariamente transmitia as últimas novidades do *front*, e que era conhecido em todo o Reich como "a voz do alto-comando alemão". Junto com ele estava seu filho de dezesseis anos, Eberhard, e o major Werner Pluskat, veterano do Dia D, cujas armas em Magdeburg representaram um importante papel ao impedir que o general Simpson do Nono Exército dos EUA cruzasse o Elba.

Dittmar, que era considerado o mais habilidoso entre todos os radialistas militares alemães, tinha uma larga audiência, não só entre seus conterrâneos, mas também entre as equipes de monitoramento aliadas. Ele foi imediatamente levado ao quartel-general da 30ª para ser interrogado. Dittmar surpreendeu os oficiais da Inteligência com uma informação específica: Hitler, disse com convicção, continuava em Berlim. Eram notícias animadoras para os oficiais aliados. Até aquele instante ninguém tivera certeza do paradeiro do Führer.* Muitos rumores davam sua localização no Reduto Nacional. Mas Dittmar não poderia ser desviado de sua história. Não só o Führer estava em Berlim, ele disse aos seus inquisidores, mas também se acreditava que "Hitler morreria lá ou cometeria suicídio".

– Fale-nos do Reduto Nacional – alguém demandou.

Dittmar ficou confuso. A única coisa que ele sabia a respeito de um reduto nacional era algo que ele havia lido em um jornal suíço em janeiro passado. Ele concordava que havia bolsões de resistência no Norte, "incluindo a Noruega e a Dinamarca, e um ao sul, nos Alpes italianos. Mas", ele acrescentou, "constituem-se menos por intenção do que por força das circunstâncias". Quando seus interrogadores o pressionaram acerca do Reduto, Dittmar balançou a cabeça.

– O Reduto Nacional? Isso é um delírio romântico. Um mito.

E isso era tudo quanto à grande resistência: uma quimera. Como o general Omar Bradley, comandante do 12º Grupo de Exército, mais tarde escreveria, "o Reduto existia apenas como grande construção imaginária na cabeça de uns poucos fanáticos nazistas. Ele se constituiu em um esquema tão exagerado que continuo surpreso com o fato de termos acreditado tão inocentemente em sua existência como fizemos. Mas enquanto a possibilidade de sua existência persistiu, esta lenda... moldou nossos pensamentos táticos".

• • •

Entre as nuvens de poeira, colunas de tanques alemães avançavam firmemente sobre o calçamento de pedra das ruas de Karlshorst, nos arredores do distrito oriental de Lichtenberg, em Berlim. Eleanore Krüger, cujo noivo

* Aparentemente não houvera tempo do informe de Wiberg circular desde que chegara a Londres. (N. do A.)

judeu, Joachim Lipschitz, escondia-se no porão de sua casa, assistiu à passagem dos veículos tomada de espanto. De onde vinham esses tanques? Para onde eles estavam indo? Em vez de seguir para a cidade, eles se dirigiam para o sul na direção de Schöneweide, como se fugissem de Berlim. Estavam os russos em seu encalço? Se eles estivessem, isso significaria finalmente liberdade para Joachim. Mas por que as tropas alemãs estariam deixando a cidade? Eles a abandonavam? Estavam em retirada?

Eleanore não sabia, mas ela estava assistindo ao que restara do perdido e despedaçado 56º Corpo Panzer do general Weidling no processo de restabelecer contato com a força principal. Depois de ter sido empurrado até os arredores da cidade, os homens de Weidling conseguiram retomar o contato com o agora cercado Nono Exército de Busse do modo mais imprevisto: no momento em que chegaram aos limites da cidade, utilizaram um telefone público para ligar para o alto-comando do quartel-general em Berlim, e de lá conseguiram um contato via rádio com o Nono Exército. O 56º recebeu ordens de imediatamente rumar para o sul da capital, cortar seu caminho através dos anéis do cerco russo e voltar a se unir ao Nono a 24 quilômetros da capital na área de Königswusterhausen e Klein Kienitz. De lá ele poderia se unir ao esforço de tentar deter o avanço das forças de Koniev.

Antes, porém, Weidling tinha alguns negócios inacabados a resolver. Ele agora ouvira que oficiais enviados dos quartéis-generais tanto de Busse quanto de Hitler haviam sido designados para detê-lo sob a acusação de que ele deliberadamente havia fugido do campo de batalha, deixando seu Corpo acéfalo. Furioso, ele ordenou que seus homens continuassem sem sua presença, enquanto ele ia para a cidade a fim de confrontar Krebs.

Algumas horas depois, Weidling, tendo cruzado Berlim para chegar à Reichskanzlei, percorreu o caminho através do subsolo do então chamado *bunker* dos ajudantes-de-ordens, onde Krebs e Burgdorf tinham seus escritórios. Eles o cumprimentaram de maneira fria.

– O que está acontecendo? – Weidling exigiu saber. – Diga-me por que devo ser executado?

Seu quartel-general havia sido estabelecido quase em cima da linha de frente no momento em que a batalha começou, ele disse de modo rude. Como alguém poderia dizer que ele tinha fugido? Alguém mencionou a Vila Olímpica em Döberitz. O 56º em nenhum momento esteve próximo a Döberitz, resmungou Weidling; ter ido até lá "seria uma grande estupidez". Aos poucos Krebs e Burgdorf foram se tornando mais amigáveis; logo eles já estavam prometendo acertar a questão com o Führer "sem demora".

Weidling então fez aos homens um resumo de sua situação. Ele lhes disse que seu Corpo estava por atacar ao sul de Berlim – e então, "de passagem, casualmente acrescentei que antes de partir eu recebera um relatório de que tanques russos da vanguarda haviam sido avistados próximo a Rudow". Rudow ficava logo além do limite sul do distrito de Neukölln. Krebs imediatamente previu o perigo. Neste caso, ele disse, as ordens do Nono para o 56º Corpo deviam ser mudadas: o Corpo de Weidling deveria permanecer em Berlim. Então tanto Krebs quanto Burgdorf foram apressadamente ao encontro de Hitler.

Logo depois Weidling foi avisado de que Hitler queria vê-lo. A caminhada até o *Führerbunker* era bastante longa, através do que Weidling mais tarde chamaria de "cidade subterrânea". Do escritório de Krebs ele seguiu primeiramente por um longo túnel subterrâneo, então por entre uma cozinha e uma sala de jantar, até finalmente descer um lance de escadas e chegar ao quartel pessoal do Führer.

Krebs e Burgdorf o introduziram. "Atrás de uma mesa atulhada de mapas", Weidling escreveu, "sentava-se o Führer do Reich. Quando eu entrei, ele voltou sua cabeça em minha direção. Pude ver seu rosto inchado e seus olhos febris. Ao tentar se erguer, percebi – para meu horror – que suas mãos e pernas não paravam de tremer. Foi com muito esforço que ele conseguiu ficar em pé. Com um sorriso torto, trocou um aperto de mãos comigo e em uma voz quase inaudível me perguntou se nós não nos havíamos encontrado anteriormente." Uma vez, disse Weidling; o Führer lhe dera uma condecoração no ano anterior. Hitler disse:

– Lembro-me do nome, mas não consigo lembrar da face.

Quando Hitler se sentou, Weidling percebeu que mesmo sentado "sua perna esquerda continuava se movendo, o joelho indo de lá para cá como se fosse o pêndulo de um relógio, só que mais rápido".

Weidling informou a Hitler qual era a situação do 56º. Então Hitler confirmou as instruções de Krebs para que o Corpo permanecesse em Berlim. O Führer logo a seguir passou a discorrer sobre seu plano para a defesa da capital. Ele pretendia juntar as forças de Wenck vindas do oeste, as de Busse do sudeste e as do Grupo Steiner pelo norte, e desse modo, de alguma maneira, deter os russos. "Foi", escreveu Weidling, "com crescente assombro que ouvi o palavrório do Führer." Apenas uma coisa estava clara para Weidling: "Exceção por um milagre, os dias para a derrota final estavam contados".

Naquela noite, o 56º Corpo, sofrendo pesadas baixas, conseguiu desengajar-se dos russos no Sul, fazendo a volta e entrando em Berlim. Vinte quatro horas mais tarde, para horror de Weidling, ele foi nomeado comandante da cidade.

• • •

A ordem de Stalin seguiu sob o número de 11.074. E estava endereçada tanto para Zhukov quanto para Koniev; e dividia a cidade entre eles. A partir daquele dia, 23 de abril, dizia a ordem, a linha divisória entre o Primeiro Exército bielo-russo e o Primeiro Exército ucraniano seria "Lübben, de lá até Teupitz, Mittenwalde, Mariendorf, Estação Anhalter de Berlim".

Embora não pudesse reclamar publicamente, Koniev estava arrasado. Zhukov recebera o prêmio. A linha divisória, que corria cingindo toda Berlim, colocou as forças de Koniev a aproximadamente 130 metros a *oeste* do Reichstag – que os russos sempre consideraram a melhor parte da cidade, o lugar onde a bandeira soviética seria plantada.

• • •

Agora a cidade começava a morrer. Em muitos lugares, o fornecimento de água e de gás foi interrompido. Os jornais começaram a fechar; o último foi o dos próprios nazistas, o *Völkischer Beobachter*, que fechou no dia 26 (ele foi substituído por um jornal de quatro páginas inspirado por Goebbels chamado *Der Panzerbar* [O Urso Blindado], descrito como "O jornal de combate para os defensores de Berlim", que durou apenas seis dias). Todos os sistemas de transporte no interior da cidade estavam bloqueados, pois as ruas se encheram de entulhos, a gasolina escasseou e os veículos foram destruídos. Os serviços de distribuição entraram em colapso; quase nenhuma entrega era feita. Os frigoríficos não mais funcionavam. Em 22 de abril, o centenário escritório dos telégrafos da cidade fechou pela primeira vez em sua história. A última mensagem recebida vinha de Tóquio e dizia: "BOA SORTE A VOCÊS TODOS". No mesmo dia, o último avião decolou do Aeroporto de Tempelhof, com destino a Estocolmo, levando nove passageiros a bordo, e os 1,4 mil bombeiros de Berlim receberam ordens de rumar para oeste.*

E nesse momento, com todos os policiais servindo no exército ou na Guarda Nacional, a cidade vagarosamente rumava para o caos. As pessoas

---

* Duas operações continuaram de modo intermitente: os registros meteorológicos, mantidos por uma estação em Potsdam, não falharam um dia sequer durante 1945; e onze das dezessete cervejarias – classificadas por decreto governamental como serviço "essencial" – continuavam produzindo cerveja. (N. do A.)

começaram a praticar pilhagens. Trens de carga parados nas estações eram saqueados em plena luz do dia. Margarete Promeist, que fez uma jornada extremamente perigosa até o pátio dos trens sob pesado fogo de artilharia, voltou com uma simples fatia de bacon; "olhando para trás", ela diria depois, "penso que aquilo foi pura loucura". Elena Majewsi e Vera Ungnad percorreram todo o caminho até a estação de carga ferroviária em Moabit. Elas viram pessoas carregando caixas de damascos enlatados, ameixas e pêssegos. Havia também sacas do que parecia ser um estranho tipo de feijão verde, mas as garotas as refugaram. Não reconheceram os grãos de café ainda não torrados. Elas pegaram uma caixa etiquetada como "Damascos" e quando chegaram em casa descobriram se tratar de compota de maçã. Ambas as garotas sempre haviam odiado esse doce. Robert Schultze passou por um bocado ainda pior: perdeu cinco horas em uma espécie de tumulto tentando conseguir algumas batatas em uma grande loja de comida – mas quando chegou a sua vez, elas já tinham acabado.

Os zeladores das lojas que não quisessem entregar as mercadorias geralmente eram obrigados a fazê-lo. Klaus Küster, da Juventude Hitlerista, foi até uma loja com sua tia e pediu por alguns suprimentos. Quando o dono insistiu que só dispunha de alguns cereais, Küster puxou uma pistola e exigiu que ele lhe entregasse mais comida. O dono da loja rapidamente arranjou alguns outros itens, literalmente tirados de baixo da caixa registradora. Küster pegou o máximo que pôde carregar. Ele e sua escandalizada tia deixaram a loja.

– Vocês são uma juventude perversa – sua tia gritou quando já estavam na rua. – Usando os métodos de um gângster americano!

Klaus replicou:

– Tia, fique quieta! Agora isso se tornou uma questão de vida ou morte.

Elfriede Maigatter ouviu um rumor de que a gigantesca loja de departamentos Karstadt, na Hermannplatz, estava sendo saqueada. "Todos empurravam e chutavam a porta para conseguir entrar", mais tarde ela relatou. "Não havia mais filas. Não havia equipe de vendas, e ninguém parecia estar encarregado da gerência. As pessoas simplesmente agarravam tudo o que estivesse à vista. Se o item não lhes agradasse, elas deixavam que caísse no chão. No departamento de alimentação, o carpete estava coberto por uma densa e pegajosa camada de sujeira formada por leite condensado, marmelada, macarrão, farinha, mel – tudo que tivesse sido dilacerado ou derrubado pela multidão."

Uns poucos supervisores pareciam ter restado. Vez ou outra, um dos homens gritava:

– Saiam! Saiam já! A loja será bombardeada!

Ninguém lhe dava a menor atenção; era um truque muito óbvio. As mulheres estavam pegando casacos, vestidos e sapatos no departamento de vestuário. O setor de cama, mesa e banho era atacado por outros. Na seção de doces, Elfriede viu um homem pegar uma caixa de chocolates para um garotinho. A criança começou a chorar. Então o homem gritou:

– Vou pegar mais uma para você.

E foi o que fez de fato.

Na saída, porém, a situação chegou ao seguinte desenlace: dois supervisores detinham todo mundo à medida que tentavam sair com seus botins de guerra. Eles deixavam as pessoas levar comida, mas nada mais. Logo uma imensa pilha de mercadorias começou a se acumular na entrada da loja. As pessoas tentavam chegar até a porta, empurrando-a, impelindo-a, tentando forçar sua passagem pelos supervisores. Quando Elfriede tentou passar com o casaco que ela havia pegado, um dos oficiais da loja o tomou dela.

– Por favor, deixe-me ficar com ele – ela implorou. – Estou morrendo de frio.

Ele ergueu os ombros, pegou o casaco de cima da pilha e o devolveu.

– E agora dê o fora! – ele disse. E durante todo tempo, enquanto a multidão continuava forçando a passagem e pegando tudo que estivesse ao seu alcance, alguém continuava gritando:

– Saiam! Saiam! A loja será bombardeada!

Uma das testemunhas oculares do saque à loja Karstadt foi o pastor Leckscheidt. Sua presença na cena acontecera de um modo surpreendente. Uma de suas paroquianas dera a luz a um bebê natimorto, e a criança havia sido cremada. A mãe, profundamente abalada, queria uma urna para dar um enterro adequado às cinzas, e Leckscheidt concordara em estar presente – mesmo que isso significasse caminhar vários quilômetros, sob os tiros constantes do inimigo, até o cemitério em Neukölln onde a mulher queria enterrar a criança. Enquanto caminhavam vagarosamente, a mulher carregando a pequena urna em uma sacola de compras, passaram em frente à Karstadt e viram a multidão pilhando a loja. Sua paroquiana olhou atentamente para o que acontecia. Subitamente ela disse:

– Espere!

Leckscheidt ficou plantado, atônito, enquanto "ela saiu de perto de mim e desapareceu dentro da loja, com urna e tudo". Momentos mais tarde ela retornou, balançando triunfantemente um par de botas robustas. Voltando-se para Leckscheidt, ela disse:

– Podemos continuar?

No caminho de volta, Leckscheidt tomou todo cuidado para evitar que ela passasse novamente pela Karstadt. Tudo correu bem. Naquela tarde a imensa loja foi destruída por disparos de foguete. A SS, que segundo fontes divulgadas estocara 29 milhões de marcos em suprimentos no subsolo, explodiu o empório para evitar que os russos se apossassem do tesouro. Muitas mulheres e crianças foram mortas no local.

Em razão das pilhagens, muitos comerciantes simplesmente desistiram. Em vez de deixar suas lojas serem esmagadas pela multidão incoercível, eles esvaziaram seus estoques e distribuíram os suprimentos sem aceitar bilhetes de ração ou mesmo dinheiro. Havia mais outra razão: os comerciantes tinham ouvido um rumor de que os russos que encontrassem comida estocada poriam fogo no estabelecimento. Em Neukölln, uma semana antes, o projecionista Günter Rosetz havia tentado comprar sem sucesso um pouco de marmelada na mercearia Tengelmann. Agora Rosetz viu que a Tengelmann vendia tubos de marmelada, grãos, açúcar e farinha – tudo por vinte marcos o quilo. Tomado de pânico, o dono da loja queria se livrar de toda mercadoria estocada. Na loja de vinho Caspary, na esquina da Hindenburgstrasse, Alexander Kelm mal podia acreditar no que via: garrafas de vinho eram distribuídas para todos que chegassem. O jovem hitlerista Klaus Küster, fazendo outra pilhagem pela vizinhança, conseguiu duzentos cigarros de graça em um lugar e duas garrafas de conhaque em outro. O dono da loja de licores lhe disse:

– Aqui, tome. Você vai precisar. Tempos difíceis estão chegando.

Mesmo para os saqueadores, era virtualmente impossível encontrar carne. Primeiramente uns poucos açougueiros dispunham de suprimentos que eles vendiam para fregueses especiais. Mas logo até para esses o produto desapareceu. Então, por toda Berlim, as pessoas começaram a carnear os cavalos que jaziam mortos nas ruas vitimados pelos tiros da artilharia. Charlotte Richter e sua irmã viram pessoas armadas de faca esquartejando um cavalo branco acinzentado que havia sido morto em Breitenbachplatz. "O cavalo", Charlotte viu, "não havia caído para o lado, mas como que sentado sobre as patas, mantendo a cabeça ainda elevada, os olhos abertos. E lá estavam aquelas mulheres com facas, tirando lascas de suas coxas."

Ruby Borgmann descobriu que gostava de escovar seus dentes com champanhe; a bebida fazia a pasta de dente ficar muito espumosa. No luxuoso porão debaixo do sofisticado restaurante Gruban-Souchay, de Heinrich

Schelle, Ruby e seu marido, Eberhard, estavam vivendo uma existência quase exótica. Schelle mantivera sua promessa; quando os bombardeios da artilharia russa começaram, ele convidou os Borgmann para se unirem a ele em seu resplandecente quartel subterrâneo. As reservas do restaurante de pratarias, cristais e porcelanas chinesas estavam estocadas ali, e Schelle também havia investido em facilidades para os hóspedes. Em cada um dos lados da entrada, havia acomodações cercadas por pesadas cortinas de um verde acinzentado. Pela sala estavam espalhadas luxuosas poltronas estofadas, um sofá e pequenas mesas – cada qual coberta pelas toalhas de linho bege e cor de ferrugem do restaurante. Havia dias que não tinha água, mas havia champanhe à vontade. "Nós bebemos champanhe de manhã, de tarde e de noite", relembrou Ruby. "A bebida jorrava como água – a água que nós não tínhamos."

A comida era o verdadeiro problema. A amiga íntima dos Borgmann, Pia van Hoeven, que algumas vezes dividia os confortos do porão com eles, conseguia ocasionalmente trazer algum pão ou até um pouco de carne em suas visitas. A maioria do tempo, contudo, os ocupantes viviam basicamente de atum e de batatas. Ruby se perguntava quantos modos ainda haveria de se preparar esses produtos. O temperamental *chef* francês do restaurante, Mopti, ainda estava por se repetir, mas não poderia seguir inventando para sempre. Contudo, agora que parecia não haver mais esperanças de que os americanos viessem, o pequeno grupo decidira viver como fosse possível. A qualquer hora eles poderiam estar mortos.

"Papa" Saenger se foi.

Durante os quatro anos de bombardeio e através dos últimos dias em que o fogo das armas russas se fez presente, o veterano da Primeira Guerra Mundial, de 78 anos, recusou-se a ser intimidado. De fato, foi preciso a Erna Saenger todo seu poder de persuasão para evitar que o marido comparecesse ao habitual encontro com seus camaradas de armas da Primeira Guerra. Ela teve que colocar Papa a cavar um buraco no jardim para esconder suas compotas. Konrad também pensou que seria uma boa idéia esconder sua velha espada entre as geléias e doces, assim os russos não encontrariam nenhuma arma na casa.

Uma vez, porém, terminado o trabalho, Papa tinha saído às ruas apesar de todos os apelos da família. Eles encontraram seu corpo cravejado por estilhaços nos arbustos em frente à casa arruinada e enegrecida do pastor Martin Niemöller, não muito longe de sua casa. Enquanto os tiros continuavam maltratando o distrito, a família trouxe Papa para casa em um carrinho de mão.

Ao caminhar ao redor do carrinho, Erna lembrou-se de que durante sua última conversa ela tivera uma pequena diferença com Konrad sobre qual citação bíblica era mais adequada para os tempos atuais. Papa sustentava que "alguém poderia viver segundo o Salmo 90, especialmente o quarto verso: 'Porque mil anos aos teus olhos são como o dia de ontem que passou, e como uma vigília na noite'". Erna tinha discordado. "Pessoalmente", ela lhe disse, "acho esse salmo muito pessimista. Prefiro o 46: 'Deus é nosso refúgio e fortaleza, uma ajuda presente na adversidade'."

Não havia nenhum caixão disponível e uma viagem até o cemitério era por demais arriscada. De qualquer modo, eles não podiam manter o corpo no calor da casa. Eles o deixaram na varanda. Erna encontrou dois pedaços de madeira e com eles fez uma cruz. Gentilmente, ela colocou o crucifixo entre as mãos do marido. Ao olhar para Papa, ela desejava poder lhe dizer que ele tinha razão, pois o Salmo 90 assim continuava: "Somos consumidos por tua ira, e por tua cólera somos conturbados".

O padre Bernhard Happich deitou os olhos sobre as notas do seu sermão. A capela de Haus Dahlem era suavemente iluminada pela luz das velas, mas do lado de fora o céu a leste de Wilmersdorf adquirira uma coloração quase sangüínea, e as canhonadas que haviam acordado as irmãs às três da manhã continuariam a se fazer ouvir pelas próximas doze horas. Em algum lugar nas proximidades, vidros se espatifaram e um tremendo abalo fez o prédio tremer. O padre Happich ouviu gritos lancinantes vindos da rua e então o som pesado do baque das baterias antiaéreas tchecas instaladas no outro lado da estrada, diretamente opostas à maternidade e ao orfanato.

As freiras sentadas à frente dele não se movimentavam. Enquanto olhava para elas, pôde perceber que, seguindo uma orientação da madre superiora Cunegundes, as mulheres haviam removido as pesadas cruzes de prata que normalmente usavam. Em vez disso, pequenos crucifixos de um metal simplório – então chamados de Cruzes da Morte – estavam presos aos seus hábitos. Os de prata haviam sido escondidos, junto com todos os anéis e os relógios.

O padre Happich fizera seus próprios preparativos. Na *villa* de Dahlem, onde o padre vivia, uma grande caixa fora preparada. Nela Happich colocara alguns instrumentos médicos, os itens da botica, mais drogas, bandagens e lençóis brancos doados pela vizinhança. Antes de se tornar padre, Happich recebera um diploma como médico, e agora mais uma vez ele trabalhava usando simultaneamente suas duas vocações; a cada dia tratava das vítimas da artilharia, atendia os acidentados e tratava os casos de choque e de histeria. Seu avental médico começava a ser visto com mais freqüência que sua batina.

Ele olhou mais uma vez para o seu rebanho de freiras, enfermeiras e irmãs leigas, fez uma oração silenciosa a Deus pedindo que lhe desse as palavras certas, e começou.

– Em um futuro próximo esperamos a ocupação soviética – ele disse. – Terríveis rumores têm se espalhado a respeito dos russos. Em parte eles se provaram verdadeiros. Mas não devemos generalizar. Se alguma das presentes aqui tiver que passar por uma experiência ruim, lembrem-se da história da pequena Santa Agnes. Ela tinha doze anos quando foi obrigada a adorar falsos deuses. Ela ergueu suas mãos para Cristo e fez o sinal-da-cruz. Por essa razão, suas roupas foram arrancadas e ela foi torturada diante da multidão pagã. Contudo, isso não a desencorajou, embora os ímpios tenham ido às lágrimas. Sua exposição pública angariou-lhe a simpatia de alguns e inclusive ofertas de casamento de outros. Mas ela respondeu: "Cristo é meu Cônjuge". Então ela recebeu a sentença de morte. Por um momento ela ficou rezando e depois foi decapitada. Os anjos conduziram-na rapidamente para o Paraíso.

Padre Happich fez uma pausa.

– Vocês devem lembrar – ele disse –, como Santa Agnes, que se seus corpos forem tocados contra sua vontade, então sua recompensa eterna no Paraíso será dobrada, pois vocês terão merecido a coroa do martírio. Por esse motivo, não se sintam culpadas.

Ele parou e então disse com ênfase:

– Vocês não são culpadas.

Ao caminhar de volta pela nave lateral, as vozes de sua congregação entoaram um hino religioso: "Preciso de Tua presença a cada hora que passa... o que, se não Tua graça, pode anular o poder do diabo?". Eram as palavras de um antigo hino, *Permaneça comigo.*

No painel de controle principal das ligações de longa distância na central de Winterfeldtstrasse, em Schöneberg, as luzes se apagavam uma a uma à medida que a comunicação com as comunidades mais afastadas era cortada pelo ataque russo. Ainda assim, na própria central as pessoas estavam mais ocupadas do que nunca. Em vez de ir para o abrigo subterrâneo, a supervisora Elisabeth Milbrand e a operadora Charlotte Burmester haviam trazido cadeiras reclináveis com colchões e travesseiros para o escritório; as duas mulheres pretendiam permanecer no quinto andar, onde se localizava a principal central telefônica, o máximo que pudessem.

Subitamente os alto-falantes no prédio entraram em funcionamento. No hospital do abrigo, a operadora Helena Schroeder estava cheia de alegria com o que ouvira. No quinto andar, as operadoras Milbrand e Burmester transmitiam a novidade, telefonando para as áreas ainda conectadas à central.

– Atenção! Atenção! – dizia a locutora. – Não se preocupem. O exército do general Wenck se uniu aos americanos. Eles estão vindo em um ataque em direção a Berlim. Mantenham a coragem! Berlim não está perdida!

• • •

Eles romperam o anel externo de defesa da cidade e forçaram seu caminho em direção ao segundo anel. Eles vinham protegidos pelos tanques T-34 e pelas armas de alimentação automática, lutando nas ruas, nas estradas, nas avenidas e através dos parques. Liderando o caminho vinham as tropas de Guarda, acostumadas às batalhas, de Koniev e Zhukov. Junto com elas seguiam os soldados de chapéu de couro de quatro grandes exércitos de tanques. Atrás deles vinha linha após linha da infantaria.

Eles formavam uma soldadesca estranha, pois eram oriundos de cada uma das partes da União Soviética e, fora os regimentos de Guarda, variavam tanto na aparência física quanto em seus uniformes. Havia tantas línguas e dialetos diferentes entre eles que os oficiais com freqüência não conseguiam se comunicar com o todo de suas próprias tropas.* Nas fileiras seguiam russos e bielo-russos, ucranianos e carelianos, georgianos e cazaquistaneses, armênios e azerbaidjanos, mordvinianos, tártaros, ircutsques, uzbeques, mongóis e cossacos. Alguns homens vestiam uniformes de um marrom escuro, outros, cáqui ou verde acinzentado. Outros usavam calças negras e blusas de gola alta; as blusas iam do preto ao bege. O que usavam na cabeça também variava – capuzes de couro com protetores de orelha, gorros de pele, bonés cáqui manchados de suor e desbotados. Todos eles pareciam carregar

* Na Normandia, em 1944, o autor se lembra de estar presente quando dois soldados em uniformes alemães constituíram um estranho problema para os interrogadores do Primeiro Exército americano: ninguém conseguia entender sua linguagem. Os dois homens foram enviados à Inglaterra, onde se descobriu que eles eram pastores tibetanos, obrigados a servir no Exército Vermelho, capturados no *front* oriental e obrigados mais uma vez a servirem contra a vontade, desta vez no Exército alemão. (N. do A.)

armas automáticas. Eles vinham no lombo dos cavalos, a pé, em motocicletas, em carroças e em todo tipo de veículo que haviam conseguido capturar. Todos se lançavam na direção de Berlim.

• • •

Na central de telefone de Schöneberg, a voz projetada pelos alto-falantes comandava:

– Atenção a todos. Desfaçam-se de suas braçadeiras do partido, joguem fora os livros nazistas e, por favor, retirem os seus uniformes. Joguem todas as coisas no areal do pátio ou sigam até a casa de máquinas, onde os objetos serão queimados.

O leiteiro Richard Poganowska parou seu caminhão e bocejou ao ver cinco tanques russos, cercados pela infantaria, subirem a rua. Poganowska deu a volta com sua caminhonete e retornou para sua leiteria em Domäne Dahlem. Lá ele se juntou à sua família no porão.

Por um tempo eles esperaram. Subitamente a porta do abrigo foi chutada, e soldados do Exército Vermelho entraram. Eles olharam silenciosamente ao redor. Então eles partiram. Pouco tempo depois, alguns soldados retornaram, e Poganowska e outros empregados da leiteria receberam ordens de comparecer ao prédio da administração. Enquanto esperavam, ele percebeu que todos os cavalos haviam sumido, mas as vacas continuavam lá. Um oficial soviético, falando um alemão perfeito, ordenou que os homens voltassem ao trabalho. Eles deviam cuidar dos animais e ordenhar as vacas, ele disse. Poganowska mal podia acreditar nisso. Ele esperava algo muito pior.

O mesmo aconteceu em todos os distritos afastados, onde as pessoas viam pela primeira vez as tropas russas. As primeiras fileiras do Exército soviético, formadas por elementos muito rigorosos mas ao mesmo tempo escrupulosamente corretos em seu comportamento, não condiziam em nenhum modo com o que os cidadãos aterrorizados esperavam.

Às sete horas da noite, Pia van Hoeven estava sentada na porta do porão de sua casa em Schöneberg, descascando umas poucas batatas. Nas proximidades, muitas outras mulheres conversavam, suas costas voltadas para a entrada do abrigo. Subitamente Pia olhou petrificada e boquiaberta para os canos das submetralhadoras portadas por dois soldados russos. "Calmamente ergui meus braços, a faca em uma mão e a batata na outra", ela relembra. A outra mulher olhou para ela, voltou-se e também ergueu as mãos. Para surpresa de Pia, um dos soldados perguntou em alemão:

– Soldados aqui? Volkssturm? Armas?

As mulheres negaram com a cabeça.

– Boas alemãs – disse o soldado, mostrando sua aprovação.

Eles se aproximaram e levaram os relógios das mulheres, e então desapareceram.

À medida que a noite avançava, Pia viu mais e mais russos. "Eles faziam parte de tropas de combate e muitos deles falavam alemão", ele recordou. "Mas eles pareciam preocupados apenas em avançar e seguir sua batalha." Pia e as mulheres em seu bloco de apartamentos decidiram que toda a conversa de Goebbels sobre a rapacidade do Exército Vermelho era apenas mais uma entre as tantas mentiras.

– Se todos os russos se comportarem dessa maneira – Pia disse a suas amigas –, então não temos nada com o que nos preocupar.

Marianne Bombach tinha a mesma impressão. Ela saiu de seu porão em Wilmersdorf de manhã e viu uma cozinha de campanha russa armada do lado de fora de sua porta dos fundos. Os soldados, unidades de combate acampadas no Schwarze Grund Park, dividiam sua comida e seus doces com as crianças da vizinhança. Seus modos particularmente impressionaram Marianne. Eles haviam virado alguns latões de lixo e os utilizavam como mesas. Eles estavam cobertos por pequenos panos de mesa, aparentemente tomados nas vilas das redondezas. Então eles se sentaram no meio do campo em cadeiras de encosto reto confiscadas de alguém e começaram a comer. Excetuada a confraternização com as crianças, os russos pareciam ignorar os civis. Eles permaneceram ali por umas poucas horas e então prosseguiram.

Dora Janssen e a viúva do serviçal de seu marido estavam assustadas e em estado de choque. Depois da morte do ajudante e do ferimento do major Janssen, Dora convidara a viúva para ficar com ela. As duas mulheres indefesas, os nervos à flor da pele pelo pesar e pelo medo, encontravam-se no porão do prédio dos Janssen quando Dora viu "uma enorme sombra aparecer na parede". Na mão da sombra havia uma arma. Para Dora a aparição "assemelhava-se a um canhão sendo carregado nas patas de um gorila, e a cabeça do soldado parecia enorme e deformada". Ela não conseguia respirar. O russo entrou para dar uma espiada, seguido por outro, e ordenou que elas saíssem do porão. "Agora", Dora pensou, "a coisa irá acontecer." As duas mulheres foram conduzidas para fora, onde os russos alcançaram-lhes vassouras e apontaram para as ruínas e os estilhaços de vidros que estavam sobre o passeio público. As mulheres ficaram aturdidas. Sua surpresa e alívio eram tão óbvios que os russos caíram na gargalhada.

Outras pessoas tiveram encontros mais angustiantes com as recém-chegadas tropas de frente. Elisabeth Eberhard quase levou um tiro. Uma assistente social empregada pelo bispo católico Konrad von Preysing, Elisabeth vinha escondendo judeus durante anos. Ela visitava uns amigos quando avistou os primeiros dois russos – um jovem oficial loiro acompanhado de uma intérprete. Ambos entraram na casa portando armamento pesado; a mulher carregava uma submetralhadora. O telefone tocou logo que os russos entraram. Assim que a amiga de Elisabeth atendeu ao telefone, o elegante oficial russo tomou-lhe o aparelho das mãos.

– Vocês duas são traidoras – a intérprete disse a elas. – Vocês fizeram contato com o inimigo.

As mulheres foram arrastadas para fora da casa e através do jardim, sendo encostadas contra o muro. O oficial anunciou que pretendia executá-las. Elisabeth, com os joelhos tremendo, gritou para ele:

– Nós esperávamos por vocês! Sempre fomos contrários a Hitler! Meu marido está na prisão há doze anos como inimigo político!

A soldado do Exército Vermelho interpretou o que fora dito. Vagarosamente o oficial baixou a arma. Ele parecia um tanto embaraçado. Então avançou na direção de Elisabeth, tomou-lhe a mão direita e a beijou. Elisabeth respondeu em igual medida ao aprumo do russo. Na voz mais casual que conseguiu administrar, ela polidamente perguntou:

– Vocês se juntariam a nós para uma taça de vinho?

A disciplina e a ordem das primeiras tropas surpreenderam quase todos. O farmacêutico Hans Miede percebeu que os soldados soviéticos "aparentemente evitavam disparar contra as casas a não ser que tivessem certeza de que havia defensores alemães dentro delas". Helena Boese, que vivera apavorada com a idéia da chegada dos russos, ficou face a face com um soldado do Exército Vermelho nos degraus de seu porão. Ele era "jovem, bonito e vestia um uniforme imaculadamente limpo". Ele apenas a olhou enquanto ela saía do porão e a seguir, gesticulando para indicar suas boas intenções, deu-lhe um graveto com um lenço branco amarrado como sinal de sua capitulação. Na mesma área de Wilmersdorf, Ilse Antz, que sempre acreditara que os berlinenses serviriam "de forragem aos russos", dormia no porão de seu prédio quando o primeiro russo entrou. Ela acordou e olhou para ele tomada de horror, mas o soldado jovem e moreno apenas sorriu para ela e disse em um alemão sofrível:

– Por que medo? Tudo está certo agora. Vá dormir.

Para um grupo de berlinenses a chegada das tropas soviéticas não produziu qualquer tipo de terror. Os judeus há muito já não sabiam o que era esse sentimento. Leo Sternfeld, o antigo homem de negócios de Tempelhof, forçado a trabalhar como lixeiro pela Gestapo, acompanhara com ansiedade cada quilômetro vencido pelos russos. Um meio-judeu, ele vivera durante toda a guerra em um angustiante suspense, sem nunca saber quando ele e sua família seriam enviados para um campo de concentração. Durante a maior parte do conflito, seu sobrenome fechara as portas dos abrigos antiaéreos para ele e sua família. Mas quando o fogo da artilharia começou, Leo notou uma sensível mudança no comportamento de seus vizinhos. "Os moradores da casa quase nos arrastaram para dentro do abrigo."

Sternfeld ficou faceiríssimo ao ver as primeiras tropas no distrito de Tempelhof. Eles avançavam de maneira ordeira e pacífica, e para Leo eles eram os libertadores. O comandante do batalhão russo perguntou se eles poderiam dispor de uma peça na casa de Leo para encetar uma celebração.

– Você pode dispor de tudo o que eu tiver – Leo disse a ele. Ele já havia perdido metade da sua casa quando o posto de correio próximo fora bombardeado alguns dias antes, mas haviam sobrado três cômodos. – Vocês podem ocupar o quarto com o teto rebaixado – garantiu ao russo.

Em troca, ele, sua família e alguns amigos foram convidados para a festa. Os russos chegaram trazendo cestas de comida e de bebida. "Pareceu-me em certo momento", Leo disse, "que era como se o Exército russo inteiro tivesse se juntado à festa." Os russos bebiam enormes quantidades de vodca. Então, acompanhado por um acordeão, o comandante do pelotão, uma estrela amadora de ópera, começou a cantar. Leo sentou encantado. Pela primeira vez em anos, ele se sentia livre.

Joachim Lipschitz saiu de seu esconderijo no porão dos Krüger para encontrar os soldados do Exército Vermelho. Falando em um russo lento e cheio de deslizes – que ele aprendera sozinho nos meses como clandestino –, ele tentou explicar quem ele era e expressar sua gratidão por ter sido libertado. Para sua surpresa, os russos morreram de rir. Dando-lhe um sonoro tapa nas costas, disseram-lhe que eles também estavam muito satisfeitos, mas acrescentaram, novamente sufocados pelos risos, que ele falava um russo terrível. Joachim não se importou. Para ele e Eleanore Krüger a longa espera havia acabado. Eles seriam o primeiro casal a se casar assim que a guerra terminasse. Logo que eles recebessem a sua certidão de casamento, isso representaria, segundo a definição de Eleanore, "nossa vitória pessoal contra os nazistas. Nós havíamos vencido e nada mais poderia nos ferir".*

Por toda parte, conforme as áreas iam sendo tomadas, os judeus saíam de seus esconderijos. Alguns, no entanto, continuavam com tanto medo que permaneceram em seus locais secretos, mesmo muito tempo depois do perigo nazista ter desaparecido. Hans Rosenthal, de vinte anos, ficaria em seu cubículo em Lichtenberg até maio – um total de vinte meses escondido. Em algumas áreas, os judeus eram libertados e logo eram obrigados a voltar à clandestinidade em face dos temporários e violentos contra-ataques alemães.

Os Weltlinger, em Pankow, viveram uma das mais estranhas experiências entre todas. Eles foram libertados logo no início. O oficial russo que entrou em seu esconderijo no apartamento dos Möhrings seria para sempre lembrado por Siegmund como "a personificação de Miguel, o arcanjo". Quando o oficial os viu, chamou-os em um alemão muito precário.

– Ruskii** não ser bárbaro. Nós somos bons com vocês.

Certa vez ele tinha sido um estudante em Berlim.

Então subitamente houve um momento de tensão. O oficial e seu ajudante revistaram o apartamento inteiro – e encontraram seis revólveres. Para o grupo reunido, o russo anunciou que encontrou as armas escondidas com uniformes fora de uso. Todos receberam ordens de sair do porão e caminhar de encontro ao muro. Siegmund deu um passo à frente e disse:

– Sou judeu.

O jovem oficial sorriu, balançou a cabeça, fez um movimento com os dedos representando uma garganta sendo cortada e disse:

– Chega de judeus.

Por seguidas vezes Siegmund repetiu que era um judeu. Ele olhou para os outros alinhados contra o muro. Umas poucas semanas antes, muitas daquelas pessoas haveriam-no entregado se soubessem onde ele se escondia. Ainda assim, agora Siegmund dizia em uma voz alta e clara:

– Essas pessoas são gente boa. Todos nos abrigaram em suas casas. Peço a você que não os machuque. Essas armas foram deixadas pelo pessoal da Volkssturm.

---

* Joachim Lipschitz mais tarde viria a ser um dos mais famosos oficiais da Berlim Ocidental. Como senador para os Assuntos do Interior, em 1955, ficou encarregado da força de polícia da cidade. Ele permaneceu um implacável adversário do regime comunista na Alemanha Oriental até sua morte, em 1961. (N. do A.)

** Os russos. (N. do E.)

Sua declaração salvou a vida de todos os moradores. Os alemães e russos começaram a se abraçar. "Estávamos bêbados", disse Siegmund, "de alegria e felicidade." O oficial soviético imediatamente trouxe comida e bebida para os Weltlinger e assistiu parado e com ansiedade ao modo como eles vorazmente se alimentavam. O casal quase passou mal por causa da comida, pois fazia muito tempo que não tinham uma refeição farta. "Imediatamente", Siegmund disse, "as pessoas se tornaram gentis para conosco. Deram-nos um apartamento vazio, comida e roupa, e pela primeira vez nós pudemos ficar ao ar livre e simplesmente caminhar pela rua."

No entanto, os russos foram expulsos da área por um ataque da SS – e os mesmos moradores que os Weltlinger tinham salvado no dia anterior repentinamente voltaram a lhes ser hostis. "Foi", disse Weltlinger, "inacreditável." No dia seguinte, os russos retomaram a área e mais uma vez eles foram libertados, mas por uma unidade soviética diferente – só que dessa vez os russos não acreditariam que Weltlinger era um judeu. Todos os homens no seu prédio foram levados para interrogatório. Ao se despedir da sua esposa, Siegmund se perguntava se toda a privação sofrida, todo o tempo em que ficara escondido terminariam agora desse modo sem sentido. Eles foram levados para um subúrbio a nordeste e foram questionados individualmente em um porão. Weltlinger foi levado para uma sala e posto debaixo de uma luz ofuscante. Sentados a uma mesa comprida na escuridão, estavam alguns oficiais. Mais uma vez Weltlinger insistiu que ele era um judeu que ficara escondido por mais de dois anos. Então uma voz feminina veio da escuridão:

– Prove-me que você é um judeu.

– Como?

Ela pediu para que ele recitasse a profissão de fé hebraica.

No silêncio da sala, Siegmund olhou em direção às faces diante dele na penumbra. Então, cobrindo sua cabeça com a mão direita, a voz embargada pela emoção, ele disse uma das mais antigas orações, a *Sh'mah Yisroël.* Em hebraico, ele vagarosamente entoou:

Escuta, Ó Israel!
O Senhor é nosso Deus,
*O Senhor é Um.**

Então a mulher falou novamente.

---

* Verso conhecido como *Shemá Israel*, contido em Deuteronômio 6:4, considerada a mais sagrada das preces judaicas. (N. do T.)

– Vá – ela disse. – Você é um judeu e um bom homem.

Ela também era judia, ela disse. No dia seguinte, Siegmund estava novamente reunido com sua mulher. "Nenhuma palavra", ele disse, "pode descrever o que sentimos quando tornamos a nos ver." Mão na mão, eles caminharam sob o sol, "livres e felizes como crianças".

Se a madre superiora Cunegundes sentia algum medo, ela não o demonstrava em seu rosto sereno e redondo. A batalha se espalhava ao redor de Haus Dahlem. O prédio tremia a cada canhonada dos tanques, e mesmo no porão reforçado com sacos de areia os impactos podiam ser sentidos. Mas a madre superiora Cunegundes não prestava mais atenção ao matraquear das metralhadoras e aos gritos dos projéteis no ar. Ela rezava na pequena sala de jantar, transformada em capela quando o fogo cessou; por um momento os ruídos da batalha pareceram desaparecer. Ainda assim, a madre superiora Cunegundes continuava de joelhos. Uma das irmãs entrou na capela e sussurrou para a Madre:

– Os russos. Eles estão aqui.

A madre superiora Cunegundes calmamente se abençoou, fez a genuflexão e rapidamente seguiu a irmã para fora da capela. As tropas soviéticas aproximaram-se da construção primeiramente pelos fundos, através dos jardins. Eles apareceram na janela da cozinha, sorrindo e apontando suas armas para as freiras e irmãs. Nesse momento, dez soldados liderados por um jovem tenente aguardavam a madre superiora. Lena, a cozinheira, uma ucraniana, foi rapidamente chamada para atuar como intérprete. O oficial, observou a madre superiora, "parecia bastante esperto e comportava-se de maneira excepcional".

Ele perguntou a respeito de Haus Dahlem. A madre superiora Cunegundes explicou que o local havia sido uma casa de maternidade, hospital e orfanato. Lena acrescentou que só havia "freiras e bebês" ali. O tenente parecia compreender.

– Há algum soldado ou armas por aqui? – ele perguntou.

A madre superiora Cunegundes respondeu:

– Não. Claro que não. Não há nada disso aqui nesse prédio.

Alguns dos soldados passaram então a pedir por relógios e jóias. O tenente os admoestou rispidamente, e os homens recuaram, envergonhados.

A madre superiora disse ao oficial, na seqüência, que Haus Dahlem precisava de alguma garantia de proteção por causa das crianças, das gestantes e das irmãs. O tenente deu de ombros: ele era um combatente, e tudo em que estava interessado era limpar a área de inimigos e prosseguir.

Quando os russos deixaram o prédio, alguns dos soldados pararam para olhar a grande estátua de São Miguel, "o guerreiro de Deus lutando contra todo mal". Eles caminharam ao redor da estátua, tocando as incrustações de sua veste e olhando para a face. O tenente se despediu da madre superiora. Alguma coisa parecia incomodá-lo. Por um momento ele observou seus homens que olhavam para a estátua. Então ele disse à madre superiora Cunegundes:

– Esses são soldados bons, decentes e disciplinados. Mas devo avisá-la. Os homens que virão a seguir, os que vêm atrás de nós, são todos uns porcos.

A maré do avanço russo estendia-se de modo incoercível. Ordens desesperadas pipocavam dos enlouquecidos homens no *Führerbunker* à medida que os restos mortais tanto do Reich quanto de sua capital eram dissecados pelos invasores. Os comandos eram suplantados por contracomandos. Os contracomandos eram cancelados e novas ordens os substituíam. O chefe de Estado-Maior de Weidling, tenente coronel Von Dufving, resumiu bem o momento: "A confusão levou ao caos; a ordem à contra-ordem; e finalmente tudo levou à desordem".

O sistema de comando alemão entrara em colapso. Conforme os Aliados ocidentais e os russos se aproximavam, o OKW, encarregado de cuidar do *front* ocidental, viu suas atividades terrivelmente emaranhadas às do OKH, cuja função era controlar o *front* oriental. O general Erich Dethleffsen, assistente do chefe do Estado-Maior do OKH, recebeu uma chamada desesperada de Dresden à medida que os tanques de Koniev, rumando para oeste para se unir aos americanos, aproximaram-se da cidade. Ele foi instruído a concentrar tudo o que tivesse na margem *oriental* do Elba, que cortava a cidade. Dez minutos depois, o OKW ordenou ao comandante de Dresden que colocasse todas suas forças na margem *ocidental.*

Em todos os lugares ocorriam eventos semelhantes. As linhas de comunicação mal continuavam existindo. O quartel-general do OKW, agora estabelecido em Rheinsberg, cerca de 24 quilômetros a nordeste de Berlim, contava para manter suas comunicações com apenas uma antena de transmissão amarrada a um balão de barragem. Em Berlim, aquelas ordens de Hitler que não pudessem ser enviadas por telefone eram transmitidas via rádio por meio do sistema de comunicação da menor das duas torres de artilharia do zoológico. A tenente da Luftwaffe Gerda Niedieck, sentada junto ao seu teletipo e à sua máquina de decifrar na vasta sala de telecomunicações da Torre L, notou que a maioria das mensagens de Hitler naquela ocasião versava sobre o mesmo tema: buscas desesperadas por informação – normalmente sobre forças que não mais existiam. Seguidamente, a máquina de teletipo a rádio cuspia suas mensagens. "*Qual é a posição de Wenck?*", "*Onde está Steiner?*", "*Onde está Wenck?*". Às vezes tudo aquilo era demais para Gerda, de 24 anos. Em certas ocasiões, ela simplesmente chorava em silêncio enquanto em seu teletipo repassava as mensagens e ameaças de Hitler, suas ordens de que a nação deveria combater até o último alemão.

Por fim, após seis anos de guerra, os quartéis-generais do OKH e do OKW – cujos exércitos certa feita estiveram separados por mais de 4,8 mil quilômetros – foram unidos em um único comando. Os oficiais do quartel-general combinado OKH-OKW foram imediatamente remetidos ao comando do marechal-de-campo Wilhelm Keitel.

– Nossas tropas – ele disse com grande confiança – não estão apenas desejosas de lutar, elas estão amplamente capacitadas a fazê-lo.

Seus passos soaram pelo chão do novo quartel-general, sob o olhar atento do general Alfred Jodl, chefe de Operações do OKW, e do general Erich Dethleffsen, chefe assistente de Estado-Maior do OKH. Keitel havia desempenhado o mesmo quadro brilhante para Hitler no dia 24, logo antes do Führer ter ordenado aos seus oficiais de elite que abandonassem a capital para que pudessem conduzir as atividades que aliviariam Berlim de fora da cidade. Aquela foi a última visita ao mundo subterrâneo do *Führerbunker*. Quando lá chegou, encontrou o local mergulhado em violenta confusão. Não havia nenhum guarda na entrada. Para sua surpresa, ele encontrara cerca de vinte trabalhadores se protegendo atrás da porta do abrigo: eles haviam recebido ordens, por causa do fogo da artilharia, de "cavar uma trincheira do estacionamento até a porta de entrada", mas não puderam fazer o trabalho em função da chuva de projéteis. Ao descer as escadas, ele descobriu que não havia guardas nem na ante-sala. Ninguém revistou sua valise ou "verificou se ele portava armas". Sua impressão foi de "completa desintegração".

No pequeno saguão em frente à pequena sala de reunião "havia copos vazios e garrafas pela metade". Pareceu-lhe que "aquele princípio soldadesco de manter a calma, para assim prevenir que uma situação de pânico se desenvolva, fora completamente desconsiderado". Todos estavam nervosos e irritadiços – exceto as mulheres. "As secretárias, as funcionárias femininas... Eva Braun, *Frau* Goebbels e suas crianças... encontravam-se com um espírito agradável e amigável, muito envergonhadas dos homens pelo exemplo que eles davam."

O relatório de Keitel a Hitler fora curto. "Em um tom otimista", Dethleffsen relembrou, "ele relatou o estado de ânimo do 12º Exército de Wenck e as perspectivas para o auxílio a Berlim." Dethleffsen achara difícil de julgar "o quanto Keitel acreditava em suas próprias palavras: talvez seu otimismo encontrasse raízes apenas no desejo de não sobrecarregar o Führer".

Neste momento, porém, diante dos líderes do OKH-OKW, longe de Hitler, Keitel falava de modo semelhante. Ao som de seus passos ecoando no chão, ele disse:

– Nossas derrotas realmente podem ser creditadas à falta de coragem, à falta de vontade nos comandos altos e intermediários.

Poderia ser Hitler falando. Dethleffsen pensou que Keitel era um "verdadeiro discípulo de seu mestre". E por seu "dourado" relatório de como Berlim poderia ser salva, estava "claro que ele não fazia a mais vaga idéia da dificuldade em que se encontravam as tropas". Keitel continuou falando: tudo daria certo; rapidamente o anel russo ao redor de Berlim seria partido; o Führer seria salvo...

Na Bavária, o *Reichsmarschall* Hermann Goering encontrava-se em uma situação absurda: ele estava em prisão domiciliar sob a vigilância de guardas da SS.

Seu chefe de Estado-Maior, general Koller, havia voado até a Bavária para ver Goering depois da conferência decisiva de Hitler em 22 de abril. Ao receber o relatório de Koller de que "Hitler ruiu" e de que o Führer havia dito que "quando chegar a hora das negociações o *Reichsmarschall* agirá melhor do que eu", Goering entrara em ação. Ele enviou ao Führer uma mensagem composta com extremo cuidado. "*Meu Führer*", ele telegrafou, "*em vista de sua decisão de permanecer na fortaleza de Berlim, você concorda que eu assuma o controle total do Reich com plena liberdade de ação dentro e fora do país como seu representante, de acordo com seu decreto de 29 de junho de 1941? Se nenhuma resposta chegar até as dez horas da noite, devo aceitar como certo que você perdeu sua liberdade de ação, e devo agir de acordo com os melhores interesses para nosso país e nossa gente...*"

Goering recebeu uma resposta rápida – indubitavelmente inspirada por seu arqui-rival, o ambicioso Martin Bormann. Hitler despachou uma mensagem acusando Goering de traição e anunciou que ele seria executado, a não ser que renunciasse ao seu posto imediatamente. Na noite de 25 de abril, o rádio em Berlim solenemente relatou que "a condição cardíaca do *Reichsmarschall* Goering agora chegou a um estado crítico. Por isso, ele pediu para ser liberado de suas funções de comando na Força Aérea e de todas as atividades a ela ligadas... O Führer concordou com seu pedido...". Goering disse à mulher, Emmy, que ele achava a função inteira ridícula; de que no final, de qualquer modo, ele teria que comandar as negociações. Mais tarde ela disse à baronesa Von Schiarach que Goering se perguntava "que uniforme ele deveria usar quando se encontrasse pela primeira vez com Eisenhower".

• • •

Enquanto Berlim queimava e o Reich morria, o único homem de quem Hitler nunca suspeitara de traição já havia ultrapassado a ganância de Goering pelo poder.

Em Washington, na tarde de 25 de abril, o general John Edwin Hull, chefe de Operações interino do Estado-Maior dos EUA, foi chamado no escritório do general George C. Marshall, chefe de Estado-Maior, no Pentágono. Marshall lhe disse que o presidente Truman estava vindo da Casa Branca a caminho do Pentágono para falar com Winston Churchill por meio de uma linha segura. Uma oferta germânica para entabular uma negociação fora recebida via conde Folke Bernadotte, líder da Cruz Vermelha sueca. A intenção de paz viera de ninguém menos do que o homem que Hitler chamou de *Der treue Heinrich** – Heinrich Himmler.

A proposta secreta de Himmler devia estar vindo em uma mensagem codificada por meio do embaixador americano na Suécia. Marshall avisou a Hull para que deixasse a sala do telefone pronta para saber de imediato do Departamento de Estado se a mensagem havia chegado. "Liguei para Dean Acheson no Departamento", Hull disse, "que me informou não saber nada a respeito de um telegrama contendo as propostas de Himmler. De fato, a mensagem estava chegando ao Departamento de Estado, mas naquele momento ninguém ainda a tinha visto."

Então o presidente Truman chegou, e, às 15h10, horário americano, ele falou com o primeiro-ministro pelo telefone da sala do Pentágono. "Quando atendeu ao telefone", recorda Hull, "o presidente ainda não sabia qual era o conteúdo da proposta alemã." Churchill, de acordo com Hull, "começou por dizer":

– O que você achou da mensagem?

O presidente respondeu:

– Está acabando de chegar.

* "O fiel Heinrich." Em alemão no original. (N. do T.)

Churchill então leu a versão que havia recebido do embaixador britânico na Suécia, *sir* Victor Mallet. Himmler, ele disse a Truman, queria se encontrar com o general Eisenhower a fim de se render. O chefe da SS informava que Hitler estava extremamente doente, que ele podia até estar morto naquele momento, e, em todo caso, estaria morto em poucos dias. Estava claro que Himmler queria se render – mas somente para os Aliados ocidentais, não para os russos.

– O que vai acontecer – Bernadotte perguntara a Himmler – se os Aliados ocidentais recusarem a oferta?

Himmler respondeu:

– Então deverei assumir o comando no *front* oriental e morrerei em combate.

Hull, ouvindo a conversa em outro telefone, então escutou Churchill dizer:

– Bem, qual é sua opinião?

O novo presidente americano, há apenas treze dias na função, respondeu sem hesitar.

– Não podemos aceitar – ele disse. – Seria desonroso, porque temos um acordo com os russos de não assinar a paz em separado.

Churchill imediatamente concordou. Como ele diria mais tarde, "eu disse a ele [Truman] que estávamos convencidos de que a rendição deveria ser incondicional e se dar de modo simultâneo junto às três maiores potências". Quando Churchill e Truman informaram Stalin da proposta de Himmler e da resposta que ambos deram a ela, o generalíssimo agradeceu a eles e, em respostas similares, prometeu que o Exército Vermelho "manteria sua pressão sobre Berlim tendo em vista os interesses de nossa causa comum".

O tenente Albert Kotzebue, da 69ª Divisão dos EUA, sentado em seu jipe, olhou a fazenda a distância e achou que tudo estava muito tranqüilo. Ele saiu do veículo e avançou, deixando para trás sua patrulha de 26 homens para que pudesse se aproximar da casa sozinho.

Toda essa zona rural perto do Elba estivera estranhamente silenciosa. Os vilarejos hastearam bandeiras brancas em sinal de rendição, mas não havia nenhum movimento; os aldeões continuavam confinados. Kotzebue havia conversado com vários prefeitos e era sempre a mesma história: os russos estão vindo, e eles tinham certeza de que seriam mortos, e suas mulheres, estupradas.

Cautelosamente, Kotzebue chegou à frente da casa. A porta estava semi-aberta. Ele ficou em um dos lados e a escancarou utilizando seu rifle. Ela emitiu um rangido, e Kotzebue olhou para dentro. Sentados ao redor da mesa de jantar estavam o fazendeiro, sua esposa e seus três filhos. Seria uma cena pacífica e familiar se todos não estivessem mortos. Eles devem ter ficado terrivelmente assustados, pois todos tomaram veneno.

O resto da patrulha chegou ao local, e o tenente pulou de volta para dentro do jipe. Eles aceleraram em direção ao Elba, e então, logo antes de chegarem ao rio, Albert Kotzebue fez história. Na vila de Leckwitz ele avistou um homem de aspecto estranho trajando um uniforme incomum montado em um pônei. O homem deu a volta na sela e olhou para Kotzebue. O tenente respondeu ao olhar. Kotzebue e o homem sobre o cavalo haviam lutado por quase meio mundo para chegar a esse momento. Parecia a Kotzebue que ele havia encontrado o primeiro soviético.

Alguém que falava russo questionou o cavaleiro. Sim, ele era um russo, ele disse.

– Onde está sua unidade? – perguntou Kotzebue.

O homem respondeu de modo sucinto:

– No Elba.

A patrulha dirigiu-se novamente para o rio. O homem os viu partir. No rio, Kotzebue e alguns outros encontraram um barco a remo e cruzaram até a outra margem, usando seus rifles para remar. Ao pisarem fora do barco, Kotzebue viu que a costa, por centenas de metros, estava coberta por civis mortos – homens, mulheres e crianças. Havia também caminhonetes e carroças viradas; roupas e bagagens estavam espalhadas por toda parte. Não havia qualquer indicativo de por que ou como a carnificina tinha ocorrido. Alguns instantes mais tarde, os americanos encontraram o primeiro grupo de russos. Kotzebue bateu-lhes continência. O mesmo fizeram os soldados soviéticos. Não houve qualquer espécie de comemoração, nem tapinhas nas costas, nem abraços. Eles apenas ficaram se entreolhando. A hora era uma e meia da tarde do dia 25 de abril. Os Aliados ocidentais e orientais haviam se unido na pequena cidade de Strehla.

Às 16h40 em Torgau, no Elba, cerca de quarenta quilômetros ao norte, o tenente William D. Robinson, também da 69ª Divisão, encontrou alguns outros russos. Ele levou quatro soldados soviéticos junto consigo até seu quartel-general. Seu encontro passaria aos livros de história como a união oficial entre os dois exércitos. De qualquer modo, seja à uma e meia, seja às 16h40, o Reich de Hitler havia sido cortado pela metade pelos homens do Primeiro

Exército dos EUA, do general Hodges, e pelos do Primeiro Exército ucraniano, do marechal Koniev. E nesse mesmo dia – ninguém parece ter certeza sobre o horário exato – Berlim foi cercada.

• • •

O flanco norte inteiro do Nono Exército entrou em colapso. Totalmente cercado, o Nono vinha sendo martelado noite e dia pelas bombas russas. A situação dos suprimentos era crítica. A Luftwaffe tentou fazer uma distribuição aérea, mas tudo deu errado. Não havia aviões suficientes para executar a tarefa e nem mesmo gasolina suficiente para esses mesmos aviões – e as entregas, pelo modo como foram feitas, caíram nos lugares errados. Ainda assim, apesar de tudo, o Nono teimosamente lutava em direção ao Décimo Segundo Exército de Wenck.

Heinrici, porém, sabia a verdade a respeito de Wenck: ao contrário do que Krebs dissera, o 12º Exército não tinha quase nenhuma força. Cheio de amargura, ele telefonou para Krebs e o acusou de deliberadamente passar uma informação falsa.

– Trata-se de um exército fantasma – Heinrici vociferou. – O 12º simplesmente não possui força suficiente para fazer uma investida em direção ao Nono, unir-se a ele e dirigir-se ao norte para auxiliar Berlim. Não restará quase nada dos dois Exércitos no momento em que se encontrarem: e você sabe disso!

O Terceiro Exército Panzer de Von Manteuffel era, de fato, tudo o que sobrara do Grupo de Exército Vistula. Von Manteuffel resistia tenazmente, mas o centro de sua linha começava a ser ameaçado. Pior, os tanques de Zhukov, dirigindo-se ao longo do flanco sul, encontravam-se agora em posição de manobrar para o norte e cercar Von Manteuffel. A única força que continuava em seu caminho era o grupo composto de retalhos (de outras tropas) do general SS Felix Steiner.

O plano de Hitler para socorrer Berlim contava com um ataque de Steiner em direção ao sul para cortar o caminho dos russos a um lado da cidade, enquanto o Nono e o 12º juntos iriam em direção ao norte pelo outro lado. Na teoria, era um plano executável. Na prática, ele não tinha qualquer chance de sucesso. Steiner era um dos problemas. "Ele seguia encontrando todos os tipos de desculpa para não atacar", disse Heinrici. "Gradualmente, tive a impressão de que algo estava errado".

O comandante do Vistula sabia que Steiner não tinha forças suficientes para chegar a Spandau, como Hitler ordenava, mas Heinrici queria que o ataque se desse da mesma maneira. Steiner tinha ao menos força suficiente para embotar a investida de Zhukov. Se ele obtivesse sucesso nessa missão, poderia ao menos evitar que o exército de Manteuffel fosse cercado. Isso daria tempo a Heinrici de retirar as forças de Manteuffel passo a passo até o Elba. Não havia mais nada a ser feito além de tentar salvar a vida de seus homens; o completo colapso do Reich afigurava-se claramente inevitável em questão de dias. Heinrici mantinha um mapa em que havia desenhado cinco linhas de retirada do norte para o sul, correndo do Oder em direção ao oeste. A primeira chamava-se "Wotan", a segunda, "Uecker"; as restantes estavam numeradas. As linhas distavam de 24 a 32 quilômetros uma da outra. Von Manteuffel encontrava-se agora na linha Wotan. A questão era quanto tempo ele poderia resistir ali.

Na manhã do dia 25, Heinrici visitou Manteuffel. Eles caminharam pelo pequeno jardim que ficava aos fundos do quartel-general de Von Manteuffel, e o comandante do Terceiro Exército Panzer disse sem afetação:

– Não tenho mais como resistir.

Sua expressão estava endurecida.

– Sem *panzers*, sem armas antitanques e com tropas inexperientes já em uso, como alguém pode esperar que eu consiga resistir por mais tempo?

– Quanto ainda *pode* agüentar?

– Mais um dia, talvez.

Através da fumaça provocada pelo fogo e pelas explosões da artilharia, os folhetos planavam em direção ao chão, lançados pelo avião que percorria de lá para cá a cidade devastada. Em Wilmersdorf, Charlotte Richter pegou um deles. Dizia: "Perseverem! General Wenck e general Steiner estão vindo para ajudar Berlim".

Naquele momento era essencial descobrir qual era a situação de Steiner. Heinrici o encontrou no quartel-general da 25ª Divisão Panzer Granadeiro, em Nassenheide. Com Steiner estava Jodl. Eles já haviam discutido como deveria se dar o ataque de Steiner. Agora todos retomavam o assunto. Então Steiner começou a falar sobre as condições de suas tropas.

– Algum de vocês as viu? – ele perguntou.

Jodl disse:

– Elas estão em ótimas condições. Seu moral está elevado.

Steiner olhou pasmado para Jodl.

Heinrici perguntou discretamente:

– Steiner, por que você não está atacando? Por que mais uma vez adia a ação?

– É muito simples – disse Steiner. – Eu simplesmente não disponho de tropas. Não tenho sequer a menor chance de ser bem-sucedido.

– Do que você dispõe? – perguntou Heinrici pacientemente.

Steiner explicou que todas as suas forças consistiam de seis batalhões, incluindo um formado por uma divisão de polícia da SS, mais a Quinta Divisão Panzer e a Terceira Divisão da Marinha.

– Os homens da Marinha vocês podem esquecer – disse Steiner. – Aposto que eles são ótimos a bordo de navios, mas nunca foram treinados para o tipo de combate que se espera deles. Disponho de pouquíssima artilharia, pouquíssimos *panzers* e algumas armas antiaéreas.

Ele fez uma pausa.

– Vou lhes dizer do que disponho: de um amontoado de homens que saindo de Germendorf jamais chegarão a Spandau.

– Bem, Steiner – disse Heinrici com frieza –, você tem que atacar pelo seu Führer.

Steiner olhou-o de modo feroz.

– Ele é seu Führer também! – ele gritou.

Estava claro para Heinrici, quando ele e Jodl partiram, que Steiner não tinha intenção nenhuma de empreender qualquer tipo de ataque.

Algumas horas depois, o telefone tocou no quartel-general do Vistula em Birkenhain. Heinrici atendeu. Era Von Manteuffel, e ele parecia desesperado.

– Preciso de sua permissão para efetuar a retirada de Stettin e Schwedt. Não tenho mais como resistir. Se não recuarmos agora, acabaremos cercados.

Por um momento, Heinrici lembrou da ordem expedida por Hitler para seus generais seniores em janeiro. Eles eram "pessoalmente responsáveis" perante Hitler e não podiam retirar suas tropas ou desistir de posições sem notificar o Führer com antecedência para que este pudesse tomar a decisão. Agora Heinrici dizia:

– Bater em retirada. Está me ouvindo? Eu disse, bater em retirada. E escute, Manteuffel: desista ao mesmo tempo da fortaleza de Stettin.

Em seu casaco de pele de ovelha e suas calças da Primeira Guerra Mundial, ele quedou-se em sua mesa, refletindo sobre o que havia feito. Ele estava no exército há exatamente quarenta anos e sabia que naquele momento, mesmo que não fosse executado, sua carreira estava encerrada. Então ele ligou para o coronel Eismann e para seu chefe de Estado-Maior.

– Informe o OKW – ele disse – de que ordenei uma retirada para o Terceiro Exército.

Pensou por um instante. Depois disse:

– Quando eles receberem esta mensagem, será tarde demais para que emitam uma contra-ordem.

Ele olhou para Von Trotha, o mais convicto hitlerista, e para seu velho amigo Eismann, e explicou-lhes qual seria exatamente sua política de agora em diante: jamais deixaria tropas expostas sem necessidade novamente.

– Quais são as suas opiniões? – ele lhes perguntou.

Eismann prontamente sugeriu que deveria ser dada a ordem de "retirada para além da linha de Uecker e permanência nos lagos de Mecklenburg até que viesse a rendição". Von Trotha tomou a palavra.

– É contra a honra do soldado sequer *pensar* em se render, sequer usar a *palavra* rendição – Von Trotha bradou. – Não depende de nós; é o OKW que deve ditar as ordens.

Heinrici disse sem se afetar:

– Recuso-me a continuar levando adiante essas ordens suicidas. É de minha responsabilidade, pensando no interesse das minhas tropas, recusar essas ordens, e é o que pretendo fazer. Também é de minha responsabilidade prestar conta de meus atos frente ao povo alemão.

Então ele acrescentou:

– E acima de tudo, Trotha, a Deus. Boa-noite, senhores.

Levou 48 horas para Keitel tomar conhecimento de que Heinrici havia ordenado a Von Manteuffel que fizesse a retirada. Ele viu o recuo com os próprios olhos. Dirigindo através da área do Terceiro Exército Panzer, ele ficou surpreso ao ver tropas em retirada por toda parte. Furioso, ordenou que tanto Heinrici quanto Manteuffel o encontrassem para uma conferência em uma encruzilhada próxima a Fürstenberg.

Quando o chefe de Estado-Maior de Manteuffel, general Burkhart Müller-Hillebrand, soube da combinação, ele pareceu surpreso e logo a seguir preocupado. Por que em uma encruzilhada? Por que em local aberto? Ele correu para encontrar os oficiais de sua equipe.

Na encruzilhada, quando Heinrici e Von Manteuffel saíram de seus carros, eles viram que Keitel já havia chegado com sua comitiva. O chefe de Estado-Maior de Hitler era o retrato da fúria latente, seu rosto ameaçador, seu bastão de marechal batendo seguidas vezes na palma de sua mão enluvada.

Von Manteuffel cumprimentou-o. Heinrici bateu-lhe continência. Keitel imediatamente começou a gritar.

– Por que você deu a ordem de recuar? Era para vocês permanecerem no Oder! Hitler ordenou que vocês resistissem! Ele não ordenou nenhuma movimentação.

Ele apontou para Heinrici.

– Apesar disso, aí está você! O comandante da retirada!

Heinrici não disse nada. Quando a explosão terminou, de acordo com Von Manteuffel, "Heinrici de modo bastante sereno explicou a situação e seus argumentos foram bastante lógicos". Heinrici disse:

– Eu lhe digo, marechal Keitel, que eu não podia manter o Oder com as tropas de que dispunha. Não pretendo sacrificar vidas. Além do que, teremos que recuar nossas linhas ainda mais para trás.

Von Manteuffel então se pronunciou. Ele tentou explicar a situação tática que o levara a fazer o recuo.

– Lamento ter que lhe dizer que – ele concluiu – o general Heinrici está certo. Terei que me retirar para ainda mais longe, a menos que receba reforços. Estou aqui para saber se vou recebê-los ou não.

Keitel explodiu.

– Não há mais reservas! – ele gritou. – Esta é a ordem do Führer!

Ele bateu na palma da mão coberta pela luva com seu bastão.

– Vocês manterão suas posições onde elas estão!

Ele voltou a golpear a palma da mão.

– Vocês comandarão a meia-volta de seus exércitos aqui e agora!

– Marechal Keitel – disse Heinrici –, enquanto eu estiver no comando não transmitirei esta ordem a Von Manteuffel.

Von Manteuffel disse:

– Marechal Keitel, o Terceiro Exército Panzer atende ao general Hasso Von Manteuffel.

Neste ponto, Keitel perdeu completamente o controle. "Ele mergulhou em tamanho acesso de fúria", relembra Von Manteuffel, "que nem Heinrici, nem eu conseguíamos entender o que ele dizia." Finalmente ele gritou:

– Vocês terão de assumir a responsabilidade deste ato perante a história!

Von Manteuffel subitamente perdeu a paciência.

– Os Von Manteuffel vêm trabalhando para a Prússia por duzentos anos e sempre assumiram a responsabilidade por seus atos. Eu, Hasso von Manteuffel, aceito de bom grado essa responsabilidade.

Keitel foi para cima de Heinrici.

– Você é o culpado! – ele disse. – Você!

Heinrici voltou-se e, apontando para a estrada pela qual as tropas de Manteuffel faziam a retirada, respondeu:

– Só posso dizer, marechal Keitel, que se você quer mandar esses homens de volta para que sejam alvejados e mortos, por que você mesmo não dá essa ordem?

Keitel, afigurou-se a Manteuffel, "pareceu dar um passo ameaçador em direção a Heinrici". Então ele disparou:

– Coronel-general Heinrici, a partir desse momento você está destituído da função de comandante do Grupo de Exército Vistula. Você retornará ao seu quartel-general e aguardará pelo seu sucessor.

Dito isso, Keitel afastou-se de modo altivo, subiu em seu carro e partiu.

Naquele momento, o general Müller-Hillebrand e seu pessoal saíram da floresta. Cada homem tinha uma automática na mão.

– Pensamos que fosse haver algum problema – ele explicou.

Von Manteuffel ainda acreditava que poderia haver. Ele se ofereceu para proteger Heinrici "até o fim", mas Heinrici declinou a oferta. Ele saudou os oficiais e entrou em seu carro. Depois de quarenta anos no exército, nas últimas horas da guerra, ele fora exonerado em desgraça. Ele ergueu a gola de seu velho casaco de pele de ovelha e disse ao motorista para retornar ao quartel-general.

Os russos entravam por todas as partes como um enxame. Distrito após distrito caía conforme as precárias defesas da cidade iam sendo rechaçadas. Em alguns lugares, os homens da Guarda Nacional, escassamente armados, simplesmente davam meia-volta e fugiam. A Juventude Hitlerista, a Guarda Nacional, a polícia e os bombeiros lutavam lado a lado, todavia sob diferentes comandantes. Eles lutavam para sustentar o mesmo objetivo, mas suas ordens eram, em geral, contraditórias. Muitos homens, de fato, não tinham a mais pálida idéia de quem eram seus oficiais. O novo comandante de Berlim, general Weidling, espalhara os poucos veteranos remanescentes do seu 56º Corpo Panzer através das áreas de defesa para apoiar a Volkssturm e a Juventude Hitlerista, mas o efeito era quase nulo.

Zehlendorf caiu quase instantaneamente. Os jovens hitleristas e os guardas nacionais, ao tentar estabelecer uma resistência diante da prefeitura, foram aniquilados; o prefeito pendurou uma bandeira branca e então cometeu suicídio. Em Weissensee, que havia sido predominantemente um distrito comunista antes da ascensão de Hitler, muitas vizinhanças capitularam de imediato, e bandeiras vermelhas apareceram – muitas mostrando áreas esgarçadas, das quais as suásticas foram arrancadas às pressas. Pankow resistiu por dois dias, Wedding por três. Pequenos bolsões de alemães lutavam tenazmente até o fim, mas não havia em nenhum lugar uma defesa consistente.

As barricadas nas ruas eram esmagadas como gravetos. Os tanques russos, movendo-se com velocidade, botavam prédios inteiros abaixo, a fim de evitar que seus soldados tivessem que perseguir os franco-atiradores. O Exército Vermelho não perdia nenhum tempo. Alguns obstáculos, como bondes e caminhonetes cheias de pedra, eram demolidos pala artilharia a curta distância. Onde os russos encontravam defesas mais vigorosas, eles as circundavam. Em Wilmersdorf e Schöneberg, as tropas soviéticas, encontrando resistência, entraram em casas em ambos os lados das ruas bloqueadas e abriram seus caminhos através dos porões com tiros de bazuca. Desse modo eles emergiram atrás dos alemães e os liquidaram.

Falanges da artilharia arrasavam os distritos centrais metro a metro. Na mesma velocidade em que as áreas eram capturadas, os russos juntavam-se às grandes formações de armas e aos órgãos de Stalin utilizados no Oder e em Neisse. Nos aeroportos de Tempelhof e de Gatow, as armas eram alinhadas barragem a barragem. O mesmo se dava em Grünewald, na floresta Tegel, nos parques e nos espaços abertos – mesmo nos jardins dos blocos. Linhas de órgãos de Stalin aglomeravam-se nas principais vias públicas, despejando um fluxo contínuo de projéteis fosforescentes que incendiavam áreas inteiras. "Eram tantos incêndios que não havia noite", relembra o membro da Guarda Nacional Edmund Heckscher. "Você poderia até ler um jornal se tivesse um." Dr. Wilhelm Nolte, um químico alistado à força no Serviço de Proteção contra Incêndios*, viu aviões soviéticos de artilharia dirigindo suas barragens sobre os trabalhadores que tentavam combater o fogo. Hermann Hellriegel, recentemente alistado pela Volkssturm, foi erguido do chão pela explosão de um projétil e lançado dentro de uma cratera nas proximidades. Para horror de Hellriegel, ele caiu sobre os corpos de três soldados mortos. O soldado da guarda nacional, um ex-caixeiro viajante de 58 anos, rastejou para fora do buraco e correu para sua casa.

* Alguns dos caminhões de bombeiro que haviam deixado a cidade no dia 22 retornaram sob a ordem do major-general Walter Golbach, líder do Corpo de Bombeiros. De acordo com relatórios feitos no pós-guerra, Goebbels deu ordens para que os caminhões fossem retirados de Berlim para que não caíssem nas mãos dos russos. Golbach, ao ouvir que seria preso por desobedecer às ordens de Goebbels, tentou cometer suicídio e falhou. Com o rosto sangrando pelo ferimento, ele foi levado pelos homens da SS e executado. (N. do A.)

À medida que os russos avançavam mais profundamente na cidade, uniformes e braçadeiras jaziam descartados nas ruas conforme os soldados da Guarda Nacional começavam a desaparecer. Algumas unidades foram deliberadamente dispersadas por seus comandantes. No Estádio Olímpico Reichssportfeld, o líder de batalhão da Volkssturm Karl Ritter von Halt reuniu os sobreviventes do doloroso combate e disse para eles irem para casa. Metade dos homens, de qualquer modo, já não tinha utilidade; eles haviam recebido balas italianas para seus rifles alemães. "Deixar que eles voltassem para casa era tudo o que restava a fazer", disse Von Halt. "Era isso ou atacar os russos a pedradas."

Por toda cidade, soldados começavam a desertar. O sargento Helmut Volk não via nenhuma razão em dar sua vida pelo Führer. Um contador do Abwehr, o serviço de Inteligência alemão, Volk havia repentinamente recebido um rifle, assumindo a função de guarda em Grünewald. Quando ele soube que sua unidade fora designada para a área da Reichskanzlei, Volk designou para si mesmo o destino de sua casa em Uhlandstrasse. Sua família não ficou muito satisfeita em vê-lo; seu uniforme ameaçava a todos. Volk rapidamente o retirou, vestiu-se com roupas civis e escondeu o uniforme no porão. Ele tomou a medida na hora certa: os russos tomaram a área poucas horas depois.

No posto de comando próximo à ponte Frey, o soldado Willi Thamm ouvira algo que o fez se decidir por ficar com sua unidade até o final. Um tenente veio fazer um relatório ao capitão de Thamm e, entre uma xícara de café e um copo de *schnapps*, comentou:

– Imagine! Os homens da infantaria por todas as partes querem desertar. Hoje três se abstiveram sem me pedir licença.

O capitão de Thamm olhou para ele.

– O que você fez? – ele perguntou.

O tenente bebeu um gole de seu café e disse:

– Passei bala neles.

Gangues de rastreadores da SS, varrendo a cidade em busca de desertores, aproveitavam para fazer justiça com as próprias mãos. Eles estavam parando quase todos que trajassem uniformes e checando suas identidades e unidades às quais pertenciam. Qualquer homem suspeito de evasão de sua companhia era sumariamente executado com um tiro, ou enforcado em uma árvore ou poste de luz para servir de exemplo aos outros. Aribert Schulz, de dezesseis anos, membro da Juventude Hitlerista, apresentando-se ao seu quartel-general em um cinema inativo em Spittelmarkt, viu um soldado SS, ruivo e magricela, obrigando um homem a marchar pelas ruas sob a mira de seu rifle. Schulz perguntou o que estava acontecendo e foi informado de que o homem era um sargento do Wehrmacht que fora encontrado vestindo roupas civis. Com Schulz a segui-los, o homem da SS fez o sargento marchar Leipzigerstrasse abaixo. Subitamente ele deu um violento encontrão no oficial do Wehrmacht. Como o sargento lutasse para manter o equilíbrio, o homem da SS deu-lhe um tiro pelas costas.

Naquela noite, Schulz viu o homem ruivo da SS mais uma vez. Junto com outros rapazes de sua unidade, Schulz montava guarda em uma barricada quando viu um tanque soviético T-34 vindo pela Kurstrasse. O tanque lentamente movia a sua torre de tiro quando recebeu um disparo direto e explodiu. O único sobrevivente foi imediatamente capturado. Nos bolsos do russo os rapazes encontraram fotografias das principais paisagens de Berlim. No quartel-general, o piloto do tanque do Exército Vermelho foi interrogado e então foi entregue a um homem com um rifle. Era novamente o mesmo homem da SS. Mais uma vez ele conduziu o prisioneiro para fora, mas dessa vez ele bateu fraternalmente no ombro do russo e sinalizou para que ele se fosse. O russo arreganhou os dentes e começou a se afastar. O homem da SS deu-lhe um tiro. Como anteriormente, o disparo foi feito pelas costas. Afigurou-se ao jovem Schulz que o atirador magricela era o oficial de execuções do quartel-general.

Em todos os lugares agora, os defensores de Berlim viam-se forçados a recuar às ruínas dos distritos centrais. Para retardar os russos, 120 das 248 pontes da cidade haviam sido destruídas. Restavam tão poucas dinamites em todo o comando do general Weidling que bombas de aviação tiveram que fazer as vezes dos tradicionais explosivos. Fanáticos destruíram instalações adicionais, comumente sem checar as conseqüências. Os homens da SS explodiram um túnel de 6,5 quilômetros sob um braço do rio Spree e do canal Landwehr. Descobriu-se que o túnel era uma estação ferroviária, e que milhares de civis tinham buscado proteção no local. Quando a água começou a inundar a área, houve um terrível tumulto em direção à rua. O túnel não estava apenas apinhado de pessoas; havia também quatro trens cheios de feridos sendo usados como hospitais. No momento em que Elfriede Wassermann e seu marido, Erich, que haviam vindo do *bunker* de Anhalter, tentavam encontrar um caminho para a saída, Elfriede ouviu os feridos gritando dentro dos trens:

– Tirem-nos daqui! Tirem-nos daqui! Morreremos afogados!

Ninguém parou para ajudá-los. A água já estava na cintura de Elfriede. Erich, mancando com suas muletas, encontrava-se em uma situação ainda pior. Lutando e gritando, as pessoas empurravam e pisoteavam as outras para tentar chegar à segurança. Elfriede estava quase que tomada pelo desespero, mas Erich seguia gritando:

– Vá em frente! Vá em frente! Nós estamos quase lá. Nós vamos conseguir!

E conseguiram. Quantos outros tiveram a mesma sorte, Elfriede nunca soube.

Em 28 de abril, os russos haviam se aproximado do centro da cidade. O anel de defesa tornava-se cada vez mais reduzido em suas dimensões. Batalhas desesperadas vinham sendo travadas ao longo dos limites de Charlottenburg, Mitte e Friedrichshain. Havia uma rota estreita ainda aberta em direção a Spandau. As tropas pouco experimentadas de Weidling tentavam manter aquela travessia para uma fuga de última hora. O número de baixas foi enorme. As ruas estavam cobertas de mortos. Por causa dos bombardeios, as pessoas não podiam sair de seus abrigos para ajudar amigos e parentes feridos nas proximidades; muitos haviam sido atingidos quando faziam fila para pegar água nas antiquadas bombas de rua de Berlim. Os soldados não se encontravam em melhor situação. Os feridos que conseguissem caminhar e chegar até os postos de socorro podiam se considerar com sorte. Aqueles incapacitados de caminhar normalmente ficavam no local em que caíam, sangrando até morrer.

O soldado da Guarda Nacional Kurt Bohg, que havia perdido o pé até a altura do calcanhar, arrastou-se e mancou por quilômetros. Por fim, não conseguiu continuar. Ele estendeu-se em uma rua e ficou gritando por algum auxílio. Mas as poucas pessoas que se arriscavam a abandonar seus abrigos e enfrentar a chuva de projéteis estavam ocupadas demais tentando salvar suas próprias vidas.

Bohg, caído junto a uma sarjeta, viu uma freira luterana correndo de porta em porta.

– Irmã, irmã – ele chamava. – Você pode me ajudar?

A freira parou.

– Você consegue se arrastar até a casa da congregação próxima à igreja? – ela perguntou. – Fica a cinco minutos daqui. Ajudarei você quando eu chegar lá.

De algum modo ele conseguiu. Todas as portas achavam-se abertas. Ele se arrastou pelo *hall* da entrada; então, na ante-sala, finalmente desmaiou. Quando recobrou os sentidos ele estava como que deitado em uma ampla piscina de sangue. Vagarosamente ele ergueu os olhos para ver de onde vinha o líquido. Olhou através da sala que dava para um jardim. A porta estava aberta; apertada na abertura, enrugada e olhando para ele com olhos ternos, havia uma vaca Holstein malhada. O animal sangrava copiosamente pela boca. O homem e o bicho entreolhavam-se fixamente em muda compaixão.

Ao passo que os russos isolavam o centro da cidade, as forças de Weidling iam sendo cada vez mais comprimidas. Os suprimentos acabaram. Em resposta a seus apelos desesperados por entregas aéreas, ele recebeu seis toneladas de suprimentos e exatamente dezesseis foguetes *panzer*.

Inacreditavelmente, no meio do inferno da batalha, um avião subitamente mergulhou e conseguiu aterrissar no Eixo Leste-Oeste – a ampla estrada que corria do rio Havel no Oeste até Unter den Linden no Leste. Tratava-se de um pequeno Storch Fieseler, e dentro dele estava o general Ritter von Greim e uma famosa aviadora chamada Hanna Reitsch. O avião fora alvejado por disparos das baterias antiaéreas, e a gasolina vazava dos tanques das asas. Von Greim, que estava no controle, tinha sido ferido logo antes de aterrissar. Hanna agarrou o manche e o manete de gasolina e fez um pouso perfeito. Os dois pilotos foram imediatamente chamados à Reichskanzlei; quando chegaram, ele imediatamente promoveu Von Greim a marechal-de-campo, substituindo o "traiçoeiro" Goering como líder da agora inexistente Luftwaffe.

O *Führerbunker* já estava sendo bombardeado pela artilharia, mas ainda constituía-se em um lugar relativamente seguro se comparado ao entorno. Outra ilha de segurança continuava no centro da cidade. Erguendo-se dos jardins do zoológico estavam as torres gêmeas de artilharia. A torre G, com seus quarenta metros de altura, estava atulhada de pessoas: ninguém sabia exatamente quantas. Dr. Walter Hagedorn, o médico da Luftwaffe, estimou que havia cerca de trinte mil – mais as tropas. Havia pessoas sentadas ou acomodadas nas escadas, nas plataformas, em cada um dos pisos. Não havia mais espaços a ocupar. Os trabalhadores da Cruz Vermelha, como Ursula Stalla, de dezenove anos, faziam o possível para aliviar o sofrimento dos civis. Ela jamais poderia esquecer da combinação nauseabunda de odores – "suor, roupas sujas, fraldas de bebês, tudo misturado com o cheiro dos desinfetantes hospitalares". Após alguns dias no *bunker*, muitas pessoas se aproximavam da insanidade. Algumas cometeram suicídio. Duas velhas senhoras, sentadas lado a lado na plataforma do primeiro andar, tomaram veneno ao mesmo tempo, mas ninguém soube dizer quando: por causa da quantidade de pessoas ao redor delas, elas permaneceram sentadas bem eretas, mesmo depois de mortas. Aparentemente, foi preciso vários dias até que os vizinhos se dessem conta do ocorrido.

O dr. Hagedorn vinha operando as vítimas da guerra em seu pequeno hospital quase que incessantemente nos últimos cinco dias. Seu problema era enterrar os mortos. Os homens simplesmente não podiam sair por causa dos tiros da artilharia. "Entre os intervalos", mais tarde ele lembrou, "nós tentávamos retirar os corpos e os membros amputados para enterrá-los, mas era quase impossível." Naquele momento, com os projéteis castigando as paredes impenetráveis do *bunker* por todos os lados e os estilhaços espalhando-se pelas persianas de aço das janelas, Hagedorn tinha quinhentos mortos e 1,5 mil feridos, mais um número desconhecido de pessoas semidementes. Por toda parte, também, espalhavam-se os suicidas, mas por causa da superlotação eles não podiam sequer ser contados. Ainda assim, o doutor relembrou, havia pessoas no *bunker* que diziam:

– Nós podemos agüentar até que Wenck ou que os americanos cheguem aqui.

Abaixo da torre estendia-se a vasta terra devastada do zôo. A carnificina entre os animais fora horrível. Os pássaros voavam em todas as direções cada vez que um projétil aterrissava. Os leões haviam sido mortos. Rosa, a hipopótamo, fora morta em seu tanque por um projétil. Schwarz, o tratador de pássaros, estava desesperado: de alguma maneira Abu Markub, a rara cegonha que vinha habitando seu banheiro, havia escapado. E agora o diretor Lutz Heck havia recebido ordens do comandante da torre para eliminar o babuíno; a gaiola do animal tinha sido danificada e existia algum perigo de que a fera pudesse escapar.

Heck, com o rifle na mão, percorreu o caminho até as jaulas dos macacos. O babuíno, um velho amigo, estava sentado e encurvado junto às barras da jaula. Heck ergueu o rifle e apontou a arma para a cabeça do animal. O babuíno gentilmente afastou o cano para o lado. Heck, consternado, novamente ergueu o rifle. Novamente o babuíno empurrou o cano para o lado. Heck, enjoado e tremendo, tentou mais uma vez. O babuíno o encarou silenciosamente. Então Heck puxou o gatilho.

Enquanto a batalha continuava, outro selvagem e furioso ataque ocorria. Era de natureza cruel e pessoal. As hordas das tropas russas, que vinham atrás das disciplinadas linhas de frente dos veteranos, demandavam agora os devidos direitos dos conquistadores: as mulheres dos conquistados.

Ursula Köster dormia em um porão em Zehlendorf com seus pais, suas duas filhas gêmeas de seis anos, Ingrid e Gisela, e seu bebê de sete meses, Bernd, quando quatro soldados russos bateram à porta com a coronha de seus rifles. Eles vasculharam o abrigo; encontrando uma caixa vazia, eles a foram carregando com vidros de compotas, canetas-tinteiro, lápis, relógios e a carteira de

Ursula. Um dos russos encontrou um frasco de perfume francês. Ele o abriu, cheirou, e virou o conteúdo do frasco em suas roupas. Um segundo russo empurrou os pais e as crianças, sob a mira de uma arma, para uma peça menor do porão. Então, um depois do outro, os quatro a violentaram.

Por volta das seis horas da manhã seguinte, a maltratada Ursula estava amamentando seu bebê quando mais dois soldados entraram no porão. Com o bebê no colo, ela tentou forçar a passagem até a porta. Ela estava muito fraca. Um dos soldados pegou o bebê e o colocou em seu carrinho. O segundo homem olhou para ela e arreganhou os dentes. Ambos estavam imundos; suas roupas estavam cheias de terra, e eles carregavam facas em suas botas e vestiam gorros de pele. A fralda da camisa de um dos homens pendia para fora das calças. Cada um deles estuprou a mulher. Quando eles haviam partido, Ursula agarrou todos os cobertores que ela conseguiu encontrar, pegou seu bebê, arrebanhou as pequenas garotas e correu para um quintal de um conjunto de casas do outro lado da rua. Lá, ela encontrou uma banheira que havia sido lançada ou arrancada por uma explosão de uma das casas. Virando-a de cabeça para baixo, Ursula se arrastou para dentro com seus filhos.

Em Hermsdorf, Juliane Bochnik, de dezoito anos, mergulhou para baixo do sofá no fundo do porão ao ouvir os russos se aproximando. Ela ouviu seu pai, um lingüista que falava russo, protestando contra a intrusão. Os soldados exigiam saber onde estava Juliane, e seu pai gritou:

– Informarei o comportamento de vocês ao comissário!

Sob a mira de uma arma seu pai foi levado para a rua. Juliane ficou onde estava, o mais imóvel possível, esperançosa de que os russos pudessem ir embora. Ela havia escurecido o rosto e os cabelos loiros a fim de parecer mais velha; mesmo assim, ela não queria correr nenhum risco. Ela ia ficar debaixo do sofá.

No porão adjacente havia duas pessoas idosas. De súbito, Juliane ouviu uma delas gritar com uma voz tomada pelo terror.

– Ela está lá! Lá! Debaixo do sofá.

Juliane, arrastando-se para fora de seu esconderijo, ficou de pé, tremendo de medo. Houve alguma conversa entre os russos, então apenas um ficou. "Ele era um jovem oficial", mais tarde ela relatou, "e, até onde pude ver sob a luz de sua lanterna, bastante limpo e bem-apessoado." Ele fez alguns movimentos cujo significado era inconfundível. Ela se encolheu; ele avançou. Sorrindo, ele "gentilmente, embora de modo forçado" começou a remover as roupas de Juliane. Ela resistiu. "Não foi fácil para ele", relembra Juliane. "Ele tinha a lanterna em uma das mãos e, com a típica desconfiança dos russos, mantinha um dos olhos voltados para as costas para proteger-se de um ataque surpresa."

Gradualmente, apesar dos esforços dela, ele desnudou Juliane. Ela tentou implorar, mas não sabia falar russo. Por fim ela começou a chorar e caiu de joelhos, implorando para ser deixada sozinha. O jovem russo apenas olhava para ela. Juliane parou de chorar, controlou-se e tentou mudar de rumo: começou a falar de modo firme e polido. "Eu disse a ele que tudo aquilo era errado", ela recorda. "Disse que as pessoas não agem daquela maneira." O russo começou a mostrar sinais de aborrecimento. Então, com quase todas as suas roupas removidas, a garota teve outra crise.

– Simplesmente eu não te amo – ela gritou. – Não dá para fazermos isso! Eu não te amo!

Subitamente o russo disse, "Ahhh", com uma voz enojada, e de um golpe saiu do porão.

Na manhã seguinte Juliane e outra garota fugiram para um convento dirigido por freiras dominicanas; lá, elas ficaram escondidas debaixo dos beirais do teto pelas próximas quatro semanas. Juliane mais tarde soube que sua amiga Rosie Hoffman e a mãe da mesma, que haviam jurado se matar quando os russos chegassem, tinham sido estupradas. Elas tomaram veneno.*

Gerd Buchwald, um professor, viu que as tropas soviéticas tornavam-se cada vez mais selvagens no seu distrito de Reinickendorf. Seu apartamento foi completamente vasculhado pelas soldados femininas do Exército Vermelho que pareciam "atraídas como ferro ao ímã pelas roupas da minha esposa. Elas pegaram o que queriam e se foram". Ele queimou as que restaram e escondeu sua pistola no jardim. Naquela noite um grupo de soldados russos apareceu. Eles estavam todos bêbados.

– *Frau! Frau!* – eles gritavam para Buchwald. Ele os cumprimentou com um sorriso amigável. "Eu tinha uma barba de dois dias e estava despenteado; assim, talvez minha história funcionasse porque eu aparentava ter mais idade. Ergui meus braços para cima, abri bem minhas mãos e disse":

– *Frau Kaput.*

Aparentemente eles entenderam: sua esposa estava morta. Enquanto Buchwald estendia-se no sofá eles olharam em volta, pegaram um par de seus suspensórios e então desapareceram. Após eles terem partido, Buchwald trancou a porta. Arredando o sofá, ele ajudou sua esposa Elsa a sair do buraco

* Mas sobreviveram. A ação imediata de um médico salvou-lhes as vidas. (N. do A.)

quadrado de noventa centímetros de lado que ele havia cavado no chão de concreto. Ela passaria ali todas as noites pelas próximas semanas.

O dr. Gerhard Jacobi, pastor da igreja Kaiser Wilhelm, também conseguiu esconder sua esposa com sucesso. Embora em seu abrigo muitas mulheres tivessem sido arrastadas para a rua e estupradas, ele obteve êxito em esconder sua mulher usando habilmente um cobertor. Ele dormia na parte externa de uma estreita *chaise longue*, sua esposa deitada de lado na parte interna. Os pés dela ficavam na cabeça dele. Coberta completamente por um pesado cobertor, ela ficava praticamente invisível.

Em Wilmersdorf, Ilse Antz, sua irmã mais nova Anneliese, e sua mãe, que inicialmente formaram uma impressão favorável ao Exército Vermelho, não foram incomodadas por algum tempo. Então, em uma noite logo antes da alvorada, Anneliese foi arrancada da cama que dividia com sua mãe. Ela foi carregada aos gritos para um apartamento escada acima, e lá ela foi brutalmente violentada por um oficial soviético. Quando o russo havia terminado, afagou os cabelos dela e disse:

– Boa alemã.

Ele pediu para que ela não contasse a ninguém que um oficial russo a havia estuprado. No dia seguinte, um soldado apareceu com uma parcela de comida enviada para ela.

Pouco depois desse episódio, outro soldado focou sua atenção sobre Ilse. Ele entrou com uma pistola em cada mão. "Sentei-me na cama pensando com qual das armas ele iria me matar, com a da esquerda ou a da direita", ela relembra. No frio do porão, Ilse vestia vários suéteres e calças de esquiar. Ele precipitou-se sobre ela e começou a tirar-lhe os vários suéteres. Então subitamente ele perguntou, confuso:

– Você é um soldado alemão?

Ilse diz que não ficou surpresa. "Estava tão magra por causa da fome que dificilmente eu pareceria uma mulher". Mas o soldado russo rapidamente descobriu seu erro. Ela foi estuprada. Ao sair, o homem do Exército Vermelho disse:

– Isso foi o que os alemães fizeram na Rússia.

Depois de um tempo, ele retornou – e, para surpresa dela, ficou ao seu lado durante toda noite para protegê-la de outros soldados vermelhos lascivos.

Após aquela noite, a família Antz experimentou repetidos atos de selvageria. De certa feita, elas foram levadas para fora e postadas contra uma parede para ser executadas. De outra, Ilse foi novamente estuprada. Elas começaram a pensar em suicídio. "Quanto a mim, se nós tivéssemos veneno, certamente teria me matado", Ilse recorda.

Enquanto os russos estupravam e pilhavam, os suicídios se alastravam por todos os lugares. Somente no distrito de Pankow, 215 suicídios foram registrados em três semanas, a maioria entre mulheres. Os padres Josef Michalke e Alfons Matzker, jesuítas na igreja São Canisius em Charlottenburg, perceberam o quanto as mulheres estavam sendo influenciadas pela ferocidade russa quando eles viram uma mãe e suas duas crianças serem retiradas do rio Ravel. A mulher amarrara duas sacolas de compras cheias de tijolos aos braços e, segurando um dos bebês em cada braço, jogara-se nas águas.

Uma das paroquianas do padre Michalke, Hannelore von Cmuda, uma garota de dezessete anos, fora repetidamente estuprada por uma horda de homens bêbados do Exército Vermelho. Ao terminarem, eles deram três tiros na garota. Em estado crítico, mas ainda viva, ela foi transportada até a casa paroquial em um carrinho de bebê, o único meio de transporte disponível. O padre Michalke não estava lá naquele momento, e a garota tinha desaparecido quando ele retornou. Nas 24 horas seguintes ele procurou por Hannelore; finalmente ele a encontrou no Hospital Sta. Hildegard. Ele administrou-lhe a extrema-unção e ficou ao lado de seu leito durante toda a noite seguinte, dizendo para que ela não se preocupasse. Hannelore sobreviveu. (Um ano mais tarde, ela e a mãe foram mortas atropeladas por um caminhão.)

Margarete Promeist estava encarregada de um abrigo antiaéreo. "Por dois dias e duas noites", ela relembra, "levas e mais levas de russos vinham até meu abrigo para saquear e estuprar. As mulheres eram mortas caso recusassem. Algumas eram mortas de qualquer jeito. Em apenas um quarto, encontrei o corpo de seis ou sete mulheres, todas deitadas na mesma posição em que foram estupradas, as cabeças esmigalhadas." A própria Margarete foi violentada, apesar dos protestos que fez ao jovem estuprador de que "sou muito velha para você". Ela viu três russos pegarem e agarrarem uma enfermeira enquanto um quarto praticava o abuso.

O jovem hitlerista Klaus Küster, agora em roupas civis, engajara-se em uma conversa com dois oficiais russos sentados em um jipe. Um deles falava alemão e era tão loquaz que Küster buscou coragem e lhe fez uma questão nada diplomática.

– É verdade – perguntou Küster – que os soldados russos estupram e saqueiam como dizem os jornais?

O oficial, de modo expansivo, ofereceu-lhe um pacote de cigarros e disse:

– Dou-lhe minha palavra de honra como oficial de que um soldado soviético não colocará um dedo em ninguém. Tudo o que está escrito nesses jornais são mentiras.

No dia seguinte, Küster viu três russos agarrarem uma mulher na General-Barby-Strasse e arrastá-la para um saguão. Um soldado enxotou Küster com o movimento de sua pistola, um segundo segurou a mulher que gritava e o terceiro a estuprou. Então Küster viu o estuprador surgir da porta de entrada. Ele estava completamente bêbado e lágrimas escorriam por sua face. Ele gritou:

– *Ja bolshoi swinja.*

Küster perguntou a um dos russos o que a frase significava. O homem gargalhou e disse em alemão:

– Significa "eu sou um grande porco".

Em um abrigo em Kreuzberg, onde Margareta Probst se encontrava, um nazista fanático chamado Möller havia se isolado em uma peça trancada. Os russos descobriram onde ele estava e tentaram arrombar a porta. Möller gritou:

– Dêem-me um momento. Eu mesmo me matarei.

Novamente os russos forçaram a porta. Möller gritou outra vez:

– Esperem! A arma emperrou.

Então se escutou o tiro.

Durante as próximas horas o abrigo foi tomado por russos atrás de garotas. Margareta, como tantas outras mulheres, tentara se mostrar o menos atrativa possível. Ela escondera sua longa cabeleira loira dentro de um boné, colocou uns óculos escuros, lambuzou seu rosto com iodo e colocou um grande esparadrapo na bochecha. Ela não foi molestada. Muitas outras, porém, o foram. "As garotas eram simplesmente cercadas e levadas aos apartamentos dos andares superiores", ela relembra. "Nós podíamos ouvir os gritos durante toda noite – o som penetrava até mesmo as paredes do porão." Mais tarde, uma mulher de oitenta anos contou a Margareta que dois soldados tinham enchido sua boca com manteiga para abafar seus gritos enquanto uma série de outros a violentaram em seqüência.

Dora Janssen e a viúva do ajudante de seu marido, que anteriormente tinham pensado ter escapado com facilidade, não se encontravam tão bem nesse momento. Em seu abrigo, a viúva, Inge, foi brutalmente violentada por um soldado que alegou que sua mãe havia sido trazida à força para Berlim depois que as tropas alemãs atacaram a Rússia e que não mais a vira desde então. Dora foi poupada; ela disse que tinha tuberculose, e descobriu que os russos em geral se assustavam com o fato. Mas Inge foi estuprada uma segunda vez, e ferida de forma tão terrível que ficou impossibilitada de andar. Dora correu até a rua, encontrou um homem que parecia ser um oficial e lhe relatou o que havia acontecido. Ele olhou friamente para Dora e disse:

– Os alemães fizeram coisas muito piores na Rússia. Isso é apenas vingança.

Elena Majewski, dezessete, e Vera Ungnad, dezenove, também conheceram os lados bom e ruim dos russos. Quando os saques e os estupros começaram na área de Tiergarten, um jovem oficial russo, de fato, dormiu do lado de fora do porão para garantir que seus compatriotas não entrassem. No dia seguinte ao que ele se foi, sete ou oito homens do Exército Vermelho entraram na casa das garotas e exigiram que elas comparecessem a uma festa que os russos davam na vizinhança. As garotas não tiveram alternativa senão aceitar; de qualquer modo, elas não viram qualquer razão para sentir medo a princípio. O lugar onde a festa estava acontecendo revelou-se como um quarto ocupado por trinta soldados, mas tudo parecia bastante inofensivo. As camas haviam sido arrastadas contra a parede para abrir espaço para uma longa mesa sobre a qual haviam sido colocados candelabros de prata, uma toalha de linho e objetos de cristal. Um jovem oficial loiro tinha colocado discos ingleses para tocar na vitrola. Ele sorriu para as garotas e disse:

– Comam e bebam à vontade.

Elena sentou-se à mesa, mas Vera repentinamente quis ir embora. Estava claro, de algum modo, que aquela não era a festa inocente que aparentava ser.

Ela tentou escapar. Um soldado após o outro advertiram-na, sorrindo-lhe forçosamente. Então um russo lhe disse:

– Com trinta soldados você *kaput*; comigo você não *kaput*.

Agora não havia dúvida na cabeça de Vera sobre qual era a razão da festa. Mas ela concordou em ir com um soldado: um *era* melhor do que trinta, nem que fosse pela facilidade de escapar de um só. Ela conhecia bem cada canto da vizinhança; se conseguisse escapar eles nunca a encontrariam. Mas o soldado não ia correr riscos. Ele a agarrou pelos cabelos e a arrastou – contorcendo-se, gritando e o arranhando – em direção a uma peça vazia. Em alguma parte do caminho, ela deu um jeito de escapar e aplicar-lhe uma rasteira. Então, desfazendo-se de seus sapatos de salto, correu descalça pelos quintais, pisando em pedaços de vidro e escombros, até chegar a uma ruína na Putlitzstrasse. Lá, freneticamente cavou um buraco em meio à sujeira, puxou um balde d'água em desuso sobre a cabeça e resolveu ficar ali até morrer.

Elena continuava na festa. Ela sentia-se constrangida, mas estava com fome. Na mesa havia grandes quantidades de caviar, fatias de pão branco, chocolate e nacos de carne que os russos comiam crus. Eles também tragavam copos de água cheios de vodca e progressivamente iam ficando bêbados. Finalmente Elena viu sua chance. Discretamente se ergueu da mesa e saiu da peça; para sua alegria ninguém a seguiu. Mas na sala seguinte um soldado de aspecto ameaçador com um bigode de pontas viradas a agarrou e a arrastou até uma pequena ante-sala. Ele lançou-a ao chão e rasgou seu macacão de peça única. Ela desmaiou. Muito mais tarde, ela recobrou os sentidos, afastou o homem que, bêbado, dormia sobre ela e dolorosamente se arrastou para fora da casa. Assim como Vera, Elena se escondeu. Em uma casa próxima, ela encontrou refúgio debaixo de um enorme fogão de cozinha.

O jovem Rudolf Reschke, o garoto que havia decapitado o boneco de Hitler, estava a postos para salvar sua mãe de ser molestada. Um russo que tentou arrastar *Frau* Reschke viu-se envolvido em um cabo-de-guerra contra Rudolf e sua irmã Christa. Quanto mais o soldado puxava o braço da mãe deles, mais fortemente se agarravam Rudolf e Christa às suas saias, gritando e chorando:

– Mamãe, mamãe!

O russo desistiu.

Algumas mulheres salvaram-se do estupro simplesmente por revidarem de maneira tão furiosa que os soldados soviéticos paravam de tentar e iam procurar outras vítimas mais fáceis. Jolenta Koch foi enganada por um russo que a levou a entrar em uma casa vazia alegando que havia alguém lá dentro que estava ferido. No interior, contudo, havia outro soldado do Exército Vermelho que a agarrou e tentou jogá-la na cama. Ela ofereceu-lhes tamanha resistência que os dois homens ficaram felizes ao vê-la partir.

Uma de suas vizinhas, uma mulher chamada Schulz, não teve a mesma sorte. A sra. Schulz foi estuprada sob a mira de uma arma bem diante dos olhos de seu marido indefeso e de seu filho de quinze anos; tão logo os russos haviam partido, o marido, semi-enlouquecido, atirou em sua mulher, em seu filho e depois em si mesmo.

Em Haus Dahlem, a madre superiora Cunegundes ouviu dizer que uma mãe de três crianças pequenas tinha sido arrancada de sua família e estuprada ao longo de toda noite. Pela manhã a mulher foi solta; ela correu de volta para suas crias – apenas para descobrir que sua própria mãe e seu irmão haviam se enforcado junto com elas. A mulher, logo a seguir, cortou os pulsos e morreu.

As freiras em Haus Dahlem agora trabalhavam o tempo todo, incansavelmente. Elas vinham sendo sobrecarregadas pelos refugiados e pela bestialidade russa. Um russo, que tentava estuprar a cozinheira da casa, a ucraniana Lena, ficou tão enfurecido quando a madre superiora Cunegundes interveio que sacou sua pistola e disparou contra ela. Afortunadamente, ele estava bêbado demais para atirar em linha reta. Outros soldados entravam nas maternidades e, apesar de todos os esforços das freiras, repetidamente estupravam as gestantes e aquelas que recém haviam dado a luz. "Seus gritos", relatou uma das freiras, "estendiam-se dia e noite." Na vizinhança, disse a madre superiora Cunegundes, as vítimas de estupro incluíam mulheres de setenta anos e garotas na faixa dos dez a doze anos.

Ela perdera as esperanças quanto a evitar os ataques. Mas ela reuniu novamente as freiras e as outras mulheres no prédio e reiterou as palavras que o padre Happich lhes havia pronunciado.

– Há também mais uma coisa – ela continuou – e isto é a ajuda de Nosso Senhor Abençoado. Apesar de tudo, Ele mantém São Miguel aqui. Não tenham medo.

Não havia mais nenhuma forma de consolo que ela pudesse oferecer.

Em Wilmersdorf, o espião aliado Carl Wiberg e seu chefe, Hennings Jessen-Schmidt, que tinham sido bem-sucedidos ao se identificar aos russos, estavam até mesmo conversando com um coronel russo do lado de fora da casa de Wiberg enquanto outro oficial do Exército Vermelho tentava estuprar a noiva de Wiberg, Inge, no porão. Escutando seus gritos, Wiberg correu para dentro; os vizinhos disseram aos gritos que o homem levara a garota até uma outra sala e que trancara a porta. Wiberg e o coronel russo arrombaram a porta. As roupas de Inge estavam rasgadas; as do oficial, desfeitas. O coronel agarrou o outro oficial e, gritando, "*Amerikanski! Amerikanski!*", conduziu-o para o lado de fora, escoltado sem piedade sob a mira de sua arma. Então ele posicionou o oficial contra a parede para executá-lo. Wiberg correu e se postou entre os dois homens, implorando ao coronel para que salvasse a vida do homem.

– Você não pode simplesmente sair atirando em um homem dessa maneira – ele disse.

O coronel abrandou-se finalmente, e o oficial foi escoltado para a prisão.

Certamente o mais irônico dos ataques sexuais de todo esse período de estupros e pilhagens ocorreu na vila de Prieros, logo além dos limites ao sul da capital. A cidade havia sido deixada para trás pelas forças de Koniev que avançavam, e por algum tempo não foi sequer ocupada. Finalmente os soldados chegaram. Entre os alemães que eles encontraram, havia duas mulheres vivendo em uma caixa de madeira. Else Kloptsch e sua amiga Hildegard Radusch, "o homem da casa", quase haviam morrido de fome à espera desse momento. Hildegard dedicara boa parte de sua vida promovendo o marxismo: a chegada dos russos significava a realização de um sonho. Quando as tropas soviéticas entraram na cidade, um de seus primeiros atos foi o estupro brutal da comunista Hildegard Radusch.*

Os russos haviam enlouquecido. Nos armazéns da Cruz Vermelha Internacional em Babelsberg, próximo a Potsdam, onde prisioneiros britânicos de guerra trabalhavam, soldados do Exército Vermelho, bêbados e faceiros no gatilho, destruíram milhares de pacotes contendo remédios, suprimentos médicos e comidas especiais para os soldados doentes. "Eles chegaram", relembra o cabo John Aherne, "entraram em um dos porões, viram a imensa pilha de pacotes e simplesmente metralharam tudo. Líquidos de todos os tipos escorriam dos lotes esmigalhados. Foi inacreditável."

Próximo aos depósitos localizava-se o grande estúdio de filmes da UFA. Alexander Korab, um estudante estrangeiro em Berlim, testemunhou quando centenas de soldados embriagados que haviam arrombado o departamento de figurino apareceram nas ruas vestindo "todo tipo de fantasias fantásticas, de gibões espanhóis com golas brancas plissadas, passando por uniformes e chapéus napoleônicos até saias de crinolina. Eles começaram a dançar na rua, acompanhados pelos acordeões, dando tiros para o alto – tudo em meio ao calor da batalha".

---

* Os russos não negam os estupros ocorridos durante a queda de Berlim, muito embora eles tendam a assumir uma postura bastante defensiva em relação a esse assunto. Os historiadores soviéticos admitem que as tropas ficaram fora de controle, mas muitos deles atribuem as maiores atrocidades ao espírito de vingança de ex-prisioneiros de guerra que foram libertados durante o avanço soviético sobre o Oder. No que diz respeito aos estupros, foi dito ao autor deste livro por Pavel Troyanoskii, do jornal do exército *Estrela Vermelha*: "Naturalmente não éramos cem por cento cavalheiros; nós havíamos passado por muita coisa". Outro editor do *Estrela Vermelha* disse: "Guerra é guerra, e o que nós fizemos não é nada em comparação ao que os alemães fizeram na Rússia". Milovan Dijas, que era o líder da Missão Militar iugoslava em Moscou durante a guerra, diz em seu livro *Conversas com Stalin* que ele reclamou ao ditador soviético sobre as atrocidades cometidas pelo Exército Vermelho na Iugoslávia. Stalin respondeu: "Você não consegue entender que um soldado que cruzou milhares de quilômetros através de sangue e fogo queira se divertir com uma mulher ou vadiar um pouco?". (N. do A.)

Milhares de soldados do Exército Vermelho aparentavam nunca terem estado em uma cidade grande. Eles desatarraxavam as lâmpadas dos postes e as embrulhavam cuidadosamente para levá-las para casa, sob a impressão de que elas continham luz por si só, como se pudessem funcionar em qualquer lugar. Torneiras d'água eram arrancadas das paredes pela mesma razão. Os encanamentos dos banheiros eram um mistério para muitos; eles de vez em quando usavam as privadas para lavar e descascar batatas, mas não conseguiam encontrar de jeito nenhum uma utilidade para as banheiras. A maior parte delas era simplesmente jogada pela janela. Uma vez que os soldados não sabiam para que serviam os banheiros, e não conseguiam encontrar as latrinas, deixavam excrementos e urina em todo lugar. Alguns russos fizeram um esforço: Gerd Buchwald descobriu que "cerca de uma dúzia dos potes de conservas da minha mulher estavam cheios de urina, as tampas de vidro nos seus devidos lugares".

No laboratório da Schering em Charlottenburg, o dr. Georg Henneberg foi tomado pelo horror quando descobriu que os russos haviam invadido seu laboratório de testes e que brincavam com seus ovos de laboratório que haviam sido infectados com a bactéria do tifo. Henneberg, à beira de um ataque de nervos, finalmente encontrou um coronel russo que ordenou que os soldados saíssem do edifício e depois trancou as instalações.

Entre toda a falta de sentido das pilhagens e da brutalidade, a batalha continuava em um ritmo furioso. No centro do combate, quase esquecido pelos defensores extremamente pressionados e pelas pessoas ameaçadas, encontravam-se o *Führerbunker* e seus ocupantes.

A vida no *bunker* adquirira um caráter nada objetivo e de delírio. "Aqueles que permaneceram", mais tarde relatou a secretária de Hitler, Gertrud Junge, "continuamente esperavam por algum tipo de decisão, mas nada acontecia. Mapas espalhavam-se sobre as mesas, todas as portas estavam abertas, ninguém mais podia dormir, ninguém sabia que dia ou que horas eram. Hitler não suportava ficar sozinho; ele ficava caminhando de lá para cá pelas pequenas salas e falando com todos os que ainda estavam lá. Falava de sua morte iminente e do fim que se aproximava.

"Neste meio tempo, a família de Goebbels se mudou para o *bunker*, e as crianças do ministro da Propaganda tocavam e cantavam canções para o 'Tio Adolf'."

Ninguém parecia ter qualquer dúvida naquele momento de que Hitler pretendia cometer suicídio; era seu único assunto. Todos também pareciam estar cientes de que Magda e Joseph Goebbels planejavam acabar com suas vidas – e com as de seus filhos, Helga, Holde, Hilde, Heide, Hedda e Helmuth. Os únicos que aparentavam desconhecer o fato eram as próprias crianças. Eles disseram a Erwin Jakubek, um garçom no *bunker*, que fariam um longo vôo para fora de Berlim. Helga, a mais velha, disse:

– Vamos tomar uma injeção para evitar o enjôo da viagem de avião.

Frau Goebbels, que estava com um dente inflamado, foi mandada para o dr. Helmut Kunz, um dentista que trabalhava no grande hospital do *bunker*, debaixo da Chancelaria. Ele extraiu o molar, e logo depois ela disse:

– As crianças não devem cair vivas nas mãos dos russos. Se as coisas chegarem à última instância, você terá que me ajudar.

Eva Braun, ao ouvir sobre o trabalho que Kunz fizera no dente de Magda, sugeriu que ele também poderia ajudá-la com certo problema dentário. Então, lembrando-se de súbito, ela lhe disse:

– Oh, mas eu havia me esquecido. De que serve arrumar os dentes? Em poucas horas tudo estará acabado.

Eva pretendia tomar veneno. Ela mostrou uma cápsula de cianureto e disse:

– É tão simples. Basta uma mordida nisso aqui e está tudo acabado.

O dr. Ludwig Stumpfegger, um dos médicos de Hitler que presenciara a cena, perguntou:

– Mas como vocês sabem se vai funcionar? Como vocês sabem se há veneno aí dentro?

Todos ficaram sobressaltados, e uma das cápsulas foi imediatamente testada em Blondi, o cão de Hitler. Stumpfegger, disse Kunz, rompeu a cápsula na boca do cachorro com uma pinça; o animal morreu instantaneamente.

O último golpe contra Hitler foi inadvertidamente entregue na tarde de 29 de abril por um homem sentado a uma máquina de escrever a cerca de 12,8 mil quilômetros de distância, na cidade de San Francisco. O homem era Paul Scott Rankine, um correspondente da Reuters que estava na cidade para cobrir a conferência de fundação da ONU. Naquele dia, ele ouvira do chefe do Serviço de Informações britânico, Jack Winocour – que, por sua vez, recebera a informação diretamente do ministro do Exterior britânico, Anthony Eden –, que Himmler havia feito uma oferta de rendição aos Aliados ocidentais. Rankine enviou a história, e dentro de poucos minutos ela havia se espalhado pelo mundo.

Foi essa história que deu a Hitler sua primeira suspeita da perfídia cometida por Himmler. As notícias chegaram até ele no início da noite, enquanto ele mantinha uma conferência com Weidling, Krebs, Burgdorf, Goebbels e seu mais recente assistente, Werner Naumann. De acordo com o relato de Weidling, "Naumann foi chamado ao telefone e retornou alguns instantes depois. Ele nos disse que em uma transmissão da Rádio Estocolmo fora reportado que o Reichsführer SS Himmler abrira negociações como o Alto-Comando anglo-americano".

Hitler cambaleou, seu rosto empalideceu. Ele "olhou para o dr. Goebbels por um longo tempo", disse Weidling, "então ele murmurou qualquer coisa em voz baixa, algo que ninguém poderia entender". Ele parecia estupefato. "Vi Hitler mais tarde", disse Gertrud Junge. "Ele estava pálido, com os olhos vazios. Era como se ele tivesse perdido tudo." E tinha.

– Certamente dividiremos nossas lágrimas esta noite – disse Eva Braun a Gertrud e a outra secretária de Hitler.

Sobre o oficial de ligação de Himmler no *Führerbunker*, o *Gruppenführer* SS Hermann Fegelein, que era casado com a irmã de Eva Braun, recaíram imediatas suspeitas de traição. Fegelein havia desaparecido do *bunker* fazia poucos dias; uma busca fora feita, e ele acabou sendo encontrado em casa, vestindo roupas civis e se preparando para deixar Berlim. Ele foi reconduzido ao *bunker* e lá mantido sob prisão. Agora Hitler concluía que o plano de partida de Fegelein estava conectado à defecção de Himmler. De acordo com o coronel SS Otto Günsche, "Fegelein foi à corte marcial e executado na noite do dia 28 para o 29. Sua cunhada recusou-se a interceder em seu favor".

Aparentemente, agora estava claro para Hitler que o final da guerra se aproximava. Ao amanhecer ele havia ditado seu testamento político e pessoal, deixando as rédeas do governo nas mãos do almirante Karl Doenitz como presidente e Joseph Goebbels como *Reichschancellor* (chanceler do Reich). Ele também se casou com Eva Braun. "Depois da cerimônia", relembra Gertrud Junge, "Hitler e sua nova mulher sentaram-se por uma hora com Goebbels, com os generais Krebs e Burgdorf, o dr. Naumann e o coronel da Luftwaffe Nicolaus von Below." Gertrud Junge ficou com o grupo por apenas quinze minutos, tempo suficiente para "expressar seus votos de felicidade aos recém-casados". Ela disse que "Hitler falou sobre o fim do nacional-socialismo, o qual ele pensava não ser possível resgatar com facilidade, e disse":

– A morte para mim significa apenas liberdade de minhas preocupações e de uma vida bastante difícil. Fui enganado por meus melhores amigos e experimentei o que é ser traído.

No mesmo dia, Hitler recebeu outra má notícia: Mussolini e sua amante haviam sido capturados por guerrilheiros, executados e pendurados pelos calcanhares. Naquela noite Hitler despediu-se de todos no *bunker*. No dia seguinte, com os tanques russos a aproximadamente oitocentos metros, ele decidiu que o momento havia chegado. Almoçou com suas duas secretárias e com seu cozinheiro vegetariano; para Gertrud Junge, ele disse:

– Agora as coisas foram longe demais, está acabado. Adeus.

Eva Braun abraçou a secretária e disse:

– Mande minhas lembranças para Munique e fique com meu casaco de pele como recordação. Sempre gostei de pessoas bem-vestidas.

Então eles desapareceram em direção aos seus aposentos.

O coronel Otto Günsche assumiu seu posto do lado de fora da ante-sala que levava à suíte de Hitler. "Foi a coisa mais difícil que já tive que fazer", mais tarde ele lembrou. "Eram cerca de três e meia ou 3h40. Tentei afastar meus sentimentos. Eu sabia que ele tinha que cometer suicídio. Não havia outra escapatória."

Enquanto ele esperava, houve um breve anticlímax. Magda Goebbels, perturbada, subitamente aproximou-se correndo, exigindo ver o Führer. Günsche, incapaz de dissuadi-la, bateu à porta de Hitler. "O Führer encontrava-se no escritório. Eva não estava na sala, mas houve uma movimentação surda no banheiro pela qual deduzi que ela estava lá. Ele ficou bastante contrariado com minha intromissão. Perguntei-lhe se queria ver a *Frau* Goebbels."

– Não quero mais falar com ela – ele disse.

"Então eu saí.

"Cinco minutos depois, escutei o disparo.

"Bormann foi o primeiro a entrar. Segui logo após Linge, o criado pessoal. Hitler estava sentado em uma cadeira; Eva, deitada no sofá. Ela havia tirado os sapatos e os colocado bem juntos em uma das extremidades do móvel. A face de Hitler estava coberta de sangue. Havia duas armas. A primeira era uma Walther PPK. Era a arma de Hitler. A outra era uma pistola menor que ele sempre carregava no seu bolso. Eva vestia um vestido azul com gola e punhos brancos. Seus olhos estavam bem abertos. Havia um forte fedor de cianureto. O cheiro era tão forte que pensei sentir minhas roupas impregnadas com aquele odor por dias – mas isso pode ter sido só minha imaginação.

"Bormann não disse nada, mas imediatamente me dirigi à sala de conferência onde Goebbels, Burgdorf e outros dos quais não consigo lembrar encontravam-se sentados. Eu disse:

"– O Führer está morto."

Pouco tempo depois, ambos os corpos foram embrulhados em cobertores e colocados em uma pequena depressão do lado de fora da entrada do *bunker*, próxima a um cemitério abandonado. Lançou-se gasolina sobre eles e então se ateou fogo aos corpos. Erich Kempka, o motorista de Hitler, descobriu que mesmo após os corpos terem sido cremados "estávamos aprisionados pela presença do próprio Hitler outra vez". As entradas de ar do *bunker* recolheram o cheiro dos corpos queimados, espalhando-o por todas as peças. "Não conseguíamos nos livrar daquilo", relembrou Kempka. "Cheirava como bacon queimado."

Ao cair da noite, o novo chanceler, Joseph Goebbels, tinha tomado a sua primeira grande decisão desde que assumira o posto: ele decidira tentar negociar a rendição da cidade – em seus próprios termos. Uma mensagem de rádio foi enviada na freqüência soviética, solicitando um encontro. Em poucos instantes os russos responderam; eles concordavam em aceitar emissários, e especificaram um lugar em que os oficiais alemães poderiam cruzar suas linhas.

Um pouco antes da meia-noite, o tenente-general Hans Krebs e o chefe de Estado-Maior de Weidling, Theodor von Dufving (que recém fora alçado ao posto mais alto da patente de coronel), cruzaram as ruínas, acompanhados de um intérprete e dois soldados, e entraram nas linhas soviéticas. Eles foram interceptados por soldados que pediram para ver suas credenciais e tentaram remover-lhes as pistolas. Krebs, que falava um excelente russo, disse de modo ríspido:

– A um oponente corajoso é permitido manter as armas durante as negociações.

Os russos, desconcertados, permitiram que eles mantivessem as armas que levavam à cintura.

Eles foram levados de carro para o apartamento de um edifício em Tempelhof e conduzidos até uma pequena sala de jantar. Os móveis ainda traziam os sinais de ocupação civil – uma longa mesa, um grande guarda-roupa contra uma das paredes, algumas cadeiras, e na outra parede uma litografia da *Última ceia* de Leonardo da Vinci. Havia também diversos telefones de campanha na sala. Para Krebs e Von Dufving, o lugar parecia cheio de oficiais seniores. Não havia quaisquer saudações e os russos não se apresentavam. Krebs não tinha como saber, dessa maneira, que o homem sentado à sua frente era o renomado coronel-general Chuikov, defensor de Stalingrado e comandante do Oitavo Exército de Guarda. Nem poderia saber que os outros dois "oficiais" russos tratavam-se na verdade de dois correspondentes de guerra, do ajudante de Chuikov (que também era seu cunhado) e de dois interpretes*. O fato era que Chuikov havia sido pego de surpresa pelo súbito pedido de abertura de um diálogo e não dispusera de tempo para reunir sua equipe.

Krebs primeiramente pediu por um encontro em particular com o "negociador-chefe soviético". Chuikov, pegando um longo cigarro russo de uma carteira à sua frente e acendendo-o, gesticulou na direção dos homens sentados à sua volta e disse:

– Esta é minha equipe. Este é meu conselho de guerra.

Krebs continuou objetando, mas finalmente desistiu.

– É minha missão – ele disse – entregar uma mensagem que é de extraordinária importância e de natureza confidencial. Quero que vocês saibam que são os primeiros estrangeiros a saber que no dia 30 de abril Hitler cometeu suicídio.

Isso era, de fato, novidade para Chuikov; mas, sem piscar um olho, ele afirmou:

– Nós sabemos disso.

Krebs ficou estarrecido.

– Como vocês podem saber? – ele perguntou. – Hitler se matou há apenas poucas horas.

Hitler havia se casado com Eva Braun no dia 29; ela também cometera suicídio e seus corpos haviam sido queimados e enterrados. Isso havia acontecido, ele explicou, no *Führerbunker*. Mais uma vez, Chuikov escondeu sua surpresa. Nem ele nem qualquer outra pessoa no comando soviético tinham conhecimento da existência de tal lugar ou ouvido falar em Eva Braun.

Eles então partiram para a parte dura da negociação. Krebs disse a Chuikov que Hitler deixara um testamento no qual nomeava seus sucessores, e passou uma cópia para os russos. O problema, ele disse, era que não poderia haver uma rendição completa visto que Doenitz, o novo presidente, não estava em Berlim. O primeiro passo, sugeriu Krebs, seria um cessar-fogo ou uma

---

* Junto com os dois correspondentes de guerra que Chuikov convocou para o encontro estava um visitante, o compositor russo Matvei Isaakovich Blanter, enviado por Stalin para escrever uma sinfonia em comemoração à vitória em Berlim. Os correspondentes perguntaram ao general o que deviam fazer com o compositor, ao que o general respondeu: "Tragam-no junto". Mas quando Blanter chegou, trajando roupas civis, ficou claro que ele não poderia passar por um oficial do Exército Vermelho. Ele foi arrastado às pressas para dentro de um *closet* que ficava junto à sala em que se daria o encontro. Ele permaneceu lá dentro durante o restante da conferência. Logo antes dos visitantes partirem, ele desmaiou por causa da falta de ar e caiu no meio da sala, para grande surpresa dos alemães. (N. do A.)

rendição parcial – depois da qual talvez o governo de Doenitz pudesse negociar diretamente com os russos. Essa tentativa de deixar de fora os Aliados foi completamente rejeitada por Chuikov após um rápido telefonema para Zhukov. (A decisão mais tarde foi confirmada por Moscou.)

As negociações prosseguiram por toda a noite. Ao amanhecer, tudo o que Krebs conseguira dos russos resumia-se a uma ordem simples: a rendição imediata e incondicional da cidade, mais a rendição pessoal de todos os ocupantes do *bunker*.

Enquanto Krebs mantinha a discussão com Chuikov, Von Dufving fazia uma perigosa jornada de volta às linhas alemãs, durante a qual ele foi atingido por um tiro disparado por um oficial da SS e resgatado à segurança por um tenente-coronel russo. Finalmente, ele chegou ao *Führerbunker* e lá contou a Goebbels que os russos insistiam em uma rendição incondicional. Goebbels ficou agitado.

– Com isso jamais poderei concordar. Jamais – ele gritou.

Estando ambos os lados inflexíveis, as tratativas foram encerradas. Houve pânico no *bunker*. Parecia, naquele momento, que todas as armas soviéticas no distrito tinham sido apontadas para a Reichskanzlei; Von Dufving mais tarde especulou que esse era o resultado direto da revelação que Krebs fizera da localização do *bunker*. Para aqueles que agora estavam cercados no *Führerbunker* restavam duas alternativas: suicídio ou fuga. Imediatamente, todos começaram a fazer planos. Eles poderiam escapar em pequenos grupos através do complexo de túneis e *bunkers* que ficavam embaixo e nos arredores do prédio da Reichskanzlei. De lá eles poderiam seguir o sistema do metrô até a estação Friedrichstrasse, onde eles esperavam se unir com um grupo de batalha que os levaria para o norte. "Uma vez que rompêssemos o cordão dos russos no lado norte de Spree", relembrou mais tarde o assistente de Goebbels, Werner Naumann, "tínhamos certeza de que poderíamos seguir em segurança para qualquer direção."

Outros escolheram a primeira alternativa.

A opção da família Goebbels foi o suicídio. Werner Naumann tentara por semanas dissuadir Magda Goebbels, mas ela ateve-se a seu propósito firmemente. Agora a hora havia chegado. Por volta das oito e meia do dia 1º de maio, Naumann conversava com Goebbels e sua esposa quando subitamente Magda "se levantou e foi até o quarto das crianças. Um pouco depois ela retornou, lívida e tremendo". Quase imediatamente, Goebbels começou a fazer suas despedidas. "A mim ele disse algumas palavras de cunho pessoal – nada sobre política ou sobre o futuro, apenas palavras de adeus", falou posteriormente Naumann. Assim que deixou o *bunker*, Goebbels pediu ao seu adjunto, Guenther Schwägermann, que queimasse o corpo dele e de sua família após suas mortes. Então, sob o olhar de Naumann, Joseph e Magda Goebbels subiram lentamente o lance de escadas em direção ao jardim. Goebbels usava o seu quepe e suas luvas. Magda estava "tremendo tanto que mal podia subir os degraus". Ninguém mais voltou a vê-los vivos.

As crianças também estavam mortas, e pela mão da mais improvável das assassinas. "Apenas uma pessoa", disse Naumann, "entrara no quarto das crianças nos últimos momentos antes de Joseph e Magda tirarem suas próprias vidas – e esta pessoa foi a própria Magda."

Alguns dos que resolveram fugir também não tiveram melhor sorte. Muitos foram mortos. Outros caíram nas mãos dos russos em poucas horas; Otto Günsche, o guarda-costas pessoal de Hitler, passaria doze anos como prisioneiro soviético. Alguns logo engrossaram o número das vítimas – como o piloto Hans Baur, que, carregando uma pequena pintura de Frederico, o Grande, que lhe fora dada por Hitler, perdeu a perna na explosão de um projétil e acordou em um hospital russo. Sem a pintura. Outros, como Martin Bormann, desapareceram misteriosamente. Uns poucos, de fato, conseguiram escapar – ou, o que era quase uma coisa boa, caíram nas mãos dos anglo-americanos.

Três ficaram no *bunker* e cometeram suicídio: o adjunto de Hitler, general Burgdorf; o chefe de Estado-Maior da OKH, general Hans Krebs, e o capitão da SS Franz Schedle, da guarda do *bunker*.

E então, com o desaparecimento de todas as outras autoridades, a completa responsabilidade pela segurança da cidade, seus defensores e seu povo recaiu sobre um homem – o general Karl Weidling. Nesse momento, Berlim tornara-se um holocausto flamejante. Suas tropas haviam sido empurradas para o coração da cidade. Havia tanques ao longo da Unter den Linden e da Wilhelmstrasse. Os combates se estendiam ao longo da área de Tiergarten e do zoológico. A artilharia russa bombardeava a cidade a partir do Eixo Leste-Oeste. As tropas estavam nas estações de metrô de Alexanderplatz e Friedrichstrasse, e uma batalha encarniçada estabelecia-se dentro dos limites do Reichstag. Weidling não podia ver outra solução além de se render. Entretanto, sentia que a decisão deveria ser de seus homens. Ele convocou uma reunião de seus comandantes e lhes explicou a situação. "Eu os informei", disse Weidling, "dos eventos das últimas 24 horas e os inteirei de meus planos. Ao final, deixei em aberto para que qualquer um deles escolhesse um caminho alternativo, mas ninguém tinha outra solução a oferecer. Contudo, aqueles que quiseram tentar escapar receberam liberdade para fazê-lo."

Um pouco antes das sete horas da manhã do dia 2 de maio, a 79ª Divisão da Guarda de Rifles do Exército Vermelho interceptou uma mensagem de rádio.

– Alô, Alô – dizia a voz. – Aqui fala o 56º Corpo Panzer. Pedimos por um cessar-fogo. Às 12h15, horário de Berlim, estamos enviando à Ponte Potsdam negociadores para o armistício. Sinal para reconhecimento: uma bandeira branca. Aguardando resposta.

Os russos responderam:

– Entendido. Entendido. Transmitindo seu pedido ao chefe de Estado-Maior.

Ao receber a mensagem, o general Chuikov imediatamente ordenou um cessar-fogo. Às 12h15 do dia 2 de maio, coronel Von Dufving, chefe de Estado-Maior de Weidling, e dois outros oficiais chegaram à Ponte Potsdam com uma bandeira branca. Eles foram conduzidos até o quartel-general de Chuikov. Logo depois Weidling os seguiu. Mais tarde naquele dia poderosos alto-falantes anunciavam o fim das hostilidades. "Cada hora de conflito", seguia a ordem do general Weidling, "aumenta os medonhos sofrimentos da população civil de Berlim e de nossos feridos... Eu determino o imediato encerramento dos combates." Embora disparos esporádicos continuassem pipocando por dias, a batalha por Berlim estava oficialmente encerrada. As pessoas que se aventuraram a ir até a Praça da República naquela tarde viram a bandeira vermelha tremular sobre o Reichstag. Ela havia sido erguida mesmo com alguns combates em andamento às 13h45 do dia 30 de abril.

Conquanto os russos soubessem que o *Führerbunker* se localizava debaixo da Reichskanzlei, eles precisaram de muitas horas para encontrá-lo. As pessoas eram abordadas nas ruas e solicitadas a dirigir os procuradores ao local. Gerhard Menzel, um fotógrafo, era um dos que foram questionados. Ele nunca ouvira falar do *bunker*. Ainda assim, ele acompanhou um grupo de soldados até as ruínas da Reichskanzlei. No labirinto de porões e passagens os engenheiros russos seguiam na frente, utilizando rastreadores de minas. Assim que as salas ou os corredores estivessem checados, outros soldados coletavam documentos, arquivos e mapas. Menzel subitamente recebeu um par de binóculos e foi despachado. Eles haviam chegado ao coração do *Führerbunker*.

Os primeiros corpos que encontraram foram os dos generais Burgdorf e Krebs. Os dois oficiais estavam no *lounge* do corredor, sentados diante de uma longa mesa em que estavam espalhados em grande desordem copos e garrafas. Os dois homens haviam se matado a tiro, mas foram identificados por meio de documentos encontrados em seus uniformes.

O major Boris Polevoi, presente em um dos primeiros times a entrar no local, fez uma rápida inspeção em todo o *bunker*. Em uma pequena sala com camas do tipo Pullman presas às paredes, ele encontrou a família Goebbels. Os corpos de Joseph e Magda jaziam no chão. "Ambos haviam sido queimados", disse Polevoi, "e somente o rosto de Joseph Goebbels era reconhecível." Os russos mais tarde tiveram dificuldade em descobrir como os corpos dos pais foram parar lá. Presumivelmente, alguém os trouxera de volta para o *bunker* após a sua cremação parcial, mas os russos nunca souberam ao certo. As crianças também se achavam lá. "Ver as crianças foi horrível", disse o major Polevoi. "A única que mostrava sinais de contrariedade com seu destino era a mais velha, Helga. Ela estava machucada. Todas as crianças estavam mortas, mas as outras pareciam estar imersas em um sono tranqüilo."

Os médicos soviéticos imediatamente examinaram as mais novas. Havia marcas de queimadura ao redor de suas bocas, levando os médicos a acreditar que as crianças haviam recebido um sonífero, sendo posteriormente envenenadas enquanto dormiam com comprimidos de cianureto que haviam sido esmagados entre seus dentes. Pelos machucados de Helga, os médicos especularam que ela acordara durante o envenenamento, resistira e tivera que ser amarrada. Enquanto os corpos eram carregados para a Corte de Honra da Reichskanzlei para ser fotografados e etiquetados com fins de identificação, Polevoi deu uma última olhada pela sala da morte. Sobre o chão estavam as escovas de dente das crianças e um tubo de pasta de dente espremido.

Um time especial de *experts* encontrou o corpo de Hitler quase imediatamente, enterrado sob uma fina camada de terra. Um historiador russo, general B. S. Telpuchovskii, tinha certeza de que se tratava do Führer. "O corpo encontrava-se bastante carbonizado", ele disse, "mas a cabeça estava intacta, embora a parte de trás estivesse estraçalhada pelo disparo. Os dentes do maxilar haviam sido desalojados e posicionavam-se ao lado da cabeça."

Então algumas dúvidas começaram a surgir. Outros corpos foram encontrados na mesma área e alguns deles também haviam sido queimados. "Encontramos o corpo de um homem com uniforme cujas feições se assemelhavam às de Hitler", disse Telpuchovskii, "mas suas meias estavam cerzidas. Decidimos que não podia se tratar de Hitler, porque dificilmente poderíamos acreditar que o Führer do Reich fosse usar meias cerzidas. Era, além do mais, o corpo de um homem morto recentemente, mas que não foi queimado."

A questão ficou ainda mais confusa quando o primeiro corpo foi colocado ao lado do segundo, e guardas e outros quadros alemães receberam a solicitação de identificá-los. Eles tampouco podiam ou queriam fazê-lo. Alguns dias mais tarde, o coronel Vasili Sokolovskii ordenou que fosse checada a arcada dentária de cada corpo. Fritz Echtmann e Käthe Heusermann, os técnicos dentários que haviam trabalhado no consultório do dentista de Hitler, Blaschke, foram trazidos. Echtmann foi levado a Finow, próximo a Eberswalde, cerca de quarenta quilômetros a nordeste de Berlim. Foi-lhe solicitado que desenhasse um esboço das arcadas de Hitler. Quando ele tinha terminado, seus interrogadores desapareceram em uma outra sala com o esboço. Logo depois, eles estavam de volta.

– Combina – foi dito a Echtmann.

Então os russos mostraram ao técnico a arcada inferior inteira e as pontes dentárias.

Käthe Heusermann foi localizada no dia 7 de maio; ela imediatamente identificou o maxilar e as pontes. O trabalho que ela e Blaschke haviam feito havia alguns meses era facilmente reconhecível. Käthe recebeu uma sacola de comida e foi levada de volta a Berlim. Dois dias mais tarde ela foi pega novamente e dessa vez levada até a cidade de Erkner. Em uma clareira havia uma série de covas abertas, os corpos visíveis dentro delas.

– Identifique-os – o russo que a acompanhava disse.

Käthe imediatamente reconheceu os corpos de Joseph Goebbels e seus filhos. "As garotas continuavam vestindo suas camisolas de flanela, estampadas com um desenho de pequenas rosas vermelhas entremeadas por flores azuis", ela disse. Não havia nenhum sinal de Magda Goebbels.

Aparentemente, em conseqüência da identificação positiva da arcada de Hitler, Käthe Heusermann passou os onze anos seguintes em uma prisão soviética, a maior parte do tempo confinada em uma solitária.

O que aconteceu aos restos mortais de Hitler? Os russos alegam tê-los queimado nos arredores de Berlim, em lugar nunca revelado. Eles dizem nunca ter encontrado o corpo de Eva Braun, que ele deve ter sido consumido completamente pelo fogo, e que qualquer resto que normalmente pudesse ser utilizado em um processo de identificação foi destruído ou despedaçado no furioso bombardeamento dos prédios do governo.*

* É da crença deste autor que os russos não estavam interessados em Eva Braun e não fizeram qualquer esforço real para identificar o corpo dela. A primeira confirmação feita pelos soviéticos de que Hitler estava morto foi feita ao autor e ao professor John Erickson pelo marechal Vasili Sokolovskii em 17 de abril de 1963, quase dezoito anos depois do fim da guerra. (N. do A.)

Na manhã do dia 30 de abril, enquanto Gotthard Heinrici caminhava pelo corredor de seu quartel-general antes de partir para sempre, um jovem capitão se aproximou dele.

– General – ele disse –, você não me conhece. Estive trabalhando no Departamento de Operações. Como todo mundo, sei que você foi substituído e ordenado a se reportar a Plön.

Heinrici ficou calado.

– Peço-lhe – disse o jovem capitão – que não se apresse para chegar lá.

– Do que você está falando? – perguntou Heinrici.

– Anos atrás – disse o capitão –, eu costumava caminhar atrás da banda do regimento em Schwäbisch Gmünd aos domingos, durante a parada da igreja. Você ainda era major, senhor. Mais tarde, tornei-me bastante conhecido do homem que então era seu adjunto.

Heinrici disse:

– Sim, Rommel.

– Bem, senhor – o capitão continuou –, espero que me perdoe por dizer isso, mas não gostaria que o mesmo destino que recaiu sobre o marechal-de-campo Rommel o acometesse.

– O que você está dizendo? – perguntou Heinrici, olhando para ele duramente. – Rommel foi morto em ação.

O capitão replicou:

– Não, senhor, não foi isso que ocorreu. Ele foi forçado a cometer suicídio.

Heinrici o encarou de modo fixo.

– E como você pode saber disso? – perguntou asperamente.

– Eu era ajudante de Rommel – o oficial lhe disse. – Meu nome é Hellmuth Lang. Eu lhe imploro, vá o mais devagar que puder para Plön. Desse modo, a guerra provavelmente já terá acabado quando você chegar lá.

Heinrici hesitou. Então ele apertou a mão de Lang.

– Obrigado – ele disse de modo duro. – Muito obrigado.

Heinrici caminhou ao longo do corredor e deixou o prédio. Dispostos na saída encontravam-se os membros de sua pequena equipe. Alguém deu a ordem e todos lhe bateram continência. Heinrici caminhou até cada um deles.

– Quero agradecer a todos vocês – ele disse.

O capitão Heinrich von Bila, o ajudante do general, abriu a porta do carro. Heinrici entrou. Von Bila entrou ao lado do motorista.

– Plön – ele disse.

Heinrici se inclinou e deu um tapinha no ombro do chofer.

– Não temos nenhuma pressa – ele disse.

Heinrici chegou ao quartel de Plön na noite seguinte. Ao entrar em seu quarto, um rádio estava ligado. Houve uma súbita interrupção na transmissão. Após um rufar grave de tambores, foi anunciado que o Führer estava morto. Eram dez horas da noite do dia 1° de maio.

• • •

O oficial autorizado Dixie Deans sentou-se ao lado de seu guarda alemão Charlie Gumbach, ouvindo as notícias. Eram as melhores notícias que Dixie ouvia em um longo tempo. "... Na batalha contra o bolchevismo, o Führer lutou até o último suspiro antes de sua morte", afirmou solenemente o locutor. Deans olhou ao seu redor. Ele e Gumbach estavam em algum lugar a leste de Lauenburg, protegidos em um porão logo atrás das linhas alemãs. A família toda estava presente, e a esposa desfez-se em lágrimas ao ouvir a notícia. Deans conteve sua própria felicidade. Embora o Führer estivesse morto, a guerra ainda não terminara. As linhas alemãs ficavam logo à frente e Dixie tinha que conseguir atravessá-las. Não seria fácil; a troca de tiros continuava pesada.

Todos se ajeitaram no desconfortável aposento para a noite. O sono veio fácil para Deans. Ele estivera viajando por dias, tentando chegar até as linhas britânicas. Agora, com um pouquinho de sorte, ele talvez conseguisse – se pudesse convencer o próximo grupo de *Jerries* a deixá-lo passar. Foi a última coisa de que Deans lembrou antes de apagar.

Horas depois, ele acordou com um empurrão. Havia uma Tommy pressionando suas costelas. Uma voz disse:

– Ok, amigão. De pé.

Dixie olhou para a face de um soldado da Sexta Paratropa Britânica Aerotransportada, que aparentava valentia. A área tinha sido tomada durante a noite. Deans deu um pulo, cheio de alegria, e explicou quem era. Ele e Charlie foram conduzidos até o quartel-general da companhia, então passaram primeiramente ao quartel-general da Divisão e depois ao do Corpo. Finalmente eles foram recebidos pelo tenente-general Evelyn H. Baker, comandante do Oitavo Corpo.

Deans rapidamente explicou a situação.

– Há doze mil prisioneiros de guerra da R. A. F. marchando além das linhas – ele disse cheio de urgência. – Nossos aviões estão atirando neles!

Ele mostrou ao general Baker onde havia deixado seus homens. O general olhou espantado; apressadamente ele alcançou o telefone – e cancelou outro ataque aéreo escalado para a mesma área.

– Tudo vai ficar bem agora – disse o general Barker, mostrando alívio. – Deveremos tomar a área dentro das próximas 48 horas; aproveite para descansar um pouco.

– Não, senhor – disse Deans. – Prometi ao coronel Ostmann que voltaria.

Barker olhou para ele com indissimulável espanto.

– Isso não é uma tolice? – ele perguntou. – Afinal de contas, chegaremos lá em questão de horas.

Deans, contudo, foi insistente.

– Bem – disse o general –, vou lhe dar um carro com uma bandeira da Cruz Vermelha que talvez lhe dê uma chance de atravessar. E diga àqueles *Jerries* que você encontrar que eles talvez já possam ir embrulhando suas coisas agora mesmo.

Deans bateu-lhe continência. Ao passar pelo escritório do chefe de Estado-Maior, procurou por seu companheiro.

– Onde está meu guarda alemão, Charlie Gumbach? – ele perguntou.

Alguém disse:

– Ele está a caminho do campo de prisioneiros.

Deans ficou contrariado.

– Não partirei sem ele – ele grunhiu. – Dei minha palavra de honra.

Charlie foi rapidamente devolvido, e eles partiram em um Mercedes capturado com uma bandeira da Cruz Vermelha sobre o capô.

Dois dias depois, Dixie Deans conduziu seus homens até as linhas britânicas, os tocadores de fole liderando o caminho. Os homens ficaram olhando enquanto os ex-prisioneiros de guerra, cansados, magros, mas com as cabeças erguidas caminhavam pesadamente para dentro da área britânica. O coronel Ostmann e seus guardas agora eram levados sob custódia. Deans e alguns de seus homens os acompanharam até o campo de prisioneiros britânico. Os dois grupos se encararam com respeito. Ostmann deu um passo à frente, e ele e Deans trocaram cumprimentos.

– Adeus, coronel Ostmann – disse Deans.

– Adeus, senhor Deans – disse Ostmann. – Espero que possamos nos reencontrar.

Então Deans repetiu “A-ten-ção!”, e Ostmann e seus guardas marcharam para a prisão. Ao passar, Charlie Gumbach lhe acenou.

• • •

Os disparos eram mortíferos. Vinham de todos os lados. Busse estava em toda parte, gritando com seus homens.

– De pé! Continuem se movendo! São apenas mais alguns quilômetros! Wenck está esperando!

Busse estava tão cansado que perdera completamente a noção do tempo. O Nono Exército vinha lutando na direção de Wenck pelo que já pareciam ser semanas. Não havia mais quase munição, e virtualmente nenhuma artilharia disponível, apenas alguns morteiros. Havia poucas metralhadoras e quase nada para alimentá-las. Para todos os lugares que olhava, Busse via homens desfalecendo, incapazes de se mover. Para complicar a situação, havia milhares de refugiados que haviam se juntado às colunas. A comida rareava. Não havia alimento nem para seus próprios homens.

Wenck não podia estar a mais de alguns quilômetros, mas a resistência russa continuava dura. Busse chamou os últimos tanques que lhe restavam. Ele os guardara para aquele momento. Pediu ao tenente-general Wolf Hagemann que encabeçasse a rota de fuga. Hagemann pulou para dentro e disse ao motorista para ligar o motor. O tanque chacoalhou e seguiu em frente. Eles passaram por sobre uma vala e por sobre um terreno muito irregular. Subitamente Hagemann viu soldados russos irromperem à sua frente. Procurou por alguma arma que ainda disparasse. Não havia munição para as metralhadoras do veículo, mas ele agarrou uma de mão e disparou a esmo contra os russos que fugiam.

Então ele escutou disparos que vinham da outra direção – de uma posição detrás dos russos. Eram os homens de Wenck. A junção ocorrera de modo tão repentino que ninguém conseguia realmente lembrar, posteriormente, como tudo se concluiu. Os homens, exaustos, caíram nos braços uns dos outros. Wenck e Busse haviam se encontrado.

"Os homens do Nono estavam tão cansados, tão esgotados, em tão precárias condições, que era impossível de acreditar", Wenck relembrou. Enquanto ele observava a cena, um homem no meio das colunas rompeu a formação e veio até ele. Wenck viu um soldado sujo, abatido e mal barbeado. Foi somente quando o homem já se achava bem próximo que ele pôde reconhecer o general Theodor Busse. Sem dizer uma palavra, apertaram-se as mãos, e então Wenck falou:

– Graças a Deus que você está aqui.

No dia 7 de maio os dois exércitos estavam de volta ao Elba e mais de cem mil cruzaram para o oeste para se entregar aos americanos. Dos duzentos mil homens originais de Busse, somente quarenta mil sobreviveram.

A última mensagem da Trans-Oceano, a agência semi-oficial de notícias da Alemanha, foi dada em francês. Dizia: "*Sauve qui peut*" – Salve-se quem puder. Os berlinenses aceitaram a sugestão. Lá havia tropas, carrinhos de bebê, automóveis, carroças puxadas a cavalo, equipes de carregadores, armas de alimentação automática, homens a cavalo e milhares de pessoas a pé se afunilando para sair de Berlim pelas pontes que levavam a Spandau. O vasto êxodo já se estendia por horas. A rendição podia ter sido assinada, mas os tiroteios continuavam, e tudo o que os refugiados queriam fazer era escapar. Ocasionalmente, as colunas de fugitivos alemães eram bombardeadas: aparentemente a artilharia russa espalhada no Norte e no Sul ainda não recebera o aviso de cessar-fogo.

A jovem Brigitte Weber retirava-se de Berlim no carro com motorista de seu sogro; ela estava enrolada em seu casaco de pele e levava consigo uma cesta com a prataria que havia herdado junto a seus pés. Então o carro ficou preso em um engarrafamento nas colunas em Spandau, levando dez horas e meia para percorrer uns poucos quilômetros. Ela finalmente teve de abandonar o carro e, como milhares de outras pessoas, seguiu a pé para o oeste.

Aribert Schulz, de dezesseis anos, ficou surpreso ao encontrar-se novamente na presença do oficial de execução da SS. Schulz estava deitado próximo ao ruivo em um abrigo de primeiros socorros: o atirador magricela da SS recebera uma rajada de balas no estômago; ele gritou por dezesseis horas antes de morrer.

Sucessivas vezes, à medida que as grandes aglomerações de pessoas enchiam as estradas em direção às pontes, projéteis caíam bem no meio delas. Hildegard Panzer, viajando junto com o capitão Kurt Ache, que a auxiliava com suas duas crianças – Wolfgang, de nove, e Helga, de cinco –, perdeu os pequenos na explosão. Ela nunca mais voltou a vê-los. Ao todo, estima-se que vinte mil pessoas foram mortas ou feridas na insanidade daquele êxodo.

Até que, finalmente, pelo menos os projéteis pararam de cair, e os refugiados deixaram o som das armas de fogo para trás. Eles seguiram um pouco mais adiante, só para ter certeza, e então se deixaram cair ao solo. Homens, mulheres e crianças dormiram exatamente onde estavam – nos campos, nas trincheiras, nas casas vazias, nos veículos abandonados, nas próprias estradas. Agora eles estavam a salvo. A última batalha havia terminado.

– Abu! Abu!

Heinrich Schwarz caminhava através da terrível devastação do zoológico. Não restava mais nada agora, ele pensou. O zôo jamais voltaria a ser o mesmo. Animais mortos e entulhos misturavam-se indiscriminadamente por toda parte. Ele caminhou em direção ao tanque.

– Abu! Abu! – voltou a chamar.

Houve uma agitação. Na extremidade do tanque vazio estava a rara cegonha Abu Markub, parada sobre uma perna e olhando para Schwarz. Ele caminhou através do tanque e pegou o pássaro.

– Está tudo terminado, Abu – disse Schwarz. – Tudo terminado.

Ele tirou o pássaro dali, carregando-o em seus braços.

No dia 4 de maio, Ilse Antz saiu de seu porão em Wilmersdorf pela primeira vez à luz do dia desde 24 de abril. As ruas estavam estranhamente quietas. "Primeiramente, desacostumada à claridade, não vi nada além de manchas negras diante de meus olhos. Mas então olhei em volta. O sol estava brilhando, e a primavera havia chegado. As árvores floresciam; o ar estava ameno. Mesmo nesta torturada e moribunda cidade, a natureza dava provas de que a vida podia renascer. Até então, nada havia me tocado; todas as emoções estavam mortas. Mas quando olhei para o parque, quando vi a primavera se espalhando, não pude mais me conter. Pela primeira, desde que tudo havia começado, eu chorei."

Uma nota sobre as baixas

Mesmo vinte anos depois, ninguém sabe ao certo quantas foram as perdas civis durante a batalha de Berlim. Ainda agora, corpos estão sendo encontrados entre as ruínas, em jardins, em parques onde eles foram rapidamente enterrados durante as batalhas, e em valas comuns. Contudo, baseado em estudos estatísticos, pode-se afirmar que algo em torno de cem mil civis provavelmente morreram como resultado da batalha. Pelo menos vinte mil sucumbiram a ataques do coração, seis mil cometeram suicídio, e os restantes foram mortos nos bombardeios ou em batalhas na rua, ou faleceram posteriormente vitimados pelos ferimentos. O número de pessoas que fugiram de Berlim nos últimos dias e morreram em algum outro lugar da Alemanha nunca foi estimado de maneira acurada. Se pelo menos 52 mil foram mortos somente nos bombardeios, e se as estimativas acima são aceitáveis, o número cresce para mais de 150 mil, sem incluir os feridos.

Quantas mulheres foram estupradas? Novamente ninguém sabe. Recebi estimativas de doutores dando conta de uma cifra que vai de vinte mil a cem mil. Os abortos foram permitidos mesmo que de modo não-oficial, mas por razões óbvias ninguém está disposto sequer a arriscar um número.

Quanto às baixas militares alemãs, assim como as dos civis, ninguém sabe ao certo. Para complicar o problema há o fato de que elas foram incluídas nas perdas totais da Alemanha na guerra. Assim, é impossível estabelecer quantas delas dizem respeito apenas a Berlim. Os russos são bem mais específicos quanto às suas perdas. As autoridades de Defesa soviética dizem que eles tiveram "mais de cem mil mortos" desde a batalha do Oder até a captura de Berlim. Para mim esse número parece alto, mas ele deve ter sido deliberadamente inflado para dramatizar a vitória. Por outro lado, o marechal Koniev me revelou que somente suas forças sofreram "ao longo de toda a batalha do Oder até Berlim e com o meu flanco sul seguindo em direção ao Elba... 150 mil mortos". Desse modo, pareceria correto afirmar que na tomada de Berlim as forças combinadas de Zhukov e Koniev tivessem perdido pelo menos cem mil homens. Curiosamente, o general Omar N. Bradley, comandante do 12º Grupo de Exército dos EUA, havia alertado Eisenhower de que se este tentasse tomar a capital poderia sofrer cerca de cem mil baixas; mas Bradley estava falando sobre um total que incluía mortos, feridos e desaparecidos.

Bibliografia

ADLON, Hedda. *Hotel Adlon*. New York: Horizon Press, 1960.
ANDERSON, Hartvig. *The Dark City*. London: The Cresset Press, Ltd., 1954.
ANDREAS-FRIEDRICH, Ruth. *Berlin Underground*. New York: Henry Holt, 1947.
BALDWIN, Hanson W. *Great Mistakes of the War*. New York: Harper & Bros., 1949.
Belsen. Irgun Sheerit Hapleita Me'haezor Habriti. Israel: 1957.
BENNETT, D. C. T., Air Vice-Marschal. *Pathfinder*. London: Frederick Muller, Ltd.,1958.
BENTWICH, Norman. *They Found Refuge*. London: The Cresset Press, Ltd., 1956.
Berlin: Figures, Headings and Charts. Berlin: Press and Information. Office, 1962.
BERNADOTTE, Count Folke. *The Curtain Falls*. New York: Alfred A. Knopf, 1945.
BIRD, Will R. *No Retreating Footsteps*. Nova Scotia: Kentville Publishing Co.
BISHOP, Edward. *The Wooden Horse*. London: Max Parrish & Co., Ltd., 1959.
BLAKE, George. *Mountain and Flood – the History of the 52nd (Lowland) Division, 1939-46*. Glasgow: Jackson, Son & Co., 1950.
BLOND, Georges. *The Death of Hitler's Germany*. New York: Macmillan, 1954.
BOLDT, Gerhard. *Die letzen Tage der Reichskanzlei*. Hamburg: Rowohlt, 1947.
BRADLEY, Gen. Omar N. *A Soldier's Story*. New York: Henry Holt, 1951.
BRERETON, Lt. Gen. Lewis H. *The Brereton Diaries*. New York: William Morrow, 1946.
BRYANT, Sir Arthur. *Triumph in the West, The War Diaries of Field Marshal Viscount Alanbrooke*. London: Collins, 1959.
BULLOCK, Alan. *Hitler: A Study in Tyranny*. London: Odhams Press, Ltd., 1952.
BUTCHER, Cap. Harry C. *My Three Years with Eisenhower*. New York: Simon and Schuster, 1946.
By Air to Battle. Official Account of the British Airborne Divisions. London: H. M. Stationery Office, 1945.
BYFORD-JONES, Lt. Col. W. *Berlin Twilight*. London: Hutchinson & Co., 1947.
CARTIER, Raymond. *Hitler et ses généraux*. Paris: Librairie Arthème Fayard, 1962.
CHURCHILL, Peter. *Spirit in the Cage*. London: Hodder & Stoughton, 1954.
CHURCHILL, Winston S. *The Second World War* (Vols. 1-6). London: Cassell & Co., Ltd., 1955.
CLARK, Alan. *Barbarossa: The Russian-German Conflict, 1941-45*. New York: William Morrow, 1965.
CLAY, Gen. Lucius. *Decision in Germany*. New York: Doubleday, 1950.
COOPER, John P., Jr. *The History of the 110th Field Artillery*. Baltimore: War Records Div., Maryland Historical Society, 1953.
COOPER, R. W. *The Nuremberg Trial*. London: Penguin Books, Ltd., 1947.
COUNSELL, John. *Counsell's Opinion*. London: Barrie & Rockliff, 1963.
CRAIG, Gordon A. *The Politics of the Prussian Army: 1640-1945*. New York: Oxford University Press, 1956.
CRANKSHAW, Edward. *Gestapo*. New York: The Viking Press, 1956.
CRAWLEY, Aidan, M. P. *Escape from Germany*. London: Collins, 1956.

CUMBERLEGE, G. (editor). *BBC War Report, 6th June, 1944-5th May, 1945.* Oxford: Oxford University Press, 1946.
D'ARCY-DAWSON, John. *European Victory.* London: Macdonald & Co., Ltd., 1946.
DAVID, Paul. *The Last Days of the Swiss Embassy in Berlin.* Zurich: Thomas, 1948.
DAWSON, Forrest W. *Saga of the All American* (82nd Airborne Div.). Edição particular.
DEANE, John R. *The Strange Alliance.* New York: The Viking Press, 1947.
DEMPSEY, Sir Miles. *Operations of the 2nd Army in Europe.* London: War Office, 1947.
DJILAS, Milovan. *Conversations with Stalin.* London: Rupert Hart-Davis, 1962.
DOENITZ, Karl. *Memoirs.* Cleveland: World Publishing Co., 1958.
DONNISON, F. S. V. *History of the Second World War – Civil Affairs and Military Government, North-West Europe, 1944-46.* London: H. M. Stationery Office, 1961.
DUROSELLE, Jean-Baptiste. *From Wilson to Roosevelt.* Cambridge: Harvard University Press, 1963.
EHRMAN, John. *History of the Second World War – Grand Strategy* (Vols. V e VI). London: H. M. Stationery Office, 1956.
EISENHOWER, Gen. Dwight D. *Crusade in Europe.* New York: Doubleday, 1948.
ERICKSON, John. *The Soviet High Command, 1918-1941.* London: Macmillan & Co., Ltd., 1962.
ESSAME, Maj. Gen. H. *The 43rd Wessex Division at War (1944-45).* London: Wm. Clowes & Sons, Ltd., 1952.
FALLS, Cyril. *The Second World War.* London: Methuen & Co., Ltd., 1948.
FARAGO, Ladislas. *Patton: Ordeal and Triumph.* New York: Ivan Obolensky, Inc., 1963.
FEIS, Herbert. *Between War and Peace.* Princeton: Princeton University Press, 1960.
FEIS, Herbert. *Churchill, Roosevelt, Stalin.* Princeton: Princeton University Press, 1957.
FITTKAN, Gerhard A. "Darkness over East Prussia" in A *Treasury of Catholic Reading.* New York: Farrar, Straus & Cudahy, 1957.
FLOWER, Desmond; REEVES, James. (eds.) *The War, 1939-45.* London: Cassell & Co., Ltd., 1960.
FOLTTMANN, Josef; MULLER-WITTNE, Hans. *Opfergang der Generale.* Berlin: Bernard & Graefe.
Foreign Relations of the United States, the Conferences at Malta and Yalta, 1945. U. S. Government Printing Office, 1955.
FREIDEN & RICHARDSON. (eds.) *The Fatal Decisions.* London: Michael Joseph, Ltd., 1956.
FULLER, Maj. Gen. J. F. C. *The Conduct of War, 1789-1961.* London: Eyre & Spottiswoode, 1962.
GALLAGHER, Matthew P. *The Soviet History of World War II.* New York: Frederick A. Praeger, Inc., 1963.
GALLAGHER, Richard F. *Nuremberg: The Third Reich on Trial.* New York: The Hearst Corp., 1961.
GAULLE, Charles de. *The War Memoirs of* (Vols. 1-3). New York: Simon and Schuster, 1955.
GAVIN, Lt. Gen. James M. *Airborne Warfare.* Washington: Infantry Journal Press, 1947.
GAVIN, Lt. Gen. James M. *War and Peace in the Space Age.* New York: Harper & Bros., 1958.

GENOUD, François (ed.). *Le testament politique de Hitler.* Paris: Librairie Arthème Fayard, 1959.

Germany Reports. Germany: The Press and Information Office of the Federal German Government, 1955.

GILBERT, Felix (ed.). *Hitler Directs His War.* New York: Oxford University Press, 1950.

GILBERT, G. M. *Nuremberg Diary.* New York: Farrar, Straus & Cudahy, 1947.

GILL, R.; CROVES, J. *Club Route in Europe.* Hanover: British Army of the Rhine, 1945.

GISEVIUS, Hans Bernd. *To the Bitter End.* London: Jonathan Cape, 1948.

GOERLITZ, Walter. *History of the German General Staff.* New York: Frederick A. Praeger, 1953.

GUDERIAN, Gen. Heinz. *Panzer Leader.* New York: E. P. Dutton & Co., 1952.

GUINGAND, Maj. Gen. Sir Francis de. *Generals at War.* London: Hodder & Stoughton, 1964.

GUINGAND, Maj. Gen. Sir Francis de. *Operation Victory.* London: Hodder & Stoughton, 1947.

HAGEMANN, Otto. *Berlin the Capital.* Berlin: Arnai, 1956.

HARRIMAN, Averell. *Our Wartime Relations with the Soviet Union.* Statement submitted to a Joint Senate Committee, 1951.

HARRIMAN, Averell. *Peace with Russia?* New York: Simon and Schuster, 1959.

HAUSSER, Paul. *Waffen SS im Einsatz.* Gottingen: Plesse, 1953.

HECHLER, Ken. *The Bridge at Remagen.* New York: Ballantine Books, 1957.

History of the 4th Armoured Brigade, The. Edição particular.

HOLLISTER, Paul; STRUNSKY, Robert. (eds.). Columbia Broadcasting System War Correspondent's Reports: Edward R. Murrow, Quentin Reynolds, William Shirer, Winston Burdett, Charles Collingwood, Joseph C. Harsch, Eric Sevareid, Bill Downs, Howard K. Stnith, Larry Lesueur, Quincy Howe, Richard C. Hottelet, Maj. George Fielding Eliot, Ceorge Hicks. *From D-Day through Victory in Europe.* New York: CBS, 1945.

HORROCKS, Lt. Gen. Sir Brian. *A Full Life.* London: Collins, 1960.

HOWLEY, Brig. Gen. Frank. *Berlin Command.* New York: C. P. Putnam's Sons, 1950.

INKELES, Alex. *Public Opinion in Soviet Russia.* Cambridge: Harvard University Press, 1950.

IRVING, David. *The Destruction of Dresden.* London: William Kimber, 1963.

ISMAY, Gen. Lord. *The Memoirs of.* New York: The Viking Press, 1960.

JACKSON, Lt. Col. G. S. *Operations of Eighth Corps.* London: St. Clements Press, 1948.

JOSLEN, Lt. Col. H. F. *Orders of Battle, Second World War, 1939-45.* London: H. M. Stationery Office, 1960.

KESSELRING, Field Marshal. *Memoirs.* London: William Kimber, 1953.

KINDLER, Helmut. *Berlin.* Germany: Kindler, 1958.

KRONIKA, Jacob. *Der Untergang Berlins.* Flensburg: Christian Wolf, 1946.

LEAHY, William D. *I Was There.* London: Gollancz, 1950.

LEDERRY, Col. E. *Germany's Defeat in the East – 1941-45.* London: War Office, 1955.

LEONHARD, Wolfgang. *Child of the Revolution.* London: Collins, 1957.

LIDDELL HART, B. H. *The German Generals Talk.* New York: William Morrow, 1948.

LIDDELL HART, B. H. (ed.) *The Red Army.* New York: Harcourt, Brace, 1948.
LIDDELL HART, B. *H. The Tanks.* London: Cassell & Co., Ltd., 1959.
Life (editors of), *Life's Picture History of World War II.* New York: Time, Inc., 1950.
LIPPMANN, Walter. *U. S. War Aims.* Boston: Little, Brown, 1944.
MCMILLAN, Richard. *Miracle Before Berlin.* London: Jarrolds Publishers, Ltd., 1946.
MANDER, John. *Berlin: Hostage for the West.* Baltimore: Penguin Books, 1962.
MARSHALL, S. L. A. *Men Against Fire.* New York: William Morrow, 1947.
MARTIN, H. G. *History of the 15th Scottish Division, 1939-45.* London: William Blackwood & Sons, Ltd., 1948.
MATLOFF, Maurice. *Strategic Planning for Coalition Warfare, 1943-44.* Washington, D. C.: Office of the Chief of Military History, Dept. of the Army, 1954.
Members of the 224th Parachute Field Ambulance, *Over the Rhine, A Parachute Field Ambulance in Germany.* London: Canopy Press, 1946.
Mission Accomplished. The Story of the Fighting Corps, A Summary of Military Operations of the XVIII Corps (Airborne) in the European Theatre of Operations, 1944-45. Schwerin, Germany: XVIII Corps.
MONTGOMERY, Field Marshal Sir Bernard. *An Approach to Sanity – A Study of East-West Relations.* Lecture to the Royal United Service Institution. London: 1945.
MONTGOMERY, Field Marshal Sir Bernard. *The Memoirs of Field-Marshal The Viscount Montgomery of Alamein,* K. G. London: Collins, 1958.
MONTGOMERY, Field Marshal Sir Bernard. *Normandy to the Baltic.* Edição particular por Printing & Stationery Service, British Army of the Rhine, 1946.
MOOREHEAD, Alan. *Eclipse.* New York: Coward-McCann, 1945.
MOOREHEAD, Alan. *Montgomery.* London: Hamish Hamilton, 1946.
MORGAN, Gen. Sir Frederick. *Overture to Overlord.* London: Hodder & Stoughton, 1950.
MORGAN, Gen. Sir Frederick. *Peace and War – A Soldier's Life.* London: Hodder & Stoughton, 1961.
MORISON, Samuel Eliot. *The lnvasion of France and Germany, 1944-45.* Boston: Little, Brown, 1959.
MOSELY, Philip E. *The Kremlin and World Politics.* New York: Vintage Books, Random House, 1960.
MOSLEY, Leonard. *Report from Germany.* London: Gollancz, 1945.
MURPHY, Robert. *Diplomat among Warriors.* New York: Doubleday, 1964.
MUSMANNO, Michael A. *Ten Days to Die.* New York: Doubleday, 1950.
NOBÉCOURT, Jacques. *Le dernier coup de Dès de Hitler: la bataille des Ardennes.* Paris: Robert Laffont, 1964.
NORTH, John. *North-West Europe, 1944-45.* London: H. M. Stationery Office, 1953.
OLDFIELD, Col. Barney. *Never a Shot in Anger.* New York: Duell, Sloan and Pearce, 1956.
PARKER, Col. T. W., Jr.; THOMPSON, Col. *Conquer, The Story of the Ninth Army.* Washington, D. C.: Infantry Journal Press, 1947.
Paths of Armor. History of the 5th U. S. Armored Division. Atlanta: Albert Love Enterprises, 1945.
PATTON, Gen. George S., Jr. *War As I Knew lt.* Boston: Houghton Mifflin, 1947.
PHILLIPS, R. (ed.), *The Belsen Trial.* London: William Hodge & Co., Ltd., 1949.

POELCHAU, Harald. *Die letzten Stunden.* Berlin: Volk und Welt, 1949.
POGUE, Forrest C. "The Decision to Halt on the Elbe, 1945" in *Command Decisions.* Greenfield, Kent (ed.). London: Methuen & Co., Ltd., 1960.
POGUE, Forrest C. *The Supreme Command.* Washington, D. C.: Office of the Chief of Military History, Dept. of the Army, 1954.
RADCLIFFE, Maj. G. L. Y. *History of the 2nd Battalion. The King's Shropshire Light lnfantry in the Campaign NW Europe, 1944-45.* London: Basil Blackwell & Mott, Ltd., 1957.
RIDGWAY, Gen. Matthew B. *Soldier: Memoirs.* New York: Harper & Bros., 1956.
RIESS, Curt. *The Berlin story.* London: Frederick Muller, Ltd., 1953.
ROLLINS, Alfred B., Jr. (ed.). *Franklin D. Roosevelt and the Age of Action.* New York: Dell Publishing Co., 1960.
ROOSEVELT, Elliott. *As He Saw lt.* New York: Duell, Sloan & Pearce, 1946.
ROOSEVELT, Franklin D. *Nothing to Fear, The Selected Addresses of Franklin D. Roosevelt, 1932-45.* Boston: Houghton Mifflin, 1946.
ROYCE, Hans (ed.). *Germans against Hitler.* Bonn: Berto, 1952.
RUMPF, Hans. *The Bombing of Germany.* London: Frederick Muller, Ltd., 1963.
RUSSEL, Lord, of Liverpool, *The Scourge of the Swastika.* London: Cassell & Co., Ltd., 1954.
RUSSELL, William. *Berlin Embassy.* New York: E. P. Dutton, 1941.
SALMOND, J. B. *The History of the 51St Highland Division, 1939-1945.* Edinburgh and London: William Blackwood & Sons, Ltd., 1953.
SAUNDERS, Hilary St. George. *The Fight Is Won. Official History Royal Air Force, 1939-1945.* (Vol. III). London: H. M. Stationery Office, 1954.
SAUNDERS, Hilary St. George. *The Red Beret.* London: Michael Joseph, Ltd., 1950.
SCHOENBERNER, Gerhard. *Der gelbe Stern.* Hamburg: Rutten & Loening, 1960.
SCHOLZ, Arno. *Outpost Berlin.* Berlin: Arani, 1955.
SHABAD, Theodore. *Geography of the U. S. S. R.* New York: Columbia University Press, 1951.
SHERWOOD, Robert E. *The White House Papers of Harry L. Hopkins* (Vols. I e II). London: Eyre & Spottiswoode, 1948.
SHIRER, William L. *Berlin Diary.* New York: Alfred A. Knopf, 1943.
SHIRER, William L. *End of a Berlin Diary.* New York: Alfred A. Knopf, 1947.
SHIRER, William L. *The Rise and Fall of the Third Reich.* New York: Simon and Schuster, 1960.
Short History of the 7th Armoured Division, June 1943-July 1945, A. Edição particular.
SHULMAN, Milton. *Defeat in the West.* London: Secker and Warburg, 1947.
SMITH, Jean Edward. *The Defense of Berlin.* Baltimore: The Johns Hopkins Press; 1963.
SMITH, Gen. Walter Bedell (with Stewart Beach). *Eisenhower's Six Great Decisions.* New York: Longmans Green, 1956.
SNYDER, Louis L. *The War. A Concise History, 1939-1945.* London: Robert Hale, Ltd., 1960.
STACEY, Col. C. P., *The Canadian Army: 1939-45.* Ottawa: Kings Printers, 1948.
STEIN, Harold (ed.). *American Civil-Military Decisions.* University of Alabama Press, 1963.
STEINER, Felix. *Die Freiwillingen.* Gottingen: Plesse, 1958.

STETTINIUS, Edward R. *Roosevelt and the Russians: The Yalta Conference.* New York: Doubleday, 1949.
STIMSON, Henry L.; BUNDY, McGeorge. *On Active Service in Peace and War.* New York: Harper & Bros., 1948.
STRANG, Lord. *Home and Abroad.* London: Andre Deutsch, 1956.
STUDNITZ, Hans-Georg von. *While Berlin Burns.* London: Weidenfeld and Nicolson, 1964.
TASSIGNY, de Lattre de, Marshal. *Histoire de la première armée française.* Paris: Plon, 1949.
Taurus Pursuant: A History of the 11th Armoured Division. Edição particular.
TAYLOR, Telford. *Sword and Swastika.* New York: Simon and Schuster, 1952.
THORWALD, Juergen. *Flight in the Winter.* London: Hutchinson & Co., 1953.
TIDY, Maj. Gen. Sir Henry Letheby (ed.). *Inter-Allied Conferences on War Medicine, 1942-45, Convened by the Royal Society of Medicine.* London: Staples Press Ltd., 1947.
TOLAND, John. *Battle.* New York: Random House, 1959.
TREVOR-ROPER, H. R. *The Last Days of Hitler.* London: Macmillan & Co., Ltd., 1947.
Trial of German Major War Criminais, The. (Vols. 1-26). London: H. M. Stationery Office, 1948.
TULLY, Andrew. *Berlin: Story of a Battle.* New York: Simon and Schuster, 1963.
The 12th Yorkshire Parachute Battalion in Germany, 24th March-16 May, 1945. Edição particular.
United States Division Histories:
XIII *Corps – One Hundred and Eighty Days; 117th Inf., 1st Btn., 30th* Div. – Curlew; *83rd Inf. Div. – Thunderbolt; 84th Inf. Div., The Battle for Germany* por Lt. Theodore Draper; *113th Cavalry Group – Mechanized "Red Horse"; 119th Infantry; 30th Artillery Div.; 331st Infantry – We Saw It Through* por Sgt. Jack M. Straus; *329th Infantry – Buckshot; XIXth Corps; 102nd Division; 34th Tank Btn., 5th Armored Div.; 30th Inf. Div.; 120th Inf. Regt.; Fire Mission – The Story of the 71St Armored F. A. Btn. in the ETO; History of the 67th Armored Regt. 1945; History of the 117th Infantry, 1944-45.* Washington, D. C.: Dept. of Defense.
VERNEY, Maj. Gen. G. L. *The Desert Rats, The History of the 7th Armoured Division.* London: Hutchinson & Co., 1954.
VERNEY, Maj. Gen. G. L. *The Guards Armoured Division.* London: Hutchinson & Co., 1955.
Victory Division in Europe, The. A History of the 5th U.S. Armored Division. Gotha, Germany: edição particular, 1945.
WALLACE, Sir Donald MacKenzie. *Russia on the Eve of War and Revolution.* New York: Random House, 1961.
WARLIMONT, Walter. *Inside Hitler's Headquarters, 1939-45.* New York: Frederick A. Praeger, 1964.
WEBSTER, Sir Charles; FRANKLAND, Noble. *The Strategic Air Offensive against Germany, 1939-45* (Vols. 1-4). London: H. M. Stationery Office, 1961.
WELLARD, James. *General George S. Patton, Jr.: Man under Mars.* New York: Dodd, Mead, 1946.
WERTH, Alexander. *Russia at War, 1941-45.* New York: E. P. Dutton & Co., 1964.

WHEELER-BENNETT, J. *Nemesis of Power – The German Army in Politics, 1918-45.* London: Macmillan & Co., Ltd., 1953.
WHITE, D. F. *The Growth of the Red Army.* Princeton: Princeton University Press, 1944.
WHITE, W. L. *Report on the Germans.* New York: Harcourt, Brace, 1947.
WILMOT, Chester. *The Struggle for Europe.* London: Collins, 1957.
WINDSOR, Philip. *City on Leave.* London: Chatto & Windus, 1963.
WOODWARD, Llewellyn. *British Foreign Policy in World War II.* London: H. M. Stationery Office, 1962.
YOUNGER, Carlton. *No Flight from the Cage.* London: Frederick Muller, Ltd., 1956.

LIVROS E DOCUMENTOS RUSSOS

ANDRONIKOV, N. G. *et al. Bronetankovye i mekhan-izirovannye voiska Sovetskoi Armii* (Tanques e máquinas do Exército Soviético). Moscow: Ministry of Defense of the U. S. S. R., 1958.
BATOV, Gen. P. I. *V pokhodakh i boyakh* (Campanhas e batalhas). In *Voennye Memuary.* Moscow: Ministry of Defense of the U. S. S. R., 1962; *History of the 65th Army.* Moscow: Military Publishing House, Ministry of Defense of the U.S.S.R., 1959.
BOLTIN, Gen. E. A. *et al. Istoriya Velikoi Otechestven-noi Voiny Sovetskovo Soyuza, 1941-1945* (História da Grande Guerra Patriótica da União Soviética, 1941-1945). Vols. 1-6. Moscow: Dept. of His-tory, Institute of Marxism-Leninism, and Ministry of Defense of the U. S. S. R., 1960-64.
CHUIKOV, Col. Gen. V. I.; Gen. Krebs. *Stenographic record of conversations be-tween Berlin: 30 April-1 May, 1945.* Document. Moscow: Arquivos privados soviéticos; "Shturm Berlina" in *Literaturnaya Ros-siya* ("O bombardeio de Berlim" in *Literary Russia).* Moscow: March 27, 1964; *The Beginning of the Road.* London: MacGibbon & Kee, 1963.
Correspondence 1941-45: Winston Churchill; Franklin Roosevelt; Josef V. Stalin; Clement Atlee (Vols. 1-2). Moscow: Foreign Languages Publishing House, 1957.
EHRENBURG, Ilya. *We Come As Judges.* London: *Soviet War News,* 1945; "Lyudi, gody, zhizn" in *Novyi Mir* ("Personalidades, anos e vida" in *New World).* Moscow: 1962-63.
GLADKII, Lt. Col., 8 Guards Army. *Interrogations Report of. Opisanie peregovorv s nachalnikom Generalnovo shtaba Sukhoputnykh Voisk Cermanskoi Armii generalom pekhoty Ganson Krebsom i komanduyushym oboronoi goroda Berlin generalom artillerii Veidlingom o kapitylyatsii nemetskikh voisk v Berline.* Document. Moscow: Ministry of Defense Archives.
Cvardeiskaya tankovaya (História da 2ª Guarda de Tanque do Exército).Vários autores. Moscow: Ministry of Defense of the U. S. S. R., 1963.
KOCHETKOV, Col. D. *S zakrytymi lyukami* in *Voennye Memuary* (De comportas fechadas). Moscow: Ministry of Defense of the U. S. S. R., 1962.
KRIVOSHEIN, Gen. S. M. *Ratnaya byl'* (Isto era guerra). Moscow: Military Publishing House, Ministry of Defense of the U.S.S.R., 1959.
NEUSTROYEV, Lt. Col. S. A. *Put' k Reikhstagu* (O caminho para o Reichstag) in *Voennye Memuary.* Moscow: Military Publishing House, Ministry of Defense of the U. S. S. R.,

1948; "Shturm Reikhstagu" (O bombardeio do Reichstag) in *Voenno-istoricheskii Zhurnal,* 1960.

PLATONOV, Lt. Gen. S. P. (ed.). *Vtoraya mirovaya voina 1939-1945 gg. Voenno-istoricheskii ocherk* (A Segunda Guerra Mundial, 1939-1945, panorama histórico-militar). Moscow: Military Publishing House, Ministry of Defense of the U. S. S. R., 1958.

POPIEL, Lt. Gen. N. "Vperedi–Berlin!" (Adiante – Berlim!) in *Zvezda* (Estrela). Moscow: Military Publishing House, Ministry of Defense of the U.S.S.R., 1958.

POPLAWSKI, Gen. S. G. (ed.). *Boevye deistviya Narodnovo Voiska Pol'skovo, 1943-1945 gg* (Operações de combate do Exército Nacional da Polônia, 1943-45). Moscow: Ministry of Defense of the U. S. S. R., 1961.

SAMCHUK, I. A. *13-ya Gvardeiskaya* (13ª Divisão de Rifles Poltava). Moscow: Ministry of Defense of the U. S. S. R., 1962.

Shturm Berlina (O bombardeio de Berlim). Vários autores (Relatos de participantes soviéticos). Moscow: Ministry of Defense of the U. S. S. R., 1948.

SIMONOV, K. *Front Ocherki i rasskazy 1941-1945.* (O *front.* Esquetes e histórias, 1941-1945). Moscow: Ministry of Defense of the U. S. S. R., 1960.

SMAKOTIN, M. P. *Ot Dona do Berlina* (De Don a Berlim). História de combate da 153ª Divisão de Rifles, mais tarde 57ª Divisão de Guardas-Rifle. Moscow: Ministry of Defense of the U. S. S. R., 1962.

SOLOMATIN, Col. Gen. M. D. *Krasnogradtsy* (Primeiro Corpo Mecanizado Krasnograd). Moscow: Ministry of Defense of the U. S. S. R., 1963.

Soviet War News (Vols. 1-8, 1941-1945). London: Soviet Embassy Press.

Stavka Directives: 2-23 April, 1945. Document. Moscow: Ministry of Defense of the U. S. S. R.

SYCHEV, Gen. K. V.; Malakbov, Col. M. M. *The Rifle Corps Offensive.* Moscow: Ministry of Defense of the U. S. S. R., 1958.

TELPUKHOVSKII, Boris Sejonovitsch. *The Soviet History of the Great National War, 1941-45.* Moscow: Military Publishing House, Ministry of Defense of the U. S. S. R., 1959.

TROYANOVSKII, Lt. Col. P. *Poslednie dni Berlina* (Os últimos dias de Berlim). Moscow: Ministry of Defense of the U. S. S. R., 1945.

VYSHEVSKII, V. *Dnevniki voennykh let* (Diário dos anos de guerra). Vol. 4. Moscow: Publishing House for Artistic Literature, 1958; *Sobranie sochinenii* (Obra reunida). Moscow: Publishing House for Artistic Literature, 1958.

Weidling, Gen., Interrogation of. By representative of the Soviet commander, Maj. Gen. Trusov. Document. Moscow: Ministry of Defense Archives, May, 1945.

What We Saw in Germany with the Red Army to Berlin. Thirteen Soviet war correspondents. London: Soviet Embassy Press, 1945.

YEDENSKII, P. I. *The Berlin Operation of the 3rd Shock Army.* Moscow: Military Publishing House, Ministry of Defense of the U. S. S. R., 1961.

YUSCHUK, Maj. Gen. I. I., *of Tank Troops. Tank Operatins and the Storming of Berlin.* Moscow: Military Publishing House, Ministry of Defense of the U. S. S. R., 1962.

ZHILIN, Col. P. A. *Vazhneishie operatsii Velikoi Otechestvennoi Voiny 1941-1945 gg* (As mais importantes operações da Guerra Patriótica, 1941-1945). Moscow: Ministry of Defense of the U. S. S. R., 1956.

Não estão listadas ordens de combate, mapas, estimativas da Inteligência, trechos de relatórios de interrogatórios e outras documentações volumosas fornecidas ao autor pelo governo soviético e suas várias agências.

MANUSCRITOS ALEMÃES, ESTUDOS MILITARES E DOCUMENTOS CAPTURADOS

Adjutantur der Wehrmacht beiro Führer, *Beurteilung der Feindlage vor deutscher Ostfront im grossen-Stand 5.1.45* (Estimativa das intenções soviéticas). Document. German Military Archives.

ARNDT, Lt. Gen. Karl. *39th Panzer Corps, 22 April-7 May, 1945.* Office of the Chief of Military History, (referido doravante como OCMH) Dept. of Army, U. S. A., MS B-221.

BLUMENTRITT, Gen. Guenther. *The Last Battles of the AOK Blumentritt, 10 April-May, 1945.* OCMH, MS B-361; *Battles Fought by the 1st Parachute Army, 29 March-9 April, 1945.* OCMH, MS B-354.

BUSSE, Gen. Theodor. *The Last Battle of the 9th German Army* (Vol. 5). German Military Research Studies, *Military Science Review,* April, 1955.

EDELSHEIM, Gen. Freiherr von. *Capitulation Negotiations between the 12th German Army and the Ninth U.S. Army, 4 May, 1945.* OCMH, MS B-220.

EISMANN, Col. Hans Georg, *Eismann Papers: Diary, Narrative and Personal Notes by the Chief of Operations, Army Group Vistula, 14 January-7 May, 1945.* Além de cartas, esboços de batalhas e outros estudos militares preparados para o Col. Gen. Heinrici. Fontes alemãs.

End of Army Group Weichsel (Vistula) and Twelfth Army, The, 27 April-7 May, 1945, and Ninth Army's Last Attack and Surrender, 21 April-7 May, 1945. Research studies by Magna E. Bauer, 1956. Foreign Studies Branch, OCMH.

ESTOR, Gol. Fritz, *The 11th Army, 1-23 April, 1945.* OCMH, MS B-581.

Feindkrafteberechnungen (FHO): Feb. 19-Apr. 15, 1945 (Estimativas da força inimiga). Document. German Military Archives.

FHO: "Wesentliche Merkmale des Feindbildes" for April 23-28 1945 (Ordem de batalha inimiga; telegramas). Document. German Military Archives.

Fighting Qualities of the Russian Soldier, The (estimativas alemãs). *Vol. II,* nº. 8. OCMH, MS D-036.

GAREIS, Gen. Martin. *Personal Papers and Diary of the Commander of the 46th Panzer Corps,* 1945. Fontes alemãs.

GEHLEN, Gen. Reinhard. *Gedanken zur Feindbeurteilung 2.2.45* (Estimativas das intenções soviéticas). Document. German Military Archives; *Vermutliche Weiter-führung der sowj. russ. – Operationen... (Fremde Heere Ost): Stand: 2.2.45.* Document. German Military Archives.

Gen. StdH/Abt. FHO (Chef): "Befehle Op.-Abt." (Ordens operacionais:7 de março, 25 de abril, 1945). Document. German Military Archives.

Heeresarzt/OKH: (Baixas alemãs, julho de 1943 – abril 1945, para autoridades médicas militares do Exército Alemão). Document. German Military Archives.

HEINRICI, Col. Gen. Gotthard. *Account by the Commander of the Army Group Vistula of the Last Battle of the Reich,* 1945. Trad. Susanne Linden; *Heinrici Papers and Diary.* Trad. John Erickson, 1964; *Heinrici: Army Group Vistula War Diary, March-April,* 1945. Trad. Julius Wildstosser, 1963; *Heinrici Telephone Log,* conforme gravado en *Army Group Vistula War Diary* por Lt. Col. Hellmuth von Wienskowski, 20-29 April, 1945. Trad. Helga Kramer, 1963; *Textos, monografias, mapas, esboços de batalhas,* fornecidos por Col. Gen. Heinrici para o uso do autor. Trad. Ursula Naccache.

HENGL, Gen. Georg Ritter von. *The Alpine Redoubt.* OCMH, MS B-461.

HOFER, Gauleiter Franz. *The National Redoubt.* OCMH, MS B-458, B-457.

JODL, Col. Gen. Alfred. *Diary Extracts; Operation Eclipse Notes and Afjidavit; Nuremberg Notes; Private Papers.* Trad. Frau Luise Jodl para uso do autor.

KOLLER, Gen. Karl. *The Collapse Viewed from Within* (As anotações do diário do general Koller, chefe do Estado-Maior da Luftwaffe, 14 de abril – 9 de maio de 1945). British Air Ministry Archives.

Kriegstagebuch: OKH /Gen. Stab. des Heeres: Operationsabteilung. 4 April-15 April, 1945; 16 April-24 April, 1945. Document. German Military Archives.

KRUKENBERG, SS Maj. Gen. Gustav. *Battle Days in Berlin* (pelo comandante da Divisão SS do Norte). Manuscrito pessoal preparado especialmente para o autor.

Lageberichte Ost: 1-21 April, 1945; 23-28 April, 1945; 29 April, 1945. Document. German Military Archives.

Last Russian Offensive, The, 1945 (27th Corps Sector). OCMH, MS D-281.

Letztes Kriegstagebuch O.d.M. (*Doenitz*) (Telegramas de Bormann. Re: a morte de Hitler). Documents. German Military Archives.

Notizen nach Führervortrag (até 31 de março de 1945, para o *front* ocidental). Document. German Military Archives.

Operation Eclipse. Cópias capturadas e anotadas do arquivo de *Organisationsabteilung, Generalstab des Heeres.* Trad. John Flint.

Organization of the Volkssturm in: Organisationsabteilung, Generalstab des Heeres. Document. German Military Archives.

Politische Angelegenheiten (O livro branco alemão). German Military Archives.

RAUS, Col. Gen. Erhard. *The Pomeranian Battle and the Command in the East. Discussions with Reichsführer SS Himmler and Report to the Führer.* OCMH, MS D-189.

REFIOR, Col. Hans. *Diary of the Chief of Staff of the Berlin Defense Area, 18 March-5 May, 1945.* Fontes alemãs.

REICHHELM, Col. Günther. *Battles of the 12th Army, 13 April-7 May, 1945.* (Pelo chefe de equipe). OCMH, MS B-606; *Anotações pessoais, mapas, diário.* Presenteados ao autor.

REITSCH, Fl/Capt. Hanna. Anotações extraídas dos interrogatórios americanos e britânicos e resumidos em *Nuremberg Papers;* Personal narrative in the U. S. A. F. psychological evaluation and study, *Air Medical Intelligence Report of Flugkapitan Hanna Reitsch, 1945.*

Remagen Bridgehead, The, 11-21 March, 1945. OCMH, MS A-965.

RENDULIC, Col. Gen. Lothar, *Army Group A, South, 7 April-7 May, 1945: Report of the Commander.* OCMH, MS B-328.

REYMANN, Gen. Hellmuth. *Personal Account of the Battle for Berlin by the Commander of the Berlin Defense Area, 6 March-24 April, 1945*. Fontes alemãs.

SCHRAMM, Professor Percy E. *Wehrmacht Losses, World War II. German War Potential at the Beginning of 1945*. OCMH, MS B-716.

SCHULTZ, Maj. Joachim. *OKW War Diary Extracts, 20 April-19 May, 1945*. Trad. Giselle Fort. Fontes alemãs.

WEIDLING, Lt. Gen. Helmut. *The Final Battle in Berlin, 23 April-2 May, 1945* (Pelo último comandante da Área de Defesa de Berlim). Traduzido do *Military Historical Journal* do Departamento de Defesa Soviético, por Wilhelm Arenz. *Military Science Review*, Jan., Feb. and March, 1962.

WENCK, Gen. Walther. *12th Army: Report of the Commander*. OCMH, MS B-394; *Diário e mapas pessoais*. Presenteados ao autor.

WILLEMER, Col. Wilhelm. *The German Defense of Berlin*. Com contribuições de: Col. Gen. Gotthard Heinrici, Col. Hans Georg Eismann – Army Group Vistula; Maj. Gen. Erich Dethleffsen, Maj. Gen. Thilo von Trotha, Col. Bogislaw von Bonin, Col. Karl W. Thilo – Army High Command; Col. Hans Oscar Wöhlermann, Artillery Commander – 56th Panzer Corps; Col. Gerhard Roos, Chief of Staff – Inspectorate of Fortifications; Col. Ulrich de Maizieres, Operations Branch – Army General Staff; Maj. Gen. Laegeler – Replacement Army; Lt. Gen. Helmut Friebe, Lt. Col. Mitzkus-Deputy Headquarters, Third Corps; Lt. Gen. Hellmuth Reymann, Commander – Berlin Defense Area; Lt. Col. Edgar Platho, Artillery Com-mander – Berlin Defense Area; Lt. Col. Karl Stamm, Mai. Pritsch-Wehrmacht Area Headquarters; Col. Gerhardt Trost – Luftwaffe; M/Sgt. Schmidt – Ordenance; Col. Erich Duensing, Police Commander – Berlin; Dr. Hans Fritsche, Chief, Radio Dept. – Propaganda Ministry; Col. Guenther Hartung. Introdução pelo coronel general Franz Halder. OCMH, MS P-136.

WÖHLERMANN, Col. Hans Oscar. *An Account of the Final Defense Eastward and in Berlin, April-May, 1945* (By the Artillery Commander of the 56th Panzer Corps and later Artillery Commander of the Berlin Defense Area). Fontes alemãs.

ARTIGOS SELECIONADOS

AICHINGER, Gerhard. "Wenck and Busse at the End of April, 1945." *Tagespiegel*, January, 1957.

ANDREAS-FRIEDRICH, Ruth. "Observation Post Berlin." *Die Zeit*, July, 1962.

ARZET, Robert. "The Last Ten Days." *Tagespiegel*, March, 1946.

BAILEY, George. "The Russian at Reims." *The Reporter*, May 20, 1965.

BALDWIN, Hanson. "Victory in Europe." *Foreign Affairs*, July, 1945.

"Battle for Berlin, The." *Revue de la défense nationale*, January-June, 1953.

BOLTE, Charles G., "Breakthrough in the East." *The Nation*, January, 1945.

CARTIER, Raymond. "The Day Hitler Died." *Paris-Match*, July, 1962.

CHATTERTON-HILL, Dr. G. "The Last Days in Berlin." *Contemporary Review*, May, June, 1946.

CODMAN, Lt. Col. Charles R. "For the Record: Buchenwald." *Atlantic Monthly*, July, 1945.

CREEL, George. "The President's Health." *Collier's*, March, 1945.

"Dead Heart of Berlin." De um correspondente especial, *The Times* of London, June, 1945.
EHRENBURG, Ilya. "On to 'Tamed Berlin'." *New York Times Magazine,* August, 1944.
ERICKSON, John. "The Soviet Union at War (1941-45): An Essay on Sources and Studies." *Soviet Studies* (Vol. XIV, nº 3). Oxford: Basil Blackwell, 1963.
FLYNN, John T. "Why Eisenhower's Armies Did Not Take Berlin." *Reader's Digest,* August, 1948.
FRANKLIN, William M. "Zonal Boundaries and Access to Berlin." *World Politics,* Vol. XVI, nº 1, October, 1963.
FREIDIN, Seymour; FLEISCHER, Jack. "The Last Days of Berlin." (dois artigos.) *Collier's.* August, 1945.
GEILINGER, Dr. Eduard. "The Siege of Berlin" (O relato de um correspondente suíço). *Neue Zürcher Zeitung,* June, 1945.
JACOBI, Oscar. "Berlin Inferno." *New York Times Magazine,* January, 1944; "Berlin Today." *New York Times Magazine,* September, 1944.
KUHN, Irene Corbally. "Patton: 'The Russians Really Took Us for Suckers'." *Human Events,* November, 1962.
LAUTERBACH, Richard. "Zhukov." *Life,* February, 1945.
"Letters from Berlin." *Catholic World,* November, 1945.
MITCHELL, Donald W. "Allied Pincers Close on Germany." *Current History,* March, 1945.
MORRIS, Joe Alex. "Germany Waits to Be Saved." *Collier's.* September, 1945.
MOSELY, Philip E. "Dismemberment of Germany." *Foreign Affairs,* April, 1950; "The Occupation of Germany." *Foreign Affairs,* July, 1950.
OLSON, Sidney. "Defeated Land." *Life,* May, 1945.
PARET, Peter, "An Aftermath of the Plot Against Hitler: the Lehrterstrasse Prison in Berlin, 1944-45." *Journal of the Institute of Historical Research* (Vol. 32, nº 85). University of London. The Athlone Press, 1959.
POWELL, Robert. "Berlin Today." *Fortnightly,* October, 1945.
PRINZ, Gunther. "When the Guns Fell Silent." *Berliner Morgenpost,* May, 1945.
ROSINSKI, Herbert. "The Red Flood." *U. S. Army Combat Forces Journal,* July, 1953.
SAYRE, Joel. "Letter from Berlin." *The New Yorker,* August, 1945; "That Was Berlin" (cinco artigos). *The New Yorker,* September, October, 1948.
SINGH, Brig. Thakul Sheodatt, "The Battle of Berlin." *Journal of the V.S. Institute of India,* 1949-50.
SONDERN, Frederic. "Adolf Hitler's Last Days." *Reader's Digest,* June, 1951.
THOMPSON, John H. "Meeting on the Elbe." *Chicago Daily Tribune,* April, 1945.
WARNER, Albert. "Our Secret Deal over Germany." *The Saturday Evening Post,* August, 1952.

Agradecimentos

As informações para este livro vieram principalmente dos próprios participantes da batalha – dos homens do Exército Aliado, das tropas alemãs que combateram e dos berlinenses que conseguiram sobreviver. Ao todo, mais de duas mil pessoas contribuíram para este livro. Durante um período de três anos, a partir de 1962, algo em torno de setecentos homens e mulheres forneceram-me relatos escritos bem como entrevistas. Estas pessoas me disponibilizaram registros que iam de diários a mapas, de relatos pessoais a arquivos particulares.

Suas informações foram adaptadas a um "esqueleto" militar desenvolvido a partir de fontes americanas, britânicas, alemãs e russas. Foram obtidos relatórios das unidades após os combates, diários de guerra, históricos de divisões, sumários da Inteligência e as fichas dos interrogatórios, além de entrevistas com figuras-chave do Exército e do governo, muitas das quais me expuseram seus próprios arquivos, documentos e notas. O material total acumulado encheu dez armários de arquivo, material esse que continha as informações mais disparatadas, como a quantidade de gasolina nos reservatórios de Berlim antes da guerra e o fato do marechal Rokossovskii estar usando um relógio de pulso equipado com uma bússola em seu interior.

Uma quantidade enorme de pessoas ajudou no projeto. Ele poderia nem ter começado se não fosse por Lila e DeWitt Wallace, da *Reader's Digest*, que colocaram à minha disposição o vasto arquivo de pesquisa de sua organização, além de bancarem boa parte dos custos envolvidos. Gostaria de prestar uma homenagem ao meu amigo Hobart Lewis, presidente e diretor-executivo da *Digest*, que não poupou esforços para tornar este livro possível. Gostaria também de agradecer aos homens e mulheres do escritório da *Digest* nos Estados Unidos e na Europa por coletarem materiais de pesquisa e entrevistar uma grande quantidade de participantes. Seria injusto ressaltar um indivíduo em particular. Ao invés disso, nomeá-los-ei em ordem alfabética por escritório. *Berlim*: John Flint, Helgard Kramer, Suzzanne Linden, Ruth Wellman; *Londres*: Heather Chapman, Joan Isaacs; *Nova York*: Gertrude Arundel, Nina Georges-Picot; *Paris*: Ursula Nacache, John D. Panitza (correspondente-chefe da Europa); *Stuttgart*: Amo Alexi; *Washington*: Bruce Lee, Julia Morgan.

Também é necessário agradecer ao Departamento de Defesa dos EUA pela permissão que me foi dada para pesquisar em seus arquivos históricos. Em particular, sou grato pela ajuda ao general-brigadeiro Hal C. Pattison, diretor do Escritório Militar de História, e a seus associados: Magda Bauer, Detmar Fincke, Charles von Luttichau, Israel Wice, Hannah Zeidlik e dr. Earl Ziemke – todos os quais deram tempo e assistência a mim e a meus companheiros. Meus agradecimentos também ao diretor da Divisão de Registros da Segunda Guerra Mundial, Sherrod East, que permitiu uma investigação dia a dia dos arquivos por um período de meses. Outros na Divisão de Registros foram igualmente gentis: Wilbur J. Nigh, chefe do Departamento de Referências, e seus companheiros, Lois Aldridge, Morton Apperson, Joseph Avery, Richard Bauer, Nora Hinshaw, Thomas Hohmann, Hildred Livingston, V. Caroline Moore, Frances Rubright e Hazel Ward. Trabalhando e acompanhando de perto este grupo estava o dr. Julius Wildstosser, que se ocupou, com diligente esforço, da missão de examinar quilômetros de microfilmes e traduzir milhares de documentos alemães para mim e para meus companheiros da *Reader Digest*.

Tenho um débito especial de gratidão para com o ex-presidente Dwight D. Eisenhower; com o marechal-de-campo Bernard Law Montgomery, Visconde Montgomery de Alamein; com o general Omar N. Bradley; tenente-general *sir* Frederick Morgan; general Walter Bedell Smith; general William H. Simpson; tenente-general James M. Gavin; Lorde Ismay; tenente-general *sir* Brian Horrocks; Lorde Strang; embaixador Charles Bohlen; Earl Attlee; sra. Anna Rosenberg Hoffman; major-general *sir* Francis de Guingand; *sir* Miles Dempsey; tenente-general Evelyn Barker; major-general Louis Lyne; major-general R. F. Belchem e para com o professor Philip E. Mosely. Esses indivíduos e muitos outros oficiais e diplomatas americanos e britânicos ajudaram-me a entender os bastidores político e militar do período e a revelar as razões pelas quais as forças anglo-americanas não continuaram seu avanço até Berlim.

Sou grato ao governo russo pela cortesia em permitir que eu tivesse acesso a documentos até então não revelados, ordens, boletins dos interrogatórios e outros documentos dos seus arquivos de defesa. Não enxergamos muitas das questões com os mesmos olhos que eles e meus métodos nem sempre foram tão diplomáticos quanto poderiam ter sido. Descobri, entretanto, que uma aproximação franca, curta e grossa com os militares soviéticos tinha um efeito satisfatório. Quanto à questão dos estupros em Berlim, por exemplo, foi-me sugerido por certos membros do Departamento de Defesa dos EUA e pelo Ministério do Exterior britânico que poderia ser pouco diplomático levantar tal assunto. O presidente John F. Kennedy discordou dessa opinião. Suas palavras para mim, antes de eu partir para a União Soviética, foram de que os russos provavelmente não dariam a mínima importância à questão, porque no fundo eles não passavam de negociantes de cavalo. Ele achava que eu deveria falar sem rodeios e "colocar o assunto na mesa". Foi o que fiz, e as autoridades soviéticas responderam do mesmo modo, falando abertamente. Contudo, houve alguns momentos embaraçosos. Embora eu tivesse sido convidado pelo governo de Kruschev a conduzir minhas pesquisas, a polícia de fronteira soviética tentou, no aeroporto, reter os documentos que o próprio Departamento de Defesa da URSS havia me dado! Os oficiais do Exército Vermelho, marechais Koniev, Rokossovskii, Sokolovskii e Chuikov foram a gentileza personificada, generosos com seu tempo e com suas informações, assim como os outros militares soviéticos que entrevistei. O sucesso dessas conversas deve-se em grande parte ao meu companheiro nesta viagem, o professor John Erickson, da Universidade de Manchester, cujas habilidades lingüísticas e o profundo conhecimento das questões russas mostraram-se inestimáveis.

Na Alemanha, o dr. Graf Schweintz, do Departamento de Imprensa do Governo de Bonn, abriu diversas portas. O general A. Heusinger, comandante da OTAN em Washington, escreveu várias cartas de apresentação. O coronel Theodor von Dufving, o ex-chefe de Estado-Maior do último comandante de Berlim, general Karl Weidling, reviu durante dias os acontecimentos da última batalha comigo. O general Walther Wenck, o general Theodor Busse, o general Martin Gareis, o general Erich Dethleffsen, tenente-general Hellmuth Reymann, general Hasso von Manteuffel, general Max Pensel, tenente-general Friedrich Sixt, general SS Felix Steiner, general Burkhart Müller-Hillebrand, major-general SS Gustav Krukenberg, coronel Hans Refior, coronel Hans Oscar Wöhlermann e *Frau* Luise Jodl – todos ajudaram de todas formas possíveis a reconstruir a batalha e aqueles últimos dias em Berlim.

Houve ainda uma série de outras pessoas que ajudaram de uma maneira ou de outra: Leon J. Barat, conselheiro delegado do Instituto para Estudos da URSS em Munique; Rolf Menzel, então editor-chefe da Rádio de Berlim; tenente-coronel Meyer Welcker, do Instituto de Arquivos Militares da Alemanha; Frank E. W. Drexler, editor do jornal berlinense *Der Abend*; Robert Lochner, chefe do RIAS [Rádio do Setor Americano] em Berlim; Raymond Cartier, da *Paris Match*; dr. Jurgen Rohwer, da Biblioteca de História Moderna, em Munique; dr. Albrecht Lampe, dos Arquivos Municipais de Berlim; Karl Roder, do WAST, a organização dos veteranos alemães; Carl Johann Wiberg; Marcle Simonneau, do *Amicale Nationale des Aciens P. G. des Stalags*; dr. Dieter Strauss, da *Siegbert Mohn Verlag*, os editores. Para esses e para muitos outros, meus mais sinceros agradecimentos.

Guardei meu último agradecimento ao coronel-general Gotthard Heinrici pelo lado alemão da história. Durante um período de três meses dividimos incontáveis entrevistas e conversas. Ele voltou a lutar cada fase da batalha novamente. Permitiu que eu visse suas anotações pessoais, documentos e diários de guerra. Apesar de estar sofrendo os flagelos de uma doença, disponibilizou-me seu tempo, sempre, de forma generosa. Sem ele, não penso que este livro pudesse ter sido escrito. Em vinte anos como escritor, raramente encontrei um homem com tamanha dignidade e honra – e nenhum com tão incrível memória para detalhes.

Como posso agradecer àqueles que permaneceram ao meu lado durante todo o processo de escrita deste livro? Minha querida esposa que cotejou, organizou, editou, rescreveu e que ainda cuidou de nossa família durante os longos anos de pesquisa e redação dessas páginas; meu grande amigo e crítico mais severo, Jerry Korn, cujo lápis afiado de editor tão brilhantemente marcou meu texto (mas nessa página ele não terá chance de tocar); minhas inestimáveis secretárias "Horty" Vantresca e Barbara Sawyer, que datilografaram e redatilografaram, arquivaram, responderam a telefonemas e agüentaram firmes todas as demais demandas; Suzanne e Charlie Gleaves, por sempre estarem lá nos momentos em que precisei; Reter Schwed e Michael Korda, da Simon & Schuster, que, junto com Helen Barrow (gerente de produção), Frank Metz (diretor de arte), Eva Metz (designer), e Sophie Sorkin (editora), tiveram que atender as minhas demandas impossíveis; Raphael Palacios, cujos mapas meticulosos – além de seu senso de humor – são mais do que qualquer autor pode merecer; Dave Parsons, da empresa aérea Pan American, que deslocou cargas pesadíssimas de documentos por toda a Europa sem perder um item sequer; meus amigos Billy Collins e Robert Laffont – meus editores na Inglaterra e na França –, que esperaram tanto tempo por este livro que quase o chamaram de *À espera de Ryan*; meu advogado, Paul Gitlin, cuja ajuda, liderança e avaliação dos acontecimentos foram extraordinárias; minhas representantes Marie Schebeko (na França) e Elaine Greene (na Inglaterra), que me ajudaram com trabalho, coragem, suporte e fé – para todos, meus mais profundos agradecimentos.

C. R.

IMPRESSÃO:

GRÁFICA EDITORA
Pallotti
IMAGEM DE QUALIDADE

Santa Maria - RS - Fone/Fax: (55) 222.3050
www.pallotti.com.br
Com filmes fornecidos